The Virgin Birth of Christ

그리스도의 동정녀 탄생

존 그레샴 메이천 지음
정규철 옮김

기독교문서선교회

기독교문서선교회(Christian Literature Center: 약칭 CLC)는 1941년 영국 콜체스터에서 켄 아담스에 의해 시작되었으며 국제 본부는 미국의 필라델피아에 있습니다.

국제 CLC는 59개 나라에서 180개의 본부를 두고, 약 650여 명의 선교사들이 이동도서차량 40대를 이용하여 문서 보급에 힘쓰고 있으며 이메일 주문을 통해 130여 국으로 책을 공급하고 있습니다.

한국 CLC는 청교도적 복음주의 신학과 신앙서적을 출판하는 문서선교 기관으로서, 한 영혼이라도 구원되길 소망하면서 주님이 오시는 그날까지 최선을 다할 것입니다.

The Virgin Birth of Christ

Written by
John Gresham Machen

Translated by
Kyu Chul Chung

Korean Edition
Copyright © 2018 by Christian Literature Center
Seoul, Korea

THE VIRGIN BIRTH OF CHRIST
JOHN GRESHAM MACHEN

THE VIRGIN BIRTH OF CHRIST
JOHN GRESHAM MACHEN

추천사 1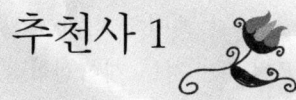

탁월한 정통 기독교 변증이 담긴 책

김 재 성 박사
국제신학대학원대학교 부총장, 조직신학 교수

한국 기독교계에서 메이천 박사를 모르는 사람은 없을 것이라고 생각한다. 하지만, 실제로 그의 저작을 읽어본 사람들은 많지 않다. 메이천 박사의 탁월한 학문적 공헌들에 대해서나, 그의 엄청난 지도력과 영향력에 대해서 때로는 잘못된 선입견으로 그를 오해하는 사람들이 있을 것이기 때문이다. 본서를 통해서 조금이라도 접하는 계기가 되어진다면, 성경을 믿는 신앙인들에게 확신과 기쁨을 주리라고 확신한다.

메이천 박사는 오랫동안 교수로 명성을 날렸던 프린스턴신학교 학생들에게 전체 교수들 중에서 가장 따뜻하고 유머가 넘치는 교수로 알려졌던 분이다. 동시에 예수 그리스도 안에서 나타난 하나님의 구원역사에 대해서 확신하는 것이 기독교 신앙의 핵심이라는 것을 철저히 붙잡고 있었던 뛰어난 신약성경 학자이자 변증적인 신학자였다.

전 세계 신약학도들은 교단과 교파를 초월하여 메이천 박사에게 큰 빚을 지고 있다. 그가 쓴 『신약성서 헬라어교본』(*New Testament Greek for Beginners*, 1923)으로 신약성경의 원문을 터득해 나가기 때문이다. 필자도 메이천 박사의 문법책을 외우면서 신약원서에 입문하였다. 헬라어의 원문 구조를 이처럼 정확하게 터득한 분이라면, 얼마든지 그의 성경해석이나 본문 구절에 대한 안내를 지침으로 삼을 수 있으리라는 존경심을 품게 되었다.

수십 권의 저술을 남긴 메이천 박사는 당대 자유주의 신학의 흐름에 정면으로 맞서서 고전적인 정통 개혁신학을 수호하는 데 중요한 학술적 기여를 했다. 그의 저술들은 그의 동시대인들에게는 물론이요 지금까지도 신학 사상사에 길이 남을 기념비가 되었다. 1920년대에 이르러서 유럽의 자유주의 신학이 미국에 퍼져나가면서 신학적인 대립과 논쟁이 고조되었다. 메이천 박사는 기독교의 기본적인 신앙내용에 해당하는 예수 그리스도의 동정녀 탄생, 십자가의 죽으심, 부활, 그리고 승천과 재림에 관한 역사적 증거들을 제시하는 탁월한 저술들을 연이어 발표하였다.

『바울 종교의 기원』(*The Origin of Paul's Religion*, 1921)은 미국 남부 장로교회의 본산이던 버지니아 유니온신학교에서 1911년에 특강을 한 내용을 주로 담고 있는데, 신약학자로서의 역량을 전세계에 과시한 일종의 출세작과 같다. 기독교의 근원에 대해서 의심을 품는 근대 비평주의자들의 논지에 맞서서 전통 기독교 신앙의 근원을 제시했다. 바울 사도는 다메섹에서 예수 그리스도를 만나게 되었고, 그리스도의 인성과 신성을 믿으며 대속의 십자가와 부활을 확실하게 신뢰하게 되었던 신앙의 근원이라고 지적하였다. 다메섹에서 만난 예수 그리스도가 바울 신앙의 근원이라는 명제는 성경을 이해하는 관문으로 정립되었다.

『기독교와 자유주의』(*Christianity and Liberalism*, 1923)에서 메이천 박사는 분명하게 기독교의 핵심요소를 압축하여 신론, 인간론, 기독론, 교회론, 성경론에 관한 정통 칼빈주의 신학 사상을 제시하였다. 계몽주의 이후로 광범위하게 퍼져나가고 있던 자유주의는 결코 기독교라고 할 수 없다는 주장을 단호하게 펼쳤다. 한국에서는 박형룡 박사가 이를 근거로 하여 정통 칼빈주의 신학을 평양신학교에서 가르치는 근거가 되기도 했다.

『그리스도의 동정녀 탄생』(*The Virgin Birth of Christ*, 1930)은 초대 교회시대의 광범위한 자료들이 망라되어 있고, 당대 유럽 최고의 신학자들을 섭렵하여 정리한 최고의 명저로 손꼽히고 있다. 본서를 발표할 무렵, 유럽의 자유주의 신학자들은 소위 "예수의 생애"를 놓고서 마음대로 사색하고 의심하면서 지극히 인간적인 예수상을 그려내고 있었다. 메이천 박사는 당대 미국 장로교회에서 일어난 성경의 영감과 오류에 대한 신학 논쟁에서 용감하게 앞장섰다. 그가 최고 지도자의 위치에 올라서 주도할 수 있었던 것은 프린스턴신학교에서 23년 간 교수로 재직하면서 쌓은 학문적인 명성과 영향력이 뒷받침하고 있었다. 1929년에는 웨스트민스터신학교를 설립하여 정통신학을 확고히 세우는 데 앞장섰다. 그의 학문과 사상은 동료, 후학들, 졸업생들을 통해 전 세계에 퍼져나갔고, 한국에까지 막대한 영향을 끼치고 있다.

볼티모어에서 영향을 발휘하던 변호사의 아들로 성장한 그는 훗날 미국의 대통령이 되었던 윌슨 박사가 프린스톤대학교 총장으로 재직할 무렵에 아끼던 제자였다. 1936년 사망 직전에 정통장로교회라는 새로운 교단을 설립하는 데 기여했다.

메이천 박사는 교회를 바로 세우고, 정통신학의 계승발전에 남긴 저술들로만 그치지 않았다. 그는 다방면에 걸쳐서 박식하고도 탁월한 혜안을 제시하였다. 당시 미국의 정치, 문화, 사회, 교육 등, 다방면에 관련된 많은 글을 발표하였는데, 세상의 변화와 갱신에 대해 성경적인 안목을 공급하는 놀라운 갱신운동이었다.

한국에서는 평양신학교에서부터 총신대학교에까지 교수로 사역했던 박형룡 박사와 박윤선 박사가 메이천의 직계 제자들로 훌륭한 학문적인 자취를 남겼다. 하나님의 초월성과 기독교의 기적들을 의심하는 사람들에게, 그리고 메이천 박사를 그저 이름으로만 알고 있는 목회자들, 신학생들, 성도들에게 부디 본서를 펴서 읽어보기를 강력하게 추천한다.

추천사 2

김 길 성 박사
전, 총신대학교 신학대학원 부총장 겸 신학대학원장

신학교의 교수로 열심히 사역하시는 정규철 박사에 의해 존 그레샴 메이천(John Grensham Machen) 박사의 저작인 『그리스도의 동정녀 탄생』(*The virgin Birth of Christ*)이 번역되어 대한민국의 독자들에게 소개하게 되어 진심으로 축하한다.

메이천 박사의 필생의 역작인 『그리스도의 동정녀 탄생』(1930 초판)이 처음 발간된 지 88년째 되는 해요, 이 저작의 첫 장을 구성하는 메이천 박사의 논문인 "2세기의 동정녀 탄생 전통"(「프린스턴 신학평론」, 1912)이 출판된 지 거의 106년이 되는 해에 본서가 우리말로 독자들에게 소개될 수 있어서 참으로 고맙게 생각한다.

구 프린스턴 신학의 마지막 주자요, 미국 필라델피아시에 위치한 웨스트민스터신학교의 설립자인 메이천 박사는 한국 장로교 신학의 양대 산맥인 조직신학의 박형룡 박사(1897-1978)와 박윤선 박사(1905-1988)의 스승이 되시는 분이다.

박형룡 박사는 프린스턴신학교가 종교다원주의를 수용하여 재편성(1929) 하기 전에 프린스턴신학교에서 수학(1923-1926)하였고, 박윤선 박사는 박형룡 박사가 교수한 평양신학교를 졸업하고 프린스턴신학교의 재편성 후 웨스트민스터신학교에서 수학(1934-1936)하였는데, 두 분이 졸업한 학교는 다르지만 두 분 다 메이천 박사 밑에서 수학하였다.

메이천 박사는 워필드의 뒤를 이어 변증학자로 알려지기 이전에, 기본적으로 신약신학자였다. 독일 유학 후 모교인 프린스턴신학교에서 신약교수로 출발(1906)한 후, 초기에 쓴 18편의 서평이 남아 있고 1915년까지 6편의 주옥 같은 신학논문이 남아 있다. 그 후 『바울 종교의 기원』(*The Origin of Paul's Religion*, 1921), 『신약성서 헬라어교본』(*New Testament Greek for Beginners*, 1923), 『기독교와 자유주의』(*Christianity and Liberalism*, 1923), 『신앙이란 무엇인가?』(*What is faith*, 1925) 그리고 『그리스도의 동정녀 탄생』(*The Virgin Birth of Christ*, 1930) 등이 있고, 유작으로 『초월하신 하나님』(*God Transcendant*), 『기독교 인간관』(*The Christian View of Man*) 등이 있다.

기독교의 근본 교리들을 무시하고 배교하는 일이 많아진 이 시대에, 본서를 단지 기독교 서적이나 신학 서적으로 읽지 말고 기독교 신앙과 신학의 뿌리를 확인하는 계기로 삼기를 바란다.

아무쪼록 본서를 통하여 많은 사람들이 믿음의 주요 또 온전케 하시는 우리 주님 예수 그리스도께 나아가는 기회가 되기를 간절히 소망한다. 본서를 읽는 독자들의 가정에 성삼위 하나님의 은혜와 평강과 긍휼이 넘치기를 기원한다.

추천사 3

이 승 구 박사
합동신학대학원대학교 조직신학 교수

오래 전에 우리 시대의 변증가였던 메이천 박사의 『그리스도의 동정녀 탄생』(The virgin Birth of Christ)이 뒤늦게 우리 말로 선보이게 되었다. 이미 하늘에서 안식 가운데 계신 메이천 교수님께도 감사드리고, 이를 우리 말로 옮겨 주신 정규철 박사께도 감사드린다.

메이천의 본서는 그의 주 저서라고 할 수 있다. 『기독교와 자유주의』(Christianity and Liberalism, 1923)가 그가 그 시대에 던진 불이었다면, 본서는 차분히 왜 예수님께서 동정녀 탄생하신 것이 역사적인 것인지 그리고 그것이 왜 우리 신앙의 중요한 토대인지를 찬찬히 밝혀 준다. 우리 시대에 이와 같은 작업이 또 진행되어야 한다. 일단 메이천이 그 시대에 가장 뛰어난 신약학자로서 어떻게 작업했는지를 찬찬히 읽어 보는 것이 우리에게도 유익할 것이다. 메이천의 후예들이 더 많이 나타나기를 기대하면서….

초판 서문

존 그레샴 메이천(John Grensham Machen)

본서는 저자가 1927년 봄 컬럼비아신학교(Columbia Theological Seminary)의 "스미스 강좌"(Thomas Smyth Lectures)에서 발표한 내용을 보완, 정리한 것이다. 각각의 주제는 강좌라는 틀에서 벗어나서 훨씬 더 폭넓게 다뤄졌다. 덧붙여서 저자가 「프린스턴 신학평론」(*The Princeton Theological Review*)에 기고한 여러 논문들 특히 1912년에 발표한 "2세기의 동정녀 탄생"(The Virgin Birth in the Second Century), "누가복음 제1장의 찬송"(The Hymms of the First Chapter of Luke), "누가복음 첫 두장의 기원"(The Origin of the First Two Chapters of Luke)과 1927년 발표한 "수태고지에 관한 누가 이야기의 보전"(The Integrity of the Lucan Narrative of the Annunciation)의 내용도 일부 첨가되었다. 저자는 정확성을 얻을 수 있도록 많은 책들의 참고문과 인용문을 교정하고 수정해 준 신학석사 존 E. 미터(John E. Meeter)에게 크게 감사한다. 많은 점에서 미터씨의 제안으로부터 유익을 얻었다.

1930년

재판 서문

존 그레샴 메이천(John Grensham Machen)

이 두 번째 판에서 인쇄상의 오류들이 교정되었다. 최근의 토론에 대한 추가적 참고문헌들이 여기 저기 첨가되었다. 그리고 사소한 변화가 많이 이루어졌다. "누가 이야기의 보전"은 부분적으로 다시 기록되었다.

저자는 저자의 형제인 아더 W. 메이천(Arthur W. Machen, Jr)과 유용한 제안을 해 준 다른 분들에게 감사한다.

여기서 본서가 받은 서평을 자세하게 논평하는 것은 불가능하다. 그러나 일반적으로 저자의 입장과 몹시 의견이 다른 비평가들조차도 적어도 본서가 가지고 있는 개요서로써의 가치로 인하여 관대한 평가를 내렸다는 말을 들었다. 저자는 그러한 인식으로 격려를 받았는데 완전하고 공개적인 토론을 통하여 진리가 성취된다고 믿었기 때문이다.

본서가 다른 책들과 구별되는 특징을 가지고 있다면, 그것은 아마도 제6장의 누가 기록의 통일성에 관한 논쟁에서 발견될 것이다. 그것은 특히 독창적인 주장은 아니다. 심지어 사가랴와 마리아에게 임한 수태고지 기사(account)의 유사성(paralellism)에 관한 강조도 이미 다른 저자들에 의해 예견된 것이다. 그리고 참고적으로 V. H. 스탠톤(V.

H. Stanton)의 『역사문서로서의 복음서』(*The Gospel as Historical Documents*, ii, 1909, 226)도 언급할 필요가 있다. 그 주장에서 약간은 포괄적으로 제시하는 것이 점증적인 효과를 내기를 기대한다. 하여튼, 그 주장이 가지는 독특성이 무엇이든지, 우리는 그 주장에 성공적으로 응답했다고 생각하지 않는다. 특히 결정적인 방법으로 행한 문학 비평으로 동정녀 탄생에 대한 믿음이 누가복음 1:5-2:52의 저변에 놓인 팔레스타인 이야기의 필수적인 요소임을 보여 준다고 우리는 생각한다. 그리고 이 사실은 신앙의 기원에 관한 궁극적인 역사 문제와 중요한 관계를 가진다.

페르디난드 카텐부쉬(Ferd. Kattenbush)는 『신학연구와 비평』(*Theologische Studien und Kritiken*, cii, 1930, 454-474)에 실린, "원시기독론의 이야기로서 예수의 탄생역사"(Die Geburtsgeschichte Jesu als Haggada der Urchristologie[Zu J. Gr. Machen, The virgin of Christ])라는 제목의 논문에서 이 문제와 관련한 우리의 주장에 대해 유능하고 폭넓은 비판을 가했다. 이 저명한 교회사가는 우리가 본서의 출판을 준비하면서 크게 도움을 받은 도서목록을 제안했는데, 덧붙여서 그는 본서에 대한 매우 동정적이고 관대한 논평과 함께(주요 주제에 대한 의견의 불일치에도 불구하고) 그가 1900년에 사도신경에 관한 저술에서 피력한 것과 본질적으로 동일한 견해를 개진했다.

카텐부쉬는 여전히 누가의 탄생 설화의 형성사에서 두 단계를 구별해야 한다고 주장한다.

첫 단계에서, 여전히 인간 아버지 없는 출생을 생각할 수 없지만, 하나님의 영은 단순히 어느 선지자와 연관하여 설명할 수 없는 특별한 방법으로 메시아 예수의 존재와 연관된 것으로 간주되었다.

두 번째 단계는 누가복음 1:34의 "나는 남자를 알지 못함"이라는 표현에서 드러나는데, 여기에는 적어도 동정녀 탄생에 대한 암시가 있다.

이 논문에 대한 반응으로, 독자는 231-246쪽, 445-447쪽, 그리고 그 각주를 참고할 수 있을 것이다. 그 쪽들의 일부는 만약, 저자가 카텐부쉬의 후기 가설을 염두에 두었다면 고쳐써야 할 것이라는 점에는 의심의 여지가 없다. 예를 들면, 예수님의 선재 교리에 관하여 318쪽에 거론된 것은 최근의 논문을 적용하지 않았다. 그리고 카텐부쉬가 동정녀 탄생 개념의 형성에 이사야 7:14 외에도 이방 종교의 초자연적 탄생 설화가 영향을 미쳤을 것이라고 제안했다는 점도 역시 고려되어야 할 것이다. 물론 이 영향은 기독교 기사(Story)에 진정한 모범을 제공하는 것은 아니고 단지 비교대조를 통한 자극제가 되는 정도이다. 그러나 그 가설의 보다 초기 형태는 그 자체로 그리고 그 이후의 비평에 대한 영향 때문에 여전히 흥미롭다. 그리고 카텐부쉬의 견해에 대해 전처럼 우리의 반대 기조를 여전히 유지한다. 특히 누가복음 1:5-2:52에 나오는 세례 요한의 탄생 이야기와 예수 그리스도의 탄생 이야기의 관계에 대한 그의 주장은 신빙성이 없다고 말하지 않을 수 없다(464f.). 그는 덜 놀랍거나 더 위대한 것 사이의 관계처럼, 그 관계가 보다 분명하게 묘사되지 않은 것을 중요하게 생각한다. 그러나 사실상, 어떤 것도 누가복음 1:36보다 더 분명하게 보여주는 것은 없다. 커텐부쉬의 이론에 따르면 천사는 마리아에게 다음과 같이 말했어야 했다.

> 보라 네 친족 엘리사벳도 늙어서 아들을 배어 성령으로 충만케 된 아들을 잉태했다. 그러므로 너의 아들이 보다 친밀한 방법으로 성령과 연관된 것으로 이해하라.

사실상 그 이야기에 따르면 천사가 말한 것은 다음과 같다.

> 그리고 보라 너의 친족 엘리사벳도 늙은 나이에도 불구하고 아들을 잉태하였다.

분명히 마리아의 경우에서 놀라움이 훨씬 크지만 자궁에 아이의 잉태라는 육체적 사실과 관계가 있다는 점에서 엘리사벳의 경우에서의 놀라움과 비슷하다.

불트만(R. Bultmann, *Die Geschichte der synoptischen Tradition*, 2te Aufl., 1931, 322)이 누가복음 1:34이하와 (물론, 누가복음 1:34을 포함하여) 누가복음 1:36이하의 밀접한 관계에 관한 우리의 주장에 동의한 것을 관찰하

는 것은 유익하다. 그러나 그의 가설-누가복음 1:34-37이 누가복음 1:18-20의 모방으로 복음서의 기록자에 의하여 조정되었다-은 (138, 148, 그 이하에 제시된) 삽입설의 모든 형식에 똑같이 적용되는 반대 외에 심각한 특별한 반대에 직면했다.

그 책은 박스(G. H. Box)가 말한 것처럼 "미드라쉬적" 현존을 인정하는 대신에 너무 많은 것을 증명하려는 시도, 즉 마태복음과 누가복음의 탄생 이야기에 철저한 신뢰성을 세우려고 시도함으로써 그 사건을 약화시킨다는 근거로 많은 학자들의 (예를 들어, *The Times Literary Supplement*, London, for April 10, 1930) 비판을 받았다.

이 비평에 대한 반응으로 불트만은 캐논 박스(Canon Box)의 저작(동정녀 탄생에 관하여 중요한 책은 최근에 *Laudate*, ix, 1931, 77-88, 147-155에 있는 "동정녀 탄생, 최근 문헌의 요약"이란 제목의 두 논문에 의하여 매우 흥미롭게 보충되었다)이 매우 가치가 있다고 말하고자 했다. 그리고 또한 탄생 이야기에서 역사적으로 중요한 기적을 수용하고 구체적인 것을 거절하는 학자의 견해와 구체적인 것만 수용하고 중요한 기적을 거절하는 학자들의 견해를 어떻게 분별하는지를 말하고자 했다.

맥킨토시(H. R. Mackintosh)의 호의적인 평가(*British Weekly*, Jul. 17, 1930)에 응답하여 저자는 "전부가 아니면 전무"(all or nothing)라는 변증학적 원리를 채택하지 않으며, 성경에서 진리로 간주되는 것들을 부정하는 캐논 박스(Canon Box)와 고어(Gore) 감독 같은 학자들과 탄생 이야기에 관해서는 그들을 결속시키는 상당한 일치가 있다고 말하는 이유를 받아들였다(*British Weekly*, August 21, 1930). 그럼에도 불구하고 저자는 철저한 변증학이 마침내 가장 강력한 변증학임을 여전히 믿는다. 그리고 특히, 초자연적인 것에 대한 반대가 일단 극복되면, 때때로 전체적으로 탄생 이야기에 대한 반대가 생각했던 것보다 훨씬 더 지대한 영향을 가져올 방법으로 제거된다고 그는 생각한다.

끝으로 저자는 본서가 로마 가톨릭학자들-예를 들어, 신약과 교부학의 학자들이 오랫동안 덕을 보고 있는 학식이 뛰어난 다운사이드의 에봇(Abbot of Downside)과 돔 체프만(Dom Chapman)-에 의하여 수용된 방법으로 얼마나 크게 격려를 받았는지 말하기 원한다(*The Dublin Review*, xcv, 1931, 150-153에서). 참으로 저자는 모든 전통적 기독교에 반대한 존 헬만 랜달(John Herman Randall)과 존 헬만 랜달 2세(John Herman Randall, Jr.,)의 다음과 같은 견해를 받아들이려 하지 않는다.

> 복음적 정통주의는 무지 중에 번창하고 교육에 의하여 훼손되었다. 가톨릭 정통주의는 확신에 근거하고 자체의 강요되는 교육적 체계를 가진다(*Religion and the Modern World*, 1929, 136).

저자는 개신교의 학적인 전통이 우리 시대에도 죽지 않았다고 생각하며 우리 시대의 냉철함이 새로운 문예부흥으로 자리매김할 때 영광스런 부흥을 기대한다. 그러나 이들 저자들이 개신교의 교리에 관하여 말하는 것과 의견이 다르더라도, 저자는 로마 가톨릭교회에 관한 그들의 높은 평가에 충분히 동의한다. 그리고 저자는 본서에서 다루는 주제에 로마 가톨릭 학자들의 중요한 공헌을 크게 기뻐한다.

March, 1932.

역자 서문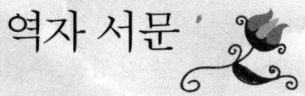

정 규 철 박사
계약신학대학원대학교 신약신학 교수

역자가 본서를 번역하게 된 것은 신약신학을 어떻게 공부할 것인가에 대한 갈급함 때문이다. 조직신학을 전공했으면서도 사정상 조직신학을 별로 강의하지 못하고 부전공한 신약을 가르치게 된 역자는 늘 부담을 가지고 있었다. 이런 상태에서 역자는 세계적으로 탁월한 신약학자인 존 그레샴 메이천 박사를 통하여 신약신학을 공부하는 학문적 방법을 배우고자 본서를 번역했다.

불트만같이 유명한 학자들도 많지만 그들은 성경 자체를 하나님의 정확무오한 말씀으로 믿지 않는다. 그러므로 역자는 개혁정통신학의 입장에 있는 신약학자에게 배우기를 원했다. 우선 메이천의 본서를 읽고 번역함으로 그 공부를 진행했다. 그 기대는 만족되었다.

저자의 유명한 다른 저서, 곧 『기독교와 자유주의』(*Christianity and Liberalism*, 1923), 『바울 종교의 기원』(*The Origin of Paul's Religion*, 1921)과 『신약성서 헬라어교본』(*New Testament Greek for Beginners*, 1923)은 이미 번역되어서 한국교계에 큰 공헌을 했다고 본다. 그런데 본서는 너무 학문적이어서인지 명성에 비하여 아직도 번역되지 않았는데 천학비재한 역자가 번역 작업을 한 것은 분명 황송하면서도 영광스런 일이다.

역자가 본서를 번역하면서 당대 신약학의 학문적 분위기를 엿볼 수 있게 된 것은 큰 소득이다. 소위 동정녀 탄생 이야기의 삽입설이란 가설이 성경적으로나 학문적으로 타당한 근거가 없음을 잘 증명한 저자의 논술과 열정은 역자에게 큰 감명을 주었다. 그리스도의 동정녀 탄생에 대한 세계 최고의 학자들의 학문적 도전을 학적 성실함으로 응전하는 모습이 또한 매우 인상적이었다.

뿐만 아니라 마태복음과 누가복음에 나타난 그리스도의 동정녀 탄생 본문에 대한 주석적 연구를 비롯하여 동정녀 탄생에 관한 두 복음서 이외의 나머지 신약에 관한 연구도 역자에게 신선한 도전을 주었다. 그리스도의 동정녀 탄생 이야기와 세속 역사를 비교하여 다룬 것도 새로운 자극을 주었다. 예수 그리스도의 동정녀 탄생에 관한 대안적 이론과 동정녀 탄생의 유대인 기원설과 이교도 기원설도 참으로 탁월한 논문이라 생각된다. 저자가 현대 신학자들은 물론 헬라신화와 동양 종교들까지 연구했기 때문이다.

그리스도의 동정녀 탄생은 기독교의 핵심인 기독론에서 결코 빠질 수 없는 부분이다. 그렇지만 현대의 자유주의 신학은 하나님의 성육신을 부정하면서 그리스도의 동정녀 탄생을 전면 부인한다.

프리드리히 다니엘 에른스트 슐라이어막허(Friedrich Daniel Ernst Schleiermacher)를 비롯하여 알브레히트 리츨(Albrecht Ritschl)과 칼 바르트(Karl Barth)와 루돌프 칼 불트만(Rudolf Karl Bultmann)과 폴 조하네스 틸리히(Paul Johannes Tillich) 등은 예수님을 한낱 인간으로만 묘사한다. 이들에게 예수 그리스도는 하나님이 아니고 하나님의 참 아들도 아니다. 그저 예우한다는 차원에서 그를 하나님의 아들이라고 호칭할 뿐이다.

본서는 이 같은 현대 신학자들의 주장을 무력화시킨다. 예수 그리스도는 하나님의 성육신이고, 그 성육신의 방법이 예수 그리스도께서 동정녀 마리아에게 성령으로 잉태되어 탄생하신 것이기 때문이다. 저자는 예수님께서 참 하나님이시고 참 사람으로서 한 인격을 가지신 분임을 학적으로 명쾌하게 제시한다. 역자는 저자가 결론에서 강조한 것처럼 예수님께서 하나님의 성육신이라야 그 백성의 구속적 구원이 가능하다고 믿는다.

"번역은 반역이다"는 이태리 속담이나 또는 번역은 새로운 창작이라는 말에 따르면 역자는 이 훌륭한 저서를 번역함으로 본서에 대한 반역자가 되었는지 모르겠다. 그래도 모든 저술가는 국가에 적어도 한 권 이상의 외국서적을 번역할 빚을 지고 있다는 누군가의 말을 기억하며 위안을 삼는다.

이번에 이 역서에 추천서를 써주신 김길성 박사님 김재성 박사님 그리고 이승구 박사님 그리고 이 역서를 독자들이 읽을 만하도록 많은 노력을 기울여 출판해 주신 기독교문서선교회(CLC) 박영호 목사님과 직원분들께 감사드린다.

목차

추천사 1 (김재성 박사 국제신학대학원 대학교, 조직신학 교수)   5
추천사 2 (김길성 박사 전, 총신대학교 신학대학원 부총장 겸 신학대학원장)   8
추천사 3 (이승구 박사 합동신학대학원대학교 조직신학 교수)   10
초판 서문   11
재판 서문   12
역자 서문   17
서론   23

제1장 2세기의 동정녀 탄생   25

제2장 셋째 복음서의 탄생 이야기 원본   84

제3장 누가의 탄생 이야기   109

제4장 누가복음 제1장의 찬송   125

제5장 누가의 이야기 원본과 번역   163

제6장 누가의 이야기 원형   185

제7장 마태의 이야기   252

제8장 이야기들의 관계	278
제9장 이야기들의 선천적 신뢰성	308
제10장 탄생 이야기들과 세속 역사	346
제11장 탄생 이야기들과 신약의 관계	354
제12장 대안적 이론: 예비적 고찰	387
제13장 유대인 기원설	401
제14장 이교도 기원설	451
제15장 결론과 결과	538

인명 · 주제 색인   562

THE VIRGIN BIRTH OF CHRIST
JOHN GRESHAM MACHEN

THE VIRGIN BIRTH OF CHRIST
JOHN GRESHAM MACHEN

서론

역사적 기독교회의 보편적 확신에 의하면 나사렛 예수님은 인간 아버지 없이 성령으로 잉태되어 동정녀 마리아에게서 태어났다. 이 확신의 기원을 연구하는 것이 본서의 목적이다. 동정녀 탄생의 사상이 무엇이든지 동정녀 탄생에 관한 교회의 확신은 아무도 부정할 수 없는 역사의 한 사실이다.

이 사실을 어떻게 설명할 것인가?

두 가지 설명이 가능하다.

첫째, 교회는 동정녀 탄생이 하나의 사실이었다는 단순한 이유로 동정녀 탄생을 믿어왔다는 주장이다.

기독교의 신조가 왜 예수님께서 성령으로 잉태되어 동정녀 마리아에게 태어났다고 고백해왔는지의 이유는 예수님이 실제로 그렇게 잉태되어 태어났기 때문이다.

둘째, 동정녀 탄생이 하나의 사실이 아니라 교회가 어떤 오류를 통하여 하나의 사실로 수용해왔다는 주장이다.

이 두 번째 설명은 분명 여러 개로 세분될 수 있다.

만약 동정녀 탄생의 개념이 사실에 기초하지 않았다면 어떻게 그런 개념이 생겼겠는가?

이 질문에 대한 최종적인 대답이 무엇이든 문제 그 자체는 동정녀 탄생의 역사성을 부정하는 모든 사람들에 의하여 확실히 제기되어야 한다. 만약 그리스도의 동정녀 탄생이 하나의 사실이 아니었더라도 동정녀 탄생의 개념은 확실히 존재했다. 그리고 하나의 사실로서 그것은 어떤 설명을 요구한다.

두 개의 가설 중 전자(동정녀 탄생에 대한 확신이 사실에 기초했다는 가설)는 제1장에서 제11장까지 고찰될 것이며, 후자는 제12장에서 제14장까지 고찰될 것이다.

전자의 가설에 대해 동정녀 탄생에 대한 긍정적인 증거와 그것에 대한 반대의 연구가 필연적으로 형성된다는 것을 고려해야 한다. 후자의 가설에 대해 고려해야 할 것은 사실에 기초하지 않은 추정을 토대로 동정녀 탄생 개념의 기원을 설명하기 위해 제안된 다른 이론들을 연구하는 데 있다.

제1장

2세기의 동정녀 탄생[1]

동정녀 탄생의 증거에 관한 연구를 위해 당연히 신약성경을 주로 다루어야 한다. 그렇다고 교부들의 증거를 고려하는 것이 가치가 없다는 것이 결코 아니다.

우리는 동정녀 탄생에 대한 교회의 신앙이 신약성경에서만 왔다고 확신할 수 있는가?

마태복음과 누가복음 외에 예수의 탄생에 관한 전통이 초기에는 없었는가?

이 질문에 즉시 답할 수 없다. 확실히 동정녀 탄생에 관한 신앙이 첫째와 셋째 복음서가 기록된 때보다 먼저 존재했다는 것과 복음서들이 등장한 후에도 어느 정도는 구전으로도 여전히 그것을 느낄 수 있었음을 충분히 상상할만하다. 이러한 가능성이 존재하는 한, 사실과 일치하는 자료가 발견되든지 안 되든지, 우리가 신약본문을 고려하기에 앞서 초대 교회의 다른 증거들을 먼저 다루지 않는다면 우리는 이 주제에 대해 공평하게 다루었다고 말할 수 없을 것이다.

---

[1] 이 장의 대부분의 자료는 *Princeton Theological Review*, x, 1912, 529–580에서 "The Virgin Birth in the Second Century"으로 명명된 필자의 논문에서 찾을 수 있다. 그 논문에 제출된 세밀한 증거의 일부는 여기서 생략되었고 약간의 최근의 문헌을 추가하여 다루고 있다.

설사 그것이 신약성경에 모두 근거했다고 증명될지라도 초대 교회의 증거는 중요하다. 왜냐하면 그 경우 적어도 그것은 신약의 이야기의 초기 연대와 광범위한 인정 그리고 이들 이야기에 효과적으로 반대를 제기할 수 있는 예수 탄생의 어떤 대안적 이야기가 없다는 것을 규명하는 데 도움이 될 것이다. 그러므로 다양한 관점으로부터, 복음서가 기록된 시기 다음에 즉시 이어지는 기독교회에 의하여 취해진 그리스도의 동정녀 탄생에 대한 태도를 연구하는 것은 중요하다.

이러한 연구의 자연적인 출발점은 2세기 말 위대한 기독교 저술가들에서 찾을 수 있다. 이처럼 신약성경 이외의 기독교 문서가 처음으로 풍부하게 출판되었을 때, 동정녀 탄생은 그 다음 시기와 마찬가지로 교회의 신앙에서 견고한 위치를 차지하고 있음을 쉽게 보여줄 수 있을 것이다. 이 교리는 몇몇 고립된 분파에 의하여 거부되었다. 이전 세대에 뿌리를 둔 그러한 반대에 대해서는 계속되는 토론에서 어느 정도 고찰될 것이다. 그러나 동정녀 탄생을 반대하는 분파들은 결국 주류 교회로부터 다 배제되었다. (젊어서 소아시아에 살면서 여기에서 나이든 폴리캅의 가르침을 받았던) 이레니우스, 이집트 알렉산드리아의 클레멘트, 그리고 북아프리카의 터툴리안은 모두 동정녀 탄생에 대한 자신들의 신앙을 단순히 증명하는 데 그치지 않고, 기독교 신앙을 가장 단순하게 요약할 때에도 동정녀 탄생의 교리를 핵심적인 요소로 포함시켰다.

그렇다면 2세기 말 알려진 세계의 모든 지역에서 그리스도의 동정녀 탄생이 기독교 신앙의 절대적인 필수 부분으로 간주되었다는 것은 의심의 여지가 없다. 그렇게 많은 다수에 의하여 인정되었다. 그러나 이보다 훨씬 더 많은 사실에 관하여 보다 세밀한 연구가 있어야 한다.

먼저, 보다 초기의 증거들이 없을지라도 2세기 말 모든 지역의 교회에 그렇게 특별한 공감이 있었다는 사실은 이 교리가 전혀 새로운 것이 아니라 당연히 오래전부터 비롯되었음을 보여 준다. 그러나 사실은 보다 초기의 매우 중요한 증거들이 있다.

이러한 초기의 증거들 가운데 틀림없이 소위 "사도신경"[2]을 생각해 볼 수 있다. 우리가 오늘날 사용하는 이 신조의 형식은 5세기 또는 6세기에 갈리아 지방에서 만들어졌다. 하지만 이 갈리아 지방의 형식은 옛 로마의 세례 고백서에 근거하며 단지 약간의 세부사항에서만 차이가 있을 뿐이다. 동정녀 탄생은 분명히 갈리아 지방의 형식에서처럼 신조의 옛 형식에서 나타난다.[3] 원래 헬라어로 기록된 로마교회의 신앙고백은 적어도 주후 200년까지 거슬러 올라가는 것이 틀림없다. 왜냐하면 그것은 프랑스 신조뿐만 아니라, 서방 교회의 여러 지방에서 사용된 여러 신조들의 선조이기 때문이다.[4]

터툴리안(북 아프리카)과 이레니우스(소 아시아와 갈리아)에 의하여 사용된 신조는 2세기 중엽까지 거슬러 올라간다. 그러므로 그 당시에 동정녀 탄생은 로마교회 신조의 일부였고 그 신조는 세례 전의 모든 개종자들에 의하여 엄숙히 고백되었다.

이 중요한 사실이 과소평가되지 않아야 한다.

첫째, 새롭고 낯선 교리들이 신조로 편입될 수 없다는 것은 명백하다.
동정녀 탄생의 신앙은 아마도 로마교회에 보편적이었고 분명 세례 신앙고백서에 정형화되기 오래 전 부터 모든 세례 후보자들에게 요구되었다.

---

2 사도신경에 관한 다음의 토론은 대부분 독립적인 연구에 기초하지 않는다. 시도된 모든 것은 동정녀 탄생의 질문에 관해서 이 분야에서 공통적으로 받아들여진 결론들이 가지고 있는 태도를 지적하려는 것이다.
3 옛 형식은 "성령으로 잉태되사 동정녀 마리아에게 나시고" 대신에 단순히 "성령과 동정녀에게 나시고"(γεννηθέντα ἐκ πνεύματος ἁγίου καὶ Μαρίας τῆς παρθένου)로 되어있음을 보여 준다. 모든 것 중에서 가장 오래된 형식은 단순히 "동정녀 마리아에게서 나시고"(γεννθέντα ἐκ [διὰ] Μαρίας τῆς παρθένου)이든지 아니든지, 현재의 토론에서는 덜 중요하지만 흥미 있는 문제이다. McGiffert(*The Apostles' Creed*, 1902)는 이 짧은 형식을 선호한다. 그러나 Kattenbusch, *Das apostolische Symbolum*, 1900, 619f.와 비교하라.
4 Harnack, "Apostolishes Symbolum," in Herzog–Hauck, *Realencyklopädie für protestanishe Theologie und Kirche*, i, 1896, 745ff.를 보라.

둘째, 로마교회의 중심적인 입장이 로마에서 기독교인의 필수적인 신앙으로 간주되는 것이 또한 교회의 신앙이 되는 것을 가능하게 했을 것이다.

셋째, 신조 자체의 성격이 제시된 고려사항의 중요성을 배가시킨다.
옛 로마교회의 신조는 복잡하게 편찬 된 것이 아니라 매우 간결했다. 예수에 관한 유일한 사실들은 동정녀 탄생, 죽음, 부활, 승천, 하나님의 우편에 앉으심, 그리고 미래의 심판이다. 분명히 이러한 목록은 최소한의 기독교 신앙으로 의도되었다. 동정녀 탄생은 그러한 신조에서 자리를 찾지 않고서도 대부분의 교회에서 당연히 받아들였을 것이다. 동정녀 탄생은 죽음과 부활처럼 필수적인 것으로 간주되었음을 보여 준다.

옛 로마 신조의 기원에 관하여 현대 학자들이 추측하는 주후 150~175년은 가장 이른 시기가 아니라 오히려 가장 늦은 시기이다. 그보다 빠른 연대 문제는 주로 그 신조가 논쟁적인 성격을 나타내느냐 그렇지 않느냐에 달려 있다.

맥기퍼트는 그 신조에서 반마르시온적인 목적을 발견하고서 주후 150년과 175년 사이로 간주한다. 그러나 비논쟁적인 해석이 하르낙과[5] 카텐부쉬에[6] 의하여 선호되었다. 하르낙은 그 신조가 "교회의 선교적이고 신앙교육적인 기능에서 기원되었고, 처음에 순수한 세례의식의 신조였다"고 말한다.[7] 확실히 이런 후자의 견해는 보다 정확한 것으로 보인다. 논쟁적인 반영지주의의 목적이 실제로 존재했다면 매우 명백히 나타났을 것이다. 그러므로 신조의 연대를 영지주의 체계보다 늦은 시기로 추정할 이유가 없다. 내적인 증거가 있는 한, 그것은 초기의 연대에 둘 수 있을 것이다.

놀랍게도 신조와 병행 구절이 저술가들에게서 발견된다. 그들은 전체적으로나 부분적으로 2세기 상반기에 활동하였는데, 특히 순교자 저스틴과

---

5 Harnack, *Das apostolische Glaubensbekenntnis*, 26te Aufl., 1892, 18.
6 In *Theologische Literaturzeitung*, xxxviii, 1913, column 598.
7 "그것은 교회의 선교적이고도 교리문답적인 기능으로부터 기인했으며 원래는 세례시의 신앙고백이었다"(loc.cit).

이그나티우스 시대이다. 만약, 그러한 병행이 그 신조 자체에 의존하고 있다는 것을 보여주는 것으로 해석된다면 그 신조의 연대는 주후 100년까지도 거슬러 올라간다. 더욱이 형식의 단순성, 특히 신조의 간결성은 높은 고대성을 강하게 말한다.

신조가 주후 150년경에 작성되었다면 편찬자는 이단에 대항하여 신앙을 보호하려는 유혹에 저항할 수 있었겠는가?[8]

이러한 연대 문제는 생각만큼 중요하지 않다. 왜냐하면 신조 자체가 보다 늦은 시기까지 만들어지지 않았을지라도, 초기 저술가들의 신조와 유사한 진술들이 우세했고 이러한 진술들이 동정녀 탄생을 포함했음을 보여주기 때문이다. 문제는 이러한 초기 자료가 완성된 사도신경에 의존하는 실제 문헌이냐, 최종 편집을 위한 과정에 있는 자료이냐 라는 것이다. 두 경우에 동정녀 탄생은 교회의 신앙에 중심적인 위치로 나타난다.

확실히 사도신경이 주후 150년경에 이르러서야 작성되었다면 그것은 동정녀 탄생에 대해 가장 이른 2세기의 증거가 될 수 없다.[9]

2세기 중엽의 저술가 순교자 저스틴은 동정녀 탄생을 근본적이고 중요한 것으로 간주했고 유대인과 이교도의 반대에 그것을 충분히 변증한다. 그가 사도신경을 알았다면, 동정녀 탄생에 관한 그의 주장은 결코 비평을 요구하지 않았을 것이다. 그러나 그가 삼위일체 형식의 신조를 몰랐을지라도, 동정녀 탄생을 포함한 기독론적 요약의 존재를 알고 있었다.[10] 그는 동정녀 탄생을 그리스도의 생애의 근본적인 사실로 자

---

8 그러한 내적인 증거는 주후 100년에 시기를 둔 신조에 관하여 가장 정교한 현대 논문의 저자인, Kattenbush(*Das apostolische Symbolum*, ii., 1900, 328)에 의하여 매우 중요하게 평가되었다. Zahn은 세례자의 신앙고백서가 본래 70년과 120년 사이에 옛 로마 신앙고백서의 형식을 얻은 것으로 생각한다(*Das apostolische Symbolum*, 2te Aufl., 1893, 47).

9 동정녀 탄생에 대한 2세기의 증거들을 위하여, 특히 Gore, *Dissertations on Subjects Connected with the Incarnation*, 1895, 41ff.; 또한 Swete, *The Apostles' Creed*, 1894를 보라. 그리고 Hoben, "The Virgin Birth," in *American Journal of Theology*, vi, 1902, 481ff.를 비교하라.

10 Gebhardt–Harnack–Zahn, *Patrum orum Opera*, editio altera, I, ii, 1878, 128–132에 있는 Harnack의 인용문을 보라.

연스럽게 받아들였다. 그리고 어떤 구절에서 그것은 귀신을 쫓는 축문의 일부로 등장한다.[11] 교회의 공통적인 신앙을 표현하는 것으로서 축사(exorcism)의 형식은 세례시의 신앙고백보다 덜 가치 있었을 것이다. 그것의 세부사항은 그 환경의 특별한 타당성 때문이 아니라, 단순히 그리스도에 대한 기독교적 관점의 필수적인 요소로서 언급된 것이다. 그들은 그리스도의 '이름'을 정의할 필요가 있었다.

아리스티데스는 주후 140년에 기록된 것으로 보이는[12] 그의 『변증론』(Apoogy)[13]에서 동정녀 탄생을 기독교의 근본적인 사실로 간주하였다.[14] 렌델 해리스는 아리스티데스가 알고 있었던 것처럼 동정녀 탄생이 신앙의 신경(symbolum fidei)의 일부를 형성하였다고 생각한다.[15] 하여튼 그 책에 매우 간략하게 기독론을 요약한 곳에 아리스티데스에 의한 입장을 담고 있다. 그 책은 극히 중요한 사실 중 하나를 분명히 보여 준다.

주후 117년 이전에 순교한 시리아 안디옥의 감독 이그나티우스는 동정녀 탄생을 여러 구절에서 분명히 언급한다.[16] 이그나티우스가 그리스도에

---

11 *Dial.*, 85.
12 그래서 Seeberg는 그 연대가 확실하게 정해질 수 없지만 그 책이 고대의 특성을 나타낸다고 본다.
13 Geffcken, *Zwei griechische Apologeten*, 1907, 1-96.
14 Harris and Robinson, *op. cit.*, 1893, 29, 32, 36, 110 그리고 추가된 시리아의 사본 3; Seeberg, *op. cit.*, 331ff. 동정녀 탄생은 세 개의 개정판에서 모두 발견된다 – 아르메니안, 시리아, 그리스. 의심 없이 그것은 원문에 있는 것이다.
15 Harris and Robinson, *op. cit.*, 1893, 23ff.
16 Ignatius, *Eph.*, xviii. 2-xix.1: "왜냐하면 우리 하나님, 예수 그리스도는 다윗의 후손과 성령으로 경륜에 의하여 마리아의 자궁에서 잉태되었다. 그리고 그는 태어나서 고난을 준비하기 위하여 물로 몸을 성결하게 하기 위하여 세례를 받았다. 그리고 마리아의 처녀성과 그녀의 잉태와 마찬가지로 또한 주님의 죽으심이 이 세상의 왕자이심에도 숨겨지고-크게 외쳐져야 하는 세 가지 신비들-그것은 하나님의 침묵으로 만들어졌다." *Smyrn.*, i. 1. 2: "그가 진실로 육체를 따라서 다윗의 혈통으로 그렇지만 하나님의 뜻과 능력에 의하여 하나님의 아들로, 진실로 동정녀에게 태어나서 모든 의가 그로 말미암아 이루어질 요한에 의하여 세례를 받고 진실로 우리의 구원을 위하여 본디오 빌라도와 분봉왕 헤롯에 의하여 육신이 못박혔다는 우리 주님의 가르침으로 완전히 설득되었다." *Eph.*, vii. 2에서도 "마리아와 하나님으로부터," *Eph.*, xx에서 "사람의 아들과 하나님의

관한 필수적인 사실들의 하나로 마리아의 처녀성을 간주했다는 것은 이러한 구절들로부터 완전히 증명된다. 그것은 "외쳐야 할 신비 중의 하나"이며, 조용히 하나님에 의해 준비된 신비 중의 하나이지만 이제는 하늘의 경이로운 별에 의하여 여러 세대에 선포되었다.

어느 구절에서[17] 동정녀 탄생은 순교자 저스틴에서 발견한 요약처럼 일반적 특성으로 그리스도에 관한 중요한 사실들을 요약하고 있다. 그러므로 하르낙이 "이그나티우스가 본질적으로 분명한 역사적 특징이며 그 중에서도 동정녀 탄생, 본디오 빌라도 그리고 죽음(아페싸넨 $ἀπέθανεν$)을 포함하는 그리스도의 '케리그마'(kerygma)를 자유롭게 재생산했다"고 말한 것은 합당하다.[18]

이그나티우스가 동정녀 탄생을 담고 있는 증거의 중요성은 그의 서신의 일반적 목적을 생각할 때에 제대로 평가될 수 있다.[19] 이그나티우스는 가현설주의자들을 논박한다. 그들에게 반박하기 위하여 그리스도의 동정녀 탄생을 증명해야 하는 것이 필요한 것이 아니라, 그리스도의 실제 탄생을 증명하는 것만이 필요했다. "여자에게 나심"으로 충분했을 것이다. 정말로 그것은 "동정녀 탄생"보다 더 확실한 가현설의 모순인 듯하다.

그러나 "서머나에 보낸 편지"(Smyrn., i. 1)에서 이그나티우스가 사용한 것은 후자의 구절이다. 그 구절은 당연히 그가 잘못 쓴 것 같다.[20] 그는 그것을 변호할 최소한의 필요성 하에 있지 않은 것 같다. 명백

아들로," Ignatius는 아마도 동정녀 탄생을 명확히 생각하고 있었다. 이 기록의 본문과 번역은 Lightfoot, *The Apostolic Fathers*, Revised Text with Short Introductions and English Translations, 1907에서 비롯되었다.

17 *Smyrn.*, i. 1. 2.
18 Harnack, "Apostolisches Symbolum," in in Herzog–Hauck, *Realencyklopädie für protestanishe Theologie und Kirche*, i, 1896. 751("*The Apostles' Creed*," 1901, 59f.를 보라). Bousset, *Kyrios Christos*, 2te Aufl., 1921, 269.
19 Swete, *op. cit.*, 1894, 45f.
20 다른 때 그는 탄생의 특별한 방법을 언급함이 없이 단순히 탄생에 관해서 말한 것이 사실이다. *Magn.*, xi, *Trall.*, ix. 1를 보라.

히 반대자들 스스로 동정녀 탄생을 정상적인 탄생에 맞서는 것으로 인정하였다. 그러나 그들은 동정녀 탄생을 지상에서 그리스도의 삶의 모든 다른 사건들과 단순히 유사한 것(semblance)으로 간주하였다. 이그나티우스는 분명 그의 시대에 동정녀 탄생이 안디옥과 소아시아에서 논쟁의 여지가 없었다는 인상을 준다. 다른 오류들은 논쟁하여 싸워야 했지만, 예수님을 일반적인 출생에 의한 요셉의 아들로 만들어 버리는 오류에 대하여 논쟁하여 바로 잡으려 하지 않았다.

그러므로 이그나티우스의 증거는 분명하다. 주후 110년경에 동정녀 탄생의 신앙은 전혀 새로운 것이 아니었다. 그것은 논쟁으로 세워지는 것이 아니었고 교회의 생활에 그 뿌리를 깊게 갖고 있었다. 더욱이 이 증거의 가치는 그것을 믿는 사람의 지위와 성품으로 말미암아 훨씬 높아진다. 이그나티우스는 새 개종자가 아니라, 이방 기독교의 모교회인 시리아 안디옥 교회의 감독이었다. 물론, 이 인물의 기억은 여러 해 동안 지속될 것이다. 그리고 우리가 동정녀 탄생을 신기함으로가 아니라 전적으로 당연한 것으로서 그리스도에 관해 인정되는 사실 중의 하나로 증명하려 했던 그를 발견할 때, 동정녀 탄생의 신앙이 1세기 말엽 이전에 이미 널리 퍼졌다는 증거로 적절하다.

다른 '속사도 교부들'은 동정녀 탄생을 언급하지 않는다. 그들의 침묵은 전적으로 증거적 가치가 없는 것은 아니다.[21] 이 작은 저술 그룹 중 유일하게 큰 책은 『헤르마스의 목자』(the Shepherd of Hermas)인데, 이 진기한 책은 그리스도를 거의 언급하지 않는다. 그 그룹의 다른 저술들은 간단하고, 저자들이 동정녀 탄생을 인정하였다면 동정녀 탄생에 대하여 언급되어 있을텐데 그런 구절들이 전혀 나타나지 않는다. 그 교리가 간단한 모든 서신과 도덕 논문에서 반드시 언급되었을 것이라고 기대하는 것은 불합리하다.

---

21 그것을 "한결같이 주목할 만한 침묵"으로 부른 것은 오해의 소지가 있다. 만약, 동정녀 탄생을 인정하고 있다면 Hoben이 동정녀 탄생을 인정하고 있다고 추정하는 본문은 실제로 이러한 결론에 이르지 않았다. Hoben, "The Virgin Birth," in *American Journal of Theology*, vi, 1902, 481.

동정녀 탄생에 대해 가장 강하게 주장하는 자들일지라도 설교와 경건 서적들에서 오늘날 얼마나 언급되고 있는가?

초기 기독교 저술가들은 후손들이 2세기 교회를 전체적으로 알기 위하여 그들의 간단한 저술들에 의존할 것이라고 의식하지 않았다. 그러므로 그들은 예수님에 관하여 그들의 견해 전체를 요약하지 않았고, 그들에게 필요한 것을 언급하는 데 관심이 있었다.

이그나티우스는 예수님의 지상 생활의 실재(reality)에 대해 공격을 받았기 때문에 동정녀 탄생을 언급했다. 가현설 오류론자들에 대항하여, 예수님의 탄생을 주장하는 것이 필요했다. 그리고 예수님의 탄생에 관한 주장은 동정녀 탄생에 관한 주장을 의미했다. 이그나티우스와 그의 반대자들은 교회에서 어떤 다른 종류의 탄생이 예수님에게 귀속되었는지를 분명히 몰랐다. 그는 그리스도의 동정녀 탄생은 위대한 신비 중의 하나라고 말한다. 그는 가현설론자들에 대항하여 그 신비는 사실이며 결코 단순히 유사한 것이 아니라고 주장하는 것이 얼마나 중요한지를 그의 독자들이 알도록 하기 위해 효과적으로 그 신비의 위대성을 주장한다. 그리스도의 탄생이 신비할수록 그 실재를 입증하는 것은 더 중요하다.

다른 한편으로, 순교자 저스틴은 다음과 같은 이유로 동정녀 탄생을 언급했다.

첫째, 그의 계획이 사도적 교부들보다 더 포괄적이었기 때문이다.

그는 전체적으로 기독교를 방어하려 했으므로 주님의 동정녀 탄생 같은 기독교 신앙의 필수적인 요소를 무시할 수 없었다.

둘째, 동정녀 탄생은 특별한 공격의 대상이었기 때문에 특별한 방어가 요구되었다.

공격은 교회 외부에서 왔다. 동정녀 탄생은 기독교 신앙의 특징으로 알려졌기 때문에 바로 외부 사람들에 의해 공격받았다. 초기 기독교 저술가들이 분파주의자들과 이단자들에 대항하여 글을 썼을 때 동정녀 탄생에 관해 지켰던 침묵과 불신자라고 공언한 자들에 대항하여 저스틴이 그것을 자세하게 변호하는 것은 둘 다 그것이 교회의 신앙에서 차지하는 확고한 위치를 보여주는 것과 같다.[22]

앞의 연구에서 동정녀 탄생에 대한 확고하고 잘 형성된 신앙이 최소한 2세기 초까지 확장된 것과 그 신앙이 처음부터 사실로서 자연스럽게 받아들여졌기 때문에 결코 최근에 기원된 것이 아님을 보여 주었다.

그러나 동정녀 탄생에 대한 증거가 만장일치로 받아들여졌는지 아닌지의 문제가 이미 2세기 초부터 대두된다.

그것은 정상적인 인간의 출생에 반하는 증거와 견주어 보아야 되지 않은가?

분명히 연구자는 초기 교회 시대에 동정녀 탄생을 결정적으로 부정하는 것들을 세심하게 찾아 시작해야 한다.

그러한 부정들을 발견하는 것은 어렵지 않다. 이것들은 두 종류로 나뉜다.

(1) 기독교를 반대하는 자들에 의한 부정
(2) 기독교를 신앙으로 고백하는 자들에 의한 부정

이 중 전자,[23] 즉 기독교를 반대하는 자들에 의한 부정은 그 자체로 중요하지 않다. 예수님께서 놀라운 기적에 의하여 세상에 오셨다는 것을 믿으면서 동시에 그분의 고상한 주장을 거부하는 사람은 없다. 대체로 기독교에 대한 반대는 필연적으로 동정녀 탄생에 대한 반대를 수반한다. 그러므로 기독교를 반대하는 자들에 의한 부정은 신약성경에 반대되는 역사적인 자료로 간주되는 탄생에 관한 설득력 있는 대안을 제

---

22 Swete(*The Apostoles' Creed*, 1894, 46f.)는 이단에 의한 증언들까지도 포함하여 동정녀 탄생의 증거에 바르게 주의를 기울였다. Baur, *Das Leben Jesu im Zeitalter der neutestamentlichen Apokryphen*, 1909, 37ff.를 비교하라. 동정녀 탄생을 부정하는 이단들은 나중에 논할 것이다.

23 Bauer, *Das Leben Jesu im Zeitalter der neutestamentlichen Apokryphen*, 458ff.를 보라.

시하지 않는 한 의미가 없다.

실제로, 이 조건은 우리가 아는 어느 반대자들에 의해서도 만족되지 않는다. 우리는 확실히 그것이 기독교에 대한 이교도 반대자에 의해 만족될 것으로 기대하지 않는다.[24] 왜냐하면 기독교가 헬라-로마 세계의 진지한 관심을 불러 일으키기 시작했을 시기에, 반대자들이 팔레스타인 지역에서 예수님의 탄생에 관한 역사적 연구를 시작할 수 있거나 하려는 것은 거의 불가능했기 때문이다. 이러한 공격의 방법은 고대의 종교적 논쟁에 관해 알려진 사실들에 반하는 것이다.

그러나 유대인들의 반대 역시 마찬가지이다 처음부터 유대인은 예수님과 그의 추종자들과 가깝게 접촉했고, 그 관계는 대부분 적대적이었다. 만일 예수님의 실제 탄생 사실이 기독교인들에 의하여 감춰졌다면, 유대인 반대자들이 실제 이야기를 전했을 가능성이 있었다고 생각할 만하다. 그러므로 예수님의 탄생에 관한 유대인의 견해는 약간 조심스럽게 연구되어야 한다. 기독교에 대한 초기 유대인 논쟁의 주요 자료는 (물론, 신약에 추가하여) 세 개가 있다.

(1) 순교자 저스틴의 『트리포와의 대화』
(2) 셀수스에 반대한 오리겐의 논문
(3) 탈무드

이 자료 중 가장 초기인 2세기 중엽에 기록된 저스틴의 『트리포와의 대화』가 있는데, 유대인 트리포는 기독교인의 이야기에 반대하는데 어떤 구체적인 사실들을 제시함으로서 나타내려 하지 않았다. 유대교의 공통적인 메시아 기대 사상은 동정녀 탄생의 교리와 조화되지 않는데[25] 이사야 7:14의 70인역 본문은 예외적인 경우라 할 수 있다.[26] 더욱이 동

---

24 이교도 반대자들에 대하여는 Baur, *Das Leben Jesu im Zeitalter der neutestamentlichen Apokryphen*, 456ff.를 보라.

25 *Dial.*, 49(ed. Goodspeed, 147).

26 "젊은 여자" 대신에 '처녀'로 번역된 것에 대한 반대가 있다. *Dial.*, 67를 보라.

정녀 탄생 교리와 이방 종교 신화에서 페르세우스가 다나에로부터 출생했다는 이야기 간의 신빙성 없는 유사성이 거론될 수 있고[27] 전체적으로 구약의 사상은 메시아의 동정녀 탄생 교리를 지지하지 않는 것처럼 보인다.[28] 그러나 인간 예수 탄생의 실제적 상황을 대체할 만한 어떤 유대인의 이야기는 없다.[29]

켈수스에 반대하는 오리겐의 논문은[30] 저스틴에게서 결여된 것을 보완한다. 켈수스로 대변되는 반기독교적 유대인들은 동정녀 탄생에 대해 일반적으로 반대하거나 단순히 조롱하는 것으로 만족하지 않는다.[31] 그들은 동정녀 탄생을 대신하려고 예수님 자신이 기적 이야기에 의하여 감추어져 있다고 알려진 사건들의 실제 과정에 대한 이야기를 찾았다. 이 유대인의 논쟁에 따르면, 예수님은 실제로 판테라스라 이름한 어떤 군인과 마리아의 음란한 결합의 열매였고 그녀의 간음 때문에 그의 어머니는 목수인 그녀의 남편에 의해 집에서 쫓겨났다는 것이다. 비슷한 이야기가 탈무드에 나오며 (그러나 이름과 환경에 관한 한 큰 차이가 있다), 중세 '톨도트 예수'(*Tol'doth Jeshu*)에서 절정에 이른다. 동일한 비방이 또한 터툴리안에 의하여 암시되고 있다.[32]

셀수스에 의한 유대인의 논쟁은 2세기 중엽에 있었으며 예수님에 관

---

27 *Dial.*, 67.
28 *Dial.*, 68.
29 그러한 대안적인 (현재 연구될 것과 비슷한) 이야기의 암시가 있다고 생각되었다. *Dial.*, 23. Justin은 사본 τὸν κατὰ τὴν βουλὴν τοῦ θεοῦ διχα ἀμαρτίας τῆς ἀπὸ γένους τοῦ Ἀβραὰμ παρθένου γεννηθέντα υἱόν θεοῦ Ἰμσοῦν Χριστόν을 따라 읽고서, 예수님으로 간주한다. διχα αμαρτια를 읽는다면 아마 결혼생활 중 예수님 탄생 이야기의 예증이 될 것이다. 예수님이 "죄에서 떠나" 태어났다고 말함으로써, Justin은 아마 그 유대인 중상자를 반대했을 것이다. 그러나 그러한 해석은 매우 불확실하다. Otto의 노트를 비교하라. Goodspeed는 딕사 아마르티아(διχα αμαρτια) 대신에 디아 마르(δια Μαρ)로 읽는다.
30 이 저서는 그 자체가 3세기에 기록되었으나, 그것에 반대한 Celsus의 저서는 2세기 후반부터 간주된다. Celsus는 그 저서가 이교 철학자에 의하여 기록되었지만 우리가 현재 관심을 갖는 지금의 유대인의 기독교 반대 논쟁을 사용한 것으로 보인다.
31 *Contr. Cel.*, i 39(ed. Koetschau, i. 1899, 90).
32 *De Spect.*, 30. Bauer에 의해 인용됨(*op. cit.*, 458).

한 이야기가 있는 탈무드의 부분들은 보다 초기의 전통에 기초한다. 더욱이 동정녀 탄생을 반대하는 유대인의 논쟁의 흔적은 어떤 학자들에 의하여 야고보의 원시복음과[33] 정경적인 마태복음에서도 발견되었다.[34] 그렇지만 초기에 마리아의 간음 이야기가 존재했더라도, 어떤 독립적인 전승을 보여주는 것이 아니라 단순히 (논쟁에서비롯된) 동정녀 탄생에 관한 기독교 이야기에 기초한다는 것에 역사가들은 동의한다.[35]

따라서 초기 유대인들의 비방은 단지 하나의 증언을 더한 것이며, 동정녀 탄생에 대한 초기 기독교의 일반적 신앙에 대해서 그리고 그것을 반박할 수 있는 어떤 확실한 역사적 전승의 부재에 대하여 상당한 중요성을 가진다. 유대인들이 기독교를 공격할 때 동정녀 탄생은 기독교 신앙의 필수적인 부분이었기 때문에, 동정녀 탄생 교리를 공격할 필요가 있었다. 그러나 그들이 그것에 반대하여 사용했던 것은 독립적인 역사적 전통이 아니라 예수님이 육체적으로 그의 아버지라 불리는 요셉의 아들이었다는 당연한 추측이거나 방금 제시하였던 절대 믿을 수 없는 이 비방하는 이야기이다.

---

33 A. Meyer는 Hennecke, *Handbuch tu den neutestamentlichen Apokryphen*, 1904, 99f.에서 원복음이 요셉과 마리아에게서 예수가 탄생했다는 유대 기독교인의 신앙(유대인과는 구별됨)을 겨냥하였다고 추정할 필요가 없는 것 같다.

34 예를 들면, Zhan and A. Meyer, *op. cit.*, 49. Zhan의 견해에 관한 해석과 비평은 본서 330면 이하를 보라.

35 위법적인 예수 탄생 이야기는 적어도 Bahrdt(*Briefe ueber die im Volkston*, 1782, i, 130ff.)에 의하여 배제되지 않았고, 정경의 이야기뿐만 아니라 야고보의 원복음서에서 세밀한 합리화로, Venturini에 의한 정교한 이야기로 확대되었다 Venturini, (*Naturliche Geschichte des grossen Propheten von Nazareth*, 2te Aufl., 1806). Venturini에 따르면, 예수의 참 아버지는 에세네파와 연결되었다. 후에 예수 자신이 에세네파가 되었다. Venturini의 소설은 고대 사본에서 비롯되었다고 주장된 익명의 저서 *Historishe Enthullungen uber die wirklichen Ereugnisse der Geburt und Jugend Jesu*(이것의 2판이 1849년에 Braunschweig에서 간행되었다)의 자료였다! 생물학자 Haeckel(*Weltrathsel*, Neue Aufl., 1899, 377-380; 영어 번역본, *The Riddle of the Universe*, 1901, 328-330)은 판데라 이야기를 신뢰하고 있지만, 어느 중요한 역사학자도 추종하지는 않았다. Loofs가 *Christliche Welt*, Xiii, 1899, columns 1069f.,에서 Haeckel에 대한 논박과 Hilgenfeld, *Zeitschrift fur wissenschaftliche Theologie*, xliii. 1900, 217-277를 비교하라.

따라서 초기의 기독교 반대자들이 동정녀 탄생을 부인하는 것은 그 사건의 역사성에 반대할 만한 어떤 근거를 가지고 있지 않다. 반대자들은 기독교 교리를 전제하고 그것을 대체할 그들 자신의 역사적 전통이 전혀 없다. 그들이 반대하는 단순한 사실은 예상되었던 것이기 때문에 전혀 중요하지 않다. 그들이 기독교인이 되지 않는 한 그들은 예수 그리스도의 동정녀 탄생을 받아들이기 어려울 것이다.

그렇지만 언뜻 볼 때, 다른 부류의 동정녀 탄생의 부인, 즉 기독교인이라고 고백하는 편에서 부인을 설명하는 것은 그렇게 쉽지 않아 보인다.

어느 기독교인이 일단 그것을 알고 있다면 역사적 전통 외에 그로 하여금 주님의 기적적 잉태를 부인하도록 하는 것은 무엇인가?

기독교인의 동정녀 탄생에 대한 부인은 매우 주의 깊은 태도를 요하는 것이 명백하다.[36]

동정녀 탄생이 부인될 때 두 가지 가능성이 열려 있다. 만약, 예수님이 동정녀에게서 태어나지 않았다면, 그는 요셉에 의하여 잉태되거나 아니면 그는 전혀 태어나지 않았을 것이다. 후자의 견해를[37] 취한 자들은 현재의 연구가 중요하지 않다. 왜냐하면 그들이 동정녀 탄생을 부인하는 것은 명백히 역사적 전통으로부터가 아니라 철학적 이론으로부터 나왔기 때문이다. 그들에 의하면, 어느 탄생 심지어 동정녀 탄생조차도 그리스도를 세상과 너무 밀접한 관계로 끌어들이는 것 같다.[38] 동정녀 탄생의 이야기가 신비라면, 마르시온의 부인은 그 신화를 논박하는 것이 아니라, (오히려) 그것에 대한 진일보한 발전이다.[39]

---

36 이미 여러 번 인용된 Bauer의 매우 가치 있는 저서(*Das Leben im Zeitalter der neutestamentilichen Apokryphen*, 1909)는 다음의 토론을 위해 매우 자유롭게 사용되었다. 바우어는 (동정녀 탄생에 관한 그의 견해는 실제로 우리와 반대이다) 비교할 수 없는 충분성으로 이 부분의 주제에 관한 연구 자료를 수집했다.
37 예를 들어 Marcion. Bauer, *op. cit.*, 34ff.를 보라.
38 Tertullian, *de carne Christi*, 1의 강력한 구절을 보라.
39 만약, 이전에 어떤 학자들이 추측한 대로 예수 탄생 이야기가 없는 Marcion의 복음서가 발견된 우리의 셋째 복음서인 누가복음의 원형을 나타냈다면, Marcion은 그렇게 쉽게 포기될 수 없다. 그러나 그러한 가설은 지금 일반적으로 포기되었다. 지금은 Marcion의

이레네우스의 초기 이단 설명에 포함된 카르포크라테스와 케린투스는 예수님을 요셉과 마리아의 아들로 인정했다. 그러므로 그들이 동정녀 탄생을 대체하려 했던 것이 그 자체로 쉽게 믿을 만하다는 점에서 마르시온과 다르다. 그러기에 그들의 동정녀 탄생에 대한 부인이 철학적 사색의 산물이라고 판단되지만 또한 역사적 전통에서 파생된 것으로 판단된다. 그 문제는 마르시온의 경우처럼 쉽게 결정될 수는 없다.

카르포크라테스는[40] 2세기 초 영지주의 사상가였다. 그는 세상이 최고의 신이신 성부 하나님보다 훨씬 열등한 천사들에 의하여 창조되었다고 주장했다. 그는 예수님이 단지 위대한 영적인 능력을 가지고 있다는 점에서 사람들과 다르며, 이 능력이 최고의 신이신 하나님의 임재 속에서 예수님으로 하여금 그가 본 것을 기억할 수 있도록 한다고 생각했다. 하나님은 예수님이 세상의 창조자들에게서 도피하도록 하기 위하여 그에게 힘을 보내셨다. 예수님을 모방하는 모든 영혼은 그와 같이 성취할 수 있다. 그 이상의 성육신들(incarnations)을 피하기 위하여 사람들은 여러 행동을 경험하려고 노력해야 한다. 모든 도덕은 믿음과 사랑에 있다. 그 밖의 모든 것은 사람의 의견으로만 선하거나 나쁜 것이지 실제는 그렇지 않다.

기독교와 카르포크라테스적 영지주의의 연관성이 얼마나 미미한지는 어렵지 않게 감지할 수 있다. 로마에서 카르포크라테스의 추종자들이 훗날에 알렉산더 세베루스 황제를 추종했던 방식 그대로 피타고라스, 플라톤과 아리스토텔레스의 조각상 옆에 예수의 상을 두었다는 것은 놀라운 일이 아니다.[41]

명백히 그런 체계(system)의 수립자는 동정녀 탄생이 그 시대의 기독교인들 가운데 보편적으로 용납된 교리였을지라도, 그가 동정녀 탄생을 부인하기 위하여 어떤 역사적인 증거를 요구하지 않았을 것이다. 왜냐

복음서가 우리의 누가복음의 요약본으로 인정된다.
40 예를 들어, Herzog-Hauck, *op. cit.*, x, 1901, 97-99에 있는 G. Krueger의 논문 "Karpokrates"를 보라.
41 Irenaeus, *haer.*, I. xxv(ed. Stieren).

하면 보다 위대한 영혼의 자유를 제외하고, 예수님이 인간들과 동등하게 시작해야 한다는 것이 그의 체계에 필수적이었기 때문이다. 그렇게만 할 수 있다면 인간들의 입장에서 예수님을 모방하는 것이 그와 동등한 성공을 보증할 것이다. 만약, 예수님이 동정녀에게서 탄생했다면 예수님과 인간들 사이에 인격과 본성의 근본적인 차이가 있을 것이라고 추정되었을 것이다. 그리고 예수님의 추종자들은 세상의 권세에 대해 그에게 승리를 안겨다 주었던 것이 인간이 도달할 수 없는 다른 본성이라는 확신을 가지고 있었을 것이다.

물론, 카르포크라테스가 기독교를 단순히 예수님을 모방(imitation)하는데 있는 것으로 간주하는 것은 아주 옳았다고 어떤 현대인들에 의하여 주장될 수도 있을 것이다. 그러나 그렇다해도 이교도의 철학적 개념으로 가득한 그의 체계의 전체적인 특성은 기독교의 정확한 해석이 우연히 맞춘 것에 불과하다는 견해를 치명적으로 반대하는 것이다. 그는 이그나티우스나 저스틴보다는 오히려 자신을 통하여 진정한 원시 기독교 전통의 노선을 따르는 담대한 역사가이다. 실제로 카르포크라테스는 그 말의 막연한 의미를 제외하면 '기독교인'으로 간주될 수 없다. 그를 추종자하는 자들은 그들이 예수님과 동등되거나 예수님보다 강하다고 주장하는 한 그들의 선생의 가르침을 따르고 있을 뿐이다.[42] 카르포크라테스의 동정녀 탄생에 대한 부인은 켈수스와 마찬가지로 중요하지는 않다.

케린투스는 카르포크라테스 다음에 이레니우스에 의하여 논의된다.[43] 매우 이른 시간에 그가 실패했었다는 것이 에베소의 목욕탕에서 사도 요한과 만났다는 익숙한 전통에서 나타난다. 카르포크라테스와 마찬가지로 그도 영지주의자였고 예수님을 요셉과 마리아의 아들로 간주했다. 그러나 그는 세례 후 그리스도가 인간 예수에게 내려왔고 예수님에게서 알지 못하는 아버지를 선포할 수 있도록 했고 기적을 행할 수 있도록

---

42 Irenaeus, *haer.*, I. xxv. 2.

43 *haer.*, I. xxvi. 1.

했고 십자가에 못 박히기 전에 다시 그를 떠났다고 생각했다.

세례시 성령의 임재로 예수님의 메시아 되심과 하나님의 아들이 시작되었다는 견해는 예수님에 대한 역사적이고 인본적인 견해와 완전히 발전된 동정녀 탄생에 대한 교리-이것이 예수님의 하나님의 아들되심을 예수님의 지상에서의 삶의 시작까지 확장하여 거슬러 올라가게 하는 것으로-사이의 중간 단계를 보여주는 것이라고 현대 학자들에 의하여 널리 주장되었다.

만약, 그렇게 발전되는 것이었다면 케린투스는 예수님의 순수한 인간 탄생을 아직 포기하지 않았던 중간 견해의 증인으로 보일 것이다.[44] 그렇지만 또 다른 설명에서도 케린투스의 가르침은 동정녀 탄생이 없음을 똑같이 말할 것이다. 케린투스는 그리스도가 고난 전에 예수님으로부터 떠났다는 생각을 가지고 있다고 이미 고찰하였다.

이러한 견해는 그리스도가 영광스럽게 올림받기 위해서 십자가에서 고통 받아야 했다는 견해보다 더 원시적인 견해라고 생각될 것인가?

이 점에 관한 케린투스의 가르침은 그리스도가 세상에 매우 밀접한 관계로 들어오는 것에 대한 두려움에 기인했다는 것이 더 그럴듯하지 않은가?

만약, 그렇다면 그 당시의 교회에서 일반적으로 받아들여진 교리를 생각하면서, 동일한 교리적 관심이 케린투스가 동정녀 탄생을 부인하는 것에 대해 설명해 줄 것이다. 가현설의 원리에서는 처녀에게서 그리스도가 탄생하는 것이 전혀 불가능하다. 그러므로 그는 후속적으로만 인간 예수와 연합되어야 한다. 그러나 만약, 인간 예수가 세례 전까지 그리스도와 아무 관계가 없었다면 동정녀에게서 탄생되었어야 한다고 생각할 이유가 없었다. 그래서 적극적으로 반대할 이유가 있었다. 왜냐하면 동정녀 탄생은 하나님의 아들됨을 포함하고 있는 것으로 느꼈기 때문이다.

---

44 Usener, *Das Weihnachtsfest*, 2te Aufl., 1911, 122–131를 비교하라. Usener는 동정녀 탄생 교리에 나타난 대로 Carpocrates의 교리와 교회의 후기 교리 사이에 Cerinthus의 기독론을 위치시킨다.

그러기에 만약, 케린투스가 동정녀 탄생을 인정한다면, 그가 그리스도에게서 수난사건을 제외시키는 것을 무엇보다도 가장 막고자 하였던 것과 같이 하나님의 아들의 실재적 성육신을 인정하지 않을 수 없었을 것이다. 그러므로 동정녀 탄생은 철저히 케린투스의 원리에 어긋나며 그리스도에 대한 부정은 아마 역사적인 전통보다는 철학적인 선입견에 기인할 것이다.[45]

케린투스는 이미 수난 전에 예수로부터 그리스도가 떠났다고 말했다면 그가 인간 예수의 육체적 부활을 받아들였다는 주장은 반박될 수 있을 것이다.

왜 그는 인간 예수가 부활했다는 것보다 동정녀 탄생에 철학적으로 더 많이 반대를 했는가?

이런 반대에는 만족할 답변이 있다. 동정녀 탄생이 부활과 마찬가지로 케린투스의 이중적 원리에 명백히 모순되지 않는다는 것은 사실이 아니다. 왜냐하면 유대인에게가 아니라면 동정녀 탄생은 적어도 헬라적 교육을 받은 사람에게는 부활보다 훨씬 분명히 하나님의 아들됨을 증명하는 것으로 보일 것이기 때문이다. 케린투스에게 있어서 마태복음 1:18-25과 누가복음 1:35은 최고 신이신 하나님이 제우스나 헬라신화의 다른 신들과 마찬가지로 이 세상과 분리되지 않는 분임을 보여주는 것으로-잘못된 것이지만 케린투스의 관점에서 본다면 자연스럽게-여겨졌을 것이다.

그리고 만약, 그런 묘사가 옳다면 케린투스의 전체적인 이중적 원리는 땅에 떨어질 것이다. 우리는 케린투스가 누가복음 1:35 같은 구절을 읽으면서 헬라신화에서 말하고 있는 신적인 탄생으로 **반드시 생각하고 있었다는** 의미로 말하는 것은 아니다. **사실** 이러한 유추들은 매우 동떨어진 것이다. 그러나 어떤 구절에서는 정말로 인간 어린아이 예수를 하나님의 아들이라고 표현한다. 그리고 인간 어린아이에 대한 호칭과 초

---

45 Irenaeus(*loc. cit*)는 Cerinthus가 불가능한 것으로 보이기 때문에 동정녀 탄생을 부인했다고 말한다("*impossibile enim hoc ei visum est*"). 이것은 Cerinthus의 반대가 역사적이라기보다 철학적임을 의미하는가?

기 영지주의의 전체적인 체계는 양립할 수 없게 상반된다.[46]

지금까지 논의된 동정녀 탄생을 부인하는 것들은 단순히 개인에게서 나왔다는 점에서 비슷하다.[47] 이러한 상황은 그러한 부인들을 위한 동기의 심리적 표출을 촉진했다. 예를 들어, 마르시온의 체계는 매우 분명한 것이고, 동정녀 탄생이 그것과 모순되었음은 쉽게 알 수 있다. 그렇지만, 그 경우는 다음에 연구될 동정녀 탄생을 부인하는 부류와는 다르다. 왜냐하면 이러한 부인자들은 겨우 '유대 기독교인들'이나 기껏해야 '에비온파'라는 특별한 명칭으로 분류될 수 있기 때문이다.

유대 기독교인의 동정녀 탄생에 대한 부인은 우리에게 현존하는 문서로서 순교자 저스틴의 『트리포와의 대화』에 처음으로 나타난다. 그 대화에서 유대인 트리포는 그리스도의 선재와 동정녀 탄생에 대한 반대를 표현했다.

트리포에 따르면 이러한 일들은 증거가 있음직하지 않고 불가능하기 때문에 그리스도에 관한 모든 그리스도인들의 논쟁은 실패한다는 것이다. 저스틴은 이 문제는 나누어서 살펴보아야 한다고 대답한다.

"당신이 그리스도의 선재와 동정녀 탄생을 부인하더라도 당신은 여

---

46 그들이 예수의 세례시에 내려온 그리스도가 십자가에 못박히시기 전에 떠났다고 주장했다 해도 Irenaeus의 Ophites(*haer.*, I. xxx)가 동정녀 탄생을 인정했다는 주장에 대해 결정적 반대가 없는 것은 아니다(Usener, *op. cit.*, 137-139). 반대로, 그 사실은 단순히 동정녀 탄생이라는 기독교 전통에 의하여 영지주의 분파에 영향을 끼쳤던 것이 어떤 경우에 가장 강력한 철학적 선입견조차도 극복하기에 충분했음을 보여 준다. Usener는 다음과 같이 말한다(*op. cit.*, 138). "동정녀 탄생이 기록된 복음으로 받아들여진 후에 어떻게 동정녀 탄생이 인정을 필요로 하고 심지어 가장 완전한 가현설의 체계에서도 그것을 강제로 다루게 했는가 그리고 어떻게 먼저 억지로 화해를 시도한 후 어색해지고 그리고 나서 잘 다듬어지게 되었는가를 관찰한다." 유일한 질문은 모순이 우리의 복음서 이야기의 혁신 때문이라기보다(Usener가 생각한 대로) 영지주의자의 혁신 때문에 일어나지 않았는가이다.

47 Carpocrates와 Cerinthus의 제자들 외에 다른 영지주의자들이 이와 같이 동정녀 탄생을 부인했다는 것이 완전히 가능하다(Bauer, *op. cit.*, 31f.를 보라). 영지주의자 Justin에 관한 문제는 아마 때때로 추측한 것처럼 아주 명백하지는 않다. 이러한 Justin이 예수님을 요셉과 마리아의 아들로 말했지만, 요셉에 의하여 탄생했다고 간주하는 것은 확실하지 않다(Hipol., *Philos.* V. xxvi. 29, ed. Wendland, iii, 1916, 131). 하여튼, 동정녀 탄생을 부인하는 그밖의 다른 영지주의자들은 역사적 전통에 의하여 영향을 받아 부인하는 Carpocrates와 Cerinthus와는 완전히 다르다.

전히 메시아됨을 받아들일 수 있다. 실제로 당신의 동족 가운데는 당신처럼 어중간한 생각을 가진 사람도 많다"고 저스틴은 말한다. 그리고 계속 말하기를

> 왜냐하면 나의 친구여, 당신의 동족 가운데는 그는 그리스도이시지만 인간에게서 태어난 사람이라고 주장하는 당신과 같은 부류의 사람들이 있다. 우리는 사람의 가르침이 아니라, 복된 선지자들을 통하여 선포되었거나 그들을 통하여 가르쳐진 것들에 순종할 것을 그리스도에게로부터 명령 받았기 때문에, 그들에 대해 반대하며 나와 똑같이 생각하는 다수의 사람들도 그에게 동의하지 않을 것이다.[48]

이 인용문의 사본들은 최근까지 결정적인 구절에 대해 항상 '당신의 동족 중 몇 사람' 대신에 '우리의 동족 중 몇 사람'으로 읽어왔다. 그런 점에서 그 인용문을 널리 사용한 것이 동정녀 탄생의 초기 증거에 대한 공격의 빌미를 제공했다. 순교자 저스틴은 동정녀 탄생을 부인한 사람들을 '우리 동족,' 즉 그리스도인으로 인정했기 때문에 동정녀 탄생을 기독교 신앙의 필수 요소로서 인정할 수 없었고, 따라서 그 교리는 기독교인이 믿어야 할 더 이상 포기할 수 없는 핵심교리로서 아직 확고하게 정립되지 않았다고 주장되어 왔다.

다른 학자들은 저스틴의 글에서 '우리 동족'이 그리스도인을 가리킬 것이라는 추측에 결코 동의할 수 없었다. 그래서 본문에서 '우리 동족' 대신에 '당신의 동족'으로 간단히 수정하여 대체하는 것을 더 선호했다.[49] 그 대화에서 '당신의 동족'은 유대인의 일반적인 호칭이며 이곳 본문에도 마찬가지이다. 이보다 더 명백하게 수정이 요구된 적은 없었다.

---

48 Justin Martyr, *dial.*, 48(ed., Goodspeed, 146. f.). 번역을 위하여 약간의 도움을 Reith, in *Anti-Christian Library*, ii, 1876, 148f로부터 받았다. 인용된 문장의 후반부는 매우 불분명하다. 왜냐하면 다른 번역이 있기 때문이다. A. Lukyn Williams, Justin Martyr, *The Dailogue with Trypho*, 1930, 96를 보라.
49 헤메테루(ἡμετέρου [우리의]) 대신에 휘메테로우(ὑμετέρου [당신의])로 읽는다.

그런데 어떤 학자들은 광범위하게 주장된다고 하여 '우리 동족'이라는 독법을 기초해야 한다 하고, 또 다른 학자들은 확실하지 않지만 수정된 '당신의 동족'이라는 독법을 선호하여 학문적으로 주장한다. 그 후 하르낙은 기초가 되는 사본 자체를 조사해보기로 했고 그 결과 '당신의 동족'이 본래의 독법이라는 사실을 발견하였다.⁵⁰

따라서 저스틴은 동정녀 탄생을 부인한 사람들이 기독교인들이라는 것을 이 인용문에서 말하지 않는다. 그러므로 우리가 동일한 저자의 확고한 확신으로 보여지는 것에 대해 반대할 이유가 없다. 즉 동정녀 탄생은 모든 기독교 변증가들이 옹호할 것을 촉구하는 근본적인 것들 중 하나이다. 그가 말하고 있는 것은 단지 그 유대인이 선재와 동정녀 탄생을 부인해야 한다고 느끼기 때문에 예수의 메시아임을 부인하는 것은 비논리적이라는 것이다. 만약, 유대인이 적어도 예수님의 메시아되심에 관하여는 잘못 알고 있음을 설득시킬 수 있다면, 그가 또한 동정녀 탄생에 관하여도 잘못 알고 있음을 확신시킬 수 있을 것이다. 전체 기독교와 비교하여 본질적으로 단순히 예수님의 메시아되심을 인정하는 것은 틀림없이 저스틴에게는 불충분해 보이는 것 같다. 그러나 보다 높은 것을 향한 하나의 징검다리로 간주한다면 저스틴의 즉각적인 목적에 도움이 될 것이다.

그러므로 그 인용문에서 도출해 낼 수 있는 정보는 순교자 저스틴의

---

50 대화에 대한 최초 사본은 파리의 국립 도서관에 있는 1364년이라고 날짜가 적힌 사본이고, 다른 유일한 현존 사본은 명백히 이차적이고 별로 가치 없는 것으로 간주된다. 파리 사본의 실제적 읽기에 관한 Harnack의 발견은 그의 교리사에 보고되었다(4te Aufl., i, 1909, 320). 현재의 필자는 그 사본을 연구했고, "ὑμετέρου"를 분명하게 읽을 수 있다고 보고할 수 있다. 어떤 의심의 여지도 없이 그 단어의 첫 문자는 휘이고 헤가 아니다. 이후의 편집자들에 의하여 복사된 첫 출판자 Stephanus의 실수로 인하여 모든 문제가 발생했다. 이러한 실수는 재앙스러운 결과를 가지고 올 정도로 걱정스러운 것은 아니었다. 심지어 Harnack이 그 잘못을 지적한 후에, 우리는 (예를 들어) James Moffatt과 같은 학자가 잘못된 독법에서 Justin은 기독교인으로서 동정녀 탄생을 부인하는 자들을 알아보게 되었다는 결론을 이끌어 내고 있음을 발견한다(Moffatt, *Introduction to the Literature of the New Testament*, 3rd edition, 1918, printing of 1925, 10, footnote 2). Goodspeed는 대화에 관한 그의 편집에서 정확한 읽기를 했다.

시대에 예수님을 메시아로 인정했더라도 그를 단지 인간이고 보통 인간의 방법으로 태어난 것으로 간주하는 유대인 혈통을 지닌 사람들이 있었다는 것이다.[51] 분명히 저스틴은 모든 유대 기독교인들이 동정녀 탄생을 부인했다고 말하지 않는다.[52] 불확정적인 표현 양식은 정반대의 결론을 제안하는 것 같다.[53] 우리가 여기에서 논의하는 구절의 바로 앞 단락에서[54] 저스틴은 분리주의적인 유대주의 그리스도인들에 대해 잠간 논의한 뒤에 이방인 그리스도인이 모세의 율법을 지켜야 하는지에 대한 입장에 따라 그들을 두 부류로 나누었다.

그렇지만 여기서 그는 방금 논의한 유대 기독교인들과는 완전히 독립적으로 동정녀 탄생을 부인하는 메시아 신앙을 지닌 신자들을 언급한다. 만약, 그가 두 부류 중에서 분리주의 유대 기독교인들이 동정녀 탄생의 부인을 의미했다면, 그들을 나타내기 위하여 '당신의 동족 중 어떤 사람들' 외의 다른 표현을 사용했을 것이다. 그는 당연히 그들을 '우리가 방금 논의한 이들, 당신의 동족'이나 유사한 사람으로 말하였을 것이다.

독자는 확실히 48장의 '어떤 사람들'이란 비교적으로 소수의 사람이라는 것과, 그들이 47장에서 언급된 분리주의 유대 기독교인들을 구분하는데서 전적으로 제외되었다는 인상을 받는다. 분명 저스틴은 유대인들에게 전에 알려지지 않았거나 또는 적어도 명확하게 알려지지 않은 사실이지만 동정녀 탄생을 부정하면서도 예수님의 메시아되심을 인정하는 자신의 동족이 있었다는 것을 유대인에게 알려야 했다. 그 유대인은 분명히 동정녀 탄생을 공격할 때 기독론의 부분 뿐만 아니라 전체를 공격하고 있다는 결론에 도달하려 했다. 상상컨대 어떤 사람이 동정녀 탄생은 부인하지만 그의 메시아되심을 인정하리라는 것은 그에게 결코

---

51 ἄνθρωπον...ενξ αννθρώπων γενόμενον.
52 Bauer(*op. cit.*, 33)가 Justin이 알았던 유대 기독교인들만이 동정녀 탄생을 확신하지 않은 유대 기독교인들이었다고 말하는 것은 전적으로 부당하다.
53 Zahn, *Geschichu des neutstamentilichen Kanons*, ii, 1890, 671, Anm. 2를 비교하라.
54 *Dial.*, 47(ed. Goodspeed, 145f.).

일어나지 않을 것으로 보인다.

그러므로 이 구절은 저스틴이 동정녀 탄생을 부인하는 자들 외에 어떤 유대인 기독교인들을 알지 못했다는 것을 나타내는 것이 아니다. 오히려 그것은 저스턴의 시대에 동정녀 탄생을 반대했던 유대 기독교인들-만약, 우리가 막연한 뜻으로 잠시 동안 '기독교인'이란 용어를 사용할 수 있다면-은 그 자신의 동족들에게도 무시될 만큼 하찮았다는 것을 증명한다. 분리주의 유대 기독교인들 가운데에서도 그들은 매우 소수였다. 그리고 분리주의 유대 기독교인들은 『트리포와의 대화』(the Dialogue with Trypho) 47장에서 언급된 두 개의 큰 그룹을 다 포함하면서도 모든 유대 기독교인들을 포함하지 않았다는 것이 항상 기억되어야 한다.

의심의 여지 없이 유대교 배경을 가진 많은 그리스도인들은 자신들을 단지 교회와 연합하였고 그들의 구별된 정체성을 철저히 상실했다. 그러나 우리가 지금 주목하는 요점은 그들의 구별된 정체성을 상실하지 않는 자들이나 비정통적이거나 분리주의자들 중에서도 저스틴 시대에 동정녀 탄생을 부인하는 자들이 상당수 존재했는가 하는 점이 분명하지 않다는 것이다.

유대 기독교인의 동정녀 탄생을 부인하는 또 하나의 증명이 2세기 후반에 기록된 이레네우스가 이단을 반박하는 저작에 나타난다. 여기에 처음으로 '에비온파'(Ebionites)란 용어가 등장한다.[55] 관련된 인용문은 다음과 같다.[56]

---

55 Origen(*de princip.*, iv. 22)은 이 이름을 '가난'을 뜻하는 히브리어에서 끌어내어 그 분파의 영적인 빈곤으로 해석한다. 아마 그것은 일반적으로 기독교인을 나타내기 위한 유대인들 가운데 사용된 용어였을 것이고, 그밖에 그것은 그들 자신을 위하여 에비온파들에 의하여 좋은 의미로 적용되었을 것이다. Tertullian과 다른 사람들은 에비온이 그 분파의 창시자의 이름이었다고 추측했지만, 이 가설은 강력한 변호에도 불구하고 Hilgenfeld(Dalman, *Die Worte Jesu*, 1898, 42, Anm. 2; 영문번역 *The Words of Jesus*, 1902, 52f., footnote 3과 비교해서)에 의하여 일반적으로 포기 되었다.

56 Irenaeus, *haer.*, I. xxvi. 2. 번역은 *Ante Nicene Christin Library*, 1868에 있는 Roberts와 Rambaut의 것이다.

에비온파라고 불리는 자들은 세상이 하나님에 의하여 만들어진 것에 동의한다. 그러나 주님에 관한 그들의 견해는 케린투스와 카르포크라테스의 견해와 비슷하다. 그들은 마태복음만을 사용하며, 사도 바울을 율법의 배교자였다고 주장하며 거부한다. 예언적인 저술에 관하여, 그들은 조금은 단순한 방법으로 설명하려고 노력한다. 그들은 할례를 행하고 율법에 명령된 관습의 준수를 유지하며 삶의 형식이 매우 유대적이어서 심지어 그들은 예루살렘을 하나님의 집인 것처럼 찬미한다.

에비온파가 어떻다는 것을 이 짧고 간단한 인용문으로부터 결정하기는 매우 어렵다.

그들의 출발점은 단순히 정통 바리새파 유대교였는가 아니면 영지주의적 견해의 지지자들이었는가?

양자 중 전자를 선택한다면, 그들은 한편으로 세상의 창조자와 다른 한편으로 최고의 신이신 하나님 사이에서 그들은 영지주의적 분리를 거부하고 모세의 율법을 엄격히 지지하는 입장을 취한다. 그러나 그 문제는 종종 추측하는 것만큼 분명하지 않다. 그들은 '케린투스와 카르포크라테스의 견해와 비슷하게' 주님에 관한 그들의 견해를 주장했다고 분명히 말했다. 만약, 이 주장이 확실히 받아들여진다면 영지주의적 사고방식의 범주에 에비온파를 포함하는 것으로 보일 것이다.[57] 적어도 케린투스는 세례시에 내려온 그리스도와 인간 예수 사이의 전형적인 영지주의적 분리를 주장했기 때문이다.

카르포크라테스가 주님에 관하여 약간 다른 견해를 취했다는 것은 인정되어야 한다. 그래서 그들의 견해에 관한 부정적인 측면, 특히 동정녀 탄생을 그들이 부인한 것만을 언급하는 케린투스와 카르포크라테스의 견해와 에비온파의 유사성은 이레니우스에게서 기인한 것처럼 보일 것이다. 그러나 카르포크라테스는 심지어 "어떤 능력이 하나님 아버지로부터 그(인간 예

---

[57] 라틴어 본문에서 '비슷하게' 앞에 나타나는 부정어(not)의 제거에 관하여 Harvey가 편집한 Irenaeus, i, 1857, 212f.를 보라.

수)에게 내려왔다는 것, 그것에 의하여 그는 세상의 창조자로부터 도피하였을 것"이라고 주장했다.[58] 예수님에게로 이러한 한 '능력'이 내려옴은 그리스도가 예수님 위로 강하했다는 케린투스의 견해와 본질적으로 너무 비슷하다. 어쨌든, 이레니우스의 말대로 만약, 에비온파의 주님에 관한 견해가 케린투스와 카르포크라테스와 비슷하다면 그들은 보수적인 바리새파 유대교가 아닌 영지주의 성향을 보여주고 있는 것이다.[59]

이러한 에비온파의 영지주의적 견해에 관해 또 하나의 가능성을 나타내는 것으로 그들이 '약간 단순한 방법으로' 예언서를 설명하려는 논의에서 발견된다.[60] 여기서 언급된 성경에 관한 기이한 해석에 영지주의적 견해를 포함하였을 것이다. 쉴리만은[61] 다른 해석을 제시했다. 그는 그 구절이 정말 의미하는 것은 에비온파가 어떤 것이 예언적인가를 결정하고 싶어했다는것을 주장했다. 이 해석은 또한 영지주의적 견해를 애호하는 에비온파를 포함하였을 것이다. 왜냐하면 그들과 구약을 비평하는 에피파니우스의 영지주의적 에비온파 사이의 두드러진 병행을 발견하는 것이 가능했기 때문이다.[62] 그 문제는 미해결로 남겨질 수밖에 없다. 이레네우스가 여기서 언급한 분파는 영지주의적 성격이었는지 아니었는지 명백하지 않다.

힙폴리투스는 이레니우스에 의존하여, 에비온파에 대해 다음과 같이 설명한다.[63]

---

58 Irenaeus, *haer.*, I.xxv. I(Robert와 Rambaut의 번역)
59 Irenaeus 크게 의존했던 Hippolytus의 잃어버린 *Syntagma*를 복원하면서 Filastrius가 에비온파를 Cerinthus와 Carpocrates와 연결시키기보다는 Cerinthus만 배타적으로 연결지었다는 점이 중요하다. Filastrius, c. ix(ed. Marx, 1898, 20, in the Vienna *Corpus*, vol. xxxviii)를 보라.
60 "Quae autem sunt prophetica, curiosius exponere nituntur."
61 *Die Clementinen*, 1844, 494-497. Schmidtke, "Neue Fragmente und Untersuchungen zu den judenchristlichen Evangelien," *Texte und Untersuchungen*, 37. Band, Heft I. 1911, 226f.
62 Hippolytus, *ref. omn. haer.*, vii. 23-26(ed. Wendland, iii, 1916, 221).
63 Hippolytus, *ref. omn. haer.*, vii. 34(ed. Wendland, iii, 1916, 221). Legge가 번역한 *Philosophumena*(in *Translations of Christian Literature*), 1921, ii, 93를 보라.

그러나 에비온파는 우주가 스스로 존재하는 하나님에 의하여 존재하게 되었다는 것을 인정한다. 그리고 그리스도에 관하여 그들은 케린투스와 카르포크라테스와 동일하게 날조한다. 그들은 율법에 의하여 의롭게 될 것이라고 생각하고 예수님도 율법을 실천하여 의롭게 되었다고 말하면서 유대인의 관습에 따라서 산다. 그러기에 그는 하나님에 의하여 그리스도와 예수라고 이름 지어졌다. 왜냐하면 그들 중 아무도 율법을 성취하는 사람은 없었기 때문이다.[64] 만약, 어떤 다른 사람이 율법 안에 있는 계명들을 실천했다면, 그가 그리스도가 되었을 것이다. 그들은 말하기를 만약, 그들이 그리스도와 동일한 일을 행한다면 그들도 그리스도가 될 수 있다고 말한다. 왜냐하면 그분은 모든 인류를 대표하는 분이기 때문이다.

잘 알려진 대로 여기에 이레네우스가 히폴리투스에 의존하는 것이 첫 문장에 나타난다. 그러나 인용문의 나머지에서 에비온파가 가지고 있는 인간적인 예수상이 더 분명하고 충분히 표현되었다. 어떤 사람들은 에비온파를 따라서 만약, 예수님처럼 그들이 율법을 지킬 수 있었다면, 예수님이 그리스도였던 것처럼 그들도 그리스도가 될 수 있었다고 힙폴리투스는 말한다. 여기에는 영지주의적 신념에 대한 어떤 암시도 없는 것 같다. 그러나 그들이 예수님을 모방할 수 있도록 하기 위해 예수님이 다른 사람들과 같은 수준에서 시작했다는 개념은 결과적으로 이레네우스와 힙폴리투스가 카르포크라테스에게서 기인한 견해와 비슷하다. 하여튼 이 인용문에서 구별할만한 영지주의적 견해를 보여주는 언급이 없다는것은 이 힙폴리투스의 에비온파가 단순히 보수적이거나 바리새적인 유대인이었다는 명백한 증거가 될 수 없다.

다른 증거는 그들이 영지주의적 견해가 아니더라도 혼합주의적인 색채를 띤 것이 아닌가 하는 의혹을 갖게 한다. 사람들이 율법을 완전히 지킴으로써 성취할 수 있는 정도로만 예수님을 '그리스도'로 간주하는 견해는 초기 팔레스타인 교회에 속한 어떤 신앙노선과도 동떨어진 것이

---

64 Wendland는 'none of the others' 대신에 'none of them'을 추측한다.

다. 에비온이 "사가랴 안에 천사가 머물렀던 것처럼 그리스도 안에 천사가 머물렀다"고 주장했다는 터툴리안의 언급은 천상의 존재와 인간 예수의 연합에 관한 일종의 영지주의적 견해를 반영했을 가능성이 있다.[65] 그러나 그 인용문은 분명하지 않다.

3세기 초에 살았던 오리겐은 그의 저서에서 에비온파는 동정녀 탄생을 수용하는 부류와 거부하는 두 부류로 명백히 나뉜다고 말한다. 그 문제는 오리겐이 그의 특징인 비유적인 해석 방법을 가지고 여리고 소경(또는 두 소경) 치유에 관한 복음서의 사건이 그 시대의 교회의 상황을 언급한다는 구절에서 매우 분명하게 나타난다.[66] 오리겐은 그 소경 거지가 영적으로 빈곤한 분리주의 유대 기독교인을 나타낸다고 말한다. 유대 기독교인들은 그리스도의 인격을 중시하지 않는 견해를 통해 그들의 빈곤을 나타낸다. 거지처럼 그들은 어떤 높은 호칭 대신에 '다윗의 자손'으로 예수님을 부른다. 그들은 그가 요셉과 마리아에게서 태어났다고 생각하거나 또는 마리아와 성령으로부터의 출생을 인정하면서도 그의 신성을 부정한다.[67]

이방 기독교인들은 거지가 '다윗의 자손'이라고 부른 것을 군중들이 비방한 것처럼, 그리스도의 인격에 관한 유대인들의 낮은 견해를 비방한다. 그렇지만 거지는 더욱더 소리질렀고 예수님은 그를 가까이 오도록 명하여 부족한 믿음이지만 그의 실제 믿음을 높이 평가했다. 그래서 거지는 '다윗의 자손'보다 높은 호칭를 생각했고 '랍오니,' '나의 선생님'이라고 말했다. 그때서야 구세주는 시력을 회복시켜 주었다.

그러므로 그리스도의 인격에 관한 낮은 견해는 오리겐에 따르면 구원에 불충분하였다. 그러나 그것은 더 적합한 믿음을 위한 디딤돌의 역

---

65 *De carne Christi*, 14(ed. Oehler, ii, 1854, 450f.). *Ante-Nicene Christian Library*에 있는 Holmes의 번역과 비교하라.

66 Origen, in *evangelium Matt.*, xvi. 10ff.(ed. Lommatzsch, iv, 1834, 32ff.).

67 ὅτε. με.ν ενκ μαρίας και. τοῦ Ινωσμφ οινομένων αυντὸν εἶναι, ὁτὲ δὲ ενκ Μαρίας μὲν μόνης καὶ τοῦ θείου πνεύματος ουν μὴν καὶ μετὰ τῆς περὶ αυντοῦ θεολογίας.

할을 할 것이다.⁶⁸

분명히 이 인용문에서 오리겐이 생각한 유일한 유대 기독교는 '길에 앉은 이스라엘의 남은자'처럼 예수님을 따르는 이방 기독교의 무리에 의하여 인정될 수 있는 기독교였다. 그러나 그렇게 그리스도의 인격에 관해 인간적인 낮은 견해를 가진 사람들 가운데에도 동정녀 탄생을 인정하는 사람들이 없었던 것은 아니다.

켈수스를 반대하는 오리겐의 논문 5권에서⁶⁹ 오리겐은 기독교인이 유대인과 다르지 않다는 셀수스의 주장에 다음과 같이 답변한다.

> 예수님을 영접하고 그 근거로 그들이 그리스도인이라고 자랑하지만, 다수의 유대인처럼(이들은 예수님이 동정녀에게서 태어났다는 것을 우리와 함께 인정하거나 이것을 부정하면서, 그가 다른 사람들처럼 태어났다고 주장하는 에비온파의 두 분파이다)⁷⁰ 유대 율법에 따라 살기를 원하는 사람들이었다고 생각하라. 셀수스가 '다수의 사람들'이라고 지칭한 교회의 사람들에 대하여 이 사실은 무엇을 입증하는가?⁷¹

여기서 이들 이단적 유대 기독교인들에게 적용되는 '에비온파'란 이름은 방금 마태복음 주석에서 인용한 구절에서 암시된다. '두 개의 에비온파'⁷²란 구절이 우연히 사용된 것은 동정녀 탄생을 부인한 에비온파와 그것을 수용하는 에비온파를 구분하는 것이 결코 중요하지 않은 것이 아니거나 요동치

---

68 순교자 Justin에 관하여, 위의 책 16 이하를 비교하라.
69 *Contr. Cels.*, v. 61(ed. Lommatzsch, xix, 1846, 283f.).
70 이 삽입구의 번역은 *Ante—Nicene Christian Library*에 있는 Crombie의 것이다.
71 απο του πληθους. 이 구절의 번역은 Crombie의 것이다.
72 οι διττοι Εβιωναιοι. *Contr. Cels.*, v. 65(ed. Lommatzsch, xix, 1846, 295)를 비교하라. Εβιωναιοι αμφοτεροι.

는 것을 보여주는 것 같다.[73] 동일한 구분이 유세비우스에게도 나타난다.[74] 4세기 후반과 5세기 초에 살았던 에피파니우스와 제롬은 최소한 명칭만은 구별을 한다. 왜냐하면 이 저자들로 말미암아 동정녀 탄생을 인정한 자들은 '나사렛파'로 불리고,[75] 반면에 그것을 부인한 자들에게는 에비온파란 용어가 남겨졌기 때문이다.[76]

에피파니우스의 용어는 어떤 학자들에 (예를 들어 Zahn) 의하여 이어졌는데 '나사렛파'란 용어는 보다 정통적이고 보다 관대한 에비온파에 그리고 '에비온파'란 용어는 덜 정통적인 부류에 사용되었다. 무슨 용어가 사용되었든지 오리겐의 시대부터 에피파니우스의 시대까지 분리주의 유대 기독교인들 가운데 한 부류는 동정녀 탄생을 부인하고, 또 한 부류는 그것을 인정하는 두 파가 있었다는 것은 확실하다.[77] 오리겐 이전

---

73 그러므로 적어도 Harnack은 의심을 바탕으로 하여 자기 자신의 이론을 펼쳤던 것이다(*Dogmengeschichte*, 4판. i, 1909, 323); '나사렛파'와 '에비온파'의 시작부터 둘 다 스스로의 이름을 가진 유대 기독교의 (여러 그림자를 가진) 한 그룹, 혼합주의적 (영지주의적) 유대 기독교가 남아 있었다. Harnack의 *Chronologie der altchristlichen Litteratur*, i, 1897, 633f., Anm. i; Zahn, *Geschichte neutestamentlichen Kanons*, ii, 1890, 664 Anm. 2; McGiffert, "The Church History of Eusebius," in *Nicene and Post-Nicene Fathers, on hist. eccl.*, III. xxvii, note i.를 비교하라.

74 *Hist. eccl.*, III. xxvii(ed. Schwartz, ii, 1903, 254, 256).

75 Epiphanius(*haer.*, xxix. i, ed. Holl, i, 1915, 321f.)는 이 말이 원래 모든 기독교인에게 적용된다고 말한다.

76 분명히 Jerome은 에비온파가 동정녀 탄생을 부인했다고 그렇게 많은 말을 하지 않았다. 그러나 그는 나사렛파의 편에서 그 교리의 수용과 함께 그들의 견해를 반대하는 것처럼 보인다. 먼저, Epiphanius는 나사렛파가 예수를 단순한 사람으로 또는 성령으로 잉태되어 마리아에게 태어났음을 인정했는지 모른다고 말한다(Epiphanius, *haer.*, xxix. 7, ed. Holl, i, 1915, 329f.). 그러나 분명히 그러한 의심은 단순히 이 분파에 관한 Epiphanius의 지식의 모호성에 기인한다. 적어도 동정녀 탄생에 관해서는 그 분파의 특징이 Jerome에 의해 명백하게 지적되고 있다. 그리고 Epiphanius 자신이 그들에 관하여 동정녀 탄생에 관한 그들의 신앙을 암시하는 요소들을 언급한다.

77 Origen은 에비온파의 두 부류가 교회의 한계 밖에 있는 것으로 간주했음이 지적되어야 한다. 그는 이러한 오류론자들을 '교회의 사람들'(τοῖς ἀπὸ τῆς ἐκκλησιας)과 혼돈함에 관하여 Celsus를 비난한다. *Lucam Homilia*, xvii(ed. Lommatzsch, v, 1835, 148f.)를 참조하라. 거기에서 동정녀 탄생을 포함한 구세주에 관하여 이야기하는 역사의 모든 것이

시대에 이레네우스와 그를 잇는 힙폴리투스는 동정녀 탄생을 반대하는 에비온파를 유일하게 언급한다. 그러나 분리주의 유대 기독교인에 대한 또 다른 분파를 그들이 언급하지 못한 것은 그들이 기록한 시대에 그것이 존재하지 않았다는 것을 증명하지 못한 것이다. 그 이유는 두 가지이다

첫째, 동정녀 탄생을 인정하는 그 유대 기독교인의 덜 분명한 이단적 특성이 그들을 이단의 목록에서 제외하는 원인이 되었을 것이다.[78]

둘째, 이레네우스와 힙폴리투스는 서방에서 살았기 때문에 동방에서 매우 중요하게 존재했던 유대 기독교에 관하여 조금의 정보도 기대할 수 없었다.

이러한 두 부류의 유대 기독교인들 중 어느 편이 예수님의 탄생에 관하여 정확한 전통을 더 잘 보존한 것으로 보이는가?

불행스럽게도, 자세한 최초의 정보는 적어도 덜 이단적인 집단에 관하여 4세기 후반부터의 기록만 존재한다. 그 시점부터 출발하여 연구하

모순되었다는 것을 주목한 후, Origen은 반대하는 사람들은 그리스도를 믿는 사람들이 아니라고 말한다.

78 그러므로 Eusebius(*hist. eccl.*, VI. xvii)는 동정녀 탄생을 인정하는 에비온파를 언급했지만(*hist. eccl.*, III. xvii), 일반적으로 동정녀 탄생을 부인하는 사람들로 에비온파를 특징짓는다. Origen도 역시 우리가 방금 본대로 동정녀 탄생을 인정한 에비온파를 알았더라도, 그는 *Lucam Homilia*에서 방금 인용한 구절에서 에비온파가 동정녀 탄생을 부인한 자들이라고 언급한다. 그 인용문은 아마 인용될 가치가 있다. 오리겐은 "구세주에 관한 이야기가 말하는 모든 것은 반대로 말해진다. 동정녀는 한 어머니다—이것은 반대로 말한 표적이다. 마르시온파는 이 표적를 반대하고, 그가 여자에게서 결코 태어나지 않았다는 것을 말한다. 그 에비온파는 (또는 라틴어에 관사가 없기 때문에 '에비온파') 우리가 태어난 것과 같은 방식으로 그가 남자와 여자에게서 태어났음을 말하면서, 그 표적을 반대한다"고 말한다. 이 인용문은 하나의 관계에서 어떤 사실이 중요한가가 다른 관계에서는 보이지 않는 방법을 보여주는 것으로 유익하다. 예수님이 요셉과 마리아에게서 태어났다고 믿는 분리주의 유대 기독교인에 대하여 '에비온파' 외에 다른 명칭이 없었다. 그리고 여기서 예수님이 아예 태어나지 않았다고 믿는 마르시온파와 광범위하게 대조하여, 동정녀 탄생을 인정한 보다 덜 특징적인 에비온파는 Origen의 관심 밖이었다. McGiffert, in *Nicene and Post-Nicene Fathers*, on Eusebius, *hist. eccl.*, III. xxvii, note 5를 비교하라.

는 것이 필요할 것이다.

4세기 후반에 분리주의 유대 기독교의 덜 정통적인 부류인 에비온파는 에피파니우스에 의하여 약간 자세히 기록되었다.[79] 그의 설명은 분명하지 않고 주의해서 사용해야 한다. 그렇지만 그의 결점에도 불구하고 그는 명백히 그가 아니라면 분실되었을 에비온파에 관한 가치있는 정보를 보존하였다.

에피파니우스에 따르면, 에비온은 나사렛파로부터 출발하였고 나사렛파가 자리를 잡았던 요단 동편에서 예루살렘의 멸망 후 그의 특별한 가르침을 시작하였다. 에비온파는 유대의 율법을 따랐고 정결법에서는 유대인을 능가했다. 일반적으로 에비온파는 분파들로 나뉘었다.

어떤 '엘카이파'는 혼동을 초래했다.[80] 에비온파는 성적 관계를 불순하게 간주했으므로[81] 동물 음식을 먹지 않았다.[82] 그들은 예수님이 인간 아버지에게서 출생했다고 주장한다.[83] 그리스도는 비둘기 형태로 그 위에 내려왔다. 그리스도는 하나님 아버지에게서 나신 것이 아니며 천사장 중 하나처럼 창조되었다. 그러나 그들보다 뛰어나다. 그리스도는 제사를 폐하려고 왔다. 에비온파는 바울의 저술을 반대하고, 몇몇 구약 예언자를 거부한다.

에비온파는 에피파니우스가 불완전한 마태복음이라고 묘사한 간결한 복음서를 독점적으로 사용한다. 그들은 스스로 그것을 히브리 복음서

---

79 *Haer.*, xxx(ed. Holl, i, 1915, 333–382).
80 엘카이파는 일반적으로 영지주의적 유대 기독교인으로 간주되었다. 그러나 Brant(*Elchasai*, 1912)에 따르면 그 분파는 처음에 전혀 기독교인이 아니고 단순한 유대인이었다. 엘카이가 스스로 트라야누스의 시대에 적어도 사실상 그에게 속한 책을 출판한 실존 개인이었다고 Brant는 믿는다. 만약, 보다 오래된 견해가—엘카이파가 기독교인이었다고—주장된다면, 동정녀 탄생이 엘카이의 책에서 가르쳤다는 것은 아주 불가능하지 않다(Hippol., *Philos.*, IX. xiv. i; X. xxix. i, 2, ed. Wendland, iii, 1916, 252, 284).
81 Epiphanius, *Haer.*, xxx. 15(ed. Holl, i, 353). 그렇지만 Epiphanius는 또한 에비온파가 결혼을 복수형으로 허락한 것을 말한다(haer., xxx. 18, ed. Holl, i, 357). 후자의 실행은 후대의 발전이었다고 그는 명백히 생각한다(haer., xxx. 2, ed. Holl, i, 334f.).
82 εμψυχων.
83 εκ σπερματος ανδρος. Bauer(*op. cit.*, 31)는 Epiphanius가 예수님의 탄생 문제로 나뉜 것으로 에비온파를 묘사하여 말할 때 명백히 실수했다.

또는 히브리인에 따른 복음서라고 부른다. 에피파니우스가 보존한 단편 중 하나에 사도를 일인칭으로 언급한다. 그러므로 사도들이 아마도 그 책의 저자로 표현된 것 같다. 그러기에 복음서는 열두 사도의 복음서라고 불릴 것이다. 그래서 종종 오리겐에 의해 그 제목으로 언급된다.[84]

그 같은 단편은 어떻게 그 복음서가 마태의 복음서라고 불리었는지를 설명한다. 마태는 예수님의 직접적인 부르심에 의해 선발되었고,[85] 그래서 그 책의 저술에 있어 다른 사도들의 대표로 간주될 수 있었다.[86]

에피파니우스에 의하여 보존된 단편들은 복음서의 특성을 나타내기에 매우 충분하다. 그것은 정경 마태복음과 누가복음에 기초한 헬라어 편집물이다. 그것이 헬라어 복음서에 의존하고 그 자체가 원래 헬라어로 기록되었다는 것은 세례 요한의 음식 묘사에서―다른 표시들 가운데―'메뚜기'란 단어 대신에 오히려 '떡'이란 단어의 재미있는 대용으로 말미암아 증명된다. 세례 요한은 메뚜기와 석청이 아니라 '기름 바른 떡 같이, 만나의 맛이었던 석청'을 먹었다고 말했다. 이렇게 수정된 것은 저자의 채식 원리 때문이다.[87]

그러나 만약, 어떤 채식이 세례 요한에 의하여 선택되어야 했다면, 왜 떡이 선택되었던 것인가?

이유는 단순히 '떡'(에그리스 [εγχρις])에 대한 헬라어 단어와 '메뚜기'(아크리스[ακρις])에 대한 헬라어 단어가 매우 비슷하기 때문이다.[88] 그 저자의 동일한 채식 원리는 누가복음 22:15 "내가 너희와 함께 이 유월절 먹기를 원하고 원하였다"를 "내가 너희와 함께 이 유월절을 음식의 형

---

84 Zahn, *Geschichte des neutestamentlichen Kanons*, ii, 1890, 728ff.를 보라. Schmidtke("Neue Fradmente und Untersuchugen zu den judenchristlichen," in *Texte und Untersuchungen*, xxxvii. i, 1911, 170ff.)는 그 동일시를 강력하게 반대한다. 그러나 그것은 Schmidtke의 책이 나타난 후에도 그 주제에 관하여 기록한 자들에 의하여 일반적으로 주장된 것으로 보인다.
85 και σε τον Ματθαιον.
86 Zahn, *loc. cit.*를 보라.
87 Zahn, *op. cit.*, ii, 1890, 733를 보라.
88 εγχρις, "떡"; ακρις, "메뚜기."

태로 먹기를 원하고 원하였느냐?"로 바꾸도록 했다.[89] 제사에 대한 에비온파의 반대가 복음서에 있는 예수님의 말씀에 나타난다.

> 나는 제사를 끝내려 왔다. 너희가 제사를 그치지 않는다면 분노가 너희에게 쉬지 않을 것이다.[90]

이러한 에비온파의 복음서는 예수님의 탄생과 유아기에 관한 설명이 전혀 없다. 그러나 우연히 그것은 누가복음 첫째 장과 또한 마태복음의 둘째 장에 의존하고 있음을 보여 준다.[91] 예수님의 세례에 관한 설명에서 초대 교회에 알려진 하늘로부터 온 세 마디 말씀은 단순히 병치되어 나타난다.[92]

에피파니우스에 의한 혼란스럽고 모순된 주장, 즉 그는 에비온파에 관하여 예수를 메시아로 영접한 바리새파 유대인이었으며 특별한 사상

---

89 Μη επιθυμια επεθυμησα κρεας τουτο το πασχα φαγειν μεθυμιν. κρεας와 τουτο το πασχα의 동격은 영어로 번역하기 어렵다.

90 Schmidtke(*op. cit.*, 1911, 193ff.)는 이 인용문이 Clementine의 *Journeys of Peter*에서 제공된 자료 중에서 Epiphanius에 의하여 구성되었으므로 그것이 정확히 에비온파의 복음서의 단편들에 속하지 않는다고 생각한다.

91 세례 요한은 "제사장 족속이고 사가랴와 엘리사벳의 자녀로 말해진 자"라고 언급되었다. 아마도 그 복음서 처음에 역사적 오류인 "유대 왕 헤롯의 시대에 세례 요한이 왔다"는 마 2:1에서 '헤롯 왕의 시대에'란 단어들의 의미 없는 반복에서 발생했던 것으로 보인다. 그 저자는 마태복음의 첫 두 장을 생략했기 때문에, 마태가 세례 요한에 관한 그의 설명을 소개한 것으로 '그 날에'가 의미 없게 되었기에, 분명히 그 저자는 마 2:1이 실제로 매우 빠른 시간을 언급했다고 생각하는 것을 멈추지 않고, '그 날에' 구절에서 "그"란 단어의 설명을 위하여 마 2:1로 되돌아갔다. Nicholson, *The Cospel According to the Hebrews*, 1879, 15를 보라.

92 "하늘에서 온 소리가 말하기를, '너는 내 사랑하는 아들이고, 너를 내가 매우 기뻐한다' [대체로 Westcott와 Hort의 마가복음과 누가복음 사본], 그리고 다시, '나는 오늘 너를 낳았다' [누가복음의 서방 사본]. 그리고 즉시 큰 빛이 그 장소에 둘러 비췄다. 그것을 본 요한이 그에게 말한다. '당신은 누구십니까? 주여 그리고 다시 소리가 하늘에서 그에게 말한다. '이는 내 사랑하는 아들이요, 그를 나는 매우 기뻐한다' [대체로 Westcott와 Hort의 마태복음 사본]."

(아마도 영지주의나 혼합주의)에 의하여 강하게 영향을 받았다고 묘사하고 있는데 많은 부분이 명확한 것 같다. 일부 구약성경에 대한 거절, 제사에 관한 견해, 그리고 세례사건에 관한 해석은 그 문제를 의심 없게 하는 것으로 보인다.[93]

그러기에 에피파니우스에 의하여 설명된 그 분파가 제롬과 초기의 저자들인 이레니우스, 힙폴리투스, 오리겐, 유세비우스에 의하여 언급된 모든 에비온파와 전적으로 구별되는지 안되는지의 문제가 생긴다. 제롬이 말하는 에비온파는 특히 영지주의 교리가 없다. 제롬이 실제로 그들에 관하여 말한 것을 우리가 판단할 수 없는 한, 그들은 단지 엄격한 유대교와 그리스도의 인격성에 대한 낮은 견해로 인해 나사렛파와 다르다고 주장할 것이다. 영지주의적 교리에 대한 명확한 언급이 없는 것은 유세비우스가 에비온파를 두 부류로 묘사한 곳에서도 나타난다.

오리겐이 두 부류로 묘사한 분파들도 모두 불법적인 영지적 사색에 근거했기 때문이 아니라 비굴하고 부적당한 견해 때문에 비방받은 것처럼 보인다. 우리가 이미 본 것처럼, 이레니우스에서 그 문제는 그렇게 명백하지 않다. 그가 에비온파에 관해 말한 것에서 영지주의적 교리를 암시하는 것은 가능할 것이다. 그리고 오리겐, 유세비우스, 제롬이 영지주의적 교리를 언급하지 않았다고 해서 그러한 교리가 없었다는 것은 아니다.

하여튼—에피파니우스가 말하는 영지주의적 에비온파 외에 적어도 2세기부터 존재해 온 보수적이고 순수한 바리새적인 에비온파와 전적으로 다른 분파가 있었다는—공통적인 견해에 대한 증거는 결코 결정적인 증거가 되지 않는다. 에피파니우스가 설명한 특별한 교리들의 기원은 이레니우스가 말하는 에비온파, 그리고 아마도 순교자 저스틴이 언급한 동정녀 탄생을 부인 하는자들에게도 귀속된다는 견해 또한 가능하다. 에피파니우스 이전 시대부터 현존하는 에비온파에 대한 묘사가 매우 빈

---

[93] Schmidtcke(*op. cit.*, 1911, 175–242)는 Epiphanius의 에비온파의 분명한 영지주의적 특성을 단순히 Epiphanius가 Clementine의 *Journeys of Peter*를 분파 안내 자료로 만든 부적당한 사용에 돌린다.

약하다는 것과 그것들의 일부는 관찰할 기회조차 적었던 사람들에게서 왔다는 것은 기억되어야 한다.

외부인에게는 형식과 의식들에 대한 에비온파의 주장이 일반적으로 보통의 유대인의 의식과 정확히 다른 의식을 더 잘 보여질 것이다. 즉 예수님에 관한 그들의 인본주의적 견해는 그리스도에 관한 그들의 독특한 생각들보다 더 두드러진 것 같다. 이와 같이 동정녀 탄생을 부인한 모든 에비온파는 나중에 에피파니우스에 의하여 분명하게 묘사된 영지주의 종파의 지지자였다는 것은 가능하다. 엘카이의 책은 아마도 초기 시대에 출판되었을 것이다. 그래서 영지주의적 에비온주의는 비록 처음부터 그 책에 기초를 두었더라도[94] 순교자 저스틴 이전 시기에 생겼을 것이다.[95]

다음으로 에피파니우스와 제롬 시대의 나사렛파를 고찰해야 한다. 그들에 관한 에피파니우스의 설명은 명백히 개인적인 연구에 기초를 둔 것은 아니다. 그러나 제롬은 동방에 거주하는 동안 그들과 가깝게 접촉하였을 것이고,[96] 그러므로 그의 저서에서 그들에 관한 많은 의견은 주목할만하다.

---

94 한편 에비온주의는 처음에 Elxai와 독립적이었지만 나중에 Elxai의 책을 받아들였다면 그러한 사실은 그 책에 대한 어떤 원천적인 호감을 나타내는 것으로 보이기 때문에, 엘카이파 이전의 에비온주의조차도 아마 Epiphanius가 말하는 에비온파와 전혀 다르지 않을 것이다. 그렇지만 그 모든 문제는 매우 애매하다.
95 Ignatian 서신에 나오는 오류론자들의 가현설과 유대인의 의식의 준수를 주장하고 있는 것들을 비교하라. Lightfoot의 노트(in *The Apostolic Fathers*, second edition, II. ii, 1889, 124f.)와 함께 *Magn.*, viii를 보라. 동정녀 탄생을 부인한 모든 비영지주의적 유대 기독교를 역사의 페이지에서 제거하자는 견해는 명백히 Zahn에 의하여 지지되었다(*Das apostolische Symbolum*, 2te Aufl., 1893, 56). 반대로, Harnack, *Chronologie*, i, 1897, 633, Anm. i를 보라. Schmidtke의 견해에 관하여는 다음 페이지들에서 보라. 헬라어로 구약을 번역한 Symmachus가 (아마 200년경) 에비온파였는지는 분명히 전혀 확실하지 않다. Schmidtke(*op. cit.*, 236, Anm. 2)는 그를 단순히 유대인으로 간주한다. Harnack(*Dogmengeschichte* 4te Aufl., i, 1909, 322, Anm. 2, 327, Anm. i)은 그를 에비온파의 영지주의 종파로 지정한다.
96 Schmidtke(*op. cit.*, 246ff.)가 Jerome이 정말 나사렛파와 많이 접촉했다는 것을 상당한 이유로 부정한 것은 사실이다.

제롬에 따르면 동방의 모든 회당에⁹⁷ 흩어진 나사렛파는 유대인의 율법 준수를 계속하였다.⁹⁸ 그들은 유대인과 기독교인 둘 다 되려고 하였으므로 둘 다 되지 못했다. 그들은 옛 병에 새 포도주를 넣으려 했다.⁹⁹ 그렇지만 그들은 단순히 기독교인이 되기를 더 좋아했던 에비온파보다 더 높이 평가되어야 한다.¹⁰⁰ 에비온파는 바울을 율법의 위반자로 거부하는 반면에,¹⁰¹ 나사렛파는 바울의 교훈을 이방을 비추는 빛으로 간주한다.¹⁰² 그리고 그들은 예수님이 하나님의 아들되심과 동정녀 탄생을 인정한다.¹⁰³

나사렛파는 아람어로 쓰인 한 개의 복음서만 사용했다.¹⁰⁴ 사본 한 개가 가이사랴의 도서관에 보존되었고, 제롬도 시리아의 베뢰아에 있는 나사렛파에 의한 그 복음서의 사본을 인정했다. 실제로 심지어 그는 그것을 헬라어와 라틴어로 번역했다고 말한다. 그가 그의 저서에서 그것에 대해 빈번하게 언급했고 그것의 많은 내용을 알고 있다고 주장하고 있음에도 불구하고, 그가 그 복음서에 대해 여러 명칭을 사용하고 있는 것은 많은 문제를 가져왔다. 그는 이 책을 때로는 '히브리 복음서'라고 부르기도 하고 때로는 '히브리인에 의한 복음이라고 불리는 복음서'라고 부르기도 한다. 다른 때에 그는 그것을 마태복음의 아람어 원본인 것처럼 말한다. 한때 그는 그것을 많은 사람들에 의한 참된 마태복음이라고

---

97 Jerome, *ep.*, cxii. 13(ed. Hilberg, I. ii, 1912, 381) 이러한 주장에 관한 비판으로 Schmidtke, *op. cit.*, 249ff.를 보라.
98 On Isa. viii. 11ff.(ed. Vall. et Maff., iv, 1845, col. 119).
99 *Ep.*, cxii.(ed. Hilberg, I. ii, 382); on Ez. v. 16(ed. Vall. et Maff., v, 1845, col. 139).
100 *Ep.*, cxii.(ed. Hilberg, I. ii, 381f,).
101 On Mt. xii. 2(ed. Vall. et Maff., vii, 1845, col. 76).
102 On Isa. ix. 1(ed. Vall. et Maff., iv, col. 125).
103 *Ep.*, cxii.(ed. Hilberg, I. ii, 381).
104 "Chaldaico quidem Syroque, sed Hebraicis litteris," (adv.) *Pelagianos*, iii. 2, ed. Vall. et Maff., ii, 1845, col. 570). 히브리인에 의한 복음서 연구를 위하여, 특히 Zahn의 *Geschichte des neutestamentlichen Kanons*, ii, 1890, 642-723를 보라. 그 자료는 또한 Schmidtke와 다른 사람들에 의하여 수집되었다.

불렀다.[105] 그것에 관한 가장 완전하고 유일한 묘사는 다음과 같다.

> 사도들에 의해, 또는 많은 사람들이 생각하는 바로는 마태에 의해 갈대아와 시리아 및 히브리 문자로 기록되었으며 오늘날까지 나사렛파가 사용하고 있으며 가이사랴 도서관에 보관되어 있는 히브리인에 의한 복음서에서…[106]

다음은 그 복음서에 대해 말하는 제롬의 태도에 나타난 망설임을 설명해줄 것이다.[107] 우리는 제롬이 우리가 사용하는 헬라어 마태복음과 부분적으로 병행하는 나사렛파가 사용한 아람어 복음서를 발견했다고 우리는 추측할 수 있다. 초기에 널리 퍼진 전통에 따르면, 마태는 그의 복음서를 원래 아람어('히브리어')로 기록했다. 그러므로 제롬이 첫눈에 나사렛파의 복음서가 바로 아람어 마태복음이었다고 생각한 것은 자연스럽다.

그러나 실제로-우리의 생각을 훨씬 뛰어넘어서-나사렛파의 복음서와 우리의 마태복음 사이에는 큰 차이가 있다. 그래서 만약, 그 복음서가 원래 마태복음이라면, 우리의 복음서는 믿을만한 번역일 수 없다. 제롬은 감히 이런 결론을 끌어내려 하지 않았다. 하지만 그는 그의 손에 진짜 아람어 마태복음을 가진 교회의 유일한 사람이 된 모습을 포기하고 싶지 않았다. 그리고 정말로 여러 경우에 헬라어 마태복음은 실제로 나사렛파의 복음서에서 일치하는 구절들을 원본으로 간주함으로써 매우 이치에 맞는 방식으로 해석될 수 있었다. 따라서 우리의 마태복음과 나사렛파의 복음서가 병행하는 부분에서 제롬은 나사렛파의 복음서

---

105 'Plerisque,' (on Mt. xii. 13, ed. Vall. et Maff., vii, col. 78).
106 "In Evangelio iuxta Hebraeos, quod Chaldaico quidem Syroque sermone, sed Hebraicis litteris scriptum est, quo utuntur usque hodie nazareni, secundnm Apostolos, sive ut plerique autumant, iuxta Matthaeum, quod et in Caesariensi habetur bibliotheca…," (adv. *Pelagianos*, iii. 2, ed. Vall. et Maff., ii, col. 570).
107 Harnack, *Chronologie der altchristlichen Litteraur*, i, 1897, 634f.을 보라; Zahn, op. cit., ii, 684f.; Ropes, "Spuruche Jesu," in *Texte und Unterschungen*, xiv. 2, 1896, 84f.를 비교하라.

를 원래 아람어 마태복음으로 취급한다. 그러나 두 복음서가 결정적으로 다른 부분에서 그는 나사렛파의 복음서를 '히브리인에 의한 복음서'와 같이 다른 이름으로 부른다.

우리는 이 가설을 확실히 정확한 것으로 간주할 수는 없다. 그러나 적어도 그것은 그 현상을 매우 잘 설명할 것이다.

히브리인에 의한 복음서는 그 내용을 직접적으로 알고 있는 알렉산드리아의 클레멘트, 오리겐, 유세비우스에 의하여 인용되었다. 그것은 또한 헤게시푸스와 이그나티우스에 의해서도 사용되었다. 오리겐은 분명히 그것을 우리가 이미 토론한 '열두 사도의 복음서'와 구별했다. 후자는 오리겐이 외경 복음서로 간주한다─그것은 권위에 있어서 네 개의 정경 복음서와 동등하지 않지만, 히브리인에 의한 복음서는 오리겐에 의해서 분명히 존중되었으며[108] 누가가 그의 서문에서 언급하는 '시도들'[109] 중의 하나이다. 이전에 두 유대 기독교인의 복음서들 사이에 일종의 관련성이 존재한다─예를 들면, 에비온파 복음서가 나사렛파 복음서의 나중 교정본이거나 두개가 공통 원본의 다른 교정본이라고 생각했지만, 쟌, 한드만, 하르낙의 연구에서 그 둘이 전적으로 다른 작품인 것으로 간주한다.[110]

외적인 증거로 인하여 히브리인에 의한 복음서가 2세기 초 이전에 기록되었다고 가정하는 것을 당연한 것으로 받아들인다. 그리고 하르낙은 오히려 1세기 연대를 선호한다.[111] 그 작품과 정경 복음서의 관계에 관하여 매우 다른 견해들이 주장되었다. 바우어는 히브리인에 의한 복음서가 복음서 역사의 전체 발전을 위한 출발점이었다고 생각했다. 다른 사람들은 그것이 우리의 정경 복음서에 기초를 두었다고 주장했고 또 다른 사람들은 여러 종류의 중립적인 견해들을 주장했다.

---

108 그러나 Schmidtke, *op. cit.*, 154ff.를 비교하라.
109 사실 눅 1:1의 'ἐπεχείρησαν'이란 단어의 이런 경멸적인 해석은 아마도 정확하지 않다.
110 "Das Hebraeer-Evangelium," in *Text und Untersuchungen*, v. 3, 1888.
111 Jerome이 그것을 보지 않았지만, Harnack(*op. cit.*, i, 635ff.)이 아마도, Jerome 이전에 오랫동안 헬라어 복음서 번역이 존재했다는 (Zhan에 반대하여) 그의 주장은 옳다.

쟌은 그것이 원래 아람어 마태복음에서 발전되었지만 순수하게 언어학적 관점에서가 아니라면 우리의 헬라어 마태복음보다 훨씬 덜 충실하게 원본을 재생한다고 생각한다. 하르낙은 그것을 헬라어 마태복음과는 독립적인 것으로-부분적으로는 더 원래적이고 부분적으로는 덜 원래적인-간주하곤 했다. 한드만은 그것을 (우리의 마태와 누가의 두 추측적 공통 자료 중의 하나를 지칭하는 용어) 로기아(*Logia*)와 동일시한다.

그 책의 문제는 여기서 해결될 수 없다. 그러나 복음서 역사를 공상적인 산물처럼 보이게 하는 요소들에도 불구하고, 히브리인에 의한 복음서가 적어도 아주 오랜 전통을 포함하고 아마도 중요한 단편들이 보존된 비정경 복음서 중에서 가장 흥미 있다는 것은 매우 분명해 보인다.[112] 그러므로 이 복음서가 동정녀 탄생 이야기를 포함했는지 안했는지는 완전히 무관심한 문제일 수 없다. 그리고 이 질문은 지금 간단히 논의되어야 한다.[113]

첫째, 만약, 그것이 마태복음 1-2장에 상응하는 것을 포함한다면 제롬과 에피파니우스에 의해 그 복음서를 마태복음으로 지칭하는 것이 보다 잘 설명된다.
처음에 두 장의 생략은 중간에서의 매우 큰 차이점보다 다른 작품과 같은 인상을 주는 데 보다 큰 영향력을 가진다.[114]

만약, 그 복음서가 마가복음처럼 세례로 시작했다면 왜 에피파니우스에게 온 보고서가 특히 마태와 연관되었고, 더욱이 그것을 '매우 완전한'이라고 마태는 묘사했겠는가?

에피파니우스 자신은 어디에 완전함이 있는지 이해하지 못했다. 그는 그 복음서가 족보를 포함하는지 확신이 없었고 독자들이 동정녀 탄생을

---

112 Origen과 Jerome에 의해 보존된 다음과 같은 놀라운 단편(Zhan의 목록에서 네 번째)의 원시성은 결코 성공적으로 변호되지 못했다. "지금 방금 나의 어머니, 성령은 나(예수)를 나의 머리털 중 하나를 잡아서, 나를 위대한 타볼 산으로 데리고 갔다."
113 보다 완전한 토론을 위하여, "The Virgin Birth in the Second Century," in *Princeton Theological Review*, x, 1912, 562-570를 보라.
114 V. H. Stanton, *The Gospels as Historical Documents*, i, 1903, 257를 비교하라.

인정했는지 알지 못했다. **그러나** 이러한 이해의 부족은 에피파니우스가 '매우 완전한' 호칭을 고안해내지 않았음을 보여 준다는 사실이다. 그것은 그 책에 관한 유일한 정보자료였던 불확실한 보고서의 일부였었다. 제롬에 있어서 그 복음서가 아람어 마태복음 못지 않다는 그의 확신을 설명하기 위하여 마태복음 1-2장에 상응하는 시작 부분의 현존이 반드시 요구된다.

이러한 요구는 만약, 그 복음서가 동정녀 탄생의 모든 언급을 제거하더라도-마태복음 1: 18-25에 상응하지 않더라도-마태복음 1:1-16의 족보를 포함했다면 부분적으로 충족될 것이다.[115] 그렇지만 이 가설은 정확하지 않다. 왜냐하면 만약, 그 복음서가 동정녀 탄생을 고려하지 않은 족보를 실었다면 그 족보는 "요셉이 예수를 낳았다" 같은 문장으로 끝내야 했기 때문이다. 그러나 만약, 그 복음서가 교정이나 설명 없이 그와 같은 문장을 포함한다면 그것은 확실히 그 내용에 관하여 직접 알고 있었던 오리겐, 유세비우스, 제롬 등 모든 사람에 의하여 호의적으로 취급되지는 않았을 것이다.[116]

동정녀 탄생을 인정한 복음서의 유대인 기독교 독자들이 "요셉이 예수를 낳았다"는 말을 동정녀 탄생과 조화를 이루는 것으로 설명할 수 있을 것이라는 힐겐텔트의 가정이 옳다고 해도, 확실히 (네 개의 복음서를 받아들이고 히브리인에 따른 복음서를 편애하지 않는) 오리겐과 유세비우스와 자신들의 견해를 증언할 것으로 보이는 많은 보편적 기독교인들은 그렇

---

115 이 견해는 Hilgenfeld("Das Evangelium der Hebraer," in *Zeitschrift fuer wissenschaftliche Theologie*, vi, 1863, 353; *Evangelium sec. Hebraeos*, etc., 1884, 15ff.)와 Handmann(*op. cit.*, 1888, 123, 138)에 의하여 주장되었다. 본문에서 언급된 사항들을 제외하고, 히브리인에 따른 복음서의 족보의 존재는 예수님이 요셉과 마리아의 아들이었음을 증명하기 위해 Cerintus와 Carpocrates가 마태의 족보를 사용했다는 Epiphanius의 주장에 의하여 지지받는다고 생각된다(Haer., xxx, 14, ed. holl, i, 351). 그러나 Cerintus와 Carpocrates가 히브리인에 의한 복음서를 사용했다고 생각할 만한 실제적 이유는 없다. Bauer, *op. cit.*, 33f.; Zahn, *op. cit.*, ii, 730f., Anm. 1; 그리고 특히 Schmidtke, *op. cit.*, 209ff.를 보라.

116 Zahn, *op. cit.*, ii, 686를 보라.

게 할 수도 없었고 하지도 않았을 것이다.[117]

유세비우스의 시대에 어떤 보편적 기독교인들도 "요셉이 예수를 낳았다"는 족보로 끝맺는 복음서를 가짜로 분류하지 않을 사람은 없었을 것이다. 그러므로 히브리인에 따른 복음서가 동정녀 탄생의 언급을 전혀 포함하지 않았다면 그것이 또한 족보를 포함하지 않았다는 것은 매우 확실하다. 그러나 만약, 그것이 족보를 포함하지 않았다면 그것은 마태복음과 처음부터 매우 다른 모습을 띠어야 했었고, 에피파니우스와 제롬이 두 복음서를 그렇게 밀접하게 연결시키지도 않았을 것이다.[118]

둘째, 그 복음서 독자들의 특성이 동정녀 탄생 기사를 포함한다는 가정에 호의적이다.

제롬은 동정녀 탄생을 수용한 나사렛파 내에서 이 책을 발견했다.[119] 명백히 에피파니우스는 동정녀 탄생을 부인하는 에비온파에서 이 책을 발견하지 못했다. 그들은 에피파니우스가 보존한 단편들과는 매우 다

---

117 Hilgenfeld, *Evangelium sec. Hebraeos, etc.*, 1884, 19: 그러한 해석의 가능성은 확실히 인정되어야 한다. 유대인에게 있어서 육체적 의미가 아닌 추상적 의미로 '낳았다'는 단어를 이해하는 일은 충분히 가능하다. 참으로 우리는 "만약, 족보가 '그리고 요셉이 예수를 낳았다'는 불타협 진술로 끝났어도 복음서 기록자가 요셉을 자연적 아버지로 믿었음을 증명하지 않을 것"임을 우리가 나중에 토론하는 장에서 지적해야 할 것이다(Burkitt, *Evangelion da-Mepharresh*, ii, 1904, 261). 그러나 동정녀 탄생을 인정하고, 그것의 기사를 포함하는 복음서를 알고 있는 유대 기독교인들이 "요셉이 예수를 낳았다"는 것 외에 예수님의 탄생에 관하여 아무것도 말하지 않는 복음서로 영구히 만족될 수 있는가 하는 또 다른 문제가 있다. 그러므로 동정녀 탄생을 인정한 나사렛파에 의한 히브리인에 의한 복음서의 사용은 그것이 동정녀 탄생의 기사를 포함했음을 지지하는 강한 주장과 - 적어도 동정녀 탄생의 기사를 포함하지 않았을지라도, 그것이 족보를 포함했다는 추측을 반대하는 강한 주장이 남아있다.
118 Zahn, *op. cit.*, ii, 686를 비교하라.
119 한 구절에서(on Mt. xii.13, ed. vall. et Maff., vii, col. 78), 참으로 그는 나사렛파와 에비온파가 사용한 복음서라고 그것을 소개한다. 그러나 여기서 그의 견해는 정확하지 않은 것 같다. Schmidtcke, *op. cit.*, 267를 비교하라. Jerome은 에비온파와 밀접한 관계가 전혀 없는 것으로 보인다.

른 복음서를 사용했다. 유세비우스는[120] 동정녀 탄생을 인정한 부류-에비온파의 두 부류 중 덜 비정통적인 부류-에 이 책을 배치했다. 실제로 이 복음서가 전에 정상적인 족보로 예수가 요셉과 마리아의 아들이라고 주장한 사람들에 의하여 사용되었다는 명백한 증거는 없다.

이 주장에 대한 유일한 가능성 있는 반론은 이레네우스의 증거에서 발견된다. 우리가 이미 인용한 구절에서[121] 이레네우스는 동정녀 탄생을 인정하지 않은 에비온파는 마태복음만을 사용했다고 말한다.

그러나 이 '마태에 의한 복음서'는 무엇이었는가?

제거의 과정이 히브리인에 의한 복음서와 그것이 동일하다는 것을 나타내고 있는 것처럼 보인다. 우리가 알고 있는 두 개의 특별한 유대 기독교인의 복음서는-적어도 마태의 이름으로 불리도록 알려진 유일한 두 개-에피파니우스에 의하여 묘사된 히브리인에 의한 복음서와 에비온파의 복음서이다. 그러므로 이레네우스의 에비온파 복음서는 에피파니우스의 에비온파 복음서일 가능성은 불가능하기 때문에, 그것은 히브리인에 의한 복음서임에 틀림없다고 주장될 수 있다.

그러나 이러한 추론은 결코 결정적이지 않다.

첫째, 그 어려움은 종종 생각한 만큼 그렇게 놀랍지 않다.

문제의 복음서가 에피파니우스가 언급한 에비온파에 의해 사용된 것이 아니라는 것이 그렇게 확실한가?

이 견해에 대한 편견은 이레네우스의 에비온파가 근본적으로 단순히 보수적이고 바리새적인 유대인이라는 추측에 기인한다. 그러므로 에피파니우스에 의하여 묘사된 호기심을 끄는 분파와는 아주 다르다. 그러나 이 추측도 확실히 정확하지 않다. 만약, 위에서 인용한 사항이[122] 어떤 것이든지 어느 정도 중요하다면, 이레네우스가 언급한 에비온파의

---

120 *hist. eccl.*, III. xxvii(ed. Schwartz ii, 1903, 254, 256)의 가장 가능성있는 해석에 따른다. 그렇지만 이 구절에 대한 비판을 보라. Schmidtcke, *op. cit.*, 143ff.
121 Irenaeus, haer., I.xxvi. 2.
122 18f.

순수한 바리새적이고 비영지주의적이거나 비혼합주의적인 성격은 일반적으로 추측하는 만큼 확실하지 않다. 그리고 만약, 그들의 가르침이 에피파니우스가 언급한 에비온파에 의하여 고백된 영지주의 교리의 기원을 담고 있다면, 그것들은 이미 동일한 에비온파의 복음을 공유하였을 것이다.

에피파니우스가 발췌하여 만든 에비온파의 복음서와 이레네우스가 언급한 에비온파에 의하여 사용된 '마태복음'의 이러한 동일시는 최근에 근거를 얻고 있다. 그것은 쉬미트케,[123] 봐이츠,[124] 모펫,[125] 핀들레이[126]에 의하여 채택되었다. 그것이 옳다면,[127] 동정녀 탄생을 부인한 이레네우스가 언급한 에피온파는 히브리인에 의한 복음서를 사용하지 않았기 때문에, 그들은 그 복음서에 동정녀 탄생 이야기가 없다는 증거로 더 이상 사용될 수 없다.

둘째, 에피파니우스의 에비온파 복음서와 이레네우스의 에비온파의 복음서에 대한 동일시가 포기되었을지라도, 히브리인에 의한 복음서와 에피온파 복음서에 대한 동일시가 필연적으로 따라오는 것은 아니다.

왜냐하면 이레네우스가 언급한 에비온파는 잃어버린 어떤 복음서 (마태복음과의 관계가 불분명한)를 사용했을지도 모르기 때문이다. 또는 그들이 마르시온이 누가복음을 채택한 것과 같은 방식으로 정경적 마태복음을 채택했을지도 모르기 때문이다. 이레네우스의 주장은 수수께끼로 남아있다. 그러나 명백한 사실은 어떤 경우에도 그에게 오류 또는 불완전성의 책임이 있다는 것이다.

---

123 *Op.cit.*, 1911, 225.
124 "Das Evangelium der zwolf Apostel," in *Zeitschift fuer die neutestamentliche Wissenschaft*, xiv, 1913, 121f.
125 Art. "Gospels(Uncanonical)," in Hastings, *Dictionary of the Apostolic Church*, i, 1916, 490. Moffatt은 동일시와 관련하여 "명백히"라는 단어를 사용한다.
126 *Byways in Early Christian Literature*, 1923. 47. Findlay는 '아마도' 되었어야 한다고 말한다.
127 다른 한편으로 Harnack, *Chronologie*, i, 1897, 628, 630f.를 비교하라.

왜냐하면 동정녀 탄생을 부인하는 에비온파가 오늘날 우리가 알고 있는 대로의 (그리고 이레니우스가 알고 있는 대로의) 마태복음을 수용했을 리가 없기 때문이다. 그리고 그러한 잘못된 주장에서 나온 추론들은 보다 명백한 증거를 무효화시킬 수 없기 때문이다.[128]

셋째, 히브리인에 따른 복음서가 제롬에 의하여 알려진 대로 마태복음 2장과 일치하는 이야기를 포함했다는 긍정적인 증거가 있다.

왜냐하면 여러 곳에서[129] 제롬은 실제로 그러한 이야기를 인용한 것으로 보이기 때문이다. 그는 마태복음 2:6, 15, 23을 주석하면서 '히브리인'에게[130] 호소하는데,[131] 그것은 아람어 마태복음이거나 또는 다른 말로 하면 히브리인에 의한 복음서를 가리키는 표현인 것처럼 보인다. 그러나 만약, 히브리인에 의한 복음서가 마태복음 2장의 내용을 포함했다면 그것은 유년기 부분을 별도로 추가했다는 뜻이 된다. 그리고 만약, 그것이 유년기 부분을 포함했다면, 그 복음서의 사용자가 동정녀 탄생을 부인하는 자들이 아니고 수용한 자들이었을 것이기 때문에, 그 부분은 아마 동정녀 탄생을 언급하였을 것이다.

예수님의 탄생에 대한 설명을 전혀 포함하지 않은 복음서는 상상컨대 동정녀 탄생을 믿는 신자들에 의하여 사용되었을 것이지만 탄생에 대한 설명을 포함한 복음서는 아니었을 것이며 여전히 중심적인 기적을 언급하지 않았을 것이다. 제롬의 인용에서 나오는 가장 자연적인 추론

---

128 어떤 복음서가 순교자 Justin과 Origen에 의하여 언급된 동정녀 탄생을 반대하는 유대 기독교인들에 의하여 사용되었는가? 단순히 다른 분명한 대답이 주어질 수 없기 때문에, 그것이 히브리인에 의한 복음서였다고 대답하는 것은 무모할 것이다. 자료의 부족함의 견지에서, 명확한 대답은 합리적으로 기대될 수 없다. 실제로 그것이 Epiphanius의 에비온파의 복음서였다는 추측에 반대하는 결정적인 증거가 없다.

129 On Mt. ii. 6(ed. Vall. et Maff., vii, col. 26); *de vir.* inl., iii(ed. Richardson, in *Texte und Untersuchungen*, xiv. 3, 1896, 8f.).

130 "Ipsum hebraicum."

131 이 문제의 토론을 위하여, "The Virgin Birth in the Second Century," in *Princeton Theological Review*, x, 1912, 565–568를 보라.

은 히브리인에 의한 복음서가 마태복음 1-2장과 실질적인 일치를 갖고 있다는 것이다.

히브리인에 의한 복음서가 동정녀 탄생의 설명을 포함했다는 우리의 결론에 대하여 두 가지 반대가 주장될 수 있을 것이다.

첫째, 니세포루스의 『연대기』(*Chronography*)에[132] 첨부된 정경적이며 논쟁적이고 외경적 책들에 대한 행나누기 목록이[133] 2,200행의 히브리인에 의한 복음서를 2,500행의 정경 마태복음보다 짧게 했다.[134]

그러나 히브리인에 의한 복음서의 현존하는 단편들은 마태복음과 일치하는 구절보다 더 짧기보다는 더 긴 것으로 나타난다. 그러므로 길이의 차이는 히브리인에 의한 복음서에 탄생 이야기가 없다는 사실에 의하여 잘 설명될 것이다. 그러나 이 주장은 발상은 좋지만 신뢰할 만하지는 않다. 확실히 우리는 다른 면으로 예중한 훨씬 명확한 증거를 불신하지 못하도록 해야 한다. 2,200이라는 숫자는 정확하지 않거나,[135] 마태복음의 보다 긴 길이는 히브리인에 의한 복음서에서 탄생 이야기가 아닌 다른 이야기의 생략으로 설명될 수도 있을 것이다.[136]

둘째, 현존하는 그 복음서의 단편들은 때때로 동정녀 탄생과는 모순되는 것으로 생각되기 때문에, 동정녀 탄생은 같은 책에서 잘 이야기 될 수 없었다고 말해진다.

그러나 이 주장은 별로 의미가 없다. 세례의 기사에서 히브리인에 의

---

132 9세기 사람으로 서론과 본문을 위하여 Zahn, *op. cit.*, ii, 1890, 295-301를 보라.
133 그것은 여러 책들이 포함된 'stichoi'의 숫자를 주는 목록이다.
134 마가복음은 2,000행이고, 요한복음은 2,300행, 누가복음은 2,600행이다.
135 그래서 Zahn은 행 측정의 수치에서 다른 고대의 오류가 있다고 호소한다. Zahn, *op. cit.*, ii, 717.
136 마태복음의 중심 부분에서 긴 행들은 현존하는 히브리인에 따른 복음서의 단편에 나타나있지 않다. Zahn, *loc. cit.*를 보라. 위에서 살펴본 것처럼 중앙부분에서의 커다란 차이는 서두에서의 보다 적은 차이에 비해 복음서의 마태적인 형태에 더 영향을 주었을 것이다.

한 복음서가 (성령에 기인한 말로) 말한 것은 진실이다.

> 내 아들아, 모든 선지자들 가운데서 나는 너를 기다렸다. 너는 와야 하고,
> 나는 네 안에서 안식하여야 한다. 너는 나의 안식이고, 너는 영원히 다스리는
> 나의 장자이다.

그러나 이 말들은 확실히 예수님의 하나님의 아들되심이 세례보다 앞서서 존재하지 않았다는 것을 의미하지 않는다. 예수님이 성령에 관하여 '나의 어머니'로 언급한 단편은 좀 더 세밀한 주의를 요한다.[137] 왜냐하면 마태복음 1:18-25에서 성령의 활동은 어머니가 아니라 아버지를 대신하는 것으로 보일 수 있기 때문이다. 그러나 성령을 어머니로 지칭하는 것은 정경의 기사 자체와 모순된다기보다는 내러티브에 대한 미련한 유물론적 오역이다. 아마도 셈족 언어에서 '영'을 뜻하는 단어가 대체적으로 여성형이라는 사실이 이 단편에서 '나의 어머니'라는[138] 표현의 동기가 된듯한데, 사실 본래 아람어 문헌 자료나 구전 자료에서 여성성은 탄생 이야기의 고상한 영적 의미를 유지하기 위한 추가적 장치에 불과했다. 제롬이 잘 말한 것처럼, "신성에는 어떤 성도 없다."[139]

이같은 주장은 히브리인에 의한 복음서에서 동정녀 탄생 이야기의 현존을 확증하지는 못할지라도, 적어도 커다란 가능성을 보여주었다. 이 결론의 중요성은 상당히 그 책의 고대성과 가치에 의존한다. 만약, 그 책이 하르낙이 생각한대로 1세기에 기록되었다면 그 증거는 대단히 가치가 있게 된다. 그러나 찬의 연대-**예를 들면** 주후 135년 이후-가 채

---

137 위의 각주 112를 보라.

138 ἡ μήτηρ μου.

139 Jerome, on Isa. xl. ii(ed. Vall. et Maff., iv, col. 405). ep., xviii. 17(ed. Hilberg I, i, 1910, 98). Origen은 (in *Ioh.*, ii. 12, 12, ed. Preuschen, iv, 1903, 67) 하나님의 뜻을 행하는 자에 관한 예수님의 말씀에서 '어머니'란 용어의 비유적인 용법을 비교한다. 모두 세 구절이 Nicholson에 의하여 인용되었다. *The Gospel according to the Hebrews*, 1879, 80f.(Nicholson의 언급은 마지막 구절의 경우에 틀린 것으로 보인다).

택될지라도, 여전히 그 복음서는 다른 증거의 귀중한 근거를 제공한다.

히브리인에 따른 복음서의 증거의 특별한 중요성은-정말로 보편교회의 전통을 수용하지 않은 분리주의 유대 기독교인일지라도-유대 기독교인에 의한 증거라는 것이다. 만약, 이방 기독교인들만 아니라 심지어 이런 분리주의 형태의 유대 기독교인이 1세기 말엽 이전에 동정녀 탄생을 수용했다면, 그 교리의 전설적이거나 신화적인 기원을 설명하기가 매우 어렵게 된다.

유대 기독교인 복음서에 관한 이전의 토론은 쟌, 한드만과 하르낙에 의하여 영향을 받은 대로 대부분 1911년 이전의 근대적인 견해의 경향을 따랐다. 자세한 것은 중요한 차이에도 불구하고 상당한 합의가 획득되었다. 그러나 1911년에 모든 문제가 쉬미트케의 공들인 저서에 의하여 재개되었다.[140] 매우 철저하고 부분적으로 새로운 자료에 근거한 쉬미트케의 연구는 유대 기독교 복음서와 그 독자들에 관하여 전적으로 새로운 개념으로 인도하였다. 그러므로 쉬미트케가 옳은지 보다 오래된 견해가 여전히 견지될 수 있는지가 중요한 문제이다.

그 문제는 여기서 대답될 수 없다. 지금 시도될 수 있는 모든 것은 다음과 같다.

(1) 쉬미트케 견해의 간단한 설명
(2) 동정녀 탄생 문제의 의미에 관한 평가
(3) 쉬미트케가 최근의 견해에 영향을 끼친 방식에 관한 약간의 설명

쉬미트케의 견해에 따르면 시리아 지역의 베뢰아에 세워진 혼합교회의 일부였던 유대 그리스도인들이 환경의 영향으로 이방인 그리스도인들로부터 분리되어 독자적인 공동체를 형성했다. 이 베뢰아 유대 기독교인들은 '나사렛파'로 불리게 되었다. 나사렛파가 동방의 회당을 통하

---

140 "Neue Fragmente und Untersuchungen zu den judenchristlichen Evangelien," in *Texte und Untersuchungen*, xxxvii, i, 1911.

여 해외로 퍼졌다는 제롬의 주장은 전적으로 무가치하다. 베뢰아 밖에는 나사렛파가 결코 없었다. 나사렛파는 보편교회의 일부를 형성했고, 분리된 후에도 유대인의 관습에 조금 더 충실하여 이방 기독교인들과는 달랐다. 예를 들면, 그들은 열정적으로 바울의 저작을 인정했고 동정녀 탄생의 교리를 수용했다. 서머나인들에 대한 이그나티우스의 편지가 기록된 지 얼마 후, 그러나 주후 150년 이전에 베뢰아의 나사렛파는 헬라어 마태복음을 그들 자신의 언어인 아람어로 번역했다. 그것은 탈굼과 같이 완전히 문자적인 번역이 아니었다.

그러나 그것은 마태복음과 별개의 책으로 볼만큼 다르지 않았다. 예를 들면, 마태복음 1, 2장이 포함되었다고 생각할 만한 이유가 충분히 있다.[141] 이러한 베뢰아의 아람어 마태복음은 그것이 실제로는 정경 헬라어 마태복음의 번역이었음에도 불구하고 헬라어 마태복음이 번역된 원본으로 간주되기에 이르렀다. 따라서 2세기 중엽에 파피아스에 의하여 증언되고 이레네우스와 그 후 저술가들이 큰 역할을 한 마태복음의 '히브리어' 원본이라는 전승을 생기게 했다.

나사렛파의 복음서는 헤게시푸스 (약 주후 180년)에 의하여 사용되었지만, 유세비우스 이전의 다른 저술가들에게는 소문으로만 알려졌다. 유세비우스가 『교회사』(Church History)를 썼을 때 그 복음서를 보지 않았으나, 그의 『신현』(Theophany)이 나오기 전에 사본 하나를 얻었다. 그는 그 책을 마태복음의 원본으로 간주했다. 그의 사본은 제롬의 시대에 남아있던 가이사랴의 도서관에 기증되었다. 그러나 그 복음서를 유명케 한 저술가는 라오디게아의 아폴리나리스였다. 우리는 제롬에 의하여 보존된 단편들과 또한 '시온판'이라 불리는 복음서의 한 간행본으로부터 내려온 어떤 복음서 사본의 가장자리에 보존된 단편들도 그에게 빚지고 있다. 이 나사렛파 복음서는 마태복음과 구별된 저서라고 그 내용과 실제로 친숙한 어느 누구에 의하여도 인정되지 않았고, 정경 복음서가 번

---

141 Schmidtke는 나사렛파의 복음서가 마 1:6, 20 이하에서 인용되었을 수 있었다는 것을 보여주는 증거를 제시한다(op. cit., 24, 287). 이 증거는 위에서 토론된, 나사렛파의 복음서 2장의 현존을 위한 증거에 추가되어야 한다.

역된 원본으로 간주되었다. 그것이 히브리인에 따른 복음서와 함께 한 것은 아무 것도 없었다.

이러한 것이 나사렛파와 그들의 복음서에 관한 쉬미트케의 견해이다. 쉬미트케는 **에비온파에 대한** 그의 견해를 견지하기 위하여 에비온파가 나사렛파와는 완전히 구별된 한 분파였다고 생각한다. 오리겐과 유세비우스는 '에비온파'란 이름이 동정녀 탄생을 수용하는 한 분파라고 잘못 인식하였지만 그들은 동정녀 탄생을 부인하는자로 특징지어졌다. 에피파니우스가 에비온파에 관한 부분의 초안을 기록했을 때 그들에 관한 어떤 직접적인 지식이 없었다. 그 분파에 관한 그의 설명은 에비온파와 엘카이파의 혼동에 의하여, 그리고 에비온파에 관한 정보의 자료로 클레멘트 저작을 상당부분 사용했다는 사실에 의하여 가치가 떨어진다. 그가 에비온파의 영지주의적 성격에 관하여 말한 모든 것은 단순히 이러한 근거 없는 결합에 근거하고 있다. 어떤 종류의 영지주의적 에비온파도 결코 존재하지 않았다.

그러나 에피파니우스가 에비온파의 채식주의 원리에 관하여 말한 것은 옳다. 에피파니우스는 그의 초안 첫 장을 기록한 후, 키프러스 섬에서 당시의 에비온파에 관한 직접적인 정보를 얻었으며 그들의 복음서를 알게 되었다. 이 후의 정확한 정보는 단순히 에피파니우스 저작의 원래의 초안에 추가되었으며, 그 결과는 우리 앞에 놓이게 된 혼돈된 설명이다. 에피파니우스가 발췌하여 준 에비온파의 복음서는 열두 사도의 복음서가[142] 아니라 이레네우스에 의하여 마태의 복음서로 언급되고 또한 오리겐과 다른 사람들에 의하여 '히브리인에 의한 복음서'란 제목으로 언급되고 인용된 에비온파의 복음서와 동일시된다. 그것의 사용에 관한 최초의 흔적은 헤게시푸스에서 발견할 수 있다. 일반적으로 12사도의 복음서로[143] 간주된 에피파니우스의 단편이나 또는 성령을 예수의

---

142 원문 24를 비교하라.
143 그러나 Schmidtke는 희생제사의 폐기를 언급한 것을 이 단편들의 목록에서 제거한다. 위의 각주 90번을 보라.

어머니로 언급한 오리겐의 단편은 히브리인의 복음서에 속한 것으로 여겨져야 할 것이다.

이 히브리인에 의한 헬라어 복음서는 나사렛파의 아람어 복음서와는 아무 관계가 없다. 그 둘은 초기 저술가들에 의하여 완전히 분리되어 보존되었다. 유세비우스는 히브리인에 따른 복음서와 시리아어 (복음서) 에서 인용한 헤게시푸스에 관하여 말한다.[144] 여기에 그 둘은 명확히 나란히 놓여있다. 히브리인에 의한 복음서와 나사렛파의 아람어 마태복음을 동일시하는 것은 모두 제롬의 어리석음과 속임수 때문이다.

그가 히브리인에 따른 복음서의 헬라어와 라틴어 번역에 관하여 그리고 나사렛파 복음서를 필사한 경험이 있다는 그의 주장에도 불구하고, 그는 정말로 둘 중 어느 것과도 친숙하지 않았다. 그는 가이사랴의 도서관에서 아람어 복음서를 보았지만 그는 아람어를 몰랐기 때문에 대부분 사용할 수 없었다. 히브리인에 따른 복음서에 관한 그의 지식은 오리겐에게서 나왔다. 아람어 마태복음에 관한 그의 지식은 라오디게아의 아폴리나리스에게서 나왔다. 그는 두 복음서에 관하여 무지했기 때문에, 그것들을 혼동할 수 있었다. 그는 '히브리인에 의한 복음서'라는 제목에서 '히브리인에 의한'이라는 단어를 언어학적인 의미로 받아들여서 이 복음서를 나사렛파의 아람어 복음서와 동일시했다. 히브리인에 따른 아람어 복음서에 관한 그의 호칭은 정보의 출처 및 사안의 긴급성에 따라 바뀐다.

예를 들면, 마태복음 주석에서 그가 간헐적으로만 언급하는 복음서를 진정한 마태의 복음서라고 말할 수는 없었다. 왜냐하면 만약, 그 복음서가 원래의 마태복음이었다면 그가 그것을 더 자주 언급하지 않은 것이 불합리했기 때문이다. 실제로, 그것에 관한 그의 지식이 아폴리나리스에 의하여 이루어진 인용으로 제한되었다는 단순한 이유 때문에 그는 그것을 더 자주 언급할 수 없었다.

---

144 *Hist. eccl.*, IV. xxii. 8: 그러나 Nestle, *Einfuehrung in das griechische Neue Testament*, 2te Aufl., 1899, 77f.를 비교하라.

전술한 것처럼 간단한 요약일지라도 유대 기독교인 복음서에 관해 쉬미트케가 다루는 혁명적 성격을 나타내기에 충분할 것이다. 그 이론은 여기서 상세히 연구될 수 없다. 그러나 그러한 연구는 동정녀 탄생의 역사성 문제에 대한 쉬미트케의 연구의 중요성이 생각만큼 크지 않을 것이기 때문에 보다 떳떳하게 생략될 수 있다. 만약, 쉬미트케의 이론이 옳은 것으로 증명된다면, 동정녀 탄생에 대한 2세기의 증거는 약화되지 않을 것이다.

쉬미트케가 옳다면 동정녀 탄생을 수용한 나사렛파가 널리 퍼진 분파로 더 이상 간주될 수 없고, 시리아의 베뢰아 지역에 국한된 지역 공동체로 간주해야 할 것이다. 오리겐과 유세비우스에 의하여 동정녀 탄생을 수용한 것으로 나타난 더 정통적인 '에비온파'가 역사의 페이지에서 사라진 것은 사실이다.[145] 동정녀 탄생 기사를 포함한 나사렛파 복음서가 더이상 독립적인 전통을 구체화한 것으로 간주되지 않고, 다른 정경 복음서들을 일부 차용한 마태복음의 자유로운 번역에 불과한 것으로 여겨진다는 것은 사실이다. 동정녀 탄생을 부인한 에피파니우스의 에비온파가 비역사적인 영지주의 사색의 혐의를 믿는 것은 분명한 사실이다. 그리고 헤게시푸스와 다른 초기 작가들에 의하여 언급된 히브리인에 따른 복음서가 동정녀 탄생 이야기를 포함한 것으로 더 이상 간주될 수 없는 것 또한 사실이다. 이러한 쉬미트케 이론은 동정녀 탄생에 대한 증거를 약화시키고 그것에 대한 유대 기독교인의 부정적 가치를 높이는 것으로 특징지어진다. 그러나 그 이론의 다른 요소들은 바로 명백하게 반대방향으로 향하고 있다.

---

145 Schmidtke(op. cit., 241)는 동정녀 탄생을 수용한 '에비온파'를 보다 정통적인 부류로 오리겐이 언급한 것은 '에비온파'라는 이름을 동정녀 탄생을 수용한 영지주의적 유대 기독교인들에게 잘못 적용했기 때문이라고 생각한다. Epiphanius가 엘카이파와 에비온파 사이에 세운 관계에서 Schmidtke는 동일한 혼동을 일으켰다. 그 제안은 지나치게 무모한 것이다.

첫째, 쉬미트케의 이론으로는 나사렛파가 지역공동체로 축소되었지만, 그들의 본래적인 모습은 남아있다. 그리고 그들은 동정녀 탄생을 수용했다.

그들을 그들의 이방인 동료 기독교인들로부터 분리시킨 단순한 기회가 그들을 특별하게 만들었다. 비슷하게 초기의 특성을 가지고 있던 다른 유대 기독교인들은 영구적으로 보편교회에 합병된 것으로 주장되고 있다.

둘째, 나사렛파의 복음서는 쉬미트케의 이론에 의하면 더 이상 독립적인 전승의 보고로서 역할을 하지 못하지만 유대 기독교인의 편에서 초기 마태복음의 수용에 대한 가치 있는 증거가 된다. 그리고 그 마태복음은 동정녀 탄생의 기사를 포함했다.

셋째, 쉬미트케의 이론에 의하면 에비온파가 영지주의자가 되기를 그만두었다 하더라도 그 이유 때문에 그들은 어느 특별한 원시성에 대한 권리를 주장할 수 없었다는 것이다.

예를 들어, 그 언어는 헬라어였고 아람어가 아니었다.

넷째, 쉬미트케의 이론에 의하여 히브리인에 따른 복음서가 동정녀 탄생의 기사를 담고 있지 않다면 그것은 또한 아주 무가치한 것으로 보여진다.

동정녀 탄생을 부인한 이러한 유대 기독교인들의 유일한 복음서이자 동정녀 탄생을 포함하지 않은 유일한 유대 기독교인의 복음서는 우리의 마태복음과 누가복음을 기초로 한 무가치한 헬라어 편집물이며 그것이 생략하고 있는 유아기 부분에서 조차 우연히 의존하고 있음을 보여주는 편집물에 불과하다. 헤게시푸스가 이 복음서를 사용하였고 이레네우스가 그것을 언급한 것은 정경 복음서의 초기 사용에 대한 더 큰 증거이다.

그리고 에비온파가 이 복음서만을 이용했다는 사실은 정경 복음서에서 구체화된 것을 제외하고 그들이 참된 역사적 전통으로부터 얼마나 격리되었는가를 증거한다. 동정녀 탄생을 부인하는 원인이 무엇이든지,

그러한 부인은 예수님의 시대로부터 내려오는 원시적 전통에 기초하지 않았다. 에피파니우스가 에비온파에 관해 그의 책에서 인용한 복음서만을 유일한 것으로 받아들이는 어떤 분파도 초기 유대교회와 직접적이고 특수한 관계가 있는 것으로 간주되어야 한다는 약간의 주장조차 제기되지 않았다.

쉬미트케의 이론은 다양하게 그 이후의 작가들에 의하여 평가되었다. 그러나 전체적이고 보다 확실한 결과들이 그 토론으로부터 나오고 있다.[146] 우리는 적어도 이 문제에서 고정된 요소들은 제롬이 인용한 '나사렛파의 복음서'와 에피파니우스가 인용한 '에비온파의 복음서'라는 것을 알게 되었다.

이것들의 각각의 특성은 분명하다. 나사렛파의 복음서는 우리의 마태복음과 약간 비슷한 아람어 (또는 히브리어) 복음서였다. 에비온파 복음서는 우리의 헬라어 마태복음과 마가복음에 기초하여 채식주의 원리 그리고 아마도 (영지주의가 아니라면) 혼합주의자의 견해를 가진 한 저자에 의하여 만들어진 편집물이었다.

우리가 클레멘트와 오리겐에 의하여 인용된 '히브리인에 의한 복음서'와 두 복음서의 관계를 결정하려 할 때 어려움이 있다. 보다 오래된 견해는 나사렛파의 복음서와 히브리인에 의한 복음서를 동일시했다. 슈미트케는 이러한 동일시를 거절하고 그는 특히 이 경우에 바이츠, 모팟을 따랐고 이미 인용된 저서에서 (조건부로) 핀들레이를 따랐다.[147]

---

146 Waitz, "Das Evangelium der zwoelf Apostel," in *Zeitschrift fuer die neutestamentliche Wissenschaft*, xiii, 1912, 338–348; xiii, 1914, 38–64, 117–132; art. "Apokryphen des NT.s," in Herzog-Hauck, *Realencyklopaedie*, xxiii, 1913, 80–85; Moffatt, art. "Gospel(Uncacnonical)," in *Hastings, Dictionary of the Apostolic Church*, i, 1916, 489–495; Lagrange, "L'Evangile selon les Hebreux," in Revue Biblique, xxxi, 1922, 161–181, 321–349; Findlay, Byways in *Early Christian Literature*, 1923, 33–78; Dunkerley, "The Gospel According to the Hebrews," in *Expository Times*, xxxix, 1928, 437–442, 490–495. 마지막 이름의 저자에까지 우리는 그 주제에 관한 그의 최근의 인용 때문에 많은 빚을 지고 있다.

147 Schmidtke를 반대하여 나사렛파의 복음서와 히브리인에 의한 복음서는 동일하다고

그러면 그것이 나사렛파의 복음서와 동일시되지 않고 히브리인에 의한 복음서와 함께 있었다는 것은 무엇인가?

쉬미트케는 그것을 에비온파의 복음서와 동일시했지만 그 동일시는 일반적으로 현대 저술가들에 의하여 (정당하게) 거절되었다. 이와 같이 히브리인에 의한 복음서는 허공에 달려 있게 되었고, 우리는 적어도 두 개가 아니라 세 개의 유대 기독교인의 복음서를 갖고 있다.

그러면, 동정녀 탄생의 문제에 대하여 이런 의견의 진술이 담고 있는 것은 무엇인가?

틀림없이 그것은 동정녀 탄생 전통의 역사성에 결코 비호의적이지 않다는 것이다.

첫째, 나사렛파의 복음서가 동정녀 탄생 이야기를 포함했다는 것은 지금 일반적으로 인정되고 있다.

그것의 증거로서의 가치는 물론, 우리가 그 복음서를 전체적으로 어떻게 생각하느냐에 달려있다. 그러나 확실히 그 복음서는 분명히 동정녀 탄생을 생략한 유일한 복음서보다도 더 원시적이라는 인상을 준다.

둘째, 동정녀 탄생을 생략한 에비온파의 복음서는 그것의 편집자와 사용자가 실제적 영지주의와 무관하다고 할지라도, 그것의 연대가 종종 이전에 추정했던 것보다 훨씬 오래되었을 지라도 우리의 헬라어 마태복음과 누가복음에 기초한 분명한 이차적인 편집물로서의 그 특성을 보유한다.

이레니우스가 언급한 에비온파 가운데 사용되었다고 말한 '마태에 의한 복음서'와 이 복음서를 동일시 하는 것은 유대민족 중 기독교인으로 고백하는 사람들 가운데 동정녀 탄생에 관하여 보수적이고 바리새적이며 단순히 유대적으로 거절한다는 증거를 크게 약화시킨다. 이전에 원시적인 팔레스타인 전통의 수호자여야 한다고 생각한 이레네우스의 에

Lagrange(*op. cit.*)와 Dunkerley(*op. cit.*)에 의하여 주장되었다. Findlay(*op. cit.*, 56f.)는 히브리인에 의한 복음서가 나사렛파의 복음서와 동일하지는 않더라도 많은 공통부분이 있기 때문에 그 두 개가 같은 책의 다른 편집으로 간주될 수 있다고 주장한다.

비온파는 다소 혼합적인 개념으로 영향을 받았다.

그리고 전에 그들이 매우 중요하다고 생각한 '마태에 의한 복음서'는 독특한 채식주의 경향에 의하여 특징지워지고 우리의 헬라어 마태복음과 누가복음에 기초한 무가치한 편집물로 판명된다. 이 복음서의 연대를 이르게 잡으면 잡을수록[148] 동정녀 탄생 이야기를 포함한 두 권의 정경 복음서 사용에 대한 초기 사용의 증거는 더 커지는 반면 예수님이 정상적인 출생에 의해 요셉과 마리아의 아들이 되었다는 독립적인 전승이 존재했을 가능성은 더 작아진다.

셋째, 소위 제롬의 나사렛파 복음서 또는 에피파니우스의 에비온파 복음서와 동일하지 않다고 클레멘트와 오리겐이 언급한 '히브리인에 의한 복음서'는 적어도 십중팔구는 동정녀 탄생 이야기를 포함했을 가능성이 있다.

만약, 그것이 교회사에서 유세비우스가 같은 제목으로 언급한 그 복음서와 같은 것이라면, 그것은 아마 동정녀 탄생 이야기를 포함했을 것이다.[149] 왜냐하면 그것은 동정녀 탄생의 전통을 수용한 에피온파에 대한 인용구로 유세비우스에 의해 사용됐기 때문이다.[150] 그러나 그것은 유세비우스에 의하여 언급된 그 복음서와 다른 것으로 간주하더라도,[151] 여전히 그것이 동정녀 탄생 이야기를 포함하고 있지 않다는 확실한 증거는 없다. 클레멘트와 오리겐에 의하여 다루어진 점은 동정녀 탄생의 문제에 있어서 주요 교회의 교리에 동의하고 있음을 가리킨다.

그러므로 그리스도의 동정녀 탄생을 무시하거나 부인한 분리주의 유대 기독교인들 가운데서 사용되었던 어떤 원시적인 복음서가 발견되었던 것은 정말로 쉬미트케의 책의 등장 이후 유행했던 새로운 견해도 아

---

[148] Waitz(*op. cit.*, 127-130)는 첫 세기의 말엽에 그것을 한정하는 경향이 있다.
[149] Eusebius, *hist. eccl.*, III. xxvii. 4.
[150] So Findlay, *op. cit.*, 58.
[151] So Waitz, *op. cit.*, 122f. 이 견해에 대한 반대는 Findlay, *op. cit.*, 50-52를 보라. Waitz는 Eusebius가 인용한 구절에서 언급한 그러한 복음서를 생각한다. 확실히, Eusebius가 말하는 그 분파의 특성에 관한 견해는 있음직하지 않다.

니고 예전 것을 재건한 것도 아니다.

이제 유대 기독교인들의 동정녀 탄생의 부인에 관한 지금까지의 토론을 요약하려 한다.

우리는 동정녀 탄생이 에피파니우스에 의하여 서술된 영지주의자나 혼합주의적 에비온파에 의하여 부정되었다는 것을 발견했다. 그러나 이 분파의 특징은 동정녀 탄생의 전통과 관련하여 매우 비호의적인 추측을 제기하는 것 같다. 이 혼합주의적 에비온파는 원시 유대 기독교가 존재하였을 것으로 생각되는 모든 가능성으로부터 제거되었다. 그러므로 다른 곳에서 잃어버린 전통에 의해 그들이 예수님 또는 그의 제자들과 연합되었다는 것은 전혀 가능하지 않다. 하여튼, 그들이 사용한 것으로 알려진 유일한 복음서는 무가치한 편집물로서 정경적 자료를 가장 비도덕적인 교리로 변조한 것을 보여 준다.[152]

예수님의 동정녀 탄생은 또한 어떤 바리새적인 에비온파에 의해서 부인되었다고 생각한다. 예수님에 관한 그들의 인본주의적 견해를 제외하더라도 그들은 유대 율법를 엄격히 주장한다는 점에서 보편교회와도 구별되었다. 만약, 이와 같은 바리새적인 에비온파가 존재했다면 동정녀 탄생에 관한 그들의 부인은 설명하기 어렵지 않다. 그들은 아마 유대인과 마찬가지로 이방인에게도 율법의 준수를 주장한 보다 엄격한 유대 기독교 분파에 속했을 것이다. 그들은 기독교인이라기보다는 유대인이었다. 그리고 정통 유대인에게 동정녀 탄생은 혐오스러운 것이었다.[153] 그것은 결혼관계와 자녀 출생에 있어 그의 자존심과 조화되지 않는 것 같다. 그것은 다윗 계통의 왕자라는 하나님의 약속에 어긋나는 것으로 보였을 것이다. 그것은 그의 하나님에 대한 개념인 일방적 조절주의에 모순되었고, 여호와를 제우스보다 열등하게 만든 것처럼 보였다.

---

152 Zahn, *Das apostolische Symbolum*, 1893, 56를 비교하라.
153 B. Weiss, *Leben Jesu*, 4te Aufl., i, 1902, 210-214(영어 번역, *The Life of Christ*, 1883, i, 229, 232, footnotes 2)를 비교하라.

그러나 실제로 이러한 바리새적인 에비온파가 정말 존재했는지 의심스럽다. 확실히 최근 연구의 경향은 그들의 존재의 증거가 줄어드는 경향이다. 분리주의 유대 기독교인들 사이에서 동정녀 탄생을 부인하는 것이 에피파니우스가 인용했던 에비온파의 복음서에 나오는 사람들에게서 왔다는 것은 결코 불가능한 것이 아니다.

어쨌든, 그들이 어떤 종류의 부류이던 간에 동정녀 탄생에 관한 유대 기독교인들의 부인은 그것에 대한 유대 기독교인의 확언에 의하여 더 중립적이 되었다.

첫째, 동정녀 탄생에 대한 확언은 적어도 그것에 대한 부인만큼 거슬러 올라가서 추적할 수 있다.

그 부인은 먼저 순교자 저스틴에게서 보여지는데 그것이 어마어마한 것은 아니었다는 것을 암시하는 방식으로 거기에 보여지고 있다. 어쨌든 비기독교 유대인의 시각에서 그것은 명백히 매우 크게 드러나지 않았다.

저스틴이 정정할 때까지 유대인은 예수님의 메시아 되심이 동정녀 탄생을 떠나서 수용될 수 있었음을 깨닫지 못한 것으로 보인다. 2세기 초에 이그나티우스가 분명히 분리주의 유대 기독교인들과 논쟁할 때, 예수님의 탄생에 관한 그들의 견해를 정정할 필요성을 느끼지 않았다. 이것은 이그나티우스의 편에서 무관심했기 때문이라거나 그 당시 교회에서 동정녀 탄생에 대하여 확고하게 수립된 것이 없었기 때문이라고 말하지 말아야 한다.

이그나티우스는 마리아의 처녀성을 주장하는 점에서 어느 후대의 작가에 뒤지지 않는다. 그것은 그에게 세 가지 위대한 신비들 중의 하나로서, 세계 역사의 신기원을 표시하는 오랫동안 존중된 계시이다. 침묵에서 나오는 주장은 더 신중하게 사용되어야 한다는 것이 사실이다.

그러나 유대 기독교인들의 동정녀 탄생의 부인에 대한 이그나티우스의 침묵은 적어도 유대 기독교인들이 그것의 수용에 관한 저스틴의 침묵만큼 중요하다.[154] 더욱이 히브리인에 의한 복음서는 아마 저스틴보다 앞선 시대로부터 유대 기독교인의 동정녀 탄생 신앙에 대한 직접적인 증거이다.[155]

둘째, 동정녀 탄생을 수용한 그 유대 기독교인들의 특성은 그들의 주장에 찬성하는 추정을 불러일으킨다.

리츨은 제롬의 나사렛파에 대한 견해와 원시 사도의 견해와의 밀접한 유사성을 지적했다. 원래의 사도들처럼[156] 나사렛파는 그들 자신의 분파를 위하여 유대인의 율법 준수를 계속하였다. 그러나 다시 원래의 사도들처럼 그들은 이방 기독교인들의 자유를 인식하고 바울의 사역을 찬성하였다. 반대로 개종한 이방인에게 율법의 준수를 강요하려 하고[157] 바울을 배교자로 간주한 보다 엄격한 에비온파는 예수님과 가장 가까이서 있던 사도들의 영적 계승자가 아니었다. 그들은 유대화된 '가만히 들어온 거짓 형제들'의 영적 계승자들이었다.[158] 일반적으로 동방에 은둔

---

154 이것이 더 이상 명백한 침묵이 아니라는 것은 이미 나타났다.
155 그것은 어쩌면 동정녀 탄생에 대한 매우 초기의 증거들인데, (1) *Ascension of Isaiah*에서, (2) *the Testaments of the Twelve Patriarchs*에서, 그리고 (3) 최근 발견된 *Odes of Solomon*에서 발견된 것이다. 동정녀 탄생을 이야기한 *Ascension of Isaiah*의 구절은 1세기 말엽에 찰스(『이사야의 승천』, 1900, xxii. ff., 77)에 의하여 놓여졌다. 그러나 Harnack, *Chronologie*, 1897, 574ff.를 비교하라.
156 그것은 사도적 교회의 초기 시대이다. 나중에 원래의 사도들은 이방 기독교인들과 같은 행동을 채택한 것으로 묘사될 수 있었다.
157 유대 기독교인들 중 보다 온건한 분파와 보다 엄격한 분파의 구별을 위하여, Justin Martyr, *dial.*, 47를 보라,
158 Ritschl, *Entstehung der altkatholischen Kirche*, 2te Aufl., 1857, 152ff. 그 증거가 두 분파, 즉 동정녀 탄생을 수용한 보다 온건한 분파와 그것을 부인하는 보다 엄격한 분파로 분리주의 유대 기독교의 명확한 구별을 당연시 하지 않은 것은 의심의 여지가 없다(이에 대하여 Nitzsch, *Grundriss der christian Dogmengeschichte*, 1870, 42ff.을 보라). 그러나 어쨌든 차라리 Eusebius의 모호한 구절은 동정녀 탄생을 수용한 자들이 보다 엄격한 사고방식의 소유자였음을 의미하는 것으로 보일지라도(*hist. eccl.*, III. xxvii. 3-6), Justin 시대로부터 Jerome의 때까지 율법에 관하여 보다 온건한 견해를 취한 어느 누구도 동정녀 탄생을 부인했다는 증거는 없다.

하여 살면서 그들 자신의 고대 복음서를 사용하는 나사렛파는 교리적인 혁신과 무가치한 복음서로 대변되는 에피파니우스의 에비온파와는 대조적으로 보수성과 고대성의 인상을 풍긴다.

한 가지 사실은 모든 논의에서 끊임없이 유념할만하다-그 사실은 유대 기독교가 이단 목록에 포함된 분리주의 유대 기독교에 한정된 것은 아니라는 것이다. 오리겐과 다른 어떤 사람들에 의하여 언급된 이단적 유대 기독교인일지라도 동정녀 탄생을 수용한 것은 위에서 증명되었다. 그러나 이 모든 토론에 단순히 보편교회에 합병된 다수의 유대 기독교인들은 제외되었을 것이다.[159] 그리고 중요한 것은 이들-어떤 의견에서도 분리주의자들이 아닌-이 예수님의 생애에 관한 가장 원시 역사적인 전통을 소유하였다는 가설을 가리킨다는 것이다.

동정녀 탄생에 대한 2세기의 증거에 관한 지금까지 연구의 결과는 두 가지 명제로 요약될 수 있다.

1. 동정녀 탄생의 확고하고 잘 형성된 신앙은 2세기 초까지 거슬러간다.
2. 그 시대에 나타난 동정녀 탄생에 대한 부인은 순수한 역사적 전통보다는 아마 훨씬 더 많이 철학적이거나 독단적 선입견에 기초하고 있다.

---

159 Schmidtke, *op. cit.*, 247ff., 특히 247f., Anm. 4를 비교하라.

제 2 장
셋째 복음서의 탄생 이야기 원본

동정녀 탄생 교리는 현존하는 자료가 판단하도록 우리에게 허락되는 한 2세기 말기와 마찬가지로 그 초기에서도 굳게 세워져 있었음을 앞 장에서 보았다. 이것은 특히 이그나티우스의 증거에서 도출해낸 가장 자연스런 결론이고 그것을 무효로 하는 다른 현존하는 정보는 아무 것도 없다. 분명히 이그나티우스의 편지에서 당연한 일로 나타난 교리는 혁신적인 것이 아니었고 이전 시대에 그 뿌리를 둔 것임에 틀림없다. 이그나티우스는 신임성직자가 아니라 이방인 기독교의 모교회인 대교회의 감독이었다. 안디옥에서 그는 예수님의 생애에 관한 원자료의 정보를 얻는데 멀지 않은 위치에 있었다. 명백히 기독교 신앙의 필수적인 부분으로서 그가 제시한 것은 수년 동안 교회에서 이미 공통적으로 믿어졌음에 틀림없다.

그러므로 만약, 신약에서 그 주제에 관한 말이 없었다고 해도 2세기의 증거는 동정녀 탄생에 대한 신앙이 1세기가 끝나기 전에 나타났음을 보여주었을 것이다. 그렇지만 사실상 신약은 동정녀 탄생의 기사(account)를 포함하고 있고 그 기사는 지금 연구되어야 한다. 예수님의 탄생에 관한 신약의 기사는 신약의 두 책, 마태복음과 누가복음에 포함되어있다.

누가의 이야기가 마태복음에 있는 이야기보다 더 확장된 것이고 그 사건의 과정에서 더 먼저 시작되기 때문에 편의상 누가복음을 먼저 고찰할 것이다.

물론, 예수 탄생에 관한 누가의 기사에 대한 우리의 평가는 대체로 우리가 세번째 복음서 전체를 어떻게 생각하느냐에 달려 있다. 분명 그렇게 큰 질문은 여기서 고찰될 수 없다. 그것에 관한 고찰은 다른 논문을 필요로 할 것이다. 한 마디만 하자면 다양한 의견을 가진 학자들 사이에서 셋째 복음서와 사도행전이 사도 바울의 동료인 의사 누가에 의하여 실제로 기록되었다는 전통적 견해를 수용하려는 경향이 점점 증가하고 있다. 만약, 이 견해가 옳다면 매우 중요한 결과는 즉시 분명하게 된다. 만약, 전통적 저작권의 견해를 변호하는 자들이 주장한 대로 누가복음과 사도행전의 저자가 사도행전의 소위 '우리 부분'에서 일인칭 복수를 사용함으로 바울과 함께 자신을 포함시킨 바울의 동료라면, '우리'가 나타난 모든 곳은 저자를 가리키는 것으로 볼 수 있을 것이다. 저자의 활동과 관계성은 이와 같이 추적될 수 있다.

예를 들면, 저자가 제2차 선교 여행에서 바울뿐만 아니라 원래 예루살렘 교회에서 온 실라와 교제해왔다는 것은 이 방법으로 드러낼 수 있다. 그리고 한층 더 중요한 것은 그 이야기에서 중요한 '우리'가 예루살렘 교회 그 자체에 속한 주님의 형제 야고보까지 포함한다는 것이다.[1] 그러므로 저자는 바울이 가이사랴의 감옥에서 2년간 보내었을 당시 초기에 팔레스타인에 있었다. 그리고 그 기간 말기에 그가 (로마를 향하여 바울과 함께 배를 탄 곳) 다시 팔레스타인에 등장했기 때문에 그가 그 지역에서 그 기간의 전부 또는 일부를 보냈다고 추측하는 것은 당연하다. 그리고 나서 당시에 그는 예수님의 지상 생활에 관하여 가장 잘 말할수 있는 자들로부터 정보를 얻을 기회가 많았다. 만약, 누가가 실제로 누가복음과 사도행전의 저자라면 바울의 선교 여행을 다루고 있는 곳에서 뿐만 아니라 예수님의 생애와 팔레스타인 교회의 초기 역사와 관련해서 두 저서를 신뢰할 만한 강한 추측이 있다. 그리고 특히 그것은 주님의 탄생과 유아기에 관한 사건을 다루고 있는 곳과 관련해서 다루어

---

[1] 사도행전 21:18.

져야 한다. 그러므로 셋째 복음서의 유아기 이야기의 역사성을 부정하는 대다수의 사람들이 또한 그 책의 누가의 저작성을 부인한 것을 발견하는 것은 놀랄 일이 아니다. 그들이 그렇게 해야 했던 중요한 이유는 매우 분명하다. 그것은 단순히 셋째 복음서와 사도행전이 유아기 이야기뿐만 아니라 예수님의 생애와 초기 교회와 관련한 철저한 초자연주의적 설명이 다른 곳들에서와 마찬가지로 매우 잘 드러내기 때문이다.

초자연적인 것을 받아들이지 않는 사람이라면 의사이자 바울의 동료인 누가처럼 그 사건을 매우 가까이에서 보았던 저자가 매우 초자연적인 것을 말함으로써 사건을 잘못 설명하고 있다고 생각하기 어려울 것이다.

그러나 바로 이러한 고려 때문에 베를린의 A. 폰 하르낙(A. von Harnack of Berlin) 같은 학자들이,[2] 유명한 역사가 에드워드 메이어(Eduard Meyer)처럼[3] 누가복음과 사도행전에 이야기된 기적의 역사성을 거부하는 학자들이 저작권에 대한 전통적 견해를 수용해야겠다고 생각한 사실은 중요하다. 문학 비평의 영역에서 매우 강한 증거만이 그 책의 초자연적 내용을 반대한 자들의 생각 속에 존재하는, 누가의 저작권을 반대하는 강한 추측을 극복할 수 있다.

그리고 실제적으로 그런 증거는 매우 강한 독립적인 연구에 기초한다. 사람이 누가복음과 사도행전과 관련된 문학적 현상을 조사하면 할수록, 더욱더 두 개의 저서가 바울의 동료, 의사 누가에 의하여 기록되었다는 전통적 견해의 증거라는 인상을 받는다. 그러므로 누가복음 1-2장에 있는 예수님의 탄생과 유아기의 기사가 셋째 복음서의 부분이라는 것은 매우 중요하다. 그러나 이러한 탄생 이야기는 셋째 복음서의 한 부분일 뿐만 아니라, 하나의 매우 특별한 부분이며 분리하여 고려할 만한 부분이다.

첫 네 구절로 구성된 복음서의 서문은 신약성경 전체에서 가장 조심

---

[2] *Lukas der Arzt*, 1906(영어 번역, *Luke the Physician*, 1907)으로 시작한 잘 알려진 논문의 시리즈를 보라.

[3] *Ursprung und Anfaenge des Christentums*, iii, 1923, 23-36.

스럽게 구성된 문장이다. 그것은 마지막까지 그 의미를 유보한 하나의 전형적인 '복합'문장이다. 그리고 마지막 구절 "각하가 알고 있는 바를 더 확실하게 하려 함"에서, 전체 문장에서 강조된 단어인 '확실성'은 부드러운 영어 번역으로는 재현될 수 없는 효과적인 방법으로 마지막까지 유보되었다. 이보다 더 능숙하게 형성되고 더 전형적인 헬라어 문장을 상상하는 것은 어려울 것이다.

그러나 이런 전형적인 헬라어 문장뒤에는 신약 전체에서 아마도 가장 두드러진 셈어 부분인 누가복음 1:5-2:52의 탄생과 유아기 기사가 포함된 부분이 이어진다. 문체에서 이보다 큰 대조를 이루는 곳은 없다. 다음 부분의 단순한 이야기 형식까지 서문의 복잡한 헬라어 문장을 통과하면서 이는 마치 구약의 역사서의 문체와 같이 갑자기 전혀 다른 세상에 옮겨진 것처럼 느낀다. 서문에서는 발견되는 것처럼 탄생 이야기의 언어와 저자 자신의 문체 스타일 사이에 이런 대조로 인해 문학 비평 분야에서 한 날의 격렬한 토론으로 누가복음 1:5-2:52이 그 책의 원 형태에서는 발견되지 않고 나중에 추가되었다는 가설을 이끌어갔다고 예상할 것이다. 이러한 가설은 그것의 옹호자 없이는 함께 존재하지 않았다. 더욱 의미심장한 것은 그 견해의 옹호자들이 지금보다 오히려 125년 전에 더욱 두드러졌다는 사실이다.

19세기 말엽에 마태복음뿐만 아니라 누가복음 처음 두 장이 그 책에 보다 늦게 추가되었는가 하는 질문이 심각하게 제기되었다.

누가복음에 관한 이러한 가설은 (만약, 우리가 그 복음서에 잠간 우리의 주의를 집중한다면) 최근 힐겐펠트,[4] 우세너,[5] 코르센,[6] 그리고 코니베어에[7]

---

[4] "Das Vorwort des dritten Evangeliums(눅 1:1-4)," in *Zeitschrift Fuer wissenschsftliche Theologie*, xliv, 1901, 1-10; "Die Geburts-und Kindheitsgeschite Jesu Luc. I, 5-11, 52," Ibid., 177-235; "Zu Lucas III, 2," Ibid., 466-468.

[5] *Das Weihnachtsfest*, 2te Aful., 1911, 52, 83-95; art. "Nativity,' in *Encyclopaedia Biblica*, iii, 1902, cols. 3347f.

[6] In *Goettingische gelerte Anzeigen*, clxi, 1899, 325f.

[7] "Ein Zeugnis Ephraems über das Fehlen von c. 1 und 2 im Texte des Lucas," in *Zeitschrift für die neutestamentliche Wissenschft*, iii, 1902, 192-197.

의하여 지지되었다. 그러나 그 견해는 스스로를 견지하는 데 실패했고 현재 비교적 적게 지지되고 있다.

사실은 누가복음 1:5-2:52과 누가복음과 사도행전의 다른 부분 사이에 존재하는 언어와 형식의 명백한 차이에도 불구하고, 보다 정밀하게 연구해보면 매우 인상적으로 유사성이 나타나는 것을 보게 된다. 현대 비평의 역사에서 1816년 초에 거스돌프는 그 복음서에서 유아기 부분에서의 언어를 절과 절을 토대로 세밀하게 연구하였다. 그 결과 그 안에서 매우 많은 '누가의' 단어들과 용법-신약의 다른 책들과 비교하여 누가의 문헌에서만 또는 중요하게 발견된 단어들과 용법-을 발견하였다. 명백하게 거스돌프와 상관없이 전적으로 확신하는 결과로서 하나의 비슷한 과정이 침머만과 하르낙에 의하여 최근에 수행되었다. 그 부분에 대한 누가의 특성이 하르낙에 의해 과장되었다는 것을 증명하기 위하여 시작한 현 필자의 연구에서도 현시점에 있어서 아직은 완전한 확신으로 귀결된다. 책 전체에 관한 저자의 손이 누가복음 1:5-2:52에서도 작업한 것은 더할 나위 없이 명백하다.[8]

이러한 결론에 대하여 힐겐펠트는 위의 단락과 책 나머지 부분들이 유사한 것은 편집의 결과라는 가설을 주장했다.[9] 그러나 그의 설명은 매우 부적절하다. 그러나 전체 책의 저자가 누가복음 1:5-2:52에서는 자료들을 사용했다고 가정하여, 그것들의 특성은 유지하면서 저자 자신의 문체 스타일을 주입하여 그가 자유롭게 그것들을 사용했다면 그 사실은 설명될 수 있을 것이다. 점차로 누가의 문헌에 관한 비평은 그 저자의 문학적 방법을 명확히 설명할 수 있는 것을 구성하도록 우리에게 강요하고 있다. 그리고 그것은 참으로 매우 기쁜 설명이다. 여기서 우리는 한 저자를 알고 있다. 그는 구약성경 이야기와 팔레스타인 지역에서 그에게 전해졌던 셈어족 이야기들의 아름다움에 대해 감탄한다. 하

---

8 이 부분과 관련된 연구에 관하여 보다 많은 정보를 위하여, 본서 4장을 보라.

9 Hilgenfeld, "Die Geburts- und Kindheitsgeschichte Jesu Luc. I, 5-II, 52," in *Zeitschrift fuer neutestamentliche Wissenschftliche Theologie*, xliv, 1901, 185.

지만 동시에 그의 책에 다양성 속에서 확실한 통일성을 어떻게 유지하는지 알고 있었다. 이 때문에 그 책이 단순히 편집되는 것을 막을 수 있었고 그 책을 진정한 문헌으로 만들었다. 이와같은 언어적 사실은 누가복음 1:5-2:52이 원래의 복음서에 추가되어 구성되었다는 견해에 강하게 반대한다. 그리고 조금만 연구해 보아도 그 견해에 찬성하여 제시된 주장이 모두 무너지는 것을 보게 될 것이다.

첫째, 그 가설을 찬성하는 최소한의 외적 증거도 없다.

2세기의 마르시온, 즉 극단적인 바울주의 이단 교사가 첫 두 장이 포함되지 않은 누가복음을 사용한 것은 사실이다. 그런 사실은 누가복음 원형에서 누가복음 1:5-2:52을 제거하려는 정당성을 얻기 위해 1889년에 우세너에 의하여 사용되었다. 우세너는 마르시온의 누가복음은 우리의 정경 누가복음이 또한 유래한 초기 형태의 복음서에서 파생되었고, 이런 점에서 마르시온의 형태가 보다 원래적이었다고 추측했다.[10]

그러나 아마도 오늘날 이와 같은 견해의 옹호자를 발견하기는 어려울 것이다. 마르시온의 복음서 형태는 우리의 정경 형태를 개정한 것인데, 마르시온의 특별한 견해를 지지하기 위해 개정되었다는 것이 일반적으로 인정되었다.[11] 그러므로 마르시온은 예수님께서 출생했다는 것을 결코 믿지 않았으며 지상에 충분히 성장한 모습으로 나타났다고 생각했다는 단순한 이유로 동정녀 탄생을 전혀 언급하지 않는다. 따라서 예수님의 탄생 사건을 그의 복음서에 포함시킨다는 것은 불가능 했다. 마르시온은 첫 두 장이 포함되지 않은 셋째 복음서의 어떤 형태를 위한

---

10 Usener, *Das Weihnachtsfest*, 1889, 51f., 80-91. 이 인용문은 또한 Hans Lietzmann의 책임 하에 1911년에 출판된 재판에 나타난다(51f., 83-95).

11 예를 들어, Harnack, "Marcion," in *Texte und Untersuchungen*, 3. Reihe 15. Band, 2te Aufl., 1924, 65f.를 보라. "그러므로 또한 그(Marcion)가 유아기 이야기를 생략했을 때 그가 (그런 이야기를 포함하지 않았다고 추측된) 보다 초기의 전통에 영향을 받았다고 주장하는 것은 잘못이다. 그가 또한 복음서 자료의 가장 오래된 부분에 속하고 모든 가능성으로 이미 'Q' 자료에 나타난, 세례 이야기를 생략했다는 것은 기억되어야 한다."

하나의 증인으로서 전혀 무의미하다.

이와 마찬가지로 코니베레가 관심을 가진 기록은 하나의 사본으로 첨부된 것으로 1195년 에브라임의 공관복음 주석을 아르메니아어로 번역한 것이다. 하지만 이것은 우리의 목적에 의미가 없다. 그 사본은 매우 후대의 것이고, 그 기록의 본문과 설명이 매우 불확실하다. 코니베레의 탁월한 증거의 일부가 다른 학자들로부터 지지를 받지 못한 것은 놀랄 일이 아니다.[12]

그러므로 원래의 셋째 복음서에 누가복음 1:5-2:52을 포함시키기 위하여 그 본문에 대한 모든 증거 가운데 완전한 합의가 있다. 그 부분은 2세기에 만들어진 최초의 복음서를 배합한 타티안의 공관복음에 포함되었다. 복음서에 그것의 현존은 무라토리 정경에 의하여 증명되었다. 그리고 그것은 복음서의 모든 헬라어 사본과 모든 번역들에서 발견된다. 누가에 의한 복음서의 원형에서 그 부분을 제외시키고자 입증하려는 광범위하고 다양한 시도 속에서 그러한 합의는 매우 모험적인 것이었다.

그러나 만약, 셋째 복음서에 누가복음 1:5-2:52을 포함하는 외적 증거를 찾으려는 시도가 실패로 귀결된다면, 마찬가지로 누가의 문헌 그 자체로부터 제시되었다는 주장 또한 설득력을 잃게 된다. 그러므로 사도행전 1:1 "데오빌로여 내가 먼저 쓴 글에는 무릇 예수께서 행하시며 가르치시기를 시작하심부터 그가 승천하신 날까지의 일을 기록하였노라"에 비추어 그것이 주장되었을 때, 그 복음서 (여기서 '먼저 쓴 글'이라고 불린)는 예수님이 가르치고 행하기 시작한 시간, 즉 예수님의 공생애의 사역 이전에[13] 일어났던 어떤 일들에 대한 설명을 포함하지 않는다고 주장하는 것은 이 복음서의 핵심 내용에 대한 언급으로만 보는 잘못된 태도이다. 대체로 누가복음은 사도행전과의 관계를 고려할 때 "예수

---

12 Conybaere, "Ein Zeugnis Ephraeims ueber das Fehlen von c. 1 und 2 im Texte des Lucas," in *Zeitschrift fuer die Neutestamentliche Wissenschaft*, iii, 1902, 192−197. "The New Testament Account of Birth of Jesus," first article, in *Princeton Theological Review*, iii, 1905, 643를 보라.

13 Hilgenfeld, *op.cit.*, 178.

님께서 승천하시기까지 행하시고 가르치기 시작하신 일에 대한 기록"이라고 불릴 수 있을 것이다. 그 저자의 두 번째 책인 사도행전과 비교해서 거시적으로 바라보면 비록 그것이 처음 두 장을 포함하고 있다 할지라도 그 복음서는 예수님께서 승천하시기 전에 행하시고 가르치셨던 것들을 설명한 것으로 명시된다.

현대의 전기에서 이야기되고 있는 삶을 독자가 더 잘 이해하도록 하기 위해서 저자가 때로는 여러 세대를 거슬러 올라가기로 고려하는 것은 당연하다. 마찬가지로 그것이 공생애의 사역 동안 행하고 가르친 것과 관련된 책이 되기 위해서 적어도 도입부로서 예수님께서 이 세상에 등장하신 것과 관련된 사건에 대한 기사를 포함하는 것은 당연하다. 그 명시가 독립적이라면 그 복음서에 그러한 명시에 어떤 반대가 있다 할지라도 그 저자의 두 번째 책의 내용에 암시된 대조를 발견하면 그 반대는 사라진다. 사도들의 말과 행동에 대한 설명을 하고 있는 사도행전과 대조해서 그 복음서가 심지어 탄생과 유아기의 이야기를 포함하고 있다해도 예수님의 말씀과 행하신 것에 대해 설명하는 것으로 명시되는 것은 이상한 것이 아니다. 더욱이 사도행전 1:1에 먼저 쓴 글에 대한 시작점이 명확하게 언급되지 않은 것을 주목해야 한다. 그 저자는 복음서의 시작점을 생각한 것이 아니라 그것의 끝을 생각하고 있다. 여기에서 예수님의 승천과 함께 사도들의 도움 아래 복음의 나중 진보를 이루어 가는 전환점이 된다. 이것이 두 번째 책의 주제를 제시한다.

아마도 그 복음서의 첫 두 장이 없다 해도 그 책은 여전히 엄밀히 말하자면 여전히 예수님의 말씀과 행위가 아닌 다른 내용으로 시작하고 있다는 것은 주목할 만한 가치가 있다. 즉, 3장에서 첫 20절은 세례 요한과 관련되어 있으며 그의 설교는 다른 공관복음에서보다 훨씬 길게 보고된다.

정확히 얼마나 많은 서론적 자료를 예수님께서 행하시고 가르치신 내용으로 보아야 하는가?

누가복음 1:5-2:52이 제거될지라도 얼마 간의 그러한 자료들이 있다. 그 부분을 첨가하면 책 전체에 대한 표현을 다루게 해야 할 필요가 있다고 누가 말할 수 있는가?

그러므로 사도행전 서문에서 도출된 논쟁은 지나친 주장이라고 할 수 있다.

마찬가지로 힐겐펠트의 복음서 서문의 사용은 설득력이 없다. 그가 기독교는 예수님의 세례와 함께 시작되었기 때문에, 그 이전에 일어난 일은 '우리 중에 이루어진 사실'(즉 기독교 안에서)[14] 가운데 포함될 수 없다고 주장한 것은 저자의 말을 왜곡한 것이다. 그에 대한 논박을 위해 서문 해석에 관한 골치 아픈 문제를 자세히 시작할 필요는 없다. 기독교가 분명히 세례와 함께 시작했다고 추측하는 힐겐펠트의 견해가 옳을지라도 확실히 예수님의 탄생과 유아기의 사건은 '우리 중에' (즉 기독교인들 중에) 이루어진 일들 중에서 배제될 수 없었다. 그 저자가 구세주의 탄생과 그의 탄생의 전조를 담고 있는 기독교의 모든 복잡한 사실을 다루기 원한다고 말하는 것이 훨씬 더 자연스럽다. 그리고 이 저자가 모든 일을 근원부터 자세히 살펴보았다고 말한 것은, 적어도 몇몇 그의 전임자의 저작에 나타난 것들보다 더 이른 이야기의 출발점을 암시하는 것으로 볼 수 있다.

그러나 이 저자에게 예수님의 세례는 '기독교'의 시작이라는 힐겐펠트가 옳은가?

그것은 힐겐펠트가 변호한 이론을 옹호자들이 누가복음 3:21-23의 세례에 대한 설명 및 사도행전 1:22; 10:37 이하; 13:23의 세례에 대한 언급을 우리가 사용하기를 고려하도록 한다. 이 구절들은 예수님의 생애에서 진정 중요한 '시작'으로서 누가복음과 사도행전의 저자가 다루려고 한 기독교적 사실로서 그것에 동반된 성령의 강림과 함께 요한에 의한 예수님의 세례를 확증한다.

그 주장은 많은 학자들에 의해 행해진 것으로 누가복음 3:22에 '서방 사본'의 읽기를 채택했다면 더욱 설득력이 있었을 것이라 생각된다. 그

---

[14] Hilgenfeld, "Das Vorwort des dritten Evangeliums(Luc. I. 1-4)," in *Zeitschrift für Wissenschftliche Theologie*, xliv, 1901, 1-3; "Die Geburts und Kindheitsgeschichte Jesu Luc. I, 5-II, 52," Ibid., 177-179.

구절에서 바티칸 사본과 시내산 사본을 포함하여 그 본문의 매우 많은 증거는 우리가 친숙하게 읽고 있는 것이다.

너는 나의 사랑하는 아들이다. 네 안에서 나는 매우 기뻐한다(눅 3:22).

그러나 2세기 중엽에 순교자 저스틴의 인용문을 포함하여 어떤 구라틴역 사본과 어떤 교부의 인용으로 지지된 베자 사본은 다음과 같이 읽는다.

너는 내 아들이다. 오늘날 내가 너를 낳았다(시 2:7).

그래서 시편 2:7에 있는 말씀을 인용하여 신적 언급이 되게 했다. 만약, 그것이 원본이라면 (많은 학자들이 그렇다고 생각한다), 이러한 읽기는 예수의 신적 아들 신분의 시작을 세례에 두고 있다. 그래서 누가복음 1:35에서 분명히 보여주듯이 동일한 복음서에서 그것을 탄생 이야기에 배치할 수 없었음을 보여 준다. 이러한 주장에 관하여 서방 사본이 다른 많은 경우에서처럼 누가복음 3:22에서 십중팔구 부정확하다는 것은 먼저 언급될 수 있다. 그리고 그것이 정확할지라도 종종 추측된 대로 그렇게 중요하지 않게 된다. 누가복음 3:22에서 서방 사본이 인용한 시편 2편에서 그 구절은 분명히 메시아적 왕의 탄생이 아니라 직무를 소개하는 것을 가리킨다. 따라서 그것은 이 동일한 저자에 의하여 부활(바울의 말에 관한 그의 보고에서)에 적용된다.[15]

만약, 그것이 예수님의 부활과 세례에 대해 동일한 저자에 의하여 적용된다면 실제로 최소한의 모순도 없을 것이다. 왜냐하면 세례의 한 가지 의미로 그리고 부활의 다른 의미로 왕적인 '하나님의 아들'로서 예수님의 취임을 이루었기 때문이다. 여전히 신적 아들의 신분은 분명히 동정녀 탄생과 관련된 누가복음 1:35과 비교하여 어렵지 않게 발견될 수

---

15 행 13:33. 롬 1:4과 비교하라.

있다. 동정녀 탄생이 동일한 저자에 의하여 이야기된 후 공생애 사역의 시작에서 메시아적 왕의 직무로 취임하기 위해 구약의 의미와 완전히 조화되도록 시편에서 한 구절을 적용했다는 단순한 사실은 확실히 놀라운 일로 간주될 필요가 전혀 없다.

그러므로 서방의 읽기가 누가복음 3:22(모든 가능성이 없는 것처럼)에 정확할지라도, 이 구절에서 탄생 이야기와 조화를 이루지 않는 것은 아무 것도 없다. 그래서 그 이야기가 동일한 책에서 동일한 저자에 의하여 포함되지 않을 이유는 없다.

그러나 이 구절에서 그 하나만 취했을 때 서방의 읽기가 탄생 이야기가 원래 없었음을 보여주기에 충분치 않다 할지라도, 어떤 다른 고려 사항들과 관련해서 취했을 때에도 충분히 보여주지 못하는 것인가?

또는 서방의 읽기가 바르지 않더라도 누가복음과 사도행전의 저자에서 탄생이 아닌 예수님의 세례가 위대한 '시작' 즉 그가 그의 책 모든 서문에서 언급하여야 하는 '탁월한' 시작이었음을 보여 주는 증거로 충분하지 않는가?

이 질문들은 약간 고려할만하다. 그러나 여기서 다시 그 증거는 중요하지 않다. 누가복음과 사도행전의 저자의 정보에 근거하여 예수님의 세례가 어떤 것의 시작을 특징지은 중요한 사건이었다는 것은 매우 명백하다.

그러나 그것은 무엇에 관한 시작을 특징짓는가?

우선, 그것은 사도가 목격자로서 증거할 수 있는 예수님의 생애의 시작을 특징짓는다. 그런 사실은 사도행전 1:22의 언급을 설명한다. 왜냐하면 예수님이 요한의 세례를 시작으로 제자들과 함께 했던 시간 동안 같이 있었을 12제자 중 유다를 대신할 사람에 대한 중요한 자격이 여기에 표현되었기 때문이다. 사도들 중 (베드로 자신이 아닌) 어느 누구도 처음부터 예수님과 함께 있지 않았다는 단순한 이유로 인해 어떤 다른 출발점도 명시되지 않았을 것이다. 세례는 사도들이 직접 증거하는 시작임을 분명히 보여 준다. 그런 사실은 또한 사도행전 10:37-39에서 세례에 대한 언급을 설명한다. 왜냐하면 그 구절에서 다시 베드로가 말하기 때문이다.

> 그리고 '우리는 유대인의 땅과 예루살렘에서 그가 행하신 모든 일에 '증인'
> 이다(행 10:39).

베드로가 지상에서 그리스도의 생애의 목격자가 되기 시작한 것은 세례에서였다. 우리가 또 다른 관계에서 무엇인가 말하여지기를 기대한다면, 위와 똑같이 고려해 보면 마가복음에서 탄생과 유아기 사건의 생략을 설명하는데 도움이 된다. 그런 복음서는 철저하게 믿을 수 있는 전통에 따라서 베드로의 가르침을 구현한다. 그리고 그것은 보다 자세하고 친밀한 종류의 교훈보다는 오히려 첫인상을 만드는 것으로 보인다. 그러한 책이 베드로가 친히 보고 들은 것들을 거의 독점적으로 다룬 것은 매우 자연스럽다.

사도행전 13:24에서 또한 동일한 고려가 주장될 수 있더라도 그런 경우는 약간의 차이가 있다. 왜냐하면 이 구절에서 즉 비시디아 안디옥에서의 바울의 설교에서 요한에 의한 예수님의 세례는 언급되지 않았고, 요한이 오히려 그리스도에 대한 **그리스도** 이전의 마지막 증인으로 나타나기 때문이다. 그러나 다른 두 구절에서 중요하게 고려되는 것은 요한에 의한 예수님의 세례는 사도들이 직접 목격하고 증언할 수 있었던 그리스도의 생애에서 그 시작을 보여 준다는 것이다. 우리는 누가복음과 사도행전 저자의 마음 속에 예수님의 세례가 사도들이 목격자가 되기 시작하는 시점에 일어났기 때문에만 중요하다고 주장하기를 원하지 않는다. 그 반대로, 다른 복음서의 저자처럼 이 저자는 세례를 제자들을 위해서 뿐만 아니라 예수님 자신을 위해서도 중요한 새 시작을 특징짓는 것으로 나타낸다.

그 사실은 의심할 여지없이 누가복음 3:23에서 절대분사인 '시작하실' (beginning)의 인상적인 사용에 의하여 나타난다. 문자적으로 번역된 그 구절은 다음과 같이 읽는다.

그리고 예수님께서 가르치심을 시작하실 때에(헬라어로, '시작하실'), 삼십
세쯤 되시니라 사람들이 아는 대로 요셉의 아들이니 요셉의 위는 헬리요…
(눅 3:23).[16]

"그가 시작하실 때에"라는 말은 당연히 문제를 일으킨다. 독자는 "그가 '무엇을' 시작할 때인가?"라고 물으려할 것이다.

이 질문에 대해 종종 극단적인 대답이 주어졌다. 특히 앞절(22절)에 대한 서방의 읽기가 "너는 내 아들이요, 오늘날 내가 너를 낳았다"일 때 이곳 본문의 '시작'은 예수님의 신적인 아들로서의 신분의 시작을 가르친다는 것이다. 즉 예수님은 바로 하나님에 의하여 '오늘날' 출생된 것으로 명시되었으며, 따라서 그분의 신적인 아들의 신분이 시작된 것은 바로 그 시점이라는것이다.

혹자는 이런 해석에 따라 "사람들이 아는 대로 요셉의 아들이니"라는 구절에서 '사람들이 아는 대로는'이라는 말은 예수님의 동정녀 탄생과 관련된 언급이라는 유력한 의견을 받아들이는 대신에 요셉과 마리아의 자녀로서 예수님의 육체적 아들의 신분-외적 모습에 따른 그분의 아들됨-과 반대되는 신적인 아들로서 세례시에 시작된 실제적 또는 영적 신분에 대한 언급으로 받아들인다.

이 해석에 따르면 그런 신적인 출생은 요셉과 마리아의 아들로서 예수님께서 장성한 성인으로 자랐을 때까지 일어나지 않았다. 그분의 명백한 육체적 또는 외적 아들됨은 그분의 참된 신적 아들됨이 시작되기 전에 30년간 계속되었다.

덧붙이자면 '사람들이 아는 대로는'이라는 말의 이러한 해석은 오히려 부자연스럽다. 만약, 예수님의 인간적 아들됨과 구별되는 것으로 신성의 시작이 세례 전에 일어난 것으로 간주되지 않는다면, 그 때까지 예수님은 외적으로나 내적으로 요셉의 아들이신 것이다. 그러므로 우리가

---

16 και αυτος ην Ιησους αρχομενος ωσει ετων τριακοντα, ων υιος, ως ενομιζετο, Ιωσηφ του Ηλει….

말한 것에 관한 해석을 정당화하기 위하여 그 문장은 아마도 다음과 같이 읽어야 한다.

> 그리고 예수님께서 시작하실 때에 삼십 세쯤 되시니라. 사람들이 아는 대로 '그때까지는'(또는 '다만') 요셉의 아들이니 또는 '혈통으로는 요셉의 아들이니'(눅 3:23).

그러나 현재의 본문은 그들이 말하는 의미를 거의 갖고 있지 않다. 요셉이 육체적 의미에서, 즉 사람들 사이에서 일반적으로 만연하고 있는 생각과 달리 예수님의 아버지가 아니라는 가정을 제외하고, '사람들이 아는 대로는'이라는 말에 대해 요셉의 부자관계에 관한 최근의 견해와 반대되는 신적 출생으로 보는 것은 적절하지 않다.

그러므로 누가복음 3:22-23이 첫 두 장에서 이야기된 예수님의 탄생과 모순되고 그 두 장이 복음서에 보다 늦게 첨가된 것이라고 주장한 대다수(최소한으로 말해서)가 23절에서 '사람들이 아는 대로는'이라는 말이 누가복음 1:34-35에서 나타난 동정녀 탄생을 언급하며 복음서의 첫 두 장을 첨가한 사람이 이 말들을 삽입했다고 인정한 것은 놀랄 일이 아니다. 따라서 '사람들이 아는 대로'라는 말은 탄생이 아니라 예수님의 세례가 그분의 신적 아들됨의 시작을 가리킨다는 사실을 더 이상 보여주지 못한다.

그러나 현재의 본문이 동정녀 탄생에 대한 언급이라는 정상적인 해석(여러 의견을 가진 거의 모든 학자들에 의하여 의심할 여지없이 주장된 해석), 그리고 누가복음 3:22에서 서방 사본과 구별된 정상적인 본문을 가지고 있음에도 불구하고 23절에 있는 '시작'('시작하실 때')이라는 단어가 세례사건을 저자가 그의 저작의 모든 계획 단계에서부터 특히 염두에 둔 중요한 시작, 탁월한 시작으로 명시함으로써 앞서 일어난 사건들에 대한 확장된 내러티브(1-2장)가 올 수 없다는 것이 말이 되는가?

이 질문에 대한 대답으로 누가복음과 사도행전의 저자에 의하여 요한에 의한 세례 또는 즉시 이어진 사건이 중요한 사건으로 간주되는 것이 지금까지와 마찬가지로 자연스럽게 인정되어야 한다. 그러므로 이 사건의 시간 또는 이 사건의 일반적인 배경-또는 오히려 그 앞서 있었던 요한의 공적인 등장-이 누가복음 3:1에서 그 당시의 정치적 조건을 정교하게 언급함으로서 알려주고 있다는 것은 전혀 놀랄 일이 아니다.

그러나 확실히 복음서 기록자들은 예수님의 세례의 중요성이 탄생과 유아기의 중요성의 약화를 가지고 올 것이라고 생각하지 않았다. 그리고 그 당시 상황의 정교한 언급에 관하여 다음과 같이 말할 수 있다.

1. 아마도 저자는 탄생 시기의 정황에 관한 자세한 정보를 똑같이 가지고 있지 않았다.
2. '헤롯 왕 때에'라는 단순한 구절 하나 만으로도 그 이야기의 정신에 부합되었을 때, 이 같은 연대기적 또는 정치적 기록은 탄생 이야기를 위하여 (어떤 이유든지) 선택한 형식과 맞지 않았을 것이다.
3. 대헤롯이 팔레스타인 전체를 통치했을 때에 관하여 나중에 나라가 분리되었을 때 분리된 지역 명칭을 필요로 하지 않았으므로, 보다 이른 시기에 누가복음 3:1, 2에 있는 것 같은 정교한 기록이 불가능했을 것이다.
4. 누가복음 2:1 이하의 호적과 구레뇨에 대한 언급을 연결시켜, 누가복음 1:5의 '헤롯 왕 때에'라는 구절은 결국 누가복음 3:1 이하의 세례자의 등장을 취급한 것과 어느 정도 비슷한 정치적 정황과 예수님의 탄생을 통합하려는 저자의 의도를 보여 준다.

그 다음에 누가복음 3:23에서 불변화사 '시작'이라는 (즉 영어로, '그가 시작했을 때') 다소 놀라운 절대적 용법으로 명시된 그 사건의 원인이 된 예수님의 세례 사건의 중요성은 무엇이었는가?

그 대답은 단순히 그 사건은 예수님의 공생애 사역의 시작을 알리는 것이다. 그 때까지 그분은 감추어졌다. 이제 그분은 공적으로 메시아의 사역을 위해 나타났다. 세례사건 다음에 즉시 이어지는 시험사건은 그 이전 사건에 관한 이러한 이해를 지지한다. 예수님은 바로 하나님의 아들로서(그 용어가 가지고 있을 더 깊은 의미가 무엇이든지) 적어도 하늘의 목소리에 의하여 메시아로 지명되었다.

이와 같이 서방 사본은 시편 2:7을 인용함으로 의심없이 이차적이라 할지라도 신적인 말씀에 관하여 필수적인 정확한 해석을 포함한다. 성령이 임재하였을 때 예수님은 메시아적 왕으로 임명되었다. 그 왕권은 참으로 전에도 그분의 것이었다. 그러나 이제 그분은 왕으로서 적극적인 활동을 시작한다.

그러나 그분은 어떤 종류의 왕이어야 하는가?

그분은 그분의 왕적 권세를 어떻게 사용해야 하는가?

그런 질문은 "만일 네가 하나님의 아들이라면"이라는 시험자의 반복된 질문이었고 예수님이 결정적인 방법으로 대답하셨다.

그러나 존재하지 않았던 예수님을 만드는 것으로서가 아니라 그분은 과거에 이미 그 사역을 위해 자격을 갖춘 분으로 그분의 등장을 명시하는 것으로서 세례의 사건을 이런 유형으로 취급한다면, 그에게 성령이 임하는 것에 관하여(눅 3:22) 무엇을 생각할 것인가?

비록 "너는 내 아들이라"라는 말이 그분이 전에 소유하지 않은 어떤 새로운 신성이나 능력의 수여가 아닌 단지 이미 그분이 가지고 있었던 것을 공표나 확정하는 것으로 이해될 수 있었을지라도 그분에게 성령이 임하는 것을 어떻게 단지 서술하는 방식으로 이해될 수 있는가?

적어도 '그' 사건은 그분이 아직 되지 않은 어떤 것이 이제 되는 것을 가리키는 것은 아닌가?

만약, 그렇다면 어떻게 그것이 세례 요한의 사건처럼[17] 그분은 모태에서부터 성령을 소유했을 뿐만 아니라 초자연적인 수태로 바로 그분의 존재를 낳게 한것이 성령에 의한 것이라고 어떻게 가정될 수 있는가?[18]

결국 만약, 그 질문에 대답할 수 없다면 어떻게 그 동일한 저자는 그의 책에서 두 개의 그러한 공존할 수 없는 묘사들을 포함할 수 있었는가?

---

17 눅 1:15.
18 눅 1:35.

그리고 그렇다면 다른 묘사들이 발견되는 탄생 이야기는 그 책의 원 저자의 기록이 아닌 후대의 첨가가 틀림없지 않은가?

그런 질문이 때때로 제기되었다. 그리고 아직 그것의 기저를 이루는 우선하는 반대는 언뜻 본 것처럼 실제로는 심각하지 않았다. 그것은 지상에서 예수님의 생애와 관련해서 성령의 임재는 우리의 복음서 기록자에 의하면 단지 한꺼번에 한 가지 방법으로 성령의 임재가 일어날 수 있었다는 추측에 의존한다. 그러나 분명 그런 추측은 매우 불확실하다. 하나님의 영의 활동-실제로 우리는 여기에서 문제가 아닌 것을 말하지 않을 것이다-은 그러나 셋째 복음서 저자의 생각에 의하면 연구실의 많은 현대 학자들이 예상하는 것보다 훨씬 더 신비스럽고 훨씬 더 다양하다.

그러므로 복음서 기록자에 따르면 성령이 예수님의 동정녀 어머니에게 임했기 때문에 그분이 태에 잉태됐을 때 그 동일한 성령이 다시 예수님에게 그리고 다른 유형으로 메시아로서 그분의 공생애의 사역에 적합하도록 임할 수 없었다고 누가 말할 수 있겠는가?

그러므로 예수 그리스도와 하나님의 영 사이의 말할 수 없는 상호작용이 고정된 계획 때문에 축소될 수 있겠는가?

우리는 그렇게 생각하지 않는다. 그리고 그렇게 생각할 때 우리는 모든 시대를 통하여 기독교계의 확신에 대한 목소리를 낼 뿐만 아니라 특별한 연구자 자신만이 확신하고 있다 할지라도 누가 생각하고 있는 것으로 진정한 역사적 해석으로 인정된 것에 전적으로 동의한다.

셋째 복음서와 다른 신약의 책들을 이해하기 위해서 이들 책에 우리 자신이 특히 좋아하는 것을 강요하는 그 이상의 어떤 것을 할 필요가 있다. 진실한 해석자는 눈짐작으로 할 수 없는 것처럼 오히려 저자의 참 정신에 들어가기를 추구해야 한다. 그리고 그런 것이 행해질 때 어떤 모순도 발견되지 않을 것이다. 그러나 예수님의 지상 생애 초에 성령의 사역과 그분이 공생애 사역을 시작했을 때 그분에게 임하신 동일한 성령 사이에 깊은 조화를 발견하게 될 것이다.

그러므로 그것은 셋째 복음서 저자에 의해서 전에 존재하지 않았던 그분을 세례가 중요한 분이 되도록 했기 때문이 아니라 그의 공생애 사역에 그의 등장을 명시하기 때문이다. 전에 감추었던 것은 이제 모든 사람들에게 드러나게 되었다. 불명료한 시기가 있었지만, 그 시기는 이제 드디어 다가온 것을 위하여 준비되었다.

이 해석이 복음서 기록자의 의도와 일치하다는 것이 그 자체로 가능할 뿐만 아니라 탄생 이야기와 이어지는-일반적으로 주의를 회피한 어떤 연결-특별한 연결에 의하여 확증되었다. 누가복음 1:80에서 세례 요한은 이스라엘에서 예수께서 '등장'한 날까지 광야에 있었음이 언급된다.[19]

그 구절은 여기에서 미리 예상하고 있는 이 위대한 '날'을 독자들이 보도록 인도하고 있지 않은가?

그 날은 무명이었던 요한이 메시아의 구원을 알리는 선구자로서 공식적으로 등장한 날이다. 요한이 매우 장엄하게 명령한 그 날이 올 때마다, 그것은 그의 책에서 누가복음 1:80을 포함하고 있는 기록자에 의해서 틀림없이 보도되었을 것이다. 그리고 매우 정확하게 그것은 누가복음 3:1 이하에서 실현되었다. 이 전 구절에 독자에게 남겨진 불명료함과 기다림의 시기는 지났다. 선구자는 광야에 나타났고 메시아적 구원의 날은 밝았다.

공존하는 정치적 상황들을 기록자가 할 수 있는 모든 정확함으로 기록한 것은 얼마나 놀라운가!

또 통치자와 대제사장이 그들의 통치를 두드러지게 한 이 위대한 사건에 경의를 표하기 위해 결집하고 있는 것은 얼마나 놀라운가?

그러므로 누가복음 3:1 이하에서 통치자를 정확하게 동시적으로 다루고 있는 것은 예수님의 세례를 나타내려는 것이 아니라 그분의 선구자 요한의 '등장'을 나타내고 있다는 사실이 설명된다. 가장 가능성 있는 방법으로 저자는 잠시 중단되었던 공통된 주제를 다룬다. 선구자는 광야에서 모호한 상태로 있었다. 그분의 오심을 준비한 그는 지상의 부

---

[19] 특징적일 수 있는 '등장'이라는 단어는 보통의 단어가 아니라 격식을 갖고 있는 장엄한 어감을 갖는다.

모에게 겸손히 복종했다. 그리고 나서 위대한 날, 즉 메사아적 왕을 위하여 준비하는 그의 위대한 역할을 알리는 공식적인 등장의 날이 왔다.

그러므로 그 복음서의 원래 형식의 일부로서 첫 두 장에 관한 반론은 아니더라도 누가복음 3:1 이하의 정교한 정치적 기록은 그 주제와 대조된다. 그리고 심지어 세례자가 이 두 구절에서 소개되고 있는 방법은 탄생 사건이 전에 지나갔다는 사실을 우연히 암시한다. 다른 복음서에서 발견된 것과는 반대로 요한은 여기서 '세례자' 또는 그 같은 사람으로서가 아니라 "'사가랴'의 아들"로서 예수님의 공생애 사역과 연관된 그의 첫 등장을 가리킨다. 힐겐펠트가 실제로 이 구절에서 그 복음서에 있는 첫 두 장과 반대되는 내용을 발견한 것은 참으로 놀라운 일이다.[20]

그는 말하기를 요한의 아버지, 사가랴는 여기서 첫 번째인 것처럼 언급됐고 따라서 이 복음서는 지금 누가복음 1장에 나타난 그의 사건을 포함할 수 없었다고 한다.

이 자연스러운 추측을 완전하게 뒤집을 수 있겠는가?

다른 복음서 기록자들과는 구별되는 것으로 누가가 그 세례자를 사가랴의 아들로 명시하는 이유는 다른 복음서 기록자들과는 다르게 그의 복음서의 서두에 이미 사가랴에 대해 설명하고 있다는 것이 매우 명백하지 않은가?

누가복음 3:2은 오히려 분명히 누가복음 1:5-25, 57-80의 배경과 관련된다.

그러므로 세부적으로 많은 표현은 첫 두 장이 셋째 복음서의 주요 부분과 연결되었음을 보여 주었다. 세밀하게 연구해보면 많은 다른 것들이 드러남을 보게 될 것이다. 그리고 물론, 약간은 다른 관계에서 이미 논의된 누가복음 3: 23에서 '사람들이 아는 대로는'이라는 말은 그 자체로 탄생 기록에 추가적 연결고리가 된다.

만약, 그 이야기가 원래는 있는 것이지만 복음서에 없는 것으로 간주

---

20 Hilgenfeld, "Zu Lucas III, 2," in *Zeitschrift fuer wissenschaftliche Theologie*, xliv, 1901, 466-468.

된다면 이 단어들은 현재 형태로 복음서를 확장한 사람에 의하여 삽입 되었음에 틀림없다. 그러나 그것을 첫 두 장에서 분리할 수 있기 전에 분명 복음서에서 그렇게 삽입되었을 것이라고 추측된 것을 제거할 필요 성이 있다. 하지만 그렇게 하면 그 가설에 너무 부담을 주고 새로운 문 제가 제기된다. 즉 그 책의 원래적이고 더 짧고 삽입되지 않은 그 책의 형태가 본문에 대해 현존하는 증거 중 어느 흔적을 남기는데 완전히 실 패했다는 문제가 제기된다.

우세너는[21] 이 후자의 문제에 대해 분명하게 대답을 한다. 그가 생각 할 때 처음에 복음서에 반복적인 추가가 있었다. 그것은 한 번에 완성 되어 결정된 작품이 아니라, 교회에서 실제적 또는 추측컨대 필요가 요 구됨에 따라 점진적으로 형성되고 이따금 추가된 복합물이었다. 그러므 로 우세너에 따르면[22] 그것은 요한에 의한 예수님의 세례 사건조차 포 함하지 않았다. 세례 사건은 그 다음에 추가되었다. 그리고 맨 나중에 탄생 사건이 추가되었다.

그러면 왜 사본이 전승되는 과정에 그러한 일치가 있는가?

왜 이것들을 계승한 초기의 형태는 어떤 흔적도 남아있지 않은가?

분명 우세너가 적어도 이 질문에 대해 줄 수 있던 유일한 대답은 현 존하는 사본이 그 모든 전승 과정에서 이단으로 간주되는 것에 의하여 그 복음서의 오용을 막고자 2세기 어느 시기에서 결정된 그 복음서의 정경화된 형태로 거슬러 올라가야 한다는 것이다. 그러므로 우세너의 가설에 따르면, 이런 정경화 작업은 과거에 진행되었던 복음서의 자료 를 합성하는 과정을 멈추게 했고, 오늘날 우리에게 전해진, 우리가 가지 고 있는 복음서를 생기게 했다.

그렇지만 이러한 전체적인 가설에 대하여, 가장 심각한 반대들이 있다.

이러한 결정적인 정경화가 언제 어디서 일어났는가?

만일 우세너의 추측대로 복음서에 추가하는 과정이 매우 자유롭게

---

21 *Das Weihnachtsfest*, 2te Aufl., 1911, 특히 95-101, 130-139.
22 *Op. cit.*, 1911, 51f, 93.

진행됐다면, 만일 복음서의 내용들이 매우 완전한 상태로 유출되었다면, 2세기에 즉시 그러한 과정을 멈추기에 매우 충분한-지금 복음서라 불리는 자료들에 자유롭게 첨가한 모든 사람에게 말하기에 충분한-교회의 권위가 있었는가?

그러므로 멀리 가야 하지만 멀리 가지 못하게 된다. 이러한 복음서의 추가 작업은 멈춰야 한다.

지금부터 여기서만 당신이 사용해야 하는 복음서의 형식이 있는가?

그리고 그렇게 할 만큼 강한 권위가 있었다할지라도, 그것이 그 복음서의 이전의 모든 형태를 파괴하기에 충분한 능력이 있는가?

그래서 그 사본을 전승하는 다양한 과정이 있었음에도 이들 형태의 흔적이 오늘날 전혀 남아있지 않은가?

우리의 복음서 사본이 교부들의 인용문을 통하여 그리고 넓게 흩어져 있는 자료를 수집하여 더 많은 그 자체 사본이 만들어진 것보다 더 오래전 시기까지 추적될 수 있음을 기억해야 한다. 정경화라는 추측되는 행위가 하나가 아닌 다양한 전승과정을 통제하기 위하여 그렇게 일찍 그리고 그렇게 완전하게 이루질 수 있었는가?

만약, 그 일이 4세기나 5세기에 시도되었다면 생각건대 그것은 가능했을 것이다. 예를 들면, 5세기 초에 공관복음의 사용은 교회의 권위에 의하여 옛 시리아어를-말하는-교회에서 근절되었고 네 개의 분리된 복음서가 그것을 대신하여 사용되었다.

첫째, 그것은 옛 시리아어를 말하는 교회만 관련되었고 세계 도처에 있는 교회에는 관련되지 않았다.

둘째, 사실 그것은 완전히 성공하지 못했다. 왜냐하면 모든 교회의 노력에도 불구하고 공관복음은 적어도 전승과정에서 주석을 통하여 오늘날 우리에게 남아있기 때문이다.

셋째, 그것은 5세기에 행하여졌는데 교회의 권위는 2세기보다 더 강력했다.

그러나 우세너의 가설은 2세기에 다루어졌다. 확실히 초기 기간에 지역적이 아닌 완전한 의미의 에큐메니컬한 측면에서 여러 교회에서 사용되고 원복음서가 가지고 있지 않았던 내용들이 갑자기 들어갈 수 있는 더 짧은 형태를 지닌 복음서들의 전승을 즉시 막을 수 있는 교회의 권위를 찾기는 어려울 것이다.

만약, 복음서의 내용이 처음에 그렇게 완전히 유출된 상태에 있었다면 그 과정은 2세기에 그렇게 완전하게 중단될 수 없었을 것이다. 그리고 우세너의 가설에서 실제로 요구하는 것처럼 보다 초기의 보다 짧은 복음서가 그렇게 완전히 파괴될 수 없었을 것이다. 복음서의 내용에 관한 한 그 본문에 대해 우리의 증거의 본질적인 일치를 설명하는 유일한 방법이 있다. 우세너가 분명히 그것들이 있었다고 생각한대로 그런 방법은 그 복음서가 단순한 자료 모음집이 아니라 어떤 종류의 문학적 구성 단위였다고 추측하는 것이다.

2세기에 어떠한 교회의 권위도 전승의 온전한 합의를 이끌어 낼 수 없었다. 저자 자신들만이 그것을 할 수 있었다. 이러한 결론을 내는데 최소한의 위험도 없이 적어도 어느 정도의 범위에서 원래는 흩어져 있던 자료들을 점차 취합하는 과정을 통해 우리의 복음서의 기조를 이루었다고 인정해야 할 것이다. 누가복음을 포함하여 우리의 복음서들이 보다 초기의 기록된 자료들 전부가 아니라면, 우리가 지금 가지고 있는 것보다 더 짧은 이런 자료의 일부가 사용되었다고 인정되어야 할 것이다.

이것을 인정해도 우세너의 가설들을 실패하게 만든 어려움에 전혀 우리를 연관시킬 필요는 없다. 그것들은 우리의 복음서들이 사용한 기록된 자료의 전부나 또는 일부의 소실로 당혹해하는 우리에게 모든 원인을 돌리지 않을 것이다. 요점은 단지 우세너의 견해와는 반대로 우리의 복음서에 기여했던 사람들이 단순한 편집자가 아니라 어느 정도 (이전의 자료들에 관한 그들의 사용에도 불구하고) 그들의 완성된 저작에 통일성을 부여하고 저자의 이름의 권위로 교회에 복음서들을 주었던 '저자들'이라면, 우리의 복음서의 내용의 전승에 있어서 완전한 일치와 어쨌든 그것들이 사용한 자료 중 일부 소실이 설명될 수 있다.

우리가 생각한 전승에 대한 사실은 우리의 복음서들이 단순히 자료들을 수집해서 인위적으로 고정시킨 것이 아니라 특정한 시간에 세상에 주어졌고 문헌들이 가지고 있는 내용을 소유한 진짜 '책들'로서 설명된다. 그러나 우세너의 가설이 아닌 이런 결론만으로 2세기 교회의 권위와 사본 전승에 있어서 일치된 합의에 정당성을 부여하면, 그것은 복음서 자체가 가지고 있는 특성에 한층 더 부합된다.

실제로 우리의 공관복음의 필요성이 요구될 때마다 자료를 가감할 수 있는 잡동사니인가?

이 질문에 대해서는 강력한 부인이 있어야 하며 누가복음의 경우는 특히 그렇다. 다른 두 개를 어떻게 말하든 간에 어쨌든 셋째 복음서는 다양한 파편 가운데에서도 진본 문헌의 통일성을 가지고 있는 것이 매우 명백하다. 우세너의 책이 1889년에 처음 출판된 이후 모든 최근의 문학 비평의 역사는 우세너의 가설을 강하게 반대하는 경향이 있다.

하르낙과 다른 사람들의 연구를 통해서, 헬라 언어의 역사에서 일반적으로 헬레니즘적인 시대의 산물과 공감하는 사고방식을 표현하고 있는 신약 책들의 문학 양식과 공감적인 태도를 통해서, 누가복음과 사도행전의 기록자가 실제로 그 계획을 수행하기 위하여 이전에 존재한 자료들을 사용하고 있음에도 불구하고 그가 저술을 위한 자신의 계획 방법을 알고 있던 진정한 '저자'였지 단순한 편집자가 아닌 것은 점차 분명하게 되었다.[23]

참으로 저자의 계획이나 '경향'을 지나치게 강조한 튀빙겐학파에 대부분 동조하지 않는다. 최근의 학자들은 누가복음과 사도행전의 저자에서 그가 가지고 있는 정보를 냉정하게 무시하면서 그의 책을 위한 목적을 행하는 사람을 더욱 더 찾지 못하고 있다. 그러나 그런 사실은 우리의 요점에 전혀 영향을 끼치지 않는다. 최근 모든 비평 경향이 누가문헌의 문학적 통일체에 찬성하게 된 것은 사실로 남아있다.

---

23 특히 Edward Meyer, *Ursprung und Anfaenge des Christentums*, i, 1921, 1-3를 보라.

우리가 관찰한대로 누가복음과 사도행전의 문학적 통일성에 관한 이런 확신은 첫 두 장에서 최대한 크게 확장한다. 보다 더 주의해서 첫 두 장을 연구할수록 전체 책의 저자의 손길을 느낄 수 있는 암시들이 더 명백하게 되었다. 그런 암시들은 탄생 이야기를 개정했고 또한 나머지 복음서에서 삽입의 작업을 떠맡은 바울의 편집자에 관한 힐겐펠트의 정교한 가설로 결코 설명될 수 없다.

이러한 가설은 특히 누가복음 1:5-2:52에서 힐겐펠트의 '바울의' 편집적 이해가 구약 선지서와 병행되고 있다는 관점에서 오히려 시대에 뒤떨어진 것 같다. **그것은 튀빙겐 학파가** 바울의 것과 아닌 것 사이의 차이를 보여주고 있을 뿐만 아니라 탄생 이야기와 나머지 누가복음과 사도행전 사이의 문체가 너무 깊게 그리고 너무 절묘하게 일치하여 한 편집자에 의하여 만들어질 수 없었기 때문이다. 그래서 그 가설은 오히려 오늘날 쓸모없어 보인다. 그것은 단지 진짜 저자에게만 기인될 수 있었다.

만약, 문학 비평이 전적으로 어떤 것을 밝혀냈다면, 그것은 탄생과 유아기의 이야기가 세째 복음서의 완전한 부분이라는 사실을 밝혀냈다는 것이다.[24]

---

[24] Kattenbusch("Die Geburtsgeschichte Jesu als Haggada der Urchristologie [Zu J. Gr. Machen, The virgin birth of Christ]," in *Theologische Studien und Kritiken*, cii, 1930, 456)는 그것이 눅 1:5-11, 52을 포함하지 않은 '원시 누가'에 관한 B. H. Streeter(*The Four Gospels,* fourth impression, 1930, 201-222)의 가설 설명을 취하지 않음에 근거하여 이 주장을 비판한다; 그리고 J. S. Bezzant(in his review in *The Journal of Theological Studies*, xxxiii, 1931, 74)는 원누가 가설(Behind the Third Gospel, 1926)의 또 다른 탁월한 옹호자로서 동일한 연관성을 가진 Vincent Taylor를 언급한다. 그러나 Proto-Luke로부터 눅 1:5-2:52을 제외하여, Streeter와 Vincent Taylor는 이 부분이 셋째 복음서 자체의 시작점으로부터 나오지 않았다기보다는 그 자료에-매우 중요한 자료, 그것은 셋째 복음서의 사실이다-근거하지 않았음을 단순히 제시한다. 참으로, 이런 학자들은 원시-누가복음의 저자가 또한 누가복음과 사도행전의 저자였던, 누가 자신이었음을 주장한다. 그리고 그들은 참으로 세례 요한의 등장이 눅 3:1 이하에 소개된 정교한 방법이 이런 점에서 원시-누가복음이 시작했다는 사실에 기인된다고 생각한다(Streeter, *op. cit.*, 209; Vincent Taylor, *op. cit.*, 193f). 그럼에도 불구하고 하나의 예리한 구별은 그들의 가설과 Hilgenfeld와 Usener의

가설들 사이에서 초래된 것이다. Streeter(*op. cit.*, 216)는 셋째 복음서를 우리가 지금 본대로 형태없는 자료를 수집해 놓은 것이 아니며, 단순히 보다 초기의 저작을 조금 확장한 두 번째 판도 아니고, 뛰어난 능력을 가진 저자에 의하여 그것의 부분들이 함께 결합된 하나의 실제적인 책으로 간주한다. 그리고 그런 책은 탄생 이야기를 포함하였다. Vincent Taylor(*The First Draft of St. Luke's Gospel*, [1927], 8)는 "하나의 위대한 저작의 첫 초안일 뿐"으로서 Proto-Luke를 말한다.

제3장
누가의 탄생 이야기

누가의 탄생 이야기(narrative)가 확실하게 셋째 복음서의 원래 부분이 었다는 것이 방금 증명되었다. 매우 중요한 사실이 확립되었으므로 우리는 이제 더 세부적으로 그 이야기를 계속 연구할 수 있게 되었다. 이와 같은 연구는 이 부분이 분명히 복음서 기록자의 손의 흔적을 가지고 있고 그 책의 다른 부분도 문체와 정신이 일치하고 있음을 보여 준다. 또한 그것은 그 자체의 특징적인 특성들을 가지고 있다는 것을 보여줄 것이다.

그러한 특성들은 이미 주의할만한 사실로서 누가복음 1:5-2:52이 현저하게 유대적이고 참으로 팔레스타인적인 이야기라는 사실로 요약될 것이다.

그런 사실은 영어나 어느 다른 현대어 번역에서도 관찰될 수 있다. 어느 번역에서나 여기서 구약의 역사서의 형식과 매우 비슷한 형식을 갖는다. 예를 들어, 그 책의 서문에서 발견된 것처럼 이방인 저자의 보통 형식과 매우 다르다는 것은 분명하다. 그러나 원래의 헬라어에서는 그것이 훨씬 더 분명해진다.

가장 먼저 독자에게 감명을 주는 것은 이 이야기 전체에 나타나는 철저한 '병행체(평행)'이다. 서문에서 많은 종속절이 있는 긴 복합문장 대신에 우리는 여기서 대부분 일련의 짧은 독립 문장과 접속사 '그리고'

로 서로 연결된 것을 본다. "사가랴라고 이름하는 제사장이 있었고 그의 아내는 아론의 후손이었고 그녀의 이름은 엘리사벳이었다"—이렇게 그 기사(account)가 시작된다(만약, 그 구조를 드러내기 위해서 우리가 단순한 특징의 구절을 생략하더라도). 그리고 그 시작은 전체를 대표한다.

또 한가지 놀라운 사실은 히브리 문체의 특징인 병행법의 철저한 사용이다. 이런 특징은 기대할 수 있는 대로 그 단락의 시적인 부분에서-예를 들어, 마리아와 사가랴의 찬가-특별한 탁월성으로 나타난다. 그러나 그것은 또한 산문에서도 드러난다. 이 같은 병행법은 히브리 시의 기본이고, 우리의 이야기에서 그것의 등장은 본문을 구약의 정신과 밀접하게 연결하는 셈족의 묘미를 잘 나타내준다.

그러나 그 기사의 셈족 특성은 문장구조와 문체에서만 나타나지 않는다. 그것은 어법의 어휘와 세부사항에서 똑같이 나타난다. 히브리어나 아람어의 영향을 발견하는 데 이러한 기사를 매우 많이 읽을 필요가 없다. 어떤 헤브라이즘이나 고대 헤브라이즘의[1] 목록에서 빠지는 것이 무엇이든지 또한 헬라 문학이나 파피루스 사본 여기저기에서 그것들이 나타나든 안 나타나든 셈족의 용법과 현저하게 비슷한 사용의 빈번성은 의심 없이 확신된다. 그렇지만 여전히 더욱 확신하는 것은 읽은 기사를 통해서 파생된 인상이다. 그런 인상은 어느 자세한 분석으로도 적당하게 표현될 수 없다. 확실한 것은 분명하지는 않지만 본문에는 팔레스타인의 분위기가 드러난다는 것이다.

더욱이 그 기사에 셈족의 특성이 드러난 것은 단순히 언어와 형식에서가 아니다. 보다 더 인상적인 것은 언어와는 구별된 것으로 그것의 사상에서 발견된다. 전체 기사에서 이방인 기독교에서 파생된 어느 암시도 없다. 사실, 예수님의 공생애 기간 또는 그후에 일어났거나 알려진 지식에 관한 어느 암시도 없다. 그 말이 바르게 이해된다면 그 기사는 그 안에 삽입된 찬송과 함께 기독교적이 아니라 철저히 기독교 이전의 것이라고 말할 수 있다. 우리가 가지고 있는 본문은 언어와 마찬가

---

1 첫 판에서 우리는 헤브라이즘으로서 "나이 많더라"(눅 1:7)는 구절을 인용했다.

지로 사상과 정신에서 신약에 깊이 새겨진 구약의 일부이다.
　이 주장의 증거는 처음부터 끝까지 그 기사의 표면에서 발견될 것이다. 그러므로 세례 요한의 부모는 철저히 구약의 용어로 묘사된다. 아비야 반열은 세상에서 가장 순수한 제사장 가문으로 언급된다. 그리고 사가랴와 엘리사벳의 경건은 구약과 유대인적 느낌의 매우 전형적인 방법으로 특징된다. 그 두 사람은 "흠 없이 주의 모든 계명과 율례를 따라 행했다"고 말한다. 확실히 율법 아래의 의(義)와 믿음으로 말미암아 오는 의(義) 사이의 바울의 예리한 구별에 관한 어느 암시도 없다.
　믿음이란 이 기사에서 믿음이 높이 고양된 것은 사실이다. 그러나 이 같은 신앙의 고양은 구약의 교훈을 초월하지 않는다. 구약은 가장 깊은 의미에서 공로의 종교가 아니라 은혜의 종교이다. 그것은 실제로 하나님의 선물로서 구원을 제공한다. "주의 종에게 심판을 행하지 마소서 주의 눈 앞에는 의로운 인생이 하나도 없나이다"-이 구절은 참으로 이스라엘 종교의 핵심이 되는 말씀이다. 그리고 신약과 마찬가지로 구약에서 하나님의 은혜로운 약속에 대한 확신은 진실한 경건 생활의 참 기초로 취급된다.
　그러므로 우리의 이야기에 나타난 믿음의 고양에서 바울이나 이방인 기독교인의 영향을 찾아내어야 하는 것은 아니다. 그리고 율법과 은혜 사이의 대조에 관한 명백한 바울의 표현은 없는 것으로 나타난다. 율법에 대한 이 이야기의 전체적인 자세는 바로 옛 경륜들 아래서 발견된 것들이다. 은혜의 종교는 있지만 여전히 명백하기보다는 오히려 암시적이거나 하여튼 율법을 통해서 얻게 되는 의와 어느 예민한 대조가 아직은 없다.
　사가랴와 엘리사벳의 인물묘사 다음에 즉시 이어지는 구절에는 특히 25절과 관련하여 유대인의 감정에 대해 다른 여러 구절 가운데 하나를 찾아볼 수 있다. 엘리사벳은 임신을 못한 것으로 언급됐고 그녀와 사가랴는 둘 다 "나이가 많았다."[2] 이러한 불임은 엘리사벳에게 '부끄러움'

---

2 눅 1:7.

이나 '불명예'를 주는 것으로 간주됐다.³ 여기서 우리는 임신에 대한 독특한 유대인들의 태도를 본다. 이같은 태도가 아기의 출산이 매우 일반적인 습관이었고 적어도 열렬한 유대인들이 아이를 원했고 아이가 없을 때 부끄러움을 느끼는 것을 오히려 낯설고 이상한 일로 생각했던 당시 이방인 세계와 병행될 수 있었는지 매우 의심스럽다. 확실히 우리의 이야기는 이런 점에서 매우 섬세한 방법으로 더 선명한 유대인의 감정을 느낄 수 있는 분위기를 포착한다.

누가복음 1:13-20의 사가랴에 대한 천사의 말에는 이 이야기 전체에서 가장 놀라운 특징 가운데 하나가 제시된다. 즉 메시아에 대한 묘사에 있어서 구약과 구별된 기독교적 요소가 전혀 나타나지 않는다는 것이다. 천사는 하나님의 백성을 준비하기 위해 하나님 앞에 나아갈 약속된 아이에 관하여 말한다. 그러나 메시아에 관한 언급은 없다. 물론, 나중에 메시아 부분에서 나타난다. 그러나 그분에 관한 약속은 부활, 이방인 선교의 시작 또는 예루살렘의 파괴 같은 나중의 사건에 대해 모르는 듯한 용어로 표현되었다. 메시아적 희망은 본질적으로 구약의 형식으로 나타난다.

우리는 누가복음 1:30-37에서 천사의 엄청난 말이 오시는 메시아에 관한 구약의 말씀에 아무 것도 더하지 않은 것을 말한다는 것을 의미하는 것이 아니다. 그 반대로 그것은 참으로 유대인들이 이해하지 못한 신비한 용어로 이사야 7:14에 예언된 메시아가 세상에 오는 방법을 뚜렷하고 분명하게 묘사한다. 더욱이 그것은 이사야 9장의 장엄한 묘사에서도 명확성을 초월한 방법으로 메시아의 초인간적 특성을 명시했다. 이 같은 분명성과 명확성의 증가는 오시는 분의 출현이 희미하게 먼 미래가 아니라 바로 가까이 와 있다고 기대되어야 할 것이다. 그러나 사후에 모두 밝혀진 것과 같은 상세한 묘사는 전혀 나타나지 않는다. 대부분에서조차 진실한 예언의 한계가 보존되었다.

더욱이 여기서도 약속된 메시아의 왕국은 뚜렷한 구약의 용어로 묘

---

3 눅 1:25.

사되었다.

> 주 하나님께서 그 조상 다윗의 왕위를 그에게 주시리니 영원히 야곱의 집을 왕으로 다스릴 것이며(눅 1:32,33).

이 예언은 고상하고 참되며, 영화롭게 성취되고 있다.
그러나 이방 기독교 작가가 예루살렘 파괴 후 또는 적어도 파괴를 위한 전쟁이 시작된 후, 그리스도의 왕국을 '야곱의 집'을 지배하는 한 왕국으로 표현했다는 것은 부자연스럽지 않은가?
이러한 특징은 본문 전체에 나타난다. 그러므로 마리아 찬가라 불리는[4] 마리아의 노래에서 오시는 구원자의 생애 사건에 대해 어떤 명확한 암시가 없다. 참으로, 구원자는 전혀 언급되지 않았다. 그리고 하나님이 가져왔거나 가져오는 구원은 '그의 종 이스라엘'이 되도록 돕는 것으로서 그리고 '아브라함과 그의 후손'에 대한 그분의 약속의 성취로서 묘사되었다.
소위 축복이라는[5] 사가랴의 찬송도 마찬가지이다. 이러한 특징은 마리아의 찬송보다 좀 더 명확하게 나타난다. 사가랴의 자녀는 "네가 지극히 높으신 이의 선지자라 일컬음을 받고"라는 말로 직접 언급되었다. 그러나 그 아이의 생애의 특별한 사건은 언급되지 않았고, 한 예언자로서 그의 사명은 가장 일반적인 용어로만 묘사되었다. 이 찬송에서 메시아에 관한 분명한 암시는 전혀 없다.
그 아이는 여호와에 앞서가서 그분의 백성을 준비해야 하지만 여호와가 무슨 특별한 방법으로 나타나야 하는지는 언급되지 않았다. 그리고 전체 찬송에 나타난 이스라엘과 장차 임할 구원의 관계는 나중의 사건들을 알았다고 보기에는 매우 부자연스러운 용어로 나타난다.
어떻게 이방인 기독교 작가가, 더구나 주후 70년 이후에 기록했다면,

---

4 눅 1: 46-55.
5 눅 1:68-79.

유대 백성이 두려움 없이 하나님을 예배할 수 있도록 그 적들의 손으로부터 건져낸 것을 메시아적 구원으로 묘사할 수 있었겠는가?

이러한 찬송에 따르면, 이스라엘이 받아야 할 구원은 단순히 정치적인 구원이 아님은 사실이다. 방금 태어난 선구자의 행위에 의하여 백성은 여호와의 오심을 위하여 도덕적으로 준비되어야 한다. 그들이 받아야 할 자유는 성결과 의로 하나님을 섬기기 위하여 사용해야 하고, 구원은 '죄의 용서'를 포함해야 한다. 그러나 메시아의 구원에서 이러한 도덕적 요소는 구약에서 발견된 것을 전혀 초월하지 않는다. 그것은 구약 선지자에 의해 가장 많이 주장된 유형이다. 그러므로 이 찬가에는 사후예언이라고 할만한 어떤 암시는 찾아볼 수 없다. 그러나 반대로 그 찬송은 주후 70년 이후에 발생한 유대인 국가재난 이전에 기록되었다는 모든 암시가 있다.

제2장에서 서술된 인상은 비슷하다. 주후 70년 이후 또는 대다수 유대인들이 복음을 거절한 후 성경을 기록한 이방 기독교인에게 시므온을 '이스라엘의 위로'를 기다려왔던 사람으로서 묘사한 것이나 안나가 경건한 사람들을 '예루살렘의 속량을 바라는 자'로 묘사한 것만큼 부자연스러운 표현도 있겠는가?

이 같은 표현은 매우 초기에 살던 팔레스타인 작가에게 매우 자연스럽다. 그러나 그것들은 보다 나중의 이방 기독교인의 자유로운 저술과 달랐다. 이 장의 어디에서나 메시아적 희망은 구약의 용어로 제시된다.

누가복음 1-2장이 진정한 보편주의의 표현을 포함하고 있는 것은 사실이다. 장차 임할 구원은 모든 사람들에게 해당되어야 한다. 그것은 '이방인을 위한 계시의 빛'을 포함하는 것이다.[6] 그러나 이 같은 보편주의는 구약 선지자에게서 발견된 것을 전혀 초월하지 않는다. 이방인 선교에 대한 모든 언급은 안디옥 이방 교회의 설립이나 사도행전 15장의 사도회의 이후 시대의 일로 여기는 것만큼 무비판적인 것도 없다. 유대교가 첫 세기 기독교에서 그리고 바로 직전의 세기에서 능동적 선교적 종교였음은 결코 잊어

---

6 눅 2:31, 32.

서는 안된다. 심지어 바리새인도 한 개종자를 만들기 위해 바다와 육지를 돌았다고 예수님께서 말씀하셨고, 세계 도처의 유대인의 회당은 유대인과 마찬가지로 많은 이방인도 출석했다. 참 종교의 빛이 이스라엘로부터 지구의 모든 국가에 퍼져나가야 하는 믿음보다 혁명적인 것은 아무 것도 없었다. 유대인의 관점에서 바울의 선교가 정말로 혁명적이었던 것은 이방인들을 받아들인 사실이 아니라, 그들이 받아들인 조건에 있다. 이방인 선교가 자극이 된 모든 토론은 율법에 대한 준수를 요구하지 않고 자신들의 국적을 포기하고 유대인이 될 것을 요구하지 않고 이방인들을 받아들였다는 사실에 기인한다.

그러나 누가복음 1-2장에는 보편주의의 혁명적 형태에 관한 흔적이 없다. 이 장에는 이스라엘의 특권이 깨어져야 한다는 어떤 암시도 없다. 반대로 다만 보편주의가 가장 분명하게 나타난 곳에서 이러한 이스라엘의 특권은 매우 분명하게 준수되었다. 이방인에게 비치는 빛은 '주의 백성 이스라엘'의 영광임에 틀림없다. 유대인은 특별한 의미에서 하나님의 백성이고, 빛이 밖으로 비치는 것은 그들로부터이다. 예루살렘은 여전히 모든 세계의 중심으로 생각된다.[7]

물론, 이같은 보편주의는 구약의 대선지서들에서 가장 충분하게 발견된다. 더욱이 이 장에서 보편주의는 거의 흔히 있는 것으로 말해질 것이다. 여기서 어느 곳에서나 중요하게 보는 것은 바로 이스라엘의 백성이다. 심지어 목자들에 대한 천사들의 말에서, 이스라엘에 대한 이러한 특별한 언급이 준수된다. 천사가 말한 '큰 기쁨'은 (흠정역 번역대로) '온 백성에게'가 아니라 '그 온 백성'이며,[8] 이것은 이스라엘이라는뜻에서 "'그' 백성," 또는 하나님의 언약 백성을 가리킨다.

천사들의 노래 중 '기뻐하신 사람들 중에 평화로다'를 특정방식으로 구체화하는 것은 잘못이다.[9] 하나님의 기뻐하심을 입은 사람들이 그와

---

7 눅 2:31 이하.
8 "온 백성에게," 눅 2:10.
9 "기뻐하신 사람들 중에 평화로다," 눅 2:14.

같은 이스라엘 백성과 동일시되는 것은 잘못이다. 그러나 만약, 특수주의가 명백하지 않고 보편주의도 아니라면, 하나님의 기뻐하심을 입은 사람들이 이스라엘에서와 마찬가지로 이방 세계에서도 발견되어야 한다는 사실이 본문에는 나타나지 않는다. 이 언급이 일반적으로 모든 사람 모든 인류에 대한 언급일지라도 여전히 하나님의 기뻐하심을 입은 사람들은 하나님께서 선택하신 사람들이 그들을 대표하는 것으로 보아야 한다. 하나님은 베들레헴에서 아이의 탄생으로 사람들에게 평화를 주셨다. 그러나 하나님의 평강 또는 그것의 기초가 되는 '좋은 기쁨'을 입을 자가 누구인지는 언급되지 않는다.[10]

물론, 우리가 누리는 구원이 모든 사람에게 적합하고 단지 유대인에게만이 아니라는 것은 사실이다. 여기서 베들레헴의 아이와 연결된 좋은 소식은 의심 없이 궁극적으로 전체 인류의 유익을 위해야 한다는 특성을 지닌다. 그러나 복음의 참 본질에 귀속된 이 깊은 보편주의는 구약의 어떤 구절보다 여기서 더 명백한 것도 아니다. 누가복음 1-2장의 분위기는 옛 언약의 분위기이다. 구약 예언에도 보이는 영광스런 날의 섬광은 보다 밝게 되었다. 땅이 새로운 날의 도래를 기다리는 기다림과 같은 분위기의 기다림이다. 그러나 여전히 태양은 지평선 위에 충분히 떠오르지 않았다. 예언은 아직도 완전한 성취에 이르지 않았다.

그러므로 이 이야기에 나타난 보편주의는 결코 기독교회에서 이방인 선교가 시작된 이후 시점을 가리키지 않는다. 이 문제에서 진정한 예언에 걸맞는 신중함으로부터의 이탈은 없다.

그러나 그렇게 인정된다면-만약, 그 부분의 보편주의가 '사후예언'(vaticinium ex eventu)을 이루지 않은 것으로 허용된다면-한 가지 특별한 강조는 여전히 생각해볼 일이다. 그것은 늙은 시므온이 언급한 누가복음 2:34의 단어와 관계된다.

---

10 예를 들어 시 8:4 "사람이 무엇이기에 주께서 그를 생각하시며, 인자가 무엇이기에 주께서 그를 돌보시나이까"와 비교하라. 또한 Voelter, *Die evangelischen Erzaehlungen von der Geburt und Kindheit Jesu*, 1911, 56f.를 보라.

보라, 이 아이는 이스라엘 중 많은 사람을 패하거나 흥하게 하며, 비방을 받는 표적이 되기 위하여 세움을 받았고―또 칼이 네 마음을 찌르듯 하리니―이는 여러 사람의 마음의 생각을 드러내려 함이니라(눅 2:34).

이 단어들은 예수님의 생애에서 투쟁의 관점으로 특히 십자가의 관점으로 기록되었다. 그러므로 그것들은 '사후예언'(vaticinium ex eventu)을 이룬다.

이러한 반론에 대하여 그 반대가 잘 세워졌더라도 이 이야기의 팔레스타인 기원에 대한 우리의 주장을 전혀 뒤집을 수 없다는 사실을 알아야 한다. 비록 시므온의 말이 실제로 그에 의하여 발언되지 않았고 예수님의 십자가 이후 정리되었을지라도, 그것은 그 이후의 시대에서와 마찬가지로 예루살렘 교회의 초기에 팔레스타인에서 행해졌을 것이다. 추측된 '사후예언'(vaticinium ex eventu)이 유대 기독교인 저자와 구별된 이방 기독교인에 귀속되어야 할 이유는 없을 것이다.

그러나 우리는 실제로 그 구절이 전적으로 '사후예언'(vaticinium ex eventu)처럼 보인다고 생각하지 않는다. "또 칼이 네 마음을 찌르듯 하리니"라는 구절이 "비탄에 잠긴 어머니가 눈물의 십자가 가까이 서 계신"(stabat mater dolorosa iuxta crucem lachrymosa) 장면을 우리로 하여금 생각하도록 하는 것은 사실이다. 필연적으로 우리는 십자가 밑에 서 있는 마리아를 생각한다. 그러나 그 장면은 시므온의 말로써 그것의 내적인 의미 안에서 놀랍도록 특징짓기 때문에, 그 말이 처음에 말해지거나 기록되었을 때 그것을 염두에 두고 기록했다는 것은 전혀 아니다.

전체 예언은 매우 일반적인 말로 표현된다. 그것은 시므온의 팔에 안긴 아이가 필요한 큰 결정을 할 것, 사람 마음의 감춰진 생각이 그를 향한 태도로 나타날 것, 거기에 반대가 있을 것, 슬픔이 그의 어머니의 마음을 찌를 것을 언급한다. 이러한 말들의 중심적인 사상이 기독교 이전 시대에 전적으로 알려지지 않은 것은 아니다. 왜냐하면 예언자들은 이미 하나님의 의로운 종의 위대한 결정과 고통의 필요성을 말했기 때문이다. 또한 세례 요한도 예수님의 공생애 사역이 시작되기 전에 곧 도래할 알곡을 쭉정이에서 가려내는 분리의 때를 언급했다.

정말로 우리는 시므온의 말의 진정성은 부인하지 않는다. 확실히 고통하는 메시아 사상은 참으로 구약에서는 발견되지만 후기 유대교에서는 사라졌다. 비록 한 경건한 이스라엘 사람에게 초자연적인 계시 없이 전환기에 대한 기대가 임했다고 할지라도, 시므온의 팔에 안긴 특별한 아이와 전환기의 연결은 아주 신선하고 새로운 요소를 소개한다.

이러한 말들이 예수님이 성년으로 자라고 공생애 사역에 들어가기 전에 발언되었다면 그것들은 단순히 자연적 통찰에 기인한 것으로 설명될 수 없고, 하나의 진정한 예언을 이룰 수 있다. 그리고 그것들에 대한 비판적 태도는 일반적으로 초자연적 계시의 가능성을 향한 그의 태도에 의하여 결정될 것이다. 그러나 우리의 논점은 그 말이 우리가 진정한 예언이라고 생각한 것에서 발견하는 한계를 넘어서지 않는다는 것이다. 그러한 한계는 등장인물에게 자유로운 발언과 예언을 담는 후대의 작가에 의하여 행사된 것으로 설명하기가 심히 어렵다.

시므온의 예언에 담긴 신비한 시적 형식-훗날 있을 갈등의 내적 의미에 대한 탁월한 묘사와 함께 그리스도인 작가라면 알아야 할 내용이 모두 결여된-은 이 자료의 원시적 성격을 잘 보여 준다.[11] 이것이 하나님의 성령으로 영감된 참 예언인지에 관한 궁극적 판단은 역사와 구별된 비평으로서 단순한 문학적 영역을 넘어서는 고찰에 달려있다. 그러나 적어도 우리는 어떤 구절이 참 예언의 내적인 표시는 있으나 '사후예언'(vaticinium ex eventu)의 표시가 없다면, 이것은 세번째 복음서가 '이스라엘의 위로를 기다려 온' 나이 많은 성도를 통해 들려주는 예언으로 받아들여야 할 것이다.

그렇지만, 어쨌든 이 구절은 확실히 우리가 이 이야기 전체에서 발견한 유대인과 팔레스타인의 원래적 특성과 대립되는 어떤 요소도 제공하지 않는다.

이 이야기의 팔레스타인의 특성은 마침내 관찰될 것이지만 중심에서

---

11 Sweet, *The Birth and Infancy of Jesus Christ*, 1906, 76를 비교하라.

뿐만 아니라 주변에서도 나타난다. 그것은 메시아의 구원이 이해되는 방식에서 뿐만 아니라 팔레스타인의 세부적인 생활의 취급에서 발견된다. 분명히 그 해설자는 성전의 의식, 제사장의 제사제도, 일반적인 유대인의 생활환경을 친숙하게 알고 있었다.

그런 것은 모든 부분이 명확하게 독자적인 정보의 근원에 의해 확인되었다는 것을 의미하지 않는다. 그러므로 예루살렘에서와 마찬가지로 부모의 거주지에서 지불할 수 있었던 속전의 지불과 성전에서 첫 아들을 드리는 의식이 실행되었다는 이야기를 제외하고 알려진 것은 없는 것 같다. 그러나 이러한 의식은 환경이 허락했을 때, 특히 어린 예수님을 중심으로 특별한 희망의 관점에서 다같이 자연스러울 때 실행되어야 했다. 이런 점에서 우리의 다른 정보원으로서 누가복음 2:22을 받아들이지 못할 이유는 없다. 그러므로 또한 누가복음 1:59과 2:21은 어린 아이의 작명이 할례의식과 연결된다는 사실을 보여주는 가장 광범위한 증거이다.[12] 그러나 이 같은 연결이 어디서나 잘 증명되지 않더라도, 그것은 확실히 우리가 상상할 수 있는 가장 자연스럽고 가능한 일이다.

제1세기 팔레스타인의 유대인의 생활에 관한 우리의 정보는 종종 상상한 만큼 풍부하지 않다는 사실을 기억해야 한다. 우리가 유년주일학교 때 우리 대부분은 학자로 알려진 신비한 사람들이 이런 문제에 관하여 거대한 정보의 창고-정상적인 사람이 이를 수 없는 거대한 정보의 창고-를 소유하고 있다는 인상을 받았다. 이 같은 인상이 다 정확하다는 것을 의미하지 않았다. 정말로 우리는 예수님의 생애에 대한 통찰력을 던져준 베츠타인, 에더샤임, 쉴러, 그리고 (보다 최근에) 스트락-빌러벡의 연구를 경시하기를 전혀 바라지 않는다. 그러나 결국, 랍비의 정보자료는 늦었고 보다 초기의 시대에 대한 큰 주의 없이는 사용될 수 없다. 요세푸스는 사제제도를 상세하게 기술하지 않는다. 따라서 신약은 제1세기의 유대교에 관한 정보를 제공하는 가장 좋은 자료이다. 특

---

12 Strack-Billerbeck, *Kommentar zum Neuen Testament aus Talmud und Midrasch*, ii, 1924, 107.

히 누가복음 1-2장의 팔레스타인의 생활에 대한 암시가 구약이나 보다 최근의 독립적인 자료들에 의하여 확인된 곳은 이 같은 확인이 발견되지 않은 부분에 관하여 매우 유리한 추측을 일으킬 만큼 많다.

사실 이 부분의 정확성은 한 곳(누가복음 2:22에 나오는 '그들의 정결예식')에서 유대인의 삶과 관련하여 반박을 받았다. 출산으로 인한 격리나 부정한 기간이 끝날 때 바치는 제물은 산비둘기 한 쌍이나 어린 집비둘기 둘로 구성된다고 이 구절에서 아주 정확하게 언급되었다.[13] 그리고 분명하게 호의적인 표현은 항상 덜 유복한 사람을 위해 규정된 대안적 제물이 예수님의 어머니의 경우처럼 아무런 설명 없이 여기에 나타난 사실이다. 그러나 율법은 아이 출산 이후 제의적 부정을, 어머니에게만 적용하는 것은 반대한다.

그러면 어떻게 '그들의 정결예식'이란 구절의 복수형이 옳다는 말인가?

지나가는 말이지만 이 구절에 대한 텍스트의 전수과정은 일정하지 않다. 소수의 증거는 "'그녀의' 정결예식"으로 읽는다. 반면, 대문자의 베자 사본, 구라틴어역의 어떤 사본, 그리고 구시리아역의 시내산 시리아 사본은 "'그의' 정결예식"으로 읽는다. 물론, 전자의 독법에는 아무런 문제가 없다. 그런 읽기에 따른 정결예식은 정확히 법에 따라 기대되는 대로 그 어머니에게 속한다. 만약, "'그의' 정결예식" (또는 "'그것의' 정결예식," 남성과 중성이 헬라어로 같기 때문)의 읽기가 옳다면, 의심 없이 대명사가 앞의 구절에서 언급된 거룩한 가족의 유일한 일원인 어린이를 언급한다.

그 경우에 정결예식은 어린 아이가 그 이야기의 중요한 인물이기 때문에 어린 아이와 연관되었을 것이다. 앞선 구절에서 할례와 이름지음과 관련하여 그분만이 언급되었다. 요셉과 마리아는 단순히 그 동사의 수동적인 목소리로 언급되었다. 그래서 정결예식은 어린 아이가 아니라, 어머니의 제의적 부정인 경우일지라도 그것이 그분의 생애에 관하여 기록된 연속적인 사건의 하나였기 때문에 '그의 정결예식'으로 언급

---

13 눅 2:24. 레 12:8을 비교하라.

될 수 있었다.

그렇지만, 가장 많은 사본의 독법, 즉 '그들의 정결예식'의 읽기를 벗어날 이유는 없다. 그런 읽기는 보다 어려운 읽기가 보다 쉬운 것으로 선호된다는 잘 알려진 원리 위에서 필사본일 가능성으로 인정된다. 다른 두 개의 읽기는 모두 필사자의 자연스런 변화에 기인하는 것으로 설명될 수 있다. '그녀의 정결예식'이란 읽기는 단순히 그 기본적인 구절로 레위기 12:6이 "정결하게 되는 기한이 차면 그 여인은"이라고 말하는 레위기의 영향에 기인되었다. 달리 말해서 어떤 필사자는 우리가 지금 다루는 것의 어려움을 느꼈을 수 있고, 또한 '그들의'를 '그녀'로 단순히 바꿈으로서 매우 근접한 구약의 병행 구절과 문자적 유사성을 완성하려는 자연적 경향에 굴복했을 것이다. "'그의' 정결예식"이란 읽기를 설명하는 것은 아마도 더 어려울 것이다. 그러나 어쩌면 어떤 필사자는 '그들의 정결예식'이란 읽기에 포함된 정결의 행위에서 마리아의 포함에 화를 냈을 수 있다. 이 같은 포함은 마리아의 영구적인 처녀성 개념, 특히 예수님의 탄생이 교회에 알려진 '자궁의 닫힘'(클라우조 우테로[*clauso utero*])이 일어난 개념과 반대되는 것으로 보였을 수 있다. 그러므로 남성 단수 대명사의 도입은 교의학적 수정으로 설명가능하다.

만약, '그녀의 정결예식'이 원본에 있었다면 정말로 아마도 동일한 이유로 '그들의 정결예식'이라는 읽기를 설명했을 것이다. 한 필사자는 특히 그리고 오로지 마리아를 위한 정결예식의 직접적인 귀속으로 충격을 받았을 것이고, 그래서 어떤 보다 일반적인 의미로 용납되는 구절이 되도록 복수 대명사를 도입했을 수 있다. 그러나 '그녀의 정결예식'이라는 읽기는 드물고 전체적으로 호의적인 증명의 압도적인 우세를 가진 '그들의 정결예식'이란 읽기를 바꿀 이유가 없는 것으로 보인다.

그러나 만약, 그런 읽기가 바른 것으로 간주된다면 그 복수 대명사는 누구를 언급하는가?

오리겐에 의하면 마리아와 아이로 이해될 수 있고 그것은 그렇게 이해되었다.[14] 어떤 것은 아마도 이 같은 해석을 선호하여 언급될 것이다. 요셉은 이 전체 이야기의 배경으로 관찰될 수 있을 것이고, 그는 앞선 구절에서 언급되지 않는다. 마리아도 언급되지 않지만 그녀는 아들에 대한 언급-'잉태하기 전에'(before He was conceived), 이것은 누가복음 1:26~38의 묘사와 연결된다-을 통해서 암시된다. 확실히, 마리아와 그 아이는 이 이야기에서 중요한 인물들이다. 대명사 '그들의'는 요셉을 배제하고 그들을 가리킬 가능성이 전혀 없는 것은 아니다.

그럼에도 이 해석은 그것에 호의적으로 언급될 수 있다해도 매우 부자연스럽게 선언되어야 한다. 어느 순진한 독자가 대명사 '그들의'에 줄 수 있었던 유일한 언급은 확실히 같은 문장에서 동사의 주어로 제공됐을 것이다. "'그들의' 정결예식의 날이 되었을 때 모세의 법에 따라 '그들은' 그를 예루살렘에 데려왔다"는 문장에서, 확실히 '그들의'는 '그들은'과 같은 사람을 언급하고 있다.

그러므로 '그들의 정결예식'이 요셉과 마리아의 정결예식의 정결예식을 의미하는 것으로 인정되어야 한다.

그러나 그렇다면, 어떻게 그 어려움이 극복되어야 하는가?

그 구절은 아이 출생 후 정결예식이 어머니와 마찬가지로 아버지에게 속했다는 화자의 편에서 잘못된 개념을 증명하지 않는가?

그리고 그렇게 잘못된 개념이 팔레스타인의 화자에 의하여 주장된 적이 있었는가?

그러므로 그 이야기의 팔레스타인 기원에 대한 모든 논쟁은 이 구절의 존재로 매우 약화되지 않은가?

대답으로, 매우 큰 중요성은 여기 하나의 구절에 걸려있다고 말해질 수 있다. 이 내러티브는 다른 곳에서 유대인의 법 및 팔레스타인의 상황에 대해 잘 알고 있음을 보여 준다.

그러므로 어떤 유리한 추측으로 문제에 접근하는 것만이 유일하게

---

14 *Hom, in Luc.*, xiv, ed. Lommatzsch, v, 1835, 133f. Hilgenfeld("Die Geburts-und Kindheitsgeschichte Jesu Luc. I,5-II,52," in *Zeitschrift fuer wissenschaftliche Theologie*, xliv, 1901, 227)는 'αυτων'의 읽기가 채용되더라도 이 해석을 선호한다.

정당하지 않은가?

이 구절은, 다른 곳에서 매우 예리한 방법으로 이런 문제들을 다루는 화자에게 큰 하자가 있는 것처럼 해석되어서는 안될 것이다.

이런 문제들은 긍정적으로 대답되어야 한다고 우리는 생각한다. 그렇게 하는 것은 과학적 역사를 '변증학'으로 대치하는 것이 아니다. 왜냐하면 충분한 신뢰를 보인 증인에 대한 따르는 것이 명백하게 믿을 수 없다거나 알려지지 않은 증인보다 신뢰하지 않는 것은 과학적이 아닌 매우 비과학적이기 때문이다.

그러므로 '그들의 정결예식'이란 구절은 그 이야기가 팔레스타인의 상황을 정확히 다른 것처럼 합리적인 방식으로 해석할 수 있다면, 확실하게 그러한 해석은 채택되어야 한다. 그리고 실제로 그러한 해석은 그 자체를 제공한다. 그것의 요점은 대명사 '그들의'가 불결이 아니라 '정결'을 언급한다는 것이다. 불결은 의심 없이 마리아에게만 속했다. 그러나 정결의 행동은 요셉에게도 속했다. 추측컨대 제물의 비용을 제공한 사람은 바로 그였다.

다른 말로, '그들의 정결예식'이란 구절에서 소유격 '그들의'가 주격, 소유격이라기보다는 오히려 목적격이라는 것은 분명하지 않다. 그 구절이 "그들이 정결하게 된 행위"를 가리킨다는 것은 분명하지 않다. 왜냐하면 그것은 또한 "그들이 행한 정결의 행위"를 가리킬 수 있기 때문이다. 그리고 후자의 경우에 이 구절과 구약의 용어 사이에 부조화는 없다.

이런 설명에 관하여—만약, 우리가 토론하는 나중 단계를 예상할 수 있다면—이 구절과 누가복음 1:34, 35에서 증명된 예수님의 초자연적 잉태 사이에 부조화는 없다. 방금 지적한 의미에서 요셉은 예수님의 아버지이든 아니든, 어머니의 의식적 불결을 제거하는 제물에 동참한다. 정말로, 설사 화자가 (잘못되어) 어머니로서 마리아와 마찬가지로 아버지로서 요셉의 의식적 불결을 지적했다고 하더라도, 누가복음 1:34, 35과의 모순은 없을 것이다. 만약, 모세의 법은 화자의 관점에서 한 아이의 출생 후 의식적으로 불결한 어머니와 마찬가지로 아버지를 간주했다면 요셉은 공적으로 이 아이의 아버지로 간주되었기 때문에, 그가 실제적으로 아버지가 아니었더라도 그가 율법의 정결 요구를 이루어야 한다는 것은 당연했다.

모두 세 개의 공관복음에 따르면, 모든 복음서 기록자의 관점에서 예수님은 확실히 죄의 죄책이 전혀 없었고 그래서 죄의 용서도 필요하지 않았더라도, 예수님은 나중에 죄의 용서를 위한 세례로 간주된 세례를 받았다. 마찬가지로 여기서 요셉은 초자연적 개념의 신비에도 불구하고 한 아버지의 율법적 의무를 이룬 것으로 묘사될 수 있었다. 그런 것은 화자의 마음에 단순히 (마태에 의하여 보고된 구절을 사용하여) '모든 의'가 성취된 다른 방법일 것이다. 그러므로 누가복음 2:22에 관한 두 가지 해석에 관하여, 이 구절이 누가복음 1:34, 35에서 주어진 초자연적 개념을 부정한다고 주장하는 것은 참으로 매우 경솔하다.

그러나 이 같은 고려는 실제로 우리의 주제의 나중 단계에 속한다. 우리가 여기서 관찰하는 것에 관심을 갖는 것은 누가복음 2:22이 팔레스타인의 기록자라면 있을 수 없는, 모세 율법에 대한 무지를 드러내지 않는다는 것이다. 이 구절과 그 밖의 모든 곳에서 매우 명백한, 그 이야기의 진정한 팔레스타인적 특성에 반대하는 정당한 주장은 파생될 수 없다.

제4장
누가복음 제1장의 찬송[1]

방금 누가복음 1:5-2:52을 위하여 옹호된 진정한 팔레스타인의 특성은 생각건대 많은 다른 방법으로 설명될 수 있다. 여러 가설이 우리의 셋째 복음서에서 그 같은 이야기와 혼합된 산물을 설명하기 위하여 제안되었다. 그러나 이러한 가설이 고려되기 전에 특별한 주의로 그 이야기의 한 가지 특별한 부분을 조사하는 것이 필요할 것이다.

우리가 언급하려는 부분은 그 단락에 끼워놓인 찬송이다. 즉 마리아의 찬미와[2] 사가랴의 찬미이다.[3] 이 찬송들은 그 특별한 특성 때문에 약간 특별한 항목으로 주목할 가치가 있다.

대부분의 독자들이 받은 인상은 그 찬송이 나타난 것보다 약간은 더 명백하게 우리가 모든 단락에서 발견한 유대인이나 팔레스타인의 특성이 나타난다는 것이다. 그 어법은 매우 구약적인 것이다. 그 형식은 히브리 시의 기본인 평행법(parallelism)으로 특징된다. 그 사상은 기원전과는 구별되어

---

1 이 장은 현 필자의 *Princeton Theological Review*, X, 1912, 1-38에 있는 "누가복음 제1장의 찬송"이라는 논문에 의존한다. 그러나 대부분의 상세한 각주는 여기서 생략되었고 최근의 연구가 언급되었다.

2 눅 1:46-55.

3 눅 1:68-79.

특히 기독교적 개념의 부재로 주목된다. 확실히 현저한(프리마 빠끼에 [prima facie]) 증거는 팔레스타인 지역에서 매우 초기에 이러한 찬송의 기원을 매우 호의적으로 제시한다.

그렇지만, 이 명백한 결론은 베를린의 강력하고 유능한 반대자 하르낙을 만났다. 나중의 저작으로 보충되어 1900년 상세한 연구에서[4] 그는 마리아의 찬가와 사가랴의 찬가가 팔레스타인의 찬송이 아니라 이방 기독교인의 복음서 기록자의 자유로운 저작임을 보여주려 시도했다. 찬송의 구약적 색체는 원래 히브리 시에 대해 저자가 친숙해서가 아니라, 70인역 번역의 의식적인 모방에 의해 창작되었다고 그는 주장한다. 그는 말하기를 70인역의 단어들과 구절들이 생략 후에 남아있는 것은 그 찬송이 누가 자신의 손에 기인한 것임을 보여주는 것으로 누가의 특성을 나타낸다.

이러한 하르낙의 주장은 일반적으로 수용되지 못했다. 예를 들어, 특히 침머만,[5] 힐겐펠트,[6] 스피타[7]에 의하여 그리고 후에 궁켈[8]에 의하여 반대되었다. 1912년에 현 필자는 결정적으로 부정적인 결과를 가지고 상세하게 그것에 대하여 약간의 연구를 시도했다.[9]

첫 번째 문제는 하르낙의 방법의 정당성에 관계된다. 하르낙이 먼저

---

4 Harnack, "Das Magnificat der Elisabet (Luc. 1, 46–55) nebst einigen Bemerkungen zu Luc. 1 und 2," in *Situngaberichte der koeniglich preussischen Akademie der Wissenschaften zu Berlin*, 1900, 537–556.

5 "Evangelium des Lukas Kap. 1 und 2," in *Theologische Studien und Kritiken*, lxxvi, 1903, 247–290, 특히 248–250, 257–259, 271.

6 "Die Geburts-und Kindheitsgeschichte Jesu Luc. 1. 5–11, 52," in *Zeitschrift fuer wissenschaftliche Theologie*, xliv, 1901, 177–235, 특히 205–215, 217–221.

7 "Das Magnifikat, ein Psalm der Maria und nicht der Elisabeth," *Theologische Abhandlungen fuer Holtzmann*, 1902, 61–94, 특히 78–83. 그 후의 논문, "Die Chronologischen Notizen und die Hymnen in Lc. 1 u. 2," in *Zeitschrift fuer neutestamentliche Theologie*, vii, 1906, 281–317.

8 "Die Lieder in der Kindheitsgeschichte Jesu bei Lukas," in *Festgabe⋯A. von Harnack zum siebzigsten Geburtstag dargebracht*, 1921, 43–60, 특히 45, 52.

9 *Op. cit.*, 1912.

거기서 70인역의 단어와 구절을 빼고 그 다음에 특히 남아 있는 것에서 누가의 특성을 드러냄으로써 그 찬송의 누가 저작권을 수립하려 애쓴 것이 방금 관찰되었다. 그러나 그 노력으로 70인역의 단어와 구절을 생략하는데 충분하지 않았다는 것이다. 그 찬송의 저자가 사용했다고 하르낙이 추측한 것들과 다른 구절들이더라도 하르낙의 차감 과정 후에 남아있는 많은 구절이 70인역에서 발견된다.[10]

이러한 반대를 극복하기 위한 하나의 시도가 하르낙에 의하여 실제로 이루어졌다. 만약, 신약성경에서 어떤 단어가 누가의 작품에 단독으로 또는 주로 나타난다면 70인역에서 어떤 단어가 나타났을 때 그 단어를 누가의 필체의 표시로 간주되는 것을 반드시 금할 수는 없다고 그는 결과적으로 말했다.

왜냐하면 다른 특별한 용법의 일치와 마찬가지로 70인역 용법 중 많은 단어에서 동일한 단어의 선택은 저작권의 일관성을 보여줄 수 있기 때문이다.[11] 이러한 답변은 하르낙보다 라도이체에 의하여 어느 정도 예시되었으며[12] 의심할 여지없이 그것은 약간의 중요성을 가진다. 그러나

---

10 이 반대는 Spitta에 의하여 제기되었고("Das Magnifikat, ein Psalm der Maria und nicht der Elisabeth, in *Theologische Abhandlungen fuer Holtzmann*, 1902, 78-83) 현 필자에 의하여 사가랴 찬가에까지 확대된 마리아 찬가에 대한 상세한 연구를 통하여 그에 의하여 지지되었다.

11 Harnack, "누가복음 제1장의 찬송"과 "누가복음 첫 두 장의 기원"에 관한 평론(Princeton Theological Review, x, 1913, 1-38, 212-277), in *Theologische Literaturzeitung*, xxxviii, 1913, col. 7: "70인역으로부터 이러한 누가의 요소가 상단한 분량으로 나온다는 것은 결코 부정하지 않았고, 70인역에 의하여 수행된 부분을 위한 증거가 더 많이 확대되더라도 그것이 또한 나의 주장에 영향을 주지 않는다. 왜냐하면 그 점은 선택의 특수성과 불변성이 심지어 70인역의 요소를 특히 누가의 것이 되도록 하는 원인인 것이다"(Dass dieses lukanische Element zu einem sehr betraechtlichen Teile aus der LXX herruehrt, habe ich nie bestritten, und es trifft meine Ausfuehrungen auch nicht, wenn die Beweise fuer den Anteil dieser Quelle noch erweitert werden; denn die Eigenart und Konstanz der Auswahl macht eben auch die LXX-Elemente zu spezifisch lukanischen").

12 "De l'origine du Magnificat et de son attribution dans le troisieme Evangile a Marie ou a Elisabeth," in *Revue d'Histoire Ecclesiastique*, iv, 1903, 638, note. "The Hymns of the First Chapter of Luke," in *Princeton Theological Review*, x, 1912, f., footnote 19를 비교하라.

그것은 그 반대를 제거하기 위한 모든 방법은 아니다. 그리고 특히 찬송 부분에서는 더욱 그러하다. 하르낙의 원래 계획이 실제로 이행되려면 아마도 그의 주장이 강해야 할 것이다. 만약, 그가 (1) 마리아 찬가와 사가랴 찬가의 부분적 언어가 70인역에서 나온 것과 (2) 70인역에서 분명히 발견되지 않은 것이 독특하게 누가의 것임을 보여 줄 수 있다면 어쩌면 그 찬송의 누가 저작권을 수립하는데 성공할 것이다.

그래도 그것은 실제로 의심받을 것이다. 왜냐하면 원래 유대 기독교인 찬송에 관한 누가의 교정 또는 번역의 가설을 주장하는 것은 여전히 가능할 것이기 때문이다. 그러나 사실상 하르낙의 계획은 전혀 이행될 수 없었다. 70인역에서 발견된 모든 단어와 구절이 그 찬송에서 제외된다면 남는 것은 매우 적을 것이다. 적은 것만 확실히 누가의 필체에 속한다는 것은 증명될 수 없다.

사실 방금 지적한 제거작업이 철저히 시행된 후에도 한 곳에서 누가복음과 사도행전의 찬송 언어와 기록자의 그것 사이의 실제적인 명백한 일치가 남아 있다.[13] 이 일치는 사도행전 3:21에서 거의 동일한 형식으로 나타난 누가복음 1:70의 '예로부터 거룩한 선지자의 입으로' 구절에서 발견된다.[14] 그 일치는 영어의 번역보다 헬라어 원문에서 더 현저하다. 그럼에도 불구하고 그것에 기초한 주장은 하르낙의 결론을 충분히 입증할 만큼 현저하지 않은 것으로 보일 수 있다.

무엇보다도 '옛 부터 그의 거룩한 선지자'로 번역된 구절의 본문은 사

---

13 특별한 언급으로 받을만한 유일한 다른 일치는 눅 1:77에서 ἄφεσις ἁμαρτιῶν의 사용으로 발견된다. 그 구절은 누가복음의 나머지에서 2번, 사도행전에서 5번, 마태복음에서 한 번, 마가복음에서 한 번(막 1:4; 눅 3:3), 바울에게서 한 번 나타난다. 그것은 70인역에서 전혀 나타나지 않는다. 그러나 막 1:4(눅 3:3)의 관점에서 그 가설은 세례 요한이 왔을 때부터 그 사회에서 유행한 한 구절에서 헬라어 표현이 파생되었음을 스스로 제시한다. 라일과 야고보에 의해 인용된, 솔로몬의 시편 14:14에서 ἄφησις ἁμάρτιων을 비교하라, ΨΛΛΜΟΙ ΣΟΛΟΜΩΝΤΟΣ *Psalms of the Pharisees commonly called Psalms of Solomon*, 1891, xcii.

14 눅 1:70 '예로부터 거룩한 선지자의 입으로'; 행 3:21 '영원 전부터 거룩한 선지자들의 입을 통하여.'

도행전의 구절에서 정확한지가 문제될 수 있다.[15] 그 구절에서 베자 사본으로 대표되는 소위 서방 사본은 '옛부터'라는 단어가 생략된 이레니우스, 터툴리안, 그리고 오리겐의 인용을 포함하여 몇몇 다른 증거에 의하여 지지되었다. 그리고 또 하나의 증거는 그 단어가 삽입된 위치에 대한 다양한 이문이 존재한다는 것이다. 만약, 그 생략의 증거가 정확하다면 그 언어의 독특성은 함께 사라지고, 누가복음 1:70과의 유사성도 매우 현저하게 사라진다. 그리고 확실히 어떤 것은 이런 점에서 서방 사본을 추종하여 선호한다고 언급될 수 있을 것이다.

첫째, '보다 짧은 독법'을 선호하는 일반적인 가정이 있다.
만약, '옛 부터'가 없는 짧은 사본이 정확하다면 경쟁 독법에 대한 설명이 가능하다. 그것들은 해설을 삽입하는 다양한 방법에 대한 설명이 된다. 서방 사본의 권위는 중립 사본의 생략된 부분이 중립 사본보다 긴 부분보다 확실히 더 크다.

둘째, 해설을 삽입하려는 서기관의 의도는 누가복음 1:70에 그 단어의 등장에 기인한 것으로 설명될 수 있다.
그 해설의 삽입은 이와 같이 '공관적 변조'라는 제목 아래 올 수 있을 것이다.[16]
이러한 주장들은 결정적이지 않는 것으로 인정되어야 한다. 우선 그 구절은 그 단어가 존속되었을 때 원본에서 발견된 표현의 비범하고 약간 어려운 특성 때문에 생략됐을 것이다. 그 다음으로 그 단어를 포함한 문서는 누가복음 1:70과 동일한 위치에 삽입하지 않고 있다.

---

15 Zahn("Die Urausgabe der Apostelgeschichte des Lukas," in *Forschungen zur Geschichte des Neutestamentlichen Kanons*, ix, 1916)은 누가에 의하여 만들어진 것으로 생각한 두 책의 두 가지 편집 중 보다 초기의 것으로 간주한 그의 서방 사본의 재구성에서 단어를 괄호로 묶는다.
16 이 같은 주장은 행전 3:21에서 '옛 부터'란 단어를 의심된다고 간주한, Shouter(*Novum Testamentum Graece*, [1910])가 제안했다.

셋째, 필사과정의 생략 가능성의 주장에도 불구하고, 베자 사본과 그 부수물의 본문은 일반적으로 매우 훼손되었기 때문에 여기서 그것을 따르는 것이 위험할 것이라고 우리는 주장한다.

이러한 고찰의 관점에서 만약, 우리가 사도행전을 편집 한다면 우리는 아마 사도행전 3:21의 본문으로 '옛 부터'라는 단어를 인쇄해야 할 것이다. 그러나 동시에 하나의 심각한 결점은 이 단어들이 진짜인지에 관한 것으로 남아있다.

그러나 만약, 그것들이 진짜라면 누가복음 1:70과의 표현의 일치는 나중의 구절이 있는 사가랴 찬가가 누가복음과 사도행전의 기록자에 의한 것임을 보여주는가?

우리는 그 경우가 아니라고 생각한다.

첫째, 그 구절은 누가복음 1:70에서 대명사 '그의'가 '선지자'라는 단어 뒤에 위치하고 사도행전 3:21에서 '선지자'라는 단어 앞에 위치하기 때문에, 그 두 구절의 일치는 정확하지 않다.

그렇지만, 이러한 고찰에 대한 많은 강조는 하나의 실수가 될 수 있다. 확실히 두 구절 사이의 유사성은 매우 현저하다.

둘째, 사도행전의 구절이 베드로에게 속한 설교의 일부라는 사실에 주목해야 한다.

그 설교가 그 책의 기록자에 의해 작성됐는가?

또는 그것은 베드로가 실제로 말한 것의 한 보고를 나타내는가?

이러한 질문은 사도행전의 설교의 일반적인 문제를 수반하고, 그것을 자세히 토론하는 것은 여기서 가능하지 않을 것이다. 그러나 확실히 그 책의 처음 부분에서 베드로의 설교는 우리가 누가의 저작으로 간주하지 못하도록 하는 독특한 특징을 소유한 것으로 보인다. 그러면 만약, 사도행전 3:21이 누가에 의하여 작성되지 않았다면, 그 구절과 누가복음 1:70 사이의 유사성은 이 후자의 구절에 관한 누가 저작권을 보여주지 않는다.

그 유사성은 여전히 설명을 요구할 것이다. 그러나 다양한 설명들은 그 자체를 제시할 것이다. 한 설명은 베드로 자신이 사도행전 제3장에서 보고된 그의 설교에서-그것이 원시 예루살렘 교회에서 통용한 하나의 찬송이었던 것으로 생각하는-사가랴 찬가에 의존했다는 것일 수 있다. 그러나 베드로의 설교는 아마 아람어로 언급되었고, 사도행전 3:21과 누가복음 1:70의 언어적 유사성은 헬라어에서만 가능하며, 현재의 형태로는 불가능할 것이다.

그러므로 베드로나 그의 설교를 헬라어로 처음 옮길 사람은 그 찬송이 원래 헬라어로 작성되었거나 또는 히브리어나 아람어로부터 헬라어로 번역되었든지, 사가랴 찬가의 헬라어 형식에 영향을 받았을 것이다. 만약, 사가랴 찬가가 실제로 세례 요한의 아버지에 의하여 작성되었다면 또는 그것이 초기에 그에게 귀속되었다면, 그것은 요한의 제자들 가운데 잘 회람되었을 것이고, 그들이 예수님의 제자들에게 전했을 것이다. 그러한 찬송의 언어는 베드로의 설교에서 어떤 구절의 번역을 채색할 수 있을 만큼 원시 기독교에 잘 알려지게 되었을 것이다.

셋째, 사도행전 3장에 나타난 베드로의 설교 형식이 이전의 어떤 기록으로부터 누가에 의해 받아 들여진 것이 아니라 그에 의하여 작성된 것이라면, 왜 누가 스스로 별개로 누가에게 왔거나 또는 세례 요한과 예수님의 탄생과 유아기의 유대 기독교인 이야기에 이미 삽입된 사가랴 찬가에 의존하지 않았는가?[17]

---

[17] 눅 1-2장의 찬송에 관한 누가복음과 사도행전 저자의 의존은 Holtzmann(*Hand-Commentar zum Neuen Testament*, 3te Aufl. i, 1901, 401)에 의하여 하늘 높은 곳에 영광(눅 2:14)의 경우에 용납된다. 또한 B. Weiss, on Lk. xix.38 in ninth edition, 1901, of the Meyer Commentary를 비교하라. J. Weiss, *Die Schriften des Neuen Testaments*, 3te Aufl.(Bousset과 Heitmueller에 의하여 편집된), i, 1917, 486. Wellhausen(*Das Evangelium Lukae*, 1904, 109)은 눅 19:38이 눅 2:14에서 파생된 것으로 간주하지 않고 그 반대로 여겼다. 반면에, Spitta("Die chronologischaftlichen Notizen und die Hymnen in Lc. 1 u. 2," in *Zeitschrift Fuer die neutestamentliche Wissenschft*, vii, 1906, 305)는 양자가 유대인의 찬송의 인용임을 제시한다.

유대 기독교인의 자료에 관한 이 같은 의존은 우리가 이 저자의 방법에 관하여 아는 것처럼 함께 했을 것이다. 분명히 누가는 팔레스타인의 자료에서 사용된 형식에 관하여 예리한 판단을 했다. 그는 팔레스타인에서 일어난 사건을 이야기하기 위하여 사용한 복음서 서언의 전형적인 헬라어 형식을 사용하지 않음으로써 이 같은 판단을 보여주었다. 그러나 복음서와 사도행전 처음 부분에서 주제와 일치하는 이야기의 특성을 유지했다.

만약, 이 같은 저자가 세례 요한의 아버지에게 속한 유대 기독교인 찬송에 친숙했다면 그가 베드로의 설교에 관한 그의 보고에서 비슷한 사상을 소개했을 때, 그런 친숙한 찬송의 언어가 그의 펜을 통해 무의식적으로 흘러나왔다고 생각하는 것보다 더 자연스런 것이 무엇이 있겠는가?

누가복음 1:70과 사도행전 3:21의 언어의 일치가 거듭 떠오른 유대인과 초대 교회에서 두 사상, 즉 구약 예언들이 예수님의 인격과 사역을 통해 성취되었다는 사상을 통해 드러난다는 사실에 주목해야 한다.

"옛 부터 그의 거룩한 선지자의 입을 통하여"라는 구절이 유대 기독교인 찬송의 헬라어 번역에 사용되었던 원본을 통하여 초대 교회에서 어느 정도 고정되었으리라는 것은 자연스럽지 않겠는가?

넷째, 이 문제는 누가 자신이 베드로 설교의 아람어 보고서 번역자로 인정될 수 있다면 특히 만족스런 방식으로 해결되었을 것이다.

이 경우 누가가 자신의 이전 책에 삽입된 찬송의 한 구절을 사용하는 것은 매우 자연스러웠을 것이다. 누가복음과 사도행전의 저자가 이방인이었다는 사실에도 불구하고 아람어에 익숙했으리라는 것은 불가능하지 않다. 만약, 그가 사도행전의 '우리 부분'의 저자와 동일 인물이라면, 바울이 그 나라에서 2년간 바울의 감옥생활의 초기와 말기에 그가 팔레스타인에 있었다는 사실이 분명해진다.

그리고 어떤 현대 학자들이 추측한대로 그가 시리아 안디옥의 원주민이었든 아니었든, 그가 자신의 초기 생활에서 부분적으로 셈족의 환경에서 살았다는 견해-또한 그것을 찬성하는 결정적인 주장이 없을 것이지만-에 대한 결정적인 반대가 없다. 어쨌든, 분명한 것은 유대인의 감정에 대한 따뜻한 공감과 셈족의 말씨에 관한 섬세한 평가를 했다는 것이다. 그가 셈어 문서를 번역할 수 있었으리라는 것은 확실히 불가능하지 않다.

그러나 그렇다면 왜 그는 사도행전 3장에 나타난 베드로의 설교 뿐만 아니라 사가랴의 찬가 자체 또는 누가복음 1:5-2:52에 포함된 모든 이야기에 관해서도 번역자가 될 수 없겠는가?

다시 한번 말하지만, 그런 상상은 전혀 불가능하지 않다. 그리고 만약, 그것이 옳다면 사도행전 3:21과 누가복음 1:70의 유사성은 그 두 책의 저자가 어느 한 구절을 임의로 구성했다는 가정없이도 잘 설명된다.

사실 우리는 이 가설에 또는 방금 언급된 가설들의 어느 특별한 것에도 결코 동의하지 않는다. 아직도 다른 가설들이 제시될 수 있다. 그러나 하르낙에 의하여 지지된 방법 외에도 문제의 두 구절 사이의 축자적 일치를 설명하는 다양한 방법이 있다는 것을 보여주었다고 말하는 것만으로도 충분하다. 그가 마리아 찬가와 사가랴 찬가에서 발견한 누가의 특징은 이 한 구절로 모아진다. 그리고 이 한 구절은 그 찬송의 작사에 관한 하르낙 이론의 전체적인 무게를 결코 견디지 못할 것이다.

하르낙은 단순히 상세한 연구를 신뢰하지 않는다. 그는 생각하기를 마리아 찬가의 전체적인 구조는 누가 같은 한 이방인만이 그것을 만들 수 있었다는 것이다.[18] 반복된 대명사의 능숙한 사용과[19] 일반적으로 시적인 작문의 정교한 특성은 의사 누가의 손에서 나왔음을 보여 준다. 사가랴 찬가에 관하여 하르낙은 특히 확신했다. 그는 말하기를, "사가

---

[18] Harnack, "Das Magnificat der Elisabet(Luc. 1, 46–55) nebst einigen Bemerkungen Zu Luc. 1 und 2," in *Sitzungsberichte der Koeniglich preussischen Akademie der Wissenschaften zu Berlin*, 1900, 544f., 552–556; *Lukas der Arzt*, 1906, 150––52(영어 번역, Luke the Physician, 1907, 214–218).

[19] 그것은 마리아 찬가에서 '나의'와 '그는'이고, 사가랴 찬가에서 '그는'과 '우리는'에 관한 것이다.

랴 찬가의 첫 세 절(68-75; 전체적으로, 각 4행으로 이루어진 5개의 절이 있다)은 표면적으로만 히브리 시의 형식으로 되어 있을 뿐, 자세히 보면 마침표는 하나뿐이다. 즉 서언(눅 1:1)과 많은 다른 훌륭한 헬라어 문장의 저자의 글임을 분명히 보여주는, 여러 구절을 묶는 하나의 순수한 헬라어 마침표만 있다는 것이다. 이 마침표는 단지 히브리풍의 표현으로 강조되었다. 손은 에서의 손이지만, 목소리는 야곱의 목소리이다."[20]

하르낙에 의해 발견된 구조의 많은 미세한 차이가 그 찬가의 저자에 의하여 의도되었다는 것은 당연히 의심될 수 있다. 어쨌든, 누가의 저작성을 증명하기 위해서 하르낙은 예를 들어, 다음과 같이 제시했다.

(1) 누가의 확실한 저작과 이러한 찬송들의 유사성
(2) 비-누가 찬송에 대한 그것들의 비유사성

전자의 요구는 성취될 수 없다. 하여간 이전에 어느 시를 기록했더라도 누가는 불행히도 그의 시의 어떤 견본도 후대에 남겨놓지 않았다. 그가 할 수 있는 것이라고는 이런 찬송들이 시적인 형식에서 셈족보다 헬라적임을 보여주거나 또는 그것들이 단지 헬라어를 모국어로 사용하는 어떤 사람이 셈족어로된 원문 없이, 단순히 어떤 히브리 시를 모방하여 히브리적 요소를 사용함으로써 저작했음을 보여주었을 것이다. 한 이방인에 의하여 히브리적 요소를 그같이 사용한 예증을 발견하기는 더욱 어렵다. 하여간 그것들은 하르낙에 의하여 예증되지 않았다.

그러므로 그러한 범주에 마리아 찬가와 사가랴 찬가를 놓을만한 무슨 증거가 있는가?

두 번째 요구 또한 하르낙에 의하여 입증되지 않은 채 남아있다. 만약, 그가 확실한 누가의 저작을 위하여 또는 심지어 누가가 이용한 것으로 그가 생각한 방법에 의해 작성한 작품을 위하여 이런 찬송들의 유사성을 드러낼 수 없다면, 그는 또한 비-누가의 것, 그리고 특히 구약

---

20 Harnack, *Lukas der Arzt*, 1906, 152. 영어 번역, *Luke the Physician*, 1907, 217를 비교하라.

성경, 찬송과 그것들의 유사성을 드러낼 수 없다. 그와 같은 공개는 단지 예증만으로 수행될 수 있었을 것이다. 그리고 그것이 수행되기까지, 하르낙의 증거는 줄잡아 말하더라도 불완전하다. 만약, 구약의 시편(70인역)에 대해 누가복음 1장의 찬송에 하르낙이 적용해 온 동일한 종류의 정밀 검사를 해보면 아마도 비슷한 저작의 특수성이 발견될 것이다.

하르낙은 하나의 긴 문장으로 이루어져 있다고 그가 지적한 누가복음 1:68-75, 사가랴 찬가의 전반부에 특별한 강조를 둔다. 그러나 만약, 그가 누가의 서언, 누가복음 1:1-4을 구성한 문장과 이 문장의 비교를 의미한다면 그 비교는 특히 그의 결론에 손해가 크다. 두 문장 모두 길다. 그러나 거기서 유사성은 멈춘다. 모든 다른 면에서, 보다 큰 대립을 상상하는 것은 어려울 것이다. 누가복음 1:1-4은 중문이 아니라 복문이다. 그 문장은 미결인 채로 두었기 때문에 그것은 거의 바로 끝까지 문법적으로 깨질 수 없었을 것이다.

그리고 그 문장의 운율은 '확실성'이라는 마지막 강조 단어로 방향을 바꿀 때까지 명백히 불완전하다.[21] 누가복음 1:68-75은 다른 한편으로 가장 엉성한 방법으로 편집한 수많은 동등 구과 절로 구성되어 있다. 이 문장은 그것을 구성하고 있는 아홉개의 절 가운데 어느 절 끝에서도 깨질 수 있었지만 여전히 완전한 문장을 만든다. 그 문장은 그 목적이 처음부터 기대하였던 것처럼 계획되지 않고, 뒤이어서 막연하게 추가된 표현으로 설명보어적인 구와 절을 추가함으로써 늘어났다.

이것을 헬라어 문장의 특징으로 볼 수 있는가?

그것은 오히려 헬라어 문법의 제약 속에 억지로 끼워 맞춘 셈족 시의 단순성처럼 보이지 않는가?

소위 '솔로몬의 노래'의 한 인용구에서는 사가랴의 찬미에 나오는 이 문장과 놀라운 유사성이 발견된다.[22] 솔로몬의 시는 헬라어로 현존하지

---

21 "이는 각하가 알고 있는 바를 더 확실하게 하려 함으로라"(눅 1:4).
22 소장품의 18번째 시의 마지막에서, 그 본문은 Ryle과 James, op. cit., 150에서 발견될 것이다.

만, 그 헬라어는 틀림없이 셈족 원어의 한 번역이다. 그러므로 여기서 우리는 헬라어 형식으로 나타난 틀림없는 셈족 시의 한 표본을 갖는다. 누가복음 1장의 찬송과 이러한 찬송의 비교는 하르낙의 가설이 정확다면 대조를 보여야 할 것이다. 그러나 실제로 그것은 오히려 인상적인 유사성을 보여 준다. 우리가 언급한 인용구는 다음과 같이 영어로 번역될 수 있다.

> 오는 세대에 행할 주님의 좋은 일들을 볼 수 있는 날에 태어나
> 그리스도 주님의 교훈의 지팡이 아래에서
> 성령의 지혜와 의와 능력으로 하나님을 경외하고
> 하나님을 경외하는 의의 행위로 사람을 가르쳐서
> 그들로 하여금 하나님을 경외하는 자로 세울 자는 복이 있도다.

이 문장은 사가랴 찬가의 문장보다 짧다. 그러나 문장 구조는-그렇게 절과 구의 매우 막연한 연결도 '구조'라고 부를 수 있다면-현저하게 비슷하다.

이 인용구가 취해진 솔로몬의 시는 누가복음 1장과 다른 흥미로운 비교를 위한 자료를 제공한다. 이러한 유사성은 라일과 제임스에 의하여 인용되었다.[23] 그리고 유사성은 세부적인 내용까지 매우 가깝지는 않을 것이지만, 정신적으로 개념적으로 어떤 확실한 유사성은 부정될 수 없다. 그러므로 우리는 여기서 누가 찬송의 팔레스타인적 요소와 셈족 기원에 관한 또 하나의 암시를 가진다. 왜냐하면 솔로몬의 시는 폼페이우스의 팔레스타인 침략 사건을 반영하고, 그리스도 이전 1세기 중엽에 팔레스타인에서 히브리어로 기록되었기 때문이다.

헬라어 번역의 시기는 주전 40년과 주후 40년 사이로 라일과 제임스

---

23 *Op. cit.*, lx, lxii, 그리고 특히 평행법이 자세하게 인용된, xci f. 또한 Hillmann, "Die Kindheitsgeschichte Jesu nach Lukas," in *Jahrbuecher fuer protestantische Theologie*, xvii, 1891, 201f.를 비교하라.

에 의해서 평가된다.[24] 이 시와 누가복음 1장의 찬송 사이에는 상호 간에 어떤 문학적 영향도 있을 수 없다. 그리고 체스의 흥미로운 가설,[25] 즉 이러한 유사성은 '헬레니즘적인 회당에서 유대인의 헬라어 기도'에 일반적으로 기인한다는 설명은 불필요하다.[26] 그러나 한편으로, 누가복음 1-2장의 찬송들과 다른 한편으로 팔레스타인의 솔로몬의 시와 어떤 팔레스타인의 기도 사이의 사상적, 감정적 유사성은 마리아 찬가와 사가랴 찬가의 원시 유대 기독교인의 기원에 대한 보충적인 증거를 제공한다.

이러한 보충적 증거와 구별되는 중요한 증거는 두 찬송 자체에 대한 조사에 의하여 공급된다. 마리아 찬가가 거의 전부 구약의 구절로 만들었다는 것은 이미 관찰되었다. 이러한 구절들은 구약성경의 한 구절이 아니라 대부분 여러 부분에서 유래되었다. 예를 들면, 마리아 찬가는 그것이 그 노래의 회상을 포함하지만 사무엘상 2:1-10에 있는 한나의 노래의 단순한 모방이 아니다. 그렇지만 여러 가지 요소는 히브리 시의 평행법을 고상한 형식으로 준수하는 완전한 통일성과 아름다움을 가진 노래로 하르낙은 이런 결과가 한 이방인의 의식적인 예술에 의하여 성취되었다고 추측한다.

그러나 단순한 독자들과 마찬가지로 대단히 많은 학자들이 그를 반대한 것은 놀랄 일이 아니다. 구약으로부터 단순한 인용문은 모방될 수 있었을 것이다. 그러나 어떤 인위적 인상도 주지 않고 접합부분도 드러내지 않으면서, 그렇게 많은 구절을 결합한다는 것은 언제나 불가능한

---

24 Ryle과 James, op.cit., 서론, 특히 xxxvii-xliv를 보라. Frankenberg(*Die Datierung der Psalmen Salomos*, 1896)는 시편의 히브리적 기원을 주장하는 이 견해에 동의하고, 심지어 히브리어로 재번역을 시도했다. 그러나 시리아 논쟁의 그것은 보다 초기의 시기를 정했다. 그렇지만, 그는 명백히 연대결정의 지지를 적게 얻었다. 그리고 수용된 견해는 솔로몬의 시가 그리스도 이전 첫 세기에 히브리어로 기록되었다는 것이다. Schuerer, *Geschichte des Juedischen Volkes*, 4te Aufl., iii, 1909, 205-212; Gray, "Psalms of Solomon," in Charles, *Apocrypha and Pseudepigrapha of the Old Testament*, ii, 1913, 625-630.

25 "The Lord's Prayer in the Early Church," in *Texts and Studies*, edited by J. Armitage Robinson, I, 1891, No. 3, 128(note 1), 147-151.

26 "The Hymns of the First Chapter of Luke," in *Princeton Theological Review*, x, 1912, 21f.

일이다. 이 같은 찬송의 저자는 구약의 분위기에서 살았어야 하고, 그 언어는 가장 초기의 유아기에서부터 친숙했어야 한다. 단지 그런 요소들은 단순한 시에 인위성 없이 혼합된 그렇게 많은 자료로부터 유래될 수 있었다. 그 종합은 문학적인 형식으로 만들어지기 오래 전에 생활에서 만들어졌음에 틀림없다.[27]

이러한 구약의 구절의 사용은 참으로 때때로 인위성의 한 표적으로 간주되었다. 예를 들어, 데이비드 프리드리히 스트라우스는 이 찬송이 성령에 의하여 직접적으로 영감되었다면, 구약 회상의 단순한 집합물이 되는 것 대신에 그 결과가 더욱 독창적이어야 하는데 그렇지 못한 것에 놀랍다고 말한다.[28]

그러나 확실히 이런 비웃음은 마리아 찬가 그 자체에 관한 부적당한 평가를 드러낸다. 만약, 구약성경 자체가 하나님의 성령의 영감에 의하여 주어졌다면 찬양의 노래에서 그것들의 사용은 필연적으로 동일한 영을 무가치하게 하지 않는다. 그리고 그러한 성경 언어의 사용을 인위적인 것의 특징으로 간주하는 것은 그럼에도 불구하고 모든 시대에 하나님의 백성들의 가장 깊은 마음을 경멸하는 것이다. 우리 주님은 매우 비슷한 유형으로 성경을 사용하셨다. 선지서와 시편의 신성한 말씀은 위기와 시련의 순간에 그분의 입술을 위해 자발적으로 왔다.

버나드는[29] 기도에서 성경 구절의 현대적인 사용을 적절하게 비교했다.[30] 그것은 인위적인 모방이 아니라 기독교인의 마음과 가장 가까운 언

---

27 Gunkel, "Die Lieder in der Kindheitsgeschichte Jesu bei Lukas," in *Festgabe…A. von Harnack zum siebzigsten Geburtstag dargebracht*, 1912, 52: "…한 헬라주의자의 문학적 기술은 실제로 그 같은 형식의 진정성을 생성하기 위하여, 성경으로부터 결합된 인용의 사용에 의하여, 가능할 수 있었는가? 히브리 시의 전통으로 인정된, 한 유대인이 아마도 또한 셈족 언어로—여기서 우리에게 말하는 것은 훨씬 더 가능하지 않은가?"

28 Strauss, *Leben Jesu*, 1835, 194; Hillmann, *op.cit.*, xvii, 1891, 198f.

29 *The Songs of the Holy Nativity*, 1895, 56f.

30 C. C. Torrey, "Translations Made from the Original Aramaic Gospels," in *Studies in the History of Religions Presented to Crawford Howell Toy*, 1912, 293, footnote 9를 비교하라. "그 언어가 대개 '회상으로 구성된다'는 사실은 결점이 아니다. 오랫동안 서 있는 어느 종교의

제4장 누가복음 제1장의 찬송   139

어의 자연스런 사용이다. 하나님의 진실한 한 성도가 기도나 찬송으로 가장 깊은 감정을 표현하기 위하여 성경 말씀을 사용할 때, 오직 매우 차갑고 비감정적인 관찰자만이 이러한 진지한 마음에 대해 성구 색인을 사용한 인위적 방식이라고 생각할 것이다. 경건한 기독교인이나 경건한 유대인의 영혼에 빠져드는 것은 비평가가 소유한 학식이 아무리 많다 해도 어떤 공감을 필요로 한다. 그러나 그 같은 공감이 나타날 때, 누가복음 1장의 찬송은 연구실의 작품이 아니라 경건하고 감사한 마음을 자발적으로 드러내는 것으로 보일 것이다.

이 같은 분출이 하나님의 영에 의하여 영감된 것에 해당하지 않는다고 누가 말할 수 있는가?

우리는 마리아 찬가에 관하여 중요하게 말했다. 그러나 다른 찬송, 사가랴 찬가도 본질적으로 같은 특성을 나타낸다. 사실 형식적으로만 약간 다를 뿐이다. 아마도 두개의 찬송이 동일한 사람에 의하여 작사되었을 것이라는 하르낙과 궁켈의 주장을 논박할 만큼 충분히 다르다.[31] 그 평행법은 그렇게 단순하지 않다. 더 많은 종속절과 병행위치와 설명적 보어절이 있다.[32] 기본적인 구약 인용절은 아마도 그렇게 쉽게 표시되기가 아주 불가능하다. 그러나 히브리 평행법과 진정한 구약 정신은 실제로 마리아 찬가의 경우처럼 매우 분명하다.[33]

그 다음에 찬송의 형식은 진정으로 셈족적이다.[34] 헬라어 번역은 70인역의 보다 나은 부분처럼 헬라어의 관용구에 대한 불필요한 곡해가 없이도

경건한 시는 친숙한 구절을 사용해야 한다. 그렇지 않으면 의도하는 효과를 낼 수 없었을 것이다."

31 *Op.cit.*, 1921, 53.

32 Ladeuze, *op. cit.*, 1903, 642f.를 비교하라.

33 '돋는 해가 위로부터 우리에게 임하여'의 셈족 원문에 반대하는 Dalman(*Die Worte Jesu*, 1898, 183; 영어 번역, *The Words of Jesus*, 1902, 223f)의 주장에 관하여 "The Hymns of First Chapter of Luke," in *Princeton Theological Review*, x, 1912, 23f., footnote 90을 보라. Dalman의 주장은 결론이 전혀 없다.

34 Ladeuze, *op. cit.*, 1903, 누가의 찬송 저작성에 대한 Harnack의 주장을 반대하면서, 누가가 여기저기 마리아 찬가를 손질했다고 추측한다. 아마도 가능하지만, 증명될 수는 없다.

원본의 정신을 보존했다. 그러나 원시 팔레스타인의 기원에 대한 보다 강한 주장은 형식과 구별된 것처럼 찬송의 내용에서 파생되어야 한다. 그 주장은 전체적으로 유아기 기사의 팔레스타인의 기원 주장과 관련하여 이미 부수적으로 진술되었고 그래서 여기서 다룰 필요가 없다. 특히 기독교 교리나 심지어 예수님의 나중 역사에 대한 세부사항을 암시하는 것으로 확대 해석할 수 있는 어떤 가능성도 그 찬송에는 없다. 마리아 찬가에는 심지어 메시아의 인격에 대한 암시조차 없다.[35] 사가랴 찬가에서 암시는 단순히 다윗 집에 관한 것이다. 메시아적 왕은 명백히 마지막에 왔거나 올 것이다. 그러나 구약 예언에 포함되어 있는 것들보다 그분에 관하여 더 알려진 것은 없다. 아이 요한은 특히 메시아가 아니라 여호와의 선구자로서 간주되었다. 오는 구원은 세상이 아니라, 적어도 이스라엘에 적용하는 것으로 이해되었다. 이스라엘은 거만한 압제자로부터 구원받아야 한다.[36] 그 구원이 단순히 정치적일 뿐만 아니라 또한 도덕적이고 종교적이어야 한다는 것은 구약 예언의 범위를 넘어가지 않는다.[37] 누가복음 1:79의 단어, '어둠과 죽음의 그늘에 앉은 자에게 비치고'가 어떤 보편주의의 암시를 포함한다면, 그것은 이사야의 보편주의이다.

이렇게 자명한(prima facie) 증거에 대하여, 하르낙은 단지 언어학적 주장만을 강조할 수 있다. 그리고 그것은 자세히 조사되었고 불충분한 것

---

[35] Voeter(*Die evangelischen Erzaehlungen von der Geburt und Kindheit Jesu*, 1911, 23)는 한나의 노래의 끝맺는 말, "그의 기름부음을 받은 자의 뿔을 높이시리로다"(삼상 2:10)가 마리아 찬가에서 발견되지 않는다는 사실에 주의를 환기시킨다. 만약, 마리아 찬가가 한나의 노래에 기초하여 현재의 문맥에 적합하도록 작성되었다면, 왜 저자가 기독교 메시아에 가장 직접적으로 적용하는 것으로 보이는 그의 구약의 모델에서 바로 그 같은 단어를 생략했는가?

[36] Loisy, *Les Evangiles Synoptiques*, i, 1907, 312를 비교하라: "Cet ideal n'a rien de paulinien, et meme un judeo-chrettien n'aurait pu s'exprimer de la sorte apres la destruction de jerusalem."

[37] Hilgenfeld, "Die Geburts-und Kindheitsgeschichte Jesu Luc. 1, 5–11, 52," in *Zeitschrift fuer wissenschaftliche Theologie*, xliv, 1901, 219; "이 구원이 정치적 자유에서 뿐만 아니라, 경건과 의에서 발견되더라도, 여기서 다윗의 집에서 메시아의 탄생이 이미 명백히 미리 예상된 것을 제외하고, 아직도 솔로몬의 노래 17장의 저자처럼 유대인의 감정을 넘어서 우리에게 전달된 것은 아무것도 없다."

으로 드러났다. 하르낙은 정말로 누가복음 1-2장의 나머지 부분보다 찬송에 관하여 보다 더 확신한다. 마리아 찬가와 사가랴 찬가의 경우에서 그는 누가가 단순히 아람어 자료의 번역자였다는, 이 이야기의 나머지에 대해 그가 열어 놓은 가능성을 전부 배척하고 그 찬송이 실제로 그에 의하여 작성되었다고 주장한다. 그러나 이 결정은 확실히 뒤집혔을 것이다. 그 찬송의 언어학적 조사는 누가복음 1-2장의 나머지 부분의 조사와 비교했을 때, 누가 저작성을 위한 하르낙의 증거가 그 부분의 나머지에서보다 마리아 찬가와 사가랴 찬가의 경우에서 훨씬 설득력이 약하다는 사실을 분명히 보여줄 것이다.[38] 그 찬송이 헬라어 형식으로 누가에 의하여 발견되었다는 추측이 가장 그럴듯하다. 그것들이 히브리어나 아람어로부터 그에 의하여 번역된 것은 완전히 그럴듯하지만, 문학적 현상으로 증명되지는 않았다. 사실 그것들이 그에 의하여 작성되었다는 것은 분명하다.

이 찬송들의 저작에 관한 하르낙의 가설은 오히려 일반적으로 최근의 학자들에 의하여 거절되었다. 참으로 그 내용에 뚜렷한 기독교적 개념이 없는 찬송 형식의 셈족 특성이 매우 강하기 때문에 많은 최근의 연구자들은 그 찬송들이 심지어 유대 기독교적이 아니라는 것이다. 실제로는-원래 마리아와 사가랴의 입으로 의도되지 않은-유대적이지만 전적으로 다른 경우에 적합하도록 작성된 후 유아기 이야기(narrative)의 저자에 의하여 사용된 유대인의 노래였다고 주장했다.

---

38 (그 찬송에 관한 Harnack의 주장이 특히 강조한 비평을 위해 선발된) Feine, *Eine vorkanonische Ueberlieferung des Lukas*, 1891, 20; Stanton, *The Gospels as Historical Documents*, ii, 1909, 223ff.을 비교하라.

힐만,[39] 힐겐펠트,[40] 스피타,[41] 궁켈[42] 그리고 다른 사람들에 의하여 다양한 형식으로 최소한 마리아 찬가를 옹호하는 이 가설은 오히려 그 찬송들이 현재 문맥에 삽입된 방법 및 마리아와 사가랴의 상황이 특별히 언급되지 않았다는 사실 때문에 선호되는 것처럼 보인다. 마리아의 노래는 특히 다가오는 아들의 탄생에 대한 언급이 전혀 없고, 적어도 표면적으로 생각하여 많은 다른 환경에서 언급되었을 것이다. 이 이야기에 전제된 상황을 가리키는 것은 없다. 48절에서—'그의 여종의 비천함을 돌보셨음이라'—'비천함'으로 번역된 단어는 때때로 부조화된 기록을 소개하는 것으로 간주되었다.

마리아의 '비천함'은 어디에 있는가?[43]

---

[39] "Die Kindheitsgeschichte Jesu nach Lukas," in *Jahrbuecher fuer protestantische Theologie*, xvii, 1891, 197–213.

[40] "Die Geburts-und Kindheitsgeschichte Jesu Luc. 1, 5–11, 52," in *Zeitschrift fuer wissenschaftliche Theologie*, xliv, 1901, 208–215, 217–221.

[41] "Das Magnifikat, ein Psalm der Maria und nicht der Elisabeth," in *Theologische Abhandlungen fuer Holtzmannm*, 1902, 83–90. 왜냐하면 Spitta의 견해의 수정이나 그것에 대한 보충을 위하여, 그의 나중의 논문으로, "Die chronologischen Notizen und die Hymnen in Lc. 1 und 2," in *Zeitschrift für die neutestamentliche Wissenschaft*, vii, 1906, 281–317, 아래 각주 56을 보라.

[42] "Die Lieder in der Kindheitsgeschichte Jesu bei Lukas," in *Festgabe…A. von Harnack zum siezigsten Geburtstag dargebracht*, 1921, 43–60.

[43] 이 어려움은 Völter(*op.cit.*, 1911, 24f.)가 헬라어 ταπεινωσις가 '낮은 지위' 또는 '겸손'이 아니라 '굴욕'—보다 높은 지위에서 보다 낮은 지위로 내려옴을 표시한 것—을 의미한다는 주장으로 인정받더라도 단지 심각하게 될 뿐이다. 어떻게 마리아가 그 같은 추락을 경험했느냐? 고 질문받을 수 있다. 그러나 접미사 -σις는 항상 그렇게 엄밀히 해석될 수 없다(Wilkinson, *A Johannine Document in the First Chapter of St. Luke's Gospel*, 1902, 36를 비교하라). 그리고 만약, 그 단어가 여기서 단순히 '비천함'을 의미한다면, 그 표현은 마리아의 입술로 매우 포용할만하다. Wilkinson(*op. cit.*, 37)은 "인용구 '그의 여종의 비천함을 돌보셨음이라'는 마리아가 메시아의 어머니로(cf. St. John 1. 45) 운명 지어진 소식을 갈릴리 나사렛의 한 원주민이 받아들여야 할 감정에 아주 자연스럽게 적합하다"고 제시한다. 그러나 아마도 그렇게 특별하게 되는 것은 불필요하다. ταπεινωσις(비천함)의 단어는 단순히 마리아의 입술의 자연스런 겸손의 한 표현일 수 있다. 확실히 예수님의 어머니는 이 이야기에 따르면, 하나님이 외적인 나타남에 따라 심판하시더라도 하나님께서

같은 구절의 '이제 후로는' 또는 '이제부터'는 또한 어려움의 원인이었다.

왜 모든 세대가 마리아에게 돌리는 복이 아이의 잉태나 출산 또는 어떤 다른 중요한 사건으로부터가 아니라 그녀가 엘리사벳을 방문한 시점으로부터 시작해야 하는가?

또한 그녀가 찬양의 노래를 한다는 것은 이 장들(chapters)이 묘사하는 마리아의 성격과 부합되지 않는다는 주장이 종종 제기된다. 누가복음 1-2장 다른 곳에서 그녀는 조용하고 수동적으로 묘사되었다. 찬송이 소개된 방식 또한 문제가 된다. 이 이야기의 다른 곳에서는 비슷한 시적 표현이 소개되었을 때, 성령의 임재가 기록되었다. 그러나 이곳에는 "마리아가 이르되"라는 단순한 말 외에 아무것도 없다. 이어지는 찬송의 내용 또한 마리아가 화자라면, 부자연스러운 것으로 생각되었다. "마리아가 석달쯤 함께 있다가"라는 구절의 경우, 바로 앞 구절에서 마리아가 언급되었다면, 그녀의 이름은 생략되었을 것이고 그 대신에 엘리사벳의 이름이 언급되었을 것이라고 주장되었다. 즉 그 문장은 "마리아가 그녀와 함께 있다가" 대신에 "그녀가 엘리사벳과 함께 있다가"로 읽었을 것이다.

이러한 난제들은 (하르낙을 포함하여) 상당히 많은 최근의 학자들이 누가복음의 원본에서 마리아 찬가가 마리아가 아니라 엘리사벳에게 속하였다고 추측하도록 하였다.[44] 그러나 이 가설은 사본의 지지가 전혀 없다.[45] 그리고 이러한 난제들은 어느 정도 해소된다. 48절의 '비천함'은 이제 철저히 이해할 수 있게 되었다.[46] 그것은 단순히 사무엘상 1:11의

인정하셨을 '권세 있는 자' 또는 '부자'에게 (52, 53절) 속하지 않았다.

44 예를 들어, Harnack, "Das Magnificat der Elisabet(Luc 1. 1. 46-55) nebst einigen Bemerkungen zu Luc. 1 und 2," in *Sitzungsberichte der koeniglich pressischen Akademie der Wissenschaften zu Berlin*, 1900, 538-543를 보라.

45 '엘리사벳'은 옛 라틴어역의 어떤 사본에서와 Irenaeus의 한 인용문에서 '마리아' 대신에 읽힌다. Souter의 기록을 보라.

46 더욱이 그 단어는 이제 "굴욕"의 정확한 의미로 해석될 수 있었다.

70인역에서 마리아 찬가의 구절과 매우 비슷한 구절의 매우 비슷한 단어로 표현된, 한나의 '굴욕'처럼, 아이 없음의 (유대 여자에게 매우 민감한) 굴욕이다.[47] 현재 축복을 시작하는 "이제 후로는" 구절은 자궁 속에 있는 그녀 아이의 첫 운동을 시작으로 엘리사벳에게 선언했다. 조용하고 수동적인 마리아의 성품은 더이상 유지될 필요가 없다. 말하는 자에게 있는 성령의 임재는 41절에서 방금 언급되었기 때문에, 이제 46절에서 언급될 필요가 없다. 마지막으로 56절의 ("그녀가 엘리사벳과 함께 있었다" 대신에) "마리아가 그녀와 함께 있었다"는 이제 자연스럽게 되었다. 왜냐하면 엘리사벳은 이제 방금 말하는 자였고 그 이름이 다시 언급될 필요가 없었기 때문이다.

스피타는[48] 화자가 마리아를 찬송의 저자로 인정되도록 의도했다는 일반적인 견해에 반대하도록 강요된 이런 주장의 정당성을 인정하면서 다른 한편으로 엘리사벳 가설에 대해서는 만족하지 않았다. '엘리사벳'을 주어로 읽거나 46절의 '말했다'라는 동사의 주어가 생략된 사실에 대한 외적 증거는 그가 생각하기에 불충분했다. 찬송이 보다 뛰어난 여류 작가에 귀속되도록 하기 위하여 원래의 '엘리사벳'이 마리아로 변화되었다는 것보다 '마리아'라는 단어가 먼저 우연히 생략되고 나서 '엘리사벳'이 잘못해서 어떤 문서에 대신했다는 것이 더 가능성 있게 남아있다고 그는 주장한다.[49] 더욱이 만약, 마리아 찬가가 불임인 엘리사벳의 노래로서, 불임인 한나의 노래의 모방이라면, 한나의 노래에서 매우 분명히

---

47 "만일 주의 여종의 고통(낮은 지위)을 돌보시고"(삼상 1:11).
48 위에 있는 각주 7번에 언급될 보다 초기의 Spitta의 두 논문을 보고, 또한 후자의 것과 비교하라.
49 Harnack의 견해는 복음서의 원본에 단순히 "그리고 그가 말했다"는 단어가 있었고, '마리아'와 '엘리사벳'의 추가는 단순히 그 동사의 빠진 주어를 보충하는 두 가지 방법을 나타낸다는 것이다. 이러한 두 개의 그럴듯한 설명에 관하여 엘리사벳에 대신한 것은 저자의 의도에 따랐다고 Harnack은 생각한다. 왜냐하면 진행의 저자는 단순히 선행하는 단어의 회자가 되기 위하여 "그가 말했다"의 표현되지 않은 주어를 의도했기 때문이다. 화자의 변화는 전혀 의도되지 않았다.

나타난 노래자의 불임의 표시는[50] 확실히 엘리사벳의 노래에서 생략될 수 없었을 것이다. 두 노래를 함께 연결하는 실제적 고리가 되는 '불임'이란 용어는 일반적인 용어의 '굴욕'으로 약화되지는 않을 것이다.

스피타는 한나의 노래에서 다른 개념이 그것보다 쉽게 생략되었을 것이다라고 주장한다. 더욱이 스피타는 엘리사벳 가설은 그 노래가 그 이야기와 들어맞기에는 마리아의 가설만큼 설득력이 약하다고 주장한다. 만약, 엘리사벳이 화자로 간주된다면 그 찬송은 누가복음 1:25 후에 삽입되었을 것이다. 하여튼 이 찬송은 지금보다는 다른 곳이 삽입의 위치로 더 바람직할 것이다.

42-45절에서 엘리사벳은 그녀의 주님의 어머니로서 마리아를 환영했다. 마리아와 그녀의 아들은 여기서 극히 중요한 인물들이다. 확실히 이런 상황에서 엘리사벳이 바로 자신의 아들에 대해 이 엄청난 찬송을 하는 일은 없었을 것이다. 56절의 '그녀와 함께'라는 말은 훌륭하게 45절을 뒤따른다고 스피타는 말한다. 반면에, 구약의 용법에 따르면 시편이 사이에 들어갔다면 '엘리사벳'이란 이름은 엘리사벳이 그 찬송의 화자라고 할지라도 바로 언급되어야 했을 것이다.

이런 현상은 그 찬송이 원래의 이야기에 낯설다는 가설로써만 설명될 수 있다고 스피타는 생각한다. 원래, 그 찬송은 그녀의 아들이 노력했던 왕국의 역사의 행복한 전환에 대한 이스라엘 여자의 기쁨을 단순히 표현하기 위하여 무명의 유대인 저자에 의하여 의도되었다고 스피타는 생각한다. 그것은 복음서 기록 편집자의 손에 의하여 여기에 삽입되었다.

이 가설에 대한 중요한 반대는 편집자의 동기가 명백하지 않다는 것이다.

어떻게 복음서 기록자가 찬송을 삽입하기에 이르렀는가?

스피타 에 따르면 누가복음 1-2장 이야기의 계획은 마리아의 침묵을 요구한다. 만약, 그 계획이 마리아 찬가의 삽입에 의하여 망쳐진 후에라도 현대 학자들에게 매우 명백하다면, 삽입을 하기 전에 복음서 기

---

50 삼상 2:5, "전에 임신하지 못하던 자는 일곱을 낳았고 많은 자녀를 둔 자는 쇠약하도다."

록자에게는 보다 더 명백했을 것이다.

이 내러티브의 다른 부분에서 이러한 사실을 고려하여 잠잠했던 그가 이곳에서 뒤집은 이유는 무엇인가?

그의 행동은 참으로 그가 그것으로 어느 것을 수행했다면 이해되었을 것이다. 만약, 마리아의 노래에 복음서 기록자가 그의 독자에 대한 인상을 주려는 누가 또는 기독교인의 개념이 들어있다면 찬송의 삽입은 설명될 수 있을 것이다. 그러나 스피터 자신은 이것이 그 경우가 아니라고 주장하였다.

또는 만약, 복음서 기록자가 어떤 특별한 방법으로 마리아의 상황에 맞는 유대인의 찬송을 우연히 발견했다면, 그는 그러한 기회를 이용하여 그것을 삽입함으로써 자신의 이야기를 꾸몄을 것이다. 그러나 그것 역시 사실과는 거리가 멀다.

마리아의 찬가에 포함된 상황은 찬송 자체에 근거할 때, 일반적인 용어로만 제한될 수 있었다.

그러면 어떻게 그 찬송이 마리아에게 귀속되었는가?

이 질문에 대한 대답의 방법으로 스피타는 38절의 "보소서 주의 여종"이라는 마리아의 말과 누가복음 1:48의 '그의 여종'이라는 구절의 일치 및 45절의 "믿은 그 여자에게 복이 있도다"고, 마리아를 언급한 단어들과 48절의 "나를 복이 있다 일컬으리라"는 표현의 일치 때문에 복음서 기록자가 마리아에게 그 찬송을 귀속시키고 바로 이 점에서 그것을 삽입했다고 넌지시 말한다.

복음서 기록자를 위하여 찬송 사용을 추천한 원래의 찬송에 있는 것으로 스피타가 간주한 바로 그 구절 (48절)이 궁켈에 의하여 원래의 찬송에서 제외된 것을 이 점에서 관찰하는 것은 흥미롭다.[51] 궁켈은 그 구절의 그 당시 (기독교인)의 사용이 유대인의 시를 이같이 맞춘 편집자의 추가로 간주한다. 그는 다음과 같이 생각한다.

---

51 *Op. cit.*, 1921, 57f. Klostermann, in *Handbuch zum Neuen Testament*, 2te Aufl., 5. 1929, 19f.; Bultmann, *Die Geschichte der synoptischen Tradition*, 2te Aufl., 1931, 322f.

(1) 그것은 대부분의 구약 시처럼 그와 반대로 모든 경건한 이스라엘 사람에 의하여 언급되었을 시의 개인적 또는 인간적 요소의 개입이 있다.
(2) 그것은 그 밖에 사용된 그리고 미래의 축복이 이미 과거가 된 것처럼 찬양되는 '종말론적 찬송'에만 적당한 부정과거의 중간태 미래시제("만세에 나를 복이 있다 '일컬으리라'")를 끌어들임으로써 이 시의 형식을 파괴한다.

48절을 배제하기 위한 이런 주장은 확실히 불충분하다. 만약, 대부분 구약의 시가 특수한 개인적인 경험의 언급이 부족하고 어느 경건한 이스라엘 사람들에 의하여 불려졌을 것이라는 궁켈의 추측이 옳을지라도, 아직도 구약의 시편은 최소한으로 말해서 이 규칙에 많은 예외가 있음을 보여줄 것이다. 찬송의 형식에 관한 주장은 부정과거가 미래의 사건이 이미 일어난 것으로 전망되는 종말론적 찬송에 적당한 부정과거라는 견해에 의존한다.

그런 견해는 확실하지 않다. 하여튼 순수하게 종말론적인 시로서의 찬송 취급은 논점을 교묘히 회피하는 것으로 보인다. 또한 이 찬송은 어쩌면 신적 자비의 미래행동을 포함하여 매우 자연스럽게 감사의 노래로 취급될 수 있지만 주로 48절에서 암시하는 사건의 관점에서 언급될 수 있다.

그러나 만약, 궁켈의 원래 유대시에서 48절의 삭제가 정당화된다면, 유아기 이야기에서 그런 시의 삽입은 그 구절이 존속되었을 때보다 더욱 이해할 수 없게 될 것이다. 왜냐하면 전자의 경우에서 그런 시는 단순히 이스라엘의 역사에서 어느 때든지 언급될 수 있었던 종말론적 시였을 것이기 때문이다.

과연 유아기 이야기의 저자가 예수님의 어머니에게 그 같은 시를 귀속시킨 이유는 무엇인가?

그렇지만 힐만, 힐겐펠트 그리고 스피타가 했던 것처럼, 48절이 원래 유대인 작품의 한 부분으로 존속되더라도 유아기 이야기에서 찬송의 삽입은 여전히 매우 이상하게 남아있다. 심지어 48절은 단지 가장 일반적인 방법으로만 찬송에 전제된 상황을 고정시킨다. 그것은 화자로서 여자를 내세우지만, 모든 세대를 위하여 그녀로부터 나와야 하는 유익의 본질을 전혀 세우지 못한다. 예를 들면, 유디트는 생각건대 이스라엘의 구원자로서 그 같은 찬송을 언급했을 것이다.[52]

48절의 단어가 그 이야기에서 이런 점으로 마리아의 상황에 적합한 것은 의심할 수 없고, 또한 모든 세대가 마리아에게 귀속하는 축복이 이미 45절에서 엘리사벳이 그녀에 관하여 이미 언급한 축복과 관계되는 것은 의심할 수 없다. 아마도 또한 48절의 '그의 여종'이란 단어는 실제로 38절의 "보소서 주님의 여종"이라는 마리아의 말과 일치하는 것으로 독자에 느껴졌을 것이다.

그러나 이 같은 일치들이 그 찬송이 이미 삽입된 후 발견하기 쉽더라도 그것들은 유대인의 노래의 읽기로 누군가에게 떠오르기 어려울 것이다. 스피타의 가설에 따르면 복음서 기록자는 자신의 목적에 거의 부합하지 않는 구절을 발견하기 위하여 유대인 노래의 수집을 연구하는 것으로 상상되었을 것이다.

이렇게 고통스런 연구를 하겠는가?

이 이야기는 마리아의 이야기가 없어도 아무런 문제가 없다.[53] 힐만은 마리아 찬가를 삽입한 것은 복음서의 최종 편집자가 아니며, 최종 편집자는 첫 두 장에서 사용한 유대 기독교인의 이야기에 이 찬가가 이미 삽입된 것을 발견했다는 것을 더 가능성 있게 고려한다. 그런 것은 본질적으로 그 경우를 변화시키지 않는다. 어떤 점에서, 유대 기독교 필자는 이방 기독교인보다 순수하게 유대적이고 비기독교적 찬송을 그의 이야기 안에 삽입하는 것이 더 어려웠을 것이다. 유대 기독교 필자는 참으로 이 같은 찬송과 더 친숙할 것으로 생각될 것이다. 그것은 생각건대 어릴 때부터 그와 친숙했을 것이다. 그러나 다른 한편으로—참

---

52 Hilgenfeld(*op. cit.*, 1901, 214f.)는 아마도 일반적인 유대여자의 의미로, 한나를 Judith만큼 생각하지 않았을 것으로 추측한다.

53 *Op. cit.*, 1891, 206.

으로, 마치 오늘날 교회에서 우리가 우리의 생활에서 특별한 경우에 우리의 느낌을 표현하기 위하여 친숙한 찬송을 사용하는 것처럼, 마리아 자신이 환희의 시간에 그녀의 느낌을 표현하기 위해 이미 존재한 찬송을 사용했다면-그가 이 같이 보다 친숙한 유대인의 찬송이 예수님의 어머니 마리아의 찬송으로 위장할 수 있을 것이라고는 생각하지 않았을 것이다.

이 마지막 추측은 화자의 의도와 일치하지 않는다. 그것은 확실히 그 찬송을 하면서 사가랴가 '성령의 충만함을 받아 예언하여 이르되…'라고 화자가 말한 마리아 찬가의 경우에 적합하지 않았을 것이다. 왜냐하면 그런 소개의 형식은 그 찬송이 단순히 사가랴가 사용한 이미 존재한 유대인의 찬송으로 인정되었다면 사용되기 힘들었을 것이기 때문이다. 그리고 그 강한 추측은 마리아 찬가의 경우에 또한 적합하지 않은 상상이다.

그러므로 우리는 우리가 토론한 가설에 직면한 중요한 어려움에 되돌아왔다.

어떻게 이 가상적인 유대인의 찬송이 마리아에게 또는 실제로 엘리사벳에게 귀속될 수 있었는가?

일반적으로 유대인의 찬송이 이 같은 이야기에 그리고 그러한 장소에 기독교인 기록자에 의하여 삽입되었으리라는 것은 있음직하지 않다. 스피타는 구약에서 비슷한 경우를 지적한다-예를 들어, 그가 믿은 한나의 노래는 원래 그 당시의 상황과 분리되었다. 그러나 스피타의 비판적 결론이 구약 구절에 대해서는 옳다고 하더라도 현재의 경우는 약간 다르다.

거기서, 히브리 기록자는 히브리 찬송을 채택했을 것이다. 여기서, 기독교인 기록자는 유대인의 찬송을 채택하되, 그 이야기의 가장 신성한 부분에 삽입하기 위해 전혀 강요 없이 채택했을 것이다.

기독교인의 기독교 신앙의 신선성의 의식은 옛 경륜과 새 것 사이의 파괴에 관한 그 같은 경시를 미리 배제하지 않았을까?[54]

---

[54] 힐만(*op. cit.*, 1891, 204-206)이 신약에서 다른 그 같은 순수한 유대적인 요소에 관하여

만약, 복음서 기록자 (또는 누가복음 1-2장에 있는 이야기의 저자)가 소문난 유대인의 노래를 개정하여 기독교의 찬송을 만들었다면, 그런 작업은 누가복음과 사도행전의 기록자의 습관은 아니더라도, 아마 어떤 고대 기록자의 습관을 따랐을 것이다. 그러나 그가 편집 없이 또는 찬송의 본질적인 성격을 전혀 변화시키지 않고 편집만으로 간단한 유대인의 노래를 삽입했으리라는 것은 불가능한 것으로 보인다.[55] 만약, 복음서 기록자가 마리아의 입에 간단한 유대인의 찬송을 넣을 정도로 매우 무원칙적이었다면, 그는 그 자신의 개념을 표현하는 찬송을 만들거나 예수님의 생애에서 보다 나중의 사건을 언급할 정도로 매우 무원칙적이었다는 것이다.

복음서 기록자에 의한 이 유대적 찬송의 삽입은 그 복음서 기록자가 이미 마리아의 찬송으로 간주된 것을 기록한 경우에만 납득될 수 있을 것이다. 그러나 이것은 문제를 더욱 후퇴하게 한다.

어떻게 그 찬송은 먼저 마리아에게 귀속되었는가?

만약, 그것이 유대인의 노래라면 그것은 매우 그럴듯하게 원시 유대 기독교인 공동체에 의하여 그같이 알려졌을 것이다.

그러면 어떻게 그 공동체는 그녀가 아마도 죽은 지 오래되지 않았을

말한 것은 문제가 된다. 그리고 그것들이 실제로 유대적이더라도, 그것들은 신약에 나타난 대로, 기독교적 개념에 쓸모 있게 되었다. 마리아 찬가의 경우에 그것이 그 경우가 아니었을 것이다.

[55] 48절이 편집자에 기인한다는 Gunkel의 견해는 이미 고찰되었다. Hilgenfeld는 이 구절을 원래 유대인의 시의 부분으로 받아들였지만, 55절의 찬송의 끝부분에서 "아브라함과 그의 자손에게 영원히"란 단어가 기독교인의 추가로 구성되었다고 추측했다. 다른 한편으로, Gunkel은 유대인 시의 습관적인 끝부분에 따른 것으로서 바로 이런 후자의 단어에 큰 강조를 한다. 이 인용문은 우리의 현재의 주장을 위하여 중요하지 않다. 우리의 요점은 그것들이 추가되더라도 이 추가문들 가운데 어느 것도 유아기 이야기에서 유대인의 찬송의 포함을 전혀 자연스럽게 하지 않았으리라는 것이다. 만약, 편집자가 Hilgenfeld나 Gunkel의 견해가 요구하는 크기로만 찬송에 삽입를 했다면, 그의 억제는 아마도 그가 삽입를 전혀 안했을 경우 그것이 있는 그대로 보다 더 위대하게 된다. 만약, 그가 그 찬송을 전적으로 개정할 자유를 느꼈다면, 왜 그는 그것들이 그의 목적에 충분히 적합하도록 그 같은 개정을 하지 않았을까?

때 역시 어느 한 때에 주님의 어머니의 입에서 나온 말이 되게 했는가?[56]

따라서 마리아 찬가가 원래 유대인의 노래와 같은 것이었고 외국적인 요소가 유아기 이야기에 삽입되었다는 가설은 거부되어야 한다.

그러면 그것은 단순히 그런 이야기의 한 부분인가?

그것은 그 이야기의 기록자에 의하여, 즉 누가 자신에 의한 작문이 전혀 그럴듯하지 않다는 것을 이미 보여주었기 때문에, 누가복음 1-2장에 있는 누가 자료의 기록자에 의하여 작성되었는가?

이 가설은 고려대상에서 전혀 배제될 수 없다. 그 자료의 기록자는 생각건대 그것들이 실제로 말한 단어가 아니라, 그 상황의 관점에서 적절하게 말했을 단어들을 등장인물들에게 귀속시킴으로써 옛날 역사가의 자유를 실행했을 것이다.

이 같은 견해에 대한 강력한 반론은 특히 이 찬송에는 구체적인 기독교인의 개념과 미래적 사건에 관한 언급이 없다는 사실에서 나온다. 부활 후에 그리스도인 저자라면 주님의 어머니를 위한 찬송을 작사하면서―그 같은 시대착오적인 모순을 야기할 수도 있는 마리아의 죽음 이전에 기록하지 않았다면―그녀의 아들의 생애나 죽음이나 부활의 예언에 대한 보다 분명한 예언을 그 안에 삽입하지 못할 리 없었다. 그러나 후자의 경우에 그는 찬송을 작사하기가 전혀 힘들었을 것이다.

---

56 눅 1-2장에 관하여 갱신된 토론에서("Die chronologischen Notizen und die Hymnen in Lc. 1 und 2," in *Zeitschrift fuer die neutestamentliche Wissenschaft*, vii, 1906, 303-317) Spitta(316f.)는 그 찬송이 아마도 초기 기독교 시대부터 시작한 한 수집물의 한 부분으로서, '마리아에 관하여,' '사가랴에 관하여,' '시므온에 관하여'라는 제목으로 복음서 기록자의 손에 왔다고 제의한다. 아마도, 이런 이름들이 누가복음 1-2장에 나타난 사람들을 가리켰다고 Spitta는 말한다. 그런 경우에, 그 찬송은 저자들로서 그들을 나타내려는 어느 실제적인 의도가 없이 원시 기독교에 의하여 이런 사람들의 이름으로 남아있다. 그러나 그 찬송이 원래 실제로 이 같은 이름을 가진 다른 사람에게 속한 것이 가능하다고 Spitta는 더 말한다. 그런 경우에 그런 사람들은 가독교인의 이야기의 특성을 아무것도 가지지 못했을 것이지만, 우연한 이름의 유사성은 복음서 기록자가 그것들의 현재의 위치에 그 찬송을 삽입하도록 했다. Spitta에 의한 이 두 가설 중 전자는 본문에서 위에서 주장된 반대에 걸리기 쉽다. 후자는, 저자의 편에서 모두 덜 대담한 가설에 포위된 어려움에 관한 어떤 공감을 지적하는 것으로서 주로 가치가 있다.

이러한 주장의 효력은 아마도 마리아 찬가와 사가랴 찬가가 누가복음 1장의 다른 부분과 달리 원래는 요한 공동체가 보존해 온 세례 요한의 비기독교적 전통에 속한다고 추측할 수 있다면 부분적으로 회피되었을 것이다.

누가복음 제1장에 이 같은 비기독교적 요한의 전통이 있다는 가설은 정교한 문서설과 함께 뵐터에 의하여 찬성되었고,[57] 독립적인 문서가 아니라 단순히 요한과 예수님에 관한 독립적 구전으로 단정하는 하르낙의 유력한 지지를 받았다.[58] 물론, 마리아 찬가와 사가랴 찬가가 세례 요한의 비기독교적인 제자에 의하여 작사되었다면, 그것들 중에 특히 기독교적 개념의 부재는 더 이상 설명을 필요로 하지 않는다.

그러나 뵐터의 문서설은 매우 부적당하게 지지받는다. 그리고 하르낙의 보다 신중한(전승이 문헌보다 덜 쉽게 연구되고 책임도 덜 따르기 때문에 더욱 신중하다) 이론이 또한 증명될 수 없다. 물론, 두 찬송이 원래 요한의 것이고 비기독교인의 것이라는 이론은 마리아 찬가가 원래 마리아보다는 오히려 엘리사벳에게 속했다는 견해를 전제한다. 그러나 그런 견해는 어려움이 있다. 그것은 생각건대 마리아 찬가가 기독교 역사가에 의해 엘리사벳에서 마리아에게로 전이되었을 것이라는 형식으로 주장될 수 있다.[59]

그러나 이 찬송에는 구체적인 기독교적 개념이 없다는 관점에서, 그러한 전이에 대한 모든 동기는 부족했다. 혹시라도 인정받을 수 있는 최선은 마리아 찬가가 요한의 제자들에 의하여 작성되었다는 견해와 그것이 단순히 유대인의 시였다는 견해 사이에서 선택이 이루어졌다면, 전자의 대안이 선호될 수 있었을 것이다. 그러나 기껏해야 그것은 단순히 두 개의 있을 법하지 않는 일 중 보다 적은 것일 뿐이다. 하여튼, 하

---

57 *Op. cit.*, 1911.

58 *Neue Untersuchungen zur Apostelgeschichte*, 1911, 108-110(영어 번역, *The Date of the Acts and of the Synoptic Gospels*, 1911, 153-156).

59 Spitta, "Die chronologischen Notizen und die Hymnen in Lc. 1 u. 2," in *Zeitschrift fuer die neutestamentliche Wissenschaft*, vii, 1906, 311f.를 비교하라.

르낙은 뵐터와 달리 찬송들에 구체적인 기독교적 개념의 부재를 설명하기 위하여 세례 요한 전통의 이론을 전혀 사용할 수 없다.

왜냐하면 하르낙은 찬송이 이방 기독교인 누가에 의하여 작성되었다고 확신하기 때문이다.

하나의 가설만이 모든 반대를 극복할 수 있다. 즉 헬라어 형태의 마리아 찬가가 실제로 마리아 자신의 셈족 노래에서 파생되었다는 가설이다. 그 가설은 한편으로, 이 찬송에 구체적인 기독교 개념 및 예수님의 생애의 후기 사건에 대한 언급이 없다는 사실을 설명하며 다른 한편으로 기독교적 이야기에 그런 찬송이 포함된 이유를 설명한다. 그러므로 그것은 궁켈에 반대한 하르낙의 입장에서 진리의 요소를 정당화한다. 그러나 그것은 각각 그들의 입장에 부착된 오류를 피한다. 이러한 대안적 이론들에 대해 연구하면 할수록 마리아 찬가가 실제로 예수님의 어머니 마리아의 노래라는 견해로 되돌아가게 된다.

의심할 여지없이 많은 현대의 독자들에게 그것은 매우 모험적인 결론으로 보일 것이다. 그러나 그것은 유아기 이야기에 나타난 요셉과 마리아와 사가랴와 엘리사벳이 단지 전설적인 인물들로 생각되기 때문에만 그렇게 보일 것이다.

만약, 다른 한편으로 그 이야기가 사실에 근거한다면, 마리아를 놀라게 한 경험의 즉각적인 영향 아래 어린 시절부터 그녀의 삶의 일부가 되었던 그녀의 성경적 상상력의 저장고를 이러한 아름다운 찬양으로 만들 수 있는 시적 재능을 지니지 말라는 법이 있는가?

왜 나사렛 예수의 어머니가 보잘것 없는 사람이 되어야만 하는가?

바로 자연주의적 원리에서 하나님의 아들의 성육신을 위하여 그녀가 선택된 그릇이라는 견해는 말할 것도 없고 그렇게 질문하는 것은 당연하다.

그녀는 왜 헤아릴 수 없는 특권에 적합한 은사를 소유할 수 없는가?[60]

---

60 Harnack의 중요한 승인을 비교하라(*Neue Untersuchungen zur Apostelgeschichte*, 1911, 109, footnote; 영어 번역, *The Date of the Acts and of the Synoptic Gospel*, 1911, 155, footnote, 1). "그 이야기는 [즉 누가복음 1-2장에 있는 예수님의 탄생과 유아기 이야기는] 본질적으로 특성상 단일하다. 그것들이 가져온 범위는 마리아에게 높은 존경을 갖고

이러한 가설은 찬송이 소개된 방식을 다시 조사할 때 더 받아들일 만하게 된다. 근대의 비평은 아마도 마리아 찬가가 오히려 막연하게 이야기에 삽입된 것을 관찰할 때 아마도 정확할 것이다. 아마도, 독자의 첫 인상은 이 찬송이 엘리사벳의 인사에 대하여 마리아의 직접적인 답례로 의도되었다는 것이다. 그러나 그것은 확실하지 않다. "마리아가 이르되"라는 서론적인 말에서든지 또는 찬송 자체에서든지 그것에 관하여 완전히 명백한 지적은 없다.[61] 그것은 마치 마리아 찬가라는 별개의 자료로 회자되던 찬송이 엘리사벳을 방문한 동안에-첫 번째 말한 정확한 날과 시간에 대한 언급없이-이루어진 것처럼 보인다. 만약, 이 견해가 옳다면 엘리사벳의 인사에 대한 답례로서 하지만 어떠한 암시 없이 즉흥적으로 유아기의 이야기가 적절한 위치에 삽입되었을 것이다. 그것은 즉각적인 대답 없이 엘리사벳의 인사에 대한 답례가 될 수 있었다.

48절에서 '지금부터' 또는 (보다 문자적으로) '이제 후로는'이란 단어는 이 견해에 대하여 결코 극복할 수 없는 반대가 아니다. 이러한 단어들은 참으로 45절의 "믿은 그 여자에게 복이 있도다"를 언급할 것이다. 그것들은 엘리사벳에 의하여 그녀에게 방금 선언된 이 축복을 일련의 긴 비슷한 선언의 첫 번째로 보는 것처럼 마리아를 묘사할 것이다.[62] 그러나 이런 언급은 절대적으로 확실하지 않다. '이제'라는 단어는 필연적으로 현재의 순간을 가리키는 것이 아니라, 단순히 현재의 시기를 언급할 것이다.[63] 그리고 만약, 이 구절이 45절을 가리킨다는 관점이 옳을지

그녀의 아들 편에서 그녀를 중요하게 여겼다. 그것은 저절로 나타나지 않았고, 마리아에 대한 인상으로 거슬러 올라가야 한다…." 또한 Resch, "Das Kindheitsevangelium," 1897, in *Texte und Untersuchungen*, x, 5, 102를 비교하라.

61 Spitter("Das Magnifikat, ein Psalm der Maria und nicht der Elisabeth," in *Theologische Abhandlungen fuer Holtzmann*, 1902, 89f.)는 터무니 없지 않게 아마도 복음서 기록자가 엘리사벳의 집의 상황으로부터가 아니라, 직접적으로 선행한 단어가 지적한 상황으로부터, 즉 마리아에게 이루어진 약속의 '성취'(τελειωσις)로부터 마리아 찬가에 관하여 생각한 것을 과감히 제의할 수도 있다.

62 So Ladeuze, *op. cit.*, 1903, 630.

63 Resch, *op. cit.*, 1897, 105를 보라.

라도 찬송의 저작에 대한 가설은 여전히 불가능하지 않다. 엘리사벳의 축복은 그 찬송이 실제로 나중까지 자세히 작성되지 않았을지라도 여전히 찬송의 근거로 보일 것이다.

우리는 이 견해가 확실히 옳다는 것을 확신하지 않는다. 아마도 찬송은 점차적으로 수태고지와 엘리사벳의 방문 사이에서 마리아의 생각을 형성했다는 레쉬의 견해가 더 바람직하기 때문에, 엄격한 의미에서 즉흥적이지 않고 엘리사벳의 인사에 대한 답례라고 즉시 말해질 수 있었다. 여전히 다른 견해들이 가능하다. 예를 들어 찬송이 성령에 의하여 직접 영감되었다는 언급이 있고 그래서 달리 예상되는 준비를 할 필요가 없다고 주장된다면, 우리가 그러한 견해에 전혀 반대하지 않는다. 그리고 즉흥적으로 시를 짓는 것이 우리 현대 서구 문명에 알려지지 않은 정도로 그 당시에 그리고 그 세계의 일부에서 행하여졌을 것이라는 것을 고려해 보면 그것은 현대인들의 마음 속에 더 잘 받아들여질 것이다. 그 결과 논의 중인 관점에 따르면 하나님의 영은 하나님께서 그 사람의 속에 자연적인 습관을 통하여 말씀하시는 관계에서 벗어난 말의 방법을 사용하지 않을 것이다.

그러나 우리의 요점은 우리가 먼저 요약한 견해가 또한 불가능하지 않다는 것이고, 그것은 화자의 의도에 가장 충실하게 부합된다는 것이다. 그러기에 때때로 누가의 이야기에 대한 비웃음은 그렇게 완전한 예술적 형식의 즉흥적인 말을 하찮은 유대인 처녀에게로 돌리기 때문에 잘못되었다. 마리아 찬가가 그녀가 유대의 언덕 마을에서 보낸 석 달 동안에 마리아의 묵상의 산물로 간주된다면 그 이야기의 의미는 확실히 침해되지 않는다.

마리아 찬가에 관하여 언급된 대부분은 사가랴 찬가에서 반복될 수 있었다. 사가랴 찬가 76-79절에서 '그리고 너, 아이여' 등등의 단어가 메시아 시대의 선구자로서 이미 태어난 아이를 가리키기 때문에, 찬송이 언급되도록 의도된 계기에 대한 더 명백한 암시가 있다는 것은 사실이다. 그러므로 이 찬송을 원래 비기독교 유대인의 시로 간주한 자들이 이 마지막 네 구절이 기독교적으로 첨가했다고 추측하는 것은 놀랄만한 일이 아니다.

그러나 이러한 구절들이 원래 찬송의 일부로 (그것들이 확실히 간주되어야 하는 것처럼) 간주되었을 때라도, 마리아 찬가에서처럼 그 찬송에 특히 기독교 개념이 동일하게 결여되어 있기에 그 찬송이 그 이야기의 저자에 의하여 작성되었다고 추측하는 데에는 동일한 어려움이 따른다. 더욱이 사가랴 찬가는 심지어 마리아 찬가에 있는 것보다 더 막연하게 삽입되었다.

만약, 화자가 어떤 찬송을 사가랴의 입에 넣기 원한다면, 사가랴가 누가복음 1:64에서 다시 입이 열려 '하나님을 찬송'할 때, 자연적으로 그렇게 했을 것이다. 대신에, 그 찬송은 어린이의 성장에 대한[64] 일반적인 묘사에[65] 삽입되었다. 확실히 하나의 가능한 설명은 그 찬송이 개별적으로 회자되다가, 내러티브의 저자에게 사가랴의 찬송으로 전달되었으나 정확한 시점에 대한 언급은 없다는 것이다.[66] 마리아 찬가처럼 그것은 부분적으로 의식적이지만 영감 있는 작품의 산물인 것은 당연하다.[67]

다음에 마리아 찬가와 사가랴 찬가에서 특히 기독교적 개념의 부재, 예수님의 생애의 사실들에 관한 언급의 부재는 메시아적 희망이 여전히

---

[64] 그 이야기의 편집자가 "이 아이가 장차 어찌 될까?"(66절)의 질문에 대한 대답으로 사가랴 찬가를 간주하는 Wilkins(*op. cit.*, 1902, 17, 32)의 추측은 그럴듯하지 않다.

[65] 눅 1:65-66, 80.

[66] James Cooper의 논문 "Benedictus," in *Hastings, Dictionary of Christ and the Gospels*, I, 1908, 190: "사가랴는 오랫동안 참여한 순간을 위하여 그것(시)을 준비했을 것이다. 그때 그것을 암송했을 것이고, 그것을 나중에 기록했을 것이다." 그것은 아마 가능하지만, 그것에 대한 약간의 반대가 있다. 그리고 그 시가 요한의 할례의 시기에 언급된 이야기에 명백한 지시는 없다.

[67] B. Weiss, *Leben Jesu*, 4te Aufl. I, 1902, 222를 비교하라: "또한 이 찬양의 노래는 보다 후기의 기독교 시대에 남아있지 않고, 그런 시대에 전적으로 낯선 일종의 인위적인 비교에 의해서만 모방될 수 있는 원시적이고 순수하게 유대인의 메시아적 희망의 형식을 나타낸다. 더욱이 그 노래는 할례(눅 1:64)에 의하여 형성된 장면을 장식한 것으로 화자에 의하여 사가랴의 입으로 표현된 것이 결코 아니지만, 그 장면이 종결된 후에 유대의 언덕마을에서 전해져 내려온 그 때부터의 한 기억으로 삽입되었다." 영어 번역, *The Life of Christ*, I, 1883, 242를 비교하라.

구약 예언의 용어로 표현한 시점임을 보여 준다. 다른 한편으로, 이 찬송은 단순히 어떤 알려지지 않은 상황에서 작성된 유대인의 찬송이 아니다. 그랬다면 그것들은 누가복음 1-2장에서 위치를 발견할 수 없었을 것이다.

그러므로 그것들은 실제로 그 이야기에 등장하는 사람들에 의하여 저작되었어야 하고 구약의 예언이 아직 성취되지 않은 어떤 시간에 저작되었음에 틀림없다. 그 성취가 임박했다. 그것은 더 이상 희미하고 먼 미래가 아니다. 그러나 그것의 유형은 여전히 알려지지 않았다. 약속된 왕은 마침내 도착했지만, 그분의 통치방식은 여전히 신비한 예언의 암시로 알려져 있다. 메시아는 존재하지만 그분은 여전히 알려지지 않았다. 다른 말로, 그 찬송은 정확하게 복음서 기록자가 그것들을 위치시킨 곳에 속한다.

만약, 찬송이 실제로 마리아와 사가랴에 의하여 작성되었다면, 그것들은 의심할 여지없이 히브리어나 아람어로 작성되었을 것이다. 전자의 가설은 대부분의 모든 구약의 정신과 이 시의 특성을 설명할 것이다. 그리고 적어도 제사장 사가랴가 일상의 언어보다는 차라리 신성한 언어로 그러한 찬송을 작성하였다는 것은 가능하다.

그리스도의 시대에 팔레스타인의 언어에 관한 전문가의 판단의 관점에서, 그것은 거의 보다 가능한 대안으로 진술될 수 있었다. 한 여자(마리아)가 히브리어로 찬송을 작성했으리라는 것은 전혀 불가능하지는 않더라도 자연스럽지는 않다.[68] 만약, 그 찬송들이 아람어로 작성되었다면-마리아 찬가의 경우에-헬라어 번역자의 임무는 더 어렵게 된다.

그는 그 앞에 놓인 바로 그 표현들로 이미 형성된 70인역의 번역을 사용할 수 없었을 것이지만, 찬송의 아람어적 표현과 동등한 구약 히브리어 표현을 먼저(물론, 아주 자연스럽게 그리고 거의 무의식적으로) 고려할 것이다.

---

68 Zahn, *Einleitung in der Neue Testament*, 3te Aufl., I, 1906, 4를 보라: "Also auch in den gesetzeseifrigen Familien verstanden die frauen kein Hebraeisch." 영어 번역, *Introduction to the New Testament*, 1909, I, 7를 비교하라.

히브리어와 아람어가 유사하다는 관점에서, 특히 번역자가 히브리어, 아람어, 헬라어 성경에 정통했다면 그 임무는 지나치게 어렵지 않았을 것이다. 또는 그밖에 70인역의 구절은 아람어의 자연스런 번역처럼 히브리어 구절과 관계없이 직접적으로 번역자에게 떠오를 수 있었을 것이다. 구약의 사상과 언어로 충만한 원아람어 찬송은 이상하지 않았을 것이다. 왜냐하면 아람어 성경은 회당의 구두 번역자를 통하여 모두에게 친숙하였기 때문이다.

마리아 찬가와 사가랴 찬가에 관한 앞선 논의는 적어도 찬송이 이방 기독교인 누가에 의하여 작성되었다는 하르낙의 견해를 반박하는 데 기여했다. 만약, 실제로 이 찬송이 등장인물들이 직접 부른 노래가 아니거나 유아기 이야기에서 다른 시점이 아니더라도, 여전히 그것들의 팔레스타인적 기원은 있을 수 있었고 사실 종종 있었고, 보존되었다. 만약, 그들이 기원전-기독교인이 아니더라도, 적어도 유대 기독교인일 수 있다.

그러므로 라도이체는 이 찬송이 별도로 회자되다가 현재의 본문에 들어왔다는 스피터에 동의한다.[69] 그러나 그는 바로 그것들이 단순히 유대인의 시였다는 견해를 거절했다. 그가 생각하기에, 그것들은 팔레스타인의 기독교인 공동체에서 누가에 의하여 쓰인 것이 발견되었다.

> 그것들은 둘 다 본문과 별도로 분리되어 진정한 시 즉 기독교적 시들이 성령의 활동 아래 팔레스타인의 첫 공동체의 모임에서 말하여진 것으로 보이고, 그리스도의 유아기에 관한 유대 기독교인의 기록과 같은 시기에 누가에 의하여 발견되지 않았을까?[70]

라도이체는 계속해서 마리아 자신은 신자들 가운데 마리아 찬가를 먼저 노래한 사람이었을 것이라고 주장했다. 구체적인 환경은 이미 과

---

69 *Op. cit.*, 1903, 638ff.
70 *Op. cit.*, 1903, 643.

거가 되었고 그래서 그녀는 전체적으로 그녀가 도구가 되었던 사역을 생각했다.

이런 견해는 십자가 죽음과 부활 또는 예수님의 공생애 사역의 사건들과 같은 후기 사건들에 대한 언급이 빠져 있다는 관점을 제대로 설명하지 않는다. 그러나 적어도 그것은 찬송의 팔레스타인적 특성을 충분히 따른다.

바이쓰는 복음서에 대한 그의 주석의 첫째와 둘째 판에서,[71] 어쩌면 마리아 찬가가 기독교인 공동체가 하나님께서 주신 축복을 감사한 유대 기독교인의 시로 간주될 수 있음을 제시했고 48절은 이 노래를 현재의 본문에 맞추기 위한 추가작업이라고 주장한다. 이 가설에 따르면, 51-54절의 부정과거는 유대 기독교회의 경험을 언급한다. 51절에 따르면, 하나님께서 행하신 전능하신 행위는 바이쓰가 추측한대로 그리스도의 보내심이다. 52절의 '비천한 자'는 이상하게도 매우 천한 사람들 가운데서 선택된 기독교인 공동체의 일원이다. 내리침을 당한 권세자들은 빌라도와 헤롯, 그리고 44년에 갑자기 죽은 헤롯 아그립바와 같은 자들이다.

시에 관한 이런 설명은 옳지 않다고 우리는 생각한다. 예를 들어, 마리아 찬가에서 부정과거는 미래의 사건을 언급하는 것으로 궁켈과 함께 이해될 것이다.[72] 또는 어떤 부정과거는 우리가 그렇게 이해해야 하는 이유를 알지 못하기 때문에 이런 방식으로 이해해야 할 것이다. 그 찬송의 화자는 이미 하나님의 은혜의 전능하신 경륜을 경험했다. 그리고 그것에는 이스라엘의 과거 역사에서 하나님의 은혜의 경륜과 자비의 행위에 대한 반응에서의 예언적 환상으로 이러한 과거의 사건들과 여전히 오고 있는 현재의 다른 사건들이 포함되었을 것이다. 그러므로 미래의 영광은 단순히 시대의 구별이 그것들의 중요성을 필연적으로 포함한

---

71 *Die Schriften des Neuen Testaments*, 2te Aufl., 1917, 418f. 그 가설은 Weiss의 죽음 후에 Bousset에 의하여 개정된 제3판에서 그것의 구별된 특성을 많이 삭제했다.

72 "Die Lieder in der Kindheitsgeschichte Jesu bei Lukas," in *Festgabe…A. von Harnack zum siebzigsten Geburtstag dargebracht*, 1921, 53-57. 위 144 페이지와 비교하라.

것처럼 하나님이 이미 이루신 것을 공개하는 것으로 간주될 것이다.

바이쓰가 추측한대로 마리아 찬가의 부정과거가 미래를 언급할지라도, 시가 기록된 특별한 시간에 하나님의 이러한 미래 행동을 찬양하는 특별한 경우가 있었다는 것은 분명한 사실이다. 그렇지만 이런 경우는 유대 기독교회의 한 저자와 마찬가지로 누가복음 1장에 묘사된 시기에 마리아에게 나타났다. 마리아가 수태고지를 받은 놀라운 경험 후 메시아의 오심과 또한 (원리적으로) 51-54절에서 공표된 하나님의 은혜의 모든 행위는 이미 신앙의 시각에서 성취되었다.

마리아 찬가에 관한 윌킨슨의 견해는 방금 논의된 바이쓰의 논의와 약간 비슷하다.[73] 바이쓰처럼 그는 그 찬송을 '초기 예루살렘 기독교회의 찬송'으로 간주한다. 그러나 바이쓰와는 달리 그는 48절을 원래 시에 삽입된 것으로 간주하려 하지 않는다. 왜냐하면 그는―하지만 그것은 매우 부자연스런 방법으로 고백되었음에 틀림없다―그 구절에서 '여종'이란 용어가 원래 기독교인 공동체에 (복합적인 의미로) 적용되었다고 추측하기 때문이다.

의심할 여지없이 윌킨슨과 바이쓰의 이러한 견해에 대한 반대가 있다. 그러나 적어도 이런 학자들은 찬송의 진정한 팔레스타인적 특성을 주장함으로써 (하르낙의 견해를 반대하는) 기여를 했다. 그런 점에서 그들은 단순히 마리아 찬가와 사가랴 찬가의 유대적(유대 기독교와 구분된다) 기원의 옹호자로 함께 연합했다. 원래의 마리아 찬가는 지금처럼 그것이 그 이야기에 삽입되었을 때 (48절에서) 삽입되었을 것이라고 바이쓰가 믿은 것도 사실이다. 그리고 그는 76절 이하의 (76-79절의 전부는 아니지만) 사가랴 찬가에서 (그가 유대 기독교인 시의 작업으로 간주한 것의 전반부) 후반부의 추가를 주장한다.[74]

우리가 살펴본 이 후자의 의견은 사가랴 찬가를 단순히 유대인의 찬송으로 간주하는 학자들에 의하여 (그렇지만 76-79절 모두에 관하여) 매우 일반적으로 공유된다. 그러나 중요한 입장은 이 학자들 중 가장 뛰어난 자의 한

---

73 *A Johannine Document in the First Chapter of St. Luke's Gospel*, 1902, 14f. footnote 2.
74 J. Weiss, op. cit., 3te Aufl., I, revised by Bousset, 406f.

사람, 즉 궁켈에 의하여 이루어졌다.[75] 마리아 찬가에서 48절과 사가랴 찬가에서 76-79절을 추가한 기독교인 필자는 '구약을 잘 알고 아마도 셈족 언어로 기록했기' 때문에 "그가 추가한 것을 구별하기는 매우 쉽지 않다"고 그는 말한다. 실제로 추측된 '추가들'은 전혀 구별되지 않지만 찬송의 원래 부분으로 인정되어야 한다고 우리는 생각한다.[76] 그러나 적어도 궁켈과 같이 셈족 언어와 문학에 뛰어난 학자가 구약에 정통한 학자가 셈족 언어로 기록했을 것이라고 추측한 것은 흥미롭다. 우리는 여기서 많은 다른 것들 가운데 그 찬송의 팔레스타인적 기원에 대하여 강한 증거를 갖는다.

그러므로 최근 연구의 전체적인 경향은 마리아 찬가와 사가랴 찬가가 이방 기독교인이 인위적으로 만든 것이라는 하르낙의 견해를 강하게 반대했다. 그 찬송의 팔레스타인적 기원은 순수한 유대인의 찬송으로 간주하는 사람들에 의하여 그리고 유대 기독교인 교회의 찬송으로 간주하는 사람들에 의하여 모두 인정되었으며 두 번째 견해는 첫 번째의 오류에 대하여 효과적인 반대를 하고 있다. 만약, 그것들이 마리아 찬가와 사가랴 찬가가 유아기 이야기가 놓여있는 상황에서 그 찬양들이 실제로 기원되었다고 우리가 추측한다면, 이 두 견해에서 모두 진리의 요소가 보존될 수 있고 오류의 요소가 피해질 수 있다고 우리는 생각한다. 그러나 하여튼 그 찬송의 팔레스타인적 특성은 확고하다.

그런 결론은 누가복음 1-2장 전체의 팔레스타인적 특성에 관한 우리의 의견을 확고하게 한다. 물론, 예수님의 탄생과 유아기 이야기를 작성한 이방 기독교인 기록자가 두 개의 순수한 팔레스타인적 시로 장식했으리라는 것은 이해할 만하다. 그러나 그것이 유대 기독교인 기록자가 그렇게 했으리라는 것은 아니다. 적어도 팔레스타인 지역에서 제공되는 어떤 적합한 시적 재료를 끄집어 낼 정도로 이방 기독교인 기록자

---

75 Op. cit., 1921.

76 마리아 찬가에 관하여, Lagrange("Le recit de l'enfance de Jesus dans S. Luc," in *Revue Bilique Trimestrielle*, iv, 1895, 168)는 양 부분에서 동일한 저자를 가리키는 것으로., 74, 77절의 του δουναι에 호소한다. 일반적으로 하나의 추가로 76-79절을 간주하는 어떤 것이든지 적당한 이유가 없다고 말할 수 있을 것이다.

가 팔레스타인 지역을 잘 알고 있었다고 추측할 수 있었을 것이다.

어쨌든, 신중하게 말하자면 모든 이야기의 팔레스타인 기원에 관한 우리의 확신을 결코 약화시키지 못하게 하면서 마리아 찬가와 사가랴 찬가는 이들 찬가들에 대한 하르낙의 견해가 옳았다면 확실히 기정 사실로서 그런 확신을 강하게 확인시켜 준다고 우리는 말할 수 있다. 이 찬송들의 특성은 우리가 진정으로 예수님의 탄생과 유아기의 팔레스타인적 기록으로 기대해야 하는 바로 그것이다.

제5장

누가의 이야기 원본과 번역

우리는 지난 제3장에서 누가복음 1, 2장에 있는 모든 이야기가 특성상 셈족적이고 팔레스타인적이며 사도적 교회의 후기 역사에 대해 전혀 모르고 있다는 사실을 보았다. 제4장에서 더 자세히 보았듯이 이러한 특징들이 두 찬송인 마리아 찬가와 사가랴 찬가에서 특히 명백하게 나타난다.

그러나 누가의 유아기 이야기(narrative)의 팔레스타인적 특성이 어떻게 설명되었는가?

여러 가설들이 제시된다. 물론, 가장 명백한 가설은 이 부분에서 누가복음과 사도행전의 기록자는 원래 히브리어와 아람어로 기록된 자료지만 이미 헬라어로 번역되었거나 누가 자신이 번역한, 팔레스타인 자료를 사용하였다는 것이다. 그런데 이 자료는 이미 이 가설은 최근에 특히 하르낙에 의하여 반대되었다.[1] 유아기 이야기의 언어에 관한 상세한 연구에 의하여 그는 남아있는 70인역에서 취한 단어와 구절을 제한다면 매우 특징적으로 누가적이기 때문에 누가가 단순히 기록의 편집자가 아니라 저자여야 했음을 나타내려 했다.

---

[1] 그것은 또한 Dalman(*Die Worte Jesu*, 1898, 31f.; 본, *The Word of Jesus*, 1902, 38-40)에 의하여, 그리고 Loisy(Les Evangiles synoptique, I, 1907, 170, 277)에 의하여 반대되었다.

참으로, 그는 이 장들에서 누가가 아람어 자료를 사용했을 가능성을 배제하지 않았으나 누가가 그렇게 했더라도 그가 스스로 그 자료를 번역했을 것이라고 주장한다. 그는 이미 헬라어로 존재한 것을 발견하지 못했을 것이다. 유아기 이야기의 헬라어 형태는 누가에게서만 비롯되었어야 한다. 그리고 비록 하르낙이 누가가 아람어 자료를 번역했다는 가능성을 인정하더라도, 이 이야기의 구전 전통의 작성으로 사용했기 때문에 누가가 가장 충분한 의미에서 저자였고, 단순히 기록된 이야기의 편집자나 번역자가 아니라는 견해를 명백히 선호하려는 경향이 있었다.

그러면 어떻게 하르낙은 이 부분에서 언어의 셈족적 특색을 설명하는가?

그는 누가의 문서에서 70인역 형태를 의식적으로 모방했다고 강하게 주장한다. 그는 서론에서 누가가 그 자신의 자연스런 형식을 따라서 기록했고, 이어지는 이야기에서 70인역의 형태를 모방했다고 제안한다.

일견 그 가설은 고대 기록자에게 전혀 자연스럽지 않은 기술의 극치를 누가복음과 사도행전의 저자에게 돌리기 때문에 매우 그럴듯하지 않게 보일 수 있다. 그러나 이러한 첫 인상은 바뀔 수 있다. 누가의 문서에서 70인역의 모방 또는 적어도 70인역의 구체적인 영향은 전혀 부정될 수 없다. 예를 들면, 헬라어 문헌에 대한 지식에도 불구하고, 누가는 어느 다른 신약 기록자보다도 더 '이루어졌다'라는 히브리어 문구를 자주 사용한다.[2] 명백히 그는 70인역의 '성경 형식'이라 불리는 것에 대한 정확한 인식을 가졌고, 그 형식이 특별하게 그 자신의 신성한 이야기의 전달수단에 적합하다고 느꼈다.

하르낙의 취지는 누가가 구세주의 탄생과 연관된 그 사건을 시적인 방식으로 취급할 때, 공생애 사역의 사건을 실제적으로 진술할 때보다 약간 더 많이 그리고 바울의 선교 여행의 사건처럼 이방인의 환경에서 일어난 사건들을 만났을 때 것보다 훨씬 더 많이 70인역을 모방했다고 우리가 말하도록 유도하는 것이다. 공생애의 경우에서 우리는 누가가

---

2 εγνετο δε 또는 και εγνετο.

완전히 자유롭게 자신의 문체를 가지고 저술하려고 했던 것을 그의 자료로 인해 방해를 받게 되었다고 말할 수 있을 것이다. 그리고 바울의 선교 여행의 경우에 그 주제는 70인역을 전혀 모방하지 않았다. 그러나 유아기 이야기에는 그런 방해가 전혀 없었을 것이고, 저자만 좋다면 70인역의 형식이 자유롭게 이용되었을 수 있었다.

그러므로 하르낙의 가설은 본질상 불가능한 것으로 간주될 수 없다. 그는 자신의 주장을 뒷받침하기 위해 매우 조심스러운 방법으로 누가의 특수성, 즉 신약의 책들 중 누가복음과 사도행전에서만 일어나거나 신약의 나머지 특히 마태복음과 마가복음에서보다 더 자주 사용된 단어들이나 용법을 지적하면서 누가복음 1:5-2:52의 대표적인 부분을 상세히 논했다.[3] 하르낙의 작업은 처음 논의에서 조사하지 않은 기록 부분을 상세하게 조사한 침머만으로부터 귀중한 보충을 받았다.[4] 보다 최근의 저서에서 하르낙은 침머만이 이미 다룬 부분을 연구했다.[5]

---

3 Harnack, "Das Magnificat der Elisabet(Luc. 1. 46-55) nebst einigen Bemerkungen zu Luc. 1 und 2," in *sitzungsberichte der koeniglich preussischen Akademic der Wissenscaften zu Berlin*, 1900, 537-556; *Lukas der Arzt*, 1906, 69-75, 138-152; 영어 번역본, *Luke the Physician*, 1907, 96-105, 199-218); 또한 *Neue Untersuchungen zur Apostelgeschichte*, 1911, 108-110(영어 번역본, *The Date of the Acts and of the Synoptic Gospels*, 1911, 153-156)을 비교하라.

4 "Evangelium des Lukas Kap. 1 und 2," in *Theologische Studien und Kritiken*, lxxvi, 1903, 247-290. 또한 Plummer의 (in *International Critical Commentary*)주석과 Stanton을 비교하라. *The Gospels as Historical Documents*, ii, 1909, 291-295; Hawkins, *Horae Synopticae*, second edition, 1909, 15-24, 27-29, 35-51. 또한 여러 연구를 비교하라. Vogel, *Zur Charakteristik des Lukas*, 2te Aufl., 1899; 그리고 Friedrich, *Das Lukasevangelium und die Apostelgeschichte, Werke desselben Verfassens*, 1890.

5 그 결과는 다음과 같다. 1:5-15은 Harnack과 Zimmermann 두 사람에 의하여 연구되었다. 1:16-38은 Zimmermann에 의해서 Harnack에 의한 1:39-56은 Zimmermann에 의해서 보충되었다. 1:57-67은 Zimmermann에 의해서 Harnack에 의한 1:68-79은 Zimmermann에 의해서 보충되었고, 1:80-2:14은 Zimmermann에 의해서 Harnack에 의한 2:15-20은 Zimmermann에 의해서 보충되었고, 2:21-40은 Zimmermann에 의해서 Harnack에 의한 2:41-52은 Zimmermann에 의해서 보충되었다. Zimmermann의 논문이 Harnack의 초기 저작 이후 그러나 후기 저작 이전에 기록된 것이 조사될 것이다. Harnack은

이러한 최근의 연구자들은 정교한 언어학적 주장으로 마태복음과 누가복음의 첫 두 장이 첫째와 셋째 복음서의 원래 부분임을 변호한 거스돌프에 의하여 백 년 전에 예상되었다.[6]

문제의 장들은 히르낙과 침머만에 의하여 채택된 방법 이후 매우 많이 탐구되었다. 예를 들면, 누가복음 1-2장은 동일한 저자의 저작으로서 누가복음과 사도행전의 나머지를 그것과 연관시킨 언어학적 특징들을 나타내기 위하여 처음부터 끝까지 주의 깊게 고찰되었다. 철저하게, 거스돌프는 더 최근의 연구자들보다 전혀 열등한 사람이 아니었다. 거스돌프가 빨리 연구하지 않은 누가의 특징을 하르낙과 침머만이 전혀 발견하지 못한 것은 매우 특기할만하다. 그리고 많은 경우에 거스돌프는 그의 계승자들이 빠뜨린 것을 관찰하였다. 거스돌프는 불충분한 본문의 자료로 연구했고 형식의 절대적인 통일을 보증하기 위해 본문을 매우 많이 수정하려 했다. 그러나 그러한 오점들은 그의 저서의 영구적인 유용성에 영향을 주지 않는다. 동일한 상황의 학자들조차 그를 무시했으나 이러한 무시는 부당한 것이다.[7]

하르낙과 침머만은 누가복음 1:5-2:52의 헬라어 문헌 자료를 배제하는 데 동의한다. 주제의 특수성 및 70인역을 모방한 사실을 제대로 인정할 경우 본문의 문제는 전체적으로 누가적이어서 누가가 단순한 편집자 이상의 어떤 것이 발견된다고 그들은 주장한다. 그는 헬라어 내러티브 자료를 최초로 취급한 자가 분명하다. 만약, 그가 헬라어 자료를 사용했다면 그 자료의 형식은 필연적으로 비-누가의 어휘와 용어를 사용한 흔적이 나타났을 것이라고 그들은 주장한다.

하르낙과 침머만은 그것에 전적으로 동의한다. 그러나 그들은 헬라어 자

그의 후기 저작에서 Zimmermann의 연구를 알지 못함을 드러냈다. 그러므로 1:5-15에서, Harnack과 Zimmermann은 동일한 자료를 독립적으로 연구했다. 그들의 독립적인 관점에서 이 구절에 관하여 강조하는 많은 증거로 연구자의 동의는 중요하게 된다.

6 *Beritraege zur Sprach-charakteristik der Schriftsteller des Neuen Testament*, 1816.

7 Feine(*Eine vorkenonische Ueberlieferung des Lukas*, 1891, 19)은 Gersdorf의 저서의 가치를 인정한다는 점에서 제외된다.

료를 거절한 가설을 무엇으로 대체했느냐라는 점에서 다르다. 침머만은 누가가 스스로 번역한 아람어 자료를 사용했다고 추측한다. 하르낙은 아람어 자료의 가능성을 인정하는 반면에, 누가가 단순히 구전의 전통에 의존했다는 것을 더 가능성 있게 생각한다.

하르낙은 우리가 살펴 본대로 누가가 이 이야기 중에 아람어 자료를 번역했을 가능성을 배제한 부분, 즉 마리아 찬가와 사가랴 찬가에 관한 연구를 시작했다. 그 찬양들의 언어는 70인역의 요소를 배제할 경우 전적으로 누가의 것이 됨으로서 오류없이 그 찬양들이 두 작품의 저자의 자유로운 구성이었음을 보여 준다고 그는 주장한다. 이러한 주장은 지난 장에서 논박된 바 있다. 그 찬양들이 누가의 자유로운 구성이었음을 보여주기는 커녕, 하르낙은 누가의 손이 닿았다는 사실조차 보여주지 못했다. 반드시 그런 것은 아니지만 언어학적으로는 헬라어 형태로 누가에게 전승 찬양을 그가 변경하지 않고 그의 작품에 그것들을 삽입했다는 주장은 가능하다.

그러나 만약, 하르낙의 주장이 찬송에 관하여 납득시킬 수 없다고 해도 이야기의 나머지는 결코 설득력이 없는 것이 아니다. 1911년에 필자는 거스돌프, 하르낙, 침머만과 다른 이들에 의하여 옹호된 매우 많은 누가의 특성들이 단지 70인역의 특성임을 보여주기 위해 전체 유아기 이야기에 관하여 상세한 연구를 했다.[8]

그 결과, 하르낙이 그의 요점을 증명하지 못했음을 보여주었다. 하르낙이 누가의 것으로 간주한 많은 단어와 구절이 다른 범주에 동등하게 잘 배치될 수 있었다. 그 현상은 누가복음 1-2장의 헬라어 문헌 자료의 사용을 배제할 만큼 분명하지 않았다. 그럼에도 결국 그러한 추론은 전체적인 책 저자의 손이 이 부분에 작용했다는 것을 분명히 보여줄 만큼 충분히 이루어졌다. 하르낙은 최소한 그 부분에서 만큼은 입증해 주었다. 우리는 필요한 추론이 이루어진 후, 누가의 특성이 누가가 헬라어

---

8 "The Hymns of First Chapter of Luke" 와 "The Origin of the First Two Chapters of Luke," in *Princeton Theological Review*, x, 1912, 1-38, 212-277.

형식으로 옮긴 첫번째 사람이라는 사실 및 그가 헬라어 기록 자료를 사용했다는 가설을 배제하기에 충분하다고 생각하지 않는다. 그러나 그것들은 최소한 만약, 그가 헬라어 기록 자료를 사용했다면 자유롭게 사용하였고 그의 위대한 두 작품의 나머지 부분의 형식과 일치시켰을 것이라는 사실을 보여주기에 매우 충분하다.

하르낙이 그의 주장을 조사하는 우리의 방법에 제기했던 반대는 그 찬양보다 전체의 이야기에 훨씬 강한 설득력을 가진다.[9] 사실 하르낙은 70인역의 요소가 제거되었을 때 남아있는 것이 매우 특징적으로 누가적이어서 누가가 말 그대로 그 기록의 저자였어야 하고 단순히 편집자가 아니었다고 말했다. 해치-레드패드의 70인역에 대한 용어 색인을 사용한 우리의 연구는 그 이야기 언어의 70인역 요소가 하르낙이 추측한 것보다 훨씬 더 많기 때문에, 많은 누가의 특징들은 사실상 70인역 형식의 영향을 받은 누구라도 사용할 수 있는 70인역의 특징들인 것을 보여주었다.

그 대답으로 하르낙은 그가 지적한 특징들이 또한 70인역에서 발견되더라도, 풍성한 70인역 어휘들에서 동일한 용법을 선택한 것은 저작의 통일성을 나타내며 다른 측면에서 이것은 일치성으로 보여지기 때문에 그것이 그것들의 증거적 가치를 반드시 없애는 것은 아니라고 주장한다.

라도이체에 의하여 예상되고 현 필자도 어느 정도 예상한 이런 대답은 중요하지 않을 수 없다.[10] 한편으로 누가문헌 전체와 다른 한편으로 70인역 사이에서 언어의 유사성이 70인역과 다른 신약 기록자들 사이의 것들보다 훨씬 크다는 것이 관찰되었을 때, 적어도 누가복음 1-2장과 누가의 나머지 사이에 약간의 언어적 일치는 보다 덜 중요하게 된다.

신약 어디에서 누가복음 1-2장이 구약의 이야기와 매우 긴밀한 것처

---

9 *Theologische Literaturzeitung*, xxxviii, 1913, cols. 7f.에서 (위에 인용한), 현 필자의 두 논문에 관한 Harnack의 서평을 보라.
10 위의 제4장을 보라.

럼 긴밀한 부분이 발견될 수 있는가?

누가복음 3장-사도행전 28장과 누가복음 1-2장 사이의 예외적 유사성은 일반적으로 70인역과의 예외적 유사성에 기인될 것이다. 다른 신약 기록들은 70인역과 더 다르기 때문에 누가복음이 누가복음 1-2장과 다른 것보다 더 다르게 발견될 것이다. 그러므로 하르낙의 대답은 의심할 바 없이 조심스럽게 명심할만해도 그가 특히 누가의 것으로 지적한 많은 단어들과 구절들이 70인역에서 발견된다는 사실에 대한 그의 극단적인 결론의 오류를 바로 잡을 수 없다. 70인역의 요소를 제거한 후에, 그가 추측한 것보다 누가의 잔재가 더 적다면 누가가 헬라어 형태로 바꾼 첫 번째 사람이라고 주장하는 대신에 이전에 존재한 자료를 누가가 사용했다는 가설에 동의해야 할 것이다.

더욱이 두 번째 경고는 하르낙의 결론이 완전히 수용될 수 있기 전에 명심할 필요가 있다.

누가복음 1-2장과 누가복음과 사도행전의 나머지 사이에 약간의 병행은 아마도 일반적인 형태의 여러 자료에 대한 누가의 의존에 기인한 것으로 설명되지 않을까?

그것의 완전한 누가적 특성을 드러내기 위해서 누가복음 1-2장은 누가복음과 사도행전의 어떤 부분과 비교되어야 하는가?

명백히 그 비교가 가능하다면 누가 자신의 형식이 순수하게 나타난 부분들과 잘 이루어져야 할 것이다. 그러나 이 요구는 예를 들어 사도행전의 앞 부분에서 특히 거기서 유대 기독교인에 기인된다는 설교에서 확실히 만족을 주지 못한다. 매우 그럴듯하게 누가는 거기서 자료를 사용하고 있고, 매우 많은 종류의 유대 기독교인 자료는 누가복음 1-2장의 자료와 같다.

그러므로 사도행전의 이런 처음 장들과 누가복음 1-2장의 유사성은 필연적으로 누가의 저작성을 충분히 증명하지 않는다. 그것은 생각건대 누가의 자료 및 사도행전에 나오는 원시 예루살렘 교회에 대해 기록한 저자(들)와 동일한 언어적, 신앙적 상황에 처해 있던 유대 기독교인의 저작성을 전혀 증명하지 못할 것이다.

끝으로 누가복음 1-2장이 실제로 누가 자신에 기인된다고 인정될 누가복음과 사도행전의 요소들과 특정한 용례에서 일치가 발견되더라도, 그런 것은 여전히 문제의 누가 용법에 관한 누가복음 1-2장의 의존을 증명하지 않는다. 왜냐하면 그 의존은 주변의 다른 방법일 것이기 때문이다. 이런 가능성은 대개 이 주제에 대한 논쟁에서 무시되었다. 그러나 이 같은 무시는 매우 정당하지 않다.

우리는 앞서 누가의 형식이 적어도 (이전에 존재하는 찬송으로 간주된) 사가랴 찬가의 한 구절에 의하여 채색되었다는 사실에 대해 살펴보았으며,[11] 또한 이러한 의존은 유아기 이야기의 다른 부분에까지 확장되었을 가능성이 높다.

이 같이 의존 가능한 경우 가운데 한 가지는 특히 고려할만하다. 누가복음 2:14의 천사들의 찬송에 대한 의존은 가능하다. 거스돌프는 "지극히 높은 곳에서는 하나님께 영광이요, 땅에서는 [그분의] 기뻐하시는 사람들 중에 평화로다"[12]라는 올바른 텍스트에 대한 독법을 누가복음 19:38의 후반절에 나오는[13] 승리의 입성에서 "하늘에는 평화요, 가장 높은 곳에는 영광이로다"라는 무리의 찬양과 비교했다. 이 구절은 다른 복음서에는 없지만 마태복음과 마가복음의 "지극히 높은 곳에서 호산나"라는 구절을 대신하여 누가복음에 자리하고 있다.[14]

그러나 이 누가복음의 첨가와 누가복음 2:14의 천사찬송 사이의 관계는 무엇인가?

두 구절 사이에는 두 가지 공통적인 요소가 나타난다. 즉, "가장 높은 곳에는 영광"과 "…에는 평화"가 그것이다. 전자의 부분에 관하여, 라일과 제임스는 솔로몬의 시에서 재미있는 병행을 인용 한다. "영광스러운, 지극히 높은 곳에 거하는."[15] 이것은 누가복음 2:14과 누가복

---

11 위의 제4장을 보라.
12 δοξα εν υψιστοις θεω και γης ειρηνη εν ανθρωποις ευδοκιας
13 εν ουρανω ειρηνη και εν υψιστοις.
14 ωσαννα εν υψιστοις.
15 Psalms of Solomon, xviii,11(xix.1). Ryle and James, ΨΑΛΜΟΙ ΣΟΛΟΜΩΝΤΟΣ *Psalms of*

음 19:38의 "가장 높은 곳에는 영광"이 전혀 별개일 가능성을 제시한다. 그 개념은 자연스런 것이고 또한 자연스런 표현이다. (원래 아람어나 히브리어로 존재했을 것이라고 추측되는) 천사들의 찬송을 처음으로 헬라어로 작성한 기록자는 누가복음 19:38-어떤 셈족 기원을 가지고 있는-에 대해 유사한 직업을 수행한 저자와는 별개로 기록했을 것이다. 하여튼, 후자의 "가장 높은 곳에서"는 마태복음과 마가복음의 "지극히 높은 곳에서 호산나"를 배경으로 한다. "가장 높은 곳에는 영광"과 "평화"의 결합은 순서가 바뀌었을 뿐만 아니라 "하늘"에서 "평화"가 먼저이고 "땅에서" 및 "기뻐하시는 사람들 중"에 "평화"가 나중이기 때문에 우연의 일치에 기인한 것으로 설명될 수 있을 것이다.

그렇지만 두 구절 사이의 놀라운 병행의 관점에서 이 문제에 대한 다른 해법은 조심스런 고려를 요한다. 벨하우젠은 누가복음 2:14이 누가복음 19:38에 의존한다고 확신한다.[16] 하지만 이 가설은 누가복음 1-2장이 완성된 복음서의 추가라는 지지할 수 없는 견해와 분명히 관련된다.[17] 누가복음 19:38이 누가복음 2:14에 의존한다는 반대 가설은 홀츠만,[18] B. 바이쓰(B. Weiss),[19] J. 바이쓰(J. Weiss)[20] 그리고 브루스에[21] 의해 지지받는다. 누가복음 19:38에서, 홀츠만은 승리의 외침의 어법이 이미 기독교 회중의 찬송이 된 영광의 한 회상(눅 2:14)으로 교체되었다고 추측한다. 복음서의 연대에 관하여 정당한 견해가 주장된다면 이 영광송은 홀츠만이 생각하는 것보다 오래 전에 찬송이 되었겠지만 이 가설은

---

the Pharisees, commonly called Psalms of Solomon, 1891, xcii를 보라. Bruce in *Expositor's Greek Testament*, I 1897, on Lk. 11. 14; Resch, "Das Kindheitsevangelium," 1897, in *Texte und Untersuchungen*, x. 5, 47를 비교하라.

16 *Das Evangelium Lucae*, 1904, 109: "눅 19:39이 2:14의 모범인 것은, Weiss가 관계를 바꾸더라도 의심될 수 없다."
17 위의 제2장을 보라.
18 *Hand-Kommentar*, 3te Aufl., 1901, on Lk. xix.38.
19 In Meyer's *Kommentar*, 9te Aufl., 1901, in loc.
20 *Die Schrifften des Neuen Testaments*, 3te Aufl., revised by Bousset, 1917, in loc.
21 In *Expositor's Greek Testament*, 1897, in loc.

본질적으로 불가능하지 않다.

  만약, 의존이 있다면 분리된 형태로 존재하는 영광이든지 또는 그밖에 이미 누가복음 1-2장의 기초적 자료로 삽입된 영광이든지 그것은-오히려 거꾸로-복음서 저자의 의존이 아니었을까?

  이 같은 의존은 역사가로서 누가의 확실성과 모순되지 않았을 것이다. 예수님의 예루살렘 승리의 입성에서 군중의 외침은 문자적인 정확성으로 기록되지 않았고 그것은 처음으로 언급되었을 때 정형화된 표현이 아니었을 것이다. 예수님이 감람산에서 내려왔을 때 그와 동행한 많은 사람들이 있었다. 의심할 여지없이 어떤 이는 하나를 다른 이는 다른 것들을 말했다.[22] 그러므로 그들이 한 말에 대한 전승이 일치하지 않다는 것은 놀랄 일이 아니다. 군중의 특징적인 외침은-도시로 내려오는 동안 되풀이해서 들은 것-그 자체로 더 크게 또는 덜 충분하게 듣는 자에게 인상지어졌을 것이다.

  더욱이 헬라어 번역은 필연적으로 군중 가운데 어느 한 사람에 의하여 언급된 정확한 말의 일탈을 가져왔다. '호산나'라는 아람어는 세 명의 복음서 기록자들에 의하여 보존되었다. 누가는 헬라어 독자들의 유익을 위하여 헬라어로 대치했다. 그의 말 "하늘에 평화, 지극히 높은 곳에서 영광"은 아마도 마태와 마가에 의하여 보존된 "지극히 높은 곳에서 호산나"의 일반적 의미를 재현한다. 사전을 한 번만 보아도 알겠지만 현대의 독자들에게 후자의 구절은 전혀 명백하지 않다. 그리고 어쩌면 그것은 누가가 기대하는 첫 독자들에게 분명하지 않았을 것이다. 원래의 외침을 가져오기 위한-원래 말하는 자의 감정에서 실제 의미-문자적 번역은 불충분했다. 때로는 의역이 가장 진정한 번역인 경우들이 있다.

  진정으로 우리는 이것이 이 점에서 다른 두 공관복음으로부터 누가의 이탈을 설명하는 진정한 방법이라고 확신하지 않는다. 오로지 누가

---

22 Hastings, *Dictionary of Christ and the Gospel*, i, 1908, 750에 있는 James Cooper의 논문 "Hosanna"를 비교하라.

가 마가에 의존했다는 현대적 견해를 수정하지 않고는 받아들이지 않는 자들에게는 누가복음 19:38이 "지극히 높은 곳에서 호산나"의 단순한 확대가 아니라 오히려 독립적인 전승에 대한 재생산이라는 것이 더 가능하게 보일 것이다.

그러나 그 질문에 관한 결정은 본질적으로 누가복음 2:14과의 병행이라는 문제에 영향을 주지 않는다. 왜냐하면 그 전통은 먼저 헬라어 형식으로 고정되지 않았기 때문이다. 만약, 그것이 헬라어로 누가에게 왔다면 그것은 원래 원어의 어법에 허용될 만한 것보다 더 자유롭게 수정되었을 번역으로 있을 것이다.

그러므로 어떻든 누가는 그의 복음서에 나타난 승리의 함성의 내용은 아니지만 형식을 결정함에 있어서 천사찬송의 언어를 사용하였을 것이다. 그는 매우 의식적으로 또는 무의식적으로 후자를 더 사용했을 것이다. 천사들의 찬송은 유아기 이야기에 대한 기록으로 그가 친숙했다고 주장할 수 있다. 따라서 그 어법은 그가 다음에 그 자신과 그의 독자들에게 지성적이고 인상적인 형식으로 군중이 비슷한 찬송을 묘사했을 때, 자연스럽게 그의 문체로부터 나왔을 것이다.

이 같은 해결책은 누가복음 2:14과 누가복음 19:38이 완전히 서로 독립적이라는 가설과 후자가 전자에 의존한다는 두 가설 사이에 하나의 타협점이 되었을 것이다. 따라서 이러한 타협적인 가설에 의하면 현재의 누가복음 19:38의 형식은 부분적으로, 원래 하나님에게 바치는 찬송인 두 구절의 실제적 일치 및 누가가 천사의 찬송에 대해 알고 있었다는 사실에 기인한다.

하여튼, 누가가 현재 형태의 누가복음 19:38을 받고 난 다음에 천사 찬송의 어법을 그것에 맞추었다는 반대 가설은 가능성이 더 적다. 이러한 관점에서 누가는 천사 찬송의 어법보다 군중의 외침의 어법에 맞춘 것으로 언급되어야 한다. 왜냐하면 전자의 경우에서 우리가 방금 제시한 여러 가지 특별한 고려를 적용할 수 없기 때문이다. 하여튼, 누가가 누가복음 19:38의 어법이 누가복음 2:14를 따랐다는 견해는 그가 천사 찬송 또는 그것이 포함된 전체 이야기의 첫 번역자가 아니라면 거의 불가능한 일이다. 그 경우에 그는 생각건대 그런 자유가 가능했을 것이다.

그가 실제로 스스로 천사 찬송을 작성했다는 견해에 대하여 여러 가지 반대가 제시되었다. 예를 들면, "하나님이 기뻐하시는 자들"이라는 매우 대담한 헤브라이즘은 설명하기 어려웠을 것이다.[23]

따라서 누가복음 2:14과 누가복음 19:38의 유사성은 누가가 전자의 실제 작성자였음을 증명하지 않는다는 사실에 대해서는 충분히 살펴보았다. 주장될 수 있었던 최선은 그가 천사 찬송을 헬라어로 묘사한 첫 번째 사람이라는 것이다. 이것은 그가 그 어법에 대해 알고 있었으며 그것을 인위적인 모방없이 누가복음 19:38에 활용했다는 사실을 설명해 준다.

그러나 이 같은 가설은 필요하지 않다. 이런 경우는 참으로 누가복음과 사도행전의 나머지 부분이 누가복음 1-2장의 기초가 되는 자료에 의존한 것을 보여주어서, 그것이 거의 불가능함을 보이려 했을 것이다. 그래서 이러 저런 이유로 유아기 이야기와 그 저술의 나머지 사이에 강한 형식의 유사성은 전체 작품의 저자가 자료 사용 없이 그 이야기를 작성했음을 확실히 증명하지 않는다. 그런 유사성은 그의 작품 나머지에서, 그가 처음 사용한 자료의 언어에 의존한 데 기인한 것이다.

우리가 방금 약간 길게 논의한 예는 생각건대 분리된 형식으로 존재했을 찬송-천사들의 찬송-으로부터 취한 것은 사실이다. 그래서 그 찬송에 관한 의존이 필연적으로 전체적인 유아기 이야기에의 의존을 증명하는 것은 아니다.

그러나 누가 이 후자의 가능성이 필연적으로 고려할 가치가 없다고 말할 수 있는가?

만약, 그가 그의 복음서의 그 부분에서 기록된 자료를 실제로 사용했다면, 누가의 의존이 누가복음 1-2장의 내러티브 부분까지 확대되지 못할 이유가 없다. 그는 자연히 '성경 형식'의 단순한 장엄과 시적인 위엄에 관심을 가졌고 우리가 본대로 그 자신의 신성한 이야기에서 구약

---

23 ανθρωποις ευδοκιας.

의 모범을 따랐다.

그러나 왜 이 같은 언어학적 영향이 구약에 의해서만 행사되었는가?

만약, 누가복음 1-2장이 구약의 언어 형태가 여전히 살아있을 당시, 구약의 매우 고유한 토양 위에서 생성된 시적 내러티브처럼 보이고, 이 이야기가 누가의 수중에 들어왔다면 구약과 마찬가지로 그의 정신과 마음에 항구적으로 인상지운 것보다 더 자연스러운 것이 무엇이었을까?

확실히 그것은 구약이 제공할 수 있는 최선의 아름다움보다 열등하지 않으며, 그리스도인의 상상력을 가장 자극하는 사건들과 관련이 있다. 그리고 그것은 신성한 사용을 위하여 헬라 역사가의 문학적인 은사를 형성하여 구약과 나란히 한 자리를 잘 취했을 것이다.[24]

그렇지만, 모든 추론이 만들어진 후에 누가복음 1-2장의 형식에서 누가의 잔유물은 누가복음과 사도행전의 저자가 유아기 이야기의 현재 형식의 형성에서 한 부분을 가졌음을 증명하기 위해 매우 충분하다. 우리가 방금 말한 것이 이처럼 중요한 사실을 감추도록 허락되어야할 것은 아무 것도 없다. 하르낙에 의하여 발견된 약간의 '누가의 특징들'은 70인역 용법에 관한 우리의 연구를 통해 70인역의 특징도 된다는 사실이 드러났다. 더욱이 그것들 중 많은 것은 사도행전의 전반부에서 뿐만 아니라 후반부에서 그리고 더 분명히 부분적으로 누가복음에서 발견되어야 한다.

마지막으로 그것들 중 어떤 것은 누가복음 1-2장으로부터 누가에 의하여 채택되었음을 증명할 수 없다. 왜냐하면 그것들은 셈족화된 헬라어 또는 심지어 대중적인 헬라어가 아니라, 오히려 코이네의 문자적인

---

24 Stanton, *The Gospel as Historical Documents*, ii, 1909, 291를 비교하라. "누가는 부분적으로 70인역과 그 자신의 익숙함으로부터, 부분적으로 처음에 이 문서를 복사하여 그가 그것들과 익숙한 것에서 문제의 표현을 [εγενετο, 등] 사용했을 것이다." 또한 Feine, *Eine vorkanonische Ueberlieferung des Lukas*, 1891, 20를 비교하라; "우리가 추적한 자료는 이 하나의 복음서에서만 사용된다. 우리는 그러므로 셋째 복음서 밖에서 그것을 판단하기 위한 표준이 없다. 더욱이 만약, 이 자료가 히브리적인 특징을 지녔다면, 누가 자신은 또한 그의 두 문서에서 표현을 히브리적으로 바꾸어 설명했고, 어떻게 그의 자료의 언어적 자료를 일치시키는 방법을 알았고, 그것을 더 독립적인 방법으로 사용했을 것이다."

형식에 속하기 때문이다. 그러므로 누가는 확실히 적어도 누가복음 1,2장의 편집자였다. 그런 사실은 백 년 전 거스돌프에 의하여 확립되었다. 그것은 최근의 연구-하르낙뿐만 아니라, 우리의 하르낙 비평에 의하여 확인되었고 논박되지 않았다.

그러므로 하르낙과 침머만이 누가복음 1-2장의 누가적 형식을 발견하기 위하여 개발한 주장에 대해 우리가 1911년에 시도한 상세한 연구의 첫 번째 결과는 (그리고 아마도 가장 중요한 것) 그 주장에 관한 명백한 확신이었다. 우리는 탄생 기록에서 누가의 손이 확실히 작업했다는 것을 발견했다. 누가의 형식을 추측할 수 있도록 암시하는 것 일부가 제거되었지만 엄격한 검증을 통해 남아있는 증거의 타당성을 보다 명확하게 볼 수 있었다.

그러나 다른 한편으로, 그 연구는 70인역과 누가복음 1-2장이 유사하다는 인상을 인상 깊게 남겼다. 추측된 많은 누가의 특징은 단순히 70인역의 특징을 보여주었다. 물론, 하르낙 자신은 누가복음 1-2장의 언어와 형식에는 70인역의 요소가 많이 나타난다는 사실을 인정했다. 그러나 우리의 연구는 하르낙이 추측한 것보다 더 많은 요소를 보여주었다.

구약의 언어와 누가복음 1-2장의 이러한 특징적인 유사성은 그 이야기의 유대 기독교적 기원을 분명히 지적한다. 우리는 첫 시작부터 구약성경을 유대 기독교회와 마찬가지로 이방 기독교회가 권위 있는 것으로 받아들였음을 잊지 않는다. 그러나 교부들의 문서에 대한 연구는 구약이 보편적으로 권위적인 것으로 수용되었다는 사실과 그것이 교부 저자들에 의하여 상당히 길게 인용된 사실에도 불구하고, 이방 기독교 저자의 형식이 그 자체로 남아있고 누가복음 1-2장의 경우처럼 70인역 용법으로 가득하지 않음을 보여줄 것이다. 그러므로 구약 언어와 누가복음 1-2장 언어의 밀접한 유사성은 여전히 어떤 특별한 설명을 요구한다.

더욱이 우리의 상세한 연구는 단지 그 기록의 팔레스타인적 특성을 새롭게 드러내는 데 기여했다. 그런 팔레스타인적 특성은 단순히 70인역에서 발견된 단어들과 구절들에만 나타나지 않지만 전체적으로 흐르고 있다. 더욱이 우리가 본 대로[25] 그것은 단순히 언어가 아니라 사상에 나타난다. 최근의 연구는 우리가 이 부분에서 정말로 유대적이고 팔레스타인적인 이야기를 갖는다는 편견 없는 독자들의 첫 인상을 조금도 바꾸게 하지 않았다.

심지어 하르낙도 그러한 인상을 전혀 부정하지 않는다. 왜냐하면 그는 그 이야기가 이방 기독교인인 누가에 의하여 작성되었다고 주장했지만 그는 동시에 그것을 작성할 때 누가가 팔레스타인적 전통을 사용했다고 인정한다. 하르낙에 따르면 누가복음과 사도행전의 저자가 실제로 바울이 가이사랴 감옥에 보낸 2년의 처음과 나중에 분명히 팔레스타인에 있던 사람 그리고 개인적인 교제 때문에 팔레스타인의 제자들이 말한 그때와 다른 시간에 그 자신을 알리는 풍부한 기회를 가졌을 한 사람이 의사 누가였다는 것은 기억되어야 한다. 하르낙은 누가의 유아기 이야기에 나타난 세례 요한에 관한 이야기가 요한의 제자단에서 기원되었음에 틀림없다고 주장한다. 그리고 예수님에 관한 이야기가 마리아에게서 파생되었다는 주장으로 누가에게 왔고 그러므로 확실히 팔레스타인에서 유래한 것이 틀림없으리라는 것이다.[26]

그러면 누가복음 1-2장이 기록된 자료를 사용하지 않고 누가복음과 사도행전의 저자에 의하여 작성되었다는 가설에 관한 우리의 결론은 무엇인가?

우리가 이미 본대로 그 가설은 그 찬양에 관한 한 단호하게 거절되어야 한다. 그러나 내러티브 부분에 관한 한 그 대답은 그렇게 단순하지 않다. 그 가설이 주장될 수 있는 형식은 참으로 확실히 배제되어야 한다. 누가는 70인역을 인위적으로 모방하고 직접 알지 못했던 팔레스타인의 형세에 대한 세부사항을 인위적으로 적용하여 그 이야기를 구성하지 않았다. 이 같이 정밀한 기술은 고대의 기록자에게 거의 상상할 수 없다. 그러므로 누가복음과 사도행전의 저자가 실제로 탄생 이야기를

---

25 위의 제3장을 보라.
26 Harnack, *Neue Untersuchungen zur Apostelgeschichte*, 1911, 108-110(영어 번역본, *The Date of the Acts and the Synoptic Gospels*, 1911, 153-156), 아래 제6장을 보라.

스스로 작성했다면, 그는 스스로 팔레스타인의 환경과 밀접한 접촉이 있어야 했다. 이러한 생각은 자연스럽다. 하르낙은 심지어 누가복음과 사도행전의 저자는 기독교 공동체와 연합하기 전에 세례 요한의 제자에게 속했고 나중에 그의 복음서를 위하여 사용한 연구를 이미 따랐다는 주장까지 할 수 있었다.[27]

그렇다고 하더라도 그는 확실히-사도행전의 '우리 부분'에서 1인칭으로 그 자신을 말한 사람이라고 추측할 때-바울의 마지막 예루살렘 방문 당시에 팔레스타인에 왔다. 그 때에 또는 분명하게 알려지지 않은 이전의 경우에, 그는 팔레스타인의 상황을 자세하게 알았을 것이다. 그리고 확실히 그는 요한과 예수님의 탄생에 관하여 분명한 팔레스타인의 전통을 소유하게 되었을 것이다.

만약, 그렇다면-그가 스스로 팔레스타인에 있었다고 팔레스타인의 구두 전통을 소유하고 있었다면-그리고 그가 오랜 지체 없이 그 전통을 기록된 형식으로 작성했다면, 그는 문헌자료의 도움 없이 탄생 이야기를 작성했을 것이다. 이런 식의 가설은 가능하다. 그것은 우리가 그 이야기를 자세히 연구했을 때 단호하게 거절되지 않았다. 다만 입증되지 않았을 뿐이다. 하르낙에 대하여 (이 점에서) 누가복음 1-2장의 비-셈어적 누가의 요소가 적어도 문헌자료가 존재했을 가능성을 배제하기에 불충분하다는 것이 우리의 주장이다.

중요하게 주시해야 할 것은, 만약 누가가 탄생 이야기를 처음 기록된 형식으로 썼다고 해도 누가복음 1-2장의 진정한 팔레스타인적 특성이 부인될 수 없다는 것이다. 만약, 하르낙이 옳다면, 언어적 현상이 누가가 누가복음 1-2장의 원저자였음을 보여 주는 것이라면, 누가복음 1-2장은 늦게 지어진 것이 아니라 누가복음과 사도행전 전체가 초기 작품이었음을 증명한다. 만약, 이 부분이 누가복음과 사도행전의 저자에 의하여 작성되었음이 증명될 수 있다면, 우리는 단순하게 전체 작품의 누가 저작성과 초기 연대를 지지하는 보다 더 중요한 주장을 갖는다. 누

---

27 *Op. cit.*, 1911, 108f. (153f.).

가가 팔레스타인의 상황에 대한 지식의 도움을 받아 원시 팔레스타인의 구두 전승에 근거하여 누가복음 1-2장을 작성했다는 가설은 매우 매력적이다. 그것은 훌륭하게 많은 사실을 설명한다. 그것은 당연히 확실할 것이다. 그러나 그것은 증명되지 않았다.

고려해야 할 두 번째 가설은 누가복음 1-2장에서 누가 자신이 아람어로 기록된 자료를 번역했다는 것이다.[28] 이 가설은 한편으로 그 내용의 철저한 팔레스타인적 특성을 그리고 다른 한편으로 그 형식의 부정할 수 없는 누가적 요소를 설명한다. 누가가 아람어 자료를 번역할 만큼 충분히 아람어를 알았으리라는 것은 가능하다. 그러므로 누가복음 1-2장의 아람어 자료 가설을 스스로 거절하려는 하르낙은 누가가 사도행전 처음 부분에서 아람 자료를 번역했으리라고 추측하고, 이에 더하여 간단한 아람어 본문을 번역하기에 충분한 아람어 지식이 안디옥 출신(누가였을 것이라고 하르낙이 생각한대로) 및 바울의 동료라는 사실에서 비롯됐으리라고 추측한다.[29] 이 가설은 가능하다. 그러나 처음 가설처럼 그것은 증명될 수 없다.[30]

세 번째 가설은 누가가 헬라어로 기록된 자료를 사용했다는 것이다. 우리가 언어 현상을 연구해 보면 이 가설이 다른 두 가설과 마찬가지로 가능함을 보여 준다. 누가복음 1-2장의 언어에서 70인역의 특징적

---

28 이 견해는 Zimmermann, *op.cit.*, 267-273에서 주장되었다.

29 Harnack, *Lukas der Arzt*, 1906, 84, footnote 3(영어 번역본, *Luke the Physician*, 1907, 119, footnote 2). Vogel, *op. cit.*, 14를 비교하라. 누가의 셈어 지식에 대한 반대 견해로, Dalman, *Die Worte Jesu*, 1898, 32(영어 번역본, *The Words of Jesus*, 1902, 40f.)를 보라. Zahn, *Einleitung in das Neue Testament*, 3te Aufl., ii, 1907, 408, 421, 430(영어 번역본, *Introduction to the New Testament*, iii, 1909, 107f., 129, 141) 비교하라.

30 누가 자신이 눅 1-2장의 셈어 자료를 번역했다는 가설은 C. C. Torrey("The Translations Made from the Original Aramaic Gospels," in *Studies in the History of Religions Presented to Crawford Howell Toy*, 1912, 285-295)에 의하여 주장되지 않았다. 그러나 Torrey는 셈어 자료가 히브리어였고 아람어가 아니었다고 생각한다. 이 추측은 고려할만한 가치가 있다. 누가복음과 사도행전의 저자가 히브리어를 알았다는 것은 아마 그가 아람어를 알았으리라는 것보다 덜 그럴듯하다. 그러나 그의 출생과 교육에 관하여 우리가 무지하다 해도 아마도 그것은 불가능하다고 할 수 없다.

요소 및 유대 기독교인 문서에 자연스러운 요소를 제거한 후-남아있는 누가적 요소는 우리가 위에서 주장했던 논리로-누가의 작품일 가능성은 충분히 보여주지만, 이전에 존재한 문서를 누가가 수정했다는 것 그 이상을 증명하기에는 불충분하다. 헬라어 문헌자료 가설은 다른 두 개의 가설처럼 가능하지만 확실하지 않다.

만약, 누가가 헬라어 기록자료를 누가복음 1-2장에 사용했다면, 그 자료는 원래 헬라어로 작성되었거나 또는 이전의 히브리어나 아람어로부터 헬라어로 번역한 자료일 것이다.

레쉬,[31] 궁켈,[32] 토레이[33]에 따르면, 그 자료는 원래 히브리어로 작성되었다. 그런 견해는 언어 현상을 의심 없이 훌륭하게 설명했을 것이다. 왜냐하면 달만같은 전문가의 의견으로[34] 누가복음 1-2장의 많은 셈어투-예를 들어, '일어나다'는 구절을 이야기에 친숙하게 사용-는 헤브라이즘이고 아람어풍이 아니다.

그러나 이 같은 이야기가 그리스도 이후 1세기에 히브리어로 작성되었으리라는 것이 가능한가?

그 때에 히브리어는 오랫동안 팔레스타인의 정상적인 언어로 여전히 기능하지 못한 것으로 보인다.[35] 그러나 그것은 일종의 문헌들에서 사용된 언어로 남아있는 것으로 보인다.[36] 아마도 우리는 누가복음 1-2장이 원래 히브리어로 기록되었다면, 처음부터 그것은 신성한 이야기가 되도록 의도되었을 것이다. 신성한 언어가 거룩한 내러티브에는 가장 적합

---

31 "Das Kindheitsevangelium," in *Texte und Untersuchungen*, x. 5, 1897.

32 *Zum religionsgeschichtlichen Verstaendnis des Neuen Testaments*, 1903, 67. Gunkel에 따르면 그 이야기가 히브리 원어로 돌아가는 것은 '매우 있음직하다.'

33 *Loc. cit.* 히브리 자료가 어떤 이전의 번역자가 아니라, 누가 자신에 의해서 번역되었다고 Torrey가 생각한 것은 (위의 각주 30을 보라) 기억될 만 하다.

34 C. C. Torrey, *op.cit.*, 292ff를 비교하라.

35 Dalman, *op.cit.*, 1-10(*The Words of Jesus*, 1-12); Zahn, *op.cit.*, i, 1-24(영어 번역본, *Introduction to the New Testament*, i, 1-33); Schuerer, *Geschichte des juedischen Volkes*, 4te Aufl., ii, 1907, 23-26 *A History of the Jewish People*, II, I, 1885, 8-10).

36 Dalman, *op.cit.*, 10-13(*The Words of Jesus*, 12-16).

한 매개물이기 때문이다. 구약의 가장 좋은 부분에 필적할 만한 이야기에 대한 고상하고 시적인 어조의 내러티브라는 관점에서 이 같은 추측은 불가능하지 않다.

히브리어에 대한 필수 지식은 부족하지 않았을 것이다. 왜냐하면 백성 가운데 언어의 변화에도 불구하고, 구약을 그 원어로 읽고 연구하기를 계속했기 때문이다. 그렇지만 많은 제사장의 현존에도 불구하고,[37] 최초의 기독교 공동체는 사도들이 그러했다는 의미에서[38] 주로 '무식하고 무지한 사람들'로 구성되었다는 것은 사실이다. 그리고 이 같은 공동체에서 누가복음 1-2장의 원자료와 같은 작품을 위해 그 나라의 보통의 언어를 사용하는 것이 히브리어를 사용하는 것보다 더 자연스러운 것으로 간주될 것이다.

누가복음 1-2장의 (아람어투와 구별되는) 헤브라이즘은 우선적으로 고려해야 할 것들을 균형을 무너뜨리는 것으로 간주되지 않았다. 사실 이러한 히브리적 특성은 가끔 이야기의 셈족 기원을 뒷받침하는 것이 아니라 적극적으로 반대하는 논거를 제시하는 것으로 간주되었다. 왜냐하면 헤브라이즘은 아람어투가 아니라고 말하기 때문이다. 그것들은 히브리 기원은 밝힐 수는 있지만 확실히 아람어 기원은 아니다.

그러나 만약, 히브리 기원이 그리스도 이후 첫 세기에 팔레스타인에 널리 보급된 언어 환경의 관점에서 불가능하다고 해도 여전히 헤브라이즘에 대한 설명은 필요하다. 달만에 따르면 그것들은 70인역에 기인한 것으로만 설명될 수 있다. 다른 말로, 그것들은 실제로 헤브라이즘이 아니라, '70인역 헬레니즘'이나 '헬라적 성경주의'이다.[39] 물론, 헤브라이즘은 생각건대 히브리어 구약성경의 아람어 자료에 끼친 영향에 기인한 것으로 설명될 수 있다. 그러면 명백한 헤브라이즘은 아람적인 성경주의가 될 것이다.

---

37 행 6:7.
38 행 4:13. 그 의미를 정확하게 우리가 영어 단어와 일치시킨 사람이 아니다.
39 Dalman, *op.cit.*, 33(*The Words of Jesus*, 41f.).

그러므로 '일어났다'는 친숙한 히브리어 구절이 생활 아람어에는 상당 어구가 나타나지 않지만 (아람어의) 탈굼은 히브리어 용법을 모방한다.[40] 그것은 또한 누가복음 1-2장의 아람어 자료에서 모방될 수 있었을 것이다. 그러나 달만은 (그가 분명히 생각한) 탈굼의 모방이 기독교인 저자에 기인하지 않았기 때문에 불가능한 것으로 간주한다.[41] 일반적으로, "사람들 사이에 사용된 유대적인 아람어는 심지어 공관복음의 헬라어보다 히브리적 표현을 채택하는 경향이 적었다"고 달만은 말한다.[42] 그러므로 달만은 심지어 신약 문학 비평의 원리를 발표할 수 있다.

> 헤브라이즘이 확장될수록, 그만큼 헬레니즘적 편집자의 행동이 더 왕성했다.[43]

누가복음 1-2장의 헤브라이즘은 그러므로 단순히 그 이야기가 원래 헬라어로 작성되었다는 달만의 견해에 대한 또 하나의 지지를 제공하였다. 이 같은 문제는 확실히 팔레스타인 방언에 대한 직접적인 지식 없이 정착될 수 없다. 그러나 누군가 달만이 이런 방언에 관하여 말한 대부분을 받아들인다면, 아람 자료의 가능성은 아주 배제된 것으로 보이지 않는다.[44]

우선, 아람의 자료가 구약의 히브리어를 모방했다고 (달만에 반대하여) 주장될 수 있었다. 확실히 아주 불가능하게 보이지 않은 이 추측은 누가복음 1-2장의 비-아람적 헤브라이즘의 부분 또는 전체를 설명할 수 있었을 것이다. 또는 이런 비-아람적 헤브라이즘은 헬라어 번역자

---

40 Dalman, *op.cit.*, 25f.(*The Words of Jesus*, 32f.).
41 Dalman, *op.cit.*, 16(*The Words of Jesus*, 20).
42 *Op.cit.*, 34(*The Words of Jesus*, 42).
43 Dalman, *loc.cit.*
44 그 자료가 원래 아람어로 작성되었다는 것은 다수의 의견으로서 Klostermann(Handbuch zum Neuen Testament, II, I, 1919, 364) 첫 판에서 제시되었다. 그는 그것을 Plummer, Bousset, Gressmann의 지지로 인용했다.

편에서 70인역의 모방으로 설명될 수 있었을 것이다.[45]

하여튼 만약, 누가복음 1-2장이 원래 헬라어로 작성되었다면, 그것은 팔레스타인의 상황을 매우 잘알고 있는 어떤 사람에 의하여 그리고 십중팔구는 예루살렘 교회의 맨 초기에 작성되었다.[46] 내러티브의 형식 및 내용에 있어서 팔레스타인적 특성에 관하여 위에서 말한 것처럼 많은 것이 밝혀졌다. 이 같은 원시 유대 기독교인의 이야기가 헬라어로 기록되었으리라는 것은 가능하다. 사도행전 첫 장에 묘사된 예루살렘 최초의 기독교 공동체는 헬라어를 말하는 상당히 많은 유대인으로 구성되었다.[47]

어떤 학자들은 현존하는 헬라어 이야기에서 번역의 실수를 지적함으로써 누가복음 1-2장의 셈어 기원을 밝히려고 시도했다. 궁켈은[48] 히브리 기원의 가장 분명한 표시로서 누가복음 2:11의 '그리스도 주'를 중시한다.[49] 그것은 예레미야애가 4:20의 70인역에서 확실히 오역된 것처럼 '여호와의 기름부으신 자'의 오역 같다고 그는 생각한다.[50] '그리스도 주'-의심할 바 없이 궁켈이 추론하는 것처럼-는 셈어에서는 선례가 없는 구절이다. 반면에, '주님'이란 호칭이 그리스도에게 적용된 것으로 자연스럽게 본 기독교인 번역자는 이런 식으로 히브리어 구절을 매우 자연스럽게 취했을 것이다. 그러나 '그리스도 주'의 헬라어 구절은 또한 솔로몬의 시편 17:36에도 있다.

일부 학자들은 이 구절도 오역으로 간주한 것이 사실이다. 그럼에도

---

45 누가의 자료가 원래 아람어로 기록되었다는 가능성에 관하여 방금 말한 것은 또한 누가 자신이 (위에서 논의한) 아람어 자료를 번역했다는 가설을 위하여 분명한 중요성을 갖는다.
46 참으로, 만약, 누가 자신이-우리가 전적으로 배제하지 않은 가능성-그 이야기의 작성자였다면, 누가가 팔레스타인에서 초기 체류 중 그 이야기를 작성했고, 그 다음에 그의 복음서에서 보다 나중에 그것을 합병했다고 추측하지 않더라도 그 연대는 약간 늦춰질 것이다. 그러나 만약, 누가가 작성자가 아니었다면 예루살렘 교회의 맨 초기보다 더 늦은 작성의 시기로 어림잡을 만한 최소한의 이유가 없다.
47 행 6:1.
48 *Zum religionsgeschichtlichen Verstaednis des Neuen Testaments*, 1903, 67.
49 Χριστος κυριος.
50 히브리어 구약에 그 구절이 나타난 것처럼.

그 구절이 추가적으로 나타날때마다 오역 이론의 가능성을 줄어들게 한다.[51] 달만[52]—로이시는 그를 따른다[53]—은 '주'가 복음서에서 처음으로 여기에 사용된 '그리스도'를 설명하기 위하여 복음서 기록자에 의해 추가되었다고 추측한다. 그 문제는 아무리 최선을 다해도 문제가 있다. '그리스도 주'는 그 자료의 정확한 번역이었을 것이다. 누가복음 1:34의 "나는 남자를 알지 못하니"란 구절에서 동사의 시제가 오역에 기인한다는 것은 또한 증명되지 않았다.[54] 그 구절은 다음 장에서 논의될 것이다.

우리의 일반적인 결론은 누가복음 1-2장에 관한 많은 문제가 미결로 남을 수밖에 없다는 것이다. 그 이야기가 (우리는 가능성이 적다고 생각하지만) 단순히 아람어 구두 전통에 근거하여 누가 자신에 의하여 작성되었는지 또는 그 자신이 셈어 자료를 번역했는지 또는 그가 헬라어 기록 자료를 사용했는지는 불확실하다. 또한 그 자료가 헬라어 형태로 누가의 손에 왔다면, 원래 헬라어나 또는 히브리어나 또는 아람어로 작성되었는지도 불확실하다.

그러나 그 많은 불확실성 가운데서 두 개의 사실은 명백히 돋보인다. 우선 탄생 이야기는 셋째 복음서의 원래의 부분을 형성했으며 다음으로 그것은 진정으로 원래적이고 팔레스타인적이다. 이 두 사실은 논쟁된 문제와는 별개의 사안이다. 그리고 그것들은 실제로 중요한 사실이다.

---

51 Ryle and James, in *loc*에서 시 17:36의 번역의 정확성에 대한 변호를 보라.
52 *Op. cit.*, 249
53 *Les Evangiles synoptiques*, 350ff. footnote 3.
54 επει ανδρα ου γινωσκω.

제6장
누가의 이야기 원형[1]

　누가복음 1-2장에서 누가의 예수님 탄생과 유아기 이야기의 형식과 내용에서 모두 현저하게 유대적이고 팔레스타인적이라는 것은 이전 세 장에서 드러났다. 그 이야기는 그리스도의 동정녀 탄생을 증명한다. 그러나 만약, 그렇다면 하나의 심각한 어려움이 동정녀 탄생의 역사성을 부인하는 자들에게 드러난다. 동정녀 탄생의 사실이 부인될 때 동정녀 탄생의 개념은 보통 이교적 자료로부터 파생된 것으로 여긴다는 사실에 대해서는 이 책 제14장에서 논의될 것이다. 그러면 문제는 어떻게 그러한 이교적 개념이 전체 신약에서 가장 현저하게 유대적이고 팔레스타인적인 이야기 속에 자리잡을 수 있었는가 라는 것이다.

　이 문제는 삽입 이론으로 많은 현대 학자들에 의하여 대답되었다. 누가복음 1:5-2:52이 팔레스타인적 기원에 속한다는 것은 완전히 사실이며, 동정녀 탄생에 대한 증거가 그 이야기에 있는 것 또한 사실이라고 그들은 말한다. 그러나 동정녀 탄생의 증거는 그 이야기의 원자료에 있었던 것이 아니라 삽입에 의한 것이라고 그들은 말한다.

---

[1] 이 장은 *Princeton Theological Review*, xxv, 1927, 529-686에 있는 논문 "The Integrity of the Lucan Narrative of the Annunciation"을 약간 추가하여 재발표한다.

이 문제의 중요성은 아무리 강조해도 지나치지 않다. 만약, 삽입 이론이 부정확하다면 동정녀 탄생의 역사성에 반대하여 제안된 가장 저명한 현대적 재구성은 그 기초가 무너질 것이라고 우리는 확신있게 말할 것이다. 동정녀 탄생의 사실성을 부인하는 현대 역사가들에 의하여 가장 널리 주장된 동정녀 탄생 개념의 기원에 관한 견해는 삽입 이론과 함께 운명을 같이 한다.

삽입 이론은 여러 형태로 주장되었다.[2] 이러한 여러 형태의 분류는 두 가지 관점에서 가능하다.

첫 번째 관점은 어떤 의미에서 삽입이라 부르느냐와 관련된다. 세 개로 나누는 것이 여기서 가능하다.

(1) 삽입이 사본 전승 과정의 어느 시점에서 셋째 복음서로 소개되는 완성된 복음서 안으로 삽입된 것으로 간주될 수 있을 것이다.
(2) 삽입은 그 복음서 저자에 의해서 그가 가까이에서 지켜보았던 유대 기독교 자료 안으로의 삽입으로 간주될 수 있을 것이다. 이런 경우에 동정녀 탄생을 증명하는 단어들은 복음서의 원래 부분이었을 것이지만, 근원적인 유대 기독교인 이야기에 속하지는 않을 것이다.
(3) 삽입은 하나의 자료가 아니라 완성된 복음서로 저자 자신에 의하여 만들어진 삽입으로 간주될 수 있을 것이다. 즉 저자는 먼저 동정녀 탄생을 포함하지 않고 복음서를 끝냈고 그 다음에 추가부분으로 동정녀 탄생을 첨가했다. 이 셋째 가능성은—우리가 아는 한 가장 먼저—그 주제에 관한 가장 최근의 중요한 논문의 저자인 빈센트 테일러(Vincent Talyor)에 의하여 제시되었다.[3]

---

2 *Princeton Theological Review*, iv, 1906, 50-61에 있는 두 번째 논문, "The New Testament Account of the Birth of Jesus"를 비교하라.
3 Vincent Talyor, *The Historical Evidence for the Virgin Birth*, 1920.

두 번째 관점은 삽입의 범위와 관계된다. 삽입이 필사자에 의한 완성된 복음서 안으로 또는 복음서 저자에 의한 자료안으로 삽입 또는 복음서 저자에 의해 완성된 복음서 안으로 삽입된 것으로 간주되든지 간에 얼마나 많은 것이 삽입된 것으로 간주되어야 하는가?

이런 후자의 질문에 관하여 여러 가지 견해가 있다.

(1) 가장 최초 그리고 아마도 여전히 가장 보편적인 견해로 첫 장의 34절과 35절이 삽입되었다는 것이다. 그 견해는 1891년에 힐만으로부터 첫 번째 체계적 기초가 이루어졌다.[4] 그것은 이후로 우세너, 하르낙, 침머만, 쉬미델, 플라이더러, 코니베레, 로이시와 다른 사람들에 의하여 옹호되었다.
(2) 카텐부쉬에 의하여 제시되었고,[5] 바이넬에 의하여 변호되었다.[6] 그것은 "나는 남자를 알지 못하니"란 말만 누가복음 1:34에서 제거되어야 한다는 것이다.[7]
(3) 추측된 삽입으로 34, 35절과 함께 36, 37절을 포함한다.[8]

첫 번째 관점, 즉 삽입으로 보아야 한다는 의미에 따른 분류는 완성된 복음서로 필사자에 의하여 만들어진 삽입으로, 사본의 증거에 의하여 반대된 것은 처음부터 주목해야 할 것이다. 누가복음 1:34, 35 또는 그것의 어느 부분이 하나의 삽입이라는 이름으로 부를만한 외적인 증거는 실제로 없다. 구라틴어역 사본 b가 38절의 단어로 34절을 대치한 것은 사실이다.

---

4 Hillmann, "Die Kindheitsgeschichte Jesu nach Lukas," in *Jahrbuecher fuer protestantische Theologie*, xvii, 1891, 213–231.

5 *Das Apostolische Symbol*, ii, 1900, 621f., 666–668(Anm. 300).

6 "Die Auslegung des Apostolischen Bekenntnisses von F. Kattenbusch und die neutestamentliche Forschung," in *Zeitschrift fuer die neutestamentluche Wissenschaft*, ii, 1901, 37–39.

7 επει ανδρα ου γινωσκω.

8 그래서 Bultmann, *op. cit.*, 1931, 321f. Clemen(*Religionsgeschichtliche Reklaerung des Neuen Testaments*, 2te Aufl., 1924, 116)은 추측된 삽입에 38절도 포함한다.

마리아가 이르되 보소서 주의 여종이오니, 말씀대로 내게 이루어지이다
(눅 1:38).

그 다음에 38절에서 이 단어를 생략하고 있다. 반면에, 구라틴어역 사본 c는 34절을 보존하고 있지만 사본 b와 마찬가지로 38절에서 이 단어를 생략한다.[9] 그러나 사본 b에 의한 34절의 생략은 신약 사본 가운데 전적으로 구별되어 다루어진다. 그리고 더욱 분명히 이차적인 읽기가 아니다.[10] 8세기의 다메섹 요한에 의한 그 구절의 인용에서 "나는 남자를 알지 못하니"라는 구절의 생략에 관하여 그 생략이 실제로 이 기록자에 의하여 사용된 사본을 나타낸 것인지는 매우 의심스럽다. 그리고 어쨌든 이 증거는 너무 늦기 때문에 중요하지 않게 된다.[11]

그러므로 누가복음 1:34, 35을 포함한 사본적 증거의 일치는 실제적으로 깨지지 않았다. 그리고 매우 다양한 경로로 복음서의 본문이 우리에게 전승된 것을 볼 때, 그 구절이 전승 과정에서 삽입되었다면 어떻게 이 같은 일치가 일어날 수 있는지 설명하기 어렵다.

물론, 이런 주장은 완성된 복음서에 삽입되었다는 가설에만 적용된

---

9 b의 읽기는 이 책의 첫 번째 문제로 부정확하게 인용되었고 e의 그것은 주목되지 않았다. 저자는 오류의 지적에 대하여 J. S. Bezzant(in *The Modern Churchman*, xxi, 1931, 95, 그리고 in *Journal of Theological Studies*, xxxiii, 1931, 73)에게 감사한다.

10 그것은 34절과 38절이 동일한 단어와 시작한다는 사실에 기인한 단순한 부주의의 실수가 아니었다면(A. C. Headlam, in *The Guardian for March* 25, 1903, 432), 그것은 34절의 그녀의 질문에 담긴 불신앙의 나타남으로부터 마리아를 구하기 위한 필사자의 열망에 기인한 경건한 교정이었다(분명히, Zahn, in *loc.*). 38절에서 현저하게 제안된 교훈적 단어를 34절의 어려운 단어로 대치하면서, 이러한 읽기의 저자는 눅 2:33에서 예수님과 요셉의 관계를 표시하는 것으로서 '아버지'란 단어를 피하면서 (e를 포함하여) 이와 같은 사본 b와 다른 구라틴어 사본에 의하여 추구된 것들과 동일한 경향을 추구했다. Streeter(*The Four Gospels*, fourth impression, 1930, 267f., 525)가 우연한 실수가 아니라면 분명히 동정녀 마리아의 고상한 위엄을 위하여 수정된 읽기에서 중요성을 찾으려 했다는 것이 이상하다. b의 읽기에 관하여, Headlam, *loc. cit.*, 그리고 *The Guardian* for April 8, 1903, 501f.; 또한 Allen, *The Interpreter*, I, 1905, 116–118)를 보라.

11 A. C. Headlam(in *The Guardian*, for March 25, 1903, 432)은 그 생략이 "우연적이거나 조심함의 자연스런 감정에 기인했다"고 생각한다.

다. 그것은 복음서 저자 자신이 이미 기록했지만 출판하지 않은 자료나 복음서에서 파생된 이야기에 삽입했다는 견해에 적용되지 않는다. 그러나 어쩌면 이런 가설은 특별한 자체적 어려움에 직면할 것이다.

하여튼, 우리가 지금 하려는 것은 삽입 가설의 이러한 세 가지 형식을 가능한 한 함께 조사하는 것이다. 물론, 특정한 주장은 모두에게 보다는 오히려 세 가지 형식 중 한 개나 두 개에만 적용될 것이다.

우리가 삽입 이론을 찬성하여 제시된 것으로 주목해야 할 첫 번째 고려는 일반적인 특성에 속한다. 누가복음 1:34, 35절 외에 이야기의 나머지는 요셉과 마리아의 아들로서 예수님의 탄생과 단순히 조화된다고 말해지지만, 참으로 동정녀 탄생의 잉태와는 모순된다. 그러므로 만약, 우리가 이 두 구절을 간단히 삭제한다면 모든 모순은 제거되고 그 이야기는 완전히 순조롭고 쉽게 된다.

이런 주장에 관하여, 우선적으로 누가복음 1:34, 35절을 단순히 삭제해도 일반적으로 셋째 복음서로부터 특히 유아기 이야기로부터 동정녀 탄생을 제거하지 못할 것이라는 것에 주목해야 한다. 왜냐하면 동정녀 탄생은 명백히 여러 다른 곳에 포함되었기 때문이다.

첫 번째 장소는 "여섯째 달에 천사 가브리엘이 하나님의 보내심을 받아 갈릴리 나사렛이란 동네에 가서 다윗의 자손 요셉이라 하는 사람과 약혼한 처녀에게 이르니 그 처녀의 이름은 마리아라"고 말한 누가복음 1:26절 이하에서 발견된다. 여기서 마리아는 두 번이나 동정녀라 불리고 이어지는 어느 구절에서도 요셉과의 결혼에 대하여 언급되지 않았다. 이런 현상은 동정녀 탄생이 화자의 마음에 있었다면 매우 자연스럽지만, 그 반대의 경우라면 매우 부자연스럽다. 삽입 이론의 옹호자는 그러므로 누가복음 1:27의 언어 설명을 강제로 하려 한다.

두 가지 설명이 그들에게 열려있다.

첫째, 27절이 34, 35절을 삽입한 자와 동일하게 삽입자에 의하여 변경되었다는 것과 원래 마리아가 여기서 처녀로 불리지 않았다는 것은 언급될 수 있다.

그러나 이런 설명에 대하여 '동정녀'란 단어가 그 구절에 있다는 것과 만약, 그 단어가 원래 거기에 있지 않았다면 그 구절의 전체 구조가 달라졌어야 한다는 사실이 주장될 수 있다.

둘째, 가능한 설명은 우리가 지금 갖고 있는 27절의 형식이 원래의 형식이더라도-마리아가 실제로 거기에 동정녀로서 명시되었더라도 뒤의 이야기로부터 요셉과의 결혼이 누가복음 1:34-35의 삽입자에 의하여 생략됐다는 것이다.

그러나 이런 설명이 제안한 목적을 완전히 성취했는지는 의심스럽게 될 것이다. 비록 누가복음 1:27의 기록자가 요셉과 마리아의 결혼을 나중에 소개하려 했더라도 동정녀로서의 그녀에 대한 명시는 부자연스럽게 보였을 것이다. 하늘의 수태고지에 관한 구약 이야기에서 그 수태고지는 결혼한 여자에게 임한 것으로 나타났다.

그리고 만약, 누가복음 1-2장의 화자가 구약의 이야기에서처럼 그 약속된 아들이 인간의 어머니와 인간 아버지를 가진 것으로 간주하려 했다면, 그는 구약에서 처럼 왜 결혼한 여자에게 이루어진 것으로 묘사하지 않았는가?

왜 그는 단어를 반복하면서까지 그녀가 '동정녀'일 때 주어졌다는 사실을 강조하는가?

삽입 이론의 옹호자 모두 또는 거의 모두에 따르면 그 이야기가 아주 비역사적이라는 것은 기억되어야 한다.

따라서 그들의 견해에 따르면 화자는 어떤 역사적 고려에 의해서도 방해받지 않고 임의로 결혼 전이나 후에 수태고지를 넣는다.

왜 그러면 그는 결혼 후에 일어난 것이 아니라 결혼 전 또는, 마리아가 여전히 '동정녀'일 때라는 사실을 강조하는가?

만약, 화자가 실제로 육체적인 면에서 요셉의 아들로 간주되어야 하는 약속된 아들을 의도했다면 확실히 이러한 후자의 묘사는 구약의 유추와도 일치할 뿐만 아니라 훨씬 자연스럽게 되었을 것이다.

이러한 주장에 대한 우리의 가능한 대답은 예수님이 마리아의 '첫 아들'이었다고 언급한 누가복음 2:7과 예수님의 경우 첫 태생에 관한 구약의 규정에 따른 것이라는 누가복음 2:23에 근거를 두고 있다. 아마도, 수태고지가 그녀에게 이루어진 때 마리아의 처녀성에 관한 누가복음 1:27의 강조는 단지 그녀가 이전에 어린 아이를 갖지 않았음을 보여주기 위한 화자의 의도로 기인한다고 삽입 가설의 옹호자는 말했을 것이다. 그러나 우리는 이 대답이 만족스럽다고 생각하지 않는다. 구약의 기록에 따르면, 이삭은 그의 어머니 사라의 첫 아들이었다. 그렇지만 그의 탄생에 관한 수태고지는 그녀가 이미 결혼했을 때 그의 어머니에게 임한 것으로 묘사되었다. 삼손과 사무엘의 탄생 경우도 마찬가지이다.

왜 이런 실례들은 예수님의 탄생을 말하는 화자에 의하여 전개되지 않는가?

확실히 그는 그분의 어머니의 결혼 후가 아니라 결혼 전에 그렇게 부자연스럽고 전례가 없는 방법으로 수태고지를 언급하지 않고 첫 아들로서 예수님을 묘사할 수 있었다.

하여튼, 누가복음 1:27의 이 두 번째 설명이 잘못되었다는 우리의 생각이 옳든지 옳지 않든지 두 설명이 삽입 가설에 너무 많은 부담을 준 것은 주목되어야 한다. 이야기의 후반부에 삽입자에 의하여 누가복음 1:27이 변경되었거나 또는 어떤 것이 제거되었다고 주장되었든지, 두 경우에 삽입자의 행동은 처음에 주장된 것보다 더 많이 확대된 것으로 간주되어야 한다.

그렇다면, 누가복음 1:34, 35을 간단히 제거해서 육체적인 의미에서 요셉의 아들이 된 것으로 예수님을 나타내는 이 이야기를 매우 부드럽고 쉽게 만들기에 충분하다는 처음 주장은 어떻게 되는가?

더욱이 누가복음 1:27은 누가복음 1:34, 35이 제거된다면 설명을 요구하는 유일한 구절이 아니다.

"그 약혼한 마리아와 함께 호적하러 올라가니 마리아가 이미 잉태하였더라"고 읽는 누가복음 2:5에 대해서는 어떻게 설명할 것인가?

확실히, 마리아의 명예를 전혀 손상시키지 않게 기록하려고 의도한 화자로부터 나온 이런 표현의 형식은 가장 분명하게 가능한 방법으로 동정녀 탄생을 함축한다.

이 구절의 경우 누가복음 1:27과 달리 사본 전수과정에 나타난 다양한 이문으로 인해 문제가 간단하지 않은 것이 사실이다. '그와 약혼한 자'란 읽기는 참으로 전형적으로 대표적인 '중립' 사본 형태와 바티칸 사본, 시내산 사본을 포함하여 대부분의 헬라어 필사체에 나타난다. 그것은 또한 대표적인 '서방' 사본 형태인 베자 사본과 여러 번역본에 나타난다. 그러나 구라틴어역과 '시내산 시리아'의 어떤 사본은 '그의 아내'로 읽는다. 그리고 웨스트코트와 홀트가 '시리아 교정본'이라고 호칭한 것을 대표로 다수의 초서 사본과 함께 많은 후대의 필사체는 '그의 약혼한 아내'로 읽는다.

이 마지막 독법('그의 약혼한 아내')은 일반적으로 '융합된 읽기'로 거절되고 있다. 분명히 어떤 필사자는 '약혼한 아내' 읽기로 만들기 위하여 '아내' 읽기와 함께 '약혼한' 읽기를 결합시켰다고 주장한다.

그러나 나머지 두가지 독법 가운데 어떤 결정이 인정될 것인가?

외적인 증거는 확실히 대표적인 '중립' 사본 형태로 초기의 큰 필사체로 나타난 '약혼한' 읽기에 우호적으로 보이는 반면에, '아내' 읽기는 헬라어 사본에 전혀 나타나지 않지만 라틴어와 시리아에서만 증명된다. 중립 사본에 관한 웨스트코트와 홀트의 높은 평가로 언급된 모든 것에도 불구하고 실제로 그 평가를 무효로 하지는 못했다.

그럼에도 불구하고 '아내' 읽기에 호의적인 시내산의 시리아 사본과 중요한 구라틴어 사본의 결합은 그런 읽기가 오히려 초기에 존재한 것을 보여 준다. 그러므로 그것은 적어도 고려되어야 한다.[12]

얼핏 보면 필사적 가능성은 이 독법에 호의적인 것으로 보일 수 있다. 만약, 여기서 마리아가 원래의 본문에 요셉의 '아내"로 언급되었다면 마리아의 처녀성에 대한 오해를 막으려고 노력한 필사가가 '아내'라는 표현에 상처를 받아 '약혼한'으로 고쳤을 가능성이 있다.

---

12 γυναικι, '아내' 읽기는 많은 최근의 학자들에 의하여-예를 들어, Gressmann(*Das Weihnachts-evangelium*, 1914, 10f.)에 의하여 지지받고 있다. 그것은 Hillmann, op. cit., 1891, 216f.에 의하여 옹호되었다. 그것은, 예를 들어, εμνηστευμενη가 어쩌면 가능한 읽기여야 한다고 생각한, Holtzmann, *Die Synoptiker*, 3te Aufl., 1901, 317f.에 의해 반대받는다.

그러나 또한 다른 관점으로 문제를 보는 것도 가능하다. 만약, '약혼'이란 단어가 이 구절에서 읽혀진다면, 적어도 문자적인 모순이 마태복음에 반대하는 것으로 일어난다. 왜냐하면 의심할 여지없이 마태는 예수님이 마리아에게 태어났을 때 법률적 의미에서 단순히 요셉과 약혼하지 않고 실제로 그의 아내였다는 사실에 큰 강조를 두기 때문이다. 모순은 참으로 형식적인 이외의 어느 것을 필요로 하지 않는다.

왜냐하면 누가가 마태의 용어와 다른 것을 사용하지 않을 이유가 없기 때문이고 그래서 '약혼'이란 단어로 그는 마태를 따라서 요셉이 천사의 교훈에 순종한 후에 극복한 외적인 관계-마리아가 법적으로 요셉의 아내였지만 그가 "아들을 낳기까지 동침하지 아니한"관계-를 명시한 것이다.[13] 그러나 모순이 실제로 형식적이더라도, 그것은 바로 경건한 필사자에게 심각하게 보였을 수 있다. '약혼'에서 '아내'로의 변화는 그러므로 '공관적 변조'의 범주에 떨어질 것이다.

이러한 가설은 '아내'가 교리적인 이유로 '약혼'으로 변화되었다는 대안적인 가설보다 더 가능하다고 우리는 생각한다. 사본적인 고려는 그러므로 중립 사본의 읽기와 반대되지 않고 그런 읽기는 십중팔구 정확한 것으로 간주되어야 한다.[14]

그러나 만약, 누가복음 2:5의 '약혼' 읽기가 이와 같이 맨 처음 전달된 본문의 부분이라면, 우리는 누가복음 1:34, 35에 관한 삽입 가설의

---

13 마 1:25. Origen, hom. in loc., vi(ed. Lommatzsch, v, 1835, 104): "si enim non habuisset sponsum et, ut putabatur, virum…"을 비교하라.
14 Loisy(*Les Evangiles synoptiques*, I, 1907, 348)는 눅 2:5의 '아내'가 그 자료의 원래 읽기였지만, 복음서 기록자가 '약혼'으로 대치했다고 추측한다. 로이시에 따르면 복음서 기록자는 그가 결혼했다는 견해 때문에, '약혼'이란 단어에 어려움을 갖지 않았을 것이다. 그는 요셉과 마리아가 둘 다 마리아의 처녀성을 보존하기로 결정했고(op. cit., 270f., 301), 그래서 그에 따르면, 수태고지도 마리아가 이미 요셉의 집에 살고 있은 후에 일어났을 것이라고 추측했다. 결혼에 관한 이 가설은 심각한 어려움에 직면하게 된다. 이 글의 후반부를 보라. 본문 문제의 해결에 관한 한, 그 자료의 읽기가 완성된 복음서의 사본에 들어갔다는 것은 매우 가망 없는 것으로 언급되어야 한다. 그러므로 어떤 사본에서 '약혼'으로부터 '아내'로의 변화는 참으로 로이시 자신이 그것을 설명하는 것으로 보인 것처럼 여전히 단순히 조화된 위법으로 설명되어야 할 것이었다.

다른 부담을 갖는다. 그런 가설의 옹호자는 삽입자가 누가복음 1:27과 또는 요셉과 마리아의 결혼을 언급하는 추측된 그 이후의 구절과 마찬가지로 누가복음 2:5을 조정했다고 추측해야 한다. 명백하게 누가복음 1-2장으로부터 동정녀 탄생에 관한 모든 언급의 제거는 처음에 추측한 것처럼 그렇게 간단한 문제가 아니다.

물론, 셋째 복음서에는 여전히 동정녀 탄생이 분명하게 암시된 곳-누가복음 3:23-이 있다. "사람들이 아는 대로는 요셉의 아들이니"라는 그 구절에서 "사람들이 아는 대로는"이란 말은 분명히 예수님이 단지 (충분한 의미에서) 요셉의 아들로 '알려'졌다는 것과 실제로 요셉과의 관계가 다른 종류에 속했다는 것을 포함한다.

이 경우에 단어의 생략에 대한 사본의 증거는 없다. 그 단어들은 현존하는 모든 사본에 나타나며 이문(순서 등)은 지금 토론 중에 있는 문제에 중요하지 않다. 그러므로 그 구절은 적어도 누가복음 1:34, 35의 삽입 이론에 관한 한 가지 형식에 추가적인 중요성을 둔다. 그것은 그 구절이 완성된 복음서에 삽입되었다는 가설에 중요성을 둔다. 왜냐하면 만약, 누가복음 1:34, 35이 삽입된 것이라면 누가복음 3:23의 "사람들이 아는 대로는" 구절도 또한 삽입된 것이 되어야 한다. 그런 삽입이 더 많이 있다고 생각될수록 원래 삽입이 없는 본문의 모든 기록을 문서상으로 증명해 주는 많은 기록들이 사라진 것을 설명하기는 더 어렵게 된다.

물론, 이 구절 누가복음 3:23은 누가복음 1:34-35이 복음서 저자에 의하여 그의 자료로 삽입되었다고 추측되는 다른 주요 형식의 삽입 가설에 영향을 끼치지 않았다. 왜냐하면 누가복음 3:23은 유아기 이야기 안에 있지 않기 때문이다. 그러나 우리가 본 대로 이러한 형식의 가설조차 누가복음 1:27과 2:5에 의하여 초래된 문제에 직면한다.

그러므로 하나의 구절, 누가복음 1:34-35이 삭제되었다면 동정녀 탄생의 증거가 누가의 유아기 이야기에서 제거되었으리라고 말하는 것은 옳지 않다. 만약, 이 구절이 삽입된 것이라면 최소한 한 개 아마도 두 개의 다른 구절이 또한 변경된 것으로 간주되어야 한다. 그러나 명백히 이 같은 부수적인 추측을 추가 할 때마다 원래의 가설을 덜 그럴듯하게 한다.

그럼에도 삽입 가설의 옹호자는 누가복음 1:34, 35 밖에 있는 유아기 이야기에서 한 두 구절이 동정녀 탄생을 암시하더라도 아직도 대부분의 이야기가 예수님께서 일반적인 출생에 의해 요셉의 아들이었다는 정반대의 추측에 따라 진행되고 있다고 여전히 주장할 수 있다. 이런 내용을 옹호하는 주장은 아마도 세 가지로 분류될 수 있을 것이다.

(1) 그 이야기는 마리아가 아니라 요셉을 통한 다윗의 자손 예수님을 추적하기 때문에 요셉을 그분의 아버지로 인정해야 한다는 말이다.
(2) 요셉은 실제로 여러 곳에서 예수님의 '아버지'로 언급되었고 요셉과 마리아는 그분의 '부모'로 언급되었다.
(3) 만약, 마리아가 자신의 아들이 성령에 의하여 잉태되었다는 것을 알았다면 어떤 곳에서는 이해의 부족을 마리아에게 전가하고 있는데 이것은 자연스럽지 못하다고 말하여진다.

이 주장의 첫 번째 사실은 인정되어야 할 것이었다. 누가의 유아기 이야기가 요셉을 통한 다윗의 자손 예수님을 추적한다는 것은 사실일지도 모른다. 그것이 그런지 아닌지는 상당한 정도 누가복음 1:27의 해석에 달려 있다.[15]

이 구절에서 '다윗의 자손'이라는 말은 요셉을 언급하는가?[16]

이것은 요셉을 언급하는 것으로 간주하는 것이 더 자연스럽게 보인

---

[15] 26절을 읽어라: εν δε τω μηνι τω εκτω απεσταλη ο αγγελος Γαβριελ απο του θεου εις πολιν της Γαλιλαιας η ονομα ναζαρεθ, προς παρθενον εμνηστευμενην ανδρι ω ονομα Ιωσηφ, εξ οικου Δαυειδ, και το ονομα της παρθενου Μαριαμ.
[16] 후자의 견해는 예를 들어, 초기 5세기의 Chrysostom(hom. in Matt., ii, ed. Montfaucom, vii, 1836, 29)에 의하여 옹호되었고, 다른 견해가 매우 저명한 현대 개신교 학자들에 의하여 주장되었지만 (B. Weiss를 제외한) 많은 후대의 저자들에 의하여 옹호되었다. W. Bauer, *Das Leben Jesu im Zeitalter der neutestamentlichen Apokryphen*, 1909, 9를 비교하라.

다. 이것은 두 가지 이유에서 그렇다. 먼저, 그 단어 다음에 바로 요셉의 이름이 나온다는 것과 다음으로 마리아가 앞 구절에서 언급되었다면 '처녀'라는 반복되는 단어가 그 구절의 끝에 필요하지 않았을 것이기 때문이다. '다윗의 자손'이 마리아와 관련되었다면 그 어법은 "다윗의 자손 요셉이라 하는 사람과 약혼한 처녀에게 이르니 그 처녀의 이름은 마리아라"라고 간단해졌을 것이다.

어떤 현대의 로마 가톨릭 학자들은 정말로 이 결론에 대하여 상당히 강조하여 주장했다.[17] "그녀의"라는 단순 대명사의 사용 대신에 '처녀'라는 단어의 반복은 단순한 언급이 아니라 마리아의 처녀성을 강조하기 위한 화자의 의도로 설명되어야 한다고 그들은 주장한다. 그리고 마리아는 분명히 그 이야기에서 중요한 인물이기 때문에 세 구절을 차지하는 것은 당연하다고 그들은 말한다.

(1) "요셉이라 하는 사람과 약혼한,"
(2) '다윗의 자손' 그리고,
(3) "그 처녀의 이름은 마리아라"라는 세 구절 모두 마리아를 가리킨다는 것이다.

이런 주장들은 확실히 고려할-그들이 실제로 받은 것보다 더 많은 고려-가치가 있다. 그러나 아직 그것들은 명백한 증거를 무너뜨리기에 충분하지 않다. 결국 '다윗의 자손'은 요셉을 가리킨다고 보는 것이 더 자연스럽게 보인다.

그렇다면, 다윗의 자손 마리아는 그 이야기에 언급되지 않았다. 만약, 우리가 그렇게 하고자 한다면 정말로 마리아가 다윗의 자손이었다는 주장을 막을 수 있는 것이 그 이야기에 아무 것도 없다. 확실히 엘리사벳과 그녀의 친척됨이 이 같은 의견을 불가능하게 하지는 못한다.[18] 왜냐

---

17 특히 Bardenhewer, "Maria Verkuendigung," in *Biblische Studien*, x. 5, 1905, 75-77를 보라.
18 눅 1:36.

하면 엘리사벳이 속한 레위 족속과 다른 족속 사이의 근친결혼이 완전히 율법에서 허용되었기 때문이다. 따라서 이러한 관점에 대한 적극적인 반대는 제기될 수 없다. 누가복음 1:27이 마리아를 가리킨다는 사실을 부인하는 학자들조차 처녀에 대한 수태고지가 요셉은 물론 마리아도 다윗의 자손임을 보여 준다는 사실을 받아들인다. 그러나 마리아가 다윗의 자손 (우리가 우리의 입장에서 매우 의심스럽게 생각하는)이라는 것이 암시되었다고 주장할지라도 어쨌든 명확하게 진술되지 않았다.[19]

만약, 그렇다면 다윗의 자손 예수님은 화자에 의하여 요셉을 통해 추적된 것으로 보인다.

그러나 요셉이 실제로 예수님의 아버지가 아니었다는 사실에 의하여 그 혈통관계가 깨어진 것으로 화자가 간주했다면 어떻게 그것이 이루어질 수 있었는가?

대답으로, 초대 교회의 어떤 사람들이 확실히 두 가지-(1) 요셉을 통한 다윗의 자손 예수님과, (2) 예수님의 동정녀 탄생-가 서로 모순되지 않는 것으로 간주된다고 말하여질 것이다. 예를 들어, 이 같은 사람들은 마태복음 첫 장의 저자이고 현재 형식의 누가복음 첫 장을 기록한 자였다. 비록 후자가 단지 삽입자에 불과했다고 생각될지라도 말이다.

그러나 만약, 이 사람들이 두 가지가 양립한다고 생각했다면, 왜 누가복음 1-2장 이야기의 원저자는 그렇게 하지 않았을까?

그리고 만약, 원저자가 그랬다면 요셉을 통하여 다윗의 자손을 추적한 다고 해서 동정녀 탄생을 믿지 않고 있다는 것을 증명하는 것은 아니다. 그래서 요셉을 통한 다윗의 자손을 추적하는 것은 삽입 이론에 도

---

19 마리아의 조상에 관한 교부들의 의견에 관하여, W. Bauer, *op. cit.*, 1909, 8-16을 보라. 유다와 마찬가지로 레위에 속하는 예수님을 언급한 초기 교부시대의 인용문들은 요셉이 유다의 자손인 반면에, 마리아가 레위의 자손이었다는 것을 의미하지 않는다고, Bauer가 말한다. 왜냐하면 레위인과 예수님의 연결은 육체적인 방법으로가 아니라 성령으로 잉태되었기 때문이다. "Origen 이전의 시기에, 마리아가 분명히 레위인의 딸로 표시된 것은 어디에도 없다"고 Bauer는 말한다(11). 다른 한편으로, 다윗의 자손 마리아는 야고보의 원시복음서와 다른 외경적 복음서에서 순교자 Justin, Tertullian 등에서, 복음서의 구시리아역의 시내산 시리아 사본에서 나타난다고 Bauer가 지적한다.

움이 되지 못한다.

물론, 동정녀 탄생이 '실제로' 요셉을 통한 다윗의 자손과 양립할 수 있는지는 다른 문제이다. 우리가 현재의 목적을 위하여 보여줄 필요가 있는 모든 것은 그것이 유아기 이야기의 저자와 양립할 수 있다고 생각했다는 것이다. 그렇지만 현 시점에서 이 문제를 만족스럽지 못한 상태로 남겨두는 것은 잘못된 것이다. 실제로, 요셉을 통한 다윗의 자손과 동정녀 탄생 사이의 적합성은 하나의 사실이고 단순히 근본적인 추측이 아니라고 우리는 생각한다. 마태복음 첫 장의 저자와 또한 (만약, 우리가 삽입 이론을 거절하는 것이 옳다면) 누가복음 첫 두 장의 저자는 비록 그분이 일반적인 출생에 의한 다윗의 자손이 아니었지만 예수님이 다윗의 자손으로서 약속의 상속자로 간주하는 완전한 권리를 가졌다.

우리는 신약의 탄생 이야기에 따라서 남편과 아내의 정상적인 관계 없이 이미 어떤 초자연적인 방법으로 예수님이 태어났을 때 마리아가 처녀였지만, 요셉이 육체적인 면에서도 예수님의 아버지가 되었다는 뱃함의 견해를 거절한다.[20] 이러한 제안은 이야기의 의미를 정당화하는데 실패했다. 마태복음 첫 장에서 그리고 또한 누가복음 첫 장에서 요셉의 육체적인 부모됨은 분명히 배제됐다.

첫째, 유대인은 우리가 본 것보다 훨씬 사실주의적인 방법으로 양부됨을 보았다는 것이 언급되어야 한다.

예를 들어, 이와 관련하여 우리는 수혼 결혼제도를 지적할 수 있다. 구약의 율법에 따르면, 한 남자가 자녀 없이 죽었을 때 그의 형제가 죽은 자의 아내를 취하여 형제의 상속자를 세울 수 있었다. 명백히 그 아들은 우리의 양태와는 낯설 정도로 죽은 자에 속한 자로 간주되었다.

---

[20] F. P. Badham in a letter in *The Academy* for November 17, 1894(vol. xlvi, 401f.). 또한 마태에 따르면 성령이 "요셉을 예상했지만," "후자가 아주 진실로 아버지이기 때문에," "그러므로 그 어린이가 세 부모를 가졌다"는 C. C. Torrey("The Translations Made from the Original Aramaic Gospel," in *Studies in the History of Religions Presented to Crawford Howell Toy*, 1912, 301)의 별난 제안을 비교하라. 아래의 다음 장을 비교하라.

이러한 셈족의 사고방식 때문에 참으로 사실주의적인 용어는 육체적 부성보다는 다른 관계를 표현하기 위한 셈족의 근거로 사용될 수 있었다. 그러므로 확실히 변증적 동기로 비방받을 수 없는 버키트같이 저명한 전문가는 마태복음의 족보에서 '낳았다'는 단어가 육체적 부모됨이 아니라 단지 법률적 상속자를 전달하는 것이라고 주장한다. 따라서 "요셉이 예수님을 낳았다"는 말로 족보가 끝났을지라도 그것이 저자가 동정녀 탄생을 믿지 않았다는 최소한의 암시도 제공하지 못할 것이다.[21]

확실히, 유대인의 용법에 따르면 한 남자의 아내에게서 태어났고 그에 의하여 인정된 한 아이는 어느 점으로 보나 그의 아들이었다. 신약에서 예수님이 육체적인 의미로 요셉의 아들인 것과 똑같이 진실로 다윗의 자손에 속한 자로 동정녀 탄생의 이야기에 나타난 것은 진리이다. 그러나 그분은 일반적인 출생에 의한 다윗의 자손이었던 것보다도 더 놀라운 방법으로 확실하게 다윗의 자손에 속한 하나님의 선물이었다.[22]

누가 이 신약의 표현이 무가치하다고 말할 수 있는가?

다윗과의 약속들은 원래 주어진 자들의 견해에 따라서 성취되었더라도 진실로 성취되었다.

둘째, 동정녀 탄생의 기록이 사실이었다는 가정에서 예수님이 요셉과 세워진 관계는 정상적인 양자의 경우보다 훨씬 더 가깝다.

동정녀 탄생에 의하여 모든 상황은 정상적인 유추를 넘어서 일어났다. 정상적인 양자의 경우에 양자에 의하여 아버지와 그 어린이의 부모관계를 논박하는 다른 사람-실제적인 아버지-이 있다. 신약의 이야기에 따르면, 예수님의 관계에서 요셉은 이런 경우에 해당되지 않는다. 다른 사람이 아닌 그만이 어린이에 관한 아버지의 권리와 의무를 취할 수 있었다. 그리고 어린 예수님은 정상적인 양자관계가 가질 수 없는

---

21 Burkitt, *Evangelion da-Mephrresche*, 1904, ii, 260f.
22 예를 들어, Strack-Billerbeck, *Das Evangelium nach Mattaeus*, 1922, 35f를 보라. Dalman, *Die Worte Jesu*, 1898, 263(영어 번역판, *The Words of Jesus*, 1902, 320); Box, *The Virgin Birth of Jesus*, 1916, 8를 비교하라.

완전히 합법적으로 요셉의 아들과 상속자로 간주될 수 있었다.

그러므로 누가의 유아기 이야기에서 예수님이 요셉을 통한 다윗의 자손으로 나타났다는 사실은 원래 형태의 이야기에 동정녀 탄생에 대한 언급을 포함하고 있지 않았다는 것을 전혀 보여주지 못한다.

더욱이 동정녀 탄생을 증명한 구절과 이야기의 나머지 사이의 모순에 관한 첫 번째 추측된 증거를 논박하면서 우리는 이미 두 번째 추측된 증거를 논박했다. 우리가 관찰한대로, 두 번째 주장은 누가복음 둘째 장에서 요셉에 대한 '아버지'란 용어와 요셉과 마리아에 대한 '부모'란 용어의 적용에 근거한다.[23]

이런 현상이 일어난 경우의 누가복음 2:48은 분명히 특별한 범주에 속한다. 왜냐하면 거기서 '아버지'란 용어는 화자에 의하여 자신의 이름으로 사용되지 않고 마리아에게 귀속되었기 때문이다. 명백히 예수님과 요셉의 관계에 관한 화자 자신의 견해가 무엇이었는지 동정녀 탄생이 사실이었을지라도 마리아가 자신의 아들 앞에서 그 관계의 특별한 성격을 언급했으리라는 것은 부자연스럽다.

그러므로 예수님과 대화에서 마리아에게 '아버지'란 용어를 귀속시킴으로써 화자는 동정녀 탄생을 알고 있었더라도, 이 점에서 동정녀 탄생을 명백하게 하기 위하여 노력했다면 그 경우가 아니었을 방법으로 단순히 역사적 가능성의 한계내에서 계속 하였을 것이다.

그러나 심지어 '아버지'나 '부모'란 용어가 다른 곳에서 나타나는 것은 화자가 동정녀 탄생의 이야기를 알고 수용했더라도 참으로 자연스럽다. 왜냐하면 우리가 방금 다윗의 자손 문제와 관련해서 관찰한대로, 이 같은 용어들은 동정녀 탄생의 이야기에 따라서 요셉이 어린 예수님과 맺고 있는 전적으로 고유한 관계는 말할 것도 없고 심지어 정상적인 양자의 관계성을 묘사하기 위하여 셈어를 토대로 사용될 수 있었기 때문이다. 그러므로 이 구절에서 '아버지' 용어 대신에 '요셉' 이름과 '부

---

[23] 눅 2:33 "그의 부모가 그에 대한 말들을 놀랍게 여기더라"; 눅 2:41 "그의 부모가 해마다 유월절이 되면 예루살렘으로 가더니"; 눅 2:43 "그 부모는 이를 알지 못하고"; 눅2:48 "보라 네 아버지와 내가 근심하여 너를 찾았노라."

모' 용어 대신에 '요셉과 그의 어머니' 구절을 대치한 구라틴어 사본은 전혀 불필요한 변증적인 방법을 채택한 것이다. 누가복음 2장 원본에서 동정녀 탄생에 관한 이 같이 보호장치가 없는 것은 동정녀 탄생이 이 장의 저자에게 전혀 알려지지 않았다는 것이 아니라 소박하게 직접 이 야기를 진행해 나아가는 것이 아직 변증론적 사색에 자리를 내주지 않은 초기 시대에 쓰여졌다는 것을 보여 준다.

삽입 이론의 옹호자에 의하여 발견된 것으로 누가복음 1:34, 35과 이 야기의 나머지 사이에서 세 번째로 추측할 수 있는 모순은 마리아가 그 녀의 아들의 높은 지위를 확인함으로서 난처하게 된 것으로 묘사된 곳 들에서 발견된다. 그녀는 처음부터 아이가 성령으로 잉태된 것을 알았 다면 어떻게 그 같은 일들로 놀랄 수 있었는가?라고 질문된다.

이런 주장에 관하여 그 주장이 매우 많은 것을 증명한다고 말할 수 있을 것이다. 내러티브 곳곳에서 볼 수 있는, 마리아가 무서워 하거나 이해가 부족하다고 묘사되는 것이 화자에 의해서 그녀가 누가복음 1:34, 35에서 예언된 경험을 겪은 것으로 여겨질 수 없다는 것을 보여 주는 것이라면 마리아는 다른 천사의 말조차도 받아들이지 않고 있음을 보여 준다.

만약, 마리아가 지극히 높으신 자의 아들이라 불리는 아들과[24] 결코 끝이 없는 그분의 나라의 아들에 대한 약속을 받았다면,[25] 왜 나이든 시몬의 예언으로 놀라거나 하나님을 향한 독특한 자식 의식을 지닌 소년 예수의 출현을 이해하지 못했는가?[26]

확실히 천사의 말에 동정녀 탄생의 언급이 없더라도 이후의 비밀을 여는 열쇠를 제공할 수 있었을 것이다. 그러므로 논리적으로 우리가 지금 다루는 주장은 단순히 누가복음 1:34, 35이 아니라 전체 수태수지의 장면을 삭제할 것을 요구하는 것이다. 그러나 이 같은 삭제는 물론,

---

24 눅 1:32
25 눅 1:33
26 Hilgenfeld, "Die Geburts-und Kindheitsgeschichte Jesu Luc. I, 5-11, 52," in *Zeitschrift fuer wissenschaftliche Theologie*, xliv, 1901, 177-235를 비교하라.

수태고지가 분명히 이야기의 나머지에 전제되었기 때문에 그리고 누가복음 1:26-38 부분에 정확히 그 나머지와 동일한 형식으로 작성되었기 때문에 전혀 불가능하다. 분명히 우리가 지금 다루는 주장은 너무 많은 것을 증명한다.

그러나 그 주장은 보다 더 큰 반대에 부딪힌다. 그것을 주창한 자들의 입장에서 그 주장은 가장 아름다운 문학 중의 하나가 그 이야기 안에서 말하여 지는 것과 동시에 본질적인 역사적 신뢰성을 중요하게 암시하고 있다는 것을 놀라울 정도로 이해하지 못하고 있음을 나타낸다. 우리는 마리아 성품에 대한 세밀한 묘사에 대해 언급하고 있다. 기계적인 일관성을 지닌 현대의 지지자들은 다음과 같이 추측하는 것 같다.

마리아는 원 화자에 의해서 냉철한 과학적인 사고를 지닌 사람으로 간주되었음이 틀림없거나 오히려 그렇게 했어야 한다는 것이다. 그녀가 초자연적 임신이라는 놀라운 경험을 하였을 때 그 경험의 논리적 결과를 철저히 도출하여 그 후에 하늘이나 땅에 있는 그 어떤 것도 사소한 혼란이나 놀라움으로 그녀에게 영향을 끼칠 수 없게 해야 한다고 추측하는 것으로 보인다.

이 놀라운 이야기에서 예수님의 어머니의 모습이 얼마나 다르고, 역사적 가능성이 얼마나 더 많은가!

이 이야기에 따르면 마리아는 순수하고 묵상에 잠기는—우리는 우둔하다거나 교양 없다고 말하지 않는다—영혼을 소유했다. 그녀는 두려움과 당황스런 질문으로 천사의 이상한 인사를 받는다. 그러나 그 다음 모든 인간의 경험을 넘어서는 비밀이 그녀에게 약속되었을 때 소박하게 말한다.

보소서 주님의 여종입니다. 당신의 말씀대로 나에게 이루소서(눅 1:38).

그 다음 그녀는 신뢰할 수 있는 한 여자의 동정적인 경청을 얻기 위하여 여행한다. 그리고 그녀가 고상한 말로 인사를 받았을 때, 충만한 기쁨과 충만한 찬양의 노래로 그러나 매우 절제하는 태도로 응답한다.

그 다음 아이가 태어났을 때 목자들이 와서 천사의 무리에 관한 이야기를 하고 다른 사람들이 놀랐으나 마리아는 "이 모든 말을 그녀의 마음에 깊이 생각했다." 그러나 시므온이 이방을 비치는 빛에 관하여 예언했을 때 마리아는 요셉과 함께 아이에 관하여 말한 것에 놀랐다. 의심 없이, 그녀가 현대적인 초인이었다면 적어도 놀라는 일까지는 없었을 것이다. 아들이 인간 아버지 없이 태어났기 때문에, 그녀는 한 명의 천사가 순진한 목자들에게 나타나서 찬송의 노래를 부르는 것과 같은 하찮은 현상으로 결코 놀라지 않았을 것이다.

그러나 이 이야기에 따르면 마리아가 현대의 초인이 아니라-참으로 놀라운 경험을 하였으나 그럼에도 불구하고, 여전히 경건하고 묵상하는 영혼으로-하나님의 약속 안에서 양육된 1세기 유대처녀라는 사실을 기억해야 한다. 그러나 확실히 첫 세기의 팔레스타인에서 이같은 유대인 처녀는 어떤 현대적인 학자의 학문적 기괴함보다는 자연스런 인물이다.

끝으로, 그녀는 12살 된 아들이 성전에서 율법사들과 있는 것을 보았을 때 놀랐고 아들이 "내가 마땅히 내 아버지의 집에 있어야 하는 줄 모르셨습니까?"고 말했을 때 실제로 이해하지 못했다. 진실로 그것은 그 아이가 성령으로 잉태되었다는 것을 아는 사람의 편에서-우리가 그렇게 들었다-용납할 수 없는 우둔함이었다.

우리는 단지 그것이 실제로 우둔함이었다면, 그런 우둔함이 그때부터 지금까지 기독교의 위대한 정신에 공유되었다고 말할 수 있다.

예수님의 말씀은 충분히 이해되었을까?

초자연적 임신을 실제로 경험한 마리아가 확신한 것처럼 초자연적인 임신 사실을 완전히 확신했던 사람들까지도 이해했느냐는 것이다. 이 말씀에는 니케아와 칼케돈신조의 작성자에 의해서도 파악될 수 없었던 깊이가 있다. 참으로, 교회가 소년 예수님의 말씀에서 아무 것도 이해하지 못했다고 추측한다면 그것은 슬픈 일이 될 것이다. 그러나 만약, 모든 것이 이해될 수 있었다고 추측되더라도 또한 슬픈 일이 될 것이다. 마리아는 확실히 놀라움과 이해의 실패에 대하여 용서받을 수 있다.

그녀는 참으로 유일한 경험을 했다. 그녀의 아들은 인류의 모든 역사에서 다른 어느 누구도 잉태하지 못했지만 인간 아버지 없이 자궁에 잉태되었다. 그러나 그 다음에 그분이 태어났을 때 그 어머니의 매우 인간적인 고통과 함께 강보에 싸였고 구유에 뉘었다. 그 다음에 그분은 나사렛 집에서 다른 소년들처럼 자랐다. 의심 없이 우리가 지금 거론한 관점에서 그분의 비천한 출생과 유년기는 마리아의 마음에 의문과 놀라움의 원인이 되지 못했다. 또한 그녀는 이러한 일들을 통해 예수님의 잉태의 기적과 관련해서 주님의 한 위격 안에 두 본성을 말하는 온전한 칼케돈 교리를 추론했어야 한다.

그녀는 아들의 인간적 의식 속에 성전에서 박사들과 함께 있는 그분을 발견했을 때 나타난 것과 같은 소명의식 및 신적 아들이 나타날 것을 기대했어야 했다. 그녀는 당혹감과 놀라움에 대하여 초월해야 했다. 그러나 우리는 오늘날의 입장에서 마리아가 바로 첫 세기의 유대인 여자였다는 것을 반영해야 한다. 그녀가 '현대적 사고'를 대표해야 한다고 기대하는 것은 너무 과한 것이다. 아마도 그녀는 오늘날 쇠퇴해 버린 하나님과의 묵상 및 조용한 교제를 유지했을 것이다. 아마도 위대한 경험에도 불구하고 그녀는 하나님이 사람을 위하여 존재하고 사람이 하나님을 위하여 있지 않다는 현대판 진리를 결코 이해할 수 없었을 것이다. 아마도 하나님의 자비는 아직 보편적인 것으로 그녀에게 오지 않았을 것이다. 그러므로 동정녀 탄생의 기적에도 불구하고 그녀는 놀라움의 감각을 여전히 유지하고 있었을 것이다. 그리고 천사가 찬송의 노래를 말하고 나이든 선지자가 이방에 비추는 빛에 관하여 말했을 때 또는 아들이 갑자기 그녀와 그분 사이의 큰 간격을 보인 소명의식을 드러냈을 때 그녀는 이런 일을 냉담한 자들에게 선포하는 대신에 마음에 보존하고 깊이 생각하려 했을 것이다.

그렇게 이해되었다면, 이 첫 장에서 마리아의 모습은 동정녀 탄생을 이야기하는 구절과 잘 어울린다. 현대의 학자들은 반대의 주장을 통해 문학 비평의 실행에서도 단어와 구절의 분석에 대한 정확성보다 더 많은 것이 필요하다는 것을 단순하게 보여 준다. 또한 우리는 자신이 다루는 내러티브의 정신에 어느 정도 공감해야 한다. 그리고 만약, 우리가 이 이야기에 공감하여 접근한다면 초자연적 잉태가 마리아의 마음의 생각에 관하여 언급된 것과 모순되지 않을 뿐만 아니라 그것과 매우 조화됨을 본다. 후렴처럼 되풀이하는 단어들은-"마리아가 이 모든 말을 간직하고 마음에 깊이 생각했다," "마리아가 그녀의 마음에 이 모든 말을 간직했다"-오직 마리아만이 요셉 없이 그 이야기에서 관심의 중심이라면 이해될 만한 방식으로 그녀를 독자들 앞에 내어 놓는다.

그리고 동정녀 탄생이라는 엄청난 놀라움이 아니라면 무엇이 그녀에게 관심의 중심이 될 수 있겠는가?

주님의 어머니의 이런 모습은 얼마나 우아하고, 얼마나 자기모순이 없는가!

다른 사람들은 아들의 유아기에 관하여 일어난 이상한 사건을 가볍게 지나갔을 것이다. 다른 사람들은 천사의 찬송을 잊어버렸을 것이다. 다른 사람들은 지상의 부모에게 성전에서 어린 예수님이 증명한 신적 소명의식을 제시된 문제의 쉬운 대답으로 만족했을 것이다.

그러나 마리아는 그 같은 표면적인 것으로 만족하지 않았다. 하나님에 의하여 주님의 어머니로 선택된 자는 그런 피상적인 것들로 만족할 수 없었다. 다른 사람들은 인간의 말로서는 너무나 심오한 질문에 대한 쉬운 대답으로 만족했을 것이지만, 성령의 보호를 받은 자는 그렇지 않았다. 아니, 다른 사람들이 어떤 행동이나 말을 하든, 마리아는 이 모든 것을 간직하고 마음에 그것들을 깊이 생각했다.

참으로, 우리는 가능한 한 복된 동정녀에 관한 로마 가톨릭의 그림을 수용하지 않는다. 그러나 우리는 또한 개신교가 그런 그림에 대한 반작용으로 때때로 우리 주님의 어머니를 바르게 나타내지 못했음을 생각한다. 복음서 기록자의 그림에 대한 가필은 거의 없고 간단하다. 그는 동정녀의 마음을 우리에게 힐끗 보여줄 뿐이다.

그러나 아직도 거기에 묘사된 모습은 얼마나 생생한가?

그 순수하고 명상적인 영혼의 신비는 얼마나 깊은가!

셋째 복음서의 이야기에서 동정녀 마리아는 생명 없는 자동기계가 아니라, 살아있고 움직이는 사람-그때부터 오늘날까지 매우 소박하고 어린이 같은 마음을 지닌 사람이다.
 세계의 문헌 가운데 어디서 이 같은 모습이 왔는가?
 어디서 이런 생생한 아름다움이 왔는가?
 어디서 이 우아한 조건이 왔는가?
 이 같은 질문은 오직 경험의 법칙으로 지난 과거를 재구성하는 역사가들에 의하여 질문될 수 없을 것이다. 그것들은 인간의 마음을 알지 못하고 기록만을 아는 자들에 의해서는 결코 질문될 수 없다. 그러나 역사가라는 이름을 가지기에 충분한 자들에게 셋째 복음서에서 마리아의 모습은 자명한 힘을 소유한 것으로 보일 것이다.
 이 같은 그림은 위대한 사람의 어린 시절을 둘러싼 전설적인 역작의 한 보기로서, 신화를 만드는 상상의 산물이었는가?
 적어도, 초대 교회에서 이 같은 상상의 어떤 다른 산물과는 매우 달랐다. 또는 이 그림은 인생으로부터 끌어냈는가?
 여기서 우리가 잠시 동안 동정녀의 영혼의 깊은 곳을 보기 위하여 휘장을 살며시 걷어내었는가?
 그 사람은 여기서 우리 주님의 어머니를 참으로 묘사했는가?
 이런 질문에 주어질 대답이 무엇이든지, 이 장에서 마리아의 모습이 꾸밈이든 사실이든, 한 가지는 분명하다—동정녀에게 초자연적으로 잉태되었다는 언급에서 그 그림의 꼭 필요한 부분이 발견된다. 그런 최고의 놀라움이 없다면, 여기서 마리아에 관하여 언급된 모든 것은 비교적 무의미하고 빈약하다. 아들에게 일어난 큰일에 관한 마리아의 마음의 당황, 그녀의 묵상—이 모든 것은 동정녀 탄생과는 전혀 모순되지 않고 실제로 하나님의 능력의 특별한 현현을 전제한다. 반면에, 화자가 마리아의 영혼에서 우리에게 힐끗 보여 주는 것은 그런 특별한 기적을 가치 있게 한다.
 확실히 이러한 일반적 고찰은 누가복음 1: 34, 35이 삽입구라는 증거를 보여주지 못한다. 모순이 전혀 없고 오히려 가장 깊은 조화는 이 구절들과 이야기의 나머지 사이에서 발견되어야 한다. 다윗의 자손은 분명히 요셉을 통하여 추적될 수 있었고, 예수님이 정상적인 계승에 의한 요셉의 아들로 인정되지 않을지라도, 그 밖의 곳에서 요셉을 통하여 추적되었다. 요셉에게 적용된 '아버지'란 용어는 필연적으로 육체적 부성을 함축하지는 않는다. 마리아의 아들의 유아기에 일어난 여러 가지 일들에 대한 마음의 놀람은 자궁에서 그분의 잉태의 보다 큰 기적을 배제하는 것이 아니라, 반대로 보다 그 큰 기적을 담고 있는 그림에 기여한다. 그러므로 그 이야기의 나머지의 기록자가 누가복음 1:34, 35을 기록할리 없다는 일반적 원리에 대해 확실히 언급될 수 없다.

그러나 만약, 이 같은 일반적 고려들이—이 같은 고려들은 그 구절들의 중심 내용에 근거했다—삽입 이론을 규명하는 것이 아니라면 앞서 상세히 살펴본 바 있는 두 구절에 대해서는 어떻게 말해야 하는가?

이 구절들이 내러티브에 생소하다는 사실을 보여주는 형식적 요소들을 분별하는 것은 가능한가?

또는 두 구절과 그것들의 현재 문맥 사이에서 삽입자의 손을 드러내는 불완전한 연결을 밝히는 것이 가능한가?

전자의 질문은 확실히 부정적으로 대답되어야 한다. 하르낙이 누가의 손이 아닌 다른 사람의 손이 닿았다는 증거를 그 구절의 두 접속사의 용법에서 발견한 것은 사실이다. 이 접속사의 하나가[27] 사도행전에서 여러 번 나타나지만 셋째 복음서의 나머지에서 (누가복음 7:7이 진짜가 아니라면) 아무 곳에도 나타나지 않는다고 그는 말한다.[28] 그리고 다른 사람은[29] 누가복음 7:1에 대한 대부분의 사본에 근거하여(그것은 아마도 진짜가 아니다), 누가의 문헌 어디에도 나타나지 않는다고 말한다.[30]

그러나 확실히 이 두 단어의 전자에 관한 사실은 누가의 저작권을 반

---

27 διο.

28 눅 7:7에서 διο ουδε εμαυτον ηξιωσα προς σε ελθειν이란 단어는 '서방' 사본에 생략되었다. 그것들은 의심 없이 진짜이다. 그 생략은 마 8:8을 형성하는 구절을 만들기 위한 하나의 조화로운 변조일 수 있다.

29 επει.

30 Harnack, "Zu Lc. 1, 34, 35," in *Zeitschrift fuer die neutestamentliche Wissenschaft*, ii, 1901, 53.

대하기 보다는 오히려 지지한다. 하르낙 자신의 관점에서 그 단어는 누가의 두 저작에서 여러 번 나타난다. 그리고 다른 단어의 경우, 이 같은 단어들에 대한 저자의 선택이 완전하지 않다는 사실을 기억해야 할 것이다. 바덴헤버는[31] 누가의 문헌에 한번만 나타나는 이 한 가지 외에 다른 불변화사의 목록을 제시한다. 일반적으로 침머만과[32] 보다 최근에 빈센트 테일러가[33] 이 구절들에서 적극적으로 어떤 필사자가 아닌 누가 자신이 삽입자였다는 그들의 견해를 지지하여 누가 어법의 특성을 지적한 것은 중요하다.

한편에서는 침머만과 빈센트 테일러의 주장이 다른 한편에서는 하르낙의 주장이 이 점에서 단순히 서로 무효화했다는 것은 사실이다. 두 구절의 언어는 그 이야기의 다른 곳에서 나타나는 누가의 어법과 유대인 특성의 동일한 결합을 정확하게 드러낸다. 그 구절이 그 자료에 누가가 삽입했거나 (또는 빈센트 테일러가 복음서의 원래 형식에 말한 것처럼) 또는 필사자에 의한 비-누가의 삽입이든 문제를 고려해서 입증하는 것은 아주 불가능하다. 문체의 관점에서 이 구절들이 유아기 기록의 나머지와 조화를 이루는 방식보다 더 유연하게 될 수 있는 것은 아무 것도 없었다.

삽입 이론에 대한 어떤 지지도 문체적 고찰을 통해서는 얻어질 수 없다면 두 구절의 사상이 해당과 부합되는 방식에 대해서는 어떻게 말할 것인가?

그 구절들이 삽입되어 짜임새가 느슨한 결합이 발견되거나 전체 부분이 하나의 조각인 것처럼 보이지 않는가?

이와 관련하여, 삽입 이론의 옹호자에 의하여 발전된 어떤 주장은 확실히 매우 빈약하다. 이와 같이 하르낙이[34] 누가복음 1:34, 35에 대한

---

31 "Zu Maria Verkuendigung, in *Biblische Zeitschrift*, iii, 1905, 159.
32 "Evangelium des Lukas Kap. 1 und 2," in *Theologische Studien und Kritiken*, lxxvi, 1903, 274.
33 *The Historical Evidence for the Virgin Birth*, 1920, 55–69.
34 Harnack, *op. cit.*, 53–55.

질문과 답변은 31절의 "보라, 네가 잉태할 것이다"는 말씀과 이에 상응하는 말씀인 36절의 "보라, 네 친족 엘리사벳도 잉태했다"를 과도하게 분리했다고 말할 때, 확실히 그는 산문 형식에서 전혀 요구되지 않은 완전한 규칙성이나 명백한 구조를 요구하고 있다. 비록 34, 35절이 제거됐을지라도, 여전히 하르낙이 병행하여 놓은 두 구절은 32절 이하의 중요한 단어들에 의해 분리된다. 실제적으로, 병행이 전적으로 의식적이었다는 것은 분명하지 않다.

그러나 진정으로 놀랄 것은 하르낙은 엘리사벳에 대해 언급하고 있는 내용을 삽입 이론에 반대하는 주장으로 간주하지 않고 찬성하는 주장으로 간주하고 있다는 사실이다. 36절 이하의 단어들은 성령에 의한 마리아의 잉태에 대한 언급이 이전에 전혀 없었을 경우에만 좋은 의미를 얻는다고 하르낙은 주장한다. 만약, 모든 것 중에서 가장 놀라운 일이 이미 약속되었다면 이 놀라움을 지지하기 위하여 엘리사벳이 늙은 나이에 잉태한, 덜 놀라운 사실에 호소한다는 것은 납득하기 어렵다고 그는 생각한다.[35]

확실히 이런 주장은 정확히 반대로 해야 할 것이었다. 36절 이하에서 천사가 마리아의 위대한 아들의 선구자로서 엘리사벳의 아들의 내력을 가리키는 것이 아니라, 그의 기이한 출생 방식을 가리킨다는 사실은 처녀의 자궁에 인간 아버지 없이 예수님의 잉태와 관련된 위대한 기적의 실례로 제시된 것을 분명히 보여 준다. 만약, 전에 언급된 모든 것이 마리아가 요셉과의 결혼의 열매로서 임신한 한 아들에 대한 위대함이었다면, 요한이 태어난 방식을 언급한 것보다 무의미한 것은 없었을 것이다.

실제적으로, 분명한 의도는 더 작은 기적 (나이든 부모로부터의 출생)을 언급한 것은 보다 큰 기적 (인간 아버지 없는 출생)을 예증하기 위함이다. 물론, 사건의 본질은 동정녀 탄생이라는 유일한 기적에 완전히 병행되는 것이 없었다는 사실이다. 그러나 천사가 할 수 있었던 것은 적어도 "대저 하나님은 능하지 못하심이 없느니라"는 일반적인 원리를 예증하

---

35 Loisy, *op. cit.*, I, 1907, 293f.을 비교하라.

기에 충분한 사건으로 지적하는 것이었다.[36]

그러므로 힐겐펠트가[37] 그 구절의 진실성을 반대하는 것이 아니라 찬성하는 주장으로 엘리사벳을 언급하고 있는 것과 스피타와[38] 다른 이들이 추측된 삽입에 36절 이하를 포함시킨 것은 놀랄 일이 아니다.

후자의 가설에 반대하여 추측된 삽입과 그 이야기의 나머지 부분이 문체적으로 일치한다는 주장이 압도적으로 말하여 진다. 단지 34절 이하가 삽입된 것으로 간주되었더라도 그 주장은 강했다. 그러나 그런 경우에 생각건대 (그 다음이 그럴듯하지 않을지라도) 삽입구가 너무 짧아서 보다 긴 삽입구에서 삽입자의 손이 드러날 것이라고 기대했을 그 이야기의 나머지에서 문체의 변화를 드러낼 수 없다고 말하여질 것이다.

그러나 만약, 삽입자가 34-37절 같은 긴 구절을 삽입했다면, 이처럼 긴 삽입문에서 단 하나의 불협화음도 만나지 못할 만큼 완벽한 유아기 내러티브의 정신을 찾아낸다는 것은 가장 이상한 것이다. 삽입자는 이같이 놀랄만한 예리한 기술을 소유하기에 적합하지 않다. 더욱이 이렇게 수정된 형식의 삽입 가설의 방법에 여전히 다른 특별한 어려움이 있다는 것이 판명될 것이다.

---

36 눅 1:37. Clemen(*Religionsgeschichtliche Erklaerung des Neuen Testaments*, 2te Aufl., 1924, 116)은 36절과 이전의 것 사이의 사상으로 참된 연관을 지적함으로써, 적절하게 인용한다. Evangelium de Nativitate Mariae, 3: "sicut ipsa(Maria) mirabiliter ex sterili nascetur, ita incomparabiliter virgo generabit altissimi filium."

37 "Die Geburts-und Kindheitsgeschichte Jesu Luc. I, 5-11, 52," in *Zeitschrift fuer wissenschaftliche Theologie*, xliv, 1901, 202f.; "Die Geburt Jesu aus der Jungfrau in dem Lucas-Evangelium," Ibid., 316f.

38 "Die Chronologischen Notizen und die Hymnen in Lc. 1 u 2," in *Zeitschrift fuer die neutestamentliche wissenschaft*, vii, 1906, 289. 또한 Haecker, "Die Junfrauen-Geburt und das Neue Testamant," in *Zeitschrift fuer wissenschaftliche Theologie*, xlix, 1906, 52; Wilkinson, op. cit., 1902, 10f.; Montefiore, *The Synoptic Gospels*, 1909, ii, 851(재판, 1927, 368f.를 비교하라)를 비교하라. Haecker, Spitta와 Monetefiore의 초판은 Moffatt, *An Introduction to the Literature of the New Testament*, 3rd edition, 1918(1925년 인쇄), 268에 인용되었다. Bultmann(op. cit., 1931, 321f.)은 삽입이 (저자에 의한 자료로) 34-37절을 포함한다는 견해의 중요한 최근의 옹호자이다.

이 삽입 가설의 수정이 바람직하지 않지만, 그것은 적어도 더 평범한 견해의 연약성을 보여 준다. 확실히 36절 이하는 가장 확고한 방식으로 34절 이하와 연결된다. 엘리사벳이 늙은 나이에 잉태를 언급한 것이 성령에 의한 마리아의 잉태를 언급한 것과 구분되어야 한다는 것은 상상할 수 없다. 우리가 여기서 주장하는 것은 오히려 삽입 이론에 따른 명백한 경우이다. 비평가는 희망을 가지고 문서에서 어떤 것을 제거하기 시작한다. 그는 그것이 쉬운 문제라고 생각한다. 그러나 그 다음 그 책의 나머지의 큰 부분이 그가 제거하려는 것과 연결되었음을 당황스럽게 발견한다. 그 책은 덩어리가 아니라 유기체임을 증명한다. 그것은 누가복음 1:34, 35과 함께 있다.

얼핏 보면 이 구절들을 제거함으로써 팔레스타인의 이야기에서 당황스럽게 하는 동정녀 탄생을 들어내는 것이 쉬울 것처럼 보인다. 그러나 그 일은 보이는 것처럼 쉽지 않다. 우리가 위에서 관찰한대로 한편으로는 누가복음 1:27과 아마도 누가복음 2:5 및 3:23에 대한 작업이 이루어져야 한다. 그리고 그 다음 직접적인 문맥에서 누가복음 1:34 이하가 포함되어야 한다면 36절 이하도 포함되어야 함은 매우 분명하다. 우리가 끝내기 전에 우리는 여전히 그 문맥의 다른 부분들과의 연결을 발견할 수 있을 것이다. 하여튼, 34절 이하가 현재 문맥의 원래 부분이 아닌 것을 보여주면서, 하르낙이 짜임새가 느슨한 부분으로 간주하고 있는 것이 동일하게 예리한 관찰자에 의하여, 이 연결의 한쪽이 삽입된 것이라면 다른 쪽도 삽입되었다고 볼만큼 매우 밀접한 관계가 있는 것으로 간주한 것은 삽입 이론을 지지하는 자들을 확실히 당혹스럽게 한다. 만약, 삽입 이론이 옳다면 우리는 삽입과 그 이야기의 나머지 사이에서 결합이 이루어지고 있는 곳에 관해 그것을 지지하는 사람들 사이에서 일종의 합의가 있었음을 자연스럽게 예상할 것이다.

지금까지 언급된 것보다 더 넓게 옹호되었지만 덜 강력한 주장을 34절 이하가 31-33절과 '한쌍'을 이루기 때문에 원래 그 이전의 구절들과 나란히 있을 수 없다는 것이다. 31-33절에서, 예수님은 다윗의 자손과 지극히 높으신 이의 아들이라 불리었다. 35절에서 그는 출생 방식 때문에 하나님의 아들이라 불리었다. 만약-그런 주장이 계속되고-기록자가 35절의 '하나님의 아들'을 염두에 두었다면, 그는 31-33절의 "지극히 높으신 이의 아들"과 "그분의 조상 다윗"을 기록하지 않았을 것이라는 것이다.

이런 주장에 관하여, 먼저 31-33절의 표현과 34절 이하는 분명히 모순이 없다는 것은 주목되어야 할 것이다. 35절-"그러므로 또한 나실 바 거룩한 이는 하나님의 아들이라 일컬어지리라"-에서 근거로 신적 아들됨은 신적 부모됨의 육체적 사실에 근거한다고 말한다고 공격받고 있다. 그러나 31-33절은 신적인 아들됨의 '메시아' 잉태는 얼마나 다른가! 라는 취지로 말하고 있다.

그러나 그 35절에서 어린 아이의 신적 아들됨은 반대자가 추측하는 것처럼 확실하게 신적 부모됨의 육체적 사실에 근거하느냐라는 질문은 제기될 수 있을 것이다. 그 구절에서 주어가 아니라 술어의 부분으로서 '거룩한'이란 단어를 취하는 것은 가능하다. 그런 경우에, 그 단어는 "그러므로 또한 나실 이는 거룩한 하나님의 아들이라 일컬어지리라"고 번역되어야 한다.

이런 해석에 관하여 초자연적 잉태의 육체적 사실로 수립된 것은 특히 신적인 '아들됨'이 아니라 그 아이의 '거룩성'이고 신적인 아들됨은 단순히 거룩성의 설명적 보어가 된다. '거룩한'이란 단어를 구성하는 두 가지 방법을 결정하는 것은 어렵다. 그러나 그 단어가 술어가 아니라 주어로 간주될지라도, 여전히 우리는 31-33절에 대하여 모순이 있다고 생각하지 않는다.

그 의미가 "그러므로 또한 나실 바 거룩한 이는 하나님의 아들이라 일컬어지리라"일지라도, 우리는 여전히 이 같은 신적 아들됨이란 사실의 근거가 이전의 구절에 나타난 것들과 모순이라고 보지 않을 것이다. 확실히 이 구절은 어린 아이의 신적 아들됨이 드러낸 '유일한' 방법을 나타내려 하지 않는다. 그 구절은 (우리가 지금 논의하는 구문 분석에서) 초자연적 잉태 때문에 그 아이가 하나님의 아들로 '불릴' 것이라고 말한다. 그러나 그것은 초자연적 잉태 때문에 그 아이가 하나님의 아들로

'될' 것이라고 말하지 않는다. 우리는 사실 이런 구별에 특별한 강조를 두지 않는다. 확실히 '되는 것'과 '불리는 것' 사이의 구별은 종종 강요되지 않았다. 의심 없이 신약에서 '부르다'라는 동사의 수동태는 때때로 단순히 어떤 것이 이것이나 저것으로 불린다는 뜻이 아니라, 당연히 그렇게 불려야 한다는 뜻을 포함한다.

그래서 여기서 "하나님의 아들로 일컬어질 것"은 마땅히 "하나님의 아들로 일컬어질 것"이란 암시를 의미하는 것으로 취해졌을 것이고, 그 강조는 이름 그 자체보다는 그런 이름으로 불리는 것을 정당화한 사실에 있을 것임에 틀림없다. 그러나 '불리는 것'과 '되는 것' 사이의 구별에 어떤 강조가 놓이든지 안 놓이든지, 초자연적 잉태의 사실이 그 아이가 하나님의 아들로 '일컬어지거나' '되어야' 하는 유일한 이유가 된다는 의미로 이 문장을 이해하는 것은 옳지 않다.

이 문장이 의미하는 모든 것은 예수님의 잉태케 하신 성령의 역사가 그분을 하나님의 아들로 불리게 한 그분의 존재와 밀접하게 관련된다는 것이다. 이 같은 기적으로 수태된 자는 필연적으로 하나님의 아들이 되어야 한다. 성령으로 잉태된 아이는 보통 사람과 같이 될 수는 없다. 그러나 분명히 그 구절은 초자연적 잉태가 별개의 사실이 아니라, 예수님의 신적 아들됨의 유일한 근거였음을 의미한다.

확실히, 그런 말을 해석하는 현대의 배타적인 방법이 셈족의 사고방식에는 매우 낯선 것이다. 왜냐하면 그들은 메시아 인격성의 다양한 측면들이 심지어 체계적인 구조로 통합되기 전에 그것들을 나란히 둘 수 있다고 사고하기 때문이다. 그리고 이 점에서 우리는 셈족의 사고방식이 '현대적 사고'방식 보다 더 낫다고 생각하지 않을 수 없다. 지금과 같은 모습의 31-36절만큼 통일성을 갖춘 문장도 없을 것이다.

첫째, 약속된 아이의 위대성이 일반적인 용어로 경축되고 있다.

그 다음 마리아의 질문에 응답하여 특별한 출생방법이 언급되고 앞서 그분에게 귀속시킨 일반적 초자연적 특성에 완전히 어울리는 방식으로 언급된다. 우리는 어떻게 31-33절에 나타난 신적인 아들의 성품이 동정녀 탄생과 모순되는 것으로 또는 불필요한 언급을 묘사한 것으로 간주할 수 있는지 이해할 수 없다. 34절 이하는 31-33절과 대조하여 방해되거나 불필요한 한쌍이 아니며, 다만 일반적인 주장에 포함된 내용을 더욱 구체화한 것일 뿐이다.

하여튼, 신인동형론적 방식으로 예수님의 신적 아들됨과 초자연적 잉태를 연결한 것으로 35절을 간주하는 것은 매우 부정확하다. 그것은 성령의 창조적인 행동이시며 인간적 아버지됨의 역할에 대한 어떤 추측이 아니다. 35절의 고상한 언어는 31-33절과 그리고 일반적으로 구약의 고결한 유일신론과 잘 조화된다. 그리고 그것은 때때로 현대 학자들에 의하여 강요된 어리석은 신인동형론적 해석과 전혀 어울리지 않는다.

우리는 지금까지 언급된 삽입 이론에 대한 주장은 매우 쉽게 논박된다고 생각한다. 우리가 지금 다루려고 하는 주장이 훨씬 더 고려할 가치가 있다. 그것은 삽입 가설을 지지하는 것으로 적절하지 않다. 그러나 적어도 그것은 진정 해석적 어려움에 주의해야 하기에 신중히 검토되어야 한다.

우리는 34절의 마리아의 질문, "나는 남자를 알지 못하니 어찌 이 일이 있으리이까?"에 근거한 주장에 주목한다. 이 질문은 두 가지 이유에서 문맥과 모순된다고 간주되었다.

왜 마리아는 방금 약속된 아이가 요셉과 곧 있을 결혼의 열매라고 생각하지 않는가?

그녀는 요셉과 약혼했기 때문에, 그녀가 아직 그와 함께 살지 않았다는 사실이 그녀가 아이를 가질 것이라는 약속에 위배되는 것은 아니다.

둘째, 마리아는 사가랴가 매우 심하게 책망받은 질문과 매우 비슷한 의심하는 질문을 했다면 어떻게 이어지는 내용에서 마리아가 그녀의 신앙으로 인해 칭찬을 받을 수 있겠는가?

이 두 반대 중 가장 주목할 것은 전자이다. 후자의 경우는 많은 옹호자들에 의해 더 강조되고 있음에도 불구하고 오히려 쉽게 무시될 수 있다. 그 이야기에서 사가랴는 그의 질문으로 인해 책망받은[39] 반면, 마리아는 그녀의 질문에도 불구하고 칭찬받은 것은[40] 사실이다.

그러나 두 질문은 같은 것인가?

형식면에서 확실한 유사성이 있다는 것으로 인정된다. 사가랴와 마리아 두 사람은 불만 없이 천사의 고결한 약속을 수용하는 대신에 적어도 당황스러워 보이는 질문을 했다. 그리고 그들 두 사람은 설명적인 구절에 당황을 나타냈다. 그러나 거기서 유사성이 멈춘다. 사가랴의 질문은 "내가 이것을 어떻게 알리요?"이다. 그런 질문은 확실한 표징을 요구하는 것외에 어떤 것으로도 해석될 수 없다. 사가랴가 약속된 것에 놀라는 것은 그것을 '알고' 동의하기 전에 그 밖의 어떤 것과의 유추를 드러내어야 한다는 것이다. 다른 한편으로 마리아는 "어찌 이 일이 있으리이까?"라고 간단히 말한다. 그녀는 어떤 의심을 표현한 것이 아니라 그것이 그렇게 될 것임을 표현했다. 그러나 단지 그것이 성취되는 방법에 관해 질문한 것이다. 확실히 그녀는 천사가 그녀에게 말한 것이 사실이 될 것을 '알고' 동의하기 전에 표징을 요구하지 않았다.

정말로 현대 학자들에게 마리아의 질문이 의심을 암시하고 있는 것으로 보일 것이다. 우리의 현대 어법으로 "나는 그것이 어떻게 될 수 있는지 모릅니다" 또는 그와 같이 우리가 그것이 '될 것'이라고 생각하지 않는다는 것을 종종 의미할 것이다. 오늘날의 시대에 공손함은 때때로 매우 거슬리는 것이다. 그러나 우리는 마리아에게나 또는 그녀의 말을 보고한 기록자에게 '이 같은' 공손을 탓할 권리는 없다. 그리고 그녀의 질문은 그것이 있는 그대로 그 이상의 추가 없이는 믿지 못하겠다는 것이 아니라 천사의 말에 포함된 것과 관련된 당혹감을 증명한다.

어법에서조차 마리아의 질문은 사가랴의 것과는 다르다. 그러나 두 질문이 염두에 두고 있는 상황의 차이는 훨씬 더 크다. 사가랴는 그가 오랫동안 바라던 아들을 약속받았다. 그 아들의 탄생은 (마리아의 아들이

---

39 눅 1:20.
40 눅 1:45 "주께서 하신 말씀이 반드시 이루어지리라고 믿은 그 여자에게 복이 있도다."

그녀에게 가져올 수 있는 것처럼) 오해와 비방이 아니라 오히려 아이가 없어서 받았던 멸시를 없애주는 것이다. 더욱이 부모의 늙은 나이에도 이같은 아이의 탄생은 사가랴가 매우 잘 알았던 구약의 유추에 부합된 것이다.

죄스런 불신앙이 아니라면 이 같은 환경에서 어떻게 표징을 요구할 수 있겠는가?

마리아는 다른 한편으로 천사가 결혼에 앞서서 아들에 관하여 말했을 때, 첫눈에 그녀의 처녀의 의식에 역행하는 것으로 보이는 어떤 것을 약속받았다.

구약의 유추는 더욱이 사가랴에게 줄 수 있었던 것처럼 어떤 도움을 그녀에게 줄 수 없었다.

구약의 어디에 처녀에게 아들이 약속된 기록이 있는가?

이러한 사실은 확실히 마리아로 하여금 무슨 뜻인지 물어보게 한 작은 이유가 되었을 것이다.

그러므로 두 질문의 어법이 실제보다 더 비슷할지라도 두 화자의 근원적인 생각은 여전히 매우 달랐을 것이다. 사가랴는 구약의 유추와 매우 일치하고 수년 동안 바라던 희망의 성취가 의미한 것을 약속받았다. 마리아는 모든 방법으로 비방받게 될 이상하고 들어보지 못한 것을 약속받았다. 그렇지만 결국 (그리고 그 비방의 위험이 더 긴박하게만 나타날, 천사의 이상한 설명에도 불구하고) 그녀는 하나님의 뜻에 순종하여 "보소서, 주의 여종이오니 말씀대로 내게 이루어지이다"라고 말했다. 확실히 사가랴가 책망 받고 마리아가 칭찬받은 것은 놀랄 일이 아니다.

보다 많이 고려할 가치가 있는 것은 마리아의 질문이 초래한 두 가지 반론 중 다른 하나라고 우리는 생각한다. 방금 앞의 문단에서 증명된 것처럼, 전자의 반대는 우리가 지금 다루어야 하는 이 반대로부터만 나올 수 있는 어떤 중요성을 갖는다. 우리는 마리아에 대한 천사의 약속이, 그녀의 처녀의 생각과 모순되는 것으로 보인다면 그녀의 질문은 사가랴의 질문과 달리 비방받지 않았다고 주장했다. 그러나 왜 그 약속이 그런식으로 해석되어야 했는가라는 반론이 제시될 수 있다.

왜 그것이 처녀인 그녀의 생각과 모순되는가?

앞의 구절에서 천사는 그녀 아들의 탄생에서 어떤 특수성에 관하여 아무 말도 안했다.

그러면 왜 그녀는 그 약속을 임박한 결혼을 단순히 언급하는 것으로 이해하지 않았는가?

만약, 그녀가 어떤 질문을 계속했다면, 확실히 그것은 그분의 탄생의 방식보다는 오히려 그녀 아들의 위대성에 관한 질문이었을 것이다. 그들은 이렇게 반론한다. 선행되고 있는 말들의 관점에서 놀랄만한 일은 그녀가 아들을 가져야 한다는 것이 아니라(왜냐하면 기대되었던 그녀의 임박한 결혼의 관점에서), 그녀가 "이 같은 아들"―나사렛의 비천한 처녀의 아들이 다윗의 자리에 앉아야 하는, 그분이 지극히 높으신 이의 아들이라고 일컬어지는, 그리고 그분의 왕국이 무궁하리라는―을 가져야 한다는 단순한 사실이다.

다시 말하면 이 구절은 "나는 남자를 알지 못하니 어찌 이 일이 있으리이까?" 대신에 "나는 비천한 여자이오니 어찌 이 일이 있으리이까?"라고 되었어야 했다. 그것이 우리가 말한 34절이라면 삽입자의 손을 분명히 드러낸다. 그것은 전적으로 그 문맥의 관점에서 부자연스럽고 원래의 이야기와는 전혀 낯선 동정녀 탄생이라는 개념을 도입한다. 이러한 주장에 대하여 로마 가톨릭 학자들은 준비된 대답을 가지고 있다.[41]

34절에 있는 마리아의 질문은 그녀는 한 남자와 결코 관계를 갖지 않기로 이미 맹세 했거나 적어도 확고하게 결심했다는 사실에 의해 설명 되어 진다고 그들은 말한다. "나는 남자를 알지 못하니"라는 구절에서, "나는 안다"는 현재 시제는 미래 시제로, 또는 오히려 이미 마리아 인생의 항구적인 원리가 된 것을 가리키는 것으로 취해야 한다는 것이다. 그러므로 그 구절의 의미는 "원칙적으로 내가 남자를 알지 않기로 결

---

[41] 특히 Bardenhewer, "Maria Verkuendigung," in *Biblische Studien*, x.5, 1905, 120−131를 보라.

심했는데 어찌 이 일이 있으리이까?"이다.[42]

이런 해결은 확실히 우리가 지금 해야 하는 어려움을 가장 가능한 방법으로 제거한다. 그리고 언어학적 관점에서의 반론도 제기될 수 없다. "내가 안다"라는 현재 직설법은 현재와 마찬가지로 미래에도 적용될 마리아 인생의 고정된 원칙을 나타내는 것으로 받아들이지 말아야 할 이유가 전혀 없는 것 같다. 그러나 문제는 한 가지 어려움을 피함으로써 이 로마 가톨릭의 해결책이 여전히 보다 다른 큰 어려움들을 포함하게 되는 것은 아닌지 하는 문제이다. 우선, 이 해결은 신약의 여러 곳에서 언급된 예수님의 형제와 자매들에 관한 '명백한 증언'(prima facie evidence)과 반대된다.

이 '주님의 형제들'은 먼저 결혼한 요셉의 자녀들이었다거나 단순히 예수님의 사촌들을 가리키는 막연한 표현이라는 대안적인 견해에도 불구하고, 요셉과 마리아의 자녀였다는 것은 여전히 가장 가능성 있어 보인다. 이런 결론은 마리아가 "그녀의 첫 아들을 낳았다"고 말한 누가복음 2:7과 일치한다. 왜냐하면 '첫 아들'이란 말은 자연히 나중에 그녀가 다른 아이들을 가졌다고 주장될 수 있기 때문이다. 참으로 이 암시는 확실하지 않다. 왜냐하면 유대인의 법으로 '첫 아들'이란 말은 유일한 자녀에게도 적용될 수 있는 형식적인 용어이고 이 이야기 결론의 강조점이 실제로 '첫 아들'에 관한 법률적 규정이 예수님의 경우에 성취되었다는 사실에 놓여있기 때문이다.

여전히 이와 같은 고려에도 불구하고, 그 구절은 마리아에게 다른 자식도 있다고 화자에 의하여 간주되었다면 약간 더 자연스럽게 보인다. 더욱이 이 같은 해석은 "요셉이 아들을 낳기까지 동침하지 아니하더니"라고 말한 마태복음 1:25과 일치한다. 여기서 다시 그 단어의 자연적인 암시는 생각건대 피할 수 있다. 저자가 요셉이 그녀가 아들을 낳은 후

---

[42] 로마 가톨릭 학자들과는 다르게, 그 이야기의 역사성을 부정하는 Loisy(*op. cit.*, I, 1907)는 그들이 주장하는 대로 그 단어에 관한 로마 가톨릭의 해석을 지지하는 경향이 있다. 그 복음서의 저자는 아마도 마리아의 영원한 처녀성을 믿었고 그것이 마리아의 질문을 설명한다고 그는 생각한다.

에 동침했다는 것이 아니라, 그녀가 아들을 낳기 전에 그가 그녀와 동침하지 않았다는 의미라고 주장될 수 있을 것이다. 그러나 화자가 요셉이 아내로서 마리아와 결코 살지 않았음을 추측했으면서도 그런 말을 하지 않았다는 것은 이상하게 보인다.

이 문제에 대한 로마 가톨릭의 해결에 반대하여, 우리는 단순히 마리아에게 다른 아들이 존재했다는 명확한 역사적 증거로 영향을 받지 않았다. 동시에 마리아가 영원한 처녀성을 결심했다고 누가복음 1장의 화자가 의미했다면 자연히 훨씬 더 분명한 방법으로 그 사실을 나타냈을 것이라는 부정적 고찰은 적절하다.

첫 세기 유대인 처녀가 그런 결심을 했다면 전례가 없는 일이 되었을 것이다. 금욕주의는 결혼과 아이 출산에 대한 후대의 편견과 함께 누가복음 1-2장에서 생생하게 묘사된 유대인 사회에 매우 낯설었다. 그러므로 화자가 마리아의 결심을 그렇게 특별한 행위로 의도했다면 그는 당연히 매우 분명하게 그의 의미를 표현하려고 노력했을 것이다.

예를 들면, 그는 유다 백성의 모든 습관과 모든 철저한 감정으로부터 이 같이 전례가 없는 방법으로써만 유대인 처녀를 인도할 수 있었던 특별한 신적 안내를 했을 것이다. 실제로, 화자는 아무 것도 하지 않았다. 반대로 그는 마리아가 요셉과 약혼했다고 간단하게 우리에게 말했다. 그리고 그는 다가오는 결혼이 이름만의 결혼이었다는 어떤 암시도 주지 않았다. 이 같은 결혼은 참으로 외경인 야고보 원복음에서 매우 분명하게 나타난다. 그러나 우리의 셋째 복음에서는 그에 대한 어떤 최소한의 암시도 없다.

그러면 로마 가톨릭의 해결책을 받아들이지 않는다면, 그 자리에 무엇을 놓아야 할 것인가?

마리아가 "나는 남자를 알지 못하니 어찌 이 일이 있으리이까?"라고 말했을 때 그녀가 요셉과의 결혼이 다가왔을 때 아이와 모순이 될 것 같은 영원한 처녀성에 대한 결심을 위한 표현을 하지 않았다면, 그녀의 질문을 어떻게 이해해야 하는가?

왜 그녀는 천사가 약속한 아들이 그녀의 약혼자와 임박한 결합의 열매일 것이라고 단순하게 생각하고 있지 않은가?

몇몇 현대 학자들은 우리의 헬라어 복음서에서 히브리어나 아람어 원어로 된 천사의 말을 오역했다는 가설에서 대답을 찾고자 한다. 만약, 31절에 말한 "네가 수태하여"의 미래가 단지 미래 대신에 현재였다면, 모든 것이 분명해졌을 것이다. 그 경우에 마리아의 수태는 즉시 일어날 것으로 천사에 의하여 표현되었을 것이기 때문에, 마리아는 여전히 미래에 있을 결혼을 언급하는 것으로 그것을 이해할 수 없었고, 그래서 그녀의 당황스런 질문은 쉽게 설명될 것이었다.

헬라어 본문에서는 "네가 수태하여"라는 확실한 미래로 언급되어 있지만 원문은 히브리어나 아람어로 하나의 분사였을 것이다. 그리고 그 분사는-문맥에 따라-미래와 마찬가지로 현재를 언급하는 의미일 수 있었을 것이다. 이 구절에서 그 분사는 셈어의 원문에서 현재를 언급할 의도로 언급되었다. 그리고 모든 문제는 우리의 누가복음 1-2장의 현재 형태를 우리에게 준 헬라어 번역자가 이것을 미래로 잘못 번역함으로써 발생한 것이다. 셈어의 원어가 여기서 회복된다면, 마리아의 질문은-그녀가 현재적 수태를 요셉과의 미래의 결합으로 설명할 수 없었기 때문에-그 문맥과 아주 적합하게 되어서 삽입자의 서투른 손이 닿았다는 흔적을 더 이상 나타내지 않는다.

물론, 이 해결은 누가복음 첫 장에 셈어 원어가 존재했음을 가정한다. 이러한 가정은 불가능하지 않다. 그러나 헬라어 번역자가 어떻게 실수했는가 하는 질문이 제기된다. 어떤 번역자가-특별한 이유 없이 그 자료에서 분사가 현재나 미래로 번역될 수 있을지라도-헬라어로 된 그 이야기에 그 같이 심각한 혼란을 일으킬 가능성이 있을까? 명백히 가능하다면 현재 형태의 헬라어 이야기에 적합한 해석을 찾는 것이 보다 만족될 것이다.

우리가 생각컨데 그러한 해석은 우리가 결정할 수 없는 약간 다른 형태로 많이 나타나더라도 실제로 기꺼이 말할 수 있을 것이다. 헬라어 본문에 대한 바른 해석은 방금 논의된 오역에 대한 가설과 관계없이 존재하지 않는다. 그것이 실제로 제안하는 것은 히브리어나 아람어 원어에서 오역 이론을 옹오한 자들이 발견하는 의미와 오히려 유사한 의미를 헬라어에서 발견하는 것이다.

"네가 수태하여"라는 헬라어는 미래이다.

그러나 그것은 필연적으로 요셉과 결혼하는 때에 마리아에 의하여 언급되었을까?

오히려 그것은 직접적인 미래로 그녀에 의하여 언급되지 않았을까?

후자의 대안이 옳다고 우리는 생각한다. 수태고지는 구약으로부터 마리아에게 알려진 대로 결혼한 여자에게 이루어졌다. 그리고 이 같은 수태고지가 결혼하지 않은 그녀에게 임했을 때 그녀가 놀라게 되었다는 것은 자연스럽다. 물론 그녀는 구약 이야기의 영향력은 의식하지 않았다. 천사의 인사로 당황해서 그녀가 한나와 마노아 아내의 이야기를 그녀의 마음 속에서 의식적으로 회고했을 것 같지 않다.

그러나 이런 이야기에 대한 무의식의 영향력은 매우 컸을 것이다. 그것들은 처녀의 상황과 달리 천사의 수태고지와 결혼한 여자의 상황 사이에서 밀접한 관계를 그녀의 잠재의식 속에서 생성해내는데 당연히 기여했을 것이다. 그러므로 그녀의 처녀의식에 아들의 약속은 그녀를 최대한도로 놀라게 했을 것이다.

참으로, 그녀가 냉철한 논리적 관점에서 그 문제를 보았다면 그녀의 놀람은 아마도 극복되었을 것이다. 결국 그녀는 약혼한 상황이었고 그런 상황에서 수태고지는 구약의 실례에서와 달리 곧 있게 될 결혼한 상태를 언급하는 것으로 받아들인 것으로 생각할 수 있다.

그러나 이 같은 반영이 자연스러웠을까?

본능적으로 놀라면서 그녀가 누가복음 1:34과 같은 말로 표현했던 것이 심리학적으로 더 가능하지 않은가?

즉 다른 관계에서 이미 보았듯이 이 이야기에서 그녀는 냉철하고 과학적인 현대적 사고방식의 특징을 가진 자로 묘사되고 있는 것처럼 보여도 최근 마리아의 질문에 대한 반론에서 우리는 마리아의 특성을 이해하는데 실패한 또 하나의 예를 가지고 있다.

천사에 대한 마리아의 질문에서 매우 논리적이지 않다고 가정해 보자.

그것이 마리아의 질문의 궁극적 진실성이나 또는 이 이야기가 누가복음 1-2장에 나타난다는 사실을 반대하는가?

우리는 마리아의 말에서 논리적 결여는 그 질문의 진실성 및 이야기에서 그것이 원래 존재했다는 사실에 대한 긍정적 표시라고 말하고자 한다. 모든 어려움에 대한 쉽고 합리적인 해결책이 이와 같이 결여되어 있고 순수한 처녀의 생각을 이렇게 본능적으로 표현한 것은 이야기 전체를 통하여 주님의 어머니에 대한 세심한 묘사와 깊은 조화를 보여주고 있다.

그러나 처녀의 생각은 여기서 실제로 흠이 되는가?

마리아가 천사의 약속을 다가오는 결혼에 대한 언급으로 생각하지 않은 것은 잘못인가?

그녀가 천사의 말에 자신의 수태에 관한 언급이 암시되었다고 생각한 것이 잘못인가?

우리는 이것이 사실인지 확신할 수 없다. 반대로, 천사의 직접 나타남과 특별한 인사는 그 순간에 단지 막연한 미래에 관한 약속에서 발견될 수 있던 것보다 훨씬 더 직접적인 의미로 다가왔을 것이다. 결국, 그것은 요셉과의 결합으로 태어나야 하는 한 어린 아이가 결혼 후가 아니라 결혼 전에 약속되었다면 처녀의 마음에는 이상했을 것이다. 그러므로 "네가 수태하여"라는 미래 시제는 실제로 현재와 동등하지 않지만, '직접적인' 미래를 매우 자연스럽게 언급한다. 그러므로 34절에 함축된 천사의 이전 말에 관한 설명은 매우 자연스런 설명이고 34절 이하는 결코 삽입으로 볼 수 없다.

이런 견해는 우리가 거절한 오역 이론이 직면한 한 가지 어려움을 피한다. 만약, "네가 수태하여"라는 헬라어가 히브리어나 아람어의 번역에서 분사가 엄격한 현재적 의미로 의도되었다면 아이가 수태되기 전 천사에 의하여 예수님의 이름이 주어졌다고 말한 누가복음 2:21과 모순되는 것으로 보일 것이다. 만약, "네가 수태하여"로 번역된 단어가 언급된 바로 그 순간에 잉태가 일어난 것으로 묘사되었다면 그 이름은 잉태 전이 아니라 바로 그 순간에 주어진 것이다.

우리의 견해에 관하여 다른 한편으로는 가장 엄격하게 누가복음 2:21을 취하는 것이 가능하지만, 그럼에도 불구하고 누가복음 1:31과의 모순을 발견할 수 없다. 잉태는 가까운 미래에 일어날 것으로 천사에 의하여 묘사되었지만 "네가 수태하여"라는 말이 언급된 바로 그 순간은 아니다. 잉태가 일어날 바로 그때라고 말하는 것은 불가능하다. 많은 사람은 마리아가 "당신의 말씀대로 내게 이루어지이다"고 말한 순간을 생각했다.[43] 그리고 이 견해는 때때로 성육신의 성취를 위하여 마리아의 순종 행위의 필요성에 관한 생각과 연관되었다. 때때로 세상의 구원은 하나님의 계획에 대해 마리아 자신이 자발적으로 순종하는 결정에 의존한다고 언급되었다. 여기서도 하나님은 인간의 자유의지를 존중하신다고 언급되었다는 것이다.

이 같은 사고방식은 우리와 대조된다. 물론, 그것에 대한 우리의 거절이 마리아가 마지막 말을 한 바로 그때가 잉태의 순간이라고 말하는 견해에 대한 거절을 반드시 수반하는 것이 아니다. 그렇지만 전체적으로 우리는 화자에 의하여-신중하게-취급된 대로 문제를 다루는 것이 더 낫다고 생각한다.

우리의 견해에 포함된 모든 것은 31절의 "네가 잉태할 것이다"가 가까운 미래를 언급하고, 자연스럽게 다가오는 결혼을 언급하는 것으로 마리아가 이해하지 않았으리라는 것이다.

이 점에서 우리가 매우 많이 주장한 것은 충분히 가능하다. 마리아의 질문이 34절에서 엄밀하게 논리적이지 않은 것은 충분히 가능하다. 그녀가 천사의 약속을 다가오는 결혼을 언급한 것으로 잘 이해했으리라는 것은 충분히 가능하다. 그러나 그 허용은 우리의 주장에 심각한 영향을 전혀 끼치지 않을 것이었다. 마리아의 질문이 엄격하게 논리적이 아닐지라도 그것은 그녀의 당혹스러움을 표현하는 것으로 매우 자연스러웠다. 변화산에서 베드로처럼 그녀는 자신이 말한 것을 알지 못했다. 그녀는 천사의 인사에 두려웠고 순수한 처녀로서 아들에 대한 약속을 기

---

43 눅 1:38.

대하지 않았다.

처녀의 마음이 (차분히 생각했다면 달라졌을 수도 있는) 말 속에 드러났다는 것은 얼마나 놀라운 일인가?

34절에서 마리아의 말에서 차분한 논리가 약하게 드러날수록 그 말이 삽입자의 계산된 의도로 기인되었을 가능성은 줄어들고 마리아 자신에 의해서 기인되었거나 그러한 정교한 방법으로 그녀의 특성을 묘사하는 이야기의 원부분일 가능성이 크다고 우리는 말하고자 한다.

이제까지, 우리는 삽입 이론을 옹호하면서 발전된 주장을 고찰했다. 이제 그것에 반대하여 제기되고 있는 적극적인 주장을 좀 더 특별하게 고찰할 시간이다.

삽입 이론을 반대하는 단순한 입증책임과 구별되는 것으로 누가복음 34절 이하의 구절이 지금 있는 이야기의 원래 부분이었다는 견해에 찬성하여 어떤 긍정적인 암시가 제기될 수 있는가?

모든 것 중에서 가장 강력한 암시는 아마도 이야기가 주는 전체적 인상에서 발견된다. 우리는 동정녀 탄생이 우리의 사고구조에 있기 때문에 그것의 통일성과 아름다움에 감탄하여 누가복음 1-2장을 읽는데 익숙해 있다. 만약, 우리가 누가복음 1:34 이하의 구절이 없이 이 이야기를 처음 읽고, 읽는 것을 스스로 상상할 수 있다면 그것은 거의 처음부터 끝까지 혼란스럽고 과도한 일로 보일 것이다. 사실은 하늘의 천사의 합창으로 다가와서 천사에 의하여 출생이 예언되고 환영 받은 아이가 지상의 부모의 아이로 잉태될 수 없다는 것이다.

아니다. 이 크리스마스 이야기에서 우리가 실제로 가지고 있는 것은 하늘의 존재가 이땅에 기적적인 모습 즉 인간 아이로 나타난 것인데 이제까지 그와 같이 태어난 유례가 없는 아이의 출현이다. 단순히 이런저런 세부사항뿐만 아니라 전체 이야기에 흐르는 내적인 사상이 동정녀 탄생과 관련된다.

단지 부분적으로만 이런 전체적인 인상이 분석될 수 있다. 아직도 이 같은 분석은 가치가 없지 않다. 그것은 의심을 제거할 것이고 그래서 전체 이야기에 대한 새롭고 보다 공감적인 독법을 위한 충분한 기회를 제공할 것이다.

　동정녀 탄생을 전제한 누가복음 1-2장의 일부 세부적인 내용들은 부차적인 것이다. 그러나 그것들의 점증적인 영향은 매우 크다. 그러므로 누가복음 1:38에 있는 마리아의 순종의 말을 앞서서 동정녀 탄생 예언이 없었다면 의미 없다는 것이 잘 관찰되었다.

　만약, 천사가 말한 모든 것이 마리아의 다가오는 결혼으로 그녀가 메시아의 어머니여야 한다는 예언이라면, 왜 그녀의 순종에 관해 드러낼 필요가 있겠는가?

　이런 말들은 약속 안에 영예와 수치가 포함될 때에만 자연스럽다. 그럴때에만 모든 시대의 기독교인들의 감정이 발견하고 화자가 명백히 그것들을 가지려 했던 열정(파토스)을 가질 수 있을 것이다.

　아마도 이 같은 고려는 삽입 이론에 대한 소수의 옹호자들로 하여금 36절 이하와 마찬가지로 38절도 삽입의 일부분으로 간주하게 한 것으로 보인다. 그러나 이러한 생각은 단지 어려움을 더욱 가중시켰을 뿐이다. 마리아의 최종적 순종의 말이 없다면, 모든 수태고지 장면은 공중에 매달려있게 된다.

　독자로 하여금 39절이 원래 33절에 이어졌다는 생각만 하게 한 후 본문이 어떠한 결과를 초래하는지 보도록 해 보라.

　모든 기교가 단절되었다는 것은 충분히 입증될 것이다.

　더욱이 만약, 마리아가 앞에서 신앙의 표현을 하지 않았다면-주께서 하신 말씀이 반드시 이루어지리라고 믿은 그 여자에게 복이 있도다-라는 45절에서 마리아의 신앙을 칭찬한 것이 무슨 요점이 있는가?

　명백히 45절은 가장 분명하게 가능한 방법으로 38절을 언급한다.

　그러나 45절은 38절보다 훨씬 더 많은 것을 전제한다. 그것은 또한 마리아가 약속을 믿은 엄청난 기적을 전제한다.

　마리아에게 약속된 모든 것이 다가오는 결혼으로 그녀의 아들이 메시아가 되는 것이라면 그녀의 신앙은 비교적 얼마나 무의미하게 될 것인가!

　마리아가 찬양받은 신앙이 그보다 훨씬 더한 어떤 것이라는 사실은 명백하게 입증되지 않는가?

그 언급은 분명히 사람들 가운데 그녀에게 부끄러움을 줄 것을 포함하고 인류의 역사에 전적으로 유일한 경험을 그녀가 수용했다는 것이 아닌가?

우리는 여기서 처음부터 끝까지 그 이야기에 나타난 현상을 갖는다. 예수님의 탄생과 유아기에 관한 이런 설명은 인간 부모에 의해 일반적 출생으로 태어난 아이에게 맞추어 실마리를 풀기에는 너무 고귀한 것 또한 사실이다.

마리아 신앙에 관한 찬양은 그 이야기의 다른 특징과 마찬가지로 또한 참으로 처음부터 끝까지 이 이야기의 정신과 마찬가지로 독자가 실제로 전체 이야기의 중심을 이루는 기적에 초점을 맞추지 않으면 공허하고 무미건조하게 자리 잡는다.

그러나 이것은 마리아의 엘리사벳 방문 기사(account)가 동정녀 탄생을 전제한다는 사실을 보여주는 유일한 요점이 아니다. 확실히 방문 기사는 적어도 36절과 37절을 삽입에 포함시키는 삽입 이론의 형식에 대해 명확한 논박을 구성한다. 천사가 이 구절들에서 엘리사벳의 예를 지적하는 것으로 묘사되었을 때 분명히 그 동기는 마리아가 즉시 착수한 여행에 주어졌다.

> 이 때에 마리아가 일어나 빨리 산골로 가서 유대 한 동네에 이르렀다.

도대체 왜 그녀는 가야했고, 그것도 왜 그녀는 '급히' 가야 했는가?
그것이 천사의 말 때문이었다는 것은 너무 분명하지 않은가?
36절 이하가 없다면 엘리사벳 방문의 전체 이야기는 공중에 떠 있게 된다. 그러므로 36절 이하는 분명히 원래 이야기이다. 그러나 우리가 이미 지적한대로 36절 이하는 가장 분명하게 가능한 방법으로 34절 이하를 전제한다. 그것은 있는 그대로 그 이야기는 함께 연결되었다. 그러나 추측된 삽입을 제거하면 모든 것은 혼동에 빠진다.

힐겐펠트는 여전히 마리아의 엘리사벳 방문 기사가 누가복음 1:34-

35을 전제한다는 다른 방법을 지적했다.[44] 분명히 방문 시기에 잉태는 이미 일어난 것으로 간주되었다. 엘리사벳이 마리아에게 말한다.

> 여자 중에 네가 복이 있으며 네 태중의 아이도 복이 있도다. 내 주의 어머니가 내게 나아오니 이 어찌 된 일인가?(눅 1:42-43)[45]

아직 잉태되지 않았다면 그녀의 말은 과장된 것 같다.
그러나 잉태가 이미 마리아의 여행 기간에 일어났다면, 그 여행을 어떻게 설명해야 하는가?
확실히 그것은 마리아가 이미 요셉과 결혼한 것으로 간주되더라도 설명될 수 없다. 그 경우에 힐겐펠트가 잘 암시한 것처럼 마리아에게 일어난 것은 뜻밖의 어떤 여행이었더라도 그녀의 남편과 떨어져서 그녀의 친척 여자의 집으로 급하게 여행한 것이 그녀의 남편과의 신혼 여행이었을 것이다.[46]
마리아의 엘리사벳 방문에 대한 모든 설명이 초자연적 잉태를 전제하고 있다는 것이 매우 분명하지 않은가?
만약, 마리아가 누가복음 1:34-35에 약속된 놀라운 경험을 했다면, 모든 것은 그 제자리를 찾게 된다. 천사가 제안하고 마리아가 그녀의 친척집으로의 여행을 떠난 것만큼 자연스러운 것도 없을 것이다. 그리

---

44 "Die Geburts-und Kindheitsgeschichte Jesu Luc. I, 5-11," in *Zeitschrift fuer wissenschaftliche Theologie*, xliv, 1901, 204.

45 눅 1:42 이하.

46 Loisy(*op. cit.*, I, 1907)는 (그는 34, 35절을 포함하지 않았다고 생각한다) 자료에서 요셉과 마리아 사이의 결혼 기사는 수태고지 기사 이후 즉시 이어진다고 전제한다. 그러나 이 같은 전제는 삽입 가설에 너무 부담을 주고, 39절의 εν ταις ημεραις ταυταις란 구절이 천사의 떠남과 엘리사벳 방문 사이의 기다림을-원래 결혼에 의하여 채워지는 기다림-가정하는 이유를 충분히 제공하지 않는다. Wilkins(op. cit., 1902, 11f)는 εν ταις ημεραις ταυταις와 μετα σπουδης 사이에서 모순을 발견하고서 Loisy에 동의한다. 후자의 구절은 원래의 설명에 첨가되었다고 그는 생각한다. 그러나 확실히 그것이 있는 대로 이야기의 어려움은 이 학자들이 전제한 것처럼 심각하지 않다.

고 그녀의 친척 또한 훨씬 못한 것이었지만 하나님의 은혜의 놀라운 경험을 했다. 그러나 만약, 누가복음 1:34 이하가 생략되면, 모든 것은 엉성한 결말이 된다.

유아기 이야기의 맨 결말에서도 동정녀 탄생이 전제된 것으로 보인다. 누가복음 2:51에서 예수님이 "함께 내려가사 나사렛에 이르러 순종하여 받드시더라"고 언급되었다면, 그 문장은 아마도 예수님이 일반적인 출생으로 요셉과 마리아에게서 태어났더라도 자연스러운 언급으로 보인다.

아이가 메시아였을지라도 왜 지상부모의 아이가 순종해야 하는 것이 매우 특별한 일로 생각되어져야 하는가?

소년 예수님이 그 지상의 부모에게 순종한 것이 그 이야기에 소개된 방식은 예수님의 순종이 특별하고 주목할 만한 일이 될만큼 부모와의 관계가 특별함을 보여준다.

참으로 우리는 그것이 저절로 얻어진 관계라면 이 점을 특히 강조하려 하지 않았을 것이다. 아마도 우리는 소년 예수님이 성전에서 하신 답변에서 볼 수 있는 것과 같은 하나님에 대한 특별한 아들의식이 있었다면 일반적인 출생으로 계통을 잇더라도 지상의 부모에게 스스로 순종한 것은 특별하다고 말할 수 있었을 것이다. 그러나 그런 것은 단지 삽입이론을 수용하는 방법으로 문제를 한 단계 뒤로 후퇴하게 할 뿐이다.

도대체 일반적인 출생으로 지상의 부모에게 태어난 아들이 그처럼 엄청난 하나님의 외아들 의식을 가졌다는 것이 가능한가?[47]

우리가 어디에서 출발하였든지 우리는 실제로 한 가지 중요한 관찰로 반복해서 뒤돌아가게 된다. 중요한 관찰이란 누가복음 1-2장에 대한 표면적 읽기로만 이 이야기에서 인간 아이에 관한 설명을 발견할 수 있다는 것이다. 독자 자신이 실제로 그 이야기의 내적 정신에 접근한다면, 초자연적 아이가 어디에서나 있는 것을 보게 될 것이다. 그러므로

---

47 Strauss(*Das Leben Jesu fuer das deutsche Volk bearbeitet*, 1864, 3te Aufl., unchanged, 1874, 387)는 초자연적 잉태의 이야기에 대한 언급을 성전에서의 예수님 답변에서 발견했다.

이 이야기에서 묘사된 아이가 '신성'한 사람이라는 비교종교학파의 진보된 관점에는 확실히 진리의 요소가 있다. 그런 견해는 누가복음 1-2장 이야기를 다신론적이고 신화론적인 배경으로 찾으려 한다는 점에서는 확실히 잘못되었다. 그러나 화자가 염두에 두고 있는 것이 평범하고 단순한 인간 아이가 아니라는 관점은 옳다. 여기서 아기 예수님을 둘러싼 전체적인 분위기는 성령에 의하여 잉태된 자를 위해서만 적합한 분위기이다.[48]

그러나 이제 이 같은 일반적인 고찰로부터 그보다 더 특별한 주장으로 되돌려야 할 시간이다. 우리가 언급하는 주장은 마리아 수태고지 기사와 사가랴 수태고지 기사 사이에 나타난 특별한 병행 구절에서 발견된다.[49] 이 병행 구절은 누가복음 1:34 및 1:35이 이 이야기의 가장 깊은 내적 구조에 속한 것을 가장 분명하게 가능한 방법으로 보여 준다. 양 기사에서 우리가 발견하는 것은 다음과 같다.

---

48 눅 1-2장에서 동정녀 탄생이 중앙에 위치한 것은 Ch. Hermann Weiss(*Die evangelische Geschichte*, 1838, I, 141-232)에 의하여 이전 세기에 거의 특히 명백하게 인정되었다. 그가 효과적으로 말한 동정녀 탄생의 신화는 누가의 영역에서 중심인 잉태이다. 그 영역의 나머지는 그것 주위에 구성되었다. 예를 들어, 세례 요한은 요한의 출생에 대한 유사성과 대조로 더 분명하게 그리스도의 탄생의 중요성을 만들기 위하여 간단하게 제시되었다. Weisse의 신화적 이론의 사상이 어떠하든지 누가 이야기에서 동정녀 탄생을 중심 개념으로 만듦으로써 그가 삽입 이론의 모든 형식에 반대한 것으로 진정한 문헌적 통찰을 드러낸 것만은 확실하다. 그 이야기에서 이상한 것과는 멀리 동정녀 탄생은 실제로 나머지 모든 것이 존재하도록 하기 위한 것이다. 그리고 Weisse가 생각한대로 선을 주장한 것은 그 이야기가 신비적인지 또는 그것이 역사적인지가 문제되지 않는다. 만약, 그것이 신비적이라면 동정녀 탄생은 다른 요소를 고안해 낸 것으로 설명된다. 만약, 그것이 역사적이라면 동정녀 탄생은 그 이야기를 위해서 선택된 사실들을 설명하고 또한 그 이야기가 수행해온 방법을 설명한다. 문헌적인 관점으로부터 Weisse로 되돌아가는 것은 확실히 바람직할 것이었다. 그리고 삽입 이론이 관계되는 한 그 보고서가 실제로 유아기 이야기의 가장 최근의 비평에 영향을 받았다는 점에서 의미가 있다.
49 그 병행 구절은 분명히 Gelpke(*Die Jugendgeschichte des Herrn*, 41-51, 167-169)에 의하여 1841년 초에 인식되었고 최소한 남아있는 병행 구절 용법으로 그에 의하여 표시되었다. Iso Schleiermacher, *Das Leben Jesu*(1832년에 전달된 강의기록으로부터 인쇄된), 1864, 53f.를 비교하라.

(1) 천사 가브리엘의 나타남
(2) 수태고지가 이루어져야 하는 자의 편에서의 두려움
(3) 천사에 의한 재보증과 약속의 선포
(4) 약속의 수용자에 의한 당황한 질문
(5) 원인절에 나오는 질문의 배경
(6) 두 경우에 표적의 본질이 되는 것과 관련한 약속의 반복

이러한 사실은 두 본문을 나란히 제시하면 더욱 잘 드러난다.[50]

눅 1:11-20	눅 1:28-38
1. 11절: 주의 사자가 그에게 나타나 향단 우편에 선지라.	**1. 28절:** 그에게 들어가 이르되 은혜를 받은 자여 평안할지어다 주께서 너와 함께 하시도다 하니
2. 12절: 사가랴가 보고 놀라며 무서워하니	**2. 29절:** 처녀가 그 말을 듣고 놀라 이런 인사가 어찌함인가 생각하매
3. 13-17절: 천사가 그에게 이르되 사가랴여 무서워하지 말라 너의 간구함이 들린지라 네 아내 엘리사벳이 네게 아들을 낳아 주리니 그 이름을 요한이라 하라. 너도 기뻐하고 즐거워할 것이요 많은 사람도 그의 태어남을 기뻐하리니 이는 그가 주 앞에 큰 자가 되며 포도주나 독한 술을 마시지 아니하며 모태로부터 성령의 충만함을 받아 이스라엘 자손을 주 곧 그들의 하나님께로 많이 돌아오게 하겠음이라. 그가 또 엘리야의 심령과 능력으로 주 앞에 먼저 와서 아버지의 마음을 자식에게, 거스르는 자를 의인의 슬기에 돌아오게 하고 주를 위하여 세운 백성을 준비하리라.	**3. 30-33절:** 천사가 이르되 마리아여 무서워하지 말라 네가 하나님께 은혜를 입었느니라. 보라 네가 잉태하여 아들을 낳으리니 그 이름을 예수라 하라. 그가 큰 자가 되고 지극히 높으신 이의 아들이라 일컬어질 것이요 주 하나님께서 그 조상 다윗의 왕위를 그에게 주시리니 영원히 야곱의 집을 왕으로 다스리실 것이며 그 나라가 무궁하리라.

---

50 대부분 흠정역인 다음 번역의 언어는 보다 나은 헬라어 본문에 적합하도록 교정했다.

4. 18절 a: 사가랴가 천사에게 이르되 내가 이것을 어떻게 알리요?	4. 34절 a: 마리아가 천사에게 말하되 어찌 이 일이 있으리이까?
5. 18절 b: 내가 늙고 아내도 나이가 많으니이다.	5. 34절 b: 나는 남자를 알지 못하니
6. 19-20절: 천사가 대답하여 이르되 나는 하나님 앞에 서 있는 가브리엘이라 이 좋은 소식을 전하여 네게 말하라고 보내심을 받았노라. 보라 이 일이 되는 날까지 네가 말 못하는 자가 되어 능히 말을 못하리니 이는 네가 내 말을 믿지 아니함이거니와 때가 이르면 내 말이 이루어지리라 하더라.	6. 35-38절: 천사가 대답하여 이르되 성령이 네게 임하시고 지극히 높으신 이의 능력이 너를 덮으시리니 이러므로 나실 바 거룩한 이는 하나님의 아들이라 일컬어지리라. 보라 네 친족 엘리사벳도 늙어서 아들을 배었느니라. 본래 임신하지 못한다고 알려진 이가 이미 여섯 달이 되었나니 대저 하나님의 모든 말씀은 능하지 못하심이 없느니라. 마리아가 이르되 주의 여종이오니 말씀대로 내게 이루어지이다 하매 천사가 떠나 가니라.

    이러한 진열조차 두 기사의 연결을 충분히 나타내지 않는다는 것은 언급될만하다. 예를 들면, 그것은 천사의 이름이 가브리엘이라는 것, 27절의 마리아에 관한 묘사가 5절의 요한의 부모에 관한 그것과 형식적으로 매우 비슷하다는 것, 성령께서 요한과 예수님의 지상에서의 생애의 시작과 연결하여 언급되었다는 것 그리고 두 기사가 누가복음 1:26에서 "여섯째 달에"라는 말에 특히 함께 연결되었다는 것 등을 보여주지 않는다. 그러나 그 자체로 병행 구절일지라도 두 기사가 위의 병행 구절처럼 제시될 때 우연히 왔다는 가설을 거의 상상할 수 없게 할 만큼 인상적이다. 두 부분의 구조를 볼 때 같은 손에서 나왔다는 것을 의심하는 사람은 아무도 없었을 것이다. 양자의 이야기는 같은 특성을 나타낸다.
    그러나 만약, 34절과 35절이 제거된다면 이 병행 구절은 가장 중요한 내용이 손상될 것이다.
    그러면 삽입 가설의 의도는 무엇인가?

그것은 개연성이 극단적으로 낮은 것을 생각한다. 즉, 삽입자가 원래 이야기에 전혀 낯선 개념을 삽입하면서 현존하는 병행 구절을 훼손시키지 않고-그것도 매우 어려운 일이지만-불완전할 수 있는 병행 구절을 가장 아름다운 방식으로 삽입하는 데 성공하겠다는 것이다. 우리는 원래의 화자가 동정녀 탄생을 포함하지 않았지만 그것이 들어갈 자리를 매우 적합하게 남겼다고 추측해야 한다.

뿐만 아니라 우리는 첫째로 정신과 형식에서 이야기의 본문과 완벽하게 조화되는 내용을 삽입할 수 있는 한 놀라운 문학적 기술을 가진 삽입자가 나타나, 둘째로 세심한 독자에게 이야기의 원래 구조의 일부에 해당하는 해당 필수 요소라는 인상을 줄 수 있을만큼 정확한 위치에 완벽하게 삽입했다고 추측해야 한다.

확실히 이런 모든 복잡한 추측은 매우 있을 법하지 않다.

그러면 우리는 누가복음 1:34 이하에 나타난 부분을 포함하여, 두 기사 사이의 병행 구절이 원래의 화자에 기인했다는 명확한 결론을 어떻게 피할 수 있겠는가?

그러나 바로 이 점에서 반론이 제기될 수 있다.

34-35절이 포함되었다면 병행 구절의 진정한 완전성이 그 구절들의 원본성을 지지하는 것이 아니라 반대한다는 주장이 되지는 않을까?

다른 말로, 34절 이하가 포함됨으로 '공관적 변조'(harmonistic corruption)와 같은 어떤 것을 가지게 된 것은 아닌가?

삽입자는 수태고지의 기사들 사이에 큰 규모의 병행 구절을 본 후 실제보다 조금 더 완전한 병행 구절을 만들기로 결정하지 않았을까?

조금만 생각해도 이 질문들은 강한 부정으로 대답되어야 될 것이라고 우리는 생각한다. 본문 비평에서 '공관적 변조'라는 불리는 것과의 유추는 이 경우에 전혀 해당되지 않을 것이다. 이러한 사실은 실제적으로 공관복음 본문에 나타난 공관적 변조를 잠시만 살펴봐도 알 수 있다.

이 원문 변조의 본질은 무엇인가?

한 가지 실례가 그 질문을 분명하게 할 것이다. 변화산에서 내려온 후 귀신 들린 소년을 고치는 장면에서 "기도와 금식 외에는 이런 유가 나갈 수 없느니라"는 마태복음 17:21은 바티칸 사본과 시내산 사본에 의하여 증명된 본문의 소위 '중립' 형태에 의하여 생략되었다. 그것은 보편적으로 하나의 겉치레로 인식되었다.

그러나 그 진술이, 사실이라고 해도 이 사건에 대한 우리의 인식은 달라지는 것이 없을 것이다. 왜냐하면 마가복음 9:29에서 매우 비슷한 구절은 확실히 진정한 본문이기 때문이다. 마태복음의 본문이 마가복음을 따랐음이 완전히 증거된다. 그러므로 우리는 여기서 '공관적 변조'에 대한 전형적인 예시를 보게 된다.

그러나 누가복음 1:34 이하의 경우는 얼마나 다른가!

이 부분이 **빠졌다면** 어떻게 되겠는가!

마태복음 17:21의 문장은 병행적 설명으로부터 기계적인 방법을 취한다. 누가복음 1:34 이하의 경우에, 병행적 기사에서 파생될 모든 것은 질문, 질문의 배경, 그리고 답변의 연속이다. 그리고 삽입의 내용은 매우 원래적인 유형에 속할 것이었다. 그 같은 원래성은 '공관적 변조'에서는 전혀 듣지 못할 것이었다. 우리가 여기서 발견해야 할 것은 병행적 기사에서 세부사항을 기계적으로 차용하여 단순히 이야기에 분명하게 채워넣는 것이 아니라 매우 원래적인 의도, 즉 원래 이야기와 낯선 가설을 추가하는 것으로 내러티브의 정신과 일치할 뿐만 아니라 전에 지나간 것이나 지금 따르고 있는 단순한 문학적 의존과는 완전히 자유로운 개념으로 표현하는 것이다. 어떤 병행 구절이 본문 변형의 전체 역사에서 이 같은 현상으로 인용될 수 있었는지는 의심스럽다.

그러므로 우리가 잠시 동안 본문 비평의 언어를 사용하면 '내재적인 가능성'과 '필사의 가능성'이 여기서 놀라울 정도로 조화되어 나타난다. 한편으로, 누가복음 1:34-35은 실제로 그 이야기의 나머지와 매우 밀접하게 조화된다. 그러나 다른 한편으로, 그런 조화는 삽입자에게 피력할만한 명백하고 피상적인 종류가 아니다. 우리가 34절의 마리아의 질문에 대한 해석에서 발견한 바로 그 어려움은 삽입 이론을 찬성하는 것이 아니라 반대하는 주장으로 드러날 것이다. 이 어려움은 아마도 삽입자가 회피했을 피상적인 유형이다. 이처럼 근원적인 조화는 누가복음

1-2장의 원저자 같은 기록자에게나 해당된다.

우리는 실제로 마리아의 질문에서 발견되는 세밀한 솜씨를 삽입자에게 귀속시켜야 할까?

그 질문은 오히려—우리는 질문의 창작이 아니라 그것의 보존을 의미한다—이 비길 데 없는 이야기의 나머지를 우리에게 준 기록자에게 귀속시켜야 하지 않은가?

방금 언급된 점에서 본문 비평의 언어가 사용되었다. 우리는 이것이 정상적인 본문 문제인 것처럼 '내재적인 가능성'과 '필사의 가능성'에 관하여 언급했다. 물론, 이 같은 언어는 누가복음 34절 이하에서 완성된 복음서에 대한 삽입을 발견한 삽입설의 형식에 가장 크게 적용될 것이다. 왜냐하면 그런 경우에 우리는 실제로 가장 엄격한 의미에서 필사적 준수를 취급해야 하기 때문이다. 그러나 그 언어는 정말로 다른 형식의 삽입 가설에도 어느 정도 적용될 수 있었다.

어쨌든, 우리는 누가복음 1:34 이하에서 한편으로 유아기 이야기의 나머지와 근원적으로 조화되지만 다른 한편으로 후대의 기록자—누가복음과 사도행전의 기록자나 또는 그밖에 어떤 사람—가 팔레스타인 이야기에 대한 삽입을 통해 조화시키려는 노력에 기인하는 것으로 이해될 수 없는 요소를 발견한다. 그 이야기의 나머지와의 '실제적'인 조화와 '표면적인' 어려움, 즉 이런 것들은 고대 작품의 어느 본문의 진정성의 표시로 인식되었다.

그리고 이 두 특성은 누가복음 1:34-35에 나타난다.

하여튼 우리가 본문비평 용어를 사용한 것에 어떻게 생각하든, 사가랴에게 임한 수태고지 기사와의 평행 구절은 누가복음 1:34 이하가 마리아에게 임한 수태고지 기사의 원래 부분인 것으로 오류 없이 나타낸다. 이러한 논증은 아마도 문학 비평의 분야에서 나타날 수 있었던 어떤 논증 못지않게 실제적인 증명에 가까운 것으로 드러났다. 문제의 두 구절이 그 이야기의 원래 구조의 일부였던 것은 매우 명백하다.

그러나 이런 주제의 단계가 최종적으로 남기 전에 카텐부쉬에 의하여 제시되고 바이넬과 다른 사람들에 의하여 옹호된 삽입의 한계에 대한 대안적 견해를 고려할 필요가 있을 것이다. 이런 학자들에 따르면 누가복음 1:34 이하의 전체는 그 이야기에 추가되어 구성된 것이 아니라 34절에서[51] 단지 네 개의 단어 "나는 남자를 알지 못하니"가 번역된 것이다.[52] 만약, 네 개의 단어가 제거된다면 마리아의 질문에는 그녀의 아이가 태어난 방식에 관하여 전혀 언급이 없다고 주장될 것이다. 그녀는 그녀의 약속된 아들의 위대함에 당황한 나머지 다가오는 요셉과의 결혼에서 갖게 될 아들외에 다른 어떤 생각도 하지 않고, "어찌 이 일이 있으리이까?"라고 물었다.[53]

대답으로-그들의 주장에 따르면-천사는 35절에서 수태와 관련하여 인간의 대행을 전혀 배제하지 않고 아들의 위대성과 성결성을 확고히 하는 성령의 활동을 강조한다. 아이는 육체적인 면에서 요셉과 마리아의 아들이

---

51 Kattenbusch 자신(*Das Apostolische Symbol*, ii, 1900, 621f.)은 근원적 문서의 επει ανδρα ου γινωσκω란 구절의 실제적인 삽입 가설을 주장한 것이 아니라, 이 네 개의 단어 없이 그 이야기가 동정녀 탄생을 필연적으로 포함하지 않으리라는 것과, 그 이야기의 강조가 동정녀 탄생이 아니라 그가 독립적 잉태-메시아의 출생과 관련한 성령의 행동-으로 간주한 것에 있음을 주장했다. Weinel("Die Auslegung des Apostolischen Bekenntnisses von F. Kattenbusch und neutestamentliche Forschung," in *Zeitschrift fuer die neutestamentliche Wissenschaft*, ii, 1901, 37-39)은 삽입 가설에 대해 Kattenbusch의 추측이 명확하게 결실하도록 했다. J. M. Tompson(*Miracles in the New Testament*, 1911, 147-150)과 Merx(Die vier kanonischen Evangelien, II, ii, 1905, 179-181)는 동일한 견해를 옹호한다. Moffet, *Introduction*, 1918(1925), 269의 문헌 인용을 비교하라. 이 삽입 가설의 형식은 Schleiermacher에 의하여 1817년 초에 만들어진 비평선상에서 약간 나왔다. 초자연적 잉태에 관한 언급은 더욱이 부자연스런 작업으로 보다는 차라리-아마도 단순히 천사가 너무 길게 말하지 않도록 하기 위하여-천사의 말을 저지하는 눅 1:34의 마리아 질문으로만 마리아 수태고지에 관한 누가의 설명에 완전히 한정된다고, Schleiermacher는 말했다. Schleiermacher, *Ueber die Schriften des Lukas*, 1817, 26f.(영어 번역, *A Critical Essay on the Gospel of St. Luke*, 1825, 167)을 보라. Kattenbusch(in *Theologische Studien und Kritiken*, cii, 1930, 457f., 462-474)는 최근에 그가 1900년에 제시한 것들처럼 눅 1:34 하반절에 관한 동일한 견해를 본질적으로 변호했다. 위의 책, viii f.를 보라.

52 επει ανδρα ου γινωσκω.

53 Merx(*op. cit.*, II, ii, p. 106, footnote 1)는 어떤 사본에 의하여 마리아의 질문에서 μοι의 삽입을 강조한다. "어찌 이 일이 내게 있으리이까?"라는 마리아의 겸손한 질문은, '나에게'가 생략될 때, 생리학적 과정에 관한 기묘하고 놀란 질문이 된다고, Merx는 생각한다. 실제적으로, '나에게'는 분명히 가장 무해한 겉치레이다.

될 것이다. 그러나 사가랴의 아들처럼 그의 생애 처음부터 성령으로 충만하게 되어야 했고,[54] 그래서 요셉의 아들은 훨씬 높은 직무를 위하여 동일한 영으로 준비될 것이다.

이 가설에 대한 비평은 다음과 같다.

첫째, 그 가설은 성취하려 한 것을 거의 달성하지 못한 것이라고 말하여질 수 있다.

누가복음 1:34, 35에서 초자연적 잉태를 제거하는 것은 성공하기 어렵다. 확실히 35절에 대하여 바이엘이 주창했던 최소화의 해석은 매우 부자연스럽다. "성령이 네게 임하시고 지극히 높으신 이의 능력이 너를 덮으시리니 그러므로 나실 바 거룩한 이는 하나님의 아들이라"고 마리아가 천사에게 들었을 때, 인간에 의해 잉태된 아이에 대한 성령의 성화작용 외에 다른 의미가 없다는 것은 매우 불가능한 주장이다.

성령의 역사가 마리아보다는 오히려 태중의 아이에게 한정된다면 왜 "성령이 너에게 임할 것이다"고 언급되었을까?

왜 두 경우에 성령의 사역이 본질적으로 동일한 것이라면 누가복음 1:15-"그가 성령의 충만함을 받을 것이다"-에서 사용된 것처럼 표현하지 않았을까?

아마도 참으로 그 가설의 옹호자는 그들의 견해에 따라서 성령의 사역이 두 경우에 동일하지 않다고 주장할 것이다.

아마도 그들은 요한의 경우에 단순히 성화의 사역을 의미하는 반면에, 예수님의 경우에 참으로 인간적 요소와 함께 일했다 해도 어린 아이의 바로 그 존재를 구성하게 된다고 말할 것이다. 그러나 그것이 언급될 때 우리는 성령의 행동이 인간 아버지를 전적으로 배제한다는 견해로 되돌아간다. 실제로 35절에서 인간 아버지가 전혀 나타나지 않는다. 단지 두 요소-어머니 마리아와 성령-가 보인다. "성령으로 잉태되어 동정녀 마리아에게서 태어난다"는 진정으로 그 구절을 정확히 요약

---

54 눅 1:15.

한 것이다. 그러므로 34절에서 논쟁 되는 단어가 없다 해도 다음에 나오는 구절, 35절은 여전히 동정녀 탄생을 전제한다. 그러나 만약, 그렇다면 "나는 남자를 알지 못하니"라는 구절을 의심해야 할 모든 이유가 사라진다.

둘째, 바이넬의 가설에 대한 두 번째 반대는 이미 주의해서 보았던 사가랴에 대한 수태고지와 병행 구절에서 발견된다.

바이넬은 34절과 35절의 모든 것을 제거할 것이라는 삽입 이론의 일상적인 형식에 대한 반대로서 그 병행 구절을 주장함으로써 그 자신이 매우 유용한 도움을 수행하고 있다. 그러나 그는 그것은 또한 그 자신의 견해에 반대해서 말하고 있다는 것을 관찰하지 못하는 것 같다. "나는 남자를 알지 못하니"라는 말이 34절에서 제거된다면 18절에서 사가랴의 질문의 근거와 일치되는 것이 아무것도 없다.

우리가 두 개의 병행 구절 설명 사이에 너무나 완전한 유사성을 기대한다고 말하지 않도록 하자.

반대로 우리는 11-20절에 반대하는 것으로 28-38절의 새로움과 독창성을 완전히 인정한다. 두 부분에는 상대 본문에 없는 세부적인 내용이 나타난다. 그 병행 구절은 기계적이지 않다. 그러나 요점은 만약, 그녀의 질문이 되는 마리아의 근거가 34절에서 제거된다면 하나의 정보뿐만 아니라 그 본문의 구조에 균형을 이루는 필수 요소가 빠지는 것이다.

사가랴의 질문이 단순히 당혹감을 가리키는 것이 아니라 뒤따라오는 설명의 방법을 지적하려 한 것은 사가랴의 수태고지를 이야기하는 저자의 방식에 실제로 필수적인 것이다. 비슷한 계획이 마리아의 수태고지의 경우에도 이어지는 것이 분명할 것이다.

그러나 그런 계획은 "나는 남자를 알지 못하니"란 말이 34절의 원본이 아니라면 깨진다. 바이넬의 가설은 원래의 화자가 그가 병행해서 설명하는 것들 중 하나의 구조에 확실한 간격을 남겨두었다고 우리에게 강제적으로 가정하도록 한다. 그리고 그 간격은 매우 가까이에 있어서 삽입자가 네 개의 단어를 삽입함으로 그 이야기에서 중대한 새 잉태를 소개했을 때 가장 아름답고 균형있는 형태가 되었다.

확실히 이 같은 추측은 매우 그럴듯하지 않다. 반대로, 매우 분명하다. 마리아의 질문 배경이 유지될 때 그 결과로 일어나는 균형이 단순한 우연이나 그 근본적 구조의 결점과 삽입자의 의도 사이에서 실제로 놀라운 일치가 일어난 것 아니라 저자의 원래 의도에서 기인한다는 것이 매우 명백하다.

셋째, 바이넬의 가설이 짧은 형태로 축소시킨 34절에서 마리아의 질문은 병행적 사건과의 비교를 떠나서도 부자연스럽고 갑작스러워 보인다.

바이넬에 따르면 천사의 약속에 대한 반응으로 "어찌 이 일이 있으리이까?"라고 단순하게 말했다. 그런 형식에서 그 질문은 아무 요점이 없어 보인다. 그것은 천사의 말 중간에 아무런 의미없이 끼어든다.[55] 그리고 그것은 이해할 만한 방식으로 다음에 이어지는 35절을 준비하기 위한 것 같지는 않다. 의심 없이 이 같은 서투름이 있다고 생각되는 화자들이 있다. 그러나 확실히 누가복음 1-2장의 저자는 그들 중 한 사람이 아니다. 이 이야기에서 이 같이 진부한 말은 유일하게 부적절할 것이다. "어찌 이 일이 있으리이까?"는 무의미한 말보다는 훨씬 더 명확하고 이해할 만한 방식으로 35절을 준비한 것은 매우 분명하다. 마리아의 질문은 분명히 이어지는 구절에서 주어진 특별한 설명의 방식을 지적하려 했다. 그러므로 바이넬의 가설에서 원래의 화자는 이 점에서 갑자기 진부한 자로 전락되었다. 그리고 지금 이 구절에 나타난 아름다운 자연성과 균형은 저자가 아니라 삽입자에 기인했을 것이다.

누가 이런 추측이 바르다고 믿을 수 있겠는가?

이러한 반대론은 그 자체로 결정적이다. 그러나 아마 아직도 더 중요한 다른 반대론이 있다. 그것은 바이넬의 가설이 추측된 삽입자의 책임

---

55 만약, 그 질문이 이렇게 짧은 형식이었다면, Schleiermacher가 (위의 각주 52번을 보라) 그것에 관하여 나쁘게 만든 비평은 그것의 완전한 형식에 적용한 것으로 보였을 것이다. 그 질문은 실제로 단순한 방해인 것으로 보였을 것이고, 아마도 단순히 천사의 말이 너무 길어지지 않도록 하기 위해서 소개했을 것이다.

으로 돌리려는 특별한 억제에서 발견된다. 삽입자는 예수의 탄생에 관한 유대 기독교인의 이야기에 하나의 중요한 생각, 즉 가설에 의하면 그 이야기와 맞지 않는 동정녀 탄생을 도입하기를 원한다고 우리가 믿기를 요구한다.

그는 어떻게 일하기를 계속하는가?

그는 그가 매우 중요한 것으로 간주한 사건의 이야기를 분명한 진술로 삽입하는가?

그는 분명하게라도 언급하는가?

전혀 그렇지 않다. 그가 한 것은 단순히 네 개의 단어를 삽입한 것이며 삽입된 문맥은 동정녀 탄생이라는 새로운 개념을 함축하는 것으로 취해질 것이다.

완성된 책의 사본을 변경한 보통의 삽입자와 또는 자신의 자료에 새로운 개념을 소개하기 원하는 누가복음과 사도행전의 저자 같은 저자 중에서 정말 그 같이 대단한 억제가 발견된 곳은 어느 곳이었는가?

삽입자가 누가복음 1-2장의 이야기로 동정녀 탄생을 소개하기를 원한다면 바이넬의 가설이 우리에게 추측하도록 요구한 것보다 훨씬 덜 억제되고 훨씬 더 명백한 방식으로 그가 그렇게 했으리라는 것은 매우 분명하지 않은가?

추측된 삽입에 34절과 35절 모두를 포함하는 삽입 가설의 일반적 형식에서 삽입자의 특별한 문학적 기술을 칭찬하도록 우리는 요청받는다. 왜냐하면 그 기술로 인하여 삽입자는 내용면에서 당연히 매우 원래적이 되도록 하는 많은 추가를 구성할 수 있었고 나머지 이야기의 가장 내부에 흐르는 정신에 완전하게 합치하게 했다. 바이넬의 가설에 관하여 다른 한편으로 놀라운 근거를 제공한 것은 삽입자의 특별한 억제이다. 놀랄 일은 삽입자가 동정녀 탄생에 대한 관심 때문에 어떤 것을 삽입하려 했다면 그가 훨씬 더 많이 삽입하지 않았을까 하는 것이다.[56]

---

[56] Vincent Taylor, *The Historical Evidence for the Virgin Birth*, 1920, 70: "그것이 이미 내포된 의미로 이야기를 상술한 것은 생각할 수 있는 추측이다. 단순히 네 개의 단어를 추가하는 것으로써 그것을 전체적으로 변화시키는 것은 확신을 수반하지 않는 하나의 이론이다.

우리는 바이넬의 가설에 대한 네 개의 특별한 반대를 열거했다. 네가지 반론은 누가복음 1:11-20의 병행 구절에 기초한 한 가지 반론만 제외하면 이 가설에만 적용되며 삽입의 범위에 관한 보다 일반적인 견해에는 적용되지 않는다. 이 일반적인 견해는 바이넬이 피한 특별한 반론에 직면한다. 그러나 어떤 일부 중요한 반론들은 두 가설 모두에 적용된다는 것은 기억되어야 한다. 우리가 누가복음 1:27과 2:5에 있는 동정녀 탄생의 분명한 함축에 관하여 그리고 그 이야기의 다른 곳에서 발견되는 보다 미묘한 함축에 관하여 말한 모든 것은 일반적인 출생에 의해서 요셉과 마리아의 아들 예수님을 나타낸 이야기를 누가복음 1-2장의 원래 형태에서 발견하려는 어떤 시도에도 반대한다는 것을 말한다.

최종적으로 강조되어야 할 필요가 있는 것은 동정녀 탄생이 누가복음 1-2장이 그것의 핵심 부분임을 강조할 때 세부사항에만 의존하지 않아야 한다는 것이다. 적어도 내러티브 전체에 대해 동등한 확신을 가져야 한다. 이 같은 일반적인 고려의 결과에 관하여 이제 최종적인 말을 하는 것이 좋을 것이다.

앞에서 우리는 마리아의 수태고지 기사와 사가랴의 수태고지 기사 사이의 병행 구절을 특히 강조했다. 우리가 관찰한 병행 구절은 누가복음 1:34, 35이 그 이야기의 기본적인 구조라는 사실을 가장 분명하게 가능한 방법으로 설정한다. 이 구절들이 전체적으로나 부분적으로 제거된다면 (분명히 의도적인) 두 기사 사이의 대칭구조가 절망적으로 손상된다.

그러나 지금 관찰되어야 할 필요가 있는 것은 누가복음 1-2장의 동정녀 탄생의 원래 자리를 확립하는데 있어서 두 기사 사이의 차이점이 그 둘 사이의 유사성 만큼 중요하다는 것이다. 사실 유사성은 그것의 차이점을 강조함으로 진정한 의미를 발견하게 된다. 물론, 한 가지 명백한 차이점은 요한의 탄생에 관한 수태고지가 아이의 아버지에게 온 반면에, 예수님의 탄생에 관한 수태고지는 어머니에게 온 것이다.

이러한 차이점은 무슨 이유인가?

정말 삽입자가 이 만큼 독창적이었는가?"

제6장 누가의 이야기 원형   241

그 차이점은 단순히 우연에 기인하는가?

하르낙이 생각하는 것처럼 두 경우에 전통에서 전해 내려오는 방식에—단순히 예수님에 관한 이야기가 마리아를 특히 숭배하고 그녀가 끼친 인상에 의해 영향을 받은 자들에 의해 보존되었다는 사실에—기인하는가?[57]

만약, 이 후자의 추측이 적합하다면 누가의 유아기 이야기를 간접적으로 주님의 어머니에게 귀속시키려 하는 전통적인 견해에 양보를 한다. 이 같은 허용은 아마도 하르낙처럼 그 이야기의 역사성을 거절한 많은 사람들에 의하여 이루어진 것은 아니다. 그리고 인정하려 하지 않는 자들, 즉 마리아나 그녀의 추종자들과 그 이야기의 특별한 관계를 인정하려 하지 않는 자들에게 수태고지 장면에서 요셉 대신에 마리아를 중심적인 위치로 올려 놓은 것은 문제가 된다. 그러나 만약, 우리가 그 이야기의 마리아 기원을 받아들일지라도—그리고 하르낙이 선호한 것들보다 훨씬 더 분명한 방법으로 그렇게 할지라도—여전히 그 이야기에서 마리아의 유일한 위치는 설명을 요구한다.

요점은 마리아는 특별한 관심—그녀의 가장 깊숙히 있는 생각들이 말하여 졌다—을 받았을 뿐만 아니라 마찬가지로 그 아이가 요셉과 그녀에게 동일하게 속한것이었다면 어색했을지도 모를 실제적인 명성을 그녀가 받았다는 것이다.[58]

우리가 스스로 여기서 발견한 것은 진퇴양난에 빠졌다는 사실이다. 한편으로, 그 이야기가 아주 비역사적이고 실제 마리아와 연결된 어느 전통에 근거를 두고 있지 않았다면 우리는 이 내러티브나 그것을 뒷받침하는 전설이—이 경우에 그것은 완전한 창작의 자유가 있기 때문에—마리아를 어떤 의미에서 요셉에게 적용되지 않은 아이의 한 부모로 간

---

57 Harnack, *Neue Untersuchungen zur Apostelgeschichte*, 1911, 109f.(영어 번역, *The Date of the Acts and of the Synoptic Gospels*, 1911, 155f.)

58 요셉에 대한 마리아의 탁월성은 눅 1:5–2:52의 이야기 전체를 통하여 이어지고, 그것은 마지막에 나타난다. Farrar(*Life of Christ*, I, 1874, 77)가 관찰한대로, 눅 2:48에 따라서 성전에서 소년 예수님에게 말한 사람은 요셉이 아니라 마리아이다.

주하지 않는 한 어떻게 어머니에게 그런 중요성을 귀속시키게 되었는지 우리는 알지 못한다. 확실히 그 이야기는 남자보다 여자를 선호하는 일반적인 편애를 나타내지 않는다. 왜냐하면 세례 요한의 경우에 수태고지가 사가랴에게 이루어지고 엘리사벳이 아닌 것으로 나타났기 때문이다.

그러므로 만약, 그것이 예수님과 요셉의 관계가 요한과 사가랴의 관계와 비슷한 것으로 간주된다면, 왜 요셉이 사가랴 처럼 천사의 약속의 수혜자가 되지 않았을까?

그만큼 딜레마에 빠져 있다고 말하여질 것이다. 그러나 만약, 후자의 딜레마가 선택된다면-그 화자가 실제로 마리아에게서 유래한 역사적 전통에 의하여 구속된 것으로 간주된다면-여전히 그 이야기에서 마리아의 명성이 중요하게 남는다.

우리는 마리아가 특별한 이유 없이 그녀 자신에게 그런 명성을 귀속시켰다고 추측해야 하는가?

이런 추측은 내러티브에 나타난 마리아의 성품을 감안할 때 극도로 가능성이 없다. 그러므로 우리가 그 이야기의 궁극적 기원에 관하여 어떤 견해를 취하든, 요셉에 대한 마리아의 탁월성-엘리사벳에 대한 사가랴의 탁월성처럼-은 약속된 아이과 그녀와의 관계가 요셉과 공유할 수 없는 특별한 무엇인가가 있음을 가리킨다. 다른 말로, 누가복음 1:34, 35에서 매우 분명히 증명된 초자연적 잉태를 가리킨다는 것이다. 삽입이론 옹호자에 의한 이 구절들의 제거는 실제로 처음부터 끝까지 그 이야기의 의미를 푸는 열쇠를 우리에게서 빼앗았다.

더욱이 또한 두 수태고지 기사 사이의 관계가 동정녀 탄생을 전제한다는 또 다른 방법이 있다.

어떤 공감하는 독자가 두 기사의 관계가 최고조의 관계라는 것을 보지 못할 수 있을까?

분명히 그분의 선구자 요한과 비교하여 예수님의 위대성을 드러내는 것이 화자의 의도이다. 그러나 요한의 탄생 수태고지에서 탄생의 방식은 특별한 탁월성을 받았다. 아이는 나이든 부모에 의하여 태어날 것이라고 언급되었다. 그리고 이런 인물 주위에 그 이야기의 큰 부분이 맴

돈다. 사가랴의 불신과 그 불신에 대한 책망은 약속된 아이의 생애에 일어날 사건들에 대한 예언 때문이 아니라, 그의 출생의 놀라운 방식에 대한 예언에 의하여 야기되었다.

우리는 이 평행 기사에서 사가랴에 대한 수태고지의 이러한 핵심적 요소와 일치하는 요소가 아무 것도 없다고 추측해야 하는가?

우리는 요한의 약속된 출생의 비범한 방식에 대해 이 같이 특별히 강조를 한 후 천사가 일반적인 예수님의 출생 약속을 이야기하기 위하여 왔다고 추측해야 하는가?

우리는 요한이 신적인 은혜의 특별한 경륜에 의하여 나이든 부모에게서 태어난 반면에, 예수님이 단순히 요셉과 마리아의 아이였다고 추측해야 하는가?

이보다 더 완벽하게 이야기의 핵심을 놓칠 수 있는 추측은 없을 것이라고 우리는 생각한다. 36절과 37절은 확실히 두 기사 사이의 관계를 위한 진정한 열쇠를 제공한다. 천사는 거기서 예수님의 탄생에서 보다 분명한 유형으로 나타나야 하는 하나님의 전능하심의 한 실례로서 나이든 어머니에게 다가오는 세례 요한의 출생을 지적한다. 이러한 언급에 비추어 볼 때 두 수태고지 기사의 평행의 의미는 명백하다. 두 기사의 유사성은 엄청난 차이를 가장 명백하게 드러내도록 의도되었다. 그리고 그 차이는 태어날 두 아이의 상대적 위대성뿐만 아니라 수태 방식과 관계된다. 만약, 초자연적인 사건까지는 아니더라도 요셉의 경우에 이 놀라운 잉태 다음에 뒤이은 예수님의 경우에도 단순히 자연적인 잉태는 삽입 이론에서 우리가 발견하도록 요구하는 것으로 그 이야기의 구성자에게 실망스러운 결말이 수반되는 것으로 여겨졌을 것이다. 그 이야기의 전체 구조는 그 같은 것에 대하여 웅변적으로 항의한다.

하지만, 이 점에서 하나의 반대가 제기될 수 있다. 그것은 본래 우리의 주장에 대한 반대가 아니라 그것을 우리가 사용하는 것을 반대하는 대인논증(argumentum ad hominem)이다. 우리는 사가랴의 수태고지 기사와 마리아의 수태고지 기사 사이에 의식적인 병행법이 있다는 것과 그 저자는 탄생의 방식에서도 예수님과 요한을 대조해서 예수님이 소유한 우월성을 보여주고자 명백히 의도했다는 것을 주장했다.

그러나-반대자들이 주장하듯이-저자의 의도에 대한 이러한 견해는 이야기의 역사성을 부정하는 것이 아닌가?

만약, 우리가 발견한 병행구를 드러내는 것에 관해 저자가 그러한 자유로 그의 자료를 배열했다면 그리고 그가 요한보다도 우월한 예수님을 보여주고자 고의로 배열했다면, 이러한 목적을 추구하기 위하여 사가랴와 마리아에게 실제로 일어난 것과 관련된 정보에 의해 그에게 부과된 억제로부터 자유로웠어야 하지 않은가?

다른 말로 우리가 그 이야기에서 발견한 인위적 대칭은 그것의 역사적 진실성을 수용하지 못하게 하고 있는 것은 아닌가?

그리고 우리가 그것의 역사적 진실성을 변호하려고 의도했기 때문에, 그것의 진실성을 부정하는 자들과 구별되는 것처럼, 우리는 우리가 방금 사용한 삽입 이론에 반대하는 특별한 주장을 위한 어떤 권리를 가지고 있는가?

대답으로, 우리가 주장하고 있는 그 대칭이 일어나게 한 방법과 관련해 우리의 주장은 어떤 특별한 견해에 의존하지 않는다고 간단히 언급될 수 있다. 만약, 저자가 그 자신이 자유로운 의도로 균형을 맞추었다면 그것이 가능한 것처럼, 신적 배열에 내재된 대칭을 재구현한 것이라면 그것이 가능할 것이다. 두 경우에 균형은 그 이야기에 의도적이었을 것이다. 더욱이 매우 정확한 이야기에서도 확실한 특징이 특히 드러나도록 하는 자료의 그러한 선택과 배열의 가능성이 있다. 신중히 고려하여 상세하게 그린 초상화는 때때로 사진보다 덜 사실적이지 않고 더 사실적이다. 그래서 이런 경우에, 사가랴의 수태고지와 병행 구절에서 처럼 저자가 마리아의 수태고지를 나타냈을 때 그 사실을 곡해하지 않았다고 우리는 생각한다. 그 병행 구절은 그 사실 안에 내재되어 있다고 우리는 생각한다. 그리고 그 기록자는 그것을 훼손하지 않았을 때 그는 기술자일 뿐만 아니라 진실한 역사가임을 스스로 보여주었다.

그러나 요점은 우리가 병행의 근거가 되는 그 본문의 진정성에 찬성하는 주장이 그 이야기가 역사적이라는 견해를 주장 하더라도 그것은 마찬가지로 자유로운 창작의 산물이라는 가설을 주장한다. 어느 경우이든 병행구가 거기에 **존재했다 할지라도** 그것은 확실히 실제로 거기에 '존재한다.' 그리고 결정적인 점에서 그것이 원래 결점이 있었다고 주장한 삽입 이론은 문학 비평이 제공할 수 있는 가장 강력한 종류의 반대에 직면하게 되었다.

그러면 우리의 결론은 누가복음 1-2장의 전체 이야기에서 그리스도의 동정녀 탄생에 대한 절정과 핵심을 발견한다는 것이다. 피상적인 읽기는 반대의 결론으로 인도할 것이다. 그러나 그 이야기에 공감해서 그 이야기의 내적인 정신에 호의적으로 참여할 때 동정녀 탄생이 어디에서나 전제되었음을 본다. 선구자의 경우에서 볼 수 있는 덜 기적적인 설명, 요셉 대신에 마리아를 전면에 등장시킨 허약하지만 중요한 방법, 전체 이야기가 던져주는 고상한 실마리-이 모든 것은 초자연적 수태라는 최고의 기적 없이 이해될 수 없다. 그러므로 삽입 이론은 단순히 증거의 부족뿐만 아니라 (문학 비평에서 합리적으로 생각될 수 있을 만큼 충분히) 적극적으로 논박되었다.

누가 이야기의 진정성에 대한 또 다른 공격은 그것이 삽입 가설의 정상적인 형식과 구별되는 것이 있기 때문에 별도로 고려할만하다. 우리는 1911년에 출판된 단행본보다 보다 초기의 연구서에 근거한 다니엘 뵐터(Daniel Völter)의 이론에 주목한다.[59] 뵐터는 기독교의 요소 외에 세례 요한의 분파에서 나온 이야기가 누가복음 1-2장에 깊이 새겨져 있음을 주장한다. 물론, 이 이야기는 누가복음 1:5-25의 사가랴 수태고지의 기사를 포함한다. 그러나 그것이 포함된 그 기사 이후-여기서 우리가 그 이론의 특별한 요소에 접근한다-엘리사벳에게 가브리엘 천사에 의한 수태고지 기사는 한 기독교 작가에 의해 마리아에 대한 수태고지 및 마리아의 엘리사벳 방문의 일화로 대치했다. 왜 엘리사벳의 임신 '여섯 달'이 누가복음 1:26에 언급되어야 했는가? 하고 뵐터는 묻는다. 시간을 고정하는 그런 방식은 엘리사벳에 관한 일화에서만 자연스럽다고 그는 말한다. 하지만 보다시피 지금

---

59 Völter, *Die evagelischen Erzaehlungen von der Geburt und Kindheit Jesu*, 1911.

제시된 이야기에서 그 일화는 엘리사벳이 아니라 마리아와 관련된다.

이런 부조화는 명백하게 편집자에게 기인되고 원래 누가복음 1:26-29의 수태고지는 엘리사벳을 위한 수태고지였다고 뷜터가 주장한다. '여섯 달'의 실제적인 중요성은 누가복음 1:41에 나타난다고 뷜터는 계속 주장한다. 여섯 달은 엘리사벳의 태중에 있는 아이가 생명의 표징을 준 시점으로 특징짓는다. 그러므로 원래 아버지 사가랴에게 먼저 수태고지가 임했고 그 다음에 동일한 천사에 의하여 어머니 엘리사벳에게 임했다. 그 다음 복중에서 뛰어노는 아이와 엘리사벳의 감사에 이어(거의 모든 사본에서) 잘못해서 마리아에게서 기인된 마리아 찬가가 이어진다. 그러므로 뷜터에 따르면 사가랴에게 요한의 탄생 수태고지 후에 원래 세례 요한 이야기에 다음의 말들이 있었다는 것이다.

> 그리고 6개월 후에 천사 가브리엘이 하나님으로부터 유다 베들레헴의 언덕마을로 보냄 받았다. 그리고 그는 사가랴의 집에 들어가서 엘리사벳에게 인사했다. "평안할지어다 주께서 너와 함께 하시도다." 그리고 보라 너는 한 아들을 낳을 것이고 그의 이름을 요한이라 부를 것이다. 그러자, 엘리사벳이 천사의 인사를 듣고, 아이가 그의 태에서 뛰놀았고, 엘리사벳은 성령으로 충만했고 몹시 기뻐하며 말했다…

그 다음에 마리아 찬가가 나오고 뒤이어 세례 요한의 탄생에 대한 설명과 그의 이름 지음 그리고 나서 짧은 형식의 사가랴 찬가가 나오며 뷜터가 현재의 형태에 나타난 기독교적 삽입이라고 생각한 요소는 나타나지 않는다. 원래 요한의 (비기독교인인) 제자들에게서 유포된 세례 요한의 출생에 관한 이런 설명은 복음서 기록자에 의하여 채택되었고 처음에는 거의 그대로 복음서에 합병되었다고 뷜터는 생각했다.

그러나 복음서 기록자는 그 옆에 (그 복음서의 제2장) 예수님의 탄생 이야기를 놓음으로써 그가 타당한 관점으로 간주한 것에 그것을 즉시 배치했다. 그 다음 후대의 한 편집자가 엘리사벳의 수태고지 대신에 마리아의 수태고지와 마리아의 엘리사벳 방문으로 대치함으로써, 그리고 다른 편집적인 변화를 거쳐 이 두 장을 현존하는 정경형태처럼 고쳤다. 바로 이 편집자에 의해서 동정녀 탄생의 개념이 처음으로 그 이야기에 소개되었다는 것이다. 이 이론은 최근에 에드워드 노르덴(Edward Norden)에 의하여 우리가 제14장에서 논의할 그의 단행본에서 필수적으로 채택되었고[60] 약간의 추가적인 지지를 얻었다.[61]

그 이론에 관한 비평은[62] 다음과 같다.

첫째, 추정상의 요한과 누가복음 1-2장의 추정상의 기독교인 부분에서 형식과 정신의 두드러진 통일성을 지적할 것이다.

뵐터는 그런 통일성을 부정하지만, 그의 부정에도 불구하고 그것은 확실히 현저하게 나타나있다. 예수 이전과는 구별된 기독교적 개념이 그 이야기의 요한 부분에 없는 것은 사실이지만 '기독교인' 부분 – 물론, 아기 예수님이 처녀 탄생의 메시아로 묘사된 사실에서 포함된 것을 제외하고 – 에서도 나타나지 않는다.

둘째, 우리는 뵐터의 상세하게 주장하는 것들에 대한 약점-특히 누가복음 1:26에서 '여섯 달'의 언급에서 파생된 주장-을 지적할 것이다.

불트만이 지적한대로,[63] 그 때의 기록이 엘리사벳을 위해 중요하고 마리아를 위해서는 그렇지 않다는 것은 사실이 아니다. 왜냐하면 그것은 천사

---

60 1902년에 Völter와는 독립적으로 저술하여 그의 연구가 이미 나타난, J. R. Wilkinson(*A Johannine Document in the First Chapter of St. Luke's Gospel*)은 어떤 면에서 Völter와 비슷하지만, 또한 차이점들을 나타낸 한 이론을 공표했다. 특히 Wilkinson의 소책자, 34-40와 "The First Two Chapters of Luke," in *Princeton Theological Review*, x, 1912, 274f. 이란 논문에서 필자의 논의를 보라.

61 Norden, *Die Geburt des Kindes*, 1924, 102-105; Klostermann, *op. cit.*, 2te Aufl., 1929,4f. 또한 Bultmann, *op. cit.*, 1931, 320-323을 비교하라. 명백히 Völter와는 다르게, Norden은 후대의 편집자가 아니라 복음서 기록자 자신에게 누가복음의 첫 장에 편집적 행동을 귀속시킨다. 그러나 이 차이는 그 이론의 특징적인 모습에 영향을 주지 않는다.

62 방금 인용한 논문 *Princeton Theological Review*, x, 1912, 272-275를 비교하라.

63 Norden의 서평, *Theologische Literaturzeitung*, xlix, 1924, col. 323.

가 마리아의 수태고지에서[64] 지적한 표적이 복중에서 아이가 뛰노는 것에 의하여 관찰될 수 있던 때를 특징짓기 때문이다.[65] 그 이야기는 현재 상태로 서로 연결되어 있고 편견 없는 독자에게 의심없이 모든 부분의 형식과 정신이 통일성이 있다는 인상을 주고 있는 것을 뒤집을만한 최소한의 이유도 없다.

일반적으로 뵐터의 이론이 단지 삽입 가설의 정상적인 형식에 대한 불확실성을 새롭게 증명하는데 기여했다는 것은 언급될 것이다. 누가복음 1:34 이하의 구절은 뵐터가 옳게 말한 대로 그 문맥과 분리될 수 없다.[66] 그것들은 36절 이하에서 뿐만 아니라, 26-33절 전체에서 전제되었다. 그것들이 없다면 마리아의 수태고지 전체는 그 요점을 상실한다. 뵐터가 말한 누가복음 1:26-41의 구절 전체는 한 명의 저자에 기인한다. 그러므로 누가복음 1-2장의 진정성에 대해 최근에 부정하는 것은 전에 비평가들이 그 이야기에서 막연한 연결로 간주된 것이 실제로는 유기적으로 연결되어 있다는 것이다. 34-35절만이나 34-37절도 제거하는 것은 가능하지 않다. 뵐터는 그 부분만큼은 옳게 관찰했다. 그러나 그 자신의 매우 위험한 이론이 매우 일반적으로 받아들여지는 거절할 수 없는 것이라고 말하여질 수 없다.

한 가지 확실한 관찰은 누가복음 첫 장에 관한 뵐터 이론-특히 기독교적 개념이 누가복음 1:5-25과 세례 요한과 관계된 이야기의 다른 부분에 결여되었다는 관찰-의 기초가 된다. 하르낙은 참으로 뵐터의 것과 같이 정교한 문서분석을 알리기 위해서가 아니라 전통적으로 내려온 그 이야기의 이런 요한 부분이 요한의 제자들 중에 보존되었다는 견해를 추천하기 위해서 이 동일한 관찰을 사용했다.[67]

누가복음 1장의 이야기는 단지 두 개의 중요한 자료로부터가 아니

---

64 "보라 네 친족 엘리사벳도 늙어서 아들을 배었느니라"(눅 1:36).

65 눅 1:44.

66 *Op. cit.*, 20-22.

67 계속되는 것을 위해서 *Princeton Theological Review*, x, 1912, 275-277에 인용된 논문을 보라.

라 심지어는 궁극적으로 두 개의 종교 진영으로부터 파생되었다고 그는 생각한다. 왜냐하면 원래 예수님 이야기의 서론으로 작성된 것이 아니라 독립적인 가치를 가졌음을 여전히 보여주는 세례 요한의 출생 이야기는 또한 누가복음 3:1 이하(그것이 마가와 Q 자료를 극복하는 한)가 방대한 연대기 기록을 포함하여 명백히 유래된 요한의 제자단에서 일어난 것이 틀림없기 때문이다.⁶⁸ (하르낙의 주장에 따르면) 누가복음 1:39~45,46은 원래는 구별된 두개의 탄생 기사를 하나로 묶는다. 이 이야기의 전자는 원래 메시아 예수님의 선구자로서가 아니라, 구속하시는 여호와의 오심을 위한 길을 준비함으로서 세례자를 공표했다.⁶⁹ 따라서 요한의 출생 이야기는 매우 오래 되었고 누가의 정신과 형식으로 요한의 제자들의 전통을 나타낸다.⁷⁰

하르낙의 이 가설은 가능성이 전혀 없지는 않다. 그러나 그것이 성립될 수 있다면, 전적으로 단지 누가복음 1장이 비역사적일 경우만이다. 왜냐하면 만약, 마리아가 실제로 누가복음 1:36에서 주장된 것처럼 엘리사벳과 관계되었다면 그리고 만약, 두 어머니가 실제로 누가복음 1:39 이하에서 묘사된 방식으로 접촉하게 되었다면 예수님의 탄생의 한 가족 역사는 또한 선구자의 출생과 연관된 사건들을 포함하지 않고서는

---

68 눅 1:5-5, 46-55, 57-80.

69 눅 1:16 이하.

70 Harnack, *Neue Untersuchungen zur Apostelgeschichte*, 1911, 108f.를 보라.(영어 번역, *The Date of the Acts and of the Synoptic Gospels*, 1911, 153f.를 비교하라.) 각주(Ibid)에서 Harnack은 말한다. "누가가 스스로 기독교 공동체와 연합되기 전에 세례 요한의 제자들에 속한 것은 불가능하지 않고(Anhaenger der Taeuferbewegung gewesen ist), 이미 그가 그의 복음서를 위하여 나중에 사용한 역사적 연구를 수행했다. 그가 요한의 운동과 '성령'을 향하여 그의 복음서 (그리고 사도행전)에서 추측한 태도는 이 가설을 지지하기 쉽다. 더욱이 눅 3:15 "백성들이 바라고 기다리므로 모든 사람들이 요한을 혹 그리스도신가 심중에 생각하니"에서 (우리는 Harnack이 인용한 헬라어 원문 대신에 여기서 영어 번역을 소개했다), 누가는 아마도 눅 1장의 이야기 후에, 매우 자연스럽게 보이는 그 자신의 경험을 위하여 표현했을 것이다. 이 이야기는 단지 세례자의 제자단에서 유래될 수 있었고 그런 제자단과 연결된 사람들에 의해서만 예수님의 역사 초기에 자리 잡을 수 있었을 것이다."

작성되기 힘들었을 것이다.

　누가복음 1:5-25에서 요한은 정말로 특히 메시아가 아니라 여호와의 선구자로 나타난다. 그런 사실은 만약, 그 이야기가 요한의 한 비기독교인 제자에 의하여 작성되었다면 납득되었을 것이다. 그러나 그것은 만약, 누가복음 1:15-17에 있는 요한의 사역에 관한 묘사가 사후예언(Vaticinium ex eventu)이 아니라, 하나의 진정한 예언이라면 동일하게 납득될 만하다. 왜냐하면 예언에서 명확성은 요구되지 않기 때문이다. 구약은 그 교훈의 한 요소에 따라 여호와의 오심을 미래의 구속과 연결했다. 여호와께서 오실 정확한 방식에 대해서는 구약 시대나 또는 예수님이 오시기 직전 시대와 명확하게 계시되지 않았다. 그러므로 누가복음 1:5-25의 비기독교적 성격은 하나의 비기독교적 분파에서의 기원을 나타내는 것이 아니라 단순히 그것의 역사성을 보여 준다. 그것은 한 기독교의 작가에 의하여 작성될 수 있었던 것이 아니라-기독교 작가가 거짓을 말한 것이 아닌 한-요한문헌의 작가에 의하여 작성되었음에 틀림없다.

　하여튼 하르낙의 가설은 누가복음 1장에 있는 요한의 전통에 관해 뵐터와 노르덴의 가설처럼 문서설과 예리하게 구별되었어야 한다. 하르낙의 이론은 그 이야기의 역사성과 조화되는 형식으로 주장되었을 것이다. 왜냐하면 요한의 제자단이 (정말로 그 제자단이 존재했다면) 그 집단이 호소하는 사람을 위하여 한 사람의 출생에 관한 진정한 역사적 정보를 보존하지 않을 이유가 없다.

　그리고 한 기독교인 작가가 예수님에 관한 역사적 정보와 요한에 관한 그 역사적 정보를 연결함으로써 오늘날과 같은 형태의 누가복음 1~2장을 완성하지 못할 이유가 없기 때문이다. 문서 조작의 한 과정에서 (동정녀 탄생의 언급을 포함하여) 예수님과 관계된 누가복음 1장의 그런 부분을 이차적인 요소로서 제시한 뵐터의 이론은 많이 다르다. 이 이론이 바로 우리가 실제로 논박하기 위해 관심을 가진 것이다.

　그리고 그것은 우리가 살펴 본 대로 확실한 방법으로 거절될 수 있었다. 그러면 우리는 우리가 삽입 가설의 평범한 형태를 고려한 후에 도달한 그 결론을 바꿀 이유가 없다. 동정녀 탄생의 언급을 그 이야기의 이차적인 요소로 묘사한 누가복음 1-2장의 진정성에 관한 모든 공격은 두드러지게 실패했다.

제7장

마태의 이야기

앞의 다섯 개의 장에서 누가복음을 다루었다. 이제 그리스도의 동정녀 탄생을 증명하는 두 복음서 중 다른 것, 즉 마태복음으로 방향을 바꿀 때이다.

이 복음서는 우리가 방금 다루었던 것들과 달리 저자의 인격은 전적으로 배후에서 다루어진다. 누가복음과 사도행전에서 저자는 이름을 언급하지 않았지만 자신을 인격적으로 두 서문에서 소개하고 (적어도 그의 말의 유일한 자연적 해석에 따라서) 그가 이야기한 사건들의 목격자인 것을 1인칭 복수를 사용하여 나타낸다. 다른 한편으로 마태복음에는 이 같은 현상이 아무 곳에서도 관찰되지 않는다. 반대로, 저자의 인격성이 이보다 완전하게 감추어진 책을 발견하기는 어려울 것이다. 만약, 누군가가 이미 저작권의 전통적 견해를 수용했다면, 마태(레위)의 소명이 이 복음서에서 다른 것과 비교함으로써 이야기 방식의 의의를 간파하는 것은 가능했을 것이다.

그러나 확실히 이런 특수성들은 이미 다른 고려들에 의하여 제시되지 않았다면 그런 견해 자체로는 결코 세워질 수 없었을 것이다. 그러므로 이 복음서의 저작권에 관한 결정은 책 자체의 어떤 특수한 저작권 지적에 의존하는 것이 아니다. 왜냐하면 아무것도 없기 때문이다. **대신**

책에 포함되어 있는 자료의 성격과 관련해서 저작권을 결정할 때 주제에 관한 초기 기독교 전통에 대한 우리의 평가에 의존한다.

그럼에도 불구하고, 첫 번째 복음서가 배경적으로 저자의 인격을 보존하더라도 내용에 있어서 저자가 기록했을 때에 저자가 마음 속에 품고 있었던 의도를 나타낸다. 이 복음서가 특히 유대인에게 언급되었다는 것은 널리 알려졌다. 예를 들어, 그것의 유대적인 의도는 예수님의 생애의 사건들에서 구약 예언의 성취를 할당하는데 특히 두드러지고 있다. 그리고 특별한 유대인의 공격에 대한 답변에서 나타난다.

참으로 이점에서 과장은 피해야 한다. 한편으로 모든 복음서—단순히 이 복음서만 아니라—는 구약 예언의 성취에 관심이 있다. 그리고 다른 한편으로, 이 복음서는 확실히 초대 교회의 이방인 선교 원리와 불일치를 드러내고 있다는 의미에서 또는 그것이 유대인의 공격에 대해 답변을 하는 데 혼란스러운 방법으로 그 사건에 끼어들고 있다는 의미에서 유대적이지 않다.

그러나 이 같은 조건에도 불구하고, 복음서의 본질적인 유대적 특성은 굳건하게 가지고 있는 것으로 보인다. 이런 면에서 다른 복음서들과의 차이가 그다지 두드러지지 않는다. 그것들은 윤곽이 뚜렷한 논법의 차이점이라기보다는 오히려 미묘한 강조의 차이점들이다. 아마도 이 복음서는 처음부터 유대인을 위하는 것과 마찬가지로 이방인을 위하여 의도되었다. 확실히 그것은 칭찬할만하게 양자의 필요에 적합하게 되었다. 그러나 확실히 특별한 유대인적 언급은 부정될 수 없다.

누가복음에서처럼 이 복음서에서 예수님의 탄생과 유아기 기사는 첫 두 장에서 발견된다. 그러나 이 장들이 책의 원래 부분을 형성했다는 것은 결코 의심될 수 없다. 실패의 노력은 반대의 결론을 세우려는 현대 비평의 과정에서 이루어졌다. 그러나 그것들에 대한 증거는 압도적이다.

예를 들어, 힐겐펠트는 제3장이 이전에 존재했던 것과 원래적으로 결합된 것이라면 마태복음 3:1은 자연스럽지 않았을 것이라고 주장한다.[1] 세례 요한의 공적인 출현은 제2장 끝에서 언급된 요셉과 마리아가 나사렛에 정착한지 수년 후에 일어났다고 말한다. 따라서 요한이 나타난 때를 고정한 '그 날에'라는 구절은 그 사건의 배후로 관련시키기 어렵다. 따라서 힐겐펠트는 그 구절이 원래 족보와 연결되며 마태복음 1:18-2:23은 나중에 첨가되었다고 추측한다. 족보에 망라된 오랜 기간과 비교하여 '그 날에' 즉 많은 이전의 족보와는 구별된 '예수의 날에'라는 구절이 의미하는 것은 매우 자연스러웠을 것이라고 그는 생각한다.

그러나 마태복음 3:1이 족보와 연결된다는 언급이 오히려 있음직 하지 않게 보인다는 것은 확실히 대답될 수 있을 것이다. 왜냐하면 족보는 개념의 표현이고 앞선 시기와 구별된 한 시기에 그 끝에서 주의가 고정되지 않기 때문이다. 오히려 '그 날에'라는 구절은 이야기의 본질에서 어떤 것이 앞서야 할 것을 요구하고 이 요구는 족보로는 만족되지 않는다. '그 날에'가 언급한 기간이 마태복음 2:23에 언급된 거기서 요셉과 마리아의 정착에 따른 나사렛 거주기간이라고 생각하는 것은 확실히 훨씬 더 자연스럽다.

단순히 마태복음 1:18-2:23만이 아니라 첫 두 장 전체가 후대의 첨가라고 추측하는 힐만에 따르면,[2] 누가복음 3:1에 있는 것과 비슷한 연대기적 기록은 1장과 2장을 첨가한 편집자에 의하여 마태복음 3:1에 남아있다. 그 편집자는 실제로 30년의 간격이 지난 후에 일어난 일에 대해 '그 날에'라는 구절을 적용하여도 괜찮을만큼 그 시간과는 먼 거리에 있다. 그러나 아마도 복음서 저자는 책을 썼을때, 특히 (연대기와 관

---

[1] "Friedrich Loofs gegen Ernst Haeckel," in *Zeitschrift fuer wissenschaftliche Theologie*, xliii, 1900, 269. 그와 같이 또한 Merx, *Die veir kanonischen Evangelien nach ihrem aeltesten bekannten Texte*, II, I, 1902, 14f. 복음서의 나머지로부터 전체적으로나 부분적으로 마 1-2장을 분리하기 위한 비평적 시도에 관한 토론은 "The New Testament Account of the Birth of Jesus," second article, in *Princeton Theological Review*, iv, 1906, 61-63에서 현 필자에 의해 거론된 것과 비슷하다.

[2] "Die Kindheitsgeschichte Jesu nach Lukas," in *Jahrbuecher fuer protestantische Theologie*, xvii, 1891, 259f.

련해서) 복음서 전반에 걸쳐서 사건들을 느슨하게 연결한다는 관점에 비추어 이처럼 긴 시간적 괴리가 이 구절과 조화될 수 있는지 살펴보았을 것이다. 실제로 마태복음 2:23은 마태복음 3:1에 언급된 사건 이전에 오랜 동안 일어난 사건에만 직접 관계하지만, 실제로 그 사건에 따라오는 나사렛 거주의 오랜 기간을 함축한다. 바로 '그 날에'라는 구절에 나타난 기간이다. 더욱이 마이어는[3] 명백히 (나사렛이 언급되지 않은 다른 복음서와는 구별되게) 마태복음 4:13이 마태복음 2:23에서 나사렛의 거룩한 가족의 정착을 전제한다는 사실에 주의를 기울일 것을 요구한다.

이와 같이 3장을 시작하는 구절은 첫 두 장이 복음서에 추가되었다는 특징을 전혀 드러내지 못한다. 동시에 내용 자체에 근거한 주장도 설득력이 없다. 힐겐펠트는[4] 마태복음 1:18-2:23이 복음서 저자와는 다른 어떤 사람의 저작이라는 지적으로서 다음과 같이 열거한다.

(1) 구약의 실용주의
(2) 이방인에 대한 친근한 태도
(3) 하나님의 아들로 태어난 그리스도에 관한 견해

그러나 '구약의 실용주의'는 오히려 구약의 예언 성취를 철저히 보여주는 데 관심 있는 복음서에 대한 저자의 손을 드러낸다. 이방인에 대한 친근한 태도는 동방박사들의 이야기가 본질적으로 사실이라면 아무것도 증명하지 못한다. 왜냐하면 그 이야기의 내용과 구별된 것으로서 그 이야기의 단순한 형식에는 유대인을 희생해서 이방인 방문객을 극대화하려는 어떤 증거도 없기 때문이다.

더욱이 왜 전체 책의 저자는 스스로 유대인에 의한 복음의 거절과 이방인에 의한 그것의 수용을 대조하려고 생각하지 않았을까?

끝으로, 힐겐펠트의 세 번째 관점에 관하여 복음서 저자는 편집자와 마

---

3 *Kritisch-exegetischer Kommmtar ueber das Neue Testament*, 6te Aufl., 1876, 70.

4 *Loc. cit.*

찬가지로 그리스도가 하나님의 아들로 태어났다는 견해를 주장했을 것이라고 간단히 언급할 수 있을 것이다. 어떤 이는 - 적어도 편집자는 - 다윗의 자손과 동정녀 탄생을 동시에 주장했다.

그러면 왜 저자는 그렇게 하지 않았을까?

마태복음 1-2장의 후기 삽입설에 관한 모든 가설에 대하여 먼저 문헌적으로 증명된 일치가, 두 번째로는 복음서의 이 부분과 주요부분 사이에 나타난 언어와 형식의 현저한 유사성이 주장될 수 있을 것이다.

문헌적으로 증명된 일치는 커니베레와[5] 힐겐펠트에[6] 의하여 의심을 받았다. 그들은 6세기 사본으로 현존하는[7] 어떤 시리아 소논문에서 마태복음 2:1-13이 본문에 삽입되었다면 주후 119년이나 120년일 것이라는 취지의 증거를 발견했다. 그 소논문은 유세비우스에 의해 기인되고 별과 동방박사들의 설명을 목적으로 하고 있으며, 그 역사는 주후 119년과 동일시될 수 있는 시기에 기록되었을 것으로 언급되고 있다. 커니베레에 따르면 "이 논문의 시리아 저자는…119년 또는 120년의 정경 이전의 헬라어 자료를 그의 손에 가졌다"고 한다. 날짜를 보여 주는 간지는 이 자료에 해당된다는 것이다. 의심 없이 그 기록은 흥미를 일으키지만, 그것으로부터 끌어낸 결론은 최소한으로 말해서 문제가 많고 현대의 학자들 가운데 어떤 주목할 만한 수용도 얻지 못한 것으로 보인다.[8]

그러므로 우리는 마태복음 1-2장이 첫 번째 복음서의 한 부분이라

---

5 "Mr Headlam and the Protevangel," in *Guardian*, lviii, 1903, 469; "The Protevangel," Ibid., 608.

6 "Die Einfuehrung des kanonischen Matthaeus-Evangeliums in Rom," in *Zeitschrift fuer wissenschaftliche Theologie*, xxxviii, 1895, 447-451; "Friedrich Loofs gegen Ernst Haeckel," Ibid., xliii, 1900, 269.

7 그 사본은 William Wright에 의하여 *Journal of Sacred Literature*, ix(new series), 1866, 117-136에 출판되었다. 그리고 번역은 동일한 *Journal*, x, 1867, 150-164에 동일 저자에 의하여 출판되었다.

8 Conybeare의 주장에 대하여, Moffatt, *Introduction to the Literature of the New Testament*, third edition, 1918, printing of 1925, 251f를 보라. Moffatt은 마 1-2장을 복음서의 원래 부분으로 인정한다(*op. cit.*, 250f.).

는 문헌적 증명이 모든 실제 목적에 있어서 이의 없음을 공정하게 주장할 것이다. 설사, 이 장들이 없는 복음서 형식이 존재한다고 해도 넓고 다양한 전승 과정에서 어떤 흔적도 남겨놓지 않았다. 이러한 외적 증거의 중요성은 첫 번째 복음서의 나머지와 두드러지게 유사성을 보여 주고 있는 이 부분의 문체적 특성에 의하여 광범위하게 뒷받침된다. 이러한 유사성은 이미 참고가 된 책에서 게르스도르프에 의하여 100년 전에 지적되었다.[9] 이후의 연구는 그의 결론을 전혀 뒤집지 못했다.

심지어 우연한 독자라도 주목할 수 있는 한 가지 특별한 마태의 특성은 마태복음 1-2장에 여러 번 나타난 "선지자를 통하여 주님에 의하여 언급된 것을 이루려 하심이라"는 구약 인용의 형식이다. 힐겐펠트는 복음서 본문에서 관용적 표현의 존재가 단지 편집자에 의해 기인한다고 추측함으로써 복음서의 유아기 부분과 이 책의 나머지 사이에 이러한 연결의 타당성을 피할 수 있다. 우리가 아는 한 이런 추측으로 그는 어느 후대의 학자에 의해서도 지지받지 못했다.

외적이고 내적인 증거의 결합의 관점에서, 어느 누구라도 마태복음 1:18-2:23 또는 첫 두 장 전체가 후대의 첨가라는 관점에 관하여 저명한 현대의 학자들 중 힐만,[10] 힐겐펠트와 매르크스를[11] 추종하는 자가 적다는 것은 놀랄 일이 아니다. 오늘날 바이쓰가[12] 유아기 부분 없는 마태복음과 누가복음의 형식은 전혀 없었다는 결과를 1903년에 발표한 견해에 대해 일반적으로 동의하는 데 아무도 의심하지 않는다.

족보가 탄생과 유아기의 이야기와 구별되는 것으로, 족보가 주후 170년 무렵에 만들어진 복음서에 첨가된 것임을 증명하려는 찰스의 시도에 관하여[13] 그것은 보다 일반적인 비평 이론을 때때로 뒤집는 기이한

---

9 Gersdorf, *Beritraege zur Sprach-characteristik der Neuren Testaments*, 1816.
10 "Die Kindheitsgeschichte Jesu nach Lucas," in *Jahrbuecher fuer protestantische Theologie*, xvii, 1891, 259f.
11 *Die vier kanonische Evangelien nach ihrem aeltesten bekannten Texte*, II, I, 1902, 14f.
12 J. Weiss, in *Theologische Rundschau*, vi, 1903, 208.
13 "The New Syriac MS. of the Gospels," in *Academy*, xlvi, 1894, 447f.; "The New Syriac

방법의 예로 흥미를 끈다. 커니베레는 다윗의 자손이 아닌 다른 것에 관심이 유력한 훗날에, 족보가 첨가되었다는 것이 어떻게 불가능한지를 보여주었다.[14] 그리고 배드햄은 마태복음 1:1-17이 마태복음 1:18-2:23과 완전히 분리된 것이 아니라는 사실을 중요하게 주장했다.[15] 확실히 족보 외에는 무엇이든지 원래 복음서의 일부였고, (이 결론이 위에서 언급된 것과 연결되었을 때) 마태복음 1-2장 전체가 사실임은 의심될 수 없다.

탄생과 유아기에 대한 마태의 이야기는 상응하는 누가의 이야기에서 볼 수 있는 것처럼 특별한 문학적 특성을 지니고 있지 않다. 특히 우리는 여기서 누가의 머리말과 즉시 이어지는 이야기 사이에 존재하는 것들과 같은 중요한 대조를 찾을 수 없다. 그 대조는 매우 분명하게 누가복음 1:5-2:52의 셈어적인 특성을 돋보이게 한다.

더욱이 그러한 대조를 떠나서도 마태복음 1-2장의 형식은 아마도 누가복음의 형식보다는 덜 두드러진 셈어적이다. 다른 곳과 마찬가지로 여기서도 첫 복음서는 언어학적으로 일종의 중간 과정에 있다. 유아기 부분에는 다른 곳과 마찬가지로 마가복음의 조잡함, 누가복음과 사도행전의 여러 곳에 나타난 헬라문학적 접근, 그리고 누가의 유아기 이야기에서 보여주는 구약의 시적 아름다움은 부족하다.

그럼에도 본질적으로 마태복음 1-2장의 유대인과 팔레스타인의 특성은 누가복음 1-2장 못지않게 분명하다. 여기서 누가의 이야기에서처럼, 우리는 셈어 자료에서 직접 번역되었다고 예상할 수 있을 만큼 지극히 단순한 문장구조를 발견한다. 참으로, 누가복음 1-2장보다 훨씬 덜한 병렬이 나타난다. 명확한 헤브라이즘과 아라미즘은 조금 있고, 아마도 엄격한 의미에서는 전혀 없다. 그러나 다른 한편 아람어와 헬라어를 아는 유대인에게 부자연스럽게 보이는 것이 이 부분의 형식에는 전

Codex of the Gospels," Ibid., 556f.

14 "The New Syriac Codex of the Gospels", Ibid., 474f.

15 Ibid., 513.

혀 없다. 더욱이 이야기의 내용은 형식보다 더 분명하게 유대적이다. 누가복음 1-2장처럼 여기에는 유대적인 느낌에 대한 완전한 이해가 있는 반면 이방인 환경에서만 또는 사도적 교회의 역사 후기에만 자연스럽게 보이는 완전함은 없다.

특히 정혼이 결혼과 마찬가지로 공식적 이혼을 통해서만 깨질 수 있다는 점에서 유대인의 관습을 잘 알고 있음을 볼 수 있다. 그런 점에서 유대인의 법은 전체적으로 우리의 현존하는 제도와 같지 않을 뿐만 아니라, 전체적으로 헬라-로마 세계의 주요한 제도와도 같지 않았다. 이런 점에서 마태복음 1:18-25에서 당연한 일로 나타난 것이 1세기의 이방 작가들에게 매우 이상하게 보였을 것이다.[16] 구약의 예언은 비교적 짧은 단락에도 불구하고, 마태복음 1:18-2:23에서 다섯 번이나 인용되었다. 족보는 유대인의 개념과 철저하게 일치하는 방식으로 진술되었다. 그러나 이 같은 세부적 관찰은 보다 이야기 전체의 정신과 전망에서 발견되는 희미하지만 확실한 유대인 기원의 증거로만 보충된다.

오늘날 저자인 복스는 보다 덜 정확하게 이 부분의 유대적 형식을 특징지으려 노력했다. 그는 누가복음에 상응하는 부분에서 처럼 마태복음 첫 두 장에서(현저하게 동정녀 탄생에 관한) 어떤 근본적인 역사적 정보가 전설의 방식으로 만들어진 전형적인 유대교의 미드라쉬 이야기를 발견하였다.[17] 어떤 이는 그가 한 것처럼 이차적 특징의 역사성을 포기하지 않고 그 이야기의 유대인의 특성에 관하여 복스의 관찰들을 채용할지 모른다.

이 경우에 단순히 중심적인 사건들만 아니라 그것들의 배경을 형성한 것들을 다루는 진정한 역사적 정보가 존재했다면 왜 유대 이야기의 형식은 잘 보존되지 않았을까?

복스는 마태복음의 탄생과 유아기 이야기가 정말로 유대적인 특징에

---

16 Merx, *Die vier kanonischen Evangelien nach ihrem aelteren bekannten Texte*, II, I, 1902, 9-13; Strack-Billerbeck, *Kommentar zum Neuen Testament aus Talmud und Midrasch*, I, 1922, 51-53, ii, 1924, 393-398을 보라.

17 Box, *The Virgin Birth of Jesus*, 1916, 특히 7-13을 보라.

속한다는 것을 독립적인 연구로 보여줌으로써 확실히 유용한 도움을 주었다.

마태복음의 경우에서 우리는 누가복음에서 처럼 그 부분의 원형의 어떤 심각한 부정에 직면하도록 요구받지 않는다. 참으로 둘째 장이 첫째 장에 비하여 어떤 독립성을 소유한다는 노력이 보이도록 만들어졌다. 예를 들어, 그 부분이 모두 하나의 단편이라면 기대될 수 있는 것으로 베들레헴이 그 이야기의 시작인 마태복음 1:18에 언급되지 않고 마태복음 2:1에 먼저 언급되었다.[18]

그러나 이 반론은 마태의 탄생 이야기가 요셉과 마리아의 원래 고향으로서 나사렛보다는 베들레헴을 나타낸다는-우리가 잘못 생각하는-견해에 의존한다. 만약, 화자가 자유로운 창작에 종사하지 않고 사실에 얽매였다면 그리고 만약, 그 사실이 이 점에서 누가의 병행 구절에 존재하는 것처럼 나타났다면 베들레헴은 실제로 마태복음 1:18-25에 기록된 대부분의 사건이 일어난 장소가 아니라는 단순한 이유로 마태복음 1:18에 언급될 수 없었을 것이다. 그러므로 마태복음 2:1에서 베들레헴의 처음 언급을 발견하고서 놀랄 것은 아무 것도 없다.

참으로 화자가 나사렛이 아니라 베들레헴을 요셉과 마리아의 원래 고향이었던 것으로 생각했더라도 그리고 그가 마태복음 1:18-25에서 반대 의견을 고려한 정보 자료에 얽매이지 않았더라도 여전히 우리는 마태복음 2:1 이전에 베들레헴이 언급되고 있지 않는 것에 대해 놀랄 일이라고 생각하지 않는다. 결국 베들레헴이 화자에게 중요했던 것은 출생의 장소였지 이전의 사건의 장소가 아니었다. 왜냐하면 화자에 의하여 언급된 데로 구약의 예언이 언급된 것은 출생을 위함이었기 때문이다. 더욱이 베들레헴은 지리적 사실이 이어지는 이야기의 이해를 위해 중요했기 때문에 동방박사들의 이야기가 시작되는 곳에서 언급될 필요가 있었다.

그러므로 모든 관점에서 나사렛이 이전 사건의 장소로 이야기에서

---

18 Schmiedel, art. "Mary," in *Encyclopaedia Biblica*, 1902, iii, cols. 2959f.

인식되었는가 안되었는가의 문제를 제외하더라도 베들레헴이 처음으로 자연스럽게 언급되어야 하는 곳은 마태복음 1:18이 아니라 마태복음 2:1이다.

마태복음 2장과 마태복음 1:18-25 사이의 긍정적인 연결은 아마도 동방박사 이야기와 처음부터 끝까지 요셉과 마리아와 예수님에 대한 묘사 방식에서 발견되어야 할 것이다. 요셉은 결코 예수님의 아버지로 지명되지 않았지만, 마리아는 예수님의 어머니로 지명되었다. 예수님은 결코 요셉의 아들로 지명되지 않았다. 그리고 마리아는 결코 요셉의 아내로 지명되지 않았다.

요셉은 "어린 아이와 그분의 어머니"를 취하도록 천사에게 말을 들었고, 동일한 표현이 그 명령의 실행과 연관하여 사용되었다.

왜 '아들'과 '아내'란 용어가 매우 조심스럽게 회피되었는가?

참으로, 후자의 용어는 이전 장에서 여러 번 나타난다.[19] 그리고 의심 없이 그것이 마태복음 2장에 등장했다면 그것은 초자연적 잉태를 부정하는 것과 전혀 관련이 없었을 것이다. 아직까지 우리는 그것이 발생하지 않음이 중요하다고 느낄 수밖에 없다. 마리아와 아이에 대한 요셉의 관계가 동방박사들의 이야기를 통하여 취급된 방식은 그런 관계에 독특한 무엇인가가 있었을 경우에만 자연스럽다. 요셉은 어머니와 아이의 안내자로 묘사되었지만 육신적인 의미에서 예수님의 아버지로 간주되었다면 아마도 이상한 방식으로 다양하고 미묘한 솜씨에 의해 그들과 대조되게 설정되었을 것이다. 가장 자연스런 결론은 마태복음 2장이 마태복음 1:18-25에 언급된 동정녀 탄생을 전제한다는 것이다.

결국 두 본문은 형식과 정신의 가장 놀라운 유사성에 의해 묶여 있다. 편견 없는 독자는 전체적인 유아기 부분이 하나의 부분이라는 압도적인 인상을 받는다. 우리는 여기서 예수님의 탄생과 유아기에 대한 이야기가 매우 유대적이고 분명하게 하나로 구성된 것을 보게된다.

그 이야기는 확실히 동정녀 탄생의 기사를 담고 있다. 누가복음에서

---

[19] 마 1:20, 24. 또한 마 1:16, 19에서 '남편'의 사용을 비교하라.

시도되었던 것처럼, 삽입 가설에 의하여 그 이야기에서 동정녀 탄생이라는 초자연적 잉태를 제거해야 한다는 어떤 생각도 있을 수 없다. 마태복음 1:18-25의 전체 부분은 요셉과 마리아의 정상적인 결합에 의한 출생을 넘어서는 동정녀 탄생을 분명히 드러내려 했다.

그럼에도 불구하고 단지 몇 개의 구절을 제거한다고 해서 동정녀 탄생이 이 이야기에서 제거될 수 없지만, 마태복음 1:16에서 육신적 의미로 예수님을 요셉의 아들로 만들려는 상반된 견해에 대한 증거를 발견하려는 시도가 있었다. 이런 시도는 1892년에 시내산의 캐더린수도원에서 발견된 구시리아역 복음서의 개인적 사본인 소위 '시내산 시리아어'의 특별한 읽기에 근거하였다.

그 읽기는 버기트에 의하여 다음과 같이 번역되었다.[20]

> 야곱은 요셉을 낳았다. 동정녀 마리아와 정혼한 요셉은 메시아라 불리는 예수님을 낳았다(마 1:16).

앞서 언급한 대로 이 구절에는 예수님의 초자연적 잉태를 반박하는 중요한 증거가 있다. 시내산 시리아어는 "요셉이…예수님을 낳았다"는 중대한 말을 담고 있다.

이후의 논의는 전에 존재했던 중요성을 따르지 않고 의심 없이 동정녀 탄생 교리를 반대하는자들에 의하여 이러한 읽기가 귀속되었다. 물론 이러한 독법은 흥미가 있고 약간 신중하게 연구될만하다.[21]

읽기가 발견된 시내산 시리아 사본은 '거듭 쓴 양피지'이다.[22] 이 가죽은 원래의 기록이 부분적으로 지워진 후 두 번째 사용된 것이다. 어떤 시리아 성도들의 삶을 다룬 위쪽의 기록은 8세기에 작성되었다. 단지

---

20 *Evangelion da-Mephrreshe*, ii, 1904, 261.
21 (현재 필자의) *The Prebyterian*, for March 18, 1915에 있는, "Matthew 1:16과 동정녀 탄생"이란 논문에서 마 1:16의 본문 다음의 취급에서 이용되었다.
22 시리아역들에 관한 다음의 사실적인 표현은 독립적인 연구에 근거한 것이 아니라, 단순히 이 분야에서 연구한 의견의 한 요약이다

우리와 관련된 아래쪽의 기록은 시리아어 복음서의 고대 사본을 구성한다. 아래쪽의 기록은 대개 5세기 초 또는 아마 좀 더 일찍 제작되었다. 그러므로 시내산 시리아어가 우리의 복음서의 가장 초기의 사본이라는 보편적 추측은 사실이 아니다. 왜냐하면 두 개의 헬라어 사본인 바티칸 사본과 시내산 사본이 보다 빠른 것으로 기록되었기 때문이다. 그럼에도 그것은 매우 고대적이며 관심을 가질만 하다.

시내산 시리아어는 아마 조금 나중에 제작된 복음서의 다른 시내산 사본, 소위 '큐레토니안 시리아어'와 특별한 유사성을 드러낸다. 두 사본의 광범위한 일치는 그것들이 헬라어 복음서를 시리아어로 번역한 동일한 역본의 사본이라는 사실에 기인한다. 큐레토니안 사본은 시내산 사본보다 신뢰성이 좀 떨어진다. 잘 알려진 5세기 초엽의 시리아역인 '페쉬타'와 구별되어 '옛 시리아'로 불리는 이 사본은 대략 200년 초에 제작되었다. 시리아어 복음서의 또 다른 초기 형식은 타티안의 '디아테사론'의 시리아 형식이었다. 하지만 디아테사론은 사복음서의 완전한 번역이 아니라 그리스도의 연속적인 생활에 일치하는 방식으로 사복음서의 자료를 하나의 복음서에 끼워 맞춘 일종의 복음서 조합이었다. 불행히도, 디아테사론의 원문은 매우 불완전한 방식으로만 재구성될 수 있다.

디아테사론과 옛 시리아역 사이에 직접적인 관계가 있는 것은 분명해 보이지만, 디아테사론이 옛시리아역을 사용했는지 또는 옛시리아역이 디아테사론을 사용했는지는 분명하지 않다. 만약, 디아테사론이 옛시리아역을 사용했다면 - 만약, 옛시리아역이 먼저 제작되었다면 - 옛시리아역의 제작은 2세기 말보다는 중엽에 위치해야 한다. 그렇지만 그 반대의 관계가 약간 더 가능성이 있게 보인다.

방금 언급된 것에 비추어, 복음서 인용구의 원문을 보존한 것으로 간주되어야 하는 시내산 시리아어의 특별한 읽기를 위하여 정상적으로 최소한 다음의 가정이 있었음을 관찰하게 된다.

(1) 첫째, 시내산 시리아어는 정확히 문제가 되는 부분에 있어서 원래 옛시리아역을 정확히 복사한 것으로 추측되어야 한다. 물론, 이

가정은 종종 사실과 일치하지 않는다. 우리는 옛시리아역의 얼마나 많은 복사본이 우리의 시내산 사본의 제작 이전에 개재된 것을 알지 못한다. 아마도 실수할 가능성이 수차례 있었을 것이다.

(2) 둘째, 시내산 시리아어가 원래적인 옛시리아역을 정확하게 나타낸다고 추측한다면, 문제가 되는 부분에 있어서 옛시리아역은 이것이 나오게 했던 헬라어 사본에 대한 정확한 문자적 번역이라고 추정할 수 없다는 것이다. 그것이 정확한 문자적 번역이 아니라면, 옛시리아역을 헬라어로 재번역했다는 것은 우리가 근원적인 헬라어 사본에 대한 어떤 추론도 용납하지 않을 것이다. 그리고 그것은 바로 우리가 염려하는 근원적인 헬라어 사본일뿐이다.

(3) 셋째, 시내산 시리아어가 원래 옛시리아역을 정확하게 나타낸다고 추측한다면, 그리고 옛시리아역이 근원적인 헬라어 사본을 정확하게 묘사한 것으로 추측한다면 문제가 되는 부분에 있어서 근원적인 헬라어 사본이 신약의 원본을 정확하게 복사하였다는 것은 더 추정해 보아야 한다.

옛시리아역을 파생시킨 근원적인 헬라어 사본은 약 150년에서 200년 경의 사본이다. 우리는 얼마나 많은 사본이 신약의 원본과 그 당시 사본 사이에 개입되었는지 알지 못한다. 틀림없이 그 간격 사이에 오류가 끼어들 기회가 많았을 것이다.

이러한 것들이 소위 시내산 시리아어가 복음서의 원래 헬라어 사본을 담고 있다는 증거의 특성이다. 그것은 마태복음 1:16의 특별한 문제를 고려하도록 한다. 이 구절은 다음의 세 개의 형식으로 신약의 본문에 대한 증거로 나타난다. 그 가운데 두 번째와 세 번째는 매우 유사하다.

I. 그리고 야곱은 마리아의 남편 요셉을 낳았고, 그에게서 그리스도라 불리는 예수님이 태어났다.

이 읽기는 거의 대부분의 많은 헬라어 사본 (바티칸 사본과 시내산 사본을 포함하여, 다른 대표적인 '중립' 사본의 형식)과 구라틴역과 옛시리아역을 제외한 모든 번역본에 의하여 증명되었다.[23] 이 같은 증거의 일치는 그 읽기가 최소한 2세기 초임을 분명히 나타낼 것이고, 터툴리안에 의한 인용문은 그 결론을 확증한다.

II. 그리고 야곱은 요셉을 낳았고, 그와 정혼한 동정녀 마리아가 그리스도라 불리는 예수님을 낳았다.

이 읽기는 대다수의 헬라어 초서 사본으로 구성된, 소위 '페라르 그룹'에 의하여 아마 북아프리카에서 2세기 후반에 작성된 구라틴역 사본에 의하여 증명되었다. 큐레토니안 시리아어의 읽기도 또한 매우 비슷하다. 버키트는 그 읽기를 다음과 같이 번역한다.

"야곱은 요셉을 낳았다. 동정녀 마리아는 그와 정혼하였으며 그녀가 메시아라 불리는 예수님을 낳았다."

III. 야곱은 요셉을 낳았다. 동정녀 마리아와 정혼한 요셉은 메시아라 불리는 예수님을 낳았다.[24]

이 읽기는 시내산 시리아어에 의하여, 그리고 그것에 의해서만 증명되었다. "요셉이…예수님을 낳았다"는 말이 포함된 본문을 위한 다른 증거는 실체가 없는 것으로 드러났다.[25] 명백한 모순이 있더라도, 정말 시내산 시리아어조차 분명히 (동정녀 마리아를 말하고 있기 때문에) 그리스도의 동정녀 탄생을 담고 있는 것은 연구되어야 한다.

---

23 Merx(*op. cit.*, II, I, 13f.)는 최초의 아르메니아 번역 형식이 다른 예외라고 추측한다. 우리가 이 추측이 정확한지 아닌지를 생각하는 것은 중요하지 않다.

24 우리의 논의의 현재 부분에서 시리아어 번역은 Burkitt, *Evangelion da-Mepharresche*, ii, 1904, 262-64의 것들이다.

25 William P. Armstrong, "Von Soden's Text and Mattew I. 16," in *Princeton Theological Review*, xiii, 1915, 465-468를 보라.

만약, 우리가 I과 II 사이에서 선택을 해야 한다면, 그 선택은 확실히 I에 머물 것이다.

첫째, 두 읽기가 오래 되었지만, I의 증명이 훨씬 강하다.

저명한 웨스트코트와 호르트가 소위 '중립' 사본 형태를 상대적으로 다른 형태에 대하여 내린 높은 평가는 기껏해야 이후의 연구로 약간 수정되었다. 그것은 확실히 뒤집히지 않았다.

둘째, 첫째 읽기는 둘째 읽기보다 훨씬 더 정확해 보인다.

만약, 복음서의 저자가 II을 기록했다면, 어떻게 다른 필사자가 그것 대신에 II를 대체했는가는 알기 어렵다. 반면에, 만약, I이 참되다면, II의 대체를 설명하기는 쉽다. I이 명확히 동정녀 탄생을 언급하지 않은 것은 관찰되어야 할 것이다. 물론, 족보의 나머지와 대조될 때, 그리고 특히 마태복음 1:18-25과 연관해서 취해질 때, I은 가장 명백하게 가능한 방법으로 동정녀 탄생을 포함한다. 그러나 그 단어 자체는 실제로 예수님이 육체적인 의미에서 요셉의 아들이었다는 견해를 배제하지 않는다.

사실 요셉은 특별한 설명없이 마리아의 '남편'으로 불리었다. 이제 약간 후대의 복음서 독자들은 단순히 명백한 모호성이라도 그런 것을 의심하여 보는 경향이 있었다. 그들은 요셉을 언급하면서 '남편'이란 단어를 피하려는 경향이 있었다. 그들은 모든 점에서 마리아의 처녀성을 강조하면서 독자들에게는 아무것도 남기지 않으려는 경향이 있었다. 이런 사고방식의 필사자에게 우리에게 익숙한 마태복음 1:16은 어려움을 주었을 것이다.

대부분의 필사자는 다행히도 서기관과 같은 임무를 가지고 그들 자신의 생각을 반영하여 조작하려 하지 않았다. 그들은 단순히 의문을 제기하지 않고, 본문을 충실하게 복사했다. 그러나 명백하게 2세기의 어떤 필사자는 다른 방법으로 착수했다. 그는 분명히 마태가 읽기 I에 나타난 것처럼 기록했을 리 없다는 결론을 내렸으며 그러므로 그는 읽기

II로 대체했을 때 이전 필사자의 잘못을 바로 잡았다고 생각했다. 우리에게 이런 것은 매우 독특한 발전으로 보이지만 어떤 고대 필사자 부류에는 그렇게 보이지 않았다. 이러한 현상은 신약성경 다른 곳에서도 관찰된다. 2세기 필사가의 잘못된 복사로부터 현존하는 II의 독법이 전수된 것이다. 그러나 우리가 가진 대부분의 사본들은 올바른 복사를 통해 전수되었다.

그러므로 세 읽기 중 첫째 읽기는 둘째 읽기의 기원을 설명하지만, 둘째 읽기는 첫째 읽기의 기원을 설명하지 못할 것이다. 둘째 읽기는 필사자의 실수에 기인한 것으로 설명될 수 있지만 첫째 읽기는 그렇지 못하다. 그러나 만약, 첫째 읽기가 필사자의 실수에 기인한 것으로 설명될 수 없다면 그것은 저자에 의해 기인한 것으로 다른 말로 원본의 부분으로만 설명될 수 있다. 그러한 설명은 어떤 것이든지 어려움이 없다. 왜냐하면 첫째 읽기는 훌륭하게 상황과 조화되기 때문이다.

어떤 무지한 필사자는 특별한 설명 없이 이 읽기가 요셉을 마리아의 '남편'으로 묘사했기 때문에 화를 냈다. 그러나 실제로 그 같은 묘사는 정확히 저자의 목적과 일치한다. 첫 장 전체에서, 저자는 예수님이 육체적인 의미에서 요셉의 아들이 아니었다는 것을 보여줄 뿐만 아니라 (정말 진심으로) 예수님이 요셉을 통한 다윗과 아브라함의 법적인 후손이었음을 보여주는데 관심을 가졌다. 이러한 두 번째 요점이 증명되도록 예수님이 태어났을 때 요셉이 마리아의 남편이었다는 것을 분명히 보여주는 것이 필요했다. 그러므로 둘째 읽기는 극도의 문장-구성의 서투름으로 마태복음의 문체와 조화되지 않을 뿐 아니라 그것은 또한 족보의 주요점을 모호하게 한다.

그러므로 모든 관점에서 우리의 세 가지 읽기 중 첫째는 둘째보다 훨씬 정확할 가능성이 있다. 첫째는 틀림없이 원저자의 작품처럼 보이고, 둘째는 틀림없이 필사자의 잘못처럼 보인다.

그러나 셋째 읽기인 시내산 시리아어의 읽기는 어떻는가?

그 대답은 정말로 매우 분명하다. 셋째 읽기는 세상에서 단지 둘째 읽기의 변종 외에 아무 것도 아니고, 그러므로 둘째 읽기가 방금 받아들인 비방을 공유한다. 만약, 셋째 읽기가 복음서 원본의 부분이라면, 둘째 읽기의 기원은 설명될 것이다. 그러나 첫째 읽기의 기원은 방금 진술된 이유로 적어도 매우 어리둥절하게 될 것이다. 동정녀 탄생을 위하여 열심을 내며 "요셉이…예수님을 낳았다"는 읽기의 변화를 시도한 한 필사자가 이미 그 읽기에 있는 '동정녀'란 말을 제거하고 '남편'이란 단어를 특별한 설명 없이 그 대신 삽입하는 것이 가능하지 않았을 것이다.

다른 한편, 첫 읽기가 원본의 부분이었다면 두 개의 다른 읽기는 필사자의 실수에 기인한 것으로 설명될 것이다. 둘째 읽기는 위에서 설명된 방식으로 첫째 읽기에서 파생되었다. 그리고 둘째 읽기로부터 셋째 읽기를 다음과 같은 여러 가지 방식 중의 하나로 나타났을 것이다.

예를 들면, 셋째 읽기는 '중복 실수 필사'라 불린 종류의 단순한 부주의의 큰 실수에 의하여 둘째 읽기로부터 파생되었을 것이다. 족보의 용어—"아브라함이 이삭을 낳고, 이삭이 야곱을 낳고, 야곱이…낳고"에 인상적인 단조로움이 있다. 시내산 시리아어 (또는 그것의 원형)의 필사자의 실수는 단순히 이 단조로움을 차용하여—한 단계 더 나아간데 있다. 요셉에 이르는 족보의 모든 이름이 연달아 두 번 기록된 것이 관찰될 것이다.[26]

그러면, 부주의한 필사자가 이 이름을 두 번 쓰고 따라서 시내산 시리아어의 읽기를 제작하도록 한 것보다 더 자연스러운 것은 무엇인가?

만약, 그 실수가 헬라어 사본에 나타났다면, 또는 원래 헬라어 전달 과정에서 만들어진 것처럼 그럴듯한 말로 간주될 수 있었다면, 우리는 이 첫 설명을 옹호하는데 보다 적극적이었을 것이다. 헬라어로 페라 그룹 (II)의 읽기로 (어머니에 대한 언급인) '낳았다'(bare)에 해당하는 단어는 '낳게 했다'(begat)에 대한 단어와 정확히 일치한다. 그러므로 헬라어로 시내산 시리아어의 읽기는 '그리고 요셉'이란 단어의 단순한 삽입을

---

26 헬라어에 '그리고'란 단어는 각 이름의 두 번 연속 등장 사이에, 영어에서처럼 삽입되지 않았다. 족보는 'αβρααμ εγεννησε τον 'Ισαακ, 'Ισαακ δε κ. τ. λ.로 계속한다.

약간 넘어서는 변화만으로 페라 그룹의 읽기에서 파생되었을 것이다.[27] 시리아어로 그 차이는 약간 더 커 보일 수 있다. 그러나 만약, 필사자가 언젠가 '요셉'이란 단어를 반복하여 첫 번째 실수를 했다면, 그는 자연히 절반은 무의식중에 경미한 변화를 일으켰을 것이다.

다른 설명은-버키트의 것-시내산 시리아어의 읽기가 200년 무렵 원래 구시리아역의 오역으로 제작되었다는 것이다. 그리고 여전히 다른 설명이 제시되었다. 분명하게 시내산 시리아어의 읽기는 한 가지 방법으로나 다른 방법으로 본문의 전달에서 단순한 실수로 이해되었을 것이다. 그리고 만약, 그것이 그렇게 이해될 수 있다면, 확실히 그렇게 되어야 할 것이다. 시내산 시리아어의 읽기가 다른 읽기의 동일한 용어처럼 어떤 것에 관한 우리의 호의와 경쟁하지 않는다. 둘 다 다른 읽기는 폭넓게 검증되었다. 그들 중 두 개는 최소한 2세기 초에 유래되었다. 다른 한편, 시내산 시리아어의 읽기는 신약의 원어에서 전혀 발견되지 않았다. 그리고 그것은 한 사본에서만 발견되어서 전적으로 고립되었다. 그렇게 고립된 읽기는 항상 큰 의심을 가지고 관찰되어야 한다.

그것들은 문제의 개인 사본에 대한 필사자의 단순한 부주의, 부정확한 큰 실수에 기인했을 것이다. 만약, 시내산 시리아어 읽기가 강력한 초기 검증을 가졌다면 그것이 원본의 일부였는지 아니었는지에 관한 논의의 여지가 있는 문제가 되었을 것이고 다른 두 읽기의 경건한 수정은 정통 필사자에 의하여 이루어졌을 것이다. 그러나 실제로 그 검증이 일찍 이루어지지 않았기 때문에 그리고 전달 과정에서 단순히 일상적인 큰 실수에 의하여 일어난 것으로 그럴듯하게 설명될 수 있기 때문에 그것의 기원에 관한 후자의 설명은 확실히 수용되어야 한다.

그런고로, 시내산 시리아어의 마태복음 1:16이 복음서의 원본을 나타

---

27 아마도, εμνηστειθη를 μνηστευθεισα로 변화시킬 필요가 있었을 것이다. 그러나 첫째, 그런 변화는 쉬웠을 것이다. 그리고 둘째, μνηστευθεισα의 위치는 생각하건대 이해'해야 한다'는 동사로 서술적 주격으로 남아 있도록 허용되었을 것이다. 의심 없이 이런 후자의 용법은 부정과거 분사의 부당한 사용이었을 것이다. 그러나 그것은 그때 부주의한 필사자에 의하여 주목받지 못했을 것이다.

낸다는 견해는 가장 모험적이고 비과학적인 정신의 본문 비평에 의해서만 유지될 수 있다. 일반적인 읽기가 분명히 3세기 초에서 검증되었고 확실히 그 시기 전에 상당히 나타난 반면에, 시내산 시리아어의 읽기는 확실히 주후 400년 이전으로 추적될 수 없다. 일반적인 읽기가 틀림없이 복음서 저자의 작품인 것으로 보이고, 그 기원의 다른 설명에 도전하는 반면에, 시내산 시리아어의 읽기는 우선 필사자나 번역자의 단순한 실수인 듯이 보인다.[28]

그러므로 우리가 마태복음 1:16의 증명된 읽기 사이에서 선택해야 한다면, 친숙한 본문의 '중립' 형태의 읽기가 수용될 만한 것은 분명하다. 그러나 이 점에서 반대가 제기될 수 있다. 왜 우리는 단순히 증명된 읽기 사이에서 선택해야 하는지?가 질문될 수 있다.

왜 우리는 본문에 대한 증거가 전혀 나타나지 않을지라도, 그렇게 나타난 모든 읽기의 근원을 설명할 것이라는 원래의 읽기로 가정하지 않는가?

이 같은 읽기는 "요셉은 예수님을 낳았다"는 말에서 발견될 수 있었다고 언급될 것이다. 만약, 복음서의 원본에서 그런 단어들이 설명 없이 나타났다면, 그것들은 자연스럽게 정통 필사자를 화나게 했을 것이다. 그러므로, 일종의 설명을 도입하려는 강한 욕구가 있었다. 실제로— 가설은 계속된다—두 가지 수정노선이 전달과정에서 나타났다. 하나는 동정녀 탄생을 보호하는 것으로 보이는 "동정녀 마리아와 정혼한 자"라는 말에서 발견된다. 먼저 이 단어들은 "요셉이 예수님을 낳았다"는 문장에서 '요셉'이란 단어의 수식어로 있는 것을 허락받았다. 우리는 이런 식으로 "동정녀 마리아와 정혼한 요셉이 메시아라 불리는 예수님을 낳았다"는 시내산 시리아어의 읽기를 갖고 있다. 그러나 그 다음에 이 본

---

28 그러므로 James Moffatt이 그의 인기 있는 신약의 번역에서 Soden의 헬라어 본문을 따라 어떤 설명 없이 마 1:16에 대해 시내산 시리아어의 읽기를 재생산할 때 그것은 매우 오도되었다. 다른 점에서 Soden의 본문에 관한 비판으로, 이미 참고된 William P. Armstrong의 논문, "Von Soden's Text and Matthew 1. 16," in *Princeton Theological Review*, xiii, 1915, 461–468를 보라.

문이 모순을 포함하고 있는 지는 관찰되어야 한다.

만약, 요셉이 마리아와 '정혼'만 했다면 그리고 마리아가 '동정녀'였다면 어떻게 "요셉이 예수님을 낳았다"고 언급될 수 있었는가?

이러한 의견의 결과로 '낳았다'고 번역된 동사의 주어로서 '요셉'이란 단어는 생략되었다. 그리고 '요셉'이 아닌 "마리아"가 그 동사의 주어가 되었다. 물론, 그러면 동사는 영어로 '낳게 했다'(begat) 대신에 '낳았다'(bare)로 번역되어야 한다. 우리는 이런 식으로 구라틴역의 다른 사본에 속하고 큐레토니안의 시리아어에 속하는 페랄 그룹의 읽기를 갖는다.

그러나 이러한 전체 수정의 노선과 병행하여-이 같은 가설은 계속된다-다른 노선은 우리의 가장 초기의 헬라어 사본의 원형이-"요셉이 예수님을 낳았다"는 원문을 동정녀 탄생이라는 교리에 일치시키는 다른 방법에 의해 선택되었다. 이 방법은 "요셉이 예수님을 낳았다"는 말의 생략과 "마리아의 남편에게서 예수님이 태어났다"는 말의 대치였다.

그러므로, "요셉이 예수님을 낳았다"는 읽기는 모든 현존하는 이문들의 기원으로 감탄할만하게 간주되는 것으로 언급되었고, 그래서 원본으로 간주되어야 한다. 본질적으로 이 같은 것은 복음서의 '최초로 알려진 본문'이란 저서에 있는 메르크스의 가설이다.[29]

이에 대한 답변으로 여기에 뒤이어 나오는 추측적인 수정의 방법이 마태복음에서처럼 매우 풍성한 문서적 자료를 가지고 있는 작품에 대한 철저한 주의를 통해서만 적용될 수 있다고 우선 언급되어질 것이다. 우리가 한 두개의 늦고 매우 불완전한 필사본들을 가지고 있는 곳에서 많은 고전적인 저자들의 경우 어떤 편집자가 전수된 본문을 거절하고 현존하는 이들 필사본 중 분명 잘못된 어법을 가장 잘 설명하는 읽기로 대체하는 것이 당연시되었다.

그러나 복음서의 경우에 현존하는 문서적 증명은 매우 풍성하고 전달하는 다양한 노선이 초기에 갈라지기 시작해서 어떻게 원본이 추적할 수 없을 만큼 완전히 말살될 수 있었는지를 이해하기 어렵다. 정말

---

29 Merx, *Die vier kanonischen Evangelien nach ihrem aeltesten bekannten Texte*, II, I, 1902.

로, 우리의 현존하는 본문 증거의 모든 것이 오염된 것 같은 경우일 것이다. 그러나 확실히 그것들은 매우 적다.

그러므로 추측상의 수정이 신약의 본문 비평으로부터 원칙적으로 배제될 수 없었더라도, 가능한 최소한의 방법으로만 사용되어야 할 것이다. 어떤 인용에서 그것은 모든 정상적인 방법이 실패했을 때만 도움을 청하는 필사적인 방침으로 간주되었을 것이다. 만약, 현존하는 다수의 하나를 원본으로 간주하는 것이 가능하다면, 그런 대안은 선택되어야 한다. 그리고 그 비평은 실제로 추적할 수 없는 본문을 추측으로 재생산하지 않아야 한다.

마태복음 1:16의 경우에, 위의 언급에 어떤 진리가 있다면, 그렇게 절망적인 방편으로 몰아넣지 않았을 것이다. 우리의 가장 초기의 헬라어 사본에 의하여 입증된 독법을 복음서의 원본으로 보고 두 이론의 전수 과정에서 잘 알려진 본문변조에 의해 생겨난 것으로 이해하는 것은 얼마든지 가능하다. 그렇지만 이 같은 문제의 해결이 가능하다면, 그것은 확실히-풍부한 문서적 증명의 관점에서-결정적으로 바람직하다.

만족스런 해결책이 가까이에 있는데도 문제를 해결하기 위하여 그렇게 멀리 떠날 무슨 필요가 있는가?

그렇지만, 마태복음 1:16에 관하여 메르크스의 이론에 대한 다른 반대가 있다. 그것은 곧 바로 이어지는 마태복음 1:18-25 부분의 내용에서 발견된다. 이 부분은 제시된 읽기인 마태복음 1:16의 "요셉은 예수님을 낳았다"와 조화되지 않는다. 우리는 그 부조화가 전혀 화해할 수 없는 하나임을 의미하지 않는다. 앞으로 살펴보겠지만 "요셉이 예수님을 낳았다"는 말은 뒤이어 나오는 동정녀 탄생의 기사와 일치하는 의미로 이해될 수 있다.

그러나 결국, 독자는 다음에 이어지는 부분을 염두해 둔 저자가 예수님의 탄생이 처음 언급된 지점에서-마태복음 1:16에 있는 족보의 끝부분에서-그 부분을 위하여 준비했을 것이라고 자연히 추측할 것이다. 실제로 문맥에 적합한 본문은 우리의 가장 초기의 헬라어 사본의 읽기이며 메르크스에 의하여 제안된 추측적인 읽기가 아니다.

메르크스는 마태복음 1:18-25-실제로 마태복음 1:18-2:23의 전체-
이 복음서의 원래 부분을 형성하지 않았다고 추측함으로써만 이런 반대
를 극복할 수 있다. 그러므로 그의 생각과 일치하는 마태복음 1:16의 수
정은 복음서를 시작하는 예수님의 탄생에 관한 전적인 묘사를 바꾸는
결정적인 삽입 행위가 드러날 때만 가능하다. 우리는 이 같은 가설에 대
한 강력한 반론에 대해 이미 주의했다. 우리가 관찰한 마태복음 1:18-
2:23은 가장 명백한 방법으로 복음서의 나머지와 결합된다. 그러므로
마태복음 1:16에 관련한 메르크스의 견해는 전체적인 유아기 부분에 관
하여 전혀 지지할 수 없는 견해에 의존한다. 그리고 그런 이유로 다른
이유에 첨가하여 확실히 거절되어야 한다. 실제로 마태복음 1:16에서
가장 잘 증명된 본문으로부터 이탈할 최소한의 근거도 없다.

그렇지만, 우리는 아직 이 구절에 관한 우리의 논의를 아주 끝내지
않았다. 우리는 시내산 시리아어의 읽기가 복음서 원본의 부분이 아니
었음을 보여주었다. 그러나 그렇게 많이 인정받았을지라도-시내산 시
리아어의 읽기가 저자에 의한 것이 아니라 필사자에 기인한 것이 인정
되었더라도-여전히 그런 읽기가 역사적으로 가치 있다는 것은 존속될
것이다.

어떻게 한 필사자가 "요셉은…예수님을 낳았다"는 놀라운 문장을 소
개하기에 이르렀을까?

육체적 의미에서 요셉의 아들로서 예수님을 묘사한 것은 단지 마태
가 기록한 자료 첫 장의 족보 끝 부분에 원래적 묘사가 있었거나 적어
도 요셉이 예수님의 육신적 아버지라는 구전이 있었기 때문이며, "요셉
은…예수님을 낳았다"는 읽기를 기록한 서기관은 그런 묘사를 말살하려
한 복음서에까지 예수님 탄생에 대한 원래적 묘사의 빛을 비추었다는것
이다.

그러나 확실히 이 같은 견해에 대한 증거는 대단히 빈약하다. 시내산
시리아어의 읽기는 본문이 전수되는 과정에 일어날 수 있는 오류에 기
인한 것으로 설명될 수 있다.

그러므로 그처럼 광범위한 가설에 호소할 무슨 필요가 있는가?

참으로 요셉의 육체적 부성에 대한 추측적 전통에 의하여 영향 받은 가설적인 필사가의 행위라고는 생각조차 못할 일이다. 그 서기관 자신은 확실히 예수님의 탄생에 관한 다른 의견을 가지고 있었을 것이다. 만약, 그렇지 않으면 그는 마태복음 1:18-25을 현재의 형태로 유지하지 않았을 것이다.[30]

그러면 왜 그는 불필요하게 모순을 소개했는가?

매우 간단한 설명이 가까이 준비되는 때 분문 오류의 어렵고 복잡한 설명에 호소하는 것은 비과학적이다.

그러므로 명백하게 마태복음 1:16의 일반적인 읽기는 복음서의 원본을 정확하게 묘사하고 이문들은 정상적인 전수과정상의 오류에 기인한 것으로 설명되어야 한다.

끝으로, 이러한 사본상의 문제는 생각하는 만큼 때때로 중요하지 않다는 사실에 대해 살펴보자.

우리가 이 문제에 관하여 잘못 생각했으며, 마태복음 1:16이 원래 시내산 시리아어로 증명된 단어를 포함했으며 심지어 그 원본이 무조건 "요셉이 예수님을 낳았다"(실제 사본에서는 발견되지 않는다)로 되어있다고 가정해보라.

동정녀 탄생의 증명의 가치를 손상시키지 않는 결론이 필연적으로 뒤따를 것이다. 마태복음의 족보에서 '낳았다'는 말은 분명히 육체적 의미로 취해진 것이 아니다. 버키트가 적절하게 말한 대로 "현대의 복음 전도자는 우리가 아는 것과 마찬가지로, 최소한 그들의 성경을 안다," "그들은 다윗과 바벨론포로 사이에 14대 이상이 있었다는 것, 요람이 웃시야를 낳지 않았다는 것 그리고 요시야가 여고니아를 낳지 않았다는 것을 알았다." 족보에서 '낳았다'는 단어는 단순히 '법적인 상속자를 가졌음'을 의미한다. 하여튼 복음서 기록자가 "요셉이 예수님을 낳았다"고 기록했다면, 그것은 확실히 그에게 그런 의미를 가졌다.

---

30 시내산 시리아어가 어느 다른 사본처럼 매우 명백하게 이 부분에서 동정녀 탄생을 이야기한 것은 항상 기억되곤 했다.

확실히 즉시 이어지는 구절 마태복음 1:18-25에서 가장 분명하게 가능한 용어로 요셉의 육체적 부모자격을 배제한다. 물론, 마태복음 1:18-25이 마태복음의 원래 부분이 아니었다면 경우는 달라졌을 것이다. 그러나 그 같은 견해에는 사본의 증거가 조금도 없고, 문제의 구절은 가장 인상적인 방법으로 복음서의 특성을 드러낸다. 그러므로 명백히 만약, 복음서의 저자가 "요셉이 예수님을 낳았다"고 기록했다면 그는 동정녀 탄생의 손상을 전혀 의미하지 않고 넓은 의미로 '낳았다'는 단어를 사용했다. 그 단어의 그 같은 사용은 오늘날 서구 세계에 존재하곤 한 것보다 1세기의 유대인들 가운데 훨씬 자연스러웠을 것이다. 우리가 본 대로 양자관계는 우리보다는 그들에게 더 의미가 있다. 유대인의 정신에 한 아들이 요셉의 아내에게서 태어났고 그의 상속자로 인정되었고 모든 의도와 목적에서 그의 아들이었다.

마태복음 1:16의 시내산 시리아어 읽기는 따라서 동정녀 탄생의 역사성의 문제와 전혀 관계가 없다. 비록 그 저자가 "요셉이 예수님을 낳았다"고 기록했더라도 그가 예수님의 육체적 아버지됨을 주장했다는 의미는 아니다.[31] 그러나 우리가 논의하는 후반부는 이러한 주장에 초점을 맞추게 될 것이다. 실제로 저자는 "요셉은 예수님을 낳았다"거나 그 같은 어떤 것도 기록하지 않았지만 그는 우리가 우리의 성경에서 발견한 것을 정확하게 기록했다. 그는 예수님이 요셉을 통한 다윗의 후손이었음을 보이기 위하여 매우 많은 관심을 가졌다.

그러나 그는 예수님이 정상적인 출산에 의한 요셉의 아들이 아니었음을 보이는 일에도 그만큼 많은 관심을 가졌다. 예수님은 다윗의 가문에 속하였다. 그분 안에서 약속이 성취되었다. 그러나 그분은 쉽게 예견

---

31 이 결론에 이르러 우리는 확실히 어떤 변증적 동기에도 영향을 받지 않은 Burkitt의 권위에 호소할 수 있다. Burkitt, *op. cit.*, ii, 261을 보라. 호기심을 끄는 해석은 마태에 따라서 성령이 '요셉을 재촉했기' 때문에, 그 아이가 '세 부모를 가졌다'는 것이 확실히 전혀 불가능하다는 뜻으로 C. C. Torrey("The Translation Made from the Original Aramaic Gospels," in *Studies in the History of Religions Presented to Crawford Howell Toy*, 1912, 303)에 의하여 제시되었다. 위의 128f를 비교하라.

될 수 있었던 것보다 더 놀라운 방법으로 그 가문에 속하였다. 그분은 하나님의 신비하신 행위에 의하여 다윗의 가문에 주어진 선물이었다.[32]

시내산 시리아어의 마태복음 1:18-25에 수많은 독특한 독법들이 발견된다. 그러므로 21절에서 이 사본은 "그가 네게 아들을 낳아주리니"라고 읽는다. 그리고 25절에서 그것은 "동침하지 아니하더니"라는 구절을 생략하고 단순히 "그리고 그녀는 '그에게' 한 아들을 잉태했다"고 읽는다.

이러한 읽기들에서 그것들이 16절의 "요셉은…예수님을 낳았다"는 읽기와 결합되었을 때 어떤 학자들은 어린 예수님과 관련하여 요셉의 위치를 높이고 아마도 실제로 요셉을 아버지로 만든 원래적 묘사의 흔적을 보존하려 했던 '에비온파'의 경향을 발견했다. 그러나 보다 정밀한 조사는 그 문제를 최소한 매우 적은 의심스러움으로 말하도록 한다. '당신에게'와 '그에게'라는 단어의 추가는 초자연적 잉태와 매우 일치한다. 요셉은 다윗의 자손이었고 그 아이는 그의 매개 없이 태어났지만, 사실상의 의미로 '그에게' 태어났다.[33] 어떤 필사자는 아마도 마태복음에서 그것들의 생략이 중요했다는 관찰 없이, 천천히 '당신에게'와 '그에게'라는 친숙한 단어를 허용했을 것이다.

마태복음 1:25의 "동침하지 아니하더니"라는 말이 시내산 시리아어에 생략된 것도 정확히 그것에 귀속된 의미와 반대되는 의미를 갖는다. 그것은 오히려 마리아가 그녀의 아들을 낳은 후에 요셉이 그의 아내로서 그녀와 함께 살았으며 그녀가 다른 아이를 가졌다는 뜻이다. 그렇기 때문에 정통 서기관은 "동침하지 아니하더니"가 이런 의미를 함축한 사실에 대해 기분 상하게 된 것처럼 보인다.[34] 이런 암시는 시내산 시리아어에서처럼 그 단어의 생략에 의하여 제거되었을 것이다. 그러므로

---

32 마 1:16에 관한 본문 문제에 관하여 특히 Zahn, E*inleitung in das Neue Testament*, 3te Aufl., ii, 1907, 298-300(영어 번역, ii, 1909, pp. 565-567)을 보라. 그리고 Burkitt, *op. cit.*, 258-266.
33 창 17:19과 눅 1:13을 비교하라.
34 144와 비교하라.

생각건대 시내산 시리아어의 읽기는 마리아의 영구적인 처녀성을 보호하기 위한 교리적 수정이었다. 하여튼 그것은 에비온파의 수정이나 요셉의 육체적 부성의 원래적인 전승을 보존하기 위한 어떤 그럴듯함으로도 설명될 수 없다.

제8장
이야기들의 관계

앞선 장에서 우리는 다음의 세 가지 전제를 지지하는 증거를 제시했다.

(1) 마태와 누가의 두 유아기 이야기(narrative)는 후대의 첨가가 아니라, 첫째와 셋째 복음서의 원래 부분이다.
(2) 그것들은 둘 다(그리고 특히 누가복음의 하나) 형식과 내용에서 강하게 유대 기독교와 팔레스타인적이다.
(3) 그것들은 실제로 동정녀 탄생의 기사(account)를 원래 형식으로 담고 있다.

문제는 이제 어떤 문학적 관계가 그것들 사이에 세워질 수 있는지를 제기한다. 그리고 그런 문제는 분명히 부정적으로 대답되어야 한다. 우선, 두 이야기는 상호 어떤 의존도 없었다는 것은 명백하다. 왜냐하면 그러한 의존이 있었다면, 지금 두 이야기를 함께 맞추려는 시도로 직면한 어려움이 제기되는 것은 결코 허용되지 않았을 것이기 때문이다.

그러한 어려움은 우리가 볼 것이지만 실제적인 모순을 말하기에는 참으로 충분하지 않다. 그러나 그것들은 독립성을 보여주기에 충분하다. 실제로 마태복음과 누가복음 각각이 독립성을 드러내는 주장 중 하나는 이러한 복음서들의 시작 부분에서 명백한 독립성이 발견되었다는 것이다. 마태복음에서 유아기 이야기의 저자가 누가의 유아기 이야기와 완전히 독립적으로 기록했다는 것은 의심의 여지가 없다. 그 반대도 마찬가지다. 한 때 반대 견해를 주장한 플라이더러가 나중에 그의 이론을 포기하게 된 것은 의미가 있다.[1]

두 유아기 이야기가 공통적인 기록 자료에서 파생되었다는 견해는 동등하게 가능성이 없다. 그 같은 동일 원전 가설을 세우기 위한 레쉬, 콘라디, 라이첸스타인의 노력은 다른 학자로부터 조금 또는 거의 지지를 받지 못했다.[2] 레쉬는 두 유아기 이야기가 파생되고 넷째 복음서의 서언이 신학적 반영을 구성한다는 히브리어 '예수 그리스도의 족보의 책'을 재구성하려고 시도했다.[3]

그러나 그가 그의 논지를 지지하기 위하여 수집한 풍부한 자료는 두 이야기의 셈족적 특성을 확립하는데 도움이 된다. 하지만 실제적이고 항구한 가치를 가지고 있다 하더라도 그의 논지 자체는 의심 없이 일반적으로 거부될만하다. 심지어 더 분명히 나쁜 것은 두 정경 이야기

---

[1] Pfleiderer, *Das Urchristenthum*, 1te Aufl., 1887, 480f.을 같은 책 재판 I, 1902, 550f.(영어 번역, *Primitive Christianity*, ii, 1909, 303f.)와 함께 비교하라. "The New Testament Account of the Birth of Jesus," first article, in *Princeton Theological Review*, iii, 1905, 647f.를 보라. Bruno Bauer는 그의 초기 저작, *Kirtik der evangelischen Geschichte der Snoptiker*, I, 1841, 84-89, 121에서 마태의 탄생 이야기가 누가의 것에 의존되었다고 주장했지만, 그의 후기 저서, *Kritik der Evangelien*, I, 1850(333f.)에서 명백하게 두 이야기 사이의 관계에 관하여 보다 복잡한 가설을 주장했다. 이 같이 복잡한 가설의 발생은 단지 그 이야기가 실제로 독립적임을 새롭게 보여주는데 기여할 뿐이다. 예를 들어, 이야기들의 독립성은 셋째 복음서의 저자가 마 1-2장을 알았다고 주장하여 Pfleiderer의 원래 가설을 뒤엎은 Holtzmann(*Die Synoptiker*, 3te Aufl., 1901, 41) 같이, 주의할만한 예외가 있지만, 의심 없이 많은 학자들에 의하여 인정된다.

[2] 다른 이론에 관하여, "The New Testament Account of the Birth of Jesus," first article, in *Princeton Theological Review*, iii, 1905, 648-650; second article, Ibid., iv, 1906, 39-42를 보라.

[3] "Das Kindheitsevangelium," in *Texte und Untersuchungen*, x, 5, 1897.

의 자료를 위경의 야고보 원시복음에서 실제로 발견한 콘라디의 논지였다.[4] 우리의 정경 이야기들이 원시복음서에서 파생되었고, 원시복음이 그것들로부터 파생된 것이 사실이 아니라는 콘라디의 주장에 반대하여 다른 학자들의 주장에 대해 그들의 보편적인 판단이 옳다는 것에는 최소한의 의심도 있을 수 없다.

라이첸스타인의 이론은 대부분 잃어버린 두 유아기 이야기에 대한 추측된 공통자료를 묘사한 점에서 콘라디와는 다르다.[5] 그리고 그것은 잃은 자료를 자세히 재구성하려 하지 않는다는 점에서 레쉬와 다르다. 라이첸스타인의 가설은 대개 불충분하게 보존된 6세기 애굽의 단편에 근거하는데 그 중 하나가 누가가 제시하고 있는 것과 다른 형식으로 천사와 마리아 사이의 대화에 나타나는 첫 부분이다. 애굽의 단편은 누가의 이야기에서 파생될 수 없다고, 라이첸스타인은 주장한다. 왜냐하면 그런 이론에 따르면 차이점은 잘 설명될 수 없고, 누가의 이야기는 그 자체로 이해할만하지 않고 분명히 이차적이기 때문이다.

오히려 그 단편이 우리가 지금 소유한 어느 것보다 더 오래된 복음서에서 파생되었다고 그는 계속 주장한다. 누가복음과의 주목할만한 차이점은 천사의 약속으로 '네가 잉태하여'는 단어의 생략이다. 고대의 용법에 따라 마리아가 생략된 이런 말들을 그녀가 이미 임신했음을 의미하는 "은혜를 받은 자여, 네가 하나님께 은혜를 입었느니라"는 천사의 인사와 "네가 아들을 낳을 것이다"는 말로 자연스럽게 이해됐다고 라이첸스타인은 말한다.

"나는 남자를 알지 못하니 어찌 이 일이 있으리이까?"라는[6] 형식에 나타난 그녀의 질문은 그러므로 매우 자연스러운 반면에, (라이첸스타인이 주장하는 대로) 잉태를 부정미래시제(indifinite future)로 제시하고 있는

---

4 *Die Quelle der kanonischen Kindheitsgeschichte Jesus'*, 1900.

5 *Zwei religionsgeschichtliche Fragen*, 1901, 112−131.

6 ποθεν μοι τουτο γε[νησεται, επει ανδρα ου γινωσκω]. 괄호에 둘러싼 문자는 사본에 나타난 것이 아니라, 추측에 의하여 보충되었다.

누가복음의 이야기에서 그 질문은 의미가 없다.[7] 라이첸스타인은 수태고지 이야기(narrative)가 그 자체로 잉태의 한 이야기라는 이 묘사—라이첸스타인에 따르면 오리겐, 로고스로부터의 잉태에 관하여 말하는 초기 기독교 문헌 및 특히 기제에게서 발견된 어떤 기도에[8] 나타난 묘사—를 신은 자신의 말을 통해 다른 신을 만든다는 현대적 종교개념과 연결한다.[9] 이러한 종교적 개념으로 출발하여—그 가설은 계속된다—이 단편이 비롯됐다는 복음서의 작가는 첫 번째 기사를 구성했다.

그렇지만 이 기사는 종종 오해되었고 이 같은 오해의 두 본보기는 우리의 정경 이야기에 나타난다. 마태복음에서 기적은 그것이 일어난 후에만 알려진 반면에, 원래의 기사(account)에서 그것은 수태고지 그 자체와 확고하게 연결되었다. 누가복음에서 기적은 세례 요한의 경우와 병행을 이루기 위하여 미리 알려졌다. 두 경우에 수태고지의 원래의 의의는 상실되었다.

이런 이론에 대하여 한 가지 명백한 반대는 우리의 정경 복음서에 비해 라이첸스타인의 단편의 연대가 늦다는 것이다. 라이첸스타인 자신도 그 단편이 기초했다는 복음서의 연대를 2세기 후반까지 밖에 추적하지 못한다.[10] 그리고 우리의 정경 복음서는 확실히 그처럼 늦게 놓을 수 없다. 더욱이 단편은 라이첸스타인의 설명처럼 라이첸스타인이 그것에 귀속된 것으로 본 것 같이 일차적 특성의 내적 증거를 확실히 포함하지 않고 있다. 예를 들어, 라이첸스타인의 설명에 따르면 마리아는 이미 임신되었다는 뜻으로 천사의 말을 이해했다. 하지만 천사는 그 기적이 그녀의 동의에 달려 있음을 그녀에게 암시한다.[11] 복잡한 이야기 전개 과정이 분명히 표명되지 않는다.

일반적으로 그 이론이 최소한도로 그럴듯하게 되기에는 전체적으로

---

7 그렇지만 위의 145-148을 보라.

8 Jacoby, *Ein neues Evangelienfragment*, 1900.

9 Reitzenstein, *op. cit.*, 124; 83과 비교하라.

10 Reitzenstein, *op. cit.*, 126.

11 Anrich, in *Theologische Literaturzeitung*, xxvii, 1902, cols, 304f.을 보라.

너무 많이 매우 빈약한 기초 위에 세워졌음을 우리는 말해야 한다. 문제의 단편은 그 자체로 매우 나쁘게 보존되었기 때문에 정말 처음부터 많은 것이 추측에서 출발했다. 예를 들어, 라이첸스타인 이론의 가장 근본적인 것은 그 단편에 '네가 잉태하여'라는 말이 포함되지 않는다는 것이다. 하지만 그 적당한 장소의 간격이 있다.

그 간격은 매우 충분하지 않은 것으로 생각된다. 십중팔구 그것은 크게 충분하지 않다. 그러나 그 사실은 이 같은 근본적인 관점에서도 우리가 명확한 확실성으로 다루지 않았음을 남겨놓는다.

또는 라이첸스타인이 '네가 잉태하여'라는 말이 없었다고 생각한 것이 (참으로 가능하게 보이는 것처럼) 옳다고 생각해보자.

그럴지라도 저자가 누가복음과 다른 관점의 수태고지를 가졌다는 것은 확실하지 않다. 왜냐하면 그 생략은 단순히 우리의 셋째 복음서의 막연한 인용에서 제기되었을 것이기 때문이다. 참으로 "아들을 낳으리니"와 연결된 "너는 잉태할 것이다"는 둘 중 한 구절을 생략해도 무방할 만큼 불필요한 표현 같아 보인다.

더욱이 우리가 이와 같이 핵심적 가설과 관련하여 의심할 이유를 발견한다면, 마태와 누가가 원래의 기사를 약화시킨다는 주장과 같은 간접적 결론들은 얼마나 빈약하겠는가?

일반적으로 라이첸스타인의 단편이 우리의 정경의 유아기 이야기 원전에 관한 문제를 해결하는데 전혀 공헌하지 않았다는 것은 매우 분명하다. 그리고 덧붙이자면 그런 것은 그 단편이 또한 우리의 이야기가 포함하는 개념의 기원을 설명하는데도 전혀 공헌하지 않았음을 의미한다는 것을 알 수 있을 것이다. 그것 자체로 그 이야기는 말씀에 의한 창조라는 종교적 개념에 관하여 어떤 암시도 갖고 있지 않는다. 그러므로 우리는 그런 개념을 포함한다고 추측된 자료와의 관계가 깨진다면 어떤 것은 그런 개념을 이야기 형식에 구체화하려는 시도에 근거한 것으로 인정할 어떤 이유도 없다.

사실은 마태복음 1-2장과 누가복음 1-2장에 대한 공통의 기록 자료를 드러내려는 모든 시도가 실패로 귀결되어야 한다는 것이다. 두 이야기는 그것들이 동정녀 탄생과 베들레헴 탄생처럼 어떤 중요한 사실을 인정하여 동의하더라도 형식과 내용에서 대부분 아주 다르다. 그러므로 그들이 동의한 사실들에 관한 증거는 이중적인 증거이다. 두 이야기는 하나로 축소될 수 없다.

그러나 만약, 그것이 그렇게 된다면 그 이야기의 독립성이 모순에까지 이르는 것은 아닌가라는 질문이 자연히 제기된다. 이제 문학 비평의 영역으로부터 지금까지 언급한 모든 것의 지향점이 되는 역사 비평의 영역으로 들어갈 시점이다. 만약, 그 이야기가 모순된다면 그 증거는-그들이 동의한 증거일지라도-설득력을 잃을 것이다. 두 이야기의 조화 문제는 그러므로 약간의 주의를 기울여야 한다.

많은 현대 학자들의 정신에 이 질문은 거의 해결된 것처럼 보인다.

그들은 말하기를, 우리는 두 개의 고대 이야기가 동의하는 대로 해석되어야 한다고 주장할 어떤 권리를 가지고 있는가?

왜 우리는 본래 가장 가능한 해석을 따라서 그리고 다른 것을 전혀 참조하지 않고, 그것 자체로 각각 그것들을 해석하지 않아야 하는가?

이 모든 조화의 임무는 단순한 비과학적 변증 수단이 아닌가?

확실히 그러한 접근방법은 매우 비과학적 방식으로 논점을 교묘히 피한다. 수많은 경우에, 우리는 독립적이고 완전히 신뢰할 수 있는 증인 A와 B가 동일한 사건에 대해 증언하는 것을 들으면서 마음속에 다음과 같은 질문이 제기된다. 우리는 A에 대해 말한다.

"어떻게 그런가? 나는 이해하지 못한다. 당신은 한 가지를 말하고, B는 다른 것을 말하고, 나는 어떻게 당신의 증거가 B의 그것과 일치하는지 알 수 없다."

이어서 수많은 경우에 간단한 설명으로 모든 문제가 해결되고 우리의 문제는 좀 더 분명하고 더 완전한 설명으로 귀결된다. 이 같은 경우에 본문조화작업은 전혀 비과학적이지 않다. 더욱이 현대의 증거로 참인 것은 고대 문서에 관하여도 참이다.

만약, 신뢰할 만한 증거가 있는 두 개의 역사적 자료를 가지고 있다면, 다른 것이 같다면 우리가 그것들을 참으로 간주하기로 허용하는 각각의 해석을 지지하는 것은 비과학적인 것이 아니다. 오히려 건전한 상식에 따른 것이다. 우리가 전적으로 증거가 있고 참인 두 개의 역사적 문서를 가진다면 비과학적인 것이 아니다. 반대로 우리가 그 두 개를 참인 것으로 인정할 것이라는 해석으로 다른 것을 똑같이 총애하는 건전한 상식에 따른 것이다. 우리는 정말 앤드류와 함께 "조화로운 수단의 결과가 아닌 일관성 있는 역사가 있는가?"라고 질문할 것이다.[12] 그러면, 확실히 우리는 마태와 누가의 유아기 이야기 사이의 조화 문제를 비호의적인 편견 없이 접근해야 한다.

두 이야기 사이에서 발견된 약간의 모순은 약간의 조사로 즉시 사라진다. 그러므로 "그리스도의 신성이 누가복음에서는 목자들에 대한 천사의 말과 천군천사의 찬송에 의하여 입증된 반면, 마태복음에서는 동방에서 별의 나타남에 의하여 증명되었고, 새로 태어난 메시아가 누가복음에서는 목자들로부터 마태복음에서는 동방박사들로부터 그의 첫 경배를 받는다"는 취지의 우세너의 주장과 같은 반론에 대해서는 논의 없이 안전하게 묵과할 것이다.[13] 전자의 경우에 분명한 대답은 그리스도의 신성에 대해서는 많은 증거가 있을 수 있다는 것이다. 후자의 경우 '첫(경배)'이라는 단어가 (정당한 이유가 없기 때문에) 제거된 후에, 비슷한 대답이 주어질 것이다. 새로 태어난 메시아는 목자들과 박사들로부터 경배를 받을 것이며 마태의 이야기는 첫째와 관계되는 경배의 특별한 행위를 말하거나 포함하지 않고 있다.

"요셉의 집이 마태복음에는 베들레헴에 누가복음에는 나사렛에 있다"는 것은 더 많은 주장과 더 많은 근거의 제시로 인해 반대에 부딪혔다.[14] 결국 여기서 발견된 모순은 한 이야기의 주장과 다른 이야기의 주장 사이의 모순이 아니라 한 이야기의 주장과 다른 것의 침묵 사이의 모순이다. 수많은 경우에 이 같은 모순은 실제적이라기보다는 오히려

---

12 *The Life of Our Lord*, 2nd edition, 1891, ix.
13 Usener, article "Nativity," in *Encyclopedia Biblica*, iii, 1902, col. 3343.
14 Usener, *loc. cit.*

외형적이다. 마태는 요셉의 집이 예수님의 탄생 전에 베들레헴에 있었다고 말하지 않는다. 참으로 마태복음 1:18보다는 오히려 마태복음 2:1에서 베들레헴의 언급은 아마도 그 반대를 추측할 수 있었을 것이다.

왜냐하면 만약, 마태복음 1:18-25의 사건이 베들레헴에서 일어났다면 (즉 조상 다윗 가문의 고향에서) 왜 그처럼 중요한 사실이 그러한 사건들과 연관되어 언급되지 않았는가?

우리는 참으로 이 특별한 생각에 강조를 두고 싶지 않다. 참으로 어떤 사건의 장소가 마태복음 2:1 이전에 언급되지 않은 이유는 그곳만이 상세한 이야기에 직접적으로 중요한 장소이기 때문이다.

동방박사들의 여행, 예루살렘의 질문, 산헤드린에 의한 구약 예언의 인용을 이해하기 위하여 예수님이 베들레헴에서 탄생했다는 것을 아는 것이 필요하다. 그러므로 탄생의 장소가 언급된 것은 마태복음 2장과 연결되어 있다. 더욱이 예언의 성취로서 중요했던 것은 이전 사건의 지역이 아니라 베들레헴이라는 탄생 장소였다.

하여튼 마태복음 1:18-25에 장소가 제시되지 않는다는 사실이 본문에 언급된 모든 사건이 다음 장 서두에 언급된 장소에서 일어난 것으로 간주된다는 증거가 될수는 없다. 마태가 지리적 관심을 전적으로 나타낸 것은 마태복음 2:1이다. 반대자들은 의기양양하게 애굽에서 돌아온 후 아켈라오에 대한 두려움 때문에 유대에서 거주하려 했던 요셉과 마리아가, 갈릴리에 들어와서 "나사렛이라 하는 동네에" 거주하려 했다고 공표한 마태복음 2:22 이하를 지적할 것이다.

나사렛이 그들의 원래 고향이었다면 왜 그곳으로 돌아오지 않고 유대로 갈 생각을 했겠는가?

그리고 나사렛은 마태복음 1:18-25에서 이미 언급된 사건의 장면으로 간주되었다면 "나사렛이라 하는 동네"로 단순히 언급되었을까?

그 반대는 첫 눈에 띨 만큼 무섭지 않다. 애굽에서 귀환 후 유대에서 살기 위한 요셉과 마리아의 의도는 나사렛이 그들의 원래 집이었더라도 아주 이해할만하다. 그 이야기에 따르면 마리아의 아이, 예수님은 다윗 후손의 약속된 왕이었다. 그리고 그런 사실은 마리아와 요셉에게 알려졌다.

그분의 왕권이 공식적으로 드러날 때까지 그들이 그분의 조상 집에서 그 아이를 양육하기를 바랐던 것 보다 더 자연스러운 것이 있는가?

베들레헴 또는 예루살렘의 거주는 메시아의 지상부모였던 자들에게 전적으로 적당하게 보였을 것이다. 그렇게 많은 것이 그 이야기의 표면에 놓여있다. 또한 물론, 추측의 여지는 많이 있다. 예를 들어, 요셉이 베들레헴에서 재산을 가졌으리라는 것은 종종 주장되었다. 그 생각은 완전히 가능하다. 그리고 재산의 소유가 유대에 거주하려는 의도를 설명하는데 도움이 된다.

하지만 반드시 그런 것은 아니다. 사람들은 그런 주장이 없어도 당연히 그 상황을 잘 이해할 것이다. 하여튼 마태는 확실히 요셉과 마리아의 원래 집이 나사렛이 아니라 베들레헴이었다고 말하지 않는다. 복음서 기록자가 (또는 본질적으로 현재의 형태로 마태복음 1-2장의 이야기를 준 자) 그들이 나사렛의 원래 거주민임을 알았는지 몰랐는지에 대해서는 알 수 없다. 그러나 화자가 그것을 몰랐더라도, 그의 이야기는 이 점에서 누가와 어떤 모순도 없다. 침묵은 모순과 매우 다른 것이다.

모순의 또 다른 증거는 종종 누가에 따르면 수태고지가 마리아에게 임한 반면에, 마태에 따르면 그것이 요셉에게 임했다는 사실에서 발견되었다. 물론, 명백한 대답은 그것이 두 사람에게 임했으리라는 것이다.[15] 그러나 만약, 마리아가 이미 초자연적 잉태의 기적을 알게 되었다면 천사가 그녀에게 말한 것을 요셉에게 반복하지 않았을까?라고 언급될 것이다.

그런 경우에 요셉은 정말 그녀를 버리려는 의도를 가졌을까?

요셉의 수태고지는 마리아의 수태고지가 이미 일어났다면 불필요하

---

15 이 대답은 4세기 말엽의 Chrysostom에 의하여 주어진 것이다(*hom. in Matt.*, iv, ed. Montgfaucon, vii, 63). Chrysostom은 말하기를 매우 순박한 사람들은 "그 점에서 좋은 소식이 마리아에게 임했다고 누가가 말한 반면에, 마태는 그것이 요셉에게 임했다고 말한다. 그러나 그렇게 함에 있어서 그들은 실제로 두 개가 만들어진 것을 관찰하지 않았다. 이것은 우리가 전체 이야기를 통하여 기억하기에 필요한 것이다. 왜냐하면 그렇게 함으로 우리는 모순으로 보이는 많은 것을 해결할 것이다"라고 두 이야기 사이의 모순을 발견했다.

게 되지 않았을까?

여기서 다시 추측된 모순은 매우 조심스럽게 조사되자마자 사라진다. 마리아가 천사가 말한 것을 요셉에게 말했다고 추측해 보자.

그는 그렇게 놀라운 이야기를 믿었을까?

그리고 그가 믿었다 할지라도, 그는 계속해서 마리아를 아내로 취하려 했을까?

그녀는 엄청난 기적에 의하여 메시아의 어머니가 되어야 했다.

그러면 그녀가 다른 여자들처럼 한 남편과 살아야 하는 것이 정당한가?

우리는 이 마지막 고찰에 너무 많은 강조를 두지 않아야 한다. 마리아는 아이가 다윗 자손의 약속된 왕이어야 한다는 말을 들었다. 만약, 그 후손이 요셉을 통하여 추적되었다면 그 아이가 태어났을 때 요셉이 그녀의 남편이어야 한다는 것은 필수적이었다. 그러므로 요셉은 그가 육체적인 의미에서 그 아이의 아버지는 아니었다 할지라도 마리아를 그의 아내로 취하는 것은 하나님의 뜻이라고 생각했을 것이다. 그러나 이런 논리가 결정적인 것은 아니라는 사실을 알아야 한다.

마리아는 누가복음 1:32 이하에 있는 천사의 말을 들었을 때 반드시 요셉을 통한 다윗의 후손을 추적해야 했는가?

그녀는-불가능한 일은 아니지만 그녀가 또한 다윗의 후손이었다면-다윗의 후손이 그녀를 통하여 추적됨으로 요셉과 결혼이 더 이상 필요하지 않다고 할 수 있지 않은가?

그리고 만약, 그녀의 결혼이 더 이상 불필요하다면 요셉은 마태복음 1:19에서 그에게 귀속된 계획을 정확히 이루지 않았을까?

그 아이는 그의 아이가 아니었다. 그러나 어머니에게는 책임이 없었다.

그는 아직 순결한 처녀가 부끄러움 당하는 것을 피하기 위하여-유대인의 법으로 공식적인 이혼에 의해서만 할 수 있었던-약혼을 파기하기로 결정하지 않았을까?

이런 추측은 우리가 이미 말한 대로 억측이다. 우리는 그것이 가능성이지 더 이상 아무것도 아님을 주장한다. 또 한 가지 가능성 있는 견해는 마리아가 천사의 말을 요셉에게 말했을 때 요셉이 마리아를 믿지 않았을 것이라는 주장이다. 그러나 아마도 모든 것 중에 가장 가능성이 있는 것은 마리아가 아무 말도 하지 않았다고 추측하는 것이다.[16]

동정녀가 누가복음 1:26-38에서 언급된 놀라운 사실을 경험한 후에 어떤 가능한 일을 했을까?

그녀는 그런 경험을 요셉에게 말했을까?

아마도 그녀가 조잡한 모양의 여인이라면 그렇게 했을 것이다. 그러나 만약, 그녀가 실제로 누가복음 1-2장에서 이처럼 놀라운 그럴듯함으로 묘사된 부류의 사람이었다면, 그런 행동은 매우 심각한 종류의 반대에 노출되었을 것이다. 그녀의 경험을 요셉에게 말하는 것은 그녀 자신을 불신하도록 드러냈을 것이다. 그녀의 경험은 결국 전적으로 유일했다. 그와 같은 일은 전 세계의 역사에서 들어본 일이 없었다.

천사의 현존 앞에서 그녀 자신 조차도 이해하지 못했다. 그녀는 처녀의 마음에서 자신의 귀로 들은 것으로 인해 위축되었다.

그러면 그녀는 어떻게 정말 요셉이 믿기를 바랐을까?

그녀는 이 같은 환경에서 무엇을 했을까?

확실히 그녀가 무엇을 했을 것인가는 명백하다. 그녀는 하나님으로부터 해명을 기다렸을 것이다. 그녀에게 말한 전령은 또한 그녀의 약혼자에게 말할 수 있었다. 그것은 모두 하나님의 뜻에 의존했다. 반면에, 그녀는 다음과 같이 말했을 때 그녀가 수용한 짐을 인내로 질 수 있었다.

주의 여종이오니 말씀대로 내게 이루어지이다(눅 1:38).

그녀는 하나님의 좋은 때를 기다리는 것으로 만족했다.

그러므로 두 이야기는 모순이 아니라 가장 독특한 방식으로 각자 서로를 보충한다. 다른 하나가 없이는 어느 쪽을 철저하게 이해될 수 없다. 마리아의 태도는 마태에 의하여 설명되지 않고 요셉의 태도는 누가

---

[16] 이것은 Chrysostom(op. cit., ed. Montfaucon, vii, 1836, 6)에 의하여 선호된 해결책인데 그는 추측하기를, 마리아가 요셉이 사가랴의 죄에 빠지지 않게 하기 위하여 말하는 것을 억제했다는 것이다. 마리아는 요셉이 믿지 않을 것을 예견했다.

에 의하여 설명되지 않았다. 그러나 두 이야기를 함께 놓으며 사건의 모든 과정은 매우 분명해진다. 놀라운 약속이 주어졌을 때, 마리아는 요셉에게 가지 않고 공감하는 여자 친구에게 갔다. 그러나 그녀는 자신의 의지로 가지 않았다. 그녀는 단지 천사가 나타낸 말 때문에 갔다. 엘리사벳 역시 천사의 말에 놀라운 경험을 했다. 그러므로 그 네 번 만에 마리아는 신임받을 수 있었다. 그녀가 엘리사벳에게 말할 수 있었던 것은 엘리사벳 자신이 경험했던 것에 의하여 확증됐을 것이다.

그 이야기는 얼마나 놀랍게 자연스럽고, 누가의 이야기에 나타난 주님의 어머니의 묵상적이고 섬세한 성품과 얼마나 정확하게 일치하는가?

그 다음에 나사렛 귀환과 마리아의 시련의 시간이 왔다. 그러나 그녀는 하나님의 시간을 기다리는 것으로 만족했다. 하나님이 그녀에게 견디기를 요구한 짐을 견디는 것으로 그녀는 만족했다. 그녀의 신앙은 헛되지 않았다. 요셉 역시 하나님의 메시지의 수납자가 되었고 그녀를 아내로 취했다. 하나님은 그 처녀와 그녀의 아이를 위한 인간 보호자를 제공했다. 여기서 놀라운 이야기에서 외견상의 모순은 피상적인 것일뿐이다. 근원적인 조화와 근본적인 신빙성은 의미가 깊다.[17]

끝으로, 누가복음에서 동방박사들의 방문과 애굽에서의 체류에 대한 어떤 여지도 남겨 놓지 않았다는 것이 반대를 받았다. 누가에 따르면 베들레헴에서 탄생 40일 후에 아기 예수님을 성전에 데려갔다. 동방박사들의 방문은 이 40일 기간 중에는 어려웠을 것이다. 왜냐하면 왕의 분노가 크게 일어났을 때 아이가 성전에 들어가는 것은 불가능했을 것

---

17 어떤 주목할 만한 학자들은 방금 드러난 것들과 약간 다른 사건 과정에 관한 견해를 취했다. 예를 들어, 결혼이 마리아의 엘리사벳 방문 후가 아니라 전에 일어났다는 것은 Ebrard(*Wissenschaftliche Kritik der evangelischen Geschichte*, 3te Aufl., 1868, 1868, 271)와 Riggenbach(*Vorlcesungen ueber das Leben des Herrn Jesu*, 1858, 169, 172)에 의하여 주장되었다. 그런 견해는 우리가 채택한 것보다 훨씬 덜 보편적으로 주장된 대로 의심없이 덜 자연스럽다(이하에서 제9장의 토론을 보라). 그러나 우리는 여기서 그 점을 주장하는 것에 관심을 갖지 않는다. 그 안에 여러 방법이 있음을 보일 수 있다면, 우리의 지식이 보다 더 완전하다면 그것은 두 이야기 사이의 조화가 드러날 수 있게 된 우리의 현재의 목표를 위하여 충분하다.

이다. 그것은 아이를 사지로 데려가는 행위이다. 그러므로 명백하게 애굽으로의 이동은 동방박사들이 온 후에 즉시 일어났다. 성전 방문이 끼어들 수는 없었다. 그러므로 두 이야기가 조화되어야 한다면 성전 참석이 끝났을 때 요셉과 마리아가 아이와 함께 베들레헴으로 돌아오고 거기서 동방박사들의 방문을 받고 그 다음 애굽에 간 것으로 추측해야 한다.

이 추측은 전혀 부자연스럽지 않다. 유일한 어려움은 누가복음 2:39에 언급된 것과 관련하여 일어난다.

> 주의 율법을 따라 모든 일을 마치고 갈릴리로 돌아가 본 동네 나사렛에 이르니라(눅 2:39).

이 말은 일견 성전 참석 후 즉시 나사렛으로 돌아간 것처럼 보이게 하여 베들레헴의 귀환과 애굽으로 피신을 배제하는 것으로 보인다.

그러나 그 같은 견해는 복음서 기록자의 말을 지나치게 압박하는 것과 관련되어 있지 않은가?

누가복음 2:39의 저자는 율법의 요구가 어린 예수의 경우에 만족되었다는 사실을 지적하는데 관심이 있다. 그는 예수님이 어린 시절 대부분을 나사렛에서 보냈음을 알았다. 그러나 그가 여기서 주의 깊게 관찰하고 있는 것은 율법의 요구를 베들레헴과 예루살렘에서 충족시킨 후에 잘 알려진 나사렛 거주가 시작되었다는 것이다. 실제로 그는 이 점에 있어서 그 밖의 어느 것에도 전혀 관심을 갖지 않았다. 나사렛으로 귀환이 율법의 요구를 수행한 후에 일어났다는 사실만 확실하다면 그는 성전 참석과 나사렛으로의 귀환 사이에 일어난 많은 사건들에 대해 잠시 동안 관심을 갖지 않았다.

그러므로 마태의 묘사는 누가복음 2:39의 실제적인 요점과 모순되지 않는다. 의심 없이 그런 구절은 마태에 대한 누가의 독립성을 변호하는 증거를 준다. 만약, 셋째 복음서 기록자가 기록했을 당시 애굽으로 피신하는 기사를 가졌다면 현재 형식의 구절을 기록하기 어려웠을 것이다. 그러나 여기서 다시 다른 곳에 기록된 사건들에 관한 한 가지 이야기의 침묵은 실제적인 모순과 아주 다른 것이다.

그러므로 추측된 모순은 두 이야기의 완전한 독립성을 증명함으로써만 성공하였다. 의심 없이 한 기록자가 그 이전의 다른 저서를 가졌다면, 어울리는 이야기의 작업은 계속하여 그것보다 훨씬 쉽게 되었을 것이다. 그러나 이러한 본문조화작업은 그들이 함께 기록한 중심적인 유아기 이야기에 대한 증거의 가치를 증가시킨 것보다 오히려 감소시켰을 것이다. 말하자면 우리는 동정녀 탄생과 베들레헴 출생의 두 증거뿐만 아니라, 두 독립적인 증거를 갖고 있다.

더욱이 사건 과정의 자연적인 설명을 제시하는 이 같은 방식으로 그 이야기를 함께 놓는 것은 표면상의 어려움에도 불구하고 가능하다. 그런 것이 행해질 때 우리는 다음의 사건 순서를 갖는다.

(1) 사가랴에게 수태고지
(2) 마리아에게 수태고지
(3) 마리아의 엘리사벳 방문
(4) 마리아의 나사렛 귀환
(5) 그녀의 상태 발견
(6) 요셉에게 수태고지
(7) 요셉과 마리아의 결혼
(8) 호적을 위한 베들레헴 여행
(9) 예수님의 탄생
(10) 목자들의 방문
(11) 출생 후 8일째 베들레헴에서 할례
(12) 출생 후 40일째 예루살렘 성전 방문
(13) 베들레헴 귀한
(14) 동방박사들의 방문
(15) 애굽으로 이동
(16) 나사렛 귀환

의심 없이 이러한 사건의 순서는 조금 특별하지만 확실한 것은 아니다. 그러나 적어도 완전히 가능하다. 만약, 다른 배열이 또한 가능하다면 두 설명 사이의 조화를 전혀 손상시키지 않는다.

그러나 이 많은 것이 인정되더라도 또 두 이야기가 실제로 모순되지 않는 것이 허용되더라도, 그것들은 적어도 '다르다.' 그리고 단순한 차이는 모순과 구별되듯이 생각건대 역사성에 대한 주장으로 인정될 것이다. 예수님의 탄생 사건에 관한 정보의 출처는 본질적으로 하나이다라고 주장되었을 것이다. 그것은 마리아의 증거에서만 발견될 수 있었을 것이다.

그러면 어떻게 마태복음과 누가복음에서 발견된 것들로서 이 같이 다른 기사가 제시되었는가?

만약, 그 정보가 모두 마리아에게서 왔다면 어떻게 그녀에게서 비롯된 이야기가 각각의 이야기에서 분명하게 볼 수 있는 것처럼 어떻게 불완전하게 될 수 있었는가?

물론, 다른 가능한 정보의 자료, 즉 요셉의 증언이 있었다고 대답될 수 있었을 것이다.

첫째, 요셉은 예수님의 공생애 사역과 관련하여 복음서에 나타나지 않는다. 그러므로 그가 일찍 죽었다고 추측되었다.

둘째, 요셉의 제자들에게 줄 정도로 충분히 오래 살았더라도 그의 증언은 전적으로 구별된 일련의 전승을 제시할 만큼 마리아의 증언과 분리되기는 어려웠을 것이다.

마리아와 요셉은 함께 살았다. 예수님의 탄생 후, 그들 사이에 증인을 교환할 충분한 기회가 있었을 것이다. 마태의 이야기가 누가의 이야기에 나타난 마리아의 증언과 구별되는 것처럼 마태의 이야기가 요셉의 증언으로 돌리더라도 요셉의 이야기가 더 많은 마리아의 경험을 포함하지 않고, 마리아의 이야기가 더 많은 요셉의 이야기를 포함한다는 것은 여전히 놀랍게 보인다.

정보의 궁극적인 자료가 필연적으로 하나라면 어떻게 두 개의 이처럼 구별된 전통이 시작되었는가?

이런 반대는 특히 1841년 겔프케에 의하여 강하게 시도되었다.[18] 스트라우스의 『예수의 생애』(Life of Jesus) 출간 이후 얼마 안 있어 겔프케는 스트라우스의 부정적인 비판에 더하여 유아기 이야기를 예술작품으로 적극적으로 이해하려고 하였다. 그러나 그의 견해에 따르면 이러한 이해는 그 기사들의 역사성을 찬성하지 않았다. 반대로 화자가 사실들을 설명 했다면 두 이야기의 진정한 차이, 즉 있는 그대로 받아들였을 때 각각의 두드러진 예술적 통일성은 불가능했을 것이라고 그는 말했다.

어떻게 그 자체로 그렇게 밀접하게 연관된 사실들이 전승에서는 그렇게 완전히 분리될 수 있었는가?

두 이야기는 두 개의 구별된 관점에서 기록되었고 두 개의 구별된 모습을 제시했다고 겔프케는 주장했다.

> 누가의 이야기는 말하자면 하늘과 땅이 순수한 처녀를 인정하고 그녀에게서 범죄에 대한 어떤 근거도 발견하지 못했다는 개념을 전제 하지만 엘리사벳의 사례는 단지 기쁨을 근원으로 한다.

다른 한 편으로 큰 차이는 마태의 이야기이다. 거기서 우리는 누가복음에서 우세한 즐거움 대신에 세상-통치자의 신랄한 적개심을 본다. 그리고 가족생활의 친밀한 묘사 대신에 원수들이 새로 태어난 왕의 생명을 찾는 강력한 극적 사건을 본다. 겔프케는 한 이야기의 사건을 취하여 다른 이야기의 간격을 메우는 것은 아무도 원하지 않았을 것이라고 주장한다. 그렇게 하는 것은 각각 두 이야기의 예술적인 아름다움을 파괴하는 것이었을 것이다. 그것은 가족생활의 친밀한 모습과 세계 역사의 극적 사건을 함께 뒤섞었을 것이다.[19]

---

18 Gelpke, *Die Jugendgeschichte des Herrn*, 1841, 127, 162f., 167ff., 172ff.
19 익명의 저서 (관련된 저자는 Richard Davis Hanson이었다), *The Jesus of History*, 1869

이 주장을 비평하면서 우리는 겔프케가 확실하게 이야기의 예술적인 아름다움에 대한 진정한 인식을 드러낸다는 것을 꺼리김 없이 인정할 것이다. 각각의 이야기(narrative)가 다른 기사(account)에서 취한 사건을 추가하여 망쳐질 수 있었던 예술적 통일성을 구성한다는 것은 어떤 한계 안에서 자유롭게 인정될 것이다.

그러나 무엇에 관한 것인가?

겔프케가 관찰하지 않은 것은-만약, 겔프케가 그의 시대에 사용할 수 없었던 언어표현을 우리가 사용한다면-초상화는 사진과 다르지만 사진만큼 세밀하게 묘사할 수 있다는 사실이다. 많은 경우에 하나의 초상화는 하나의 사진이 담고 있는 많은 세부적 묘사를 그것에 추가하면 손상될 것이다. 그러한 세부사항은 진실로 초상화 속 인물에 속한다. 하지만 그것들은 그 그림의 예술적인 아름다움뿐만 아니라 그 표현의 진실성을 떨어뜨릴 것이다. 다른 말로 사진과 구별되는 것으로 초상화는 선택성이 있다는 것이다. 어떤 세부사항을 생략함으로써 남아있는 세부사항을 이해할 수 있도록 한다. 그리고 이와 같이 그것은 그것이 제시하는 인물과 훨씬 더 가깝고도 훨씬 더 진실한 영적 접촉으로 우리를 인도한다.

그래서 그것은 마태와 누가의 유아기 이야기와 함께 잘 어울릴 것이다. 그 이야기들 중 어느 하나가 다른 곳에서 이야기된 사건을 추가함으로써 손상된다는 사실을 인정하지만 그 두 이야기가 자유로운 창작의 산물이라는 것을 의미하는 것은 아니다. 그러나 그것은 단지 사진보다는 오히려 초상화임을 뜻할 뿐이다. 그것들은 예수님의 탄생과 유아기의 두 구별된 면을 나타내지만 각각 두 가지 측면은 사실과 일치하게 잘 존재할 것이다. 그러므로 우리는 그 이야기의 예술적인 특수성이 그것들의 역사적인 진실과 전혀 조화되지 않는다는 것을 부정한다.

130을 비교하라. "어떤 그림에서 모든 것은 평화와 희망이다. 또 다른 그림에서 모든 것은 폭력과 공포이다." 여기서 또한 두 이야기의 이러한 차이는 그것들의 역사성에 대한 주장을 제공하는 것으로 인정된다. A. Reville(*Jesus de Nazareth*, 2ieme edition), 1906, 340)은 마태의 이야기를 비극이라 한다. 누가의 이야기는 하나의 관념이다.

전통의 다양성에 대한 특별한 이유에 관해 여러 견해가 주장될 수 있다. 예술적인 선택의 과정은 방금 공표된 것처럼 확실한 자리를 차지할 것이다. 참으로 우리가 토론의 처음 부분에서 지적한 것처럼 두 개의 유아기 이야기가 공통적인 원전에 의존했다는 것은 있을 법하지 않다. 그러나 공통적인 원전에 전혀 의존하지 않았더라도 공통적인 구전 전통에 잘 의존했을 것이다. 각 이야기의 저자는 그가 설명하는 것에 관심을 가진 예수님의 탄생과 유아기의 특별한 측면에 속한 사건들을 구전 정보의 공통적인 자료에서 선택했을 것이다. 이 같은 선택은 실제로 역사적 확실성에 불리하지 않다고 우리는 생각한다. 그리고 이런 경우에 우리는 하나의 이야기가 다른 것을 보충할 수 있는 유익을 갖는다. 그러므로 우리는 이 사건의 이중적인 설명에 감사할 수 있다. 각 그림은 부분적이다.

두 개가 함께 취해졌을 때 혼합된 그림이 형성되더라도 부분적이다. 그러나 우리가 먼저 각각에 공감적인 생각을 가지고 우리 자신을 몰입시키고 우리가 받은 인상을 함께 공유할 때, 두 기사는 상반된 것이 아닌 보완적이라는 것을 발견하여 우리가 그 둘을 사용할 때 우리가 가장 알고 싶어하는 것을 발견한다.

그러나 두 이야기를 구별하는 선택적 과정은 단순히 문서적 종류가 아니다. 반대로, 그것은 아마도 문서적 정착보다 앞선 시기에 시작했을 것이다. 요셉이 마태복음에서 그 이야기의 자료이고 마리아가 누가복음에서 그 이야기의 자료라고 많은 독자들이 추측하도록 하는 것을 직감적으로 알게 될 것이다. 후자의 경우에 그 징조는 특히 분명한 것으로 보인다. 누가의 유아기 이야기에서는 마리아 마음속의 생각이—조잡하거나 장황한 방법으로가 아니라 여기서 묘사하는 주님의 어머니에 대한 성품과 정확히 일치하는 방법으로—드러난다. 그리고 전체 이야기는 그녀의 관점으로 제시되었다. 물론, 이러한 사실들은 마리아 고유의 중요성, 마리아 자신에게와 마찬가지로 어떤 다른 화자에게 호소했을 어떤 중요성에 의하여 설명될 수 있다.

그러나 아직도 이 같은 설명은 전체적인 방향을 향하여 완전히 가는 것으로 보이지 않는다. 그 사건에서 마리아 부분에 대한 묘사가 워낙 섬세하고 잠깐의 경험만으로도 그녀의 깊은 영혼속에서 깊은 친밀감이 느껴지기 때문에 공감하는 독자라면 그 이야기가 직간접적으로 그녀에게서 왔다는 확신을 떨쳐버리기 어려울 정도이다. 심지어 하르낙 조차 이런 인상을 전혀 제거하지 않았다. 그의 자연주의적 원리들은 참으로 이야기의 보다 깊은 요소를 역사적인 것으로 수용하는 것을 허용하지 않을 것이다. 그러므로 우리가 그것을 가지고 있는 대로 예수님의 탄생 이야기가 실제로 예수님의 어머니로부터 나왔다는 것을 그는 믿을 수 없다. 그러나 그는 적어도 누가는 그 이야기가 마리아에게서 나온 것으로 생각하며 마리아가 그 이야기를 생성케 한 공동체에 감명을 주었다는 것을 전제한다.[20]

명백하게 우리가 여기서 하르낙의 생각을 갖는 것은 그의 자연주의적 원리와 문서 비평의 영역에서 완전하고 정확한 직감 사이에서 갈등하고 있는 것이다. 만약, 우리가 그의 자연주의적 원리들을 공유하지 않는다면-그와 다르게 우리가 예수님의 생애에서 초자연적인 것을 받아들일 준비가 되어있다면-우리는 이 점에서 그가 그렇게 납득이 가도록 제시한 문학적 지표들을 따르는데 전혀 어려움이 없을 것이다. 그래서 우리는 이 이야기가 실제로 우리 주님의 어머니 마리아로부터 비롯되었음을 주장할 것이다.

물론, 그렇다고 할지라도 정확한 전수과정은 여전히 의심스럽게 될 것이다.

복음서 저자 자신은 예수님의 어머니와 접촉했는가?

그런 견해도 아마 전혀 불가능한 것은 아닐 것이다.

아니면 마리아의 입에서 이야기의 핵심을 받은 사람은 다름 아닌 초기 유대 기독교 자료의 작가였는가?

---

20 Harnack, *Neue Untersuchungen zur Apostelgeschichte*, 1911, 109f.(영어 번역, *The Date of the Acts and the Synoptic Gospel*, 1911, 154-156). 예수님의 가족이 그분의 생시에 그분을 믿지 않았기 때문에, 이 이야기가 마리아의 죽음 이전에 현재의 형식으로 저술될 수 없었다고 Harnack이 말할 때, 그의 주장은 설득력이 없다. 아래 제11장을 보라.

제8장 이야기들의 관계 297

　그런 견해도 완전히 가능하다. 또는 마리아와 문서 형식으로 이야기를 처음 작성한 사람 사이에 간단한 구두전달의 과정이 있었는가?
　어떤 현대 학자들은 누가복음과 사도행전의 저자 (만약, 그가 참으로 우리-부분의 저자와 동일인이라면)가 사도행전 21:8 이하에 따라 직접 접촉했던 빌립과 그의 예언하는 딸을 이와 관련하여 생각했다. 그러면 그 이야기에서 발견된 여성적인 접근은 적어도 부분적으로 빌립의 딸에게 기인되었을 것이다. 이런 견해는 다시 불가능하지 않지만 다른 견해처럼 확실하지 않다. 이야기의 여성적인 접근은 아마도 그 정보가 마침내 문서적인 형태로 작성되기 전에 다른 입을 통하여 전달되었든지 안되었든지 궁극적으로 마리아에게서 왔다는 추측으로 적당하게 설명되었다. 이러한 주장을 거부할 근거는 없다.
　다른 한편으로, 마태복음의 모든 것은 요셉의 관점으로 제시된다. 그의 도덕관념은 천사의 나타남에 의하여 조용해진 것이다. 그는 어머니와 아이의 움직임에 관하여 하늘의 안내를 받은 자이다.
　그러면, 마리아가 누가복음 이야기의 출처였던 것처럼 그는 이 이야기의 궁극적 출처였는가?
　이 견해에 대한 반대는 위에서 암시되었듯이 요셉이 예수님의 공생애 사역과 연관하여 나타나지 않고 그러므로 일찍 죽은 것으로 추측될 수 있다는 것이다.
　그러면 그는 죽기 전에 그의 증언을 전달할 수 있었는가?
　예수님의 지상생애 동안 동정녀 탄생은-하나의 사실로 생각될지라도-우리가 볼 것이지만 자연히 비밀로 남았을 것이다. 그것에 관한 비방과 오해를 일으켰을 것이다.
　그렇다면, 요셉이 예수님의 부활과 예루살렘 교회가 설립되기 오래전에 죽었다면, 그의 놀라운 이야기를 누구에게 전할 수 있었다는 말인가?
　그는 그의 비밀을 그의 입으로 전달하기 전에 죽지 않아야 했는가?
　그러면 어떻게 우리는 마태복음 1-2장에서 누가복음의 첫 두 장에 보존된 마리아의 증언과 다른 요셉의 이야기를 가질 수 있는가?
　이러한 반론은 결코 결정적이지 않다.

첫째, 요셉은 죽기 전에 기록하기 위한 이야기를 위탁하지 않았을까?
그것은 전혀 불가능한 것은 아니다.

둘째, 그는 적당한 때까지 알리지 않을 믿을만한 누군가에게 그의 증언을 맡기지 않았을까?

이 같은 신뢰를 받을 말한 사람이 예수님의 동생이라는 것은 그 자체로 불가능하며 복음서에 기록된 그들의 태도와도 일치하지 않는다. 그러나 정말 그가 완전히 신뢰할만한 다른 사람이 있었을 것이고 그가 그것을 털어놓는 것은 (예수님의 형제의 경우와는 다르게) 적절하였을 것이다.

물론, 마리아가 우리의 두 유아기 이야기의 출처인 것은 가능하다. 그러면 두 기사의 차이조차도 생각건대 설명될 수 있을 것이다. 요셉은 의심 없이 마리아를 신뢰했다. 그는 마태복음 1-2장에서 우리를 위하여 기록된 대로 그의 경험을 그녀에게 말했다.

마리아는 이전에 유지했던 침묵을 마침내 깼을 때 그녀가 공감하는 귀에 말한 요셉의 이런 경험을 가지고 있었을 것이다. 그러나 어떤 그녀의 청취자는 그녀가 말한 어떤 특징에 관심을 가졌을 것이고 어떤 이는 다른 것에 관심 가졌을 것이다. 예를 들어, 요셉의 친척은 요셉과 관계된 것에 관심을 가졌을 것이며 그것은 그의 증언의 기호가 되었을 것이다. 그리고 이와 같이 그들이 전달했던 것은 특히 그러한 특징들이다. 이런 방식으로 초기 전승의 다양성이 일어난 것은 당연하다.

우리의 두 이야기의 각각 차이점은 아마도 궁극적 정보 출처의 분리에만 기인하거나 전달의 과정이나 최종적 문서의 정착시기에 선택의 과정에만 기인하는 것이 아니라 두 개의 요소가 결합된 것으로 설명되어야 할 것이다. 두 개의 원인이 작용된 정확한 비율은 결코 결정될 수 없었다. 완전히 가능한 다양한 추측의 여지가 있다. 그러나 만약, 그렇다면 두 이야기의 차이는 양쪽의 역사성을 논박하는 것으로 언급될 수 없다. 다양한 전승은 단순히 하나의 설명이 아니라 여러 개의 완전히 합리적인 설명으로 주어질 수 있다.

마태와 누가의 예수님 탄생에 대한 묘사 사이의 조화에 관한 가장 중요한 문제 가운데 하나는 아직 다루지 않았다. 왜냐하면 그것은 우리가 방금 다룬 문제와 약간 다른 범주에 속하기 때문이다. 그 차이는 이 문제가 다른 것과는 다르게 두 개의 유아기 부분 사이의 관계에 관여하지 않고 한 개의 유아기 부분과 다른 유아기 부분이 담긴 복음서 뒷장의 세부 내용과의 관계와 관련되기 때문이다. 우리는 마태복음 1:1-17과 누가복음 3:23-38의 두 족보 문제에 주목한다.

첫눈에 그 족보는 희망 없는 모순으로 보일 것이다. 아브라함부터 다윗까지 그것들은 똑같이 이어진다. 그러나 그 계보를 추적한 사람을 통하여 다윗의 아들은 마태에 의하면 솔로몬이고 누가에 의하면 나단이다. 그리고 그 지점부터 이름들에 대한 두 개의 갈라지는 계보가 마리아의 남편 요셉의 아버지까지 이어진다.

두 계보로 갈라진 것을 어떻게 설명할 수 있는가?

어떻게 요셉의 아버지는 (마태가 말한 대로) 야곱과 또한 (누가에 의하여 언급된) 헬리가 될 수 있었는가?

두 족보는 그처럼 매우 가까운 점에서도 직접적으로 모순인 것으로 보인다. 그 난제에 대한 하나의 해결책에 따르면 누가의 족보는 실제로 요셉의 족보가 전혀 아니라 마리아의 족보이다. 그 경우에 족보의 끝의 분기점에 관한 난제는 사라진다. 야곱은 단순히 요셉의 아버지였고 헬리는 마리아의 아버지였다.

그러나 이 해결책은 주석적으로 가능한가?

문자적으로 번역했을 때, 보통의 해석에 따르면, 누가의 족보 초기의 구절은 다음과 같다.

> 그리고 약 30세에 시작하신 예수 자신은 추측된 대로 요셉의 아들이었는데, 그는 헬리의 아들이었고, 그는 맛닷의 아들이었고 등 (눅 3:23 이하).[21]

---

21 και αυτος ην Ιησους αρχομενος ωσει ετων τριακοωτα, ως εωομιζετο, Ιωσηφ του Ηλει του Ματ;θατ, κ.τ.λ. Lk. iii.23f.

이 표현에 따르면 헬리는 요셉의 아버지였다. 그러나 이 족보에서 마리아의 족보를 발견한 어떤 학자는 "사람들이 아는 대로는"과 '요셉의' 사이의 콤마를 제거하고 어느 정도 다음과 같이 번역했다. "헬리의(사람들이 아는 대로는 요셉)의 아들이니 위는 맛닷이요…," 즉 예수님은 요셉의 아들인 것으로 '추측'되었지만 '실제로' 헬리의 아들이었다. 헬리는 그러면 마리아의 아버지였을 것이고 '아들'이란 단어는 여자가 족보에 포함되지 않는 습관 때문에 생략된 예수님 어머니의 이름으로 '자손'이라는 보다 넓은 의미로 취해졌을 것이다.[22]

틀림없이 이 해석은 두 족보에 대한 비교에 나타난 어려움을 제거했을 것이다. 그리고 그것은 저명한 학자 예를 들면 버나드 바이쓰(Bernhard Weiss)의 지지를 얻었다.[23] 그러나 전체적으로 그것은 부자연스럽게 보인다. "사람들이 아는 대로는 요셉"이라는 강한 삽입구적 해석은 현대적 구두점 표시의 유익을 모르는 독자들에게 일어나기 힘들었을 것이다. 그리고 처음 단어 '아들'('자손'이라는 의미로)에 직접적으로 의존하는 것같은 족보의 모든 이름을 취하는 대신에 바로 앞의 이름에 의존하는 것같이 모든 이름을 취하는 것은 확실히 더 자연스럽게 보인다.

마리아의 족보로서 족보 해석의 보다 자연스런 방법은 요셉이 마리아와의 결혼으로 '아들' 또는 헬리의 후계자가 되는 것으로 여기에 묘사됐다고 말하는 것이다. 만약, 마리아가 헬리의 딸이라면 그리고 만약, 그녀가 형제가 없다면 그녀는 민수기 27:1-11; 36:1-12의 규정에 따라서 여자 상속자가 되었을 것이다. 전자 구절에는 딸만 있고 아들이 없는 사람의 '이름'이 보존되어야 한다는 사실이 제공된 것으로 보인다. 이것은 딸의 남편이 그의 아내의 가족과 동일시된다면 성취될 수 있을

---

22 이 견해에 따르면 족보에서 모든 연결하는 사람에게 되돌아가는 τοῦ라는 관사는 '뒤따르는' 이름과 일치했을 것이다. 다른 한편으로—족보를 요셉의 족보로 만드는 견해—일반적인 견해에 관하여, 그 관사는 모든 경우에 '이전의' 이름과 일치했을 것이다. 즉, 그것은 '그(의 아들)'을 의미했을 것이다.

23 "Die Evangelien des Markus und Lukas," in Meyer's *Kommentar*, 9te Aufl., 1901, 331f.

것이다.[24] 생각건대, 그러므로 요셉은 마리아의 아버지, 헬리의 아들로 누가의 족보에 명시되었을 것이다. 이 해석은 적어도 방금 언급한 견해에 포함된 "사람들이 아는 대로는 요셉"이라는 말의 언어학적 부자연스런 취급을 피할 수 있는 이점이 있다. 예수님은 요셉의 '아들,' 요셉은 헬리의 '아들,' 헬리는 맛닷의 '아들'로 묘사되었을 것이다.

그렇지만 전체적으로 그 족보가 요셉의 족보라는 보통의 견해를 따르는 것이 더 좋아 보인다. 이 견해는 우리가 누가복음 1:27의 보다 더 자연스런 해석으로 본 것과 일치한다. 만약, 그런 구절에서 셋째 복음서의 저자가 다윗의 자손 요셉에게 주의를 기울이고, 다윗의 자손 마리아에게는 주의를 기울이지 않는다면, 그의 책 나중 부분에 삽입한 족보가 요셉의 족보이고 마리아의 것이 아님을 발견하는 것은 자연스럽다.

그러나 만약, 누가복음의 족보가 요셉의 족보라면 우리는 마태복음의 족보와의 명백한 불일치를 어떻게 설명할 것인가?

누가에 따라서는 요셉의 아버지가 헬리이고, 마태에 따라서는 야곱이라는 사실을 우리는 어떻게 설명할 것인가?

가장 가능한 대답은 결국 마리아의 남편 요셉이 속한 특별한 계보도 누가가 다윗의 자손을 묘사한 반면에, 마태가 다윗의 '법적인' 자손─만약, 그 위가 계속되었다면 다윗 왕위의 합법적인 계승자였을 사람─이라고 묘사하는 것이다. 본질적으로 이 같은 해결책에 불가능성은 전혀 없다. 왕의 노선이 끊어진다면, 상속자는 생존한 방계 후손이 왕위를 상속한다. 그래서 현재의 경우도 당연한 것이다.

현대의 독자에게 일어날 수 있는 이 견해의 첫 반대는 마태에 의한 '낳았다'는 말의 사용에서 발견된다.

만약, 단순히 법적인 후계자이고 육체적인 후손이 아닌 것으로 의도되었다면 그 단어는 어떻게 사용될 수 있었는가?

그러나 셈어 용법의 연구는 곧 이 반대가 전혀 힘이 없음을 보여 준

---

24 현대 일본에서 이 같은 관습의 흥미로운 설명은 Thomas, C. Winn, "Oriental Customs Substantiate Truth," in *The Bible Champion*, xxxiii, 1927, 423–425에 있다.

다. 참으로 족보 자체의 과정에서 '낳았다'는 단어가 매우 광범위한 의미로 사용되었다는 것은 분명하다. 그러므로 구약의 어떤 독자는 엄격한 의미에서 요람이 웃시야를 '낳았다'는 것이 아니라, 세 개의 세대가 여기 이 두 왕 사이에서 생략되었음을 알 것이다. 버키트가 지적한대로 족보의 저자가 우리와 마찬가지로 구약을 알았다는 것은 가능하다. 그러므로 명백하게 그는 우리가 영어의 단어를 사용하는 것보다 더 넓은 의미로 '낳았다'는 단어를 사용하고 있다.[25]

족보 사이의 조화 문제의 이러한 일반적 해결책을 채택한 허베이경 (Lord Hervey)은 구약의 수많은 이중 족보의 예, 즉 육체적인 의미로 아버지가 아닌 사람의 가족을 삽입한 많은 경우를 인용한다.[26] 다른 가족과의 이런 혼합은 어떤 사람이 그 자신의 아버지와 다른 사람에게 속한 재산을 상속했을 때 실행되었다고 그는 생각한다.

분기점의 중간에 있는 두 이름 스알디엘(살라디엘)과 스룹바벨의 우연한 일치는 두 족보의 관계에 관한 이러한 견해를 반드시 반대하는 것은 아니다. 왜냐하면 우리는 스알디엘을 '낳았다'고 언급된 여고니아가 아들이 없다는 것과 그 밖의 그 아들이 예레미야 22:30에 기록된 저주 때문에 다윗 왕위의 상속자가 될 수 없었고, 따라서 스알디엘(누가복음에 기록된 생존한 방계후손의 대표)이 왕의 계보로 마태에 의하여 삽입되어야 했다고 추측할 뿐이기 때문이다.[27]

이어서 스룹바벨이나 아비웃 (만약, 그가 누가복음의 요다와 동일한 인물이라면)의 죽음에서 요셉의 조상의 후손은 법적인 상속자의 계보에서 다시 왕위에 의한 계보로 바뀐다. 왜냐하면 (잠재적인) 통치자의 계보는 요셉을 낳은 야곱과 함께 끝나며, 야곱의 아들이 아니라 헬리의 아들이었던

---

25 F. C. Burkitt, *Evangelion da-Metaparreshe*, 1904, ii, 260f. 마태복음 족보에서 그리고 아버지성의 기본적인 셈족 개념에 관하여, '낳았다'는 단어에 대해 전체적으로 Burkitt 취급은 현재의 문맥을 조명하고 있다.

26 *The Genealogies of our Lord and Seviour Jesus Christ*, 1853.

27 "여호와께서 이와 같이 말씀하시니라. 너희는 이 사람이 자식이 없겠고 그의 평생 동안 형통하지 못할 자라 기록하라. 이는 그의 자손 중 형통하여 다윗의 왕위에 앉아 유다를 다스릴 사람이 다시는 없을 것임이라 하시니라."

요셉이 법적으로 야곱의 후계자가 된다.

물론, 우리는 이런 견해에 관하여 스룹바벨과 요셉 사이에서 마태의 족보에 얼마나 많이 후손의 계보가 단절되었는지를 말할 수 없다. 우리가 말할 수 있는 것은 마태복음 1:13-16에는 가문이 단절되어 방계후손이 상속인이 되어야 했던 경우가 수차례 있었을 것이라는 사실이다. 그러나 예수님의 양아버지 요셉이 속한 특별한 계보의 대표가 다윗의 왕적 계보로 바뀐 것은 마지막 단계에서 일어났을 뿐이다.

어려움은 우리가 구약의 기록을 조사할 때 다음과 같은 점에서 일어난다. 히브리 본문에 따른 역대기상 3:19에서 스룹바벨은 브다야의 아들로서 그리고 스알디엘의 아들이 아니라 조카로서 묘사되었기 때문이다. 그래서 그가 구약의 다른 곳에서 스알디엘의 아들이라고 불릴 때, 그 '아들'이란 단어는 육체적이 아니라 양자적인 관계를 가리킨다.

그러면 만약, 누가 그의 족보에서 육체적 노선이라기보다는 단순히 법적인 요셉의 자손으로 기록했다면 어떻게 그가 누가복음 3:27에서 가리킨 대로 스알디엘의 아들로서 스룹바벨을 가리킬 수 있었는가?

세 가지 대답이 가능하다.

첫째, 누가복음 3:27의 '조로바벨'과 '살라디엘'이 마태복음 1:12의 '조로바벨'과 '살라디엘'과 그리고 구약의 '스룹바벨'과 '스알디엘'과 다른 사람들이라는 것이 주장될 수 있을 것이다.

그 의견은 실제로 주장되었지만 두 이름의 병렬의 관점에서 아마 불가능하게 보인다.

둘째, 히브리 본문을 따르는 대신에 역대상 3:18 이하의 어떤 70인역 사본을 따를 수 있을 것이다.

그 경우에, 브다야는 스룹바벨의 아버지로서 생략되고 스룹바벨은 스알디엘의 실제적인 아들로 인정될 것이다. 그러나 히브리 본문이 옳다는 것은 확실히 훨씬 더 가능하다.

셋째, 실제 육신의 부계가 아닌 다른 어떤 계보가 있다고 보는 것이다.

그러므로 우리의 세 가지 대안 중 셋째가 선택되어야 한다. 그 셋째 대안에 의하여, 우리는 단순히 누가의 족보에 관한 우리의 견해를 수정해야 할 것이다.

그렇다고 해서 우리의 모든 가설을 포기하는 것은 아니다. 그것은 우리가 누가와 마태의 족보를 구분하는 것을 철회하는 것도 아니다. 마태의 족보가 다윗부터 요셉까지 다윗의 왕위를 위한 계승적 상속자를 추적하는 반면에, 누가의 족보는 다윗까지 역으로 요셉의 조상을 추적한다고 우리는 여전히 말할 수 있을 것이다.

아주 가능한 것으로 우리가 잠시 언급할 수혼 결혼의 법적 규정에 따라서 브다야가 그의 형제, 살라디엘의 '후손을 이었다'고 상상해 보자. 그러면 누가의 족보는 후손이 단절되면 광범위한 방계후손이 왕권에 이한 계보를 잇는 마태의 족보와 전혀 혼동됨이 없이 브다야의 아들 스룹바벨을 살라디엘의 아들로 명시할 수 있었다. 누가의 족보는 참으로 계승적인 계보에서 항상 실제적인 육신의 부계를 가리키는 것이 아니라 모든 계승적 연결이 두 사람의 이름 사이에 적어도 매우 밀접한 양자적 관계를 포함한 것을 의미했을 것이다.

그러므로 스알디엘과 스룹바벨에 관한 어려움은 우리의 가설에 관하여 포기보다는 수정을 요구한다. 두 족보의 차이는 넓게 말해서 마태의 족보가 다윗 왕위의 계승적 상속자를 열거하는 반면에, 대부분―아마도 한 가지를 제외한 모든 관계에서―누가의 족보가 다윗에까지 역으로 실제적 육신의 조상을 추적한 사실에 기인한다고 우리는 여전히 말할 수 있을 것이다.

누가의 족보는 다른 말로 "누가 요셉의 아버지였는가?"라는 질문으로 출발한다. 그 질문의 대답은 '헬리'이다. 그러면 족보의 과정에서 우리는 "누가 스룹바벨의 아버지였는가?"라는 질문을 받게 된다. 그 대답은 살라디엘과 스룹바벨의 관계가 육신의 부자관계가 아니었더라도 '살라디엘'이다. 그렇게 해서 다윗에까지 이른다. 마태의 족보에서 다른 한편으로 우리는 "누가 다윗 왕위의 상속자였는가?"라는 질문으로 출발한다. 그 대답은 '솔로몬'이고 계속하여 요셉에까지 내려온다. 우리가 이런 식으로 문제를 생각할 때 두 족보에 대한 우리의 구별은 누가의 족보에서 실제적 육체적 자손이 (의심 없이 많은 연결로 명시되었지만) 모든 연결로 명시되었다는 추측에 의존하지는 않는다는 증거가 된다. 요셉이 다윗의 자손임을 드러내는 두 개의 아주 정당한 방법이 있었을 것이다. 이 두 가지 방법 중 적어도 한 가지의 일반적인 원리가─실제적 육체적 부자관계를 드러내는 원리─철저히 확일적인 방법을 따르지 않았더라도 말이다.

각 족보의 목적과 의미에 관한 이 견해의 정확성은 마태의 족보가 처음부터 시작한 반면에, 누가의 족보는 끝에서 시작하여 역으로 진행된다는 사실에 의하여 확인된다. 다윗에게 역으로 가는 요셉의 실제적 가계를 추적하는 것에 초점을 맞추면 그의 실제적인 아버지, 헬리에 관한 가족의 전통을 기록함으로써 가능할 것이며 헬리의 실제적인 아버지 그리고 계속해서 다윗의 아들 나단에까지 이른다. 그러나 다윗 왕위의 계승적 상속자에 초점을 맞춘다면 다윗과 함께 시작하여 내려가는 것이 자연스러울 것이다.

우리가 두 족보의 가장 최근의 연결에 관하여 위에서 제시한 견해는 마태복음 1:15의 맛단이 누가복음 3:24의 맛댓과 동일한 인물이 아니라는 가정에 근거한다. 만약, 이 두 이름이 동일한 인물을 언급한다면 어려움이 생기는 것처럼 보인다.

왜냐하면 야곱과[28] 헬리가[29] 동일한 인물의 아들로 둘 다 태어났다면, 왜 그들의 장자가 상속인이 되지 않았을까?

야곱이 장자였다면 어떻게 보다 젊은 자, 헬리의 아들, 요셉이 법적인 상속권의 노선에 있을 수 있었을까?

하지만 이 어려움은 아주 쉽게 제거된다. 우리는 단지 야곱이 자식

---

[28] 마 1:15.
[29] 눅 3:23.

없이 죽어서 그의 조카, 그의 형제 헬리의 아들이 상속자가 되었을 것이라고 추측할 수 있다. 또한 우리는 이 부분에서 사람이 자식 없이 죽었을 때 그의 형제가 그 과부와 결혼하여 죽은 자의 '씨를 일으키는' 것에 따른 수혼제도에 관하여 생각할 수 있었다. 사두개인이 이 문제에 관하여 예수님에게 물어본 질문은 그리스도의 시대에도 자주 시행되었든지 안되었는지 그 관습이 망각되지 않았음을 나타낸다. 그러므로 헬리는 야곱의 과부와 결혼했음으로 그 아이는 육체적으로는 자신의 아이지만 법적으로 죽은 형제에게 속했다.[30]

만약, 맛단과 맛닷이 동일한 인물이 아니라면 수혼 결혼에 호소하는 것은 보다 덜 자연스럽다.

왜냐하면 만약, 헬리가 야곱의 형제였다면 어떻게 그가 다른 아버지(맛단 대신에 맛닷)를 가질 수 있었는가?

유일한 대답은 명백히 야곱과 헬리가 의붓 형제였다는 것, 즉 그들은 동일한 어머니를 가졌지만 동일한 아버지를 가지지 않았다는 옛날 관습에 있다. 그러나 그 다음 문제는 수혼 결혼이 의붓 형제의 경우에 실행되었는지가 제기될 수 있었고 일반적으로 그 가설은 너무 과중한 것으로 보인다.

만약, 맛닷과 맛단이 동일한 인물'이다'라면 다른 관점에서 요셉의 아버지와 연관하여 제기된 바, 어떻게 다른 사람이 각각 동일한 인물의 아버지가 될 수 있었는가의 문제는 맛닷(맛단)의 경우에서 제기된다. 그리고 여기서 다시 수혼 결혼에 호소하는 것은 부자연스럽게 되었을 것이다. 왜냐하면 그런 것은 누가에 따르면 맛닷(맛단)의 아버지, 레위, 마태에 따르면 동일한 인물의 아버지, 엘르아살이 형제들이었다-그 경우에 그들의 아버지는 동일인이어야 한다-고 추측했을 것이기 때문이다.

---

30 이 수혼 결혼에 대한 호소는 실제적인 아들이 아닌 상속자를 언급하는 것으로 '낳았다'는 단어 사용을 설명하는데 도움이 될 것이다. 그러나 그 도움은 필요하지 않다. 만약, 그 관계가 법적인 상속관계를 포함했다면, 아저씨와 조카 사이의 단순한 관계의 언급으로 '낳았다'는 단어를 사용하는 것은 아마도 이 같은 족보에서 셈족어의 용법을 따르지 않았을 것이다.

그러므로 맛닷과 맛단이 동일한 인물이라면 그들의 아버지에 관해 차이가 나는 것은 수혼 결혼에 의해서라기보다는 마태에 의하면 맛닷(맛단)을 '낳았던' 엘르아살과 함께 왕의 계보가 사라지는데 그 결과 방계 혈족이 그의 상속자가 되었다는 사실에 의하여 더 잘 설명되고 있는 것 같다. 이와 같이 맛닷(맛단)은 엘르아살의 법적인 상속자가 되었지만 누가의 족보에 나타난 레위의 실제적인 아들이다.

그러므로 맛닷과 맛단이 동일한 인물이라는 관점에서 수혼 결혼의 관습은 요셉의 아버지 (한 족보에서는 헬리, 다른 것에는 야곱)에 관한 차이를 설명하기 위하여 그럴듯하게 인용될 것이지만 맛닷(맛단)의 아버지에 관한 차이를 설명하지 않는다. 맛닷과 맛단이 동일한 인물이 아니라는 관점에서 수혼 결혼은 아마도 전혀 도움이 되지 않는다.[31]

우리는 족보들의 뒤얽힌 문제에 대해 완전성을 위한 최소한의 접근조차 하지 못했다. 그러나 두 족보의 차이가 모순되지 않는다는 사실을 충분히 보여주었다고 우리는 생각한다. 두 계보의 조화는 생각하건데 많은 다른 방법의 영향을 받았을 것이다. 그러나 전체적으로 마태는 의도적이고 불완전한 방식으로 다윗 왕의 왕위를 (실제적 또는 잠재적으로) 계승했던 자들의 목록을 보여주고 있는 반면에, 누가는 요셉의 혈통을 나단을 통하여 다윗까지 역으로 거슬러 올라가 추적한다는 사실에서 그 문제를 해결할 수 있는 진정한 열쇠를 (해법의 세부적인 내용이 어떠하든) 발견할 것이라고 우리는 생각하는 경향이 있다.

그러므로 족보는 우리 주님의 탄생과 유아기에 관한 마태와 누가의 설명 사이의 모순을 드러내기 위하여 사용될 수는 없다. 두 기사의 다른 요소에서와 마찬가지로 여기에서도 완전한 독립성이 있지만 전혀 모순은 아니다.

---

31 만약, 맛닷과 맛단이 동일한 인물이라면 수혼 결혼의 관습을 인용할 필요가 없다. 그리고 만약, 누가의 족보가 그 자체로 수혼 결혼의 한 경우를 포함한다면, 그것이 스알디엘의 아들로 스룹바벨을 명시할 때, 아마도 누가의 족보에 대하여 마태의 족보의 특수성을 설명하는데 도움이 되는 것은 수혼 결혼을 요청하지 않는 것이 더 좋게 보인다. 족보들의 전체적인 문제에 관하여, K. Bornhaeuser, "Die Geburts-und-Kindheitsgeschichte Jesu," in *Beitraege Zur Foerderung christlicher Theologie*, 2. Reihe, 23. Band, 1930, 6-36를 비교하라.

제9장

이야기들의 선천적 신뢰성

두 개의 중요한 결론이 앞 장에서 도달되었다. 예수님의 탄생에 관한 신약의 두 기사(account)들을 살펴본 대로 한편으로 완전히 독립적이지만, 다른 한편으로 전혀 모순되지 않는다. 그것들 사이의 관계가 우리를 판단하도록 인도할 수 있는 한 동일한 사건에 대해 두 독립적이고 신실한 설명으로 간주될 것이다.

그러나 이제 이 좋은 판단이 두 이야기에 대한 독립된 연구에 의해 입증되었는가라는 문제가 제기된다. 그것들 사이의 관계는 우리가 그 둘을 사실인 것으로 간주하는 것을 막지는 못한다.

그러나 (1) 그것들 자체 안에서 그리고 (2) 세속 역사와 신약의 나머지와 관련하여 고찰될 때 어떻게 그것이 존재하는가?

이런 질문은 이제 차례대로 고찰되어야 한다. 우리는 이 장에서 그 이야기를 그 자체로 고찰할 것이다.

그것들의 내용은 그럴듯하게 확실한 것으로 간주될 수 있는가?

이어서 우리는 그것을 세속 역사 및 신약의 나머지와 비교하여 고찰할 것이다.

우리가 그 이야기들을 그 자체로 고찰할 때 우리는 한 가지 사실에 직면하게 된다. 그것은 그 이야기의 내용이 매우 초자연적이라는 것이다. 예수님의 탄생과 유아기에 관한 신약의 기사는 기적적인 것으로 가득 차있다.

이 사실은 종종 처음엔 그 문제를 해결한 것으로 주장되었다. 기적들이 결코 일어나지 않았고 결코 일어날 수 없다면, 또는 그 일들이 일어날 추상적인 가능성을 인정한다고 해도 특정 사건이 일어난 사실을 반대하는 추측이 매우 커서 그 사건을 입증할 수 있는 충분한 증거가 없다면, 물론 기적들을 포함한 이야기는 역사적일 수 없다.

생각건대, 이 같은 이야기는 부분적으로 역사적이었을 것이다. 기적이 끼어든 곳을 제외하면 사실을 재생하는 것으로 주장되었을 것이다. 그 경우에, 역사적인 내용에 도달하기 위하여 필요한 모든 것은 기적을 제거하는 작업외에 아무 것도 없을 것이다. 이런 취급 방법은 백 년 전 합리주의가 유아기 이야기를 다룰 때 적용되었다. 유아기 이야기는 실제 기사를 포함한 것으로 주장되었다. 단지 이 사건들은 실제로 초자연적이 아니었다. 화자 또는 이야기가 궁극적으로 기초하고 있는 증거자의 증언도 순수하게 자연적인 사건에 대해 일부러 초자연적인 것으로 왜곡된다.

그러므로 파울루스의 합리주의적 방식에 따르면,[1] 누가복음 첫 장에서 언급된 대로 사가랴는 실제로 분향의 시간에 성전으로 들어갔다. 그가 거기 있는 동안 불의 빛 또는 그런 종류의 어떤 것이 천사의 형체를 취한 것으로 보였다. 그가 밖으로 나왔을 때, 그는 목소리를 사용하지 않았다. 왜냐하면 그의 불신앙으로 언어 장애인이 된 것은 그에게 부과된 책망이었다고 생각하여 그는 말하려 애쓸 수조차 없었기 때문이다.

이 이야기의 전체적인 취급 방법 중 가장 무서운 비판은 아마도 보수적이거나 정통적인 학자로부터가 아니라, 데이비드 프리드리히 스트라우스(David Friedrich Strauss)의 유명한『예수님의 생애』(Life of Jesus)로부터 나

---

1 *Philologisch-kritischer und historischer Commentar ueber das neue Testament*, 2te Ausg., I, 1804, 26-32; Das Leben Jesu, I, I, 1828, 71-80를 비교하라.

왔다.[2] 스트라우스의 논박은 이야기들이 역사적이라는 초자연주의적 견해에 대하여 뿐만 아니라, (그리고 동등한 명확성으로) 파울루스와 다른 합리주의적 방법에 대하여 반발하였다. 스트라우스는 사실상 기적을 부인된다면 이야기의 세부사항을 위한 사실적 기초를 찾는 것은 소용없다는 취지의 주장을 한다. 왜냐하면 있는 그대로의 이야기에서 기적들은 실제로 중심적이고 다른 세부사항은 그것을 위해 덧붙여진 것이기 때문이다. 오히려 이야기들은 어떤 근본적인 개념을 이야기 형식으로 구체화한 것으로 간주해야 한다고 스트라우스는 말했다. 다른 말로 예수님의 탄생과 유아기에 관한 이 이야기들은 실제적 사건의 사건들을 오해한 것이 아니라 그것들은 '신화들'이라는 것이다.

물론, 스트라우스의 이 신화론은 초자연주의적 견해를 옹호하는 자에 의하여 거절된 것을 제외하고 이후의 비평의 모든 과정에서 어디든지 우세했다. 그것은 참으로 유아기 이야기에 관해서조차 스트라우스 자신에 의하여 행해진 것처럼 철저히 적용되지는 않았다. 그리고 여기저기에 중심적인 기적이 포기되었음에도 불구하고 이야기의 많은 세부사항을 역사적인 것으로 보호하려는 시도가 이루어졌다.[3]

그럼에도 불구하고 파울루스의 합리적인 방법은 스트라우스의 강력한 공격에 영구적으로 굴복한 것처럼 보였다. 이후의 학자들은 마태와 누가의 유아기 이야기에서 언급된 기적의 사실적 근거를 찾는 대신에 신화의 역사적 기원을 이해하는 작업에 온 힘을 기울였다. 스트라우스는 필요한 부정적 작업을 수행했다고 생각했다. 그는 복음서에서 일어난 것으로 언급된 바와 같이 기적이 실제로 일어났다는 견해를 폐기했다. 그리고 그는 또한 이야기의 핵심 내용이 거부된 이상 세부사항에서 사실적 근거를 찾는 것이 얼마나 쓸모없는가를 보여주었다. 그는 어떤 종교적 개념을 역사적 형태로 구체화한 것처럼 마태와 누가의 유아기 이야기를 신화로 간주하는 것은 매우 옳다고 생각하였다. 그러나 그

---

2 Struss, *Leben Jesu*, 1835.

3 예를 들면, Beyschlag, *Leben Jesu*, 4te Aufl., I, 1902, 159–174. "The New Testament Account of the Birth of Jesus," second article, in *Princeton Theological Review*, iv, 1906, 37–39를 보라.

는 이런 개념들이 무엇인지를 바르게 자세히 보여주는데 실패했다.

그는 신화의 충분한 의미를 긍정적으로 드러내는데 실패했다. 그러므로 이런 긍정적 작업은 다른 사람에 의하여 책임지는 것이 필요한 것으로 주장되었다.

신약 성경을 "신화"-사상의 역사에서 그것들의 형성과 그것들의 위치로 이끈 동기-로 이해하려고 노력했던 가장 인상 깊은 시도는 '튜빙겐 학파'의 바우어(F. C. Bauer)와 그의 동료들의 해석이었다. 그러나 튜빙겐 학파의 지도자는 대부분 마태와 누가의 유아기 이야기에 비교적으로 적은 관심을 가졌다. 그 분야에서 추측된 신화에 대한 평가는 현재 받고 있는 관심보다 어떤 면에서 더 많은 관심을 받았던 헤르만 바이쓰(Ch. Hermann Weisse)에 의하여 시도되었다.[4] 바이쓰는 누가의 유아기 이야기에서 동정녀 탄생을 무용지물로 만들기는 커녕, 동정녀 탄생이 마태복음 첫 장에 있는 것처럼 그것이 그 책 전체의 중심에 있다는 것을 관찰했다. 동정녀 탄생의 이야기에서 우리가 위대한 개념-하나님의 성육신 개념-의 시적 표현을 가진다고 그는 생각했다. 그러나 이 중심 개념은 그 자체의 신화적 범위를 그 주위에 확립해야 했다. 그러므로 유아기 이야기의 세부사항은 어떤 사실에 의존하여 설명되어야 하는 것이 아니라 중심 개념과의 관계로 설명되어야 한다.

이 관계가 상세하게 말하여지는 방법은 예외라고 할 수 있다. 바이쓰는 후대의 학자들이 대부분 발견하려고 했던 것을 훨씬 능가하는 상징주의의 풍부함을 유아기 이야기의 세부사항에서 보았다. 바이쓰에 따르면 마태의 족보, 특히 마태복음 1:16에는 깊은 상징주의를 찾아볼 수 있다. 유대교는 요셉에 의하여 상징된 대로 단순히 기독교와 의붓아버지의 관계에 있다. 신적인 아들을 낳는다는 것은 실제로 가능하지 않았고, 단지 성령에 의하여 즉시 잉태된 아들을 양육할 수 있었을 뿐

---

4 Weiss, *Die evangelische Geschichte*, 1838, I, 141-232. 또한 Bruno Bauer, *Kritik der evangelischen Geschichte der Synoptiker*, I, 1814, 1-127; *Kritik der Evangelien*, I, 1850, 253-336를 비교하라.

이다.⁵ 바이쓰는 "세례 요한은 일반적으로 유대의 예언 및 유대 국가를 나타내지만 또한 그리스도와 기독교와는 반대로 나타낸다"고 말한다.⁶ 사가랴와 엘리사벳은 나이든 자로 이야기에 묘사되었다. 왜냐하면 새로운 개념은 옛 개념이 오래되고 약화될 때에만 드러날 수 있기 때문이다. 사가랴는 벙어리였다. 왜냐하면 이스라엘의 제사장적인 지혜는 주님의 약속을 믿는데 실패하여 그리스도의 오심 바로 전에 언어장애인이 되었기 때문이다. 그들의 혀는 옛 예언이 성취되기 시작했을 때 풀렸다.⁷ 동방박사의 이야기에서 바이쓰는 이 모든 신화의 대표적인 왕관을 발견했다. 고대의 제사장과 시인의 정신은 여기서 새로운 종교를 위한 상징적 시와 예술의 선물을 가져온 것으로 묘사되었다. 동방박사들은 헤롯에게 돌아가지 않았다. 왜냐하면 세상의 권세는 종교적 실체에 의하여, 제사장적 지혜에 의해 옛 이교주의를 상실한 때문이다.⁸

이 많은 세부사항에서 바이쓰는 보다 최근의 신화론 지지자들에 의하여 지지를 받지 못했다. 그러나 파울루스나 벤투리니의 합리적인 방법을 극복한 신화론 그 자체는 이후의 자연주의적 비평의 모든 과정을 통하여 우월하게 되었다.⁹ 우리가 이제 본 대로 초자연적 요소가 이야기의 핵심이라는 것과 거짓된 초자연주의적 작업의 기초를 형성한 비기적적 사건을 추구하는 것이 소용없다는 것은 우리 주님의 탄생과 유아기 이야기와 관련하여 초자연의 개입을 부정하는 대부분의 사람들에게

---

5 Weiss, *op. cit.*, 172f.

6 Weiss, *op. cit.*, 187–190.

7 Weiss, *op. cit.*, 190–196. 이야기의 이 같은 상징주의의 발견으로, Weiss는 3세기 알레고리적 해석의 위대한 대표자에 의하여, 즉 Origen에 의하여 어느 정도 예감했다. 예를 들어, Origen(*hom. in Luc.*, v, ed. Lommatsch, v, 1835, 100–102)은 스가랴의 침묵이 이스라엘 백성 가운데 예언의 침묵(기독교인을 통과한 선지자의 말씀)이라는 것과 세례 요한의 할례의 시기에 표적을 만듦이 이유 없이 줄 수 있는 유대인의 의식을 나타낸다는 것을 말한다. 그렇지만, 상징주의가 이야기에 들어왔다고 추측된 방법에 관한 Origen의 견해가 Weiss의 신화론과 친화력이 없다는 것은 주목할 필요가 없다.

8 Weiss, *op. cit.*, 219–230.

9 아래의 제12장을 보라.

아주 분명하게 보였다.

　이 같은 견해에 대한 반론은 그 이야기의 초기 연대설에서 발견되곤 했다. 왜냐하면 신화의 생산은 보통 시간의 경과를 요구하기 때문이다. 이 반대는 특히 1828년에 파울루스에 의하여 주장되었다.[10] 누가의 이야기가 신화적인 이야기라고 생각하는 경향이 있었을 것이라고 그는 말했다. 그러나 이 같은 견해는 셋째 복음서의 초기 연대설에 의해서 배제되었다. 사도행전은 이 이야기 끝 부분의 로마에서 체류한 2년 말에 기록되었다. 그리고 '우리' 부분은 저자 누가가 자료를 모을 기회를 가졌을 팔레스타인에서 상당한 시간을 보낸 것을 보여 준다. 따라서 파울루스는 신화적 해석이 포기되어야 한다고 결론을 내린다. 그리고 유아기 부분에 이야기된 사건은 좋은 신앙의 관찰자가 초자연주의적 해석의 비기적적 사건이지만, 실제인 것으로 이해되어야 한다.

　신화적 견해에 대한 이런 반대는 이후의 시대에서 셋째 복음서의 초기 연대 및 누가 저작권에 대한 일반적인 부정에 의하여 극복되었다. 튀빙겐 학파는 특히 또한 신약의 다른 책들과 마찬가지로 누가복음의 매우 늦은 연대를 채택했다. 그러나 현대의 문서 비평 발달이 이 입장으로부터 후퇴하고, 심지어 셋째 복음서의 연대에 관한 입장이 여기저기서 파울루스의 입장으로까지 후퇴한 사실은 매우 흥미롭다. 예를 들어, 폰 하르낙과 토레이는 파울루스가 백 년 전에 했던 것처럼 누가복음과 사도행전이 바울의 동료, 누가에 의하여 실제로 기록되었다는 것과, 둘째 부분인 사도행전의 이야기가 끝나는 시점 이후 즉시 기록되었다는 것을 믿었다. 누가복음과 사도행전에 관한 이 결론은 마태를 위해서도 중요하다. 왜냐하면 하르낙은 첫째 복음서가 누가복음과 같은 일반적 시기에 기록되었다고 주장했기 때문이다.

　그러면 이들 학자들이 그 시대에 파울루스로 하여금 그 이야기에 관

---

10 Paulus, *Das Leben Jesu*, I, I, 1828, 77f. 또한 1782년에 무명으로 출간된 Bahrdt의 책, *Briefe Ueber die Bibel im Volkston*(49)에서 누가복음을 옹호한 매우 초기의 자료를 비교하라. Bahrdt는 합리주의 방법의 나중 지지자처럼 그의 초자연주의 거절과 일치되는 것같이 많은 이야기가 역사적인 것으로 인정했다.

한 신화론을 거절하도록 하고 그의 이름을 비방과 조롱의 대상으로 만든 합리적 방법에 의지하게 한 그 반대에 대해 어떻게 했느냐라는 문제가 제기된다. 이제 틀림없이 우리는 결코 하르낙과 같은 학자들에 대해 파울로스의 책들을 오늘날의 사람들에게 웃음거리로 만들어버린 진부함과 유사한 면이 있다고 비난하지는 않는다. 그럼에도 불구하고 신화론이 약 80년간 지배 후 어쩌면 베들레헴의 탄생과 애굽으로의 피신이 역사적일 수 있다는 것, 심지어 동방박사들의 방문이 완전히 있을 법하다는 것, 그리고 우리는 어쩌면 베들레헴의 대량학살 이야기에 진실의 핵심이 있을 수 있다고 하르낙이 추측한 것을 우리가 발견할 때,[11] 합리주의의 비판이 숲에서 길을 잃은 아이처럼 출발했던 장소로 되돌아가는 위기에 처해 있다는 생각을 지울 수 없다. 이 느낌은 하르낙이 마태의 이야기에서 중심적인 특징인 동정녀 탄생에 관하여 말한 것을 우리가 연구할 때 깊어졌다.

그는 참으로 동정녀 탄생 이야기에 관한 신화적 설명을 포기하지 않고, 우리의 논의 뒷부분에서 우리가 관심을 가질 형식으로 주장했다. 그럼에도 불구하고 그의 취급은 어떤 점에서 백년 전 파울로스와 다른 합리주의자들의 방법으로 돌아가는, 가장 흥미로운 경향을 보여 주었다. 마태복음 1:18-25의 저자는 예수님의 비합리적인 탄생에 대한 유대인의 비방에 반대하여 마리아가 요셉의 집에 거주한 지 몇 달 만에 예수님이 태어난 것을 인정한다고 하르낙은 말한다.

허용은 어떻게 이루어졌는가?

생각건대, 그것은 단순히 동정녀 탄생의 관심으로 만들어졌을 것이다. 즉 마태복음 1:18-25이 유대인의 공격에 대한 논박이라는 관념은 적당하지 않을 것이다. 그러므로 그 '허용'은 전적인 허용이 아니라, 단순히 필자가 마리아가 예수님 잉태했다는 진정한 기적적 특성을 보호하기 위하여 주장한 것일 것이다. 그러나 하르낙은 이런 설명으로 만족하지

---

11 Harnack, *Neue Untersuchungen zur Apostelgeschichte*, 1911, 105f.(영어 번역, *The Date of the Acts and of the Synoptic Gospels*, 1911, 149f.)

않으려 한다.

실제로, 마리아가 요셉의 집에 오랫동안 거주한 후에야 태어난 것을 예수님의 형제들과 젊은 친척들이 알았다면 그들은 어떻게 이 같은 이야기를 수용할 것라고 예상했겠는가?

그러므로 하르낙은 분명히 마리아가 그녀의 남편의 집에서 살기 전에 요셉을 매개로 잉태되었다는 견해에 기대고 있는 것으로 보인다. 요셉과 마리아의 그런 육체적 관계는 부도덕할리 없다고 그는 주장한다. 왜냐하면 원칙적으로 약혼은 결혼과 동등하고 그 관계에 들어간 남자에게 남편의 권리가 주어졌기 때문이다.

하르낙이 이 같은 견해의 수용을 통하여 요셉과 마리아에 대한 비방을 제거하는데 성공했는지는 의심스럽다. 참으로 미리 결혼관계로 들어가는 것은-정혼 후 남편의 집으로 신부가 들어가기 전-완전히 도덕적이지만 그럼에도 불구하고 아내가 비방에 기꺼이 노출된다는 것을 그는 스스로 인정한다. 왜냐하면 그러한 경우 그녀가 다른 남자와 부정의 관계를 가졌다고 언급될 수 있었기 때문이다.

왜 마리아는 그 같은 비방에 스스로 폭로되려 했을까?

그녀가 행한 것은 히브리 개념과 우리의 모든 차이에도 불구하고 (그리고 히브리 개념에 관한 하르낙의 견해가 얼마나 정확한가의 문제와 전혀 관계없이), 그녀의 명성을 해치는 것 같다.

물론, 하르낙의 추측이 기독교인의 감정을 불쾌하게 하는 단순한 사실로 인해 현대 역사가들에 의해서 그것은 사실이 아니라는 것을 증명하도록 그냥 있지는 않을 것이다. 하지만 다시 생각해 보면 많은 현대의 학자들이 그 같은 것에서 피하도록 인도하는 것은 건전한 역사적 본능인것 같다. 하르낙이 그의 부모에게 귀속시키려 의도했던 것과 같은 그러한 부적절한 행위를 그의 부모들이 하지 않았다면 예수님께서 나중의 삶을 위해 오신 방법과 그의 모든 특성이 자연주의적 원리에 맞게 더 잘 설명된다.

하여튼, 하르낙이 추측했던 개연성이 무엇이라고 생각하던 간에 그렇게 주장하는 것은 오래전에 일반적으로 포기되었다고 생각되었던 그 이야기를 합리적으로 다루는 방법으로 복귀하는 것이다. 만약, 데이비드 프리드리히 스트라우스가 누가의 저작에 관한 하르낙의 가장 최근 저서를 읽을 수 있었다면 그가 헛되이 살았을 것이라고 생각했으리라는 것은 분명히 주장될만 했다. 문학 비평의 영역에서 점진적인 '전통으로 귀환'은 스트라우스가 거의 백 년 전에 뒤엎었다고 생각한 기적을 다루는 방법으로 인도했다. 그리고 하르낙에 반대하여 우리는 스트라우스가 옳았다는 생각을 하지 않을 수 없다. 기적적인 요소나 전체적으로 신화의 영역으로 간주되어야 하는 것을 포함하여 탄생과 유아기의 이야기가 있는 그대로 수용되어야 한다는 것은 분명하게 보인다. 만약, 기적이 거절된다면-만약, 그 이야기의 존재 목적이 거부된다면 오해한 자연의 사건을 통해 기적 이야기의 근거를 찾는 것은 소용없다. 이야기를 합리적으로 취급하는 것은 스트라우스와 그의 후계자들이 연구한 것처럼 근본적으로 잘못됐다.

 복스와 같은 학자에 의하여 이야기에 적용된 방법은 이 같은 합리적 방법과 큰 차이가 난다.[12] 합리주의자처럼 복스는 그 이야기가 부분적으로 역사적이고 부분적으로 아니라는 것을 믿는다. 그러나 차이는 합리주의자가 중심 내용, 즉 동정녀 탄생을 거절하고 화자 자신에게 아주 종속적으로 보였을 것들만 보유한 반면에, 복스는 중심적인 것은 보유하고 종속적인 것들만 거절한 것이다. 복스는 예수님의 탄생과 유아기에 관한 우리의 이야기는 성격상 미드라쉬적이라고 믿는다. 즉 그것들은 약간의 중요한 사실에 공상적인 정교함이 가미되어 만들어졌다는 것이다. 그렇지만 이 중요한 사실이 없이는 설명될 수 없다고 그는 생각한다. 문제의 중요한 사실, 즉 미드라쉬 이야기가 작성된 역사적 기초로서 복스가 간주한 사실은 동정녀 탄생의 기적을 포함한다. 그런 사실이 없다면 그 이야기는 현실성이 없게 되었을 것이다. 미드라쉬의 정교함은 그 정교함이 증가하는 어떤 것을 전제한다.

 우리는 있는 그대로 이야기의 역사성을 거절할 정당한 이유가 없기

---

[12] *The Virgin Birth of Jesus*, 1916.

때문에 사실과 상상력의 이러한 분리는 불필요하다고 생각한다. 그러나 복스의 이론은 하여튼 우리가 방금 다룬 합리적 취급과 결코 혼동되어서는 안된다. 그 차이를 이해하기 위하여 (합리주의의 황금기 이후 오랫동안) 약간 자세하게 합리적 방법을 시행한 베이쉬락과 복스를 비교할 필요가 있을 뿐이다. 베이쉬락은 이야기의 세부사항을 수용하고 중요한 점을 거절했다. 복스는 중요한 점을 수용하고 많은 세부사항을 거절했다. 그것은 한편으로 합리적 취급과 다른 한편으로-과도하게 양보한 초자연주의일지라도-초자연주의와의 차이이다. 둘 사이에서처럼, 우리는 확실히 복스의 견해를 선호한다.

그러므로 1835년에 스트라우스에 의하여 제시된 대안은 여전히 좋은 것을 주장한다고 우리는 생각한다. 양자는 초자연주의를 포함하여 있는 그대로 그 이야기를 수용한다. 또는 그 밖에는 세부적으로 역사적 기초를 찾지 않고 그것들을 신화-어떤 근본적인 종교개념의 역사적 형태로의 구체화-로 간주한다.

우리는 여기서 두 번째 대안의 적극적 노력에 관심을 갖지 않는다. 우리는 추측된 신화가 어떻게 생산되었는지 또는 구체화된 것들 중 무엇이 특별한 개념인지의 문제에 관심을 갖지 않는다. 그런 문제는 적어도 어느 정도의 크기로 우리의 논의의 뒷부분에서 다룰 것이다. 여기서 우리는 단순히 초자연적 요소가 이 이야기의 핵심인 것과 초자연적 요소가 거절된다면 이야기의 직접적 역사적 가치가 없다는 것을 보여주는데 관심을 갖게 되었다. 만약, 예수님이 요셉과 마리아의 일반적 출생에 의한 아들이라면 그분의 출생과 유아기에 관한 신약의 기사(account)는 스트라우스가 간주한대로 하나의 신화로 간주되어야 한다.

그러나 우리는 사실상 이 같은 결론에 대하여 침묵해야 하는가?

이 문제는 부정적으로 대답되어야 한다고 생각한다. 그러나 확실히 그것은 가볍게 대답되지 않아야 한다. 상당이 중요한 추정이 역사의 어느 시점에서 자연의 질서 안으로 하나님의 창조의 능력이 들어왔다는 우리의 주장에 의지하고 있음이 매우 명백하다. 그리고 우리는 그리스도의 '기적'에 대한 낮은 수준의 정의 또는 동정녀 탄생에 대한 한 단계

낮은 이해로 우리 자신을 전혀 위로할 수 없다. 때때로 마리아의 초자연적 잉태가 자연의 영역에 일어난 현상과 유사하다는 사실을 보여주기 위한 노력이 있었다.

동정녀 탄생을 옹호하는 자들은 때때로 보다 열등한 형태의 생명에서 발생했다는 '단성생식'(parthenogenesis)을 가리켰다. 그러나 이 같은 변증적 노력은 실제로 그들 자신의 목적을 좌절시켰다. 만약, 동정녀 탄생이 하찮은 생물학적 수준으로 축소된다면, 그것은 매우 믿을만한 것이 못 된다. 그것에 반대하는 추측은 너무 강해서 극복될 수 없다. 단성 생식은 확실히 고등한 형태의 생명체에서는 일어나지 않고, 왜 이 같이 기묘한 자연 현상이 예수님의 경우에 나타났는지 이유를 생각할 수 없다.

그러나 만약, 동정녀 탄생이 우주의 과정에서 새로운 시대의 시작이고 자연의 질서와 예리하게 구별되는 것으로 하나님의 창조적인 능력의 진정한 개입을 나타내면 예수님 생애의 모든 현상과 연관하여 그리고 특히 그분의 부활의 증거와 연관하여 취해졌을 때, 더 이상 의미 없는 변덕이 아니라 하나님의 강력한 구속사역의 유기적인 부분이 된다. 그런데 이것은 동정녀 탄생에 반대하는 처음의 추측을 극복하기에 충분한 증거에 의하여 지지되는 실재라고 우리는 생각한다.[13] 하나의 자연적 현상으로서 동정녀 탄생은 믿을 수 없다. 단지 하나의 기적으로서 그것의 깊은 의미가 인정될 때만 하나의 사실로 수용될 수 있다.[14]

우리는 이 특별한 경우에 기적의 실재로 이 같은 기적의 정의, 이 같은 믿음이 어떤 철학의 정의 형태에 의존한다는 것을 잘 알고 있다. 우리는 기독교 종교를 철학 이론의 폭넓은 가지각색의 형태에서 얻을 수

---

[13] 이 기적의 정확한 정의는 "자연의 법을 넘어섰다"(ανωτερον των της φυσεως νομων)이고 천사가 요셉에 대해 언급했다고 발언한 고대의 주석가 Chrysostom(*hom. in Matt.*, iv, ed. Montfaucon, vii, 1836, 66)에 의하여, 동정녀 탄생에 대한 특별한 언급과 함께 주어졌다. 자연과 초자연 사이에 우리의 예리한 구별은 확실히 단순한 현대의 발명이 아니다.

[14] 바람과 공기에 의하여 잉태한다고 Virgil(*Georgies*, iii, 272-275)에 의하여 언급된 동물의 처녀 출생을 지지하는 Lactantius의 호소를 비평하면서, 그가 다음과 같이 말할 때 "Quibus nisi meliora scripsisset, Lactantius non fuisset Lactantius," 우리는 J. J. van Oosterzee(*Disputatio theologica de Jesu, e virgine Maria nato*, 1840, 13)에 전적으로 동의한다.

있다고 추측한다면 그보다 더 큰 실수는 없다고 생각한다. 반대로 기독교의 복음은 가장 충분한 의미로 '유신론'이라고 불리는 특별한 세계관을 필요한 전제로 한다. 그것은 단순히 존재하는 모든 것의 창조자, 하나의 인격적 존재의 현존뿐만 아니라 참으로 하나님에 의하여 창조되어 영원히 그분에게 의존하지만 동시에 그 자체의 진정한 규칙성과 통일성을 소유한 자연의 실제적 질서의 현존인 자연의 질서를 전제한다. 자연의 진정한 질서의 현존 없이 자연과 초자연의 구별은 있을 수 없다.

그리고 만약, 자연과 초자연의 구별이 없다면 동정녀 탄생 같은 사건은 모든 의의를 상실하고, 모든 의의의 상실은 하나의 사실로서 믿을 만한 것을 중지한다. 우리는 참으로 초자연적 사건이 하나님에 의하여 비롯되었더라도, 자연적 사건은 그분에 의하여 비롯되지 않았다는 것을 의미하지 않는다. 그러나 우리는 그분의 목적의 확실한 성취를 위해 자연의 진정한 질서를 창조하여 사용한 것이 적절하게 보인다는 것을 의미한다. 자연 질서의 배후에 하나님의 창조적 행위가 놓여있다.

그리고 그런 창조의 행위 이후에도, 하나님은 그분이 만드신 것들 앞에서 자유를 결코 포기하지 않았다. 그래서 그분 자신의 좋은 때에 동정녀 탄생의 엄청난 기적으로써 시작된 창조사역, 죄인의 구속을 위한 창조사역을 이 세상의 과정에서 시작하셨다고 우리는 생각한다. 그리스도의 동정녀 탄생이 합리적인 사람들에 의하여 하나의 사실로 잘 수용될 수 있는 것은 이 같은 엄청난 기적으로서만 그리고 이 같은 구속사역의 한 부분으로서만 가능한 일이다.

그러나 우리는 그렇게 수용되었을 때 역사의 한 사실로 수용되었다고 주장해야 한다. 동정녀 탄생이 수용된다면 단지 '신앙'의 한 문제로 수용될 수 있다는 것과 그것에 관한 결정이 역사적 과학적 범위를 넘어선다고 우리는 종종 듣는다. 그러나 신앙과 역사를 이 같이 구별하는것은 매우 잘못이라고 우리는 생각한다. 이러한 관점에는 기본적으로 진리의 확실한 요소가 있다. 확실히 그리스도의 동정녀 탄생을 믿기 위해서는 단순히 직접적인 문서적 증거를 조사하는 것보다 더 많은 것을 필요로 한다는 것은 사실이다. 왜냐하면 사람은 건전한 세계관 및 인간 영혼의 사실에 관한 어떤 확신과 관련된 문서의 증거를 필요로 하기 때문이다.

그러나 한편으로 문서적 증거와 다른 한편으로 하나님과 영혼에 관한 전제 사이의 예리한 분리는 진정한 과학이 아니다. 전제와 독립하여, 그 자체로 존재할 역사학은 실재와 일치하지 않는 하나의 추상개념이다. 실제로 과학의 다른 분야와 마찬가지로 과학의 역사는 전제에 의거한다. 단지 중요한 것은 전제가 거짓이 아닌 진실해야 할 것이다.

그래서 하나님의 직접적이거나 창조적인 능력의 역사로부터 나오는 사건들과는 구별된 것으로 역사가 자연의 질서 안에 있는 사건들만을 다룬다면 그것은 부당하게 편협한 역사의 영역이다. 진정한 역사의 영역은 인간의 생활과 관련된 그것들이 무엇이건 모든 사실을 말하는 것, 즉 사실들을 말하고 그것들 사이의 관계를 보여주는 것이다. 그래서 만약, 동정녀 탄생이 어쨌든 하나의 사실이라면 그 의미가 무엇이든지 그것은 역사적 사실이다.

의심 없이 우리는 때때로 어떤 특별한 연구방법과 분리되어 다른 것을 사용하지 않고 한 동안 그런 방식을 따르는 것이 편리함을 발견할 것이다. 그러나 궁극적으로 만약, 우리가 진정으로 과학적이어야 한다면 진리의 실제적인 종합이 있어야 한다. 여러 종류의 진리를 빈틈없는 과학의 칸막이들 속에 지키는 것보다 더 큰 오류는 없을 것이다. 예를 들어, 어떤 면에서 '종교적 진리'를 본질적으로 '과학적 진리'와 구별된 것으로 간주하는 것보다 더 큰 오류는 있을 수 없다. 반대로 이 모든 구별은 기껏해야 단지 잠정적이고 일시적이다. 모든 진리는 궁극적으로 하나이다. 그리고 우리는 광범위한 반대에도 불구하고 동정녀 탄생이 어쨌든 하나의 사실이라면 그것이 진실로 역사의 영역에 속한다는 사실을 계속해서 주장해야 한다.

그러므로 우리는 마태복음과 누가복음의 첫 두 장에 언급된 사건의 기적적이거나 초자연적 성격을 인정하는 것에 관하여 두려워하지 않아야 한다. 참으로, 초자연적인 것에 반대하는 추측이 있다. 그러나 그 추

측은 예수님의 경우에 영광스럽게 극복되었다고 우리는 생각한다.[15]

그러나 초자연적인 것이 이러한 탄생의 이야기에 나타나더라도 그것은 과도하거나 가치 없는 형식으로 나타나지 않는다. 그런 사실을 드러내기 위해서 외경 복음서에 나타난 것들과 이 이야기들을 비교하는 것이 필요할 뿐이다. 유아기에 관한 아라비아 복음서에서처럼 가벼운 범죄 때문에 인상적인 그분의 동료의 죽음으로 어린 예수님이 묘사되었을 때, 그분이 하찮거나 대단한 형식으로 그분의 능력을 사용한 것으로 묘사되었을 때, 우리는 확실히 마태와 누가의 이야기에 나타난 것과 전혀 다른 분위기를 발견한다. 유아기에 관한 최초의 가장 관심 있는 이 외경 복음서인 야고보의 원시복음서에서도 우리는 정경 이야기의 놀라운 절제와 아름다움을 발견하지 못한다. 확실히 이 복음서의 여기저기에는 인상적인 내용이 나타난다.

예를 들어, 모든 자연과 모든 인간의 생활이 거룩한 아이의 출생의 순간에도 여전히 있는 것으로 묘사되었을 때처럼 말이다. 그러나 그런 묘사는 그 위풍에도 불구하고 신약의 절제와 다른 과도한 초자연성을 수반한다. 그리고 다른 세부적 내용에 있어서도-예를 들어, 주님의 탄생에 관한 산파역의 증거에서-원시복음서는 신약이 전적으로 회피한 길로 들어간다. 신약에 의하면 잉태와 구별된 예수님의 '탄생'은 순수하게 자연적인 사건으로 인정될 것이다. 원시복음서에서 우리는 우리 주님의 진정한 인간성을 위태롭게 하는 방식의 많은 기적을 본다.

그러므로 외경복음서와의 비교는 보다 분명한 관점에서 마태와 누가의 이야기에서 초자연적인 것이 나타나는 진지하고 가치있는 형태를 두는데 도움이 된다. 여기에 놀라운 단순성이 처음부터 끝까지 지배한다. 엄청난 사건이 일어난 대로 묘사되었다. 구세주가 하나님의 창조적인 행동으로 세상에 들어오셨다. 그러나 그런 사건은 나팔의 울림소리나 요란한 힘이 아니라 하나님의 고요함으로 일어난다. 이 같은 것이 백성의 죄로부터 그 백성을 구원하여야 했던 그 분의 신적인 겸손이었다.[16]

---

15 아래에서 제10장과 결론의 장을 보라.
16 고대 설교가 Chrysostom의 말에 지혜가 있다(*hom. in Matt.*, viii, ed. Montfaucon, vii,

두 개의 특별한 경우에서 이러한 절제는 때때로 사라지는 것으로 생각되었다. 현대의 독자들은 첫 번째로 천사를, 두 번째로 박사들의 별을 특히 반대했다. 그레스만은 『크리스마스 복음』(Chrismas Gospel)이라는 그의 저서 서두에서 다음과 같이 말한다.

> 천사들이 하늘에서 내려와서 사람들에게 나타났을 때, 우리는 역사적 이야기가 아니라 역사적 배경이 터무니없는 상상의 황금색으로 색칠된 하나의 전설로 알고 있다.[17]

이런 태도는 의심할 여지없이 매우 많은 현대인들에 의하여 공유된다. 그리고 아직도 우리는 그것이 냉정한 비판을 견딜 수 있는지를 매우 많이 의심한다.

왜 사람과 다른 인격적 존재가 우주에 존재해야 한다는 것이 믿을 수 없는 것으로 생각되어야 하는가?

왜 이러한 존재가 사람들과 교제하는 것이 믿을 수 없는 것으로 생각되어야 하는가?

특히 강신술이 오늘날처럼 매우 유행하던 때에 천사에 관한 이 회의론은 부적절하게 보였을 것이다. 참으로, 우리는 그 반대를 과소평가하고 싶지 않다. 그리고 강신술에 대한 우리의 참조는 생각건대 기껏해야 우리에게 등을 돌릴 하나의 반대논증(argumentum ad hominem)이다. 우리는 스스로 강신술이 다루는 현상을 사실로 수용하지 않는다. 왜 그러면 우리는 우리 시대의 첫 세기에 천사들이 하늘에서 내려와서 사람들과

1836, 143f.); "만약, 그분이 처음부터 놀라운 일을 드러냈다면 그분은 한 사람으로 생각되지 않았을 것이다. 이런 이유로 성전(그분의 몸의 그것)이 간단하게 형성되지도 않았다(ουδε απλως ωαος πλαττεται). 그러나 잉태와 9개월이 있었고 산통과 해산과 젖먹이가 있었으며 그 모든 시간에 매우 조용했다. 그래서 그분은 반드시 신적인 경륜의 신비가 잘 수용될 수 있도록 하기 위하여 성년에 적합한 나이(상태)를 기다렸다." 처음에 행해진 표적은 요셉과 다른 사람들 그리고 유대인을 위함이었다고 Chrysostom은 말하기를 계속한다.

17 Gressmann, *Das Weihanachts-Evangelium*, 1914, 1.

대화한 것을 믿어야 하는가?라는 질문을 받을 것이다.

그 대답은 단순히 두 경우에 증거의 적절함이나 부적절함의 문제라는 것이다. 강신술의 강점은 확실히 추상적인 가능성인 것-우리와 다른 어떤 존재의 상태에 있는 영과 사람들의 교제-에 호소한다는 것이다. 그러나 우리는-우리가 배울 수 있는 모든 것으로부터-이 추상적 가능성이 강신술자가 호소하는 현상으로 실재로 전환되었다고 생각하지 않는다. 왜냐하면 한 가지 일, 하나의 확실한 평범성이 추측된 사실의 모든 복합체에 영향을 미친 것으로 보이기 때문이다. 그 평범성은 영적인 세계에서 합리적으로 기대될 만한 것과 약간 모순되어 보인다.

그러나 여기서 강신술을 논의하는 것이 우리의 목적은 아니다. 참으로 그런 토론은 우리가 단독으로 행하기에는 자격이 충분치 않다. 우리가 연구에 관심을 갖는 것은 천사에 관한 신약의 경우, 현대 강신술자들이 주장하는 것처럼 이 특별한 사실들과 완전히 무관한 증거로 제한되지 않고 매우 확신하는 종류의 확증하는 증거를 가진다는 사실이다.

확실한 증거는 천사의 현현과 주 예수 그리스도의 부활에서 정점에 이른 천사의 현현과 하나님의 전체적인 구속사역 사이의 관계에서 발견된다. 천사는 신약에서 분리되거나 사소한 유형이 아니라 강력하고 초자연적인 구속사역을 수반하는 것으로 나타난다. 일단 그런 사역이 사실로 수용되었다면 하늘의 메신저의 나타남은 더 이상 위법이 아닐 것이다. 만약, 예수님이 단순한 사람이 아니라 우리의 구속을 위하여 성육신한 하나님의 영원한 아들이었다면 그분의 출생이 천군천사의 찬송에 의하여 전달되었으리라는 것은 전체적으로 적합하다.

천사의 나타남이 한 때 이런 관점에서 생각된다면-하나님의 구속사역을 수반하는 것으로-어떤 세부적인 반대는 거의 가치 없는 비평으로 보일 것이다. 그러므로 보다 초기의 기적의 반대자들은 누가복음에서 수태고지의 천사에게 적용된 '가브리엘'이란 이름에 비난을 퍼부었다.

히브리어는 하늘의 언어인가? 하나님의 보좌를 둘러싼 천사들은 히브리 이름으로 불리는가?라는 질문을 받는다. 이 특별한 반대는 현대인들에게 매우 강하게 호소하지 못할 것이라고, 우리는 생각한다. 가브리엘이란 이름이 ('하나님의 사람' 또는 '하나님의 용사'라는) 단순한 명칭이 아니라, 천사의 존재의 본성을 인간 언어로 표시한 것이라는 분명한 관찰을 우리가 반복하는 것은 필요치 않을 것이다.[18]

이 같은 모든 반대는 확실히 대단치 않다. 실제적인 반대는 천사가 오늘날 나타나지 않는다는 것이다.

그러면 왜 우리는 그들이 19세기 전에 팔레스타인의 사람들에게 나타났다고 추측해야 하는가?

그러나 이 반대에 대한 대답은 이미 주어졌다. 천사는 오늘날 나타나지 않는다. 그것은 진실이다. 그러나 하나님의 아들의 성육신도 나타나지 않는다. 어떤 사실이든 유일한 의미로 성육신을 한번 수용했다면 천사는 요컨대 신앙의 방해물이 되기를 멈출 것이다. 실제적인 질문은 예수 그리스도가 우리와 같은 사람인가 아니면 우리의 구원을 위하여 자발적으로 땅에 온 천상의 존재, 하나님의 영원한 아들인가라는 것이다. 한번 예수님의 절대적인 유일성을 인정한다는 것은 단순히 그분이 실제로 초월되지 않은 분이라는 것이 아니라, 그분이 도저히 초월될 수 없는 분이었음을 인정하는 것이고, 당신은 정말로 결정적인 조치를 취해야 한다. 그러나 만약, 당신이 그런 조치를 취한다면 당신은 있는 그대로 신약 이야기의 의기양양한 초자연주의를 수용하는데 어려움을 겪지 않을 것이다.

이 문제에 관한 중도적인 견해들은 실제적으로 불안정한 균형의 상태에 있다. 예를 들어, 리츨학파는 외부의 세상에서 기적을 수용하지 않고 도덕의 영역에서 영원히 예수님의 규범적 유일성과 절대성을 주장하려 했다. 그러나 냉정한 논리에 의하여 그들은 한 방향이나 다른 방향으로 밀려났다. 만약, 그들이 예수님의 도덕적 유일성을 주장한다면 그들은 외부 세계의 도덕적 유일성의 성취와 함께 마침내 어려움을 겪지 않을 것이다. 그렇지 않고, 그들이 도덕적 유일성의 부수물을 포기한

---

18 그래서, 예를 들어, C. J. Riggenbach(*Vorlesungen ueber das Leben des Herrn Jesu*, 1858, 163)는 "그의 본성이 '가브리엘'이나 '하나님의 용사'라는 인간 언어로 표시된 하늘로부터 온 사자"로서 천사를 말한다.

다고 주장한다면 그들은 곧 도덕적 유일성 자체가 떠나가는 것을 발견할 것이다. 이 후자의 단계는 현대의 급진파에 의하여 사용되고 있다.

그리고 의심할 바 없이 급진파는 그들 편에서 상황의 논리를 갖고 있다. 리츨학파가 했던 것처럼 뒷문에서 초자연적인 것을 가져오는 것은 불가능하다. 만약, 그것이 전적으로 가져와져야 한다면 그것은 중심적인 위치를 요구해야 한다.

우리는 리츨학파와는 다르게 동정녀 탄생의 중요한 기적을 수용하는 사람들과 공감이 없지 않지만 여전히 천사의 부수물에 어려움을 갖고 있다. 그들의 견해는 보다 높은 것을 위하여 유용한 디딤돌이 될 것이다. 그것은 이론상 불가능하지 않다. 생각건대 신약의 천사 이야기는 그것을 경험한 자들이 그 당시의 방식을 따라 객관화된 내적 경험을 기록했을 것이다. 그러나 우리 편에서 우리는 이 같이 간접적인 견해를 버려야 한다. 만약, 한 번 우리가 성육신의 엄청난 기적을 수용한다면 천사의 나타남은 그 자리에서 우리에게 놀랍고도 아름답게 보일 것이다.

놀라운 탄생 이야기의 특별한 형식이 반대를 일으킨 또 다른 점은 동방박사들의 별에서 발견된다.

과연 어떻게 하늘의 한 별이 땅에서 걸어가는 사람들 앞에서 갈 수 있었을까?

과연 어떻게 그것이 특별한 집을 가리키기 위한 안내자로 역할을 할 수 있었는가?

이런 점에서 우리는 단순히 놀라운 것을 가진 것이 아니라 생각조차 할 수 없는 것을 가진다고 언급된다.

이런 반대에 관하여 제기되는 첫 질문은 주석적인 것이다.

반대자는 마태의 별 이야기를 정확하게 설명했는가?

그 이야기는 그 별이 문자적으로 땅을 걸어가는 사람들 앞서 갔다는 것을 실제로 의미하는가?

그것은 마리아와 아이가 발견된 집으로 인도한 것을 실제로 의미하는가?

대답은 때때로 추측되는 만큼 확실하지 않다. 하여튼 그 별이 직접적으로 한 지점에서 다른 지점으로 인도했다면, 그것이 그렇게 오래가지 않았다는 것은 분명하다. 박사들이 예루살렘에 도착했을 때, 그들의 길을 물어야 했기 때문이다. 분명히 그들은 베들레헴으로 인도한 것을 초자연적 안내로 말하지 않았다. 그들이 마지막 여정을 출발했을 때 그들을 안내한 것은 별이 아니라 구약 예언이었다.

그러나 그들이 직접적으로 별의 안내를 받지 않았다면 그들은 도대체 왜 예루살렘에 와야 했는지?가 언급될 것이다.

움직이는 별을 제외한다면 도대체 무엇이 그들을 그들의 나라를 떠나 특히 바로 유대인의 나라로 인도했는가?

이러한 반대는 보이는 것만큼 만만찮다. 종종 지적된 대로, 하늘은 고대 점성학에 의하여 지구 표면에 일치하는 영역으로 분리되었다. 그러므로 하늘의 특별한 한 부분에서 절묘한 현상은 서양의 지상적 사건과 동방박사들에 의하여 잘 연결될 수 있었을 것이다.

그러나 그것이 그렇더라도 어떻게 그들은 특히 유대를 생각할 수 있었을까?

대답은 널리 확산된 메시아 기대 사상에서 그럴듯하게 발견될 수 있다. 그것에 관하여 긍정적으로 생각될 수 있는 것이 무엇이든지 동방세계 전역에 유대로부터 세계의 통치자가 나온다는 기대가 있었다는 슈토니우스와 타키투스의 유명한 주장에서 강조되고 있는 견해가 무엇이든지 히브리 예언이 동방 세계의 많은 지역을 통하여 넓게 알려졌으리라는 것은 본질적으로 매우 가능성 있게 간주되었을 것이다.[19]

바벨론 포로 때부터 늘 바벨론에 유대인들이 있었다. 그리고 박사들이 온 것은 바로 바벨론에서 왔을 수 있다. 그러나 유대 백성이 바벨론에는 거주한 것은 아니다. 거의 모든 곳에서 유대인의 이산은 발견되었다. 더욱이 1세기와 앞선 세기에서 유대교가 행동하는 선교적 종교였다

---

19 Suetonious, *vit. Verp.*, iv; Tactius, hist., v. 13. Zahn(*Das Evanngelium des Matthaus*, 1903, 91, footnote 80)은 예를 들어, 이 증거의 가치는 Josephus(de bell. Jud., VI. v. 4; III. viii. 9)에 명백히 의존함으로 약화된다고 생각한다. 그러나 그는 또한 서양에 나타나는 세계 통치자에 관한 동방 점성가들의 기대가 다른 방법으로 잘 증명된다고 생각한다.

는 것은 결코 잊지 말아야 할 것이다. 그 회당의 기능을 통하여 세계의 많은 곳에서 개종자들이 생겼다. 그러나 유대교의 영향력은 온전한 의미에서 개종자의 획득으로 끝나지 않았다. 또한 매우 중요한 것은 유대인이 되는 결정적 발걸음을 취할 준비가 없는 자들에게 끼친 영향이었다. 사도행전은 반복적으로 그 같은 사람들을-할례를 받거나 그들 자신의 국가에 가입을 포기하지 않고 유대인의 회당에 참여하여 유대인의 어떤 특징을 받아들인-'하나님을 예배하는 자' 또는 '하나님을 경외하는 자'를 언급한다.

그러나 이러한 유대인의 영향이 항상 같은 정도나 같은 방법으로 발휘되었다고 생각할 최소한의 이유도 없다. 거의 무한한 다양성은 의심 없이 유대교가 헬레니즘 시대에 접촉한 이방인들에게 미친 영향을 특징지었다. 그래서 그 시대의 생활에서 직접적으로 구약을 음미하거나 적어도 아마도 간접적으로 메시아적 희망을 들은 이방인 점성가들이 그것에 기초하여 유대에 세계 통치자의 출현을 기대했고, 따라서 약속된 "유대인의 왕"의 탄생을 예고한 서양과 연결된 하늘의 현상을 점성학적으로 해석할 수 있었던 풍부한 여지가 있다.

박사들이 자신의 학문적 이론에 따라 메시아적 왕으로 해석한 별을 자연적 현상, 합삭, 혜성 또는 하나의 새로운 별의 존재로 간주하는 것은 이야기의 의미상 완전히 매우 가능하다. 이런 해석은 훌륭하게 예루살렘에서 일어난 사건과 일치한다. 화자는 그런 점에서 별이 아이가 태어난 정확한 지점까지 박사들을 인도한 안내자였을 것으로 생각하지 않은 것으로 보인다. 반대로 그들은 길을 물어야 했다. 그들이 베들레헴으로 출발할 수 있었던 것은 오직 전문가들이 해석한 메시아 예언을 통해서이다. 그들이 출발했을 때 별을 다시 보았다. 그리고 그것을 보고 그들은 기뻐했다. 그 다음에 "박사들이 왕의 말을 듣고 갈 때 동방에서 보던 그 별이 문득 앞서 인도하여 가다가 아기 있는 곳 위에 머물러 서 있었다."[20]

---

20 마 2:9, και ιδου ο αστηρ, ον ειδον εν τη ανατολη, προηγεν αυτος εως ελθων εσταθη

별에 관하여 언급된 해석의 자연스러운 초자연적인 것이 아니라, 방법에 정말 심각한 어려움을 주는 것은 이 말들뿐이다.

만약, 그것이 하늘의 자연적 현상이 아니라면 어떻게 별이 그들을 '앞서서 갈 수' 있었고, 어떻게 특별한 장소에 머물러 있었을까?

이런 말들은 화자가 별을 땅 가까이 있는 한 현상으로서, 따라서 (우리의 현대 용어를 사용하여) 분명히 초자연적이라고 별에 관하여 생각한 것을 분명히 보여주지 않는가?[21]

그러한 생각이 그럴듯하지만, 우리는 그것이 어쨌든 결정적이라고 생각하지 않는다. 그들은 우리가 매우 다른 용어로 묘사할 사건을 시적, 동양적 방식으로 묘사하지 못한다.

마태의 말은 동방 박사들이 베들레헴 여행길로 밤에 출발했을 때 하늘로부터 그들을 비춰는 별에 의하여 길에서 기뻐하게 된 이상의 의미가 있는가?

화자는 우리를 위하여 오랜 여행의 마지막 장면의 그림보다 더 많은 것을 의도하고 박사들의 마음을 채운 기쁨을 우리를 위하여 묘사하는가?

또는 별의 새로운 나타남이 매일 밤 자리를 차지하는 나타남과는 다르게 언급되더라도 그런 것은 몇 달간 보이지 않던 현상이 다시 나타남에 의하여 설명될 수 없었는가?

επανω ου ην το παιδιον.

21 자연적 현상으로서 별의 설명에 대한 현대의 반대는 Chrysostom에 의하여 예상되었다(*hom. in Matt.*, vi, ed. Montfaucon, vii, 1836, 101-103). Chrysostom은 다음의 이유들 때문에 그것이 평범한 별이 아니었다고 말한다. (1) 그것은 북쪽에서 남쪽으로 움직였다.(2) 그것은 태양의 광선을 극복하여, 낮에 나타났다. (3) 그것은 나타났다가 사라졌다 (박사들이 예루살렘에 있을 때 사라졌다가, 그들이 그것을 필요로 할 때 다시 나타남으로, 지성을 보여주었다). (4) 그것은 어린 아이가 누워있는 장소를 가리키기 위하여 낮게 내려와야 했다. 이런 주장들 가운데서, 마지막 것만이 실제로 고려할 가치가 있다. 그것에 관하여 우리는 Chrysostom이 땅에 가까이 온 별에 관하여 극단적인 견해를 가진 것에 주목할 것이다. 그는 별이 어린 아이의 정수리에 있었다고 추측한다(*op. cit.*, vii, ed. Montfaucon, vii, 1836, 127). 둘째 주장은 별이 낮에 나타났다는 가정에 기초한다. 왜냐하면 거기에 본문의 증거가 없기 때문이다.

그들은 실제로 바른 길에 있는지를 의심하게 되었다. 별은 동방에서 나타났지만 그 다음에 사라졌다. 그리고 예루살렘에서 그들은 어쩔 수 없이 난처하게 조언을 구해야 했다. 그러나 아마 그들에게 주어진 정보가 정확한지는 불확실하더라도 이제 그들이 베들레헴으로 떠났을 때 그들이 동방에서 본 별이 길에서 그들에게 비추면서 다시 하늘에 떠있었다. 그것은 사람이 땅위에서 움직일 때 천체가 따라오는 것처럼 보이듯이 그들이 여행하는 동안 그들 앞에서 가는 것으로 보였다. 그리고 마침내, 그들은 베들레헴에 왔고 새로 태어난 아이가 있는 집을 문의하여 발견했을 때 별은 그곳에 멈추어 그 집에 들어가는 그들을 비추었다.

의심없이, 우리가 이 같은 해석을 제언할 때 우리는 모순에 대한 책임에 직면할 것이다. 우리는 그 이야기를 역사적이라고 생각하지만 기적을 회피하는 합리주의자들에 대해 엄격하게 대해 왔다. 이제 여기서 우리는 스스로 박사들의 이야기가 보다 더 현대인들에게 맞는 자연스런 해석을 제안하고 있는 것이다.

대답으로 우리는 특히 동양의 책에서 우리가 넓은 범위의 비유적 해석의 가능성을 결코 부정하지 않았음을 말할 것이다. 우리가 파울루스와 합리주의자를 반대한 것은 아주 다른 어떤 것이다. 그들이 신약성경에서 초자연적인 것을 제거하려고 노력한 것은 비유적인 해석에 의해서가 아니었다. 반대로, 주석에 관한 한 그들은 철저히 초자연적인 견해를 주장했다. 화자들이 그들 편에서 사건이 초자연적이었음을 매우 확신했지만 화자들이 주장한 이 견해가 거짓이었다고 그들은 주장했다.

우리는 다른 한편으로 만약, 우리가 실제로 위에서 제시한 해석을 채택하기로 결정한다면 화자 자신이 실제로 땅에서 여행자와 동행한 사람보다는 오히려 하늘의 별을 가리키려고 의도했다는 것과, 우리가 문자적으로 그의 표현을 해석한다면 우리가 단순히 그 의미를 얻는데 실패하고 있음을 주장하고 있다.

성경의 변호자들인 우리가 종종 '문자주의자들'로 지칭되는 것은 많이 이상한 일이지만, 우리가 '문자주의적 해석'을 선호한다고 언급되어야 하는 것은 더욱 이상하다. 사실, 많은 경우에 성경의 진실성을 부정하는 자들은 실제적 문자주의자들이다. 많은 경우에 그들은 실제로 아주 불합리한 노골적인 문자적 해석을 주장한다. 우리가 의미하는 것을 보여주기 위해 필요한 것은 계시록을 불신하기 위하여 '어린양의 신부'라는 표현을 비웃는 기독교의 많은 반대자들을 지적하는 것 뿐이다. 그러나 우리는 또한 아마도 우리가 의미하는 것에 관하여 보다 학문적으로 존경할 본보기를 지적할 것이다. 그러므로 구약 학자들이 "나는 자비를 원하고 제사를 원하지 않는다"는 것 같은 언급을 저자의 편에서 제사제도의 반대를 지적하는 것처럼 해석할 때 우리는 동양의 책-그리고 참으로 어느 책-의 해석에 아주 부적당한 극단의 문자주의로 보인다는 말을 말하지 않을 수 없다. 진리는 문자적 해석과 비유적 해석을 결정할 견고하고 단단한 규칙이 있을 수 없다는 것이다. 우리가 개인의 경우에 하도록 애써야 할 것은 작가의 정신에 들어가 있는 것처럼 공감적으로 문제의 구절을 읽는 것이다. 우리가 그렇게 할 때 우리는 아마도 그 구절의 의미가 문자적인지 비유적인지 완전히 공평하게 결정할 수 있을 것이다.

그래서 이곳 본문의 경우도 마찬가지이다. 우리는 우리가 자연적인 현상으로서 박사들의 별을 간주하도록 인정했을 비유적인 해석을 제의했다. 그러나 우리는 그렇게 하면서 어느 변증적인 편견을 의식하지 않는다. 우리가 어느 변증적인 편견을 의식하지 않는 이유는 비유적인 해석이 틀리고 문자적인 해석이 옳다고 해도, 즉 마태복음 2장의 기록자가 '별'을 합삭이나 그와 비슷한 것이 아니라, 실제로 예루살렘에서 베들레헴까지 걸었던 관찰자와 함께 갈 수 있었고 실제로 여전히 어느 특별한 집 위에 서 있을 수 있었을 만큼 땅에 매우 가까운 어떤 것으로 간주했다고 해도 우리는 그 이야기를 여전히 사실로서 간주한다는 원칙에 관한 반대를 갖고 있지 않다는 것이다.

한 번 우리가 이 세상에 예수님의 출현과 관련하여 초자연적인 것의 등장을 수용했다면 우리는 초자연적인 것이 발견되는 범위에 대한 정확한 한계를 설정하는데 더 이상 관계할 수 없다. 물론, 어느 특별한 점에서 그 이야기의 초자연적 요소가 하나님을 하찮게 여길 수 있는 형식으로 나타났다면 그것은 달랐을 것이다. 그러나 그것이 충분한 의미에서 초자연적이었을지라도 그런 것은 별의 경우가 아니었을 것이다. 만약, 마태복음의 건전한 주석이 복음서 기록자가 광야에서 이스라엘 민족 앞에 갔던 불기둥처럼 문자적으로 박사들 앞에 간 것으로 별을 인정한 것을 보여주었다면 우리는 하나의 사실로서 그런 것을 수용하는 것을 원칙적으로 반대하지 않았을 것이다. 그러나 현재로서 우리는 그 문제가 의심스럽다고 생각한다.

비유적인 해석은 한편으로 확실하지 않다. 그러나 다른 한편으로 그것은 불가능하다고 할 수 없다. 만약, 우리 자신과는 달리 비유적 해석이 옳을 때만 그 이야기의 역사성이 주장될 수 있다고, 어느 현대 독자가 주장했다면 그리고 만약, (그들이 그렇게 해야 한다고 우리가 생각한 것처럼) 그들이 그 이야기의 역사성을 주장하는 독립적인 이유를 발견한다면, 비유적 해석을 채택한 것은 완전히 정당하게 된다고 우리는 생각한다. 우리로서는 두 해석 가운데 어느 것도 하나님이 하찮다는 것을 그 이야기의 어느 것에서도 발견할 수 없다.

사실 도덕적 반대는 때때로 박사들의 이야기를 반대하여 제기되었다. 박사들이 점성학적 계산법에 의하여 정확히 인도받았다면, 천체의 운동과 땅위의 사건들 사이의 관계개념이 이 경우에 새로 태어난 왕의 발에 그들을 실제로 인도했다면, 하나님의 승인의 표가 하나의 해로운 사이비 과학 위에 놓였을 것이라고 언급된다. 박사들과 그들에게 접촉하러 온 자들이 그들의 미신을 확신했을 것이다. 이 같이 거짓된 것에 관한 확신은 진리의 하나님을 하찮게 여겼을 것이라고 언급된다.

이런 반대는 근대 자연주의적 비평의 과정을 통해 크게 인기를 모았다. 그러나 우리는 이러한 반론을 진지한 것으로 인정할 수 없다.

하나님께서 동방에서 온 현자를 다루실 때 인간의 연약성에 맞추어 주기 위해 얼마나 낮추어 주실지 누가 말할 수 있는가?

무수한 경우에 우리가 아는 대로 오류는 진리의 디딤돌이 되었다. 점성학조차도 종종 관찰된 것처럼 진정한 천문학적 과학의 조상이었다. 아니다. 이런 낯선 자들이 어린 구세주에게 선물을 가져오기 위하여 하늘을 관찰하며 인도되었을 때 우리는 그것이 하나님을 하찮게 했다고 인정할 수 없다. 더욱이 결정적인 부분을 행사한 것은 점성학이 아니었다. 실제로 박사들을 예수님의 발에 인도한 것은 점성학적 계산이 아니라 하나님의 말씀의 예언-메시아적 왕의 기대를 동방에 확산시킨 예언이었다.[22]

우리는 별에 관하여 제기된 여러 가설들의 연구를 여기서 멈추지 않을 것이다. 이 사건을 하늘의 현상으로 알려진 것과 동일시함으로 예수님의 출생연도를 고정하려는 많은 시도가 있었다. 이 같은 시도의 가장 유명한 것으로 케플러는 주전 7세기에 일어난 물고기자리의 별자리에서 목성과 토성의 회합이 박사들의 여행의 경우였다고 생각했다.[23] 이 가설은 최근에 로마 가톨릭 학자 스타인메처에 의하여 천문학적 사색의 풍성한 참고서와 함께 전체적으로 가능한 것으로 변호되었다.[24] 확실히 어떤 것이 그것을 위하여 발언되었다. 그리고 예수님의 탄생에 고정된 날짜가 전혀 불가능한 것은 아니다.

우리는 몇몇 근대 학자들이 박사들의 별과 동일시하려는 이 같은 시

---

[22] 박사들의 이야기에 대한 도덕적 반대에 관하여 Chrysostom은 (*hom. in Matt.*, vi, ed. Montfaucon, vii, 1836, 103-107)) 여전히 읽을 가치가 있다. 별의 목적은 유대인들이 그리스도를 믿지 않는다면 그들의 모든 변명이 박탈당하리라는 것이었다고 Chrysostom은 말한다. 그들은 위대한 예언들을 거절했다. 박사들은 보다 적은 증거를 믿었다. 하나님은 별을 사용하셨다. 왜냐하면 그분은 박사들이 마음에 두는 것을 사용하기를 원하셨기 때문이다. 그것은 극도로 겸손한 행위였다($\sigma\varphi\delta\rho\alpha$ $\sigma\upsilon\gamma\kappa\alpha\beta\alpha\iota\nu\omega\nu$). 바울이 아레오바고(화성신단의 언덕)에서 설교한 것을 비교하라고 Chrysostom은 계속 말한다. 그리고 모든 유대인의 세대를 비교하라. 제사 등은 이방인들의 둔탁함에서 비롯됐다. 그러나 하나님은 그것들을 변화시켜 점차 고등종교로 인도하여 사용하였다. 그래서 하나님은 박사들을 별로부터 천사들에게 인도했다. 여기서 Chrysostom이 본문에서 확실하게 주어진 것으로부터 조금 떠난 것은 인정되어야 한다. 또한 하나님이 언약궤에 관하여 팔레스타인의 구변 좋은 자에게 대답한 방식을 Chrysostom이 더 많이 말한 것을 비교하라. 그리고 또한 하나님의 다른 유사한 행동들을 비교하라. 지식은 별에 의해서 뿐만 아니라 그들의 영혼을 움직이게 한 하나님에 의해서 박사들에게 오게 했다.

[23] Box, art. "Star," in Hastings, *Dictionary of Christ and the Gospels*, ii, 1908, 675를 보라.

[24] *Die Geschichte der Geburt und Kindheit Christi und ihr Verhaeltnis zur babylonischen Mythe*, 1910, 84-109.

도를 경멸 하는데 전혀 협력하지 않는다. 그러나 확실성은 하여튼 그들 중 어느 하나에 의해서도 얻어지지 않았다. 그리고 현재의 필자는 효과적으로 토론에 들어가기 위하여 필요한 전문지식을 전혀 갖고 있지 않다. 많은 견해가 이 문제에 관하여 가능하다. 그러나 그 별이 자연적인 것으로 또는 초자연적인 것으로 간주되든지 그것의 출현이 역사적인 것으로 간주되지 않는 결정적 이유가 없다고 보여주는 것은 아마도 충분히 언급되었다.

그러므로 일반적으로 그 이야기의 기적적인 성격이나, 특히 천사들이나 별의 사건도 우리 주님의 탄생과 유아기에 관한 신약 기사를 불신하게 하기에는 충분하지 않다. 초자연적인 것을 반대하는 추측이 있다. 그러나 그 추측은 이 경우에 극복되었다고 우리는 생각한다. 마태복음과 누가복음 첫 두 장에 기록된 초자연적 사건들이 독립적으로 있다면 틀림없이 믿지 못했을 것이다. 그러나 그것들이 주님의 인격에 관한 모든 신약 성경의 묘사와 연결될 때는 다르다.

그러나 우리가 초자연적인 것에 대한 처음의 추측을 극복했더라도, 이 유아기 이야기의 역사성을 반대하는 독자적인 반론은 없는가?

또는 그 이야기들은 초자연적인 것과 상관없이 교정되어야 할 것으로 보이는가?

그것들은 합리적으로 기대될 것과 일치하는가?

그것들이 초자연적인 것이 아닐지라도 일종의 사실로 발견되었을 정보인가?

그 행동들은 심리학적 가능성과 일치한 특성에서 비롯되는가?

이 질문들은 우리가 예를 들어, 누가복음 1-2장의 원형과 그 이야기와 마태복음의 이야기 사이의 관계를 고찰했을 때 부분적으로 답변되었다.

우선, 족보들에서 고려되어야 할 것은 무엇인가?

우리는 그것들의 관계를 고려했고 그것들이 모순되지 않음을 보여주려고 노력했다.

그러나 그것들의 관계 외에 그것들은 본래 옳은가?

진정한 정보가 요셉의 혈통으로 보존되어야 하는 것과 이 같은 정보가 실제로 마태와 누가의 족보들에 기록된 것은 가능한가?

실제로 무엇이든지 부정적으로 이 문제를 대답할 이유는 없다. 언뜻 본 바로는 참으로 요셉처럼 비천한 환경에 있는 사람이 많은 몇 세대 전 조상의 기록을 보존했었으리라는 것은 아마 이상하게 보일 것이다. 그러나 이 같은 반대는 동방에서 족보의 특별한 전통에 대한 끈기를 무시한 것이다. 헤롯 대왕이 유대인의 공적인 족보 기록을 파괴하도록 명령했다는 줄리우스 아프리카누스(Julius Africanus)의 주장에 대해 어떻게 생각하든 이 같은 명령은 개인적인 기록에 영향을 주지 않았을 것이다.[25]

헤롯 시대 이후에 기록된 족보가 있었다는 것은 요세푸스가 그 조상에 관하여 말하는 당연한 방법에 의해 드러난다.[26] 확실히 다윗의 후손의 전통이 요셉의 가족으로 보존될 수 있었던 것과 이 같은 전통이 옳다는 것은 이전에 전혀 불가능하지 않았다.[27]

더욱이 그것들은 복음서에 있는 실제 족보들에서는 전혀 불가능하지 않다. 만약, 마태의 족보가 실제적인 혈통의 후손에 관한 완전한 기록으로 의도되었다면 심각한 어려움을 나타냈을 것이다. 왜냐하면 바벨론 포로와 그리스도의 시대 사이의 세대수는 시간의 길이라는 관점에서 기대된 것보다 적기 때문이다. 그러나 실제로 그 족보는 그런 식으로 취해지도록 의도되지 않았다. 다른 한편으로 누가의 족보에서 세대의 수는 정확히 자연스럽게 기대될만한 것이다.

족보들이 복음서에서 통합되기 전에 분리되어 존재했는지는 종종 질문되었다.

그리고 만약, 그것들이 분리되어 존재했다면 그것들은 분리된 형태로

---

25 Julius Africanus, in Eusebius, *hist. eccl.*, I. vii. 13.

26 Josephus, *vita*, I(ed. Niese, iv, 1890, 321f.) Josephus는 Julius Africanus가 헤롯의 이 같은 기록의 파괴에 관하여 말함에도 불구하고 그의 족보를 지지하는 공적인 기록에 호소한 것은 대단히 주목될만하다. 또한 contr. Ap., I, 7를 보라. E. L. Curtis, art. "Genealogy," in Hastings, *Dictionary of the Bible*, ii, 1906, 121를 비교하라.

27 특히 Zahn, *Das Evangelium des Mattaeus*, 3te Aufl., 1910, 45f., footnote 6을 보라.

동정녀 탄생의 언급을 포함했거나 또는 그것들은 단순히 그 관계에서 어떤 특별한 암시 없이 예수님을 요셉의 아들로 만들었는가?

마태의 족보는 예를 들어, "요셉이 예수님을 낳았다"는 말로 단순히 끝맺었는가?

이 문제가 긍정적으로 대답된다 할지라도 우리는 동정녀 탄생에 관한 어느 부인도 해서는 안 된다. 왜냐하면 이미 고찰된 대로 "요셉이 예수님을 낳았다"는 말은 비슷한 단어들이 족보에서 다른 경우에 이해되는 것처럼 동일한 상상이나 법률적 의미로 이해될 수 있었기 때문이다. 더욱이 이 족보를 편찬한 사람이 "요셉이 예수님을 낳았다"는 말을 포함할 때 예수님이 혈통적인 의미에서 요셉의 아들이 생각을 했을지라도 그런 사실은 동정녀 탄생이 사실이라는 데 불합리하지 않았을 것이다. 왜냐하면 확실히-예수님의 지상사역 동안에-그것이 하나의 사실이었더라도 동정녀 탄생이 예수님의 제자들 사이에 알려지지 않았을 때가 있었기 때문이다.

그러나 분리된 족보들이 예수님의 필수적인 족보들로 간주될 때 족보들이 복음서에 편입되기에 앞서서 분리된 형식으로 존재했는지의 문제가 잘못 표현되었다고 우리는 생각한다. 오히려 족보들이 예수님의 족보들이 되기 전에 요셉의 족보들이었다고 언급되어야 했다. 그것들은 세대에서 세대로 추가된 가족의 전통을 나타냈다.

특별한 문제는 마태의 족보에서 네 명의 여인의 언급으로 제기된다. 다말, 라합, 룻, 우리아의 아내이다. 그 견해는 종종 이 여인들이 예수님의 어머니 마리아에 대한 유대인의 비방의 대응방식으로 언급된다고 주장되었다.[28] 유대인은 기독교인의 동정녀 탄생 기사(story)를 풍자하여 예수님이 서출이었다는 주장을 했다고 언급된다. 그리고 이제 마태는 왕의 계보에 있는 어떤 여인의 경우에 이미 널리 알려져 있는 변칙성

---

28 이 가설은 Wettstein(*Novum Testamentum Graecum*, I, 1751, 226f.)에 의하여, 18세기 중엽에 처음 주장되었다. 그 제안을 거절한 Ebrard(*Wissenschaftliche Kritik der evangelischen Geschichte*, 3te Aufl., 1868, 250)를 보라. 문제의 가설에 관한 저명한 최근의 옹호자는 Th. von Zahn(*Das Evangelium des Mattaeus*, 3te Aufl., 1910, 64-67)이다.

을 가리키면서 그 비방에 답한다. 다말과 라합과 우리아의 아내는 부끄러운 이야기들과 연결되었고 룻은 외국인이었다. 그러므로 그들이 그의 출생에 관하여 부끄러운 어떤 일이 있었다고 가정하는 것을 옳게 여기더라도 예수님의 메시아 자격을 유대인이 거절할 이유가 전혀 없다. 만약, 옳다면 우리는 어느 것이더라도 예수님의 동정녀 탄생에 대한 마태의 증언의 중요성은 확대될 뿐이다. 왜냐하면 그것은 이 유아기 이야기가 기록되기 전에 동정녀 탄생의 신앙이 상당한 역사를 가졌음을 보여 주곤 했기 때문이다.

그것은 기독교에 대한 유대인 반대자들이 이미 초자연적 잉태 교리를 그들의 공격의 초점이 되는 초대 교회의 필수적인 신앙의 하나로서 인정했음을 보여 준다. 이 같은 발전-논지, 공격, 공격에 대한 대답-은 동정녀 탄생에 대한 제자들의 신앙이 어떤 새로운 것이었다면 빨리 완성될 수 없었다. 그렇지만 우리는 족보의 여자 이름들에 기초하는 한 그 가설이 옳은지를 매우 많이 의심한다.

족보의 편찬자나 현재의 자리에 그것을 삽입한 저자는 한 동안이라도 그 주장을 위하여 어떤 부끄러운 일이 발견될 수 있었던 삶을 산 여인들과 예수님의 어머니를 비교하는 것에 정말 동의했을까?

아마도 그 관계는 유추보다는 하나의 대조였으리라는 대답으로 언급되었을 것이다. 저자는 여인과 부끄러운 관계가 왕의 혈통을 계승하는 과정에서 하나님에 의하여 사용될 수 있었다면 성령의 창조적인 행동은 얼마나 더욱 그러했을지를 말하려 했을 것이다!

그러나 이 대답은 전혀 만족스럽지 않다. 결국 필자는 그럼에도 일종의 부끄러운 일과 연관하여 예수님의 어머니 마리아를 생각나게 했을 것이다. 그리고 그는 아마도 행동에서 위축되었을 것이다. 그러므로 적어도 족보에서 여인의 언급이 유대인의 비방에 대한 논쟁적 언급인지는 매우 의심스럽다.

여자들에 대한 언급은 족보의 마지막 연결이 첨가되기 전이라는 것과 심지어 그들이 부끄러웠기 때문이 아니라 그들이 주목될만한 한 가지 이유나 또 다른 이유 때문에 언급되었다는 것은 가능하다. 여자들에

대한 언급으로 나타난 문제는 아직 해결되지 않은 채로 있다.[29]

각 14대를 세 그룹으로 나눈 마태복음의 족보의 분리는 또 하나의 작은 문제를 불러 일으켰다. 우리는 여기서 분리의 목적에 관심이 없으며 단지 세 그룹의 마지막이 언뜻 본 바로는 상술된 14대 대신 13대만 포함한 것으로 보이는 사실에 관심을 갖는다. 그 문제에 관한 하나의 해결책은 마리아가 요셉과 예수님 사이에 한 '세대'-족보에서 한 연결고리-로 계산된다고 말하는 것이다. 실제로 '세대'라는 용어와 '낳았다'로 번역된 용어에 대한 저자의 폭넓은 사용이라는 관점에서 볼 때 이 주장이 터무니없는 것은 아니다. 그렇지만 전체적으로 에드워드 로빈슨(Edward Robinson)과 그의 『복음서의 조화』(Harmoney of the Gospel)에서 지지된 해결을 채택하는 것이 더 나아 보인다.[30]

그 해결에 따르면 다윗은 첫째 분리의 끝과 둘째의 시작으로 계산된다. 그 다음에 둘째 분리는 요시야로 끝나고, 셋째 분리는 여고냐로 시

---

29 Origen(*hom. in Luc.*, xxviii, ed. Lommatzsch, v, 1835, 191)은 여인의 언급에서 ("Thamar, quae cum socero fraude concubuit: et Ruth, Moabitis, nec de genere Israel: et Raab, quae unde sumta sit scire nequeo: et conjux Uriae, quae violavit mariti torum") 예수님이 우리의 죄를 떠맡아야 했기 때문에, (솔로몬, 르호보암 등의 언급에 의해서도 보인 것처럼) 죄스런 인간으로 태어났다는 생각을 발견한다. 마찬가지로, Jerome(*com. in Matt.*, I, on Mt 1. 3, ed. Vallarsius et Maffaeius, vii, 1845, col. 21): "Notandum in genealogia Salvatoris nullam sanctarum assumi mulierum; sed eas quas Scriptura reprehendit, ut qui propter peccatores venerat, de peccatoribus nascens, omnium peccata deleret." 또한 부끄러운 여인들이 우리의 구원을 위하여 경험한 낮아짐을 보이려고 언급되었다고 말한 사람, 그리고 또한 어떤 사람이 좋은 조상에게서 나야 하는 것이 아니라, 스스로 좋게 되는 것이 정말로 중요한 것이라고 생각한 교훈을 발전시킨 사람인, Chrysostom(*hom. in Matt.*, iii, ed. Montfaucon, vii, 1836, 40-42)을 비교하라. 내친 김에 여인들에 관한 Zahn과 다른 사람들의 가설이 거절되더라도 여전히 전체적으로 마태복음 첫 장에 관한 논쟁적 언급이 주목될 것이다. 이 저자가 마리아에 관한 요셉의 의심과 그것들이 극복된 방법을 다시 말하면서 예수님의 탄생이 간통적 결합에 기인했다는 유대인의 비방을 반박하려 하는 것은 확실히 가능하다. 그러나 그런 것이 가능하더라도 그것은 확실하게 증명되지 않는다. 예수님의 법적인 다윗의 자손과 본래적인 사실의 중요성을 확립하려는 기록자의 관심은 어느 반유대인의 논쟁적인 언급이 없는 자료의 선택을 의심없이 설명했을 것이다.

30 Robinson, *A Harmony of the Four Gospels in Greeks*, revised edition, with additional notes by M. B. Riddle, [1885], 206.

작하고 예수님을 포함하여 족보의 14'대' 또는 요구된 조상들을 채택한다. 이 가설은 목록이 만들어졌을 때 사용된 언어에서 정당화된다.

첫째 분리는 "아브라함부터 다윗"까지 이르는 세대를 포함하여 언급된다. 그 표현은 아브라함과 다윗의 이름을 다 말함으로써 양자가 계산되어야 함을 지적한다. 마찬가지로 다윗은 둘째 그룹을 의도한 표현으로 언급되고, 그래서 거기서도 계산되어야 한다. 그러나 둘째 그룹의 끝과 셋째 그룹의 시작을 의도한 것은 사람이 아니라 시대—"바벨론의 포로"—이고 그러므로 "이 시대와 같은 시대로 평가된 사람들은…그 전에 간주되지 않는다. 그 시대 후 목록은 여고냐로 다시 시작하고 예수님으로 끝난다."[31]

그러므로 확실히 이 족보의 진실한 성격과 목적이 이해되었을 때, 누가의 족보에 관한 비슷한 호의적 평가에 반대가 없는 것처럼, 그것이 갖는 정보가 옳다는 추측에 반대가 없다.

그러나 만약, 그 이야기에 첨부된 족보가 당연히 사실이 아닌 것 같은 것을 포함시키지 않았다면 그 이야기 자체에 대해서는 어떻게 말해야 할까?

그것들은 심리학적으로 역사적으로 불합리한 것들을 포함하고 있는가 아니면 그것들은 사실의 표시인가?

후자의 평가가 채택되어야 한다고 우리는 생각한다. 물론, 이 이야기에는 어떤 것은 설명되지 않은 부분이 있다. 그 인물의 동기가 매우 분명하지 않은 곳이 있다. 그러나 이 같은 어려움들은 종종 어떤 이야기의 역사성에 대한 반대가 아니라 옹호한다. 꾸며낸 이야기는 매우 분명하게 되려는 경향이 있다. 그것은 허구이기 때문에, 그 안의 한 가지가 자연스럽게 다른 것에서 나온다. 그러나 진실한 이야기는 다른 한편으로 종종 많은 질문을 일으킨다. 그 안의 특성은 화자의 정신의 논리에 따라서가 아니라 단편만 기록될 수 있는 실제 인생의 무한한 복잡성을 따라서 움직인다. 그러므로 이 유아기 이야기 안에 매우 분명하지 않은

---

31 Robinson, *loc. cit.*

것이 있다면 그런 사실이 그 자체로 그 이야기가 진실하지 않다는 것을 전혀 보여주지 못한다.

부자연스럽게 생각된 것은 무엇인가?

그것들 중 어떤 것은 누가 이야기의 정직성에 관한 우리의 토론과 연관하여 이미 고찰되었다. 예수님의 어머니 마리아의 태도가 예수님이 요셉의 아들이었다면 부자연스럽지만 동정녀 탄생에 근거하여 매우 자연스럽다는 관계를 보여 주었다. 반대는 때때로 누가복음 1:39에 기록된 그녀의 엘리사벳 방문에서 제기되었다.

단순히 약혼한 유대인 처녀가 혼자서 긴 여행을 할 수 있었을까?

이 같은 여행은 그 시대의 풍습에 따라 했을까?

이 같은 반대 때문에, 어떤 학자들은 요셉과 마리아의 결혼을 포함하여 마태복음 1:18-25에 기록된 사건이 마리아의 엘리사벳 방문 이후가 아닌 이전에 놓여야 하는 것으로 추측했다.[32]

그러나 그 경우에 우리는 요셉이 마리아의 엘리사벳 방문에 동행했다고 추측해야 하는가?

결혼이 이미 이루어졌다면 그는 그렇게 하도록 기대되었을 것이다. 그러나 그러면 그가 누가복음 1:39-56에 언급되지 않은 것은 이상하게 된다. 이 후자의 고려는 아마도 전혀 결정적이지 않다. 전체 이야기에서 요셉의 종속적 위치의 관점에서 그의 등장은 이 경우에—사가랴가 여기에 보이지 않은 것처럼—언급 없이 지나갔을 것이다. 그렇지만 전체적으로 마리아의 엘리사벳 방문 이전의 결혼 가설은 그것이 제거되는 것보다 더 많은 어려움을 일으키는 것으로 느꼈을 것이다.

누가복음 1:39에서 독자가 받은 자연스런 인상은 마리아가 수태고지 후 즉시 요셉과 그녀의 관계에 관한 어떤 결정을 기다리지 않고 엘리사벳을 방문했다는 것이다. 마태복음 1:18-25의 사건은 마리아의 유대 거주 석달 이전이 아니라 이후인 것이 전적으로 가능하다.

그러나 그것이 그렇더라도 마리아의 여행은 믿을 수 없는 것이 아니라.

---

[32] 위의 제8장 각주 17번을 보라.

1세기에 약혼한 유대 처녀가 어떤 환경에서도 약혼한 남자가 동반되지 않는 여행을 할 수 없었다고 말하는 것은 우리의 실제적인 지식을 훨씬 넘어서는 그 당시의 관습과의 친숙도를 보여 준다. 그리고 이 경우의 환경이 매우 특별했다는 것이 항상 기억되어야 한다. 마리아는 방금 엄청난 경험을 했고 그녀에게 나타난 하늘의 사자는 스스로 그녀의 유대 친척 방문을 암시했다. 출생 이야기와 요한의 할례에 반대하여 제기된 반대들은 덜 중요하다. 예를 들어, 사가랴가 누가복음 1:23에 따라서 성전에서 직무를 어떻게 계속할 수 있었는지 질문한다면, 그가 말을 못하여 제사장의 육체적 완전성이라는 모세의 요구를 더 이상 만족시킬 수 없었다면, 우리는 단순히 두 가지를 말할 것이다.

1) 누가복음 1:23은 사가랴가 성전 직무를 계속 행했다는 것을 반드시 의미한 것이 아니라 그의 일주일 직무의 날 동안 예루살렘에 남아있었다는 것만을 의미했을 것이다.
2) 어느 명백한 육체적 불완전함이 아닌 일시적 언어능력의 결여가 실제적 직무를 위해서조차 제사장에 부적합했으리라는 것은 의문시되었을 것이다.

누가복음 1:60과 관련하여 사가랴가 말을 못하여 천사에 의해 그에게 주어진 지시를 그녀에게 말할 수 없었기 때문에, 엘리사벳이 그 아이의 이름이 요한이었음을 어떻게 알았는가를 묻는 것은 매우 하찮은 것이다. 문맥은 충분한 대답을 제공한다.

대답은 단순히 쓰기의 기술을 그 당시에 모르지 않았다는 것이다!

그러면 우리는 그가 벙어리였다는 것만 들었고 귀머거리였다는 것은 듣지 않았기 때문에 왜 구경꾼들이 사가랴에게 신호를 보냈어야 했는지의 질문을 받는다.[33] 그러나 확실히 그런 어려움은 또한 하찮은 것이다. 종종 관찰된 바와 같이 신호로만 응답할 수 있는 자와 의사소통하는

---

[33] 눅 1:62.

데 신호를 사용하는 것은 자연스럽다. 더욱이 그 신호는 이 경우에 매우 단순한 종류였을 것이다. 질문의 제스처와 함께 사가랴에게 향하기만 하면 된다. 그 같이 작은 접촉들은 이야기의 역사성을 반대하기보다는 오히려 찬성을 말한다. 그것들은 실제적인 장면을 묘사하는 것처럼 정말 매우 자연스럽지만 거짓 이야기에서는 회피되었을 것이다. 누가의 이야기의 둘째 장에서 반대는 호적등록의 시기에 마리아와 요셉의 베들레헴 여행에 대하여 종종 제기되었다. 만약, 기록자의 생각은 여자의 호적등록이 남자와 마찬가지로 필요하다는 것이라면 그것은 모든 역사적 가능성과 반대된다고 우리는 듣는다.

그렇지 않으면 어떻게 마리아는 그녀의 아이의 출생 직전에 이 같은 여행을 하기로 결정할 수 있었는가?

그녀의 상태는 그녀가 집에 머물러 있는 것이 자연스럽지 않았을까?

이 질문에 대한 명백한 대답은 그녀가 집에 머물러 있지 않고, 요셉과 함께 베들레헴에 가는 것이 자연스러웠다는 것이 바로 그녀의 상태였다는 것이다.

1) 그녀는 이 같은 때에 요셉의 보호를 거절하지 않으려 했을 것이다.
2) 그녀는 그녀의 아들이 메시아가 되는 것을 기대했고 그래서 자연스럽게 그분이 베들레헴에서 태어나기를 원했을 것이다.

그녀의 여행은-더욱이 이 후자의 요지가 그녀의 마음에 있었든지 없었든지-그녀의 아이가 분명 예상보다 일찍 태어났기 때문에 그녀가 나사렛에서 받을 수 있었을 비방을 피하는 목적에 실제로 기여했을 것이다. 우리는 이런 것들이 마리아가 여행을 결정한 진정한 고려였다고 말하지 않는다.[34] 그러나 그것들은 적어도 여행에 대한 여러 동기로 제시될 수 있음을 보여주기에 충분하다. 이런 점에서 그 이야기의 묘사는

---

34 B. Weiss(*Leben Jesu*, 4te Aufl., I, 1902, 231f; 영어 번역, *The Life of Christ*, I, 1883, 252)는 요셉이 그 아이를 즉시 그의 아이로 공적으로 등록시키기 원했기 때문에 베들레헴에 마리아를 데리고 갔다고 제안했다.

심리학적으로나 역사적인 불가능성을 전혀 나타내지 않는다.

그렇지만 이같은 불가능성은 종종 동방박사 이야기에서 특별히 발견된다. 우리는 이미 초자연적 요소와 관련된 이야기에서—실제이든 추측이든—그런 어려움을 논의했다. 그러나 이제 우리는 심리학의 영역에서 발견된 어려움을 고려해야 한다. 초자연적인 문제를 완전히 떠나서 그 이야기의 인물 특히 헤롯의 행동은 모든 심리학적 가능성과 일치하지 않는다.

박사들이 유대인의 왕에 대한 질문을 위해 예루살렘에 왔을 때, 헤롯은 메시아가 태어난 곳을 묻기 위해 '대제사장과 서기관'의 모임을 요청함으로써 메시아적 희망의 불길에 부채질했을까?[35]

그리고 그 전에, 박사들은 의심 많은 왕의 대단한 눈 아래서 이 같은 공적 장소에서 정치적으로 매우 위험한 질문을 요구할 정도로 순진했을까?

그러면, 서기관들이 베들레헴을 지적한 후, 왜 헤롯은 은밀하게 박사들을 그에게 불렀을까?

마태복음 2:3에 따르면 도시 전체는 이미 소동하고 있었다.

그러므로 지금 무슨 가능한 목적을 비밀히 제공할 수 있었는가?

그리고 헤롯은 자신의 왕좌를 요구할 유대인의 왕을 정말로 경배하기 원했으리라고 생각할 만큼 박사들이 어린 아이 같다고 실제로 생각했는가?

그들이 목적지에 도착했을 때 그 아이를 죽이기 위하여 그는 왜 그들을 따를 첩자를 간단히 보내지 않았을까?

이러한 문제들은 생각처럼 어려운 것이 아니라 그것들은 모두 박사들이 세속의 지혜에 의하여 움직였고, 헤롯이 그의 말년에 현대 심리학의 전문가처럼 냉정하고 타산적이었다는 잘못된 가설에 근거했다. 박사들이 예루살렘에서 그들의 요구를 이루기 위하여 매우 무모했다는 것은 의심할 여지가 없다. 만약, 그들이 온 지역의 무슨 정보의 도움이든지

---

35 우리는 저자가 그것을 산헤드린의 공식적인 모임으로 인정했는지 확신할 수 없다. Andrews, *The Life of our Lord*, second edition, 1891, 97를 보라.

사용했다면, 헤롯이 유대인의 왕에 관한 질문을 좋아하지 않았음을 알 만큼 충분히 들었을 것이다. 그러나 그러면 그런 박사들의 생각이 하늘에 집중되어 있고 이땅의 정치적 조건에 있지 않았다는 것은 기억되어야 한다. 그 당시의 이상하고 복잡한 종교생활에 많은 비현실적인 사람들이 있었다. 그러한 시대에 우리는 동방박사들이 당황케 하는 질문을 가질 수 있는 여지를 찾는 것은 당연하다. 더욱이 그들의 질문이 확실히 경솔했다 해도 헤롯이 그들을 즉석에서 죽이는 것이 안전하다고 생각했을 것이라고 우리는 추측할 권리가 없다.

메시아의 희망은 그 당시에 매우 만연되어 있었다. 그리고 헤롯은 그것이 도저히 힘으로 억누를 수 없었다는 것을 알았다. 그는 사납고 잔인했지만 이방 왕이 아니라 유대 왕이라는 자세를 결코 포기할 수 없었다.

만약, 그가 공적인 폭력 행위로 박사들의 입을 막았다면 어떤 곤경에 빠졌을 는지 누가 알겠는가?

전체적으로 그가 실제로 채택한 교활한 방법-더욱이 요세푸스의 책에 나타난 대로 그의 성격과 매우 일치한 방법-으로 언급된 어떤 것이 있었다. 그는 구약의 예언에 대한 태도에서 경건한 척하면서도 한편으로는 자신의 비밀스런 방책으로 구약의 예언이 해가 없도록 계획하고 있었다.

그가 박사들을 비밀스럽게 부른 이유에 관하여 그것은 매우 분명하다. 그는 새로 태어난 아이를 경배하겠다는 그의 위선적인 말을 백성이 아는 것을 원하지 않았다. 그러한 말로 이 낯선 자들을 속일수 있었을 것이다. 하지만 헤롯을 잘 아는 자들을 속일 수는 없을 것이다. 그리고 일반적으로 그는 그 문제가 기존에 알려진 것보다 더 큰 명성을 주려하지 않았다. 그는 한 유대인으로서 경건한 모습을 보여 주기 위하여 대제사장과 서기관들의 모임이 필요했을 것이다. 그리고 그 다음에 그것은 또한 그 자신의 미신적인 두려움 때문에 필요했을 것이다. 그는 실제로 메시아 왕의 등장을 두려워했다. 그리고 헤롯은 그가 아직 아이였을 때 그 아이를 죽이고자 하여 서기관들의 전문적인 판단이 그 왕(아이)을 찾는데 도움이 될 것이라고 실제로 생각했을 것이다. 그러므로 그 모임은 계획의 성취를 위해 그에게 필요한 것으로 보였을 것이다. 그러나 그 모임이 끝나고 박사들에게 덜 알려질 수록 더 좋았을 것이다.

그러나 헤롯은 왜 박사들이 그 아이를 찾은 후에 자신에게 순진하게 말해줄 것이라고 믿지 않고 동방박사들을 미행하지 않았겠는가?

오늘날 경찰이라면 틀림없이 다른 계획을 세웠을 것이다. 그러나 그것과 관련해선 어려움들이 있었을 것이다.

만약, 박사들이 쫓기고 있다는 것을 알았다면 그들은 찾는 것을 단념하고 위험에 처한 아이를 찾을 기회를 포기하지 않았을까?

그렇다면 왜 헤롯은 친절하게 도와 준다는 구실로 박사들과 함께 동행할 사람들을 보내지 않았을까?[36]

그런 계략 또한 감지되었을 것이다.

아마도 헤롯의 계획에 대해 어떤 것은 여기서 다시 언급되었을 것이다. 어쩌면 그는 현명하지는 않았을 것이다.

헤롯이 그의 미친 말년에 항상 현명했단 말인가?[37]

더욱이 박사들이 아이를 발견한 그 집에 갔을 때 박사들을 정찰하려는 시도가 실제로 있었는지 없었는지 그리고 이 같은 시도가 실패했는지 안 했는지 누가 말할 수 있는가?

그것이 실패했다면, 헤롯의 목적은 대규모의 살인에 의해서만 수행될 수 있었다. 그리고 그것을 아는 자들이라면 헤롯이 그의 인생 말년에 이 같은 살인을 겁냈을 것이라고 추측하지 못할 것이다.

그러므로 이 이야기는 심리학적으로 불합리성들을 포함하고 있다고 말할 이유는 전혀 없다. 틀림없이 그 행동들은 현대인들이 행할수 있는

---

36 "Officii praetextu"–Calvin, on Mt. ii. 7.

37 Chrysostom(*hom. in Matt.*, vii, ed. Montfaucon, vii, 1836, 126)은 박사들이 헤롯의 책략을 발견할 것을 주지하여 헤롯의 실패를 설명하려고 한 그 말 속에 어떤 진리가 있다고 말한다. "사악함에 사로잡힌 한 영혼은 그 밖의 모든 것보다 더욱 어리석게 된다." 또한 헤롯의 어리석음을 설명하면서 하나님께서 아기 예수를 보호 하기 위하여 헤롯을 아둔하게 했다고 말하는 Calvin(*loc. cit.*)과 비교하라. Bruno Bauer(*Kritik der evangelischen Geschichte der Synoptiker*, I, 1841, 108-110)는 그 어려움을 간파한 Calvin을 칭찬하지만 그의 해결책을 높게 평가하지는 않는다.

경우가 아니며 어떤 경우에는 그것은 매우 어리석거나 모모한 짓이다. 그러나 그 시대의 사람에게는 그리고 특정인에게는 결코 불가능한 일이 아니다.

제10장

탄생 이야기들과 세속 역사

마태와 누가의 두 이야기들은 그 자체로 역사적인 것처럼 보이지 않는 것은 아무 것도 없다는 것을 이전 장에서 살펴 보았다. 그런 결론은 원칙적으로 초자연적인 것을 받아들이지 않는 사람들에 의하여 또는 도처에서 볼 수 있는 초자연적인 것을 반대하는 추정이 예수님의 생애 및 기독교 시초에 극복되었다는 사실을 믿지 않는 사람들에 의하여 아마도 부정되었을 것이다. 그러나 어떤 사람이 기독교의 초자연적 기원을 뒷받침하는 증거에 감동을 받았다면, 그는 첫째와 셋째 복음서의 유아기 이야기에서 언급된 이 특별한 기적들에서 특별히 반대할 것을 찾지 못할 것이다. 그리고 그 이야기의 비기적적인 요소들 또한 결코 심리학적이고 역사적인 개연성이 결여될 수 없다.

그러나 만약, 이 이야기들이 그것들 자체의 고유한 특성에 의하여 비방 받지 않는다면, 세속 역사와 신약의 나머지와 비교되었을 때 어떻게 되는가?

전자의 경우-세속 역사와 비교하여-두 가지 점에서 어려움이 있다고 생각된다. 그것들은 베들레헴에서 유아의 대량학살과 로마 구레뇨의 호적이다.

전자는 매우 빨리 해결될 수 있다. 우리의 유대 역사에 관한 정보제공자인 요세푸스가 아이들의 대량학살에 관하여 아무것도 말하지 않은 것은 사실이다. 그리고 또한 역사가들의 연구에서 실제로 이 사건을 언급한 구절들이 너무 늦고 마태복음에서 파생된 것 같아서 거의 가치가 없다는 것 또한 사실이다. 그러나 이 경우에 침묵으로 주장하는 것은 전혀 영향력이 없다. 의심할 여지없이 우리의 관점에서 어린 아이의 대량학살은 아마도 시카고에서조차 대서특필 될만큼 극악무도한 범죄이다.

그러나 예를 들어 비문서적인 파피루스의 하나에서 암시되어 있듯이, 고대 시대에 어린 아이에 대한 유기는 그 당시 삶의 일반적인 특징으로 일상적인 일이었기에 어린 아이의 살인은 어느 특별한 두려움으로 간주되지 않았을 것이다.[1] 더욱이 우리는 살인 당한 유아의 숫자를 과장하지 않아야 한다. 베들레헴이 작은 마을이었다면 두 살 이하 남자 아이들의 숫자는 아마도 20명이나 30명을 초과하지 않았을 것이다.

피와 잔혹함으로 특징되는 헤롯 통치의 말년에 잘 알려지지 않은 마을에서 스무 명 남짓한 어린이를 제거한 사건이 한 역사가의 눈을 피해 간 것은 당연하다. 그러나 요세푸스가 그 사건을 알았을지라도 그리고 그가 그것을 중요하게 생각했을지라도, 이 경우에 그가 침묵하는 특별한 이유가 있었다. 그 사건은 유대인의 메시아 기대 사상을 수반한다. 그리고 의심 없이 요세푸스는 로마 독자를 위하여 기록한 역사에 이 같은 일에 관하여 고의로 언급하지 않았다. 그러므로 어린 아이의 대량학살이 실제로 일어났더라도 요세푸스는 그의 역사책에 그것을 필연적으로 포함했으리라고 추측할 이유가 없다.

그러나 어떤 것은 보다 적극적으로 언급할 필요가 있다. 어린 아이의 대량학살이 세속 역사에 의하여 직접적으로 증명되지 않았지만 그것은 우리가 헤롯 말년의 특징을 알고 있는 것과 정확하게 일치한다. 대헤롯은 유능한 군주였지만 그의 통치 말년에 잔인성은 광기의 한계에 도달했다. 자신의 아이들과 자신의 사랑하는 아내를 죽음으로 내모는 행동과 극장에서 예루살렘의 모든 지도층을 학살하려는 (그의 죽음으로만 저지

---

[1] Milligan, *Selections from the Greek Papyri*, 1910, 33를 보라.

된) 그의 계획은 베들레헴 유아 학살에 나타난 야만적이고 무익한 잔인성의 특성을 틀림없이 지니고 있다. 특성상 이보다 더 완벽하게 부합되는 이야기는 없다. 일반적으로 우리는 베들레헴에서 학살 행위에 대한 세속 역사의 침묵에서 발견된 어려움은 큰 문제가 되지 않을 것이라고 말할 것이다.

훨씬 더 중요한 것은 우리 이야기의 진정성에 대하여 세속 역사에서 끌어내온 두 가지 반대 중 다른 하나, 즉 구레뇨의 호적에 관한 어려움이다.[2] 그런 점에서 우리는 최근에 그것을 다루는 통찰력에도 불구하고 아직도 분명하지 않은 문제를 갖고 있다.

예외적으로 받아들여지는 호적에 관한 기사(account)는 누가복음 2:1-5에서 발견된다. 이 기사에서 1절은 실제적인 어려움을 전혀 나타내지 않는다. "그 때에 가이사 아구스도가 영을 내려 천하로 다 호적하라 하였으니"라는 말이 언급되었을 때 호적이 오늘날처럼 같은 날에 제국의 모든 지역에서 시행되어야 함을 의미하지는 않는다. 반대로 우리가 제국의 일반적인 호적 정책에 관한 아구스도의 공고만 생각한다면 그 구절의 언어는 매우 만족스럽다. 이 정책이 단일한 방식으로 수행되었다거나 또는 그것이 각 지방과 속국에서 전적으로 시행되었다고 추측하는 것은 전혀 불필요하다.

현명한 로마의 지역환경 적응정책에 따라서 자연히 상당한 자유가 여러 행정관과 속국군주에 허용되었다. 비문서적인 파피루스의 발견으로 인해 정보가 특히 풍부해져서 이집트에서는 14년을 주기로 정규적으로 호적이 이루어졌음을 발견한다. 한 호적은 또한 로마에서, 고울에서 그리고 다른 지방에서 행해진 것을 우리는 알고 있다. 그리고 유대에서 주후 6년의 호적은 신약에서 뿐만 아니라 요세푸스에 의해서 언급되었다.[3] 어떤 지역에서 근대 역사가들은 호적이 시행되지 않았다고 주장했다. 그러나 이 주장이 옳은지의 문제를 논의 하는 것은 우리의 현재

---

2 이 주제에 관하여 특히 W. P. Armstrong, art. "Chronology of the New Testament," in *International Standard Bible Encyclopaedia*, I, 1915, 645f.를 보라.
3 이런 사실들을 위하여, Armstrong에 의하여 인용된 증거들을 보라, *op. cit.*, 645.

목적을 위해서 매우 불필요하다. 왜냐하면 누가가 아구스도의 명령이 있었다고만 말하기 때문이다. 그는 그것이 완전히 시행되었다고 말하지 않는다. 확실히 이 같은 명령의 공표는 아구스도의 정책과 전체적으로 일치한다. 이 황제는 제국의 물질자원과 인적자원의 조사에 큰 관심을 가졌다는 것을 보여주는 매우 풍부한 증거가 있다. 누가복음 2:1에 언급된 '명령'은 어느 곳에서도 직접적으로 증명되지 않았지만 우리가 아구스도의 통치와 관련하여 알고 있는 모든 것과 매우 일치한다. 그것이 역사적이 아니라고 생각할 최소한의 이유도 없다.

그 구절에서 실제적인 어려움은 2절과 관련하여 발견된다. 이 구절은 다음과 같이 번역되어야 한다.

"이것은 구레뇨가 시리아를 통치했을 때 첫 호적으로 일어났다" 또는 "이것은 구레뇨가 시리아를 통치했을 때 첫 호적이 되었다."[4]

그 표현은 확실히 특별하다. 그리고 그것의 언어학적 어려움은 필사자에 의하여 소개된 변형으로 반영되었다. 그렇게 어려운 표현에 관한 추측적인 수정이 고대와 현대에 시도되었다는 것은 놀랄 일이 아니다. 그리고 어떤 원시적인 변조가 스며들었을 가능성을 아주 배제할 수 없다. 그러나 대부분의 검증된 본문은 절대적으로 불가능하지 않기 때문에, 그런 본문은 우리의 토론의 기초로 삼아야 한다. 본문은 여기에서 호적을 이어지는 한두 차례의 호적과 구별하는 것으로 보인다. 그것은 이 호적이 전체적으로 제국에 이루어진 첫 번째이거나 또는 구레뇨의 시리아 통치기간에 이루어진 두 번 또는 그 이상에서 첫 번째였던 것으로 보인다.

사도행전 5:37에서 주후 6년 구레뇨 통치하에 잘 알려진 호적은 이 동일한 기록자에 의하여 언급되었기 때문에 그가 우리의 구절에서 보다 초기의 사건을 구별했다고 생각하는 것은 당연하다. 그러므로 그는 주후 6년의 호적과 구별하여 구레뇨의 보다 초기의 호적이 있었음을 의미하는 것으로 본다. 그것보다 초기의 호적은 분명히 대헤롯의 통치 기

---

4 αυτη απογραφη πρωτη εγενετο ηγεμονευοντος της Συριας Κυρηνιου.

간에 일어났음에 틀림없다. 헤롯은 누가복음 1:5에 언급되었고 그 구절에서 언급된 시간과 예수님의 탄생 시간 사이에 죽었다고 간주한 것으로 보여주는 증거가 없다. 그러므로 의심 없이 마태와 마찬가지로 누가는 예수님의 탄생을 주전 4년에 헤롯의 죽음 전에 일어난 것으로 간주한다. 예수님의 탄생은 호적과 관련되었기 때문에 후자는 또한 명백하게 동시에 일어났음에 틀림없다.

문제는 만약, 그 이야기가 이 점에서 정확한 것으로 간주되어야 한다면 호적이 구레뇨의 시리아 통치 기간 중에 그러나 대헤롯의 죽음보다 앞선다는 여지를 발견해야 한다는 것이다.

이 문제의 해결을 위한 최근의 연구에 의해 어떤 진전이 이루어졌다. 셋째 복음서와는 완전히 다른 독립적인 정보에 근거하여 구레뇨가 주후 6년에 시작한 잘 알려진 총독직에 앞서 실제로 시리아의 총독이었다는 가능성이 제기되고 있다. 구레뇨의 전자의 총독직은 가능한 한 누가복음의 진정성에 흠을 내려는 학자들에 의하여 수용되었다.

그러나 어려움은 구레뇨의 초기 총독직이 명백히 상당히 초기는 아니라는 것이다. 우리가 알기로 사투르니누스는 주전 9년부터 6년까지 시리아의 총독이었다. 바루스는 주전 6년부터 주전 4년 헤롯의 사망 후까지 총독이었다. 그러므로 구레뇨의 초기 총독직은 대략 주전 3-2년보다 빠를 수 없다.

그러면 어떻게 구레뇨 하에서 호적이 누가의 이야기가 묘사한 것처럼 대헤롯 시대에 일어날 수 있겠는가?

이 어려움에 관하여 두 가지가 언급될 수 있을 것이다.

첫째, 호적이 헤롯의 통치 기간에 시작되었지만 그의 사망 후까지 완성되지 못했다는 것을 추측할 수 있을 것이다.

이런 추측에 동의하여 아마도 누가에 의하여 사용된 매우 특별한 표현이 주장될 수 있다. "이것은 첫 호적이 되었다." 누가는 그의 말의 한 가지 가능한 해석에 따라서 "구레뇨가 시리아를 통치했을 때" 또는 "이것은 구레뇨가 시리아를 통치했을 때 일어났다"[즉 실제로 수행되어 완성되었을 때]라고 말한다. 아마도 그 의도는 호적 과정의 초기 단계-요셉과 마리아의 베들레헴 여행이 일어난 초기 단계-와 구레뇨의 (초기) 총독직 하에서 유대인이 관계되는 한 명령의 완수와 최종 수행으로부터 구별하는 것이다. 이러한 해법은 아마도 전혀 불가능한 것은 아닐 것이다.

둘째, 그렇지만, 더 가능한 것은 이런 관계에서 만들어진 다른 추측, 즉 여기서 언급된 구레뇨가 총독으로 재임하며 시리아를 통치했던 기간이 아니라 사투르니누스나 바루스가 총독으로 있으면서 취한 군사적인 종류의 특별한 명령이라는 추측이다.

구레뇨가 이 같은 특별한 명령을 하달했다는 약간 희미한 암시들이 있다. 그리고 그가 그렇게 했다고 우리가 추측하는 것을 절대적으로 금하는 것은 아무 것도 없다. 구레뇨의 특별한 명령은 호적의 의무를 표면적으로 포함하고 있었을 것이다. 그러므로 셋째 복음서의 저자가 대헤롯의 말년에 팔레스타인에서 행한 호적을 말하는 것은 가능했을 것이다.[5]

우리의 결론은 호적의 문제가 아직 완전히 해결되지 않았지만 우리의 지식이 현재의 지식보다 더 완전하게 된다면 해결되지 못할 것이라고 생각할 이유는 없다는 것이다. 확실히 다른 곳에서 볼 수 있듯이 누가의 기록이 이전에 시민 행정의 문제에 관하여 부정확하다고 생각되었지만 지금은 가장 철저한 방법으로 입증된 예는 역사가들로 하여금 이 점에 있어서 잘못이 있다고 주장하는데 신중을 기하게 한다.

단순히 구레뇨에 대해서만 아니라 호적이 취해진 것으로 묘사된 방식에 대해 반대가 종종 제기되었다. 그 당시 사람들이 어디에 살고 있었든지 그들은 고향으로 돌아가야 한다는 호적방법은 비현실적이었다고 언급된다. 그것은 '정례적인 이주'의 필요성을 포함할 것이다.[6]

---

5 일련의 호적 중 두 개만이 언급되었을지라도, πρωτη가 προτερα 대신에 사용될 수 있었던 것이 가능하다. 그러나 단지 구레뇨의 두 호적 중 첫 번째 행한 것이 아니고 팔레스타인의 전체 호적들 중 첫 번째로 이 호적을 의도한 것이라면 그 주장은 필연적으로 바뀌지 않는다.
6 "Eine wahre Voelkerwanderung." Keim, *Geschichte Jesu von Nazara*, i, 1867, 390f.를 보라.

몇몇 그 같은 반대에 대한 반응으로 람세이는[7] 호적의 목적을 위하여 모든 사람이 잠시 거주하는 장소에서 그의 집이 발견된 장소까지 갔을 것임을 보여주는 이집트의 파피루스 기록에 호소했다.[8] 그러나 물론, 이러한 유추는 매우 완전하지 않다. 자신이 소유한 집으로 가는 것과 누가복음 2:4 이하에서 보듯이 멀리 있는 조상의 집으로 가는 것은 다른 문제이다. 요셉이 베들레헴에서 재산을 소유한 것으로 종종 추측되었다. 그리고 만약, 그렇다면 그런 사실은 이 여행을 위하여 보다 명백한 공식적 이유를 제공했을 것이다.

우리는 이 같은 공식적 이유를 추측하는 것이 누가에 의하여 사용된 언어와 반대되는 것이라고 결코 확신하지 않는다. 만약, 여행의 이유가 베들레헴에서 요셉이 재산을 소유한 것이었고 베들레헴에서 재산을 소유한 이유가 그가 다윗 가문에 속한것이었다면, 직접적인 원인을 생략한 채 그가 다윗의 집에 속하였기 때문에 베들레헴에 갔다고 역사가가 단순히 말하는 것은 부정확했을 것이다.

그렇지만 전체적으로 이집트의 호적에서 유추하는 것을 거부하고 이 호적관계가 등급을 결정한 유대인의 방법에 따라 일어난 것으로 간주하는 것이 더 나아 보인다. 이 같은 추측에 실제적인 불합리성은 없다. 왜냐하면 유다의 모든 백성들이 요셉처럼 훨씬 뒤로 그들의 혈통을 추적할 수 있었다는 것은 추측할 필요가 없기 때문이다. 요셉의 가족에서 다윗 자손의 전통은 세대에서 세대로 준수되었다. 그러므로 베들레헴은 그 가족에게 조상의 집으로서 그리고 어떤 부족의 호적에서 필요한 일을 수행하는 장소로서의 위치를 가지고 있었다. 그러나 가까이 사는 가족의 경우 그 같은 여행은 필요하지 않았을 것이다. 그러므로 부족방식에 의하여 실시된 호적은 카임이 추측한대로 '정례적인 이주'를 요구하지 않았을 것이다.[9] 하나의 호적이 로마의 명령에 의하여 헤롯의 영토

---

7 "The Morning Star and the Chronology of the Life of Christ," in *Expositor*, seventh series, v, 1908, 19f.

8 *Greek Papyri in the British Museum*, iii, 1907, 124-126.

9 그 이야기는 모든 사람이 그의 가족이 유래한 장소에 갔다는 것이 아니라 모든 사람이 "각각

에서 요구되었으리라는 것은 이 분봉왕이 철저히 비굴한 위치에 있었다는 것에 대해 우리가 알고 있는 것과 아주 일치한다. 그러나 헤롯이 그의 백성의 관습을 존중한 방법으로 명령을 수행하도록 허락받았으리라는 것 또한 로마의 지역환경 적응정책과 일치한다. 주후 6년 호적이 로마의 방식으로 유대에서 수행되었을 때 불만과 무질서가 초래되었다. 그러나 초기의 호적은 매우 분명하게 외국의 방식이 아니었기 때문에 백성의 적대감을 일으키지 않았다.

 호적의 복잡한 문제에 관한 우리의 취급은 가장 피상적인 종류에 속했다. 그러나 일반적인 연구에 기초하여 우리가 누가복음과 사도행전의 진정성을 높이 평가하고 특히 유아기 부분의 진정성을 높이 평가한다면 호적에 관한 어려움이 호의적인 평가를 뒤집어야 할 어떤 정당한 근거도 제공하지 못한다는 사실을 보여 주기에는 충분했다.

 고향"(눅 2:3)에 갔다고만 말한다. 베들레헴이 요셉 "자신의 고향"이었던 이유는 그것이 그의 조상의 동네였던 것이다(4절). 그러나 모든 다른 경우에 사람이 속한 동네, 호적의 장소가 같은 방식으로 결정되었다는 것은 언급되지 않고 있다.

제11장

탄생 이야기들과 신약의 관계

앞장에서 두 유아기 이야기와 세속 역사 사이에 모순이 없다는 것이 주장되었다.

그러나 신약의 나머지 부분들과의 관계에 관하여 무엇이 언급되어야 할까?

그런 질문은 지금 약간 신중하게 조사되어야 한다. 예수님 당시 사람들의 태도, 즉 예수님의 지상 생애 기간에 그분과 접촉했던 사람들의 태도에 관하여 복음서가 우리에게 배우도록 허용한 것에서 시작하는 것이 편리할 것이다.

그런 태도는 마태복음과 누가복음의 첫 두 장의 역사성을 배제하는 것과 같았는가?

이와 관련하여 복음서에 따라서 예수님의 공생애 기간에 팔레스타인 사람들 사이에서 그리스도의 동정녀 탄생에 관한 일반적 지식이 없었다는 것이 자유롭게 인정될 것이다. 예를 들어, 나사렛 사람들은 "이는 그 목수의 아들이 아니냐?"라고 예수님에 관하여 말한 것으로 마태복음 13:55에 묘사되었고, 누가복음 4:22에도 비슷하게 묘사되었다.

분명히 예수님은 일반적으로 요셉의 아들로 인정되었다.

그래서 어떻다는 것인가?

확실히 요셉과 마리아는 사건의 본질상 증명될 수 없었기에 예수님의 주장이 어느정도 뚜렷한 방법으로 입증될 때까지 의심과 비방을 몰고 올 사건에 대해 공개적으로 언급하지 않았을 것이다. 누가복음 1-2장 및 마태복음 1-2장에는 초자연적 잉태의 이야기가 목자들, 박사들, 시므온에게 요셉이나 마리아에 의하여 언급된 것을 보여주는 최소한의 증거도 없다. 참으로 마리아가 친족 엘리사벳에게 털어놓았다는 것이 불가능하지는 않았다는 것을 우리는 발견했다.

누가복음 1:42-45의 인사가 엘리사벳의 입장에서 마리아의 수태 사실 및 약혼과는 구별된 것으로 요셉과 마리아의 결혼이 아직 이루어지지 않았다는 것을 엘리사벳이 알고 있었다면, 마리아는 그렇게 해야 했음에 틀림없다고 추측된다. 그러나 마리아가 천사에 의하여 엘리사벳에 대해 암시적으로 전해듣고 그렇게 신뢰하는 것과 그녀의 이상한 경험을 일반적으로 공표하는 것은 매우 다르다. 그리고 마리아가 그녀에 말한 것을 다른 사람에게 말함으로써 엘리사벳이 마리아의 신뢰를 배신했다고 추측할 최소한의 이유도 없다. 더욱이 엘리사벳과 사가랴는 세례 요한이 태어났을 당시에 둘 다 나이가 들었다. 그들은 아마도 계속해서 오래 살지는 않았을 것이다.

그러므로 많은 이유로 동정녀 탄생의 이야기가 그들의 당사자에 의하여 알려졌다는 것은 불가능하다. 그녀 자신에 관하여, 적어도 누가 이야기의 함축은 그녀의 조용하고 명상적인 방법으로 그녀가 마음에 간직한 놀라운 비밀을 지켰다는 것이다. 그러므로 동정녀 탄생이 하나의 사실일지라도, 공생애 사역 기간에 예수님의 동시대 사람들이 그것에 관한 어떤 지식을 가져야 할 이유가 아무 것도 없다. 그러므로 복음서에 의하여 입증된 그들의 무지는 유아기 이야기의 역사성에 반대하는 주장을 전혀 제공하지 않는다.

비슷한 고찰은 또한 예수님의 형제들의 경우에도 타당하다. 요한복음서에서 우리는 최소한 공생애 어느 시기에 예수님의 형제들이 예수님을 믿지 않았다고 분명히 들었다. 그리고 그들의 태도에 관한 이 일반적인 묘사는 전체적으로 공관복음에 드물게 제시되는 그것들에 관한 언급으로 확인되었다. 만약, 예수님의 형제들의 입장에서 그들이 동정녀 탄생을 알고 있었다면 그러한 태도는 아마도 거의 있을법 하지 않았을 것이고, 상상컨데 그들이 그것에 대해 들었다 해도 그들은 그 이야기를 믿지 않았을 것이다.

그러나 요셉이나 마리아가 그 놀라운 사건에 관하여 그들에게 말했을 가능성이 있을까?

이 질문은 확실히 부정적으로 대답되어야 한다. 만약, 듣지 못한 어떤 사람이 있었다면 그것은 바로 예수님의 동생들이었을 것이다. 확실히 마리아가 놀랍고 믿을 수 없는 사건에 관한 지식을 처리하는 방식은 조금의 실수도 없는 방법으로 하나님에 의하여 그분의 아들의 고상한 운명이 계시될 때까지 비밀로 간직하고 있는 것이었다.

마리아 자신이 동정녀 탄생에 대한 무지를 보여줬다면, 물론 그 사건은 달라졌을 것이다.[1] 왜냐하면 동정녀 탄생이 사실이었다면 그녀는 적어도 그것을 모를리 없기 때문이다. 마리아의 편에서 이 같은 무지는 마가복음 3:21, 31에서 많은 학자들에 의하여 발견되었다. 마가복음 3:21에서 예수님의 친족들은 "그를 붙들러 나오니 이는 그가 미쳤다 함일러라"고 언급하였다.[2] '그의 친족'이라고 영어성경에 번역된 표현은 실제로 번역하기 힘들다. 그것은 '그의 가정에서 온 자들,' '그의 백성,' '그와 연관된 자들'을 의미한다. 마가복음 3:31에서 그것은 "그 때에 예수의 어머니와 동생들이 와서 밖에 서서 사람을 보내어 예수를 부르니"라고 언급되었다. 만약, 이전 구절이 마가복음 3:31에 의하여 해석된다면 21절에서 그를 미친 자로 생각한 자들이 그의 어머니와 그의 형제들임이 드러난다.[3]

그러나 그녀가 그분이 엄청난 기적에 의하여 세상에 오셨다는 것을 알았다면 어떻게 그의 어머니가 그분을 미쳤다고 생각할 수 있었을까?

그러므로 이 구절은 마리아가 동정녀 탄생을 알지 못했음을 분명히 보

---

1 요셉은 공생애를 보지 않았고, 추측건대 공생애 시작 전에 죽었을 것이다.

2 οι παρ' αυτου.

3 οτι εξεστη.

여 준다고 말한다. 물론, 그런 사실은 동정녀 탄생이 일어나지 않았음을 보여 준다.[4]

동정녀 탄생을 반대하는 어떤 주장들도 이것보다 더 지속적으로 사용된 적은 없다. 그러나 아직 좀 더 신중히 연구해 보면 그 주장은 대단히 약해 보인다. 그 안에 있는 모든 단계는 의심스럽다.

첫째, 마가복음 3:21의 '그의 백성'이나 '그의 친족'이 의미하는 자들이 의심스럽다.

그 표현은 차라리 일반적인 사람들을 가리키는 것이다. 그것이 예수님과 같은 지붕 아래 산 자들만을 가리킨다는 것은 분명하지 않다.

둘째, 21절이 31절에 의하여 해석되어야 하는지는 매우 의심스럽다. 즉 31절에서 그분을 찾는 '그의 어머니와 동생들'이 21절에서 그분이 미쳤다고 생각하는 자들과 똑같은 사람으로 묘사된 것인지 의심스럽다.

상당히 긴 인용구가 두 구절 사이에 끼어 있는데 그 구절은 21절에 언급된 자들과 31절에 언급된 자들과 매우 구별된 부류의 사람들의 태도를 논의했다.

예루살렘에서 내려온 서기관들의 태도를 논의하기 위해 돌아선 저자가 21절에서 멈춘 요점을 정확히 31절에서 재론하려 했다는 표시가 어디 있는가?[5]

실제로 이런 취지의 표시는 전혀 분명하지 않다.

우리는 거의 반대의 암시가 있다는 것을 주장할 수 있을 것이다. 저자가 그만두려 했던 지점으로 되돌아가는 것을 의도했다면 그런 의사를 표현해야 했을 것이다. 그리고 31절에서 처음인 것처럼 이야기에 소개된 예수님의 어머니와 형제들이 여러 면에서 21절에 언급된 '그분의 백성'이나 '그분의 친족들'과 같은 사람들임을 가리켜야 했다고 우리는 주

---

4 특히 Clemen, *Religionsgeschichtliche Erklaerung des Neuen Testaments*, 2te Aufl, 1924, 114의 각주 7에 언급된 최근의 토론에 관한 설명을 보라.

5 막 3:22-30.

장할 것이다.

만약, 동일한 사람들을 의미했다면 왜 이 같이 다른 용어를 사용했는가? 물론, 31절의 용어는 이어지는 예수님의 말씀으로 고정되었다.

그러나 왜 같은 용어가 21절에서 사용되지 않았을까?

아마도 그것은 두 경우에 용서가 전승에서 별도로 진술될 시점에 고정된 것으로서, 사건들이 복음서에 결합되었을 때 원래의 용어가 남도록 허락된 것으로 언급될 수 있을 것이다. 그런 추측은 충분히 가능하다.

그러나 그러면 우리는 하나의 사건을 다른 사건에 의하여 해석하도록 할 무슨 권리가 있는가?

한 사건에 언급된 사람과 (다른 용어로 표현된) 다른 사건에 언급된 사람과 동일시하는 것을 복음서 기록자가 의미했다는 어떤 증거가 있는가? 우리는 이 같은 어떤 증거가 발견될 수 있다고 생각하지 않는다.

그러므로 21절에 언급된 사람들이 넓은 의미에서 그분과 연관된 자들이 아니라 예수님과 함께 살았던 가족의 구성원일지라도, 31절이 21절에서 명명된 바로 그 가족들과 그 가족의 특별한 일원들만을 언급한다는 것은 분명하지 않다. 21절에 따르면 예수님을 미쳤다고 생각한 사람들은 그러므로 그분의 어머니를 포함하지 않은 그분의 형제들이었을 것이다.

31-35절에서 예수님의 어머니 편에서 예수님을 향한 어떤 비공감적인 태도가 암시되어 있지 않고 예수님의 입장에서 그녀를 향한 비공감적인 태도가 전혀 암시되어 있지 않다는 것이 주목되어야 한다. 그분의 어머니와 그분의 형제들은 그분을 찾는다고 묘사되었고 이것이 적대적인 방법으로 행했다는 것은 확실하게 언급되지 않았다.

그리고 "나의 모친과 나의 형제들을 보라"는 예수님의 발언이 그분이 살았던 가족 범위와 그분의 관계를 손상시키는 것으로 받아들인다면 심하게 오해하는 것이다. 그분의 형제들과 자매들과 어머니와 그분을 연합시키는 것과 같은 정도로 제자들과 그분을 연합시킨 끈을 둠으로써 우리 주님은 전자의 관계를 저하시키지 않고 영광스럽게 높였다.

마지막으로, 그분이 미쳤다고 말한 자들과 마리아가 함께 있었다는 가정을 받아들인다고 해도(우리가 전혀 인정하지 않는 사실이지만) 그런 사실이 마리아가 동정녀 탄생의 기적을 몰랐다는 사실과 연관될 수 있는 것인가?

우리는 그것이 그럴는지 매우 의심하고 있다. 마리아의 믿음이 심각한 시련으로 고통당했음은 기억되어야 한다. 예수님은 성령에 의하여 잉태되어 영원히 다윗의 왕위를 차지하도록 운명 지어진 자로 기대한 삶을 살지 않았다.

아주 오랫동안 기대된 영광의 분출 없이 조용히 지냈다. 그리고 지금 반대와 고통만 기다리는 일종의 공생애 사역을 시작했다.

마리아는 그녀가 목격했던 것에 의해 괴로워하고 있다고 누가 생각하겠는가?

그녀의 당혹감은 예수님의 탄생 기적을 알고 있었기 때문에 더 컸을 것이다.

그녀가 그 첫 영광스런 날에 기대했던 것과 실제 세월이 가져다 준 결과 사이의 차이는 얼마나 클까!

그녀가 믿음을 상실했으리라는 것은 정말로 불가능하다. 예수님이 미쳤다고 그녀의 아들에 관하여 말한 자들에게 그녀가 실제로 동의할리 없을 것이다. 그러나 무리들이 예수님을 미친 사람으로 간주하여 예수님께서 행하시는 일을 중단시키려고 했을 때 그녀도 조용히 그들과 함께 있었다는 것이 전적으로 불가능 한 것은 아니었다.

틀림없이 마리아는 그들이 알지 못한 것을 알고 있었기 때문에 그들의 생각과는 매우 달랐다. 그러나 그녀는 당혹감에 예수님께서 다른 활동을 하기를 원했을 것이다. 그녀의 아들의 엄청난 운명과 탄생의 기적에도 불구하고 누가복음 2:51에서 주님께서 그분의 지상의 부모에게 순종해 온 기간 동안 그녀가 그분의 권위 위에 있었다는 것을 기억해야 한다.

그녀의 편에서 모든 안내를 이제 중단하는 것이 하나님의 뜻이었는가?

아마도 몇몇 현대 학자들이 그랬으리라고 생각한 것과 달리 그녀에게는 아주 분명하지 않았을 것이다.

그렇지만 우리가 방금 말한 것은 단순히 주장을 위하여 언급되었다. 비록 마리아가 의심할 여지없이 조용하게 예수님께서 미쳤다고 말하는 자들과 약간 동조했더라도 그런 것이 그녀의 편에서 그분의 탄생의 기적에 대해 알고 있다는 사실을 배제하지 않았을 것이다. 그러나 실제로 그녀가 그들과 전적으로 동조했다는 증거도 전혀 없다. 그러므로 단지 가장 모험적인 이유에 의해서만 마가복음 제3장이 그리스도의 동정녀 탄생에 반대하는 주장을 한다는 것이다. 타당하게 해석한다면 그 구절은 마태와 누가의 탄생 이야기의 역사성과 아주 일치한다.

복음서들이 예수님 당시 사람들의 태도에 관해 제공하는 암시들에 대해 하나의 유사한 견해가 있을 것이다. 사실, 요한복음 1:31은 세례 요한이 예수님에 관하여 말한 것으로 대표된다.

> 나도 그를 알지 못하였으나 내가 와서 물로 세례를 베푸는 것은 그를 이스라엘에 나타내려 함이라 하니라 (요 1:31).

이 말씀은 종종 누가복음 1장과 모순되는 것으로 생각되었다. 만약, 누가복음 1장에 언급된 대로 실제로 그가 그분과 친족이었다면, 그리고 두 아이가 일련의 놀라운 사건으로 매우 밀접하게 서로 연결되었다면, 어떻게 세례 요한이 예수님을 모를 수 있었을까?

그러나 이 반대는 극복될 수 없는 것이 아니다. 사가랴와 엘리사벳은 분명히 요한이 태어났을 당시에 나이 들었다고 누가복음 1:7에 언급되었다. 그들의 아이가 성년이 되기 전에 그들이 죽었다는 것은 불가능하지 않다. 약 30년이 지난 후에 예수님이 세례를 받으셨다. 요한과 예수님이 그 당시에 잘 접촉했다고 추측하는 것은 불필요하다.

더욱이 요한복음 1:31에서 "나는 그를 알지 못했다"는 문장에서 '알았다'는 동사가 안면이 있다는 일반적 의미로 사용되었는지는 분명하지 않다. 그것은 어쩌면 요한이 개인적으로 예수님을 알았더라도, 그리고 심지어 그가 그분을 약속된 메시아로 알았더라도 부족했을지 모를 근본적인 통찰력이라는 의미로 사용되었을 것이다. 그 구절은 어쩌면 하나님의 마음에 있는 것같이 그 사역의 진정한 목적과 세례사역의 완전한 의미에 대한 요한의 부족한 이해를 단지 대조하기 위해서 의도했을 것이다. 하여튼, 그 구절은 확실히 무거운 것을 의미하지 않았을 것이다. 누가복음 1장에서 제시된 대로 요한과 예수님 사이의 관계에 모순이 없는 방식으로 이해하는 것은 완전히 가능하다.

마태복음 11:3과 누가복음 7:19의 "오실 이가 당신이니까 아니면 우리가 다른 이를 기다려야 하리까?"라는 요한의 질문에 대해서는 이와 유사한 결론에 분명히 도달해야 한다. 누가복음 1:39-56에 언급된 사건이 그 자신의 가정에서 일어났다면 요한이 예수님의 메시아적 선교를 의심했으리라는 것은 놀랍게 보일 것이다. 그러나 어려움은 우리가 방금 예증한 것들과 비슷한 고찰들에 의하여 감소되었다.

누가복음 1장에서 제시된 방식으로 일어났더라도 그 놀라운 사건들이 얼마나 많이 요한에게 알려졌을까?

우리는 분명하게 말할 수 없다. 하여튼, 요한의 당혹스런 질문에서 나온 주장은 유아기 이야기에 대한 것만큼 마태복음 3:17과 요한복음 1:32-34에 있는 예수님의 세례 사건에 방해가 된다. 만약, 세례 요한이 정말로 예수님의 세례에서 열린 하늘을 보았고, 하늘의 소리를 들었다면, 마태복음 11:3과 누가복음 7:19에서 그의 의심하는 질문은 언뜻 보아서 불가능하게 보인다. 그러나 하나의 조금만 더생각해 보면 이러한 반대는 줄어들 것이다. 틀림없이 예수님에 관한 요한의 기대가 (그가 누가복음 1장에 기록된 것에 의해서 그리고 세례 사건에 의해서도) 매우 높았기 때문에 그는 예수님의 낯설고 막연한 사역의 특성에 당혹했다.

그는 당황해서 그가 마태복음과 누가복음에 기록된 질문으로 해답을 찾으려 하지 않았으리라고 누가 말할 수 있는가?

그렇지만 하나의 다른 관점은 우리가 우리 주제의 현재 단계를 떠나기 전에 언급될만하다. 그것은 아마도 동정녀 탄생의 반대자에게서 다른 주장에 비해 상대적으로 큰 주목을 받지 못했다. 우리가 언급하는 요점은 나사렛 사람들의 태도, 그분의 탄생의 정당성에 대한 그들의 태도를 반영하면서 일반적으로 예수님의 반대자들의 태도에 관계된 것이다. 우리가 판단할 수 있는 한 그런 태도는 예수님이 요셉과 마리아의 아들이었다는 견해를 완전히 묵인하였다.

우리는 이미 동정녀 탄생 이야기에 관한 어떤 가능한 지식이 관계되는 한 이 묵인을 고려했다. 그런 이야기가 진실이었더라도 동정녀 탄생의 이야기를 들었다는 것은 예수님과 동시대의 사람들에게 아주 부자연스러웠을 것이다. 그러므로 그 이야기에 관한 그들의 무지는 그것이 거짓이었음을 전혀 보여 주지 않는다.

그러나 여기서 우리는 약간 다른 각도로 그 문제를 고려하고 있다.

그들이 마태와 누가의 유아기 이야기에 기록된 대로 예수님의 탄생과 관련된 사건들에 관하여 생각해보자.

우리의 현재의 요점은 그런 사건들이 동정녀 탄생의 일반적인 믿음을 불러일으킨다는 것이 아니라 반대로 그것들은 비방을 불러 일으킨다는 것이다. 만약, 마리아의 수태가 실제로 요셉과 결혼하기 3개월 전에 일어났다면 정상적인 관찰자의 관점에서 그 탄생은 너무 일렀을 것이다.

그리고 탄생이 일렀다면 비방이 초래되지 않았겠는가?

만일 비방이 초래되었다면 그것은 신랄한 예수님의 적들에 의해서 예수님의 공생애 동안 재현되지 않았겠는가?

만일 비방이 예수님의 적들에 의하여 재현되었다면 다른 공격들처럼 복음서들에 기록되지 않았을까?

그러나 실제로 예수님의 탄생에 대한 어떤 비방이 재현되었다는 암시는 복음서에 없으며 오히려 불신자들의 반대는 목수인 요셉의 아이로서 그분의 탄생의 초라함에 초점을 맞춘다.

그렇다고 해서 우리는 그 같은 비방의 명백한 근거조차 없으며, 따라서 누가복음 1-2장과 마태복음 1-2장에 이야기 되고 있는, 당연히 비방을 불러 일으켜야 했던 예수님의 동정녀 탄생까지 비역사적이라고 추측해야 하는가?

다른 말로 마태복음과 누가복음에서 탄생 이야기에 있는 그 기사(story)가 사실이라면, 비방이 없으니 예수님의 실제적인 불법적 탄생도 없다는 고찰과 동일한 맥락에서 예수님의 탄생과 같은 외견상 불법적 탄생을 배제해야 한다는 것인가?

이러한 고려들이 중요성하지 않는 것이 아니다. 그러나 이것들은 실제로 동정녀 탄생의 이야기를 불신하기 때문이 아니라 우리에게 건전한 의미에서 우리의 지식의 한계를 일깨워주기 때문에 중요하다.

누가복음 1장에 근거하여 우리는 마리아 수태가 그녀의 엘리사벳 방문 여행 전에 일어났다고 추측해야 하는가?

그 질문에 대한 적합한 대답은 아마도 전적으로 확실하지 않다. 참으로 긍정적인 대답을 매우 가능하게 하는 여러 고려 사항들이 있다.

수태고지가 주어진 후 즉시 잉태가 일어났다고 추측하는 것은 수태고지의 전체적인 성격의 관점에서 그 자체로 보다 자연스럽게 보인다. 누가복음 1:42-45에 있는 마리아에 대한 엘리사벳의 인사는 그녀 자신의 아이가 그녀의 태중에 있는 것처럼 그 아이가 이미 마리아의 태중에 있는 것 같이 보인다. 결국 요셉의 어려움은 마리아의 임신이 결혼 전에 얼마동안 지속되었다면 아마도 가장 잘 설명된다. 이 고찰들 중 처음 두 개는 마리아의 엘리사벳 방문 후가 아닌 방문 전에 결혼이 있은 것으로 우리가 상상했다면 만족되었을 것이다. 그런 경우에 잉태는 수태고지 후 즉시 엘리사벳의 인사보다 앞서서 일어났겠지만 명백히 조산은 아니다. 그러나 세 고찰 중 마지막은 명백한 조산을 매우 가능하게 하는 것으로 보인다.

마리아의 상황 때문에 요셉이 경험한 당혹감은 그녀의 임신이 결혼 전에 얼마간 지속되었다는 것을 암시하는 것으로 보인다. 그렇더라도 결혼 후 6개월 만의 출생이 필연적으로 비방을 일으켰다는 것은 분명하지 않다. 누가의 이야기에 따르면 그 탄생은 나사렛으로부터 먼 장소에서 일어났는데 여기에서 그 어머니는 사람들의 이목을 피할수 있었다는 것이 기억되어야 한다. 나사렛부터 베들레헴까지의 여행에 얼마나 시간이 걸렸는지 우리는 알지 못한다. 더욱이 가족들은 출생 후 몇 년이 지나 나사렛에 돌아오게 되었을 것이다.

그러면 (명백하게) 조산한 출생 시간이 알려졌을까?

그러나 우리가 결국 기억할 필요가 있는 것은 요셉이 그의 아들로 예수님을 인정했다는 것이다. 거기에서 비방에 대한 실제적인 방벽이 발견되는 것이다.

만약, 요셉이 정말로 마태복음 1:19에 언급된 것처럼 '의로운' 사람이었다면 그의 성격이 알려졌을 것이고 아이에 대한 그의 인정은 비방의 가능성을 모두 막았을 것이다. 또한 초기에 비방의 기회를 찾아야 할 특별한 이유도 없었을 것이다. 왜냐하면 그 당시에 요셉과 마리아는 우리가 모두 아는대로 나사렛 주민에게 좋은 평판을 받았기 때문이다. 그리고 요셉과 마리아의 아들로서 예수님의 탄생을 30년간 인정한 후에 나중에 비방의 근거를 찾기에는 너무 늦었을 것이다.

다른 면에서 요셉이 그의 아내와 너무 이른 결합으로 마리아를 비방의 가능성에 노출시키려 하지 않았을 것이라고 우리는 주장한다. 그러나 요셉과 마리아의 품위 있는 행위로 비방이 피해질 수 있는 한, 비방의 가능성이 자연히 피해질 수 있다고 말하는 것과 비방의 가능성이 하나님의 신비스러운 행위에 의해서 일어날 때 그 가능성은 반드시 현실화된다고 말하는 것은 전혀 다른 것이다. 그러므로 인정받을 수 있는 최선은 그리스도의 동정녀 탄생이 사실이라면 비방의 '위험'을 감수해야 한다는 것이다. 그것이 비방의 '확실성'을 포함한다고 말하는 것은 사실이 아니다. 그러나 그것이 비방의 확실성을 포함하지 않는다 해도 게다가 더욱 분명하게 그것이 비방의 가능성까지도 포함하지 않는다 해도 비방의 결여가 동정녀 탄생이 사실이 아니었음을 전혀 증명하지 못한다.

따라서 우리는 뚜렷한 모순의 두려움이 없이 공생애 기간에 복음서에 기록된 예수님 당시 사람들의 태도가 탄생 이야기의 진리와 일치한다고 주장할 수 있다.

그러나 저자들 자신의 태도는 어떤가?

복음서의 저자들은 마태복음과 누가복음의 첫 두 장에 기록된 놀라운 사건들을 인정하거나 부정하는가?

특히 그들은 베들레헴에서 탄생했고 성령으로 마리아가 수태했다는 주장을 인정하거나 부정하는가?

첫째와 셋째 복음서의 경우에 이러한 질문은 그런 복음서들의 첫 두 장이 실제로 그 책의 원래 형태에 속했다고 우리가 증명했을 때 이미 대답되었다. 만약, 그 저자들이 마태복음 1-2장과 누가복음 1-2장을 그들의 책에 실제로 포함했다면, 그들은 이 장들의 내용이 사실이라고 주장한 것이다. 여전히 주장될만한 최선은 그들 작품 전체에서 그들이 그들의 자료로 발견한 요소들을 부주의하게 보유했다는 것인데, 그것들은 베들레헴에서 초자연적 잉태의 탄생이 최종 저자 자신들의 주장이라는 견해에 반대된다. 그러나 이런 주장은 성립될 수 없다. 마태와 누가가 그들 책의 3장에서 끝까지 동정녀 탄생을 언급하지 않은 것은 (눅 3:23에서 족보와 연관하여 '사람들이 아는 대로는'을 제외하고) 사실이다. 그러나 이 사실은 전혀 의미가 없다.

왜 그들은 이미 분명하게 적당한 곳에서 충분히 언급된 일을 되풀이해서 언급해야 하는가?

그리고 그들이 "이는 요셉의 아들이 아니냐? 또는 이는 목수의 아들이 아니냐?"는 나사렛 거주자의 말을 고치지 않고 남겨 놓았을 때 그들의 행동은 예수님의 공생애 동안 만연한 상황을 충실히 보도하고 있음을 보여 준다. 그것은 그들 자신의 편에서나 그들 자료의 편에서 동정녀 탄생의 사실에 관한 어떤 무지도 전혀 보여 주지 않는다.

매우 많은 것이 마태복음과 누가복음에 대하여 언급될 수 있다.

그러나 마가복음과 요한복음의 경우는 어떤가?

다른 두 공관복음과 다르게 마가복음은 우리 주님의 동정녀 탄생 기사가 없다. 여러 현대 학자들은 그런 사실을 이용했다. 그러나 침묵의 주장은 더 무모하게 사용되지 않았다. 확실히 마가복음은 동정녀 탄생의 기사가 없다. 그러나 그것이 예수님 탄생 기사를 담고 있지 않다는 사실은 그것이 그 책의 목적과 계획에 어긋난다는 것이다. 이 복음서는 예수님에 관한 세부사항을 자세히 제공하려는 것이 아니라, 오히려 대부분 공적 관찰의 문제였던 사건을 회상하여 강력한 인상을 주려했다. 그 책의 전형적인 내용은 첫 장에서 이 같은 생생함으로 묘사된 가버나움 회당의 모습이다.

마가복음의 독자들은 마태복음에서처럼 예수님의 발에 조용히 앉아서 그분으로부터 많은 설교를 듣거나 대부분 사건의 본질상 한 사람이나 두 사람에 의해서만 증명될 수 있었던 것들을 듣도록 요구받지 않았다.

그러나 그들은 먼저 회당에서 낯설고 새로운 가르침을 듣고 능력의 역사를 본 자들의 놀라움을 공유하도록 요구받는다. 우리는 이 자료의 선택이 어떤 현학적인 배타적 방법으로 수행되는 것을 의미하지 않는다. 그러나 여전히 그 복음이 전체적으로 수용되었을 때 예수님은 듣고 보기를 원하는 모든 자들에게 권위적인 말씀과 강력한 행위의 인상을 남기신 강력하신 분으로 여기에 먼저 나타나신다. 이 같은 복음서에서 우리 주님의 탄생과 유아기의 자세한 이야기는 확실히 필요하지 않았다.

이런 것들이 둘째 복음서의 저자가 동정녀 탄생을 공생애 사역의 사건들보다 덜 중요한 것으로 간주했다는 것을 의미하는 것은 아니다. 들어야 할 필요가 있는 가장 중요한 것이 항상 우선적인 것은 아니다. 그리고 마가는 특히 우선적인 것에 관심을 갖는 것으로 보인다. 그는 독자들이 보다 자세하게 의심 없이 동일하게 중요한 가르침에 나아가도록 하기 위하여, 이 책에서 먼저 예수님 인격의 위엄에 대한 첫 인상이 독자들의 마음에 심겨지기를 원한다.

또한 방금 진술한 한 가지에 더하여 둘째 복음서의 자료 선택과 특히 동정녀 탄생의 생략을 결정한 또 하나의 이유가 있다. 우리는 그의 정보 제공자가 목격자로서 증거할 수 있었던 이런 것만 유일하게 또는 중요하게 진술하려는 저자의 바람을 언급했다. 파피아스가 2세기 초엽에 '그 장로'로부터 받은 정보에 따르면 마가복음은 베드로의 가르침을 포함한다.[6] 그러므로 베드로가 개인적 관찰을 기초로 증거할 수 있었던 것들을 이 복음서가 거의 독점적으로 포함할 수 있었다는 것은 부자연스럽지 않다. 물론, 이러한 자료에 예수님의 탄생과 유아기와 관련된 사건들은 포함되지 않았다.

한 가지 관점에서 마가복음은 종종 동정녀 탄생에 대한 지식을 실제

---

6 Eusebius, *hist. eccl.*, III. xxxix. 15.

로 보여준 것으로 생각되었다. 말하자면, 마태의 "이는 목수의 아들이 아니냐?"와 누가의 "이는 요셉의 아들이 아니냐?"와 관련된 마가복음 6:3에서 마가는 단순히 "이는 목수가 아니냐?"라고 읽는다.

둘째 복음서는 여기서 의도적으로 예수님이 요셉의 아들로 불리는 것을 피하고 있는가?

마가가 실제로 그랬을 것이라는 추측이 종종 제기된다.

마태복음과 누가복음은 예수님을 요셉의 아들로 만든 나사렛 거민들의 말을 보고할 수 있었다고 언급된다. 왜냐하면 그들의 경우 모든 오해의 두려움은 그들이 복음서의 초두에 배치한 동정녀 탄생의 분명한 이야기에 의하여 제거되었기 때문이다. 그러나 마가는 예수님의 탄생을 이야기하려는 계획이 없었기 때문에 이 같은 안전장치를 전혀 갖고 있지 않았다. 그러므로 독자들이 예수님을 실제로 요셉의 아들인 것으로 추측할 가능성을 피하기 위하여, 또한 (모든 공관복음의 형식과 상반될 수 있는) 나사렛 거민의 언급을 그 자신의 이름으로 바로잡는 서투름을 피하기 위하여, 그는 "이는 목수의 아들이 아니냐?"는 무례한 말 대신에 "이는 목수가 아니냐?"라는 말로 단순하게 대치했다.

이런 견해는 둘째 복음서의 저자의 편에서 어떤 거짓을 필연적으로 의미하지 않았을 것이다. 의심할 여지없이 나사렛 거민의 말은 많은 다른 형태로 거민들 자신에 의하여 표현되었을 것이다. 그들이 "이는 목수의 아들이 아니냐?"와 마찬가지로 "이는 목수가 아니냐?"라고 말했으리라는 것은 아주 자연스럽다. 그리고 틀림없이 마가의 정보 제공자 베드로는 두 형태의 질문을 들었을 것이다. 그러므로 복음서의 저자가 그의 설명을 보고하기 위해서 독자들의 마음에 오해되지 않도록 두 형태 중 하나를 선택한 것은 허용될 만 했을 것이다.

그러나 방금 논의된 마가복음 6:3의 견해-요셉에 관한 어떤 언급 중 의도적인 저자의 생략으로 간주된 견해-에 대한 결정적인 반론은 없지만 아직 우리는 그것에 특별한 강조를 두려하지 않는다. 명백한 것은 어쨌든 둘째 복음서의 전체적인 계획과 목적이 예수님의 탄생과 유아기에 관한 어떤 이야기도 막은 것이다. 그러므로 동정녀 탄생에 관한 이 복음서의 침묵은 마태와 누가의 탄생 이야기의 진정성에 반대하는 최소한의 논거도 제공하지 않는다.

요한복음은 마가복음과 마찬가지로 일반적으로 그리스도의 동정녀 탄생에 관한 언급을 전혀 포함하지 않은 것으로 주장되었다. 그러나 여기서 다시 생략은-그것이 당분간 실제로 존재한다고 추측하면-전혀 의의가 없다. 넷째 복음서에서 자료선택의 실제적인 열쇠는 요한복음 1:14의 "우리가 그의 영광을 보았다"는 말씀에서 발견된다.

이 말씀들을 단지 '영적인' 또는 비유적 의미로 받아들인다면 그것은 전적으로 이 말씀들을 부당하게 승화시킨 것이다. 일반적으로 신자들의 편에서 그것들을 단지 말씀의 영적 이해를 언급하는 것으로 받아들이도록 하는 것은 저자의 생각에 벗어나는 것이다. 반대로 이 복음서의 근본적인 개념은 "말씀이 육신이 되었다"는 것과 그분이 육신이 되었기 때문에 그분과 함께 살았던 사람들, 저자 자신이 속한 예수님의 원래 제자들이 곁에서 실제로 보고 듣고 만질 수 있었다는 것이다.

정말로 알렉산드리아의 클레멘트가 이 책을 '영적인 복음서'라고 불렀을 때 그것은 정확한 의미이다.[7] 그러나 '영적'이란 말은 어떤 배타적인 의미로 이해되지 않아야 한다. 그 책의 개념은 감성 세계에서 일어난 것들과 대조적으로 영적 생활에 의존하는 것이 아니다. 오히려 그와 반대로 그것은 감성 세계에서 일어난 것들에 적대적인 토대를 둔다는 의미이다. 신약에서 이 책만큼 감성의 명백한 증거를 강조하고 있는 책은 없다. 저자는 성육신하신 말씀의 목격자인 것을 주장하고 거기에 전체적인 책이 근거했다고 주장한다. "말씀이 육신이 되어 '우리가 그 영광을 보니'"라는 말씀은 이 놀라운 복음서의 핵심이고 그 말씀에 대한 해석이 잘못된 경우 그 복음서의 전체적인 의미를 놓치게 된다.

그러나 만약, 그렇다면-책의 목적이 성육신하신 말씀에 의하여 언급되고 행해진 것에 관한 직접적인 개인의 증거를 기록하려 했다면-저자가 주님의 탄생과 유아기의 설명을 포함한 것은 매우 부적절했을 것이

---

7 Eusebius, *hist. eccl.*, VI. xiv. 7.

다. 이런 사건에 관하여 저자는 목격자가 아니었으므로 이런 사건들의 이야기는 이 책에 속하지 않았다.

우리는 넷째 복음서가 저자 자신이 없는 상황에서 일어난 사건들에 관한 기사를 포함한다는 것을 잊지 않아야 한다. 예를 들어, 예수님과 니고데모 그리고 우물가의 여인과의 대화를 이와 연관하여 생각할 수 있다. 그러나 저자가 그러한 사건들-적어도 그 자신의 관찰의 일반적인 범위 안에 있고 그가 스스로 직접적으로 관찰할 수 있는 영향을 가진 사건들-을 포함시킨 것과 그의 증거가 다룰 수 있는 예수님의 생애 기간 밖에 있는 모든 복합적인 사실들을 포함시키는 것은 다른 것이다.

그러므로 모든 경고와 예외에도 불구하고 우리는 우리의 처음 관찰로 새롭게 되돌아오게 된다. 넷째 복음서는 예수님에 관하여 언급될 수 있는 모든 것이 아니라, 오히려 그가 보고 들은 것들에 대한 목격자의 증거를 포함한다. 그는 육신이 되신 말씀의 영광을 그의 눈으로 보고 그의 귀로 듣는 귀중한 특권을 가졌다.

그는 다른 사람들도 자신의 증거를 통해 동일한 특권을 누리고 그를 믿기를 원한다. 이 같은 책에 저자가 영광을 드러내기를 원하는 그분과 접촉하기 오래 전에 일어난 사건들의 이야기는 들어갈 자리가 없었다. 매우 자연스럽게 그 책의 이야기는 예수님의 탄생과 유아기의 기사로 시작하지 않고 저자가 어떻게 세례 요한을 따르기를 멈추고 대신 성육신하신 말씀의 목격자의 길로 들어섰는지에 대한 기사로 시작한다.

그 책이 서문-그 책의 본론이 제시하는 영원한 아들의 성육신한 생명에 필요한 전제조건을 상세하지 않게 간략한 유형으로 다룬 서문-으로 시작한 것이 사실이다.

이 서문에 하나님의 독생자가 세상에 온 특별한 방식에 대한 어떤 언급이 있는가?

다시 말하면 이 서문에 우리 주님의 동정녀 탄생에 대한 언급이 있느냐는 것이다. 이 같은 언급은 요한복음 1:13에서 몇몇 현대 학자들의 다양한 다른 형태의 견해에 의하여 발견된다.[8] 그 구절에서 본문의 많은

---

8 그 중에서도 특히, Th. von Zahn(*Das Evangelium des Johannes*, 1908, 72-77, 700-703)과

우리의 증언은 (모든 헬라어 사본을 포함하여) "그는 (말씀을 받은 자들은) 혈통으로나 육정으로나 사람의 뜻으로 나지 아니하고 오직 하나님께로부터 난 자들이니라"고 읽는다.[9] 그러나 터툴리안의 명백한 증거에 따르면 적어도 복수 대신에 단수를 가진-'난 자들'이나 '그들이 났다'가 아니라 '난 자'나 '그가 났다'는-또 다른 읽기가 일찍이 2세기 초엽에 있었다.

터툴리안 자신에 의하여 애용되고 또한 다른 초기 교부들의 언급에도 발견될 수 있는 이 읽기는 그리스도의 동정녀 탄생에 관하여 참으로 명백한 주장을 포함하곤 했다. 물론, 그 표현을 (평범한 읽기에서 한 것처럼) 신자들에게 적용했을 때 영적인 새로운 탄생을 언급한다. 그러나 그리스도에게 적용했을 때 그들은 이 같은 것을 언급할 수 없었을 것이다. 왜냐하면 이 저자는 단지 죄 때문에 다른 사람에게 필요했던 새로운 탄생을 경험하는 그리스도를 추측하지 않았기 때문이다.

생각건대, 그 표현은 영원하고 성육신 이전의 하나님의 아들의 출생을 언급할 수 있었지만 이 같은 해석은 매우 부자연스러울 수 있었다.

왜 아들의 영원한 출생이 인간적 요소를 배제한 표현-"혈통으로나 육정으로나 사람의 뜻으로 나지 아니하고 오직 하나님께로부터"-으로 제시되어야 했을까?

만약, 이 읽기가 옳다면 저자가 예수님의 경우에 육체적 인간의 부성을 부정하고 가장 분명하게 가능한 방법으로 동정녀 탄생을 주장한 것이 훨씬 그럴듯하고 가능성도 높다.

한 가지 그럴듯한 주장은 아마도 본질적인 가능성을 기초로 이 읽기를 애호하여 성립될 수 있을 것이다. '난 자들'이라는 복수의 읽기는 혼동스러운 여담을 수반하기 때문에 부자연스럽다고 언급된다. 그것은 서문의 실제적인 주제를 형성한 그리스도의 인격의 나타남으로부터 평범한 사람들의 육체적인 출생과 그들이 고상한 의미로 하나님의 자녀가

A. von Harnack(*Neue Untersuchungen zur Apostelgeschichte*, 1911, 103; 영어 번역, *The Date of the Acts and of the Synoptic Gospels*, 1911, 148).

9 οι ουκ εξ αιματων ουδε εκ θεληματος σαρκος ουδε εκ θεληματος ανδρος αλλ' εκ θεου εγεννηθησαν.

되는 새로운 탄생 사이에 정교한 구별로 주의를 전환한다.

저자가 본래 어떤 정교한 설명도 필요하지 않을 만큼 명백한 그와 같은 구별을 이 낯선 장소에서 주장하기 위한 어떤 동기가 있는가?

그러나 그들의 주장대로 만일-그렇게 주장을 한다면-복수 대신에 단수로 읽혀지고, 그 표현이 신자들에게가 아니라 그리스도에게만 적용된다면 모든 것은 분명해진다. 이 구절의 주제는 서언 전체의 주제-1절에 나타난 로고스-와 같은 것이 되었을 것이다.

이러한 논거가 전적으로 옳다고 말하기는 어렵다.

먼저, 13절의 사상은 정상적인 읽기가 옳다면 차라리 요한복음 3:4에서 니고데모의 질문에 대한 예수님의 답변과 밀접한 병행을 발견한다. 니고데모는 "사람이 늙으면 어떻게 날 수 있사옵나이까? 두 번째 모태에 들어갔다가 날 수 있사옵나이까?"라고 물었다.

이에 대한 답으로 예수님은 "육으로 난 것은 육이요 영으로 난 것은 영이니"라고 말씀하신다. 이 과정에서 정상적인 읽기가 채택된다면 우리의 두 본문 사이에, 모든 사람의 자연적이고 육체적인 탄생과 신자들의 영적인 새로운 탄생 사이의 명백한 대조를 볼 수 있다. 그러므로 그런 정상적인 읽기는 동일한 책의 다른 곳에서 나타난 것과의 유추에서 전적으로 벗어나지 않는다.

또한 현재 문맥은 결코 부자연스럽지 않다. 요한복음 1:13에는 두 개의 영역-하늘과 땅-이 대조된다. 그리고 이것은 저자로 하여금 하늘에서 땅으로 로고스의 하강을 14절 상반절에서 말하도록 인도한다. 그 다음에 14절은 13절에서 묘사된 새로운 탄생이 가능하게 되는 수단으로써, 두 영역 사이에 형성된 관계를 묘사한다.[10] 더욱이 다른 읽기는 어려움이 없는 것이 결코 아닐 것이다. 그것은 "말씀이 육신이 되어"라는 다음 구절의 언급에 관한 확실한 예감을 포함하는데 이것은 전혀 자연스럽지 않다. 대부분의 가능한 설명에 따르면 14절의 사건은 이미 11절

---

10 "The New Testament of the Birth of Jesus," in *Princeton Theological Review*, iii, 1905, 660f.를 보라.

과 어쩌면 앞선 구절에서조차 언급된 것은 사실이다.

그러나 단수 읽기가 옳다면 13절은 14절에서 간결한 진술이 이루어지기 전에 자세하게 사건을 묘사하는 잘못된 위치선정의 우를 범한 것이 된다. 그러므로 내재적 개연성은 어느 분명한 방법으로 정상적인 본문을 반대하거나 다른 읽기를 선호한다고 말하지 않는다. 사본의 가능성에 관하여 사람들은 터툴리안이 특별한 부류의 "영적인" 사람들의 교리를 위하여 영지주의자들이 복수 읽기를 만들었다고 비방했을 때, 그가 옳았다고 주장할 것이다.[11] 그러나 약간 강조되어 지적된 것처럼 복수의 읽기는 영지주의자의 가르침에 전혀 적합하지 않다. 왜냐하면 그런 읽기는 모든 신자들이 "영적인" 사람들임을 의미하는 반면, 영지주의자들은 정상적인 기독교인들과 구별된 특수한 계층에만 이 용어를 적용하기 때문이다.

더욱이 단수의 읽기가 영적인 부류의 사람들의 영지주의 교리를 지지하는 모든 가능성을 제거하기 위하여 또는 단순히 그리스도의 동정녀 탄생의 증거를 제공하기 위하여 어떤 필사자에 의하여 소개되었다는 것은 완전히 가능하다. 필사자 편에서 단순히 신자들보다는 그리스도를 위하여 요한복음 1:13이 사용된 것으로 이 같은 언어를 적용하려는 확실한 경향이 있었을 것이다. 필사자에게는 이 언어가 성령의 능력으로 인간의 작용이 없이 나신 그분에 적합한 것처럼 보였을 것이다. 그래서 아마 거짓을 의식하지 않고 신앙적인 의도에서 복수 대신에 단수가 알아채지 않게 안으로 들어오는 것이 허용되었을 것이다.

만약, 복수로 읽혀야 한다면 우리는 아마도 그리스도의 동정녀 탄생에 관한 어떤 언급도 그 구절에서 볼 수 없었을 것이다. 이 같은 언급은 참으로 쟌에 의하여 (그가 단수로 읽어야 한다는 그의 현재의 견해에 이르기 전에) 또한 그뤼츠막허에 의하여 발견되었다.[12] 쟌은 요한이 요한복음

---

11 Tertullian, *de carne Christi*, xix. Zahn, *op. cit.,* 700f.에서 이 인용구에 관한 논의를 보라.
12 Zahn, *Das apostolische Symbolum*, 1893, 62–64; Gruetzmacher, *Die Jungfrauengeburt*, 1906, 13f. 이러한 견해를 일찍이 예견하여, 요 1:13은 (정상적인 읽기로) 그리스도의 동정녀 탄생을 암시한다. J. J. van Oosterzee, *Disputatio theologica de Jesu, e virgine Maria*

1:13 이하에서 주장하는 것은 하나님의 새로운 자녀의 탄생에 해당하는 것이 그리스도의 육체적 탄생에도 해당된다는 것을 의미한다고 주장했다. 그러나 이 같은 해석은 아마도 영적인 영역과 육적인 영역 사이의 혼돈 또는 오히려 의도했다면 아마도 더욱 명백히 드러나도록 했을 그것들 사이의 정교한 평행을 복음서 기록자 탓으로 돌린다.

그러므로 우리는 그리스도의 동정녀 탄생을 위한 증거로서 요한복음 1:13에 어떤 큰 강조도 두지 않는다.[13] 그러나 우리가 집요하게 단언하는 것은 그리스도의 인격과 세상에 들어옴에 관한 넷째 복음서의 견해가 동정녀 탄생의 이야기와 깊게 일치하고 예수님이 육체적인 의미에서 요셉의 아들이라는 견해와 완전히 배치된 것이다. 확실히 이 저자가 이미 마태복음과 누가복음에 나타난 진술을 거절했다고 추측할 최소한의 이유도 없다. 그분의 침묵은 동정녀 탄생을 반대하는 증거로서의 의의가 전혀 없다. 왜냐하면 하나님의 아들이 세상에 들어온 방식의 자세한 이야기는 완전히 그의 책의 범위 밖이기 때문이다.

넷째 복음서의 한 구절이 종종 동정녀 탄생을 반대하는 것이 아니라 베들레헴에서 탄생을 반대하는 증거로 사용되었다는 것은 사실이다. 우리가 언급한 그 구절은 요한복음 7:41 이하에서 발견된다. 여기에서 예루살렘 군중 안에 있는 무리들이 다음과 같이 말하고 있는 것으로 묘사된다.

> 그리스도가 어찌 갈릴리에서 나오겠느냐? 성경에 이르기를 그리스도는 다윗의 씨로 또 다윗이 살던 마을 베들레헴에서 나오리라 하지 아니하였느냐?(요 7:17)

---

nato, 1840, 177-179, 191f., 225f.를 보라.

[13] 동정녀 탄생과 관련된 요 1:13의 전체적인 문제에 관하여, 특히 동정녀 탄생이 복수나 단수 읽기 중 어느 것이 옳은지에 관하여 여기에 언급된다고 생각한, Geerhardus Vos(*The Self-Disclosure of Jesus*, 1926, 210-213)을 보라. 우리는 자신만만한 태도로 그 견해를 거절하는 것이 아니라, 단순히 그것에 대하여 주장될 수 있는 어떤 반대를 지적하려 한다.

우리가 여기서 관심을 갖는 것은 이 구절이 예수님 당시의 사람에 속한다는 태도가 아니다. 비록 예수님께서 베들레헴에서 태어났을지라도, 예루살렘 군중의 어떤 그룹이 갈릴리 출신으로 그분을 불렀으리라는 것은 놀랄 일이 아니다. 결국 주님은 여러 해 동안 나사렛에서 살았다. 베들레헴에서 주님의 탄생은 그것이 사실이었더라도 일반적으로 알려지지 않았고 쉽게 증명될 수 없었다. 만약, 증명되었다고 해도 메시아가 조상의 마을을 떠나서 오랫동안 미천한 갈릴리 마을에서 살았으리라는 것은 여전히 이상하게 생각되었을 것이다. 그러나 우리가 여기서 관심을 갖는 것은 복음서 저자의 태도이다.

만약, 그가 베들레헴의 그리스도 탄생 이야기를 수용했다면, 그의 이야기 안에 이 시점에서 예루살렘에서 무리들의 잘못된 견해를 바로잡고 진실한 사실을 입증할 의무가 있었을까?

이 질문은 종종 긍정적으로 대답되었다. 그러나 그것을 그렇게 대답하는 것은 이 복음서 기록자의 전체적인 방법과 목적에 대한 심각한 오해를 수반한다. 그것은 그리스도의 반대자들의 이야기에 표현된 거짓 견해를 그 자신의 이름으로 교정하기 위하여 사용하는 방법과 일치하지 않는다. 더욱이 베들레헴 탄생을 그가 언급할 필요가 없다. 왜냐하면 그는 공관복음을 보충하여 기록하고 있었고 알려진 이야기를 전제하고 있었기 때문이다. 넷째 복음서가 기록되었을 당시에 베들레헴에서 그리스도의 탄생은 당연한 일이었다. 그리고 이 복음서의 저자가 독자들이 이미 알고 있는 것을 알릴 필요는 없었다.

사도행전에서 이야기에 삽입된 베드로와 바울의 몇몇 변증적이거나 선교적인 설교들도 동정녀 탄생을 언급하지 않았다. 그러나 그런 생략은 의미가 전혀 없다. 동정녀 탄생이 사실일지라도 그것이 적대적이거나 무지한 청중들 앞에서 언급되는 것은 세상에서 가장 부자연스러운 일이었을 것이다. 그리고 그 책의 저자는 그 자신의 언급으로 이 설교들을 보충할 필요가 전혀 없었다. 특히 그가 이미 그의 두 권의 책 중 처음 책에서 분명하게 동정녀 탄생을 언급했기 때문이다.

그러나 바울은 어떤가?

서신서에서 두 구절이 종종 그리스도의 동정녀 탄생에 대한 그의 태도와 관련된 것으로 추측되었다. 이 구절들은 갈라디아서 4:4 이하와 로마서 1:3 이하이다. 갈라디아서 4:4 이하에서 바울은 말한다.

> 때가 차매 하나님이 그 아들을 보내사 여자에게서 나게 하시고 율법 아래에 나게 하신 것은 율법 아래에 있는 자들을 속량하시고 우리로 아들의 명분을 얻게 하려 하심이라(갈 4:4).

이 구절은 때때로 바울이 동정녀 탄생을 믿지 않은 것을 보여 준다고 주장되었고, 때때로 또한 그것을 믿었음을 보여 준다고 주장되었다. 실제로, 두 반대는 어쩌면 틀렸다. 그 구절은 바울이 이 문제에 대해 어떤 신앙을 가지고 있었는지에 대한 결론을 내리도록 우리에게 강요하지 않는다.

만약, 바울이 동정녀 탄생을 수용했다면 그는 이 구절에서 "여자에게서 나게 하시고" 대신에 "동정녀에게 나게 하시고"나 그와 비슷하게 말해야 하지 않을까?

우리는 전혀 그렇게 생각하지 않는다. 그가 이 같은 표현을 사용한다면 오히려 그 구절의 요점을 모호하게 했을 것이기 때문이다. 사도가 여기서 말하고 있는 것은 그리스도의 겸손―그분이 우리의 구속을 위해 떠맡으신바 우리와 같이 되심―이다. 우리와 같이 된 것의 일부는 그분의 인간적 탄생이다. 그러나 "동정녀에게서 나시고"란 단어는 우리와 그리스도의 탄생의 유사성이 아니라 반대로 그분의 탄생이 우리와 다른 점을 강조했을 것이다. 그러므로 이 같은 구절은 사도가 여기서 마음에 담고 있는 전체 생각과 정면으로 비치될 것이다. 확실히 실제 사용된 표현은 마태복음과 누가복음의 예수님 탄생 이야기와 전혀 모순되지 않는다.

신약의 진술에 따르면 잉태는 초자연적이지만 탄생 자체는 자연적이었다는 것을 결코 잊지 않아야 한다. 그러므로 바울이 마태복음과 누가복음의 초기 장들에서 우리에게 말하는 대로 동정녀 탄생을 수용했을지라도, 그리스도가 '여자에게서 나셨다'고 말하는 바울은 충분히 옳았다.

한편, 우리가 바울의 편에서 그리스도의 동정녀 탄생에 대한 믿음에 반대한다는 증거를 이 구절에서 발견할 수 없지만 그것을 찬성한다는 직접적인 증거 역시 발견할 수 없다.

만약, 바울이 동정녀 탄생을 믿지 않았다면, 이 구절에서 인간 어머니와 함께, 또는 인간 어머니 대신에 인간 아버지를 언급해야 하지 않았을까?

우리는 그렇게 생각하지 않으려는 경향이 있다. 언급될 수 있는 모든 것은 실제로 이 구절에서 뿐만 아니라 바울 서신의 다른 곳에서도 예수님의 인간 아버지를 언급하지 않은 것이다. 인간 아버지에 관한 이 침묵은 의미가 있을 수도 있고 없을 수도 있다. 그러나 우리는 그것이 동정녀 탄생에 관한 침묵과 꼭 마찬가지로 의미가 있을 수 있다고 주장할 준비가 되어있다.

우리는 확실히 침묵에서 나오는 주장을 사용하도록 우리 편에서 노력하지는 않는다. 그러나 우리가 말하려고 준비하는 것은 그것이 전적으로 사용되어야 한다면 그것이 단순히 일방적으로 사용되지 않아야 한다는 것이다. 종종 같은 관계에서 언급되는 바울의 다른 구절은 다음과 같이 읽는 로마서 1:3 이하이다.

> 그의 아들에 관하여 말하면 육신으로는 다윗의 혈통에서 나셨고 성결의 영으로는 죽은 자들 가운데서 부활하사 능력으로 하나님의 아들로 선포되셨으니…(롬 1:3 이하).

이 구절에서 바울이 초자연적 잉태를 믿었다면 탄생과 연결했을 것인데 그렇지 않고 부활과 예수님의 높은 본성을 관련시킨다고 주장된다. 그러나 이 같은 추론은 참으로 매우 비방받기 쉽다.

논증을 위해 바울은 마태와 누가의 유아기 이야기에 나타난 대로 예수님의 탄생에 관하여 정확히 동일한 견해를 수용했다고 가정해 보자. 로마서 1:3 이하에서 이 같은 견해와 모순된 것은 무엇인가?

우리는 실제로 거기에 어떤 것이 있다는 것을 전혀 볼 수 없다. 예수님이 "육신으로는 다윗의 혈통에서 나셨다"는 것은 마태복음 1-2장과 누가복음 1-2장에 근거하여 여전히 사실로 남아 있다. 다윗의 자손은 바울에서와 마찬가지로 그들의 유아기 이야기에서 나타나고 우리는 그것이 또한 동일한 이야기에 나타난 동정녀 탄생과 모순되지 않는다고 이미 지적했다. 바울이 '육신으로는'이라고 말할 때 그가 단절되지 않는 육체적 연속성과 다른 의미로서 '육신'이라는 단어를 사용한 것이 분명하다. 그러므로 요셉과 마찬가지로 마리아가 다윗의 한 자손이었는지의 문제는 다윗의 자손과 (바울과 일반적인 의미의 신약에서) 동정녀 탄생을 다 변호하기 바라는 자들에 의하여 한 가지 방법이나 다른 방법으로 대답되어야 할 필요가 없다.

더욱이 예수님께서 육신으로는 다윗의 혈통에서 나셨다는 것이 누가복음 1-2장과 마태복음 1-2장에 근거하여 사실로 남아 있다면 또한 그분이 "죽은 자들 가운데서 부활하사 능력으로 하나님의 아들로 선포되셨다"는 것은 사실로 남아 있다. 누가복음 1:35에 의하면 예수님은 세상에 오시기 전의 삶은 물론 참으로 부활에 앞서서 그리고 지상 생활 처음부터 그분은 하나님의 아들이었다.

그러나 바울은 다른 견해를 주장했는가?

그는 이 구절에서 다른 견해를 나타내는 뜻으로 말하는가?

절대적으로 그는 그렇지 않다. 의심할여지 없이 바울은 예수님의 지상 생활 동안 하나님의 아들임을 믿었다. 그분이 부활을 통해 '능력으로' 하나님의 아들이 되셨다. 그러므로 우리가 '능력으로'라는 단어를 강조하든, 또는 '선포되셨으니'나 '세워졌으니'로 번역될 수 있는 단어를 강조하든지 큰 차이는 없다.[14]

그 구절의 의미가 (그분이 부활 전에 그분의 낮아짐의 상태에서 가졌던 아들됨과 구별되어) "'능력으로' 하나님의 아들의 존재로 세워졌거나"이든, (그분의 지상 생활의 조건에 의하여 사람들에게 숨겨진) '하나님의 아들의 존재로 입증되어,' 또는 하나님의 아들의 존재로 선포되었든, 이 구절과 동정녀 탄생의 이야기 사이에 최소한의 부조화도 없다. 반대의 견해는 우리가

---

14 ὁρισθέντος.

예수님의 세례를 다룬 어떤 현대적인 방법의 경우에 주의했던 성령의 활동과 똑같이 부정확하고 배타적인 방법에 근거한다.[15]

왜 성령은 하나의 방법이 아니라 많은 방법으로 우리 주님과 관련하여 활동했으리라는 것에 바울이 신뢰할 수 없는 것 같았고 왜 그것은 우리도 신뢰할 수 없게 보이는 것일까?

왜 바울은 성령이 마리아의 태의 잉태에서 또한 부활의 강력한 행동에서 역사했다는 것을 믿지 않았을까?

이 질문들은 실제로 대답될 수 없다. 이 구절에서 드러난 부활의 의의와 마태와 누가의 탄생 이야기에 주어진 동정녀 탄생의 기사 사이에는 최소한의 모순도 없다.

바울 서신에서 이러한 개별적인 구절이 바울이 동정녀 탄생을 믿었다는 견해에 대한 찬성이나 반대를 위하여 정당하게 호소될 수 없다.

그러나 바울의 침묵에 관한 일반적 사실은 어떤가?

만약, 바울이 동정녀 탄생을 수용했다면 그는 그것을 그의 서신에 언급할 의무가 있었을까?

우리는 그렇게 생각하지 않는다. 서신에서 바울이 예수님의 지상 생활 사건을 매우 적게 언급했음은 항상 기억되어야 한다. 그리고 아직 그가 몇몇 사건을 언급한 부수적인 방법은 그가 말할 기회를 발견하지 못한 많은 다른 사건들을 알았음을 분명히 보여 준다. 예를 들어, 주의 만찬의 제정은 고린도에서의 남용과 관련하여 언급된 것을 제외하고 결코 언급되지 않았다. 그리고 만약, 그것이 언급되지 않았더라면, 누군가 바울의 침묵으로부터 끌어왔을 추측에 전율했을 것이다. 비슷한 관찰은 바울이 부활하신 그리스도의 출현과 관련하여 고린도전서 15:3 이하에서 보도한 기사에서 찾아볼 수 있었을 것이다.

만약, 교회의 실수라는 돌발사태 때문에 기록된 이 한 구절이 존재하지 않았다면, 현대 학자들은 확실히 그리스도의 부활이 오로지 사도 자신의 증거에 기초하여 바울의 교훈을 수립했다는 추측을 갈라디아서 1

---

15 위의 제2장을 보라.

장에 나타낸 바울의 독립의식으로부터 끌어냈을 것이다. 그리고 아직 베드로와 다른 이의 증거에 대한 호소는 바울이 그의 교회들에게 준 '첫 번째 일'의 일부가 되었을 것으로 보인다.

이러한 예들은 동정녀 탄생에 대한 바울의 태도에 관하여 침묵에 대한 주장을 적용하는 것에 관하여 우리로 하여금 특히 주의하게 한다.

만약, 주의 만찬의 제정과 부활하신 그리스도의 나타남처럼 사도에게 중요한 주제가 서신서 전체에서 각각 한 번만 나타난 것이라면-그것도 인간의 관점에서 오류라는 단순한 돌발사태 때문에-우리가 언급되지 않은 다른 많은 것들에 대해 어떻게 바울이 그것들에 관하여 아무것도 몰랐다는 추측을 끌어낼 수 있는가?

그러므로 바울이 그의 서신에서 동정녀 탄생에 관하여 아무것도 말하지 않았기 때문에 그것에 대하여 아무것도 몰랐다는 것은 전혀 이해될 수 없다.

어쨌든 명백한 것은 동정녀 탄생이 서신서에서 직접적으로 언급되지 않았더라도, 그리스도에 관한 바울의 가르침과 근본적으로 일치한다는 것이다. 바울은 분명히 예수 그리스도를 단순히 그분 앞에 있는 것들의 결과가 아니라 전적으로 새로운 인간의 시작이며 둘째 아담이고 새로운 인류의 창조자로 인정했다.

이 같은 인격이 지상에서 그분의 앞에 존재한 사람들의 평범한 출생으로 나올 수 있었을까?

그분은 평범한 의미에서 인간 아버지를 가질 수 있었을까?

물론, 어떤 이는 있었거나 있지 않았을 것을 말하는 것에 관하여 주의했을 것이다. 그리고 아직 요셉과 마리아의 아들로서 바울 서신의 그리스도를 생각하는 것은 자연적으로 움츠러지는 어떤 부조화를 수반한다. 동정녀 탄생은 명백히 서신서에서 언급되지 않지만, 바울이 주 예수 그리스도를 주장한 전체 견해에 가장 심원한 방식으로 함축된 것으로 보인다.

생각건대 우리는 이러한 고찰로부터 바울이 동정녀 탄생에 대해 알았다기보다 몰랐을 것이라는 주장을 끌어왔을 것이다.

만약, 바울의 교리가 동정녀 탄생과 완전히 일치된다고 언급될 수 있었다면, 왜 그는 그의 교훈과 매우 잘 어울리는 것을 언급하지 않고 왜 그는 자신의 견해에 유익한 지식을 활용하지 않았는가?

이러한 추론은 바울 서신에 관한 현저한 사실—바울이 그리스도의 잉태에 대해 그의 서신에서 주장하지 않는다는 사실—을 무시한다. 다른 것들에 관하여는 논의가 있었지만 적어도 보다 초기의 서신에 이것에 관하여는 어떤 것도 논의되지 않았다. 분명히 바울은 우리의 구원을 위해 세상에 자발적으로 오시고 이제 무덤에서 일어나셔서 영광 가운데 살아 계신 초자연적 인격으로서 예수님에 관한 그의 엄청난 견해가 교회의 모든 사람들의 견해였다고 추측한다. 분명히 유대인 바울의 신랄한 반대자일지라도 이 점에서 사도의 교훈을 결코 반대하지 않는다.

그리스도의 인격에 관한 이 엄청난 합의, 바울의 고상한 기독론과 보다 열등하고, 단순한 인간적인 잉태 사이의 갈등의 부재는 현대 자연주의적 역사가들을 당혹게 할 것이다. 이러한 것들은 원시 기독교에 관한 어떤 자연주의적인 재건이 직면한 매우 중요한 문제를 구성한다. 그러나 아무리 당혹스럽더라도 그것은 분명한 사실이다. 바울이 모든 그의 생각과 모든 생활의 기초가 되는 그런 기독론을 그의 서신에서 변호할 필요를 느끼지 않은 것은 확실히 사실이다.

그러나 만약 그렇다면 왜 그는 동정녀 탄생을 언급할 의무가 있었을까? 그가 그것이 공격을 받았던 이레니우스의 시대에 살았다면 언급했을 것이다. 그가 기독교의 반대자들을 대하고 있다면 그것을 실제로 언급했을 것이다. 그러나 현존하는 서신서는 기독교의 반대자들이 아니라 기독교를 고백하는 자들에게 언급되었다는 사실을 잊지 말아야 한다. 그리고 이 서신서에는 신앙고백하는 기독교인들이 바로 서기 위해 필요한 것들이 포함되었다. 그러므로 서신서의 동정녀 탄생 부재는 생각건대 바울이 동정녀 탄생을 믿지 않은 것을 의미할 수 있지만, 또한 그 사실이 변호할 필요가 없을 정도로 매우 보편적으로 수용되었음을 의미할 수도 있다.

그 증거에 관한 앞의 평가로부터 동정녀 탄생은 예수님의 지상 생활

기간에 알려지지 않았고 심지어 부활 후에도, 어쩌면 초기 사도교회의 선교적 설교의 부분을 형성하지 않았다는 것으로 나타난다. 그러나 이러한 관찰은 하나의 사실로서 동정녀 탄생의 수용과 모순되지 않는다.

논증을 위해 예수님께서 마태와 누가의 유아기 이야기에서 출생된 것으로 언급된 것처럼 실제로 인간 아버지가 없이 태어났다고 생각해보자.

이런 생각과 관련하여 가장 자연스러운 발전과정은 어떤 것일까?

유아기 이야기에 따르면 처음에 확실히 동정녀 탄생을 알았던 사람은 두 사람, 즉 요셉과 마리아만 있었고, 그들이 그밖에 어떤 사람을 신뢰했다는 어떤 명확한 기록도 없다. 마리아가 엘리사벳을 신뢰한 것은 정말로 가능하다. 그러나 그녀가 엘리사벳을 자연스럽게 신뢰했을 참된 이유는 그녀가 다른 사람들을 신뢰할 수 없었으리라는 것이었다. 목자들과 안나의 말은 멀리까지 확산되지 않았을 것이며, (또한 침묵의 특별한 이유들이 있던) 박사들의 방문처럼, 나사렛에서 멀리 떨어진 두 번째 고향 유대에서 귀환 여러 해 전에 발생했다.

그들이 귀환 후 침묵한 것은 헤롯 안티파스에 대한 두려움 때문이라고 람세이에 의하여 더욱 추측되었다.[16] 하여튼 목자들, 박사들, 시므온 그리고 안나가 동정녀 탄생을 알았다는 어떤 증거도 없다. 요셉은 공생애의 기록에 나타나지 않기 때문에, 아마도 예수님이 성장하기 전에 죽었을 것이다. 그리고 마리아가 유대의 집에 방문하는 중요한 시기에 엘리사벳은 늙었다고 분명히 언급되었다.[17] 그러므로 마리아가 예수님의 탄생의 비밀에 관한 유일한 보관자로 있었다는 것은 불가능하지 않다.

이 '비밀'이 종종 변증적인 수단으로 간주되었다는 것은 사실이다.

왜 마리아는 동정녀 탄생이 사실이었는데 언급하지 않았을까?

역사적 상상력을 조금만 발휘해 보면 이 이유가 얼마나 결정적이지 않은가를 보여줄 것이다. 그 주제에 관한 현대적 취급의 큰 결점은 개인적 성향에 대한 공감이 충분하지 않다는 것이다. 마리아가 가장 신비

---

16 Ramsay, *Was Christ born at Bethlehem?*, 1898, 76.
17 눅 1:7.

한 경험을 하고 그녀 영혼의 모든 본능을 거스른 명령에 순종한 후, 그 문제에 관하여 한가한 잡담으로 끌어들임으로써 그녀 자신과 그녀의 거룩한 아이가 가장 저속한 비방을 받는 행위가 누구의 유아기 이야기 (우리가 지금 당장 논증을 위하여 사실로 가정한)에 생생한 특색으로 묘사된 마리아의 특성과 일치되었을까?

그렇게 했을 여자들도 있겠지만 "이 모든 말을 마음에 새기어 생각한" 그녀는 결코 그렇게 하지 않았을 것이다.

반대로 심지어 그녀의 어린 아들들에게조차 또는 아마도 그들로부터 모든 것을 가장 조심스럽게 비밀을 간직했으리라고 추측할 모든 이유가 있다. 그렇게 세월이 지나갔다. 그리고 야곱의 집을 영원히 다스려야 했던 그분은 성년이 되기까지 목수의 자리에서 일하기를 계속했다.

30년 전의 기적의 사건은 놀라운 꿈처럼 마리아에게 다가오지 않았을까?

우리는 그녀의 믿음이 정말 실패했다고 말하지 않을 것이다. 그러나 확실히 시련은 겪었다.

그리고 다음에 그녀의 아들이 백성 앞에 왔을 때, 그분의 오심은 그녀가 그렸던 것과 얼마나 달랐을까!

하나님의 방법이 얼마나 이상하고 당혹케 했을까!

모든 관점에서, 그녀의 침묵이 깨어지지 않아야 할 이유가 있었다. 당혹감은 어떤 사람에게는 지나가는 모든 사람에 대한 질문으로 인도되지만 다른 사람에게는 그들 자신의 영혼을 잠그는 당황으로 간직된다.

이 후자의 형태에 주님의 어머니 마리아가 속한다. 처음처럼 그녀는 이 모든 것을 간직하고 그녀의 마음에 깊이 생각했다. 그러나 마침내 그녀는 제자들처럼 예수님의 진정한 본성을 알았다. 오순절이 임하여 제자 동료들이 함께 기도하는 중 예수님께서 보내신 성령에 의하여 위로를 받았을 때, 그녀는 이 모든 일에 대하여 그러나 이제 매우 다른 방법으로 깊이 생각하기를 계속해야 했다. 이제 마침내 그녀가 말할 때가 왔다. 이제 예수님의 주장이 입증되었다. 이제 그녀는 믿어졌을 것이다. 그래서 믿고 공감하는 여인이나 가까운 친구들의 적은 무리 가운데 그녀는 너무 거룩하고 신비해서 전에 육신의 귀에 들려지지 않았던 것들을 말할 수 있게 되었을 것이다.

이 일들은 매일 기부하는 과정처럼 교회의 공식적인 관리자에게 즉시 반복되지 않았다. 더구나 모든 사람에 의해 직접적으로 증명될 수 있는 사실들을 제시하기 위해 노력하고, 비천한 여인의 신비는 비방과 경멸 외에 아무 것도 가져오지 않았을 선교적인 설교에 포함되기는 더욱 어려웠을 것이다.

그러나 그 이야기가 마침내 언급되었을 때 이미 그리스도의 제자가 된 자들로부터 반대가 제기되었다는 어떤 증거도 없다. 그래서 아마도 요셉이 남긴 기록으로 보충된, 주님의 어머니의 놀라운 이야기는 복음의 전통과 교회의 신조 안에 그리고 모든 세기의 기독교인들의 마음 속 깊이 존재한다.[18]

그러므로 우리가 주장하는 것은 그리스도의 동정녀 탄생에 관하여 현존하는 증명이 부활처럼 확실한 다른 사건들의 증명처럼, 즉 초기이고 풍부하다는 것이 아니라 이 특별한 사건에 대한 어떤 확실한 기대도 충족시킬 수 있을 만큼 초기이고 풍부하다는 것일 뿐이다. 사건의 참

---

18 이 가설은 현 필자의 논문, "The New Testament Account of the Birth of Jesus," first article, in *Princeton Theoloical Review*, iii, 1905, 663f.에 나타나 있는 것과 본질적으로 똑같은 형식으로 여기에 나타난다. Ramsay, *Was Christ Born at Bethlehem?*, 1898, 73-91를 보라; Sanday, article, "Jesus Christ," in Hastings, Dictionary of the Bible, ii, 1906, 643f.; Gore, *Dissertations on Subjects Connected with the Incarnation*, 1895, 13. 약간 비슷한 고찰이 매우 흥미 있는 인용구로 Chrysostom(*hom. in Matt.*, iii, ed. Montfaucon, vii, 1836, 37-39)에 의해서 제시되었다. Chrysostom이 지적한 동정녀 탄생은 전혀 병행되지 않음으로 그것에 관한 이야기는 이미 예수님을 믿지 않은 모든 사람에게 모욕 외에 아무 것도 아닐 것이다. "왜냐하면 그분이 하나님의 아들이라고 즉시 설득 당하는 사람은 이것들에 관하여 둘 다 의심할 이유가 없기 때문이다. 그러나 그분이 사기꾼이고 하나님을 반대한다고 생각한 어떤 사람은—어떻게 그가 이 모든 것들에 의하여 더 많이…불쾌하게 되지 않았을까? 이런 이유로 사도조차도 처음에 이것을 바르게 말하지 않고 부활에 관하여 종종 많이 드러냈다. 이 때문에 이 같은 예가 이와 같지 않더라도 이전의 때에 본보기(υποδειγματα)였다. 그러나 그분이 동정녀로 태어났다는 것은 그들이 계속해서(ου συνεχως) 말하지 않았다." 그래서 어머니조차도 동정녀 탄생을 감히 말하지 않았다고 Chrysostom은 계속 말한다. 그리고 그것은 천사들에 의하여 목자들에게 언급되지 않았다.

본질상 이 사건은 많은 사람에 의해서 증명될 수 없었다. 그리고 사건의 본질상 그것을 확실히 증명할 수 있는 유일한 사람은 초기에 침묵해야 할 강력한 이유를 가졌을 것이다. 그러므로 증명이 제한되었다는 것은 동정녀 탄생이 사실이라는 가설과 모순되지 않는다.

그러나 그런 점에서 반대가 제기될 수 있다.

우리는 예수님의 동시대인들과 신약 대부분의 침묵을 설명하기 위해서 노력하는 가운데 우리가 피하려는 것보다 훨씬 더 큰 변증적 위험에 우리 자신을 포함시키지 않았는가?

동정녀 탄생이 사실일지라도, 그 증명은 필연적으로 우리의 신약성경이 포함한 것보다 더 크지 않아야 한다는 사실에 대해 지적했다.

그러나 그렇게 함으로써 우리는 이 같은 사건의 증명이 사건의 본질상 매우 적어지는 것을 인정할 의무가 있게 되지 않았는가?

그 사건의 기적적 성격의 관점에서 볼 때 그것을 증명하는 것은 아마도 호기심으로 가득한 마음을 확신시켜 주기에 충분치 않다는 것을 의미하지 않은가?

동정녀 탄생의 증명이 유일하다면 이런 반대는 아마도 결정적일 것이다. 의심할 여지없이 어떤 인간이 인간 아버지 없이 태어났다는 견해에 반대하는 초기의 거대한 추측이 있다. 그리고 사건의 본질에 대한 직접적 증거가 한 사람에게만 제한된다면 이 초기의 추측을 극복하는데 충분하지 않을 것이다. 문제는 아버지 없이 태어난 한 사람, 그 외에는 우리가 어떤 것도 알지 못했을 사람에 관한 것이라면 그 문제가 부정적으로 대답되어야 했으리라는 것은 의심할 수 없다. 그러나 실제로 그런 것은 전혀 문제가 아니다.

문제는 평범한 사람이 인간 아버지 없이 태어났는지의 여부가 아니라, 예수님이 그렇게 태어났는지의 여부이다. 어떤 평범한 사람이 마태와 누가의 유아기 이야기에 제시된 초자연적인 방법으로 세상에 온다는 것은 정말로 매우 불가능하다. 그러나 예수님은 이전에 살았던 다른 사람과 전혀 같지 않았다. 그래서 특별한 사람이 세상에 특별하게 등장한 것은 당연하다.

더욱이 그것은 단순히 우리의 주장이 호소하는 예수님의 도덕적 특별함이 아니다. 복음서에서 이야기된 예수님의 생애에는 우리가 동정녀 탄생의 사건에서 발견한 한계에 전혀 종속되지 않고 증명될 수 있는 기적의 요소들이 많다. 특히 부활의 최고 기적을 예로 들 수 있다. 다량의 많은 증거들이 십자가상에서 예수님이 돌아가신 후 3일만에 그분의 무덤이 하나님의 초자연적인 행동으로 인하여 텅 비게 되었다는 확신으로 인도한다고 우리는 생각한다. 그러나 초자연적인 것이 예수님과 관련하여 한 가지 점에서 수용되었다면 그 추측은 다른 점에서 그것을 수용하는데 반대하는 것을 극복한다. 그리고 특히 그 추측은 탄생과 관련하여 그것을 수용하는데 반대하는 것을 극복한다.

예수님이 초자연적인 사람이었고, 그분으로 인하여 복음서에 매우 풍부하게 있는 기적의 요소가 초대 교회의 신화제작 상상에 기인한 것으로 설명될 수 없다는 결론에 한번 이르게 되면 우리는 처녀에게 초자연적으로 잉태되었다는 추측에 관하여 전혀 어려움을 갖지 않을 것이다. 반대로 동정녀 탄생의 이야기는 신약의 예수님에 대한 기사와 완전히 일치한다. 만약, 예수님이 전적으로 신약 전체에 있는 대로 묘사된 종류의 사람이었다면, 그분이 마태복음과 누가복음의 처음 장들에 서술된 방식으로 세상에 오신 것은 전부 믿을만한 일이다. 그리고 그분이 요셉과 마리아 사이에서 일반적인 출생에 의한 아들이었다는 것은 대단히 불가능한 일이다.

우리는 동정녀 탄생의 이야기가 정말 예수님의 나중 생활의 사실로부터 유추하여 단순히 구성되었을 것이라는 것을 의도하지 않는다. 참으로 우리의 토론의 다음 부분에서 우리는 이 같은 것이 그 경우가 아니었을 것임을 보여주기 위한 이유를 제시할 것이다. 탄생 이야기들은 그 날에 대한 모든 상상력에 맞서 놀라운 독창성을 보유하고 있다. 그리고 그것들은 그 자체로 존중을 요구하는 특성을 갖고 있다. 우리가 의도하는 것은 동정녀 탄생의 직접적인 증명이 우리가 사실로 받아들이기 위해서 불필요하다는 것이 아니라, 아마 그것 자체는 불충분하다는 것일 뿐이다. 신약이 예수 그리스도의 인격성에 관하여 제시하는 모든 기사

(account)와 관련하여 그것을 받아들였을 때만 납득하게 된다.

그러나 그것이 실제로 그런 관계로 받아들여졌을 때 정말로 납득하게 된다. 이 탄생의 이야기들은 진리에 대해 많은 틀림없는 암시를 담고 있다. 그것들의 놀라운 자제, 그것들의 고상한 도덕적 어조, 그것들의 섬세한 언어, 그것들의 원시성과 팔레스타인적 특성, 그것들의 생생한 인격 묘사, 그것들의 상호독립성 그리고 그것들의 주장, 이 많은 다른 특성들은 압도적으로 호의적인 인상을 공감하는 독자들 안에 일으킨다. 이러한 이야기들만으로는 그러한 인상이 한계에 부딪혔을 것이다. 그러나 그것들이 신약에 포함된 그대로 예수 그리스도에 대한 장엄하고 명백한 묘사와 함께 취해질 때 저항의 필요성은 사라진다.

독자는 이제 대한 학문적 양심의 희생이 없이 이 비길 데 없는 장의 진언에 사로잡혀 그것들이 이야기한 놀라운 일들이 냉정한 진리임을 믿을 수 있다. 그리스도께서 정말로 죽은 자로부터 부활하셨다면, 그분이 실제로 전적으로 신약에 묘사된 그대로의 사람이었다면, 그분이 성령으로 잉태되어 동정녀 마리아에게서 탄생했다고 생각할 모든 이유가 있다.

제12장

대안적 이론: 예비적 고찰

앞장에서 우리는 기독교의 동정녀 탄생 신앙을 설명하는 두 가지 방법 중 하나를 다루었다. 우리는 신앙이 사실에 기초했다는 가설을 조사했다. 그 증명은 동정녀 탄생이 실제로 일어났다면 자연적으로 기대할 수 있는 범위 내에서 최대한 빠르고 강력하다고 주장되었다. 그리고 이 같은 기적의 발생에 대하여 거대한 크기의 추측이 있더라도, 그런 추측은 연구자가 예수님 인격의 유일성과 기독교 종교의 기원의 전체적인 현상을 마음에 품는다면 극복될 수 있다. 이와 같이 기독교회가 인간 아버지 없는 예수님의 탄생을 믿게 된 이유는 단순히 그분이 실제로 그렇게 태어났기 때문이라고 주장하는 충분한 근거가 있다고 생각한다.

이 결론은 심지어 기독교의 범위 안에서 근래에 매우 크게 거절되었다. 그러나 그것이 거절되었을 때 무엇으로 대체할 것인가라는 문제가 제기된다. 역사가는 그리스도의 동정녀 탄생에 관한 신약의 증명을 거절하기로 결정했을 때 그의 임무를 완성할 수 없다. 왜냐하면 처음의 문제는 여전히 해결을 요구하기 때문이다.

기독교회는 이전에 동정녀 탄생을 어떻게 믿어왔는가?

신앙의 내용에 관하여 무엇을 생각하든 신앙 그 자체는 아마 아무도 부정할 수 없는 역사의 사실이다. 약 1900년 동안 상당히 많은 인류가 충분한 역사의 빛으로 사신 사람, 나사렛의 예수님이 하나님의 능력의 직접적인 역사로 동정녀에게 잉태되어 인간 아버지 없이 태어났다고 믿어온 것은 하나의 사실이다.

어떻게 그 이상한 믿음이 발생했는가?

이 질문은 물론, 그 믿음이 사실에 근거했다면 즉시 대답되어진다. 만약, 예수님이 정말로 동정녀에게서 태어났다면 그분이 그렇게 태어났다고 교회가 어떻게 믿어왔는지를 이해하는 것은 어렵지 않다. 그러나 만약, 사실에 근거했다는 명백한 대답이 거절된다면 이 질문은 여전히 남아 있다.

만약, 나사렛의 예수님이 정말로 동정녀에게서 태어나지 않았다면 어떻게 교회는 그분이 그런 방법으로 태어났다고 믿어왔을까?

그 질문은 동정녀 탄생의 사실을 부인하는 모든 사람에게 당연한 질문이다. 그러므로 우리의 주제에 관한 모든 토론의 중요한 부분은 동정녀 탄생의 '사실'이 부인될 때 동정녀 탄생의 '개념'을 설명하는 방법에 관한 대안적인 이론들에 대한 논의에 기초해야 한다.

이런 점에서 이 주제에 관한 가장 최근의 중요한 연구 논문의 저자 빈센트 테일러(Vincent Taylor)는 일반적인 견해와 의견을 달리한다. 그는 '대안적인 이론들'에 관한 문제의 중요성은 크게 과장되었다고 생각한다. 변증가들은 '대안적 이론들의 부조화와 모순을 강조함으로써' 동정녀 탄생 전통의 역사적 성격을 주장하려는데 큰 실수를 했다. 사람들은 전통이나 신앙을 거절하는데는 일치하지만 그것의 기원에 관하여는 의견이 일치하지 않으며 "전통이나 신앙에 대한 거부에 일치한다는 것은 기원에 관해 일치하지 않는다는 사실보다 중요하다."[1]

그러나 확실히 이 반대는 건전한 상식과 반대된다. 어떤 종류의 증거를 평가할 때, 우리는 본능적으로 어떻게 증인이 이와 같이 증명하게 되었느냐는 질문을 한다. 만약, (그 증거가 거짓이라고 가정할 때) 거짓 증언의 동기가 분명하다면 또는 그 방법이 정직한 증인조차도 문제의 특

---

1 Vincent Taylor, *The Historical Evidence for the Virgin Birth*, 1920, 124–127.

별한 경우에 오류에 빠질 수 있던 것으로 발견될 수 있다면, 그 증언은 다른 방법으로는 결코 사실로 입증될 수 없을 정도로 불신 받게 된다. 그러므로 본능적으로 법정에서나 일상사에서 우리는 증인에 관한 질문을 한다.

그것이 사실이 아니라면, 어떻게 그는 이것이나 저것을 말해왔는가?

질문에 대답될 때까지 그 증언은 종종 최종적으로 처리된 것으로 느껴지지 않는다. 그러나 그것이 대답되었을 때, 청중의 마음은 그 특별한 증언과 관련하여 안심되고, 이 문제는 다른 증거에 기초하여 완전히 해결될 것이다. 따라서 이 방식 역시 역사적 연구에 속한다. 전통의 진실성을 부정하는 것으로는 충분하지 않다. 우리는 전통이 제기된 방식을 드러내는 데에도 힘써야 한다. 이 작업이 이루어지기까지는 신뢰성을 주장하는 전통이 사실일 가능성을 전적으로 배제할 수 없다.

이 원리는 참으로 보편적인 적용에 속하지 않는다. 왜냐하면 우리는 그들이 제기된 방식을 전혀 설명하지 않는 이야기를 끊임없이 거절하기 때문이다. 세상은 사람이 믿을 수 없는 이야기로 가득 차 있지만, 그것의 기원을 사람이 설명할 수 없다. 만약, 우리가 그 모든 것을 설명하려 한다면, 우리는 중대한 일상 업무를 위한 시간을 갖지 못할 것이다. 그래서 대부분 기꺼이 빈센트 테일러를 인정할 수 있다.

그러나 동정녀 탄생에 관한 기독교 전통은 매우 다른 범주에 속한다. 많은 이야기의 경우에 이야기의 기원이 발견되지 않은 이유는 단순히 연구할 가치가 없기 때문이다. 이야기를 지지하는 증거가 심히 경미하거나 이처럼 중요하지 않은 문제를 다루는 이야기들은 어떻게 그 이야기들이 존재해 왔는지를 아무도 물으려고 하지 않는다. 그러나 동정녀 탄생의 이야기에 관한 상황은 매우 다르다. 그 이야기는 여러 해 동안 학문적 연구의 주제를 형성했다. 현대 학자들은 그 이야기가 어떻게 초래되었느냐라는 문제에 최선을 다해 몰두했다는 것이다. 이 같은 상황 아래서 확실히 이런 노력들이 실패로 끝났다는 것과 동정녀 탄생이 사실이 아니라면 기독교회가 그것을 어떻게 믿게 되었는가라는 문제에 합의를 얻을 수 없다는 것은 무의미한 것이 아니다.[2]

참으로 대안적 이론들의 실패에서 나온 이러한 논거가 홀로 설 수 없다는 사실은 인정되어야 한다. 확실히 우리는 단순히 제거의 과정에 의하여 신약 증거의 진리에 도달할 수 없다. 동정녀 탄생의 개념의 기원에 대한 만족스러운 설명이 발견되지 않았기 때문에, 긍정적인 증거의 장단점이 무엇이든 그 개념은 사실에 근거해야 하고 신약은 이 점에서 진실해야 한다고 우리는 간단하게 말할 수 없다. 이 같은 방법의 추론은 극도로 위태롭다. 어떤 신화의 기원이 불분명하다는 것은 더할 나위 없이 있을 법하다. 그래서 그리스도의 동정녀 탄생 같은 신앙이 현대적 연구의 범위를 넘어서는 어떤 방법에 기원했으리라는 것은 아주 있을 법하다.

그러나 이런 고려는 우리가 지금 다루어야 하는 주장의 가치를 없어지게 하지 않는다. 그런 주장이 홀로 있을 때는 결정적이지 않다. 그러나 동정녀 탄생의 긍정적인 증명과 연관될 때 그것은 참으로 매우 강력하게 될 것이다. 역사가가 해야 하는 것은 동정녀 탄생 전통의 신비적 기원의 이론만 연구하는 것이 아니다. 그가 할 일은 이러한 이론들과 전승이 사실이라는 이론의 균형을 잡는 것이다. 대안적 이론들이 세부적으로 덜 만족스러울수록, 상호간의 불일치는 서로 더욱 커질 것이며 역사가는 동정녀 탄생이 하나의 사실이기 때문에 동정녀 탄생의 개념이 생겨났다는 단순한 가설에 대해 더욱 호의적인 태도를 가질 것이다.

이런 추론 방법의 설득력은 신약의 증거를 반대하는 자들에 의하여 암암리에 인정되었다. 아마도 동정녀 탄생을 반대하는 주장은 동정녀

---

2 H. R. Mackintosh, *The Doctrine of the Person of Jesus Christ*, New York, 1916, 529를 비교하라: "역사에 있어서 동정녀 탄생을 찬성하는데 실제적으로 강력한 주장은 그 진리의 가정과는 반대로 이야기를 설명하는 어려움이다." 이런 문장은 다른 증거와 비교되는 것처럼 대안적 이론의 실패로부터 주장의 가치를 과장하는 것으로 보인다고, 인정되어야 한다. 우리가 주장한 대안적 이론의 실패에 따른 주장은 매우 중요하지만 아직도 신약 이야기의 진리를 위한 직접적 증거에는 부차적일뿐이다. *British Weekly*, for July 17, 1930에서 우리의 책에 대한 동일한 저자의 서평을 비교하라.

탄생 전통을 우리 시대의 첫 세기에 생산한 논리로부터 도출된 주장보다 더 확신 있고 더 영향력 있게 대중적인 설교자에 의하여 사용되지 않았을 것이다. 이 논리는 "그 당시에 많은 위대한 사람들은 처녀에게 탄생했다고 생각되었다. 그래서 초기 기독교인들이 예수님을 특히 위대하다고 생각해왔을 때 그런 식으로 태어난 것으로 주님을 또한 인정했으리라는 것은 당연할 뿐이었다"라는 취지의 주장을 한다.

이런 주장은 우리가 볼 것이지만 매우 미숙하다. 학문적인 연구가들은 동정녀 탄생을 반대하는 자들일지라도 일반적으로 그 문제를 그처럼 매우 단순하게 생각하려 하지 않는다. 그럼에도 불구하고 그 주장을 사용한 설교자들은 건전한 방법론적 직관임을 보여주려 한다. 그들은 적어도 암암리에 동정녀 탄생의 개념이 설명을 요구하는 역사의 사실이라는 것과 이 개념의 사실적 기초를 부정하는 자들은 어떤 다른 방법으로 그 개념을 설명하기 위해 노력해야 한다는 사실을 인정한다.

빈센트 테일러의 항의에 반대하면서 우리는 지금 들어가려고 애쓰는 토론의 적절성을 주장해야 한다. 동정녀 탄생에 관한 역사적 질문은 결국 동정녀 탄생의 개념이 일종의 오류에 기초 되었다는 가장 그럴듯한 가설의 형태와 사실에 기초되었다는 가설의 비교로 결정될 것이다. 이 비교에 관한 후자의 부분은 이전 장에서 고찰되었다. 우리가 보여 주려고 노력해 온 동정녀 탄생의 적극적인 증명은 멸시할만하지 않고 그것이 그리스도의 전체적인 생애의 현상과 기독교 초기와 관련하여 주장되었을 때, 그것을 사실로 인정하는 것에 대하여 극복할 수 없는 반대가 없다.

그러나 다른 대안은 어떤가?

만약, 우리가 전통의 옹호로 제시한 주장에도 불구하고 동정녀 탄생이 사실이 아니라면, 어떻게 우리는 그 개념의 기원을 설명할 것인가? 이 질문은 이제 약간 신중하게 고찰되어야 한다.

하나의 설명의 방법은 보다 빨리 사라질 수 있다. 즉, 백 년 전에 인기 있었던 합리적 방법이다. 동정녀 탄생이 실제로 일어나지 않았다면 마태복음과 누가복음에 나타난 이야기의 중요한 사실적 기초를 찾는 것이 무익하다는 것은 대부분 인정된다. 언뜻 보아서 참으로 이 같은 사실에 기초한 연구는 어떤 성공의 가능성을 제공하는 것으로 보였을 것이다. 거짓 초자연주의적 해석이 관찰자 자신들에 의함일지라도 실제로는 자연스런 사건에 대하여 나중의 화자들에 관하여 아무것도 말하지 않은 것은 의심할 여지 없는 사실이다. 그래서 마태복음과 누가복음 안에 주어진 초자연주의적 기사의 기초로서 예수님의 탄생과 유아기와 연결하여 사건의 자연적 과정을 재구성하기 위한 19세기 초엽의 파울루스와 다른 합리주의자들의 노력은 기적의 사실성이 포기되었을 때만 기대할 수 있는 것이었다. 그러나 그 노력이 실패했다는 것은 이제 일반적으로 인정된다.

신약의 탄생 이야기는 이 같은 취급을 위하여 그 자체를 전혀 제공하지 않는다. 왜냐하면 그것들 안에 있는 기적들은 단순한 이상한 생성물이 아니라 나머지 내용의 존재기반이며 이야기들의 기초라고 추측된 자연적 사건들은 현재의 본문을 생성하기에는 매우 하찮고 무능하기 때문이다. 그러므로 한 세기 전에 상당히 유행했던 이야기의 합리주의적 취급 방법은 이제는 적어도 학자들 가운데 대부분 포기되었다.

그러나 바로 지금 그것이 학문적인 토론에서까지 재생될 만한 징후가 있기 때문에 또한 잠행적인 영역에서 기독교에 대한 대중적인 공격이 항상 번성했기 때문에 우리는 이것이 동정녀 탄생의 특별한 문제에 어떻게 적용되는지 간략히 고찰해야 할 것이다.

합리주의적 방법의 본질은 초자연적으로 설명되었을 때 현재 본문과 같은 이야기를 일으킬 수 있는 사건에 대해 오히려 이상한 자연적 사건을 찾으려는 것이다.

그러나 모든 자연적 사건이 예수님이 성령의 능력으로 인간 아버지 없이 태어났다는 관점 속으로 왜곡되어 들어올 수 있는가?

예수님의 탄생 이야기에 이 이상한 이야기의 설명이 필요한 만큼 부자연스러운 요소가 있는가?

단지 하나의 그럴듯한 대답이 주어질 수 있다. 그것은 예수님께서 마리아의 남편 요셉의 아들이 아니었다는 것과 그러므로 이 같은 사실의 부끄러운 암시를 피하기 위해 초기 기독교인들은 동정녀의 초자연적인 잉태를 믿어왔다는 것이다.

몇몇 초기의 합리주의자들은 이 같은 견해의 충분한 암시로부터 위축되지 않았다. 예수님은 아마도 하나님의 사자로서 행세하는 어떤 사람에 의하여 속게 된 그분의 어머니의 서출이었다고 그들은 말했다.[3] 본질적으로 이런 합리주의적 재구성과 동일한 범주는 우리가 본 대로,[4] 오리겐과 탈무드에 의하여 증명되고 중세의 톨도트 예슈(Toldoth Jeshu)에 의하여 정점에 이른 고대 유대인의 '판테라'(Panthera)를 말할 수 있다. 고대 유대인의 비방은 보다 현대적인 소설처럼 기독교인의 동정녀 탄생 이야기에 관한 합리주의적 설명에 사용되었다.

그러나 이 같은 문제의 해결은 현대의 산발적인 재생에도[5] 불구하고 실제적으로 모든 저명한 학자들에 의하여 거절되었다.[6] 예수님 당시 사람들의 전적인 태도, 특히 그분에 대한 논쟁의 특성은 그분의 탄생에 이 같은 흠이 있었다면 납득될 수 없다. 동정녀 탄생의 개념은 설명되어야 하지만 그것이 예수님의 태어난 방식의 이상한 어떤 것에 관한 초기 기독교의 선험적 지식으로 설명될 수 없다는 것은 매우 명백하다.

아직도 예수님의 탄생방식에 수치스러운 부분이 있다는 생각을 약간 부끄럽게 생각하는 것을 거절하는 어떤 학자들이 합리주의적 방법을 전

---

3 예를 들면 Venturini, *Natuerliche Geschichte des grossen Propheten von Nazareth*, 2te Ausg., 1806, 1, 126–130. 그리고 Paul de Regla(P. A. Desjardin), *Jesus de Nazareth*, nouvelle edition, no date, 1896 or after, 44, 51–54.

4 Ibid, 10.

5 예를 들어 생물학자 Heackel에 의한 것처럼, 거기에 인용된 문서와 함께, *Princeton Theological Review*, iv, 1906, 37에 있는 두 번째 논문, "The New Testament Account of the Birth of Jesus"를 보라. 또한 위의 책, 11을 보라.

6 의심 없이 고대의 비방이 여전히 하나의 형태나 다른 형태로 활용되는 비밀문서가 있다. Schweitzer(*Geschichte der Leben-Jesu-Forschung*, 2te Aufl. des Werkes "Von Reimarus zu Werde," 1913, 48)는 Venturini의 소설이 여전히 거의 해마다 새로운 편집으로 나타났다는 것과 그것이 창조한 형태가 직접적으로나 간접적으로 그리스도의 모든 소설 같은 삶을 뒤따랐다고 말했다. 그 책은 결코 인용되지 않았지만 그리스도의 다른 삶이 아닌 것으로 모방되었다고 그는 말했다.

혀 포기하지 않으려 했음을 관찰하는 것은 매우 흥미롭다. 그러므로 파우루스는 요셉이 예수님을 낳지 않았다는 것과[7] 마리아에게 메시아의 어머니가 되어야 한다는 확신을 준 것이 '무언가 외적인 것'이었다고 주장했다.[8] 이 무언가가 무엇인지는 어렴풋하게 남아 있고, 파우루스는 어느 경우에도 마리아가 결백했음을 우리에게 확신시킨다.[9]

그러나 이 같은 확신은 파우루스의 견해의 전체적인 경향이 그의 시대 이후로 완전히 제거되지 않은 지하문학 및 벤투리니에서 발견되는 것 같은 혐오스런 (그리고 매우 불가능한) 이야기로 이어질 때 매우 적은 위로를 준다. 파울루스보다 슐라이어마허가 더 모호하다. 그리고 슐라이어마허조차도 그의 모호성의 암시가 조사된다면 내리막을 향한 첫걸음을 취한 것으로 발견될 수 있다.

예수님의 탄생에 장막이 남아있다고 슐라이어마허는 말한다.[10] 그리스도의 생애의 기원에 아무런 죄악도 들어갈 수 없었다. 그리고 판테라 이야기는 거짓이다.[11] 시적인 신약 이야기의 전통의 기초는 예수님의 탄생 전에 마리아가 하나님의 아들을 임신했다는 사실을 놀라운 방식으로 깨닫게 되었다는 것이다.[12]

슐라이어마허는 그의 호기심으로 가득찬 막연한 언어로 무엇을 의미하고 있는가?

그는 요셉과 마리아가 그들의 결혼의 열매가 될 아이가 메시아였음을 확신하게 된 것 이외에는 아무것도 의미하지 않는가?

만약, 그렇다면 어떻게 요셉과 마리아의 편에서 이 같은 기대가 동정

---

7 Paulus, *Leben Jesu*, I. I, 1828, 92.

8 *Op. cit.*, 80.

9 *Op. cit.*, 81.

10 Schleiermacher, *Ueber die Schriften des Lukas*, I, 1817, 47(영어 번역, *A Critical Essay on the Gospel of St. Luke*, 1825, 50).

11 Schleiermacher, *Leben Jesu*, (lectures of 1832, published from notes in 1864, in *Sammtliche Werke*, I, vi), 62f.

12 Schleiermacher, *Ueber die Schriften des Lukas*, I, 1817, 46(영어 번역, *A Critical Essay on the Gospel of St. Luke*, 1825, 49). *Leben Jesu*, 77를 비교하라.

녀 탄생의 이야기를 만드는 한 부분이 될 수 있는지를 보는 것은 어렵다. 네안더가 슐라이어마허를 향하는 비판은 대체로 옳다.[13]

만약, 기적이 거절되면 동정녀 탄생 이야기의 사실적 기초를 추구해야 한다. 이러한 사실적 기초는 그 사건의 본질상 불쾌하고 그리고 전혀 불가능한 종류임이 분명하다.

아직도 아마도 신약과 초기 기독교회에 대한 '자유주의적' 또는 리츨학파적 견해의 가장 유능한 현직 대표자로 인정될 만한 학자이며 현대의 가장 구별된 학자들 중 한 사람인 베를린의 하르낙은 최근에 이와 동일하게 위험한 합리주의적 방향에 과감하게 첫걸음을 내디뎠다. 하르낙은 결국 동정녀 탄생이란 신약의 사건을 위해서는 최소한의 사실적 기초가 있었을 것이라고 말한다. 어쩌면 예수님이 세상에 들어오신 놀라운 방식은 이만큼 '약혼' 후이지만 결혼 전에 요셉에 의하여 그분이 태어난 것일 수 있었다.

유대인들 가운데 '약혼'은 우리가 이 단어에 대해 생각하는 것과 전혀 다르게 결혼과 동등하다고 하르낙은 지적한다. 요셉이 그의 집으로 마리아를 데려오기 전일지라도 그녀는 그의 아내였다. 그래서 그가 제시한 가능성은 마리아에게 전혀 손상이 없었다고 주장한다. 마태복음의 이야기 형식은 저자가 유대인의 비방에 대해 마리아가 실제로 요셉의 집으로 들어가기 전에 예수님이 마리아에게 잉태되었다는 사실을 인정한다면 부분적으로 설명되었을 것이라고 하르낙은 생각한다.[14]

하르낙은 참으로 동정녀 탄생의 신앙이 어떻게 발생했는지를 설명하는 수단으로 이런 추측을 개발하지 않는다. 그는 의심 없이 그 신앙의 신비한 기원에 관한 그의 이론을 여전히 주장한다. 그럼에도 불구하고 그 추측은 백 년 전에 우세했던 옛 합리주의적 이야기 취급에로 되돌아가려는 경향을 가리킨다. 최근에 복음서의 문학 비평의 여기저기에서 발견된 '전통회귀'의 영향으로 합리주의적 취급방법의 부활이 곧 보다

---

13 *Leben Jesu Christi*, 7te Ausg., 1874, 15(영어 번역, *The Life of Jesus Christ*, from the fourth German edition, New York, 1848, 14).

14 von Harnack과 von Baer, *Der Heilige Geist in den Lukasschriften*, 1926, 122f를 비교하라.

길게 가리라는 것은 가능하다.

이 같은 부활이 일어난다면 그것은 확실히 이상하게 잘못될 것이다. 그리고 하르낙의 현재의 추측은 이미 지적된 대로 가장 심각한 종류의 반대에 직면하게 된다.[15] 그것은 실제로 비방으로부터 예수님의 어머니를 보호하지 않는다. 왜냐하면 '약혼' 기간에 그녀가 실제로 요셉의 아내였을지라도, 여전히 하르낙이 그녀에게 돌리려 한 행동의 종류는 적어도 그녀를 의심하도록 했을 것이기 때문이다. 그리고 이 같은 의심의 존재는 우리가 예수님의 나중 생활과 그분에 대한 동시대 사람들의 태도에 관하여 알고 있는 모든 것과 모순된다.

참으로 하나의 반대가 이 점에서 우리의 추론에 반대하여 제기될 수 있다. 우리는 너무 많이 증명하지 않았는가?라고 언급될 수 있다.

만약, 예수님의 너무 이른 탄생이 필연적으로 의심을 일으킬 수 있었다면 그리고 그것이 우리가 그를 향한 예수님 당시 사람들의 태도에 관하여 알고 있는 것과 모순되었다면 우리가 마태복음과 누가복음에 나오는 동정녀 탄생 이야기 자체는 비역사적인 것으로 낙인 찍히지 않는가?

그 이야기에 따르면 하르낙의 가설을 따르는 것만큼 예수님의 탄생은 정상적인 관찰자에게 너무 일찍 태어난 아이였다.

그리고 만약, 실제적으로나 외견상으로 너무 이른 탄생이 예수님 당시 사람들의 태도와 모순된다면 우리는 하르낙의 가설을 비난하면서 실제로 마태와 누가의 이야기가 진실이라는 우리 자신의 견해를 또한 비난하지 않았는가?

이런 반대는 결코 극복될 수 없다는 것이 아니다. 동정녀 탄생 이야기의 기초로서 너무 이른 출생의 가설에 대한 우리의 현재 주장의 요점은 너무 이른 탄생이 나사렛 거주자들 사이에 의심을 일으켰으리라는 것이 아니라, 그것이 실제로 마태와 누가의 동정녀 탄생 이야기의 기초를 이룬 것처럼 했어야 한다는 것이다.

만약, 그 탄생이 너무 일찍이었다는 사실이 이웃과 친구들과 적들에

---

15 위의 제9장을 보라.

게 숨겨졌다면 어떻게 그것이 정말 의심을 일으킬 수 있었을까?

그리고 그것이 의심을 일으키지 않았다면, 다른 말로 그것이 초기 기독교인들을 위하여 설명을 요구한 어떤 것이 되지 않았다면 어떻게 동정녀 탄생의 이야기가 그것을 설명하기 위해 제시될 수 있겠는가?

또는 예수님의 어릴 때와 그분의 공생애 사역의 모든 시기 내내 너무 이른 탄생을 숨긴 후에 마리아가 사도들의 설교 시작 후 어느 때에 그 사실을 드러냈고 그래서 의심이 일어나고 동정녀 탄생의 이야기가 의심을 누그러뜨리는 수단으로 발전되었다고 우리는 추측해야 하는가?

확실히 마리아의 편에서 이 같은 행동은 극도로 부자연스럽다.

만약, 다른 한편으로 동정녀 탄생이 사실이라면 상황은 매우 다르게 된다. 이 경우에 분명 너무 이른 탄생의 시기는 앞서 고찰한 이유들로 인해 나사렛 거주자에게 알려질 수 없었을 것이다.[16] 의심이 공생애 기간 동안 제기되었으리라고 생각할 이유가 없다. 그러나 부활 후 예수님의 탄생의 비밀이 계시되어야 하는 풍부한 이유가 이 경우에 있었다. 그것은 이 경우에 하찮은 것이 (만약, 부끄럽지 않다면) 아니라 하나님의 능력의 영광스런 표현이었다. 그것에 관하여 마리아는 더 이상 침묵을 지킬 수 없었다.

그러므로 동정녀 탄생의 가설에 관하여 처음의 의심이 나타나지 않은 것과 나중에 비밀이 드러날 것은 둘 다 설명되었다. 반면에, 정상적인 조산의 가설에서 처음 의심의 현존은 동정녀 탄생 이야기의 최종 발생을 설명하기 위해 필요했고 처음 의심의 현존은 분명히 그분의 공생애 사역 기간에 예수님 당시 사람들의 태도에 관하여 우리가 아는 모든 것에 의하여 배척되었다.

그러므로 예수님 당시 사람들의 태도는 하르낙의 조산 가설에 반대하는 주장을 제공하지만 마태복음과 누가복음에 나타난 초자연적 잉태의 이야기에 반대하는 주장은 제공하지 않는다. 그러나 아마도 조산의 가설에 반대하는 보다 강한 주장은 요셉과 마리아의 성품에 관한 다소 막연하지만 매우 강력한 생각에서 발견될 것이다.

---

16 위의 제11장을 보라.

우리는 유대인의 약혼에 관한 하르낙의 견해에서 조차도 때이른 결혼관계의 시작으로 인해 그녀가 받아야 했던 의심을 그 가설들이 마리아에게 부과하고 있다고 추측해야 하는가?

그런 추측은 결국 그들의 성품을 훼손시킨다. 그리고 그들의 이 같은 결점은 우리가 자연스럽게 그 사건에 기대해야 하는 모든 것과 반대로 보이게 한다. 만약, 그분이 인간의 관점에서 흠 없는 가정에서 자랐다면 예수님 생애의 모든 현상이 보다 잘 설명된 것으로 (특히 자연주의적 원리에 대해 그러나 또한 그분이 진짜로 하나님의 아들로 간주되었을 때) 보인다. 그리고 그분과 그분이 살았던 가정에 대한 그분 당시 사람들의 태도는 요셉과 마리아의 행동이 단순히 겉으로가 아니라 실제로 훌륭한 것이었다면 보다 자연스러운 것으로 보인다.

하여튼 우리는 이점에서 대단히 많은 현대 학자들의 여러 가지 의견의 지지를 갖는다. 동정녀 탄생을 거절하는 대부분의 현대 학자들은 무슨 이유에서인지 예수님의 탄생과 관련된 부자연스럽거나 의심스러운 어떤 사상을 거절하면서 동의한다. 정말로 하르낙의 제의에 대한 중요한 관심은 어떤 내재적 장점에서가 아니라 하르낙이 그것을 만들게 된 사실에서 발견되어야 한다.

만약, 탄생 이야기에 대한 순수한 신화 이론이 거의 백 년 간 지배된 후에 현대 교회의 매우 뛰어난 지도자이며 매우 세련된 학자가 어느 정도 최소한 옛날의 합리주의적 취급방법으로 돌아가야 한다고 느낀다면, 우리는 동정녀 탄생의 사실이 포기되었을 때 신약의 이야기를 있는 그대로 설명해야 하는 것이 그렇게 쉽지는 않으리라는 암시를 거기서 발견할 것이다. 다른 말로 하르낙의 제의는 지배적인 신화적 견해의 결점을 지적하기에 중요하게 될 것이다.

물론, 동정녀 탄생을 공개적으로 옹호하는 자가 기적을 수용하는 유일한 대안으로서 비합리적 탄생에 대한 가설을 제시함으로써 청중을 놀라게 한다면 결코 정당화될 수 없을 것이다. 왜냐하면 아마도 (적어도 교육받은 상류 사회 가운데) 동정녀 탄생을 부인하는 자 100명 중 99명은 그 같은 일을 그렇게 생각하지 않고 반대로 예수님이 단순히 요셉과 마리아의 아들이었다고 믿기 때문이다. 예수님이 요셉과 마리아의 아들이었다는 견해에 관하여 동정녀 탄생 신앙의 기원은 그분의 탄생 방식이 실제로 약간 이상했을 경우보다 설명하는 것이 더 어렵게 된다. 우리는 참으로 가장 설득력있는 종류의 역사적 고려에 의하여 이 후자의 문제 해결책으로부터 배제되었고 그러므로 우리가 여전히 기적의 역사성을 거절한다면 순수한 신화적 견해로 되돌아갈 수 밖에 없다. 그러나 우리가 보게 되겠지만 그런 견해의 어려움은 매우 심각하여 때때로 하르낙처럼 거절된 합리주의적 방법으로 다시 돌아가 마태와 누가의 위대한 이야기를 설명할 사실적 기초를 찾으려는 사람이 생겨날 정도이다.

그럼에도 이 같은 도움은 동정녀 탄생의 사실을 거절하는 압도적인 다수에 의하여 전체적으로 거절되었다. 만약, 예수님이 동정녀에게서 나지 않았다면 주님께서 요셉과 마리아의 결혼관계를 통해 태어난 아들로 그분의 탄생 방식에 대해 제기될 수 있는 어떤 의문이나 의심도 없었을 것이라고 보편적으로 인정된다. 그러면 문제의 조건은 대부분의 학자들의 정신에 아주 명확하게 고정되었다.

실제로 대단하지 않은 유대인 가족 중 한 아들이 하나님의 초자연적 행동에 의하여 동정녀에게 잉태된 것으로 인정되는 것은 어떻게 설명되어야 하는가?

동정녀 탄생의 이야기는 실제 사건의 왜곡이 아닌 것으로 인정된다.

그러면 그것은 무엇인가?

그것은 어떻게 일어났는가?

스트라우스의 시대 이후로 지배해 온 이 질문에 대한 대답은 신약의 동정녀 이야기가 하나의 신화라는 것이다. 즉 종교적 개념을 역사적 형태로 표현한 것이라는 것이다. 그 이야기가 거기서 표현하는 특별한 종교적 개념이 무엇이냐는 질문에 관하여 약간의 의견 차이가 있지만, 그러한 차이들은 아마도 있어야 할 것으로 기대될 만큼 중요하지 않다.

브루노 바우어(Bruno Bauer)는 기독교 공동체와 하나님 사이의 연합의 수립에 나타난 신적 주권의 개념을 그 이야기가 표현한다고 생각한 것은 사실이다.

기독교인 공동체는 신과 인간의 연합을 의식하고 있었다고 그는 추측했다. 이 통일성은 죄악된 인간이 아니라 오직 하나님으로부터 나올 수 있다. 그러므로 공동체는 인간의 도움 없이 하나님에 의해서 생산된 어떤 것으로 인정된다. 그리고 마침내 이 사상은 공동체로부터 설립자의 인격에까지 이동된다.[17]

그러나 신화로 표현되었다고 추측된, 이 개념에 대한 이 같이 고도로 특별화된 설명은 고립된다. 그리고 일반적으로 신화 이론의 옹호자는 예수님의 인격 (특히 그분의 신적인 아들됨)의 위대성 또는 신자들이 그분에게 은혜를 입었다는 막대한 빚에 대한 기독교인의 확신을 신뢰가 표현하는 사상으로 간주함으로써 스스로 만족한다. 예수님처럼 위대하신 분은 신화를 일으키는 범주에서 정상적인 인간의 방법으로 태어났다고 인정될 수 있었던 것이 아니라 그분의 어머니에게 잉태된 것까지 하나님의 행위에 의한 것으로 생각되어야 한다는 것이다.

그러나 물론, 신화로 표현된 사상의 일반적인 공개는 신화 자체를 설명하기에 충분하지 않다. 왜 예수님의 위대성은 바로 이 특별한 방법으로 경축되었는가?

이 점에서 의견들은 갈라진다.

---

17 Bruno Bauer, *Kritik der evangelischen Geschichte der Synoptiker*, 1841, 37f.

제13장

유대인 기원설

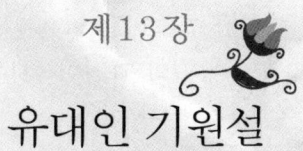

앞장에서 동정녀 탄생 이야기의 역사성을 거절하는 대다수의 의견으로 그 이야기가 신화로 간주되어야 한다는 것이 관찰되었다. 다른 말로, 그것은 종교적 확신-예수 그리스도의 위대성을 인정하는 기독교인의 확신-에 관한 이야기 형식의 표현으로 간주해야 한다는 것이다.

그러나 이 특별한 신화는 어디서 비롯됐는가?

특히 어떻게 그리스도의 동정녀 탄생 개념이 일어났는가?

가장 명백한 제시는 두말할 필요없이 그 개념이 유대 기독교인의 기반에서 일어났다는 것이다. 우리가 본 대로 그 개념을 포함한 이야기는 현저하게 특성상 유대적이며 팔레스타인적이다.

그러므로 그 개념이 유대인적 사상의 요소에 근거하여 형성되었다고 생각하는 것보다 더 자연스러운 것이 무엇이겠는가?

동정녀 탄생 교리의 유대 기독교적 기원이 카임, 레빌레, 롭스타인과 하르낙 같은 저명한 학자들에 의하여 옹호되었다는 것은 놀라운 일이 아니다.

그러나 그리스도의 동정녀 탄생 개념을 형성한 것으로 생각되는 유대적인 요소들은 무엇인가?

우선, 아이를 못 낳는 어머니(적어도 이전에)나 늙은 부모에게서 태어난 이삭과 삼손과 사무엘 같은 영웅에 관한 구약 이야기들이 있다. 이 같은 탄생의 경우에 자연적 과정은 철저히 깨졌다. 예를 들어 사라는 그녀 자신의 아이를 갖는 기대를 모두 포기했다. 그런데도 놀라운 방법으로 하나님의 능력이 나타났고 그녀는 늙은 나이에 임신했다. 이와 같이 이삭의 경우에 정상적인 자연의 과정이 아니라 하나님의 능력이 결정적이었다.

그러면 인간 아버지를 아주 배제하고 이삭보다 더 큰 분이 하나님의 능력의 직접적인 역사에 의하여 동정녀에게 잉태되었다는 주장은 쉬운 조치가 아닌가?

이 같은 고려는 누가의 유아기 이야기에 요한의 출생과 예수님의 탄생이 병행되는 것에 의해 확인된다. 세례 요한은 이삭처럼 늙은 부모에게서 태어났고 요한보다 더 큰 예수님을 나타내려는 것이 이야기의 의도이다.

그러나 예수님의 뛰어난 위대성이 그분의 탄생의 방식에 반영되어야 한다면 그리고 요한이 신적 은혜의 놀라운 현현에 의하여 늙은 부모에게서 태어났다면, 예수님의 경우에 인간 아버지가 아주 배제되어야 하는 것과 그 아이가 하나님의 능력에 의하여 잉태된 것으로 묘사되는 것보다 더 자연스러운 것이 무엇인가?

만약, 요한이 그녀의 어머니의 태에서 성령으로 충만했다면[1] 요한보다 더 큰 자의 경우에 그 어머니의 태에서 성령이 그 아이의 참된 실존을 초래하는 것보다 더 자연스런 것이 무엇인가?

세례 요한의 출생과 관련된 기적과 예수님의 탄생과 관련된 더 큰 기적 사이의 평행은 마리에에게 초자연적 잉태에 대한 약속을 확인하면서 그녀의 친척 엘리사벳과 같은 경험을 할 것이라는 누가복음 1:36 이하의 천사의 말에 의하여 분명히 나타나는 것으로 보인 것이다.

---

[1] 눅 1:15.

> 보라 네 친족 엘리사벳도 늙어서 아들을 배었느니라. 본래 임신하지 못한다고 알려진 이가 이미 여섯 달이 되었나니 대저 하나님의 모든 말씀은 능하지 못하심이 없느니라(눅 1:36-37).

그러면 그것은 예수님의 최고의 위대성에 의해 감명 받은 사람을 위하여, 하나님의 특별한 경륜에 의하여 늙은 여자의 태에 가져온 잉태로부터 하나님의 창조적 능력의 직접적인 역사에 의하여 동정녀의 태에 가져온 잉태로의 전환은 쉬운 조치가 아닌가?

이 같은 고려가 그럴듯함에도 불구하고 우리는 그것이 전혀 쉬운 조치가 아니라고-확실히 유대인에게는 아니다-대답한다. 이삭 출생 이야기의 본질적인 요점은 아브라함의 부권이었다. 세례 요한의 경우에는 사가랴의 부권이 충분히 강조되었다. 다가오는 탄생 예고가 이루어진 것은 요한의 아버지 사가랴이다. 그리고 엘리사벳에게 나타난 신적인 호의는 누가복음 1:13, 24 이하, 43 이하의 이야기에도 나타나지만 아직도 일반적으로 사가랴가 탁월한 인물로 부각된다. 분명히 구약의 책들과 누가복음 첫 장의 화자들은 남편이 실제로 바로 그 자신의 아들을 낳았다는 것을 완전히 신적인 은혜의 본질적인 부분으로 간주한다.

이 특별한 화자의 이러한 태도는 아이 낳음에 대한 일반적인 유대인의 태도와 완전히 일치한다. 구약 전체를 통하여 대가족의 소유는 신적인 은혜의 표시로 간주되었고 결혼관계를 향한 금욕주의적 태도의 흔적은 전혀 없다. 더욱이 이 점에서는 어떤 문제도 없으며 이러한 구약의 태도는 후기 유대교에도 만연했다. 요세푸스는 참으로 에세네파의 금욕주의적 체계를 세 가지 유대 분파 중 하나로 언급했는데 그들은 예수님의 생애, 특히 탄생 이야기를 여기저기서 가져와 자신과 결부시키려 했다.

그러나 일반적으로 이 같은 노력은 수박 겉핥기식으로만 나왔고 현대 학자들의 주류에 의하여 거절되었다. 예수님이 공생애 기간 사셨던 유대교의 전체적인 모습은 요세푸스가 묘사한 에세네파와는 매우 관계가 멀다. 우리는 복음서를 통해 바리새인들과 사두개인들에 대한 생생한 묘사를 읽으면서 그 이상한 에세네파의 금욕주의, 그들의 엄격한 계율 준수, 그들의 수도원적 생활이 전혀 다른 세상에 속한다는 것을 느낀다.

에세네파는 복음서에 언급되지 않았을 뿐만 아니라 분명히 전혀 나타나지 않는다. 마태와 누가의 유아기 이야기에서 에세네파의 영향력의 가능성은 특히 적다. 그 이야기의 전체적인 정신은 그 같은 것과 대조된다. 확실히 에세네파의 금욕주의가 이 이야기의 범위에 최소한의 영향력을 끼쳤으리라는 것은 거의 불가능하다. 그러한 범위는 분명히 구약성경으로부터 영감을 끌어온 유대인 생활의 한 형태에 속한다. 그리고 구약 전통의 부분은 우리가 위에서 특성을 묘사한 결혼관계와 아이 낳음에 대한 태도였다. 참으로 그런 태도는 유대인들 가운데 초기 기독교의 친구들과 마찬가지로 적들에 의하여 의심 없이 공유되었다.

그런 점에서 예수님의 경우에 인간 아버지의 배제에 대한 하나의 장벽이 발견될 것이다. 다른 장벽은 하나님에 대한 유대인의 태도에서 발견되어야 한다. 유대인에게 하나님의 품위를 떨어뜨리는 세상과의 접촉을 초래하는 것보다 더 싫어하는 것은 있을 수 없었다. 후기 유대교에서는 구약에서도 근본적인 하나님의 초월성이 하나님의 이름조차 금할 만큼 과장된 것은 종종 주목되었다.

특히 하나님께서 인간 아버지를 대신할 수 있었다는 것과 이방신의 신비한 방식을 따라서 아이를 낳았다는 관념을 싫어했을 것이다. 참으로 누가복음 1-2장과 마태복음 1-2장에는 그런 개념이 나타나지 않는다. 그러나 거기에 나타난 동정녀 탄생 이야기조차 약간 같은 방향-하나님의 완전한 초월성을 깨뜨리는 방향으로 움직이는 것으로 유대인에게 보였을 것이다. 기독교 이전의 유대교는 참으로 하나님에 관하여 어떤 아버지 자격의 개념을 갖고 있었다.

왜냐하면 그 같은 개념이 구약에서 발견되기 때문이다. "너는 내 아들이라. 오늘 내가 너를 낳았도다"고 여호와께서 둘째 시편에 메시아적 왕에게 말씀하신다.[2] 그러나 이 구절은 분명히 메시아적 왕의 탄생이

---

2 시 2:7.

아니라 직무를 위한 그분의 취임식을 언급한다. 그것은 가능한 한 인간 부성을 제외하지 않는다. 구약에 따른 하나님의 부성은 (적어도 그것들이 후기 유대교에 의하여 이해되는 한) 하나님과 민족의 관계나 하나님과 왕의 관계를 언급하든지 하나님이 은혜로운 행동에 들어가는 관계이다. 인간 아버지의 부성에 대하여 그것을 언급하는 것은 전적으로 다른 개념의 범위에 호소하는 것이다. 그리고 유대인에게 그것은 세상에 대한 하나님의 초월성을 상당히 손상시키는 것으로 보였을 것이다.

경고의 말은 이 부분에서 끼워져야 한다. 우리는 유대인의 하나님의 초월성 교리와 동정녀 탄생의 이야기 사이의 부조화를 주장하고 있다.

그런 부조화는 우리가 지금 비판하는 그것들의 기원의 견해에 반대하는 만큼 신약의 탄생 이야기 자체를 반대하지 않는가?

우리는 마태와 누가의 초자연적 잉태 교리가 확실하게 후기 유대교와 마찬가지로 구약에서 가르쳐진 하나님의 초월성 교리와 실제로 반대된다는 것을 말할 작정인가?

그리고 그것이 그런 교리와 반대되지 않는다면, 왜 유대 기독교인은 구약의 하나님 개념에 완전히 충실하여 그리스도의 동정녀 탄생을 믿지 않으려 하는가?

그 대답으로 우리는 긴급하게 제시된 개념의 수용과 이 같은 긴급성이 없는 반복적 개념의 수용 사이에는 거대한 차이가 있다는 것을 단순히 지적한다. 확실히 하나님의 초월성과 그리스도의 동정녀 탄생 사이에 이율배반적인 요소가 있다. 비천한 사람이 아니라 세상을 창조하신 하나님의 영원한 아들 그분이 동정녀의 태를 경멸하지 않고 사람으로 태어나는 것을 동의하고 우리 가운데 거하신다는 것은 최고로 놀라운 일이 분명하다. 그분이 오신 방식이 마리아의 태에 나타난 하나님의 성령의 창조적인 행동으로 발견되었다는 것 역시 놀라운 일이다. 그러나 이러한 이율배반적 요소는 참으로 모순에 해당되지 않는다. 그리고 마태와 누가의 놀라운 이야기에 늘 대립하는 두 요소 가운데 어느 한 요소도 전혀 희생되지 않는다. 우리의 구세주가 세상에 왔을 때 하나님께서 인간 아버지를 배제한 것으로 생각되는 것은 하나님에 관한 어떤 열등한 개념에 의한 것이 아니다.

동정녀의 태속에 예수님의 인간적 삶을 시작하게 한 것은 인간의 방식에 따라 아이를 낳는 헬라신화의 신들이 아니라 성령 자신의 창조적 행위에 의한 것이다. 여기에 이율배반이 있다.

그러나 그것은 본질적으로 단순히 하나님의 아들의 성육신의 필요성에 포함된 모순이 아닌가?

"그래서 모든 위대한 것은 역시 모두를 사랑하는 것이었다."

어떤 놀라운 것이 그보다 더 위대할 수 있었을까?

그것은 기독교인이 그 안에서 안식할 수 있는 놀라움이다.

그러므로 복음서 이야기의 이율배반은 엄청난 사실로 창조될 뿐만 아니라 초월된다. 하나님에 관한 고상한 구약개념은 완전히 보전된다. 그러나 그런 하나님은 창조적인 능력으로 하나님이자 사람이신 분의 몸을 동정녀의 태에 형성하셨다. 그 이율배반은 진실로 여기서 극복되었다. 즉 하나님의 전능하신 행위로 극복되었다.

그것은 어떤 다른 방법으로 극복될 수 있었는가?

우리는 그렇게 생각하지 않는다. 그리고 우리는 생각하지 않기 때문에 우리는 동정녀 탄생의 추측된 신화의 유대 기독교인 기원을 거절했다. 예수님께서 실제로 동정녀 마리아의 태에 성령으로 잉태되었을 때 그런 사실이 하나님의 두려운 초월성과 함께 신적인 계시에 의하여 조화될 수 있었다고 말하는 것과, 하나님의 초월성과 함께 시작한 유대인이 계시의 계몽이 없이 사실의 강요 없이 마태복음과 누가복음에 나타난 놀라운 묘사에 도달하는 것이 가능했으리라고 말하는 것은 아주 다른 것이다.

우리가 유대교에 관하여 아는 모든 것은 그 같은 가능성과 반대된다. 어떤 유대인은 그것이 실제로 일어났을 때 동정녀 탄생을 수용할 수 있었지만 그것은 존재하는 개념에 그 관념을 포함하는 것과 매우 다르다. 이 같은 관념의 진화에 대한 적개심은 하나님에 관한 유대인 사상의 전체적인 경향이었다.

동정녀 탄생의 유대 기독교 기원에 대한 부차적인 장애물은 히브리어의 '영'이란 단어가 여성이라는 사실에서 발견될 수 있다.

이런 사실에 비추어볼 때 초자연적 잉태가 성령에 의하여 성취되었다는 개념이 자연스러웠을까?

예수님의 탄생에 남성의 자리를 취한 신적인 능력에 대해 여성명사가 자연스럽게 사용되었을까?

이 같은 추측에 대하여 히브리인에 따른 유대 기독교인의 복음서에서 성령이 실제로 예수님의 아버지로서가 아니라 어머니로서 실제로 묘사된 사실은 종종 특히 강조되었다.

이 주장은 틀림없이 단지 조심스럽게만 사용되어야 했을 것이다. 마태와 누가의 탄생 이야기에서 성령은 신인동형론적 방법으로 남성의 요소의 자리를 취한 것이 아니라 창조적인 행동에 들어간 것으로 묘사되었다. 그리고 우리는 히브리인에 따른 복음서가 예수님의 어머니로서 성령의 이상한 명칭에도 불구하고 물론, 확실하지 않지만 정경 복음서에 나타난 것과 동일한 형식으로 동정녀 탄생의 기사(account)를 포함했다고 믿을 이유를 발견했다.

만약, 그러면 히브리인에 따른 복음서에서 '영'이라는 여성 단어의 사용 및 성령을 예수님의 어머니로서 제시함으로써 그것을 활용한 것이 같은 성령에 의한 초자연적 잉태 이야기의 포함을 방해하지 않았다면 이러한 여성명사가 처음부터 이야기의 형성을 방해했을까?

이 같은 고려는 그들이 초점을 맞추고 있는 주장을 전혀 파괴하지 않는다. 만약, 그 이야기가 이미 형성되었다면 히브리어에 '영'이란 여성 단어가 초자연적 잉태 이야기의 셈족 배경의 사람에 의한 수용을 필연적으로 방해하지 않았으리라는 것은 완전히 사실이다. 우리는 마태와 누가의 고상한 묘사가 성령에 의한 인간 기능에 대한 해제가 아니라, 영의 창조적인 사역에 대하여 언급했음을 이미 지적했다. 그러므로 그 묘사가 바르게 이해되었다면, 그것은 히브리 단어의 여성에도 불구하고 유대민족의 남자들에 의하여 수용될 수 있었다.

그러나 우리가 지금 관심 갖은 이론의 옹호자에 의하여 그 이야기의 유대 기독교인 창작자에 기인한 인간 아버지의 등장이나 부재에 관한 반영의 성질에 근거하여 그 이야기가 사실에 기초 없이 전개되었다면 우리는 그 여성 단어가 참으로 큰 장애물이었으리라고 생각한다. 바르게 이해했다면 그 이야기는 (그것이 사실로 받아들일 때) '영'이란 여성 단어와 완전히 조화된다. 그러나 유대 기독교인의 신비적인 기원론은 그 이야기가 처음에 매우 다른 방법으로 이해되었음을 추측한다. 그러므로 히브리 단어의 여성은 확실히 부차적이지만 추측된 신화의 유대 기독교인 기원설을 반대하는 어떤 확실한 주장을 제공한다.

하나의 훨씬 중요한 주장은 메시아의 다윗의 자손에 관한 유대인의 기대에서 발견될 수 있다. 확실히 그런 기대는 유대 기독교 배경에서 동정녀 탄생 개념의 전개에 대하여 강력한 장애물을 구성하곤 했다. 만약, 동정녀 탄생의 이야기가 구약에 나타난 것처럼 그리고 후기 유대교에서 일방적이고 과장된 형태로 나타난 것처럼 하나님의 초월성과 모순된다면, 아마도 보다 명백하게 그것은 다윗의 계통에서 오리라는 왕의 약속과 모순된다. 마태와 누가의 이야기에서 우리가 본 대로 다윗의 자손은 요셉을 통해서 추적되고, 가장 가능한 해석에 따라 마리아를 통해서가 아니다.

그러면, 어떻게 이 이야기의 저자들처럼 사실의 강요없이 다윗의 자손 예수님을 이 같이 강조한 유대 기독교인은 결국 예수님이 결국 요셉의 아들이 아니라 성령으로 잉태되어 인간 아버지 없이 태어났다는 관념을 전개하였는가?

여기서 다시 모순은 보다 높은 통일성으로 변형될 수 없는 것이 아니다. 우리는 다른 곳에서 예수님이 요셉의 집에서 태어났을 때-육체적 의미에서 그의 아들이 아니라 하나님의 놀라운 행동에 의하여 동정녀 마리아의 자궁에 잉태되었으며, 이미 요셉의 아내인 마리아에게서 태어나셨을 때-그분은 약속에 따라서 진실로 다윗의 후손이었음을 살펴보았다. 단순한 양자라도 유대인에게는 우리보다 더 많은 의미가 있음을 우리는 주장했다.

그리고 요셉과 예수님의 관계는 동정녀 탄생의 이야기가 진실이라면, 사람들 가운데 존재하는 일반적 양자관계보다 더 크다. 그러므로 예수님은 동정녀 탄생이고, 정상적 의미로 요셉의 아들이 아니지만 여전히 요셉의 상속자였고 메시아적 왕에 관한 하나님의 약속의 상속자였다. 그러면, 신약의 이야기에 따라서 예수님은 진실로 다윗의 가문에 속하였다. 그분은 육체적 의미로 요셉의 아들인 것보다 훨씬 놀라운 방법으로 다윗의 가문에 주신 하나님의 선물이었다.

그러나 모순이 이런 식으로 매우 쉽게 해결될만하다면, 그 약속들이 실제로 마태와 누가의 이야기대로 예수님의 탄생에 의하여 성취되었고 약속을 받은 자들의 생각과 일치하는 방식으로 성취되었다면 우리는 결국 동정녀 탄생 신화의 유대 기독교인 기원에 반대하는 어떤 주장의 근거를 갖는가?

우리에게는 어떻게 보이든, 유대인에게는 동정녀 탄생의 이야기가 요셉을 통한 다윗의 자손 예수님과 전적인 모순으로 보이지 않는가?

우리는 여기서 다시 한번 하나님에 관한 유대인 교리의 경우에서처럼 사실의 강요에 의하여 만들어진 모순을 해결할 수 있는 것과 재촉하는 원인이 없이 처음부터 모순을 만드는 것은 매우 다른 것이라고 우리는 대답한다. 의심 없이 요셉을 통한 예수님의 다윗의 자손은 동정녀 탄생의 이야기와 조화될 수 있다. 의심 없이 후자의 이야기가 한번 들려질 때 구약의 어떤 학생은, 특히 유대인은 요셉의 집에서 태어나신 동정녀 탄생의 메시아가 진실로 다윗의 집에 속했을 뿐만 아니라 그분이 일반적인 출생에 의하여 다윗의 자손이 된 것보다 정말 더 놀라운 방법으로 다윗의 집에 속했음을 볼 수 있었다. 의심 없이 하나님의 약속들은 원래 이해된 대로 단순히 성취된 것보다 정말 더 완전하고 정말 더 영광스럽게 성취된 것으로 보일 수 있었다. 한번 동정녀 탄생의 이야기가 수용되었을 때, 그 모든 것은 완전히 진실이다.

그러나 그런 이야기가 수용될 때까지 그 이야기는 정말 메시아가 다윗의 계통을 이어받을 것이라는 약속을 중심으로 메시아를 생각한 자들에 의하여 전개되었을까?

확실히 이 추측은 그럴듯하지 않다. 모든 지표가 잘못되지 않았다면 유대인, 특히 마태복음 1-2장과 누가복음 1-2장 이야기의 원래 저자들이 염두에 둔 유대인의 메시아에 대한 기대는 동정녀 탄생의 이야기에 포함된 것과 같은 다윗의 자손 메시아 사상과 매우 먼 방향으로 나아갔다. 그러므로 우리는 마태와 누가의 예수님 탄생 묘사가 하나님의 초월성에 관한 유대인의 교리와 마찬가지로 다윗의 자손에 관한 유대인의 교리와 모순-동정녀 탄생의 추측된 신화에 대한 유대 기독교인 기원을 강하게 반대하는데 영향을 끼쳤던 모순-된다고 주장한다.

어떤 자극에 의해 유대인의 마음 속에 있는 동정녀 탄생 이야기에 대한 그러한 장애물이 극복될 수 있는가?

물론 그것들은 사실이라는 자극에 의하여 극복될 수 있었다. 만약, 동정녀 탄생이 실제로 일어났다면, 어떻게 유대민족의 남자들에 의하여도 수용되었을까를 이해하는 것은 어렵지 않다.

그러나 그런 설명이 지금 고려하는 이론의 옹호자에 의하여 거절되는 것같이 거절된다면 무엇이 그 자리에 놓일 것인가?

사실이라는 자극 외에 하나님의 두려운 초월성에 관한 전통적 견해에도 불구하고 그리고 메시아의 다윗 자손에 대한 강조에도 불구하고 유대 기독교인으로 하여금 동정녀 탄생 이야기를 수용하게 하거나 발전시켜 나가도록 인도하는 어떤 다른 자극이 있는가?

이 질문에 대한 유일한 한 가지 대답이 제시될 수 있다.

예수님의 동정녀 탄생의 관념을 위한 자극은 이사야 7:14의 예언에서 발견되지 않았을까?[3]

유대 기독교인이 "보라 처녀가 잉태하여 아들을 낳을 것이요 그의 이름을 임마누엘이라 하리라"는 성경 말씀을 읽을 때 그들은 동정녀 어머니 언급과 함께 이 구절들을 메시아의 동정녀 탄생의 예언으로 설명하려는 것보다 무엇이 더 자연스러운 것이 있을까?라고 언급될 수 있다.

그리고 그들의 견해에 따르면 예언은 성취되어야 하기 때문에 그러

---

[3] 확실히 그 자극은 어떤 다른 구절에서 발견될 수 없었다. 시 2:7의 사용("너는 내 아들이다. 오늘 내가 너를 낳았도다")은 이와 관련하여 Strauss(*Leben Jesu*, 1835, I, 177)에 의해 아주 드문드문 남았고 분명히 Strauss 자신에 의하여 그의 후기 책 *Das Leben Jesu fuer das deutsche Volk bearbeitet*(3te Aufl., 1874)에서 포기되었다.

므로 이 예언이 마태복음과 누가복음에서 우리에게 보존된 이야기에서 언급된 것처럼 동정녀에게서 탄생되어야 했던 참 메시아, 예수님의 경우에 실제로 성취되었다고 그들이 추측하는 것보다 무엇이 더 자연스러운가?

그러므로 그 가설에 따르면 예수님의 동정녀 탄생 교리는 이사야 7장의 한 구절에 포함되었거나 포함된 것으로 추측된 예언의 성취를 보여주기 위하여 전개되었다. 그 가설은 마태복음 1:22 이하에서 이사야 7:14의 실제적인 인용으로 강하게 지지된 것으로 생각된다. 거기서 우리는 동정녀 탄생의 교리가 전개된 방법에 대해 첫째 복음서 저자에 의하여 암시를 받는다고 추측되었다. 메시아적 증거 본문의 연구에서 유대 기독교인은 이사야에서 임마누엘 예언을 떠올렸고 임마누엘은 그 이야기의 추측된 성취를 낳았다.

이 제시에 관한 우리의 고찰에서 이사야의 인용 구절이 실제로 어떻게 해석되어야 하는가의 문제와 그것이 실제로 그리스도 이후 1세기 유대민족 남자들에 의하여 어떻게 해석되었는가의 문제를 예리하게 구별하는 것이 필요하다.

전자의 문제에 관하여 첫째 복음서의 저자가 우리 주님의 동정녀 탄생의 참되고 매우 귀중한 예언으로서 임마누엘 구절을 취하여 전체적으로 교정한 것을 우리는 매우 강하게 주장한다. 이런 견해에 대하여 참으로 70인역에서 '동정녀'로[4] 번역된 단어가 히브리어로 '동정녀'가 아니라 단순히 '결혼할 연령의 젊은 여자'를 의미한다는 사실이 주장되었다. 그것은 베투라(*bethulah*)가 아니라 할마(*'almah*)였다. 이 반대는 적어도 2세기 중엽만큼 오래되었다. 왜냐하면 그 당시의 저술가 순교자 저스틴(Justin Martyr)은 메시아의 동정녀 탄생에 관한 기독교 교리에 대하여, 70인역이 이사야 7:14에서 잘못되었다는 것과 할마가 헬라어로 '젊은 여자'로 번역되어야 하고 헬라어로 '동정녀'가 아니라고 주장함으로

---

4 παρθενος.

써 그의 유대인 반대자 트리포에게 말했기 때문이다.[5] 그 당시에 데오도티온, 아퀼라, 심마쿠스에 의한 2세기 유대인의 구약 번역은 실제로 이 점에서 기독교인의 70인역 사용에 맞서 명백하게 의식적으로 반대한 것으로 전자의 번역을 취한다. 그리고 많은 현대 학자들의 의견에 이 번역이 옳다는 것이다.

그러므로 2세기의 유대인과 현대 지지자들의 이사야 7:14 해석이 옳다면 동정녀 탄생의 교리는 이사야 7:14을 번역하면서 70인역에서 야기된 히브리어에 대한 오역에서 진전된 것으로 보인다. 히브리 원문에서 이 구절의 어느 것이든지 메시아의 동정녀 탄생에 관한 것이 아무것도 없다고 언급된다.

그러나 이 고대 유대인과 현대의 비평적 이사야 구절의 해석이 정말로 옳은가 또는 첫째 복음서가 동정녀 탄생의 예언으로서 그 구절을 취급하는 것이 옳은가?

이 문제는 단순히 히브리 단어 할마의 의미에 대한 고찰만으로 해결될 수 없다고 생각한다.

한편으로 히브리어는 '동정녀,' 즉 베투라라는 매우 분명한 단어를 가지고 있고 그것이 처녀를 의미한다면 그 단어가 계속 사용되었을 것이라고 주장되고 있다. 그러나 실제로 그 단어가 명백히 처녀가 아닌 여자로 사용된 곳은 구약에서 7번의 '할마' 사용 중 한 곳도 없다.[6] 할마가 실제로 베투라처럼 처녀성을 가리키지 않는다는 것은 쉽게 인정될만하다. 할마는 오히려 '결혼할 연령의 젊은 여자'를 의미한다. 그러나 다른 한편으로 용법의 관점에서 할마가 실제로 누군가가 처녀가 아닌 의미로 사용한 고유한 단어였는지 여부를 의심하는 것은 당연하다. 버니는 "본래 처녀를 의미하지 않지만 미혼인 여성외에 누구에게도 거의 사용되지 않은 '메이든'(maiden)과 '댐즐'(damsel)이란 용어"를 영어에서

---

5 그것은 νεανις이고 παρθενος가 아니다. Justin Martyr, *dial.*, 67.
6 반대의 견해에 영향을 받은, Prov. xxx.19 그리고 Cant. vi.8은 실제로 예외를 이룬 것으로 보이지 않는다.

사용하고 있는 것과 적절하게 비교한다.[7] 만약, 결혼한 여자가 이사야 7:14에서 언급되었다면 그것은 할마가 자연스럽게 사용되었으리라는 것보다는 어떤 다른 단어가 사용된 것처럼 보인다.[8]

그러나 그런 결론이 부정확하더라도 그 단어가 엄밀한 의미로 젊은 기혼 여성을 의미하는지 처녀를 의미하는지에 관해 본래 매우 중립적이더라도 여전히 문맥상 강하게 후자의 설명을 가리켰으리라고 우리는 생각한다. 유다 왕 아하스는 선지자에 의하여 (여호와의 직접적인 명령에 의하여) "깊은 데서든지 높은 데서든지" 구하기 위해 '징조'를 구하라는 말을 듣는다. 아하스가 거절하자 우리가 관심 갖는 인용구가 나타난다.

> 그러므로 주께서 친히 징조를 너희에게 주실 것이라. 보라, 처녀가[9] 잉태하여 아들을 낳을 것이요 그의 이름을 임마누엘이라 하리라. 그가 악을 버리며 선을 택할 줄 알 때가 되면 엉긴 젖과 꿀을 먹을 것이라. 대저 이 아이가 악을 버리며 선을 택할 줄 알기 전에 네가 미워하는 두 왕의 땅이 황폐하게 되리라. 여호와께서 에브라임이 유다를 떠날 때부터 당하여 보지 못한 날을 너와 네 백성과 네 아버지 집에 임하게 하시리니 곧 앗수르 왕이 오는 날이니라(사 7:14-17).[10]

---

7 C. F. Burney, "The 'Sign' of Immanuel," in *Journal of Theological Studies*, x, 1909, 583.

8 특히 *almah, bethulah* 등의 용법과 번역본들에서 이 단어들의 번역을 위하여 R. D. Wilson, "The Meaning of 'Alma(A. V. 'Virgin') in Isaiah vii. 14," in *Princeton Theological Review*, xxiv, 1926, 308-316를 보라. 다른 견해를 위하여 사 7:14이 실제로 마태에 의하여 특히 동정녀 탄생의 예언으로 취해진 것이 아니고(아니었고), 그 (진정한) 예언의 요점이 탄생의 방식이 아니라 그 아이 자신과 그분의 중요한 이름에서 발견된다고 주장한 John H. Raven("The Sign Immanuel," in *Biblical Review*, ii, 1917, 213-240)을 보라.

9 헬라어 번역(마 1:23에서 인용과 70인역에서)에서와 마찬가지로 히브리 원어에서 그 구절의 중요한 단어가 관사를 가졌다는 것이 관찰되었을 것이다. 그것은 그 할마이고 어떤 할마가 아니다. 어떤 학자에 따르면 그 관사가 강제 된 것이 아니라 그 번역이 '한 처녀'(또는 '젊은 여인')이었으리라는 것은 사실이다. 그러나 영어에 의한 번역은 최소한도로 말하는 것을 똑같이 허용할만한 언어학적 관점에서 정관사이고 그 문맥은 그것을 선호한다. 'a' 대신에 'the'로 대치한 ARV의 여백은 그러므로 분명히 본문에서 그 번역을 위해 선택되어야 한다.

10 사 7:14-17은 American Revised Version에 따르면 (대안적인 표현과 여백의 노트가

이 구절에서 첫 구절은 무엇을 의미하는가?

여호와가 준 '징조'로서 아이를 출산하는 할마는 누구인가?

이 질문에 대한 여러 대답은 이 유명한 구절에 관한 주석의 긴 역사에서 주어졌다. 매우 오래된 대답은 언급된 할마나 "젊은 여인"이 선지자의 아내라는 것이다. 선지자의 아내가 마헬살랄하스바스라는 아들을 낳은 것으로 언급된 8장 초기의 몇몇 구절은 임박한 정치적 사건으로 중요하다.

다른 아들은 전쟁하기 위해 아하스에게 온 두 왕, 즉 수리아의 왕 르신과 이스라엘의 왕 베가의 패전을 알리기 위하여 여전히 보다 중요한 이름인 임마누엘로 주어지지 않았을까?

그러나 할마라는 단어가 그 이상 다른 뜻이 없는 것으로 생각될지라도 왜 매우 자연스럽게, '여선지자'처럼 다음 구절에 표시된 선지자의 아내는 여기서 '결혼 연령의 젊은 여자'로 표시되었을까?

확실히 그 표현은 오히려 이상하다. 다른 해석은 할마의 의미가 아하스 왕의 아내에서 발견되며 그 결과 그 약속된 아이는 아하스의 아들 히스기야이다. 2세기의 비기독교 유대인에 의하여 옹호된 트리포와 순교자 저스틴의 대화에서 증명된 이 해석은 몇 세기 후 아하스가 왕위에 오르기 전에 히스기야가 태어나야 했기 때문에 그의 출생이 여전히 미래에 속한 아하스의 통치 안에서 언급될 수 없었음을 지적한 제롬에 의하여 거절되었다.[11] 더욱이 히스기야를 언급하는 것은 첫 번째 해석과 마찬가지로 할마라는 단어를 택한 것이 이상한 것은 말할 것도 없고 문맥적으로도 어떤 지지도 받지 못한다. 세 번째 해석은 할마의 모든 이 같은 동일시를 포기하고 어느 젊은 여인을 의미한다고 주장한다.

이 세 번째 해석에 따라서 그 선지자가 다음과 같이 말했다고 '생각하자.'

"한 젊은 여인이 내가 말한 이 순간에 잉태되었다. 그러면 그녀가 낳

생략되었다).

11 Justin M., *dial.*, 43; Jerome, *com.* in Isaiam, on Is. vii.14, ed. Vall et Maff., iv, 1845, col. 109.

제13장 유대인 기원설   415

을 아이가 분별 연령에 이르기 전에 유다를 위협한 두 왕의 땅이 황폐해질 것이고, 그 아이가 자라기 전에 일어나야 하는 구원으로 인해 그 아이가 적절하게 '하나님이 우리와 함께 하신다'고 불릴 수 있었다"고 말하는 것이다.

그러므로 회화적인 방법으로 선지자는 유다에게 임할 구원이 임박했음을 암시한다. 우리는 잠시 숙고해 보아도 이 견해의 부적절성이 드러나고 있다고 생각한다. 그녀가 왕국에 대한 위협이 사라지기까지 경과되어야 하는 시간측정을 보여주기 위해 도입된 존재라면 우리는 그 예언의 원래 청자와 마찬가지로 그 젊은 여성과 매우 이상하게 보이는 방식을 지닌 그녀의 출산 방식에 주목하게 될것이다. 그리고 이사야 8:8을 우리의 구절과 연관해서 취했을 때 그것은 분명 특정한 사람을 의미하고 있음을 보여 준다.

사실 할마의 아이 출산에서 일반적인 출생만을 발견하는 이 모든 해석들은 약속이 소개되는 방식에 의해서 반대된다.

왜 일반적인 출생이 하나의 '징조'로 간주되어야 하는가?

그 단어는 자연스럽게 우리가 히스기야의 일영표에서 해가 뒤로 물러감이나 또는 기드온의 양털과 관계된 현상 같은 어떤 사건을 생각하도록 하게 한다. 선지자가 말한 어떤 기적을 기대하도록 우리에게 인도한 것은 단순히 이 한 단어의 사용이 아니다.

'징조'가 소개된 정교한 방식 역시 기적을 암시한다. 전체 구절은 독자나 청자가 젊은 여자와 그녀의 아이를 명상할 때 깊은 신비감을 느낄 수 있게 하는 것 같은 용어로 표현된다.[12]

---

12 2세기 중엽에 Trypho와의 대화에서 순교자 Justin만큼 오래된 이 주장은 다음과 같이 기록하고 있다(*dial.*, 84). "만약, 이 사람이 모든 다른 첫 번째 아들이 태어난 것처럼 양성의 결합에 의하여 태어나야 했다면, 왜 하나님은 그분이 모든 첫 출생과 공통적이지 않은 하나의 표징을 나타냈을 것이라고 말씀하셨는가? 그러나 인류를 위한 하나의 표징이고 틀림없이 운명지워진 것을 성령을 통하여 예언하면서—모든 피조물들 중 첫 출생이 동정녀를 통해서 성육신하면서 하나의 아이가 될것이라는—그분은 그것을 (내가 여러분에게 제시한 것처럼) 이런 저런 방식으로 미리 선포했다. 이것은 어떤 일이 일어났을 때 그것이 만물을 창조하신 이의 힘과 목적에 의해 일어난 것임을 보여주기 위해서

구약과 연관된 다른 점에서 처럼, 이 점에서 우리는 주석의 분야에서 초현대비교종교학파에서 뜻밖의 협력자를 얻는다. 예를 들어, 그레스만에 의해 묘사된 것처럼 그 학파는 임마누엘 예언에서 적어도 그 선지자와 밀접하게 관련된 사건을 단순히 말하는 것이 아니다. 그의 출생이 보통 인간의 영역을 초월한 엄청난 신적 인물의 출현을 발견함으로 우리의 구절에 대해 전통적 주석으로 돌아 가려는 경향을 보였다.[13] 우리는 이 표현이 나타난 자료에 관하여 그레스만에 동의하지 않는다. 왜냐하면 우리는 유일하게 살아 계신 참 하나님으로부터 나온 진정한 계시에서 자료를 찾는 반면에, 그는 신적인 구속자에 관하여 광범한 동방의 신화에서 그 자료를 찾기 때문이다. 그러나 적어도 주석의 영역에서 약간의 동의는 있다.

현대의 비교종교학파는 적어도 유력한 비평학파에서 유행하는 구약의 예언서에 관한 과소평가적 해석을 거부하는데 있어 구약의 경건한 독자들과 일치한다. 의심 없이 건전한 주석적 본능은 여기서 작동한다. 이스라엘 백성보다 더한 어떤 것이 이사야서 후반에서 "여호와의 종"의 모습을 의미한다는 것은 확실히 분명하다. 또한 본문의 임마누엘은 그 당시 선지자나 아하스나 어떤 평범한 젊은 여자의 아이보다 더 많은 어떤 것을 의미한다는 것은 확실히 분명하다. 실제로 공감하는 지성적인 독자는 이사야 7장과 8장의 '임마누엘'에서, 9장에서 그의 이름이 "기묘자라, 모사라, 전능하신 하나님이라, 영존하시는 아버지라, 평강의 왕"이라 불리는 '아이'에서, 11장의 '가지'에서, 신적인 인물을 의미한다는 것을 의심하기 어렵다고 우리는 생각한다. 공통적인 과소평가적 해석은

이다." 의심 없이 이 주장은 이후의 연구에서 보충되었을 것이나, 그것이 실제로 무효로 되었는지 여부는 심각하게 의심스럽다. 생각건대, '표징'이란 용어는 다른 방법으로 사용될 수 있다. 예를 들어, 그것은 초자연적으로 예언된 것과 조화 때문에 비로소 하나의 표징이 되는 자연스런 사건을 그 자체로 나타낸다. 그러나 어떤 사람이 전체적으로 이사야의 구절을 취할 때 이 같은 해석은 여기서 분명히 부적당한 것으로 보인다.

13 Gressmann, *Der Ursprung der israelitisch-juedischen Eschatologie*, 1905, 272–278, 289를 보라. 마찬가지로 Hans Schmidt, "Die grossen Prophten," (in *Die Schriften des Alten Testaments*), 1915, 74f.

세부적으로 그럴듯하게 보인다. 그러나 그것들은 본문 전체의 장엄한 흐름 안에서 사라진다.

그렇지만 이 점에서 하나의 반대가 가까이 놓여 있다.

만약, 이사야 7장의 구절이 그리스도의 실제적 예언을 구성한다면, 선지자 자신의 시대에 속한 사건들이 분명한 16절에 대해서는 어떻게 보아야 하는가?[14]

약 7세기 후에 분별 연령에 이른 그리스도의 오심이 어떻게 이스라엘과 수리아 땅이 황폐될 시간에 맞추어 이루어질 수 있는가?

확실히 한 아이의 보다 임박한 출생을 염두에 두었음에 틀림없다.

대답으로 둘 중 하나가 언급될 수 있다.[15]

첫째, 선지자가 임마누엘 아이의 출생을 비전으로 보았고, 궁극적 성취와 관계없이 비전 그 자체가 나타났다는 것이 주장될 수 있다.

이러한 해석에 따르면 선지자는 "나는 놀라운 아이를 본다. 놀라운 아이의 출생이 그의 백성에게 구원을 가져올 것이다. 그의 어머니의 태에서 그 아이의 잉태와 그의 분별 연령에 이르는 것 사이에 존재하는 그런 시간이 경과하기 전에 이스라엘과 시리아 땅이 황폐하게 될 것이다"라고 말했을 것이다.

이 해석은 불가능하지 않다고 생각한다. 우리의 단조로운 현재의 언어로 그것을 적절하게 제시하는 것은 참으로 어렵다. 그러나 예언자의 고상한 언어를 반드시 읽어야 하는 예언적 비전의 언어로 읽을 때 그러한 우려는 점차 사라진다.

둘째, 그 구절에서 어떤 임박한 아이의 출생이 보여지지만, 그 사건이 다가올 더 큰 사건의 전조로 취해져야 한다고 주장할 수 있다.

---

14 "대저 이 아이가 악을 버리며 선을 택할 줄 알기 전에 네가 미워하는 두 왕의 땅이 황폐하게 되리라."

15 그것들은 J. A. Alexander의 *The Prophetcies of Isaiah*, 1865, I, 169–172에서 잘 분류되고 상술되었다.

선지자 자신의 시대의 아이에 대한 임박한 언급은 실제로 마태복음 제1장에 인용한 보다 멀고 보다 큰 언급을 배제하는가?

모든 시대의 교회가 얼마나 많이 아름답고 얼마나 많은 하나님의 은혜인가를 발견한 예표론을 아주 거절하는, 구약 선지서에 대한 일반적 견해에 따르면 그럴 수 있다.

그러나 그 일반적 견해는 실제로 이 구약 책의 충분한 의미를 꿰뚫었는가?

우리는 그렇게 생각하지 않는다. 우리가 그렇게 생각하지 않기 때문에 (또는 그밖에 우리가 방금 제시된 다른 두 개의 가능한 해석을 채택했기 때문에) 우리는 첫 복음서 기록자가 이사야 7장의 예언에 관하여 만든 용법을 여전히 수용할 수 있다. 그것은 우리가 필로와 오리겐에서 구약성경의 독자들에 대한 해로운 영향을 끼친 전적인 알레고리 해석으로 되돌아가기 원한다는 것을 의미하지 않는다.

오히려 우리는 문법적-역사적 주석 방법에 대한 완전한 확신을 고수한다. 그러나 문법적-역사적 주석은 고대 책으로부터 모든 알레고리의 배제를 요구하지 않는다. 그것은 단지 알레고리를 의도하지 않는 곳에서 알레고리가 발견되지 않을 것을 말할 뿐이다. 또한 문법적-역사적 주석은 구약 선지서의 고귀한 언어로부터 모든 예표론의 배제를 요구하지 않는다.

모든 예표론이 배제되어야 하는지의 문제는 현대 주석 방법론의 기계적 적용에 의해서가 아니라 단지 근면하고 호의적인 연구에 의해서만 인정될 문제이다. 그리고 이 같은 근면하고 호의적인 연구가 구약에 적용될 때 결과는 하나님의 언약 백성을 다룸에서 다가오는 더 큰 일에 관하여 깊고 초자연적인 약속을 발견할 것이라고, 우리는 생각한다.

그래서 우리의 구절에서 선지자가 반항하는 아하스 앞에 어머니와 아들의 이상한 모습을 제시했을 때 선지자는 단순히 그때 태어난 어린 아이가 악을 거절하고 선을 선택하는 방법을 알기 전에 유다를 구한다고 약속한 것이 아니다. 오히려 참 임마누엘, 전능하신 하나님, 평강의 왕이 성령의 감동에 의해 동정녀의 팔에 작은 갓난 아이로 놓일 날을 희미하고 신비스런 비전으로 고대하고 있는 것이다.

그러나 이 같은 예언서의 읽기는 우리가 이제 가져올 수 있는 어떤 고려에 의하여 그것을 포기하는 자들에게는 설득되지 않을 것이다. 참으로 우리의 현재 피상적인 종교생활에 강력한 변화가 있을 때 그리고 사람이 다시 살아 계신 하나님의 소리에 귀 기울이려 할 때만 그것이 올 것이다. 확실히 우리가 지금 그것을 변호하려고 시도하는 것은 우리의 현재 주제로부터 우리를 멀리 벗어나게 할 것이다. 왜냐하면 지금 우리의 주장은 이사야 7:14이 실제로 메시아의 동정녀 탄생에 관한 예언이라는 사실에 초점을 맞춘 것이 결코 아니기 때문이다.

덧붙여 말하자면 우리는 복음서 기자가 인용한 예언이 전적으로 하나님의 영감에 의한 것으로 믿는다는 입장에 대해 오해가 없기를 바란다는 것이다. 실제로 우리의 현재 주장에 적절한 것은 아주 다른 것이다. 이사야 7:14의 참 해석이 무엇이든지, 그리스도 후 1세기 유대인들 가운데 보급된 예언의 실제적 해석은 메시아의 동정녀 탄생의 어떤 예고를 예언서에서 발견할 수 없다는 것이 사실이다.

만약, 이사야 7:14이 실제로 메시아의 동정녀 탄생에 관한 예언이라면, 후기 유대인이 그런 식으로 해석하는데 완전히 실패했다는 것은 아마도 첫눈에 이상하게 보일 것이다. 그러나 한 가지 병행의 경우가 이사야 53장에서 발견된다. 만약, 기독교인의 마음에 그리스도의 구속사역에 관한 예언이 되는 것으로 보이는 구약의 한 구절이 있다면 그것은 비길 데 없이 훌륭한 이사야 53장이다. 오늘날 우리는 종종 신약의 구절을 더 좋아할지라도 주님이 십자가 위에서 다른 사람들을 위하여 이루신 속죄를 나타낸 것으로 그것을 읽는다.

순전한 기독교인은 이것보다 더 영광스럽고 분명한 예언이 있다고 결코 말하지 않는다. 하지만 역사가는 실제로 후기 유대인이 이 같은 방식으로 예언을 해석하지 않았다는 것을 인정해야 한다. 메시아의 대리적 고통과 죽음보다 후기 유대교에 더 낯선 사상은 아무것도 없는 것처럼 보인다. 구약의 심오한 의미를 이 부분에서 놓친 것이다. 메시아에 관한 유대인의 생각은 전혀 다른 노선을 따라 움직였다. 이런 생각은 이사야 7:14의 신비스런 예언의 경우에도 매우 큰 변명과 함께 존재했을 것이다. 이 구절은 동정녀 탄생에 대한 예언이 분명함에도 불구하고 사건이 일어난 후에야 온전히 알아차릴 수 있는 용어로 제시된 것이다. 하여튼 이유가 무엇이 되었든지 후기 유대인이 메시아의 동정녀 탄생을 언급한 것으로 이사야 7:14을 해석하지 않았다는 것은 매우 분명하게 보인다.

그 사실에 관한 한 가지 암시는 순교자 저스틴의 트리포와 대화에서 기독교 신앙에 대한 유대인 논객의 대표자인, 유대인 트리포의 태도에서 발견된다. 트리포가 가독교의 동정녀 탄생 교리에 대하여 주장한 것은 비록 예언은 메시아의 동정녀 탄생을 요구하지만 나사렛의 예수님은 실제로 그렇게 태어나지 않았고 그래서 예언이 나타낸 사람이 될 수 없다는 것이 결코 아니다. 반대로 트리포의 주장은 구약이 결코 메시아의 동정녀 탄생을 예언하지 않았고, 특히 이사야 7:14에서 그렇게 하지 않았다는 것이다. 트리포나 유대인 반대자는 그런 기대에 따라서 이사야 7:14을 해석하거나 메시아가 동정녀에게서 태어나야 한다고 기대한 어떤 비기독교 유대인에 대해서도 알지 못했다.

이 사실은 신중히 고려할 가치가 있다. 왜냐하면 거기에 트리포와 대화가 그리스도 후 2세기에 유대인의 의견 상태를 충실하게 나타낸다는 것에 어떤 의심도 있을 수 있기 때문이다. 트리포가 실제 인물이든 상상의 인물이든지는 중요하지 않다. 왜냐하면 그가 상상의 인물이더라도 저스틴이 입으로 나타낸 주장은 분명히 기독교인이 실제로 그 시대에 자주 만날 수 있는 주장이기 때문이다. 분명하게 저스틴은 허수아비를 쓰러뜨리려 참여한 것이 아니다. 그가 트리포에게 귀속시킨 기독교에 대한 유대인의 공격은 만들어질 만한 공격이 아니라 실제로 만들어진 공격이었다. 그 대화는 그 시대의 유대교에 관하여 매우 가치 있는 정보를 제공한다. 그러므로 사실은 메시아의 동정녀 탄생에 관한 유대인의 교리가 무엇이든 또는 이사야 7:14에 관한 유대인의 해석에 일치하는 것이 무엇이든 그 대화가 어떤 지식도 보여주고 있지 못하다는 사실이 중요하다.

그러나 동정녀 탄생의 교리와 마태의 이사야 7:14 해석이 이처럼 유대인의 견해와 매우 반대된다면, 유대 기독교인이 마태와 누가에서 우리를 위하여 기록된 동정녀 탄생 이야기를 발전시킨 계기는 무엇인가?

이 주장에 대한 반대는 참으로 가까이 있다. 순교자 저스틴은 2세기의 유대교에 관한 정보를 우리에게 제공하고 있다고 인정될 것이다.

그러나 우리는 기독교의 동정녀 탄생 이야기가 제기된 이전 시기의 유대교와 2세기의 유대교가 동일하였다고 생각할 무슨 권리가 있는가?

기독교에 반대하여 그리고 특히 유대 국가의 재난 후, 유대교가 기독교의 논쟁점을 지지하는 경향의 사상적 요소들을 제거했을 것이고 특히 다윗 계통의 왕으로서 순수한 인본주의적 메시아관으로 기독교의 초자연주의적 기독론을 반대했을 것이라고 언급될 것이다.

이런 제거의 과정은 세상에 들어오는 메시아의 특별한 문제에도 적용되지 않았을까?

그러므로 우리는 2세기의 유대교가 메시아의 순수한 자연적 출생을 주장했기 때문에, 1세기의 유대교가 반대 논리인 동정녀 탄생 교리를 갖지 않았으리라고 결론을 내릴 무슨 권리가 있는가?

의심할 바 없이 이 반대는 상당한 힘을 소유한다. 기독교회의 설립후 메시아에 관한 유대인의 사상적 퇴보가 계속되었다는 것은 의심 없는 사실이다. 예를 들어, 트리포는 메시아의 선재를 부정하는 자로 저스틴에 의하여 묘사되었다. 그러나 우리는 메시아가 땅에 나타나기 전에 하늘에서 존재했다고 믿는 유대인 집단이 기독교 이전의 시기에 있었다는 것을 에디오피아의 에녹서 같은 '묵시록'으로부터 알고 있다. 그러면 그 점에서 『트리포와의 대화』(the Dialogue with Trypho)는 초기 유대인 사상의 충분한 부유함과 다양성을 나타내기에 실패하고 있다.

왜 그 경우는 동정녀 탄생의 언급과 비슷하지 않을까?

트리포의 반대하는 의견에도 불구하고 초기의 일부 유대인 집단은 동정녀 탄생의 메시아를 기대하지 않았을까?

그러나 이 반대가 우리의 목적을 위해 저스틴의 증언에 과도하게 의존하는 것을 바로잡아 준다 할지라도 그것은 그 증언의 가치를 아주 파괴하지는 못할 것이다. 『트리포와의 대화』는 메시아의 선재성과 그분의 초인간성에 대해 유대인의 메시아 기대 사상에서 이들 요소들이 기독교 이전 시기에서 유대인의 주요 사상에 속하지 않는다는 것과 메시아가 다윗 왕의 혈통을 잇는 지상의 왕이 될 것이라는 관점이 지배적임을 보여주는 다른 암시들과 결합한다.[16]

그래서 동정녀 탄생을 반대한 트리포와의 논쟁은 과거 유대인의 메시아 기대 사상에서 동정녀 탄생 교리가 완전히 결여되었다는 것을 그 자체로 증명할 수 없다. 하지만 그것은 그 방향으로 강하게 흐르는 경향이 있고 동일한 결과에 대한 다른 증거를 확인하는데 가치가 있을 것이다.

이 같은 다른 증거는 이 경우에 쉽게 제시될 수 있다. 이것은 우리가 이미 본 것처럼 모든 통용되는 유대인의 사상과 비교해서 분명 이율배반적인 면을 보여 주는 메시아의 동정녀 탄생을 믿는 일부 유대인들의 신앙에 대해 우리의 모든 정보 자료가 완전히 침묵하고 있다는 사실에서 발견된다.

다른 관계와 관련하여 우리 자신이 강하게 반대하는 침묵논법의 단순한 사례일 뿐이라고 말하지 말자.

요점은 이 경우에 증거 책임 증명이 논쟁의 반대자에게 있다는 사실이다. 그들은 예수님의 동정녀 탄생의 신화가 유대인의 개념에 기초하여 발생했다고 주장했다. 그들에게 그런 개념들이 어디에 있으며 있다는 증거는 무엇인지 제시하려고 요구하는 것은 공평하다. 만약, 그들이 메시아의 동정녀 탄생에 대한 신앙이 유대 기독교에 의하여 새롭게 전개될 필요가 없고 이미 기독교 이전의 유대교에 존재했음을 보여줄 수 있었다면 그들의 주장이 크게 강화되었을 것이다. 지금까지 그 증거는 제시되지 않았다. 우리는 메시아에 대한 기독교 이전의 유대교 사상에 관하여 상당한 정보를 갖고 있다. 아직 그 정보에 메시아의 동정녀 탄

---

[16] *The Origin of Paul's Religion*, 1921, 184–186을 보라.

생은 없다. 우리의 정보 자료는 완전히 침묵하고 있다.[17]

한 가지 점에서 그런 침묵은 깨진 것으로 최근의 여러 학자들에 의하여 고려되었다. 메시아의 동정녀 탄생은 이사야 7:14의 70인역 번역에 의하여 함축되었다고 그들은 주장한다. 그 구절에서 70인역이 '동정녀'란 단어를 도입한 것은 이 학자들에 따르면 아주 부당하다. 그러나 오히려 부당하기 때문에 그런 과도한 실수에 대한 어떤 이유를 찾아야 한다.

70인역이 만들어졌을 때 이미 메시아의 동정녀 탄생 교리가 있었으며 이 교리가 이사야 7:14으로 들어왔거나 70인역 번역자들 자신에 의하여 그런 구절이 들어왔다는 것 외에 무슨 이유가 있을 수 있겠는가?

그러나 확실히 이런 제안은 증명되어야 할 실제적인 증거의 부족을 나타낼 뿐이다. 70인역은 할마라는 단어를 구약의 다른 곳에서 '동정녀'라는 헬라어 단어로 번역하고 있다.[18]

그곳에서 깊은 계산 없이 번역한 이후 왜 이 같은 신비가 이사야 7:14에서 동일한 번역으로 읽혀져야 했을까?

창세기에서 할마라는 단어가 결혼하지 않은 여자를 나타냈기 때문에 '동정녀'란 번역이 그 구절에서 충분히 자연스러웠다고 주장되는 반면에, 잉태와 아이 출생이 언급된 이사야 7:14에서 어떤 특별한 원인이 그 단어의 선택을 결정할 필요가 있었다는 것은 사실이다.

그러나 약간만 고려해 보아도 이 주장이 취약하다는 것을 알게 될 것이다. 분명히 비메시아적인 구절에서 할마라는 히브리어 단어의 번역을 위한 헬라어 단어 '동정녀'의 사용은 70인역의 다른 부분의 번역자들처럼 번역자의 마음에 이 두 단어 사이에 유사성이 있었음을 나타내는 것

---

17 이와 관련하여 제시된 랍비의 인용구가 전혀 가치 없다는 것은 일반적으로 인정된다. Strack-Billerbeck, *Kommentar zum Neuen Testament aus Talmud und Midrash*, I, 1922, 49f.

18 창 24:43에서, 우물에 와서 그와 그의 낙타에게 마실 것을 주는 처녀('*almah*)가 이삭을 위하여 정해진 아내가 되도록 아브라함의 종이 기도할 때 묘사되었다. Thayer, *Greek-English Lexicon of the New Testament*, s. v. παρθενος를 보라. Wade(*New Testament History*, first published in 1922, 362, footnote 1)는 παρθενος가 처녀가 아닌 젊은 여자로 70인역에 의하여 한 곳에서 사용된다고 지적한다(창 34:3). 그 히브리 원어는 na'arah이다.

으로 보인다. 적어도 이사야 7:14에서 할마가 '동정녀'로 번역되었을 때, 필연적으로 어떤 특별한 방법으로 설명될 필요가 있었을 것 같은 언어학적 용법의 어리석은 위반이 없었음을 보여 준다. '동정녀'와 동일한 헬라어 단어는 더욱이 단순히 '젊은 여자'나 '미혼 처녀'를 의미하는 (할마와 다른) 히브리 단어를 번역하기 위해 70인역의 다른 여러 곳에서 사용되었다.[19]

전체적으로 그것은 70인역이 보다 막연한 방법으로 또는 처녀성에 특별한 강조를 나타내지 않는 곳에서 '동정녀'라는 헬라어 단어를 사용하려는 경향이 있다는 증거를 나타낸다. 그러므로 그 단어는 어떤 특별한 원인 없이 또는 확실히 유대인의 메시아 동정녀 탄생 교리에서 나온 영향 없이 이사야 7:14의 번역에 들어올만했다. 이 같은 교리가 다른 곳에서 전혀 증명이 없다는 것은 기억되어야 한다.

70인역이 할마를 '동정녀'로 번역한 것은 어떤 교리적 의미를 지니고 있다고 의심되지 않는 구절에도 나타난다. 또한 이 이사야 본문은 젊은 여자라는 간단한 히브리어 단어를 번역하기 위하여 동일한 헬라어 단어를 사용한 구절과 평행구를 이루기도 한다. 이러한 구절에서 교리적 의미를 찾는다는 것은 확실히 무모하다. 그러므로 거기에는 구약 이후 기독교 이전의 유대교에 메시아의 동정녀 탄생에 관한 어떤 기대가 있었다는 견해를 지지하는 최소한의 직접적인 증거는 없다.

그렇지만 이 시점에서 우리 주님과 동시대 사람이었던 유대인 알렉산드리아 철학자, 필로의 저작에서 때때로 이 같은 견해가 발견됐다는 간접적인 지지를 언급하는 것이 필요하게 된다. 필로는 참으로 메시아의 동정녀 탄생 같은 어떤 것을 증명하지 않는다. 이 같은 일은 그의 사상의 모든 범위와 방법을 전적으로 비켜서는 것이다. 물론, 그만큼은 인정되어야 한다. 그러나 그가 메시아의 동정녀 탄생을 증명하지 않지만 그는 동정녀 탄생에 관하여 또는 적어도 어떤 구약 인물의 신적인 출생에 관하여 말한다.

---

19 *na'arah*.

그리고 이 구약 인물이 인간 아버지 없이 태어난 것으로 유대인 필로에 의하여 언급될 수 있었다면, 더욱 위대한 자가 그런 식으로 올 것이라고 생각한 유대인은 없었는가?

이와 관련하여 도움 받을 수 있는 필로의 구절은 꽤 많다.[20] 그것들 중 가장 중요하고 가장 광범위한 것 하나는 '천사들에 관하여'에서 발견되는 것들이다. 문맥과는 달리 신적인 출생에 대한 필로의 언급으로부터 심각한 오해가 일어날 수 있고, 실제로 일어났기 때문에 해당되는 주요 내용 전문을 게재하고자 한다. 이 구절은 다음과 같다.[21]

> 그리고 아담은 그의 아내를 알았다. 그리고 그녀는 잉태했고 가인을 낳고 "나는 여호와로 말미암아 사람을 얻었다"고 말했고 다시 그의 형제 아벨을 낳았다. 그는 입법자가 미덕을 검증한 자들, 즉 아브라함, 이삭, 야곱, 모세 그리고 열정 있는 자들에 대해 여인을 아는 자로 소개하지 않는다.
>
> 우리가 우리의 상징적 해석에서 '여인'을 '감각인식'으로 표현하는 한[22] 그리고 지식이 감각인식과 몸으로부터 멀어짐으로 존재하는 한,[23] 그는 지혜를 사랑하는 자들에 대해 감각인식을 선택하는 자가 아니라 거부하는 자로 제시할 것이다.
>
> 그리고 그것은 가장 자연스럽지 않은가?
>
> 이 지혜의 애인과 함께 거주하는 자들을 위하여 명목상 '여인'이지만,[24]

---

20 Leisegang, *Pneuma Hagion*, 1922, 43(Anm. 2), 45(Anm. 1), 49(Anm. 1), 52를 보라. 또한 *American Journal of Theology*, ix, 1905, 491–518에 있는 Carman, "Philo's Doctrine of the Divine Father and the Virgin Mother"의 광대한 구절 모음집(그 중 많은 것이 이와 관련되지 않은 것이 사실이다)을 보라.

21 Philo, *de cherub.*, 12–15, ed. Cohn et Wendland, I, 1896, 179–183. 번역을 위하여 Cohn, *Die Werke Philos von Alexandria*, iii. Teil, 1919, 182–185; Yonge, *The Works of Philo Judaeus*, I, 1854, 185–188; F. H. Colson, in Colson and Whitaker, "Philo," ii, 1929, 32–41, in *Loeb Classical Library*를 비교하라.

22 αισθησις. Yonge는 '외부 감각'으로 번역한다.

23 αλλοτριωσει δ'αλσθησεως και σωματος επιστημη συνισταται.

24 λογω.

실제로[25] 덕들-덕을 다스리고 주관하는 사라, 선한 것들 안에서 인내하는 리브가, (모든 어리석은 사람이 부정하고 피하고 돌이키는) 공동체에서 노동하는 레아[26] 그리고 땅에서 하늘로 올라가기를 재촉하고 거기 있는 거룩하고 복된 피조물들을 생각하는 모세의 아내 십보라('작은 새라고 불리는)이다.[27]

그러나 우리가 미의 생각과 수고에 대해 말할 수 있도록 미신적인 사람들이 귀를 닫거나 그렇지 않으면 떠나도록 하자.

왜냐하면 우리는 가장 신성한 신비를 받을만한 초보자에게 신적인 신비한 의식을 가르치기 때문이고,[28] 이들은 오만하지 않고 진실하고 실제로 꾸밈없는 경건을 실천하는 사람들이다. 그러나 다른 사람들에게-예의상 허튼소리와 이름을 위한 탐욕과 언어의 오만함으로 불치의 악에 묶인 자들에게 그리고 그렇지 않으면 순수하고 거룩한 것들은 아무 것도 없는 자들에게-우리는 신비의식의 사제가 되지 않을 것이다.

여기서 그 다음에 초보교수가 시작되어야 한다. 본성에 따라 남자는 여자와 함께 오고 자녀출산으로 이어지는 포옹을 위해, 인류의 남성은 여성과 함께 온다. 그러나 다수의 완전한 자손을 낳는 덕의 경우에, 그들을 소유하는 것은 죽을 사람에게 합당하지 않다. 그들은 다른 사람의 씨를 받지 않고 홀로 자식을 받을 수 없다.

모든 것을 스스로 낳으신 만물의 아버지 창조자 하나님이 아니라면 누가 선한 것들을 그들 중에 뿌리는 자인가?

그러면 이 하나님은 참으로 씨를 뿌리지만 다른 한편으로 그분이 심은 그분의 자손을 하나의 선물로 수여한다. 왜냐하면 하나님은 아무것도 필요로 하지 않기 때문에 스스로를 위해 아무 것도 낳지 않았지만 그분은 그것들을 받는 것을 필요로 하는 자를 위하여 모든 것을 낳았기 때문이다.

---

25 εργω.

26 또는 "노력의 오랜 계속성으로 졸도하고 지쳐 있는" 그래서 Yonge, Cohn은 "Lea die verschmaehre und bei bestaendiger Tugenduebung sich abmuehende"라고 번역한다. Colson은 "계속되는 훈련을 통하여 '거절했고 졸도한다'"고 번역한다. 본문과 해석은 어렵다.

27 φυσεις. Colon은 "the nature of things divine and blessed"라고 번역한다.

28 τελετας γαρ αναδιδασκομεν θειας.

나는 내가 가장 거룩한 모세를 말하는 것으로 모든 것에 대한 충분한 설명이 될 것으로 생각한다. 그는 사라에 대해 그녀가 홀로 있게 된 후, 하나님이 그녀를 방문했을 때 아이와 함께 있는 자로 소개하지만 이 아이는 방문한 자를 위한 것이 아니라 지혜를 얻기 위한 자(아브라함이라고 불린다)를 위한 것이다.

그리고 레아의 경우에 더 분명히 하나님이 참으로 그녀의 태를 여셨음을 말하면서-태를 여는 것은 남편의 기능이다-그러나 그녀가 잉태했을 때 그녀는 하나님을 위해 출산하지 않았다-왜냐하면 하나님은 모든 것을 가지신 분이시기에 때문이다. 그러나 선을 위해 수고를 참는 야곱을 위하여 출산한다. 덕이 제일 원인자로부터 신적인 씨앗을 받았지만, 모든 구혼자 가운데 가장 원하는 자를 위해 자녀를 출산한다고 그는 가르친다.[29] 또한 현명한 자 이삭이 하나님께 간구했을 때 참을성 있는 리브가는 간구를 들은 분으로부터 임신하게 되었다. 그리고 기도자 모세는 간청이나 기도없이 숭고하고 고상한 미덕 십보라를 취하여 죽을 수 밖에 없는[30] 아무로부터(nobody)도[31] 오지 않은 아이를 가진 그녀를 발견한다.

오 정결한 귀를 가진 초보자들이여!

이것들을 참으로 당신 자신의 영혼에서 거룩한 신비처럼 영접하고, 풋내기가 아닌 사람에게 결코 알리지 말고 하나의 보배처럼 그것들을 당신 자신이 보호하여 저장하라.

결코 금이나 은처럼, 썩기 쉬운 물질처럼 보존할 것이 아니라 가장 아름다운 참 재산, 제일 원인과 미덕, 그리고 둘에게서 나온 제삼의 것에 관한 지식을 보존하는 것처럼 보존하라.

그리고 당신이 초보의 사람들 중 한 사람을 우연히 만난다면 그가 알만한 어떤 새로운 비밀을 당신에게 숨기지 않도록, 당신이 그것을 분명히 배울 때까지 온유한 고집으로 그를 품으라.

---

29 του αιτιου. Cohn: 'von dem(goettlichen) Urheber'; Colson: 'the Creator'를 비교하라. 몇 줄 아래에서 Colson은 'the Cause'로 동일한 표현을 번역한다.

30 ευρισκει κυουσαν εξ ουδενος θνητου το παραπαν.

31 또는 'nothing.'

왜냐하면 나는 하나님의 사랑 받는 모세의 안내로 큰 비밀들에 입문했지만 그럼에도 불구하고 내가 선지자 예레미야를 보았을 때 그가 전수자일 뿐만 아니라 유능한 교리 해설자였음을 인식하였으며, 그에게 의지하는 것을 연기하지 않았기 때문이다. 그러나 그는 종종 신적 열광을 소유한 자로서 하나님의 이름으로 어떤 확실한 신탁을 언급하면서 가장 평화스런 덕으로 이것을 말했다.

"너는 나를 집과 아버지와 처녀의 남편으로 부르지 않았느냐?"

분명히 하나님은 하나의 집, 비물질적 개념의 비물질적 거주지이고, 그것들을 낳은 모든 것들의 아버지이며, 선과 미개간지의 죽을 인류를 위해 축복의 씨를 심는 지혜의 남편임을 보여 준다. 왜냐하면 하나님은 우리의 방식과 다른 방식으로 깨끗하고 본래대로 순수한 본성, 참으로 순수한 본성과 교제하시는 것이 적당하기 때문이다. 사람의 경우에 아이의 출생을 위한 연합은 처녀를 여자로 만들지만, 하나님은 영혼을 나약하게 만드는 천하고 비겁한 욕망의 길을 파괴하고 제외하여 그것들 대신에 참되고 순수한 덕들을 소개하기 때문에 하나님께서 한 영혼과 교제하기 시작할 때마다 그 영혼이 전에 여자였을지라도 다시 처녀로 만들기 때문이다.

그러므로 하나님은 그분 여자의 모든 길에서 끊어지고 순순한 처녀의 수준으로 돌아갈 때까지 교제하지 않을 것이다. 아마도 처녀일지라도 영혼이 미숙한 열정으로 더럽혀지고 부끄러워지는 것은 가능하다. 그러므로 신탁은 하나님이 '한 처녀'의 남편이라고 말하지 않는다. 왜냐하면 처녀는 변할 수 있고 죽을 수밖에 없기 때문이다. 그분은 항상 동일한 개념을 지닌 '처녀성'의 남편이다.[32] 전체적으로 이런 저런 종류의 것은 본질상 부패하기 마련이고, 개별적인 것에 인상을 준 힘은 불후의 유산을 받았다. 그러므로 창조되지 않고 변하지 않는 하나님이 불멸적인 처녀의 덕 개념을 처녀성에 심었으리라는 것은 합당하다. 이 처녀성은 결코 여자의 형태로 변하지 않을 것이다.

---

[32] της αει κατα τα αυτα και ωσαυτως εχουσης ιδεας. Cohn의 번역: "der sich stets gleich bleibenden Idee." Colson의 번역을 비교하라. "of virginity, the idea which is unchangeable and eternal."

그렇다면 오 하나님의 집에서 처녀로 살고 지식에 매달리도록 요구받는 영혼이여!
당신은 왜 당신을 여성적이고 타락하게 만든 감각인식을 환영하고 이런 것들을 방치하는가?
이런 이유로 당신은 자신의 형제를 죽이고 저주 받은 가인처럼 혼합되고 파괴된 후손을 소유하게 될것이다. 그것은 소유할 가치가 없는 소유('가인'은 '소유'를 의미하기 때문에)이다.

첫눈에 필로의 이 구절과 이와 비슷한 구절은 예수님의 출생에 관한 신약의 설명과 매우 비슷한 병행구를 제공하는 것으로 보였을 것이다. 두 경우 신적인 힘에 의하여 출생되었다. 두 경우에 부성은 배제된 것으로 보인다. 그리고 두 경우에 강조점은 어머니의 처녀성에 있다.

참으로 이 유사성은 과대평가되어서는 안된다. 신적인 힘이 취한 형태는 마태복음과 누가복음에 나타난 것들과 필로에 나타난 것이 다르다. 왜냐하면 필로는 이삭의 출생과 그가 말하는 다른 사람의 출생에서 '성령'의 행동에 관하여 아무것도 말하지 않기 때문이다. 사라와 다른 세 여인의 태에 아이를 잉태하게 한 분은 하나님이시지 특히 하나님의 영이 아니다.

커니베어는 두 묘사 사이에서 이런 간격을 메우려고 애썼다.[33] 그는 필로의 다른 구절에서[34] 알렉산더의 철학자가 '지상적 실체와 신적인 영으로 합성된'[35] 존재의 개별적 사람에 관하여 그리고 피조된 '무엇으로부터도 나오지 않고 모든 만물의 아버지이자 지배자에게서'[36] 일어난 그의 영혼에 관하여 말한다고 지적한다. 이 부분에서 '천사들에 관하여'에

---

33 Conybeare, "The Newly Found Sinnaitic Codex of the Gospels," in *Academy*, xlvi, 1894, 400f.
34 *De opificio mundi*, 46, ed. Cohn et Wendland, I, 1896, 46f.
35 συνθετον....εκ τε γεωδους ουσιας και πνευματος θειου.
36 την δε ψυχην απ' ουδενος γενητου το παραπαν, αλλ' εκ του πατρπς και ηγεμονος των απαντων.

는 우리의 인용 구절과 문자적 유사성이 있다. '피조된 무엇으로부터(누구로부터)'라는 구절은[37] '죽을 수 밖에 없는 무엇으로부터(아무로부터)'라는 구절과 일치한다.[38]

그러나 인간의 요소가 두 인용 구절에서 배제된 방식에 이 같은 유사성이 있다면, 또한 필로의 마음에서 두 구절이 신적인 요소로 나타낸 것 사이에도 연관이 있지 않는가?라는 것이 그들의 주장이다. 그러므로 '그룹에 관하여'의 인용구에 따른 이삭의 출생에서 하나님의 행동은 '세상의 창조자에 관하여'의 구절에서 언급된 '신적인 영'의 행동과 동일시될 수 있었을 것이다. 따라서 우리는 결국 필로에게서 하나님의 영에 의한 출생의 개념을 가질 수 있었다. 그리고 마태복음과 누가복음의 병행 구절은 첫 눈에 보이는 것보다 더 가까워졌을 것이다.

그렇지만 이런 이유는 매우 불확실하다. "세상의 창조자에 관하여"에 있는 구절은 사람의 영혼이 죽을 어떤 것에서가 아니라, 신적인 영에서 나왔다고 말하지 않는다. 그것은 오히려 사람의 영혼이 죽을 어떤 것에서가 아니라, 모든 것의 아버지와 지배자에게서 나온다고 말한다. '영'에 관하여 말한 것은 개별적인 인간이 지상적인 실체와 신적인 영으로 합성되었다는 것이다. 여기서 신적인 영은 영혼을 낳은 힘으로서가 아니라 영혼이 합성된 실체로서 나타난다. 하나님이 사람의 노스트릴(nostrils, 얼굴이란 의미)에 생기를 불어넣으셨다고 성경이 말하는 창세기 2:7의 주석에서 필로는 영에 대해 몸과 구별된 것으로서, 하나님의 생기 또는 영과 동일시한다.[39]

---

37 απ' ουδενος γενητου το παραπαν.

38 εξ ουδενος θνητου το παραπαν.

39 70인역은 πνοη를 사용한다. Philo는 그의 주석에서 πνεωμα를 사용한다. 두 단어는 밀접하게 관련된다. G. H. Whitaker(in *Colson and Whitaker*, op. cit., I. 1929, 107)가 "세상의 창조자에 관하여"의 구절에서 πωευμα θειον을 '신적인 영'에 의해서가 아니라, "신적인 호흡"으로 번역한 것은, 주목할 만하다.

왜냐하면 그가 불어넣으신 것은 인생이 보이는 부분에서는 죽더라도 적어도 보이지 않는 부분에서는 죽지 않게 하기 위하여, 우리 인생의 도움을 위해 복되고 행복한 본성으로부터 보냄을 받은 이주민인 신적인 영일 뿐이다.[40]

마태복음 1:18-25과 누가복음 1:35에서 묘사되는 것은 매우 다르다. 신약의 구절에서 성령은 확실히 아이의 육체와 구별된 영혼의 형성을 위하여 동정녀 마리아 안으로 하나님에 의하여 불어넣어진 하나의 실체로 나타나지 않는다. 반대로, 영은 여기서 아이의 몸이 태에 형성된 출생 행위의 동인이나 원천이다.

더욱이 '세상의 창조주에 관하여'의 구절은 실제로 현재의 논의와 무관하다. 거기서 보이는 것은 이 같은 경험적 '인간'에 속한 어떤 것이다. 그러나 우리가 그리스도의 동정녀 탄생에 관한 신약 이야기의 병행 구절을 얻으려 하더라도 우리가 찾는 것은 단지 고귀한 사람에게만 속하는 어떤 것이다.

그러므로 그런 것은 생각건대 특히 메시아에 속한 것으로 의도되었을 것이다. 필로가 특정 구약 인물의 경우 인간 아버지가 없다는 사실을 강조한 구절에서 '신적인 영'에 관하여 전혀 말하지 않고, 그런 인물들이 '하나님'에 의하여 출생되었다고만 말한 것은 주목할만하다. 우리는 '세상의 창조주에 관하여'에 나오는 구절의 사상이 '천사들에 관하여'에 나타난 사상과 연관된다는 것을 부정하지 않는다.

두 경우에서 필로는 인간 영혼에 관한 사실을 생각하고 있다. '천사들에 관하여'에서 언급된 개인적인 특성은 우리가 볼 것이지만 그들 자신을 위하여 전혀 나타나지 않고, 오직 필로의 알레고리적인 주석에 묘사된 것을 위해서 나타난다. 그러나 우리의 강조점은 생각건대 신약의 동정녀 탄생 교리의 기초를 제공하는 것으로 간주되는 '천사들에 관하여'의 구절의 기본적인 의미는 그런 것이 아니며, 이삭과 다른 사람과 관련하여 외적인 표현의 형식일 뿐이라는 것이다. '세상의 창조주에 관

---

40 *De opif. mundi, loc. cit.* Colson and Whitaker, *loc. cit.*의 번역을 비교하라.

하여' 구절은 그 자체로 신약 이야기와 최소한의 병행 구절도 제공하지 않는다. 단지 '천사들에 관하여'에 있는 한 구절로서 우연하게 그런 관계로 인용될 수 있다. 그러므로 이런 의미로 마태복음과 누가복음의 병행 구절을 더욱 완전하게 하기 위하여, 전자의 구절에서 후자로 '신적인 영'의 구절을 가져오는 것은 매우 부적당하다.

그러므로 필로의 구절에서 신적인 대행자는 그리스도의 동정녀 탄생에 관한 신약의 설명과 동일한 방식으로 묘사되지 않았다는 것은 사실로 남아 있다.

그러나 이런 한계에도 불구하고 얼핏 보면 양자간의 유사성은 충분해 보인다. 필로와 신약은 모두 출생의 행위에 인간의 힘을 배제한 것으로 보이고 그것들은 어머니의 처녀성을 강조한다. 더욱이 필로가 언급한 구약 인물의 한 사람인 이삭은 누가의 유아기 이야기에서 예수님의 출생의 평행구로 제시된 세례 요한의 출생처럼 나이든 부모에게서 태어났다.

우리는 여기서 메시아의 동정녀 탄생 개념이 유대인이나 유대 기독교인의 신앙에 들어갈 수 있었던 통로의 명백한 지시를 보지 않는가? 먼저 구약은 그의 부모가 이미 나이가 들었기 때문에, 일종의 초자연적으로 된 이삭의 출생에 관하여 말했다. 다음에 이 초자연적 요소는 이삭의 출생에서 이삭 자신의 경우에 (필로) 인간 아버지의 배제를 포함하여 어떤 유대인의 단체에서 실제로 주장되었고 반면에, 다른 유대인의 (또는 다른 유대 기독교인의) 단체에서 그것은 이삭 자신이 아니라면 적어도 이삭보다 더 큰 분 메시아가 인간 아버지 없이 태어났다는 개념으로 이끌 수 있었다.

그 주장은 첫 눈에 그럴듯하다. 그러나 더 정밀한 연구로 그것은 무너지고 있다. 여기서 다른 곳에서처럼 필로와 신약의 문자적 병행은 사상의 넓은 일탈을 감추는 근거가 된다.

필로는 정말로 문제의 이삭과 구약의 인물들이 하나님의 직접적인 힘에 의하여 인간 아버지 없이 실제로 태어났다고 믿었는가?

우리가 아는 한, 이삭 같은 역사적 인물이 실제로 처녀에게 탄생되었다고 알렉산더의 철학자가 믿었음을 주장하는 현대 학자는 아무도 없다. 이 같은 견해를 주장하는 것은 필로의 알레고리인 해석의 전체적인 본질을 오해하는 것이 될 것이다. 사람이 구약의 알레고리적인 사용방법에 최소한의 통찰을 얻자마자 필로가 지금 보이는 구절에서 동정녀 탄생이나 신적인 출생에 관하여 말할 때 사람의 영혼에 관한 신적인 출생이나 또는 사람의 영혼에 있는 덕의 신적인 출생을 생각하고 실제로 이 땅에서 살았던 혈과 육을 가진 인간의 신적 출생을 전혀 생각하지 않고 있다는 것을 분명히 본다.

우리는 필로가 실제로 있었던 역사적인 인물인 이삭의 출생 방식을 생각했는지의 문제를 가지고—특히 아브라함이 육체적인 의미로 이 아들의 아버지였는가를 생각했는지 안 했는지의 문제를 가지고—'천사들에 관하여'에 있는 구절을 정독한 후에 필로에게 와서 생각해보자.

우리가 이 같은 문제를 진짜 물음으로써 철학자의 판단으로 심각하게 취해진 우리의 권리를 완전히 상실했으리라는 것은 매우 분명하다. 우리는 '위대한 신비'에 입문할 후보자의 권위를 상실할 것이다. 알렉산드리아의 교사 앞에서 현대의 우리는 우리의 자랑스러운 문법적—역사적 해석과 실제로 오래전에 일어난 문제에 관한 우리의 관심과 함께 정말로 불경스런 사람으로 보였을 것이다.

필로가 우리 같은 질문자들과 함께 많은 시간을 낭비했을 것인지는 매우 의심스럽다. 그러나 그가 우리의 질문에 대답했다면 의심 없이 그것은 그의 가르침이 이 점에서 어린이를 의도하지 않았다는 영향을 주었을 것이고, 그런 것은 우리가 역사적 인물로서 역사적 인물을 듣기 원했다면 우리는 다른 교사나 그 자신의 보다 단순한 일로 돌아섰을 것이지만, '천사들에 관하여'나 또는 '세상의 창조주에 관하여'를 읽는 것에 대하여 그런 것은 우리의 정신을 전혀 유익하게 하지 못하도록 혼동만 시킬 수 있었다. 아니 필로가 한 번이라도 또는 잠간의 생각이라도 혈과 육을 가진 인간의 실제적인 동정녀 탄생을 믿은 적이 있다는 것은 최소한의 가능성도 없다.

첫눈에 그것은 풋내기 독자에게는 그가 이 같은 신앙을 주장하는 것처럼 보였을 것이다. 그의 저술 중 몇 문장은 매우 명백해 보인다. 그리고 명백히 그는 이삭과 다른 사람들이 그들의 어머니의 남편이 되는 남자에 의하여 출생되었다는 견해에 반대하여 진정한 주장을 세우려고 구약의 몇몇 발언을 사용한다. 모세는 레아의 태를 여신 하나님에 관하여 언급한다고 필로는 말한다.

그러나 태를 여는 것은 남편의 기능이다. 그러므로―필로의 주장은 계속된다―레아의 아이를 낳게 하신 분은 야곱이 아니라 하나님이셨다. 또는 그밖에 필로로 하여금 동일한 결론에 이르도록 한 것은 성경의 침묵으로부터의 주장이다. 성경은 아브라함과 다른 사람들에 관하여 그들의 아내를 아는 것으로 말하지 않는다. 그러므로 그들은 그들의 아내가 낳은 아이들을 낳은 것으로 간주될 수 없다.

이 점에서 배드햄은 진기한 방법으로 정상적인 해석을 벗어난다.[41] 필로의 실제적인 의미는 이삭이 실제로 아브라함의 후손으로 태어났지만 정상적인 성적 관계보다는 다른 방법으로 하나님의 능력에 의하여 어머니에게 씨가 전달되었다고 그는 말한다. 이와 같이 이 해석에 따르면, 아이가 아브라함의 아이였지만 그 어머니는 처녀일 수 있었다. 이와 동일한 해석은 배드햄에 의하여 신약 이야기에 적용되었다.

마태와 누가의 실제적인 의미는 마리아가 처녀였지만, 요셉이 실제로 육체적 의미로 예수님의 아버지였다고 그는 주장한다. 하나님은 남편과 아내의 어떤 교제 없이 출생 행위를 성취하는 원인이셨다.[42] 이 견해가 필로에게도 신약에도 정당하지 않다고 지적하는 것은 거의 필요하지 않다. 필로의 경우에 배드햄은 '천사들에 관하여'의 구절이 하나님의 행위에 의하여 출생되었지만, 아브라함의 자식으로 간주되며 다른 아이들 역시 부모의 자식으로 간주된다는 사실을 강조한다.

그러나, 실제로 이것은 하나님이 남편과 아내의 관계보다는 약간 더

---

41 Badham, "The New Syriac Gospels: The Account of the Nativity," in *Academy*, xlvi. 1894, 513; "The New Syriac Gospels," Ibid., xlvii, 1895, 14f., 151.

42 "하나님은 요셉의 허리에서 취했다. παρθενος εγεννησε"(*Academy*, xlvi. 1894, 513). C. C. Torrey가 위의 129, 186에서 언급한 견해를 비교하라.

놀라운 방법으로 육체적인 의미로 아브라함을 이삭의 아버지가 되도록 했고, 야곱을 레아의 아이의 아버지가 되도록 한 것을 의미하는가?

확실히 이 같은 해석은 불가능하다. 실제적인 의미는 분명히 하나님만이 출생 행위를 실행하셨지만, 아이들이 아브라함과 야곱의 집에서 태어났고 다른 아이들의 경우처럼 그들에게 속했다는 것이다. 마찬가지로 마태복음과 누가복음에 관한 배드햄의 해석은 불가능하다. 신약 이야기가 요셉을 통한 예수님의 다윗의 자손을 강조하는 것은 사실이다. 그러나 우리가 앞 장에서 본 것처럼[43] 요셉을 통한 예수님의 다윗의 자손은 예수님이 육체적 의미로 요셉의 아들이었다고 우리에게 생각하도록 전혀 요구하지 않는다. 그리고 마태복음 1:18-25과 누가복음 1:34-35의 실제적인 어법은 배드햄의 해석을 매우 불가능하게 한다. 그 의미는 분명히 요셉의 행동이 어떤 비범하고 놀라운 유형으로 매개된 것이 아니라 그런 행동이 아주 배제된 것으로 보인다.

그러면 필로에게 돌아가서 필로가 말한 것은 이삭의 경우와 그가 말한 자의 다른 자녀의 경우에 인간 부성의 실제적인 배제에 관하여 말한 것임을 우리는 배드햄에 대하여 분명히 주장해야 한다. 그러나 인간 부성의 배제가 전부 알레고리 영역에 속하고 이름이 언급된 실제적인 역사적 인물을 전혀 언급하려 하지 않은 것은 매우 분명하다.

필로가 그의 해석을 지원하기 위하여 구약 이야기의 세부사항을 이용할 때, 그것은 알레고리적인 방법과 매우 일치한다. 레아의 태를 여는 것을 언급하는 구절 같이 분리된 구절은 인간의 영혼과 보이지 않는 세계의 사물에 관한 영적 비밀의 취급을 위한 출발점을 제공하기 위하여 문맥을 아주 떠나서 그리고 그 구절의 문자적이거나 역사적인 의미를 아주 떠나서 이해된다. '천사들에 관하여'의 구절과 다른 유사 구절을 공감해서 정독하는 것은 필로가 처녀성과 신적인 출생에 관하여 말할 때 실제로 사라나 이삭이나 레아나 십보라를 전혀 생각한 것이 아니라 인간의 영혼과 하나님과의 관계에 관한 사실을 생각한 것임을 보

---

43 위의 6장을 보라.

여줄 것이다. 전체적인 묘사는 약간 영적인, 또는 근대인들이 생각하는 것처럼 심리학적인 사실로 돌아간다. 감각에서 나오는 묘사를 방해하는 영혼은 빈약하다. 그것은 이런 것들로부터 자유롭게 되고 그것이 참된 씨를 받을 수 있기 전에 진실로 처녀가 되어야 한다.

그리고 그것은 사람으로부터가 아니라 하나님으로부터 참된 씨를 받을 수 있다. 그러나 처녀의 영혼이 하나님으로부터 나온 씨를 영감에 의하여 받았을 때 그것은 덕을 나타낼 수 있다. 필로가 이런 구절들에서 참으로 다루는 것들은 이와 같다. 정말로 세부적으로 당황하게 하는 다양성이 있다.[44] 때때로 어머니로 묘사된 것은 영혼이다. 때때로 그것은 오히려 덕-진실한 축복을 가져오는 덕-으로 보인다. 필로의 설명에서 모든 것에 부합되는 한 가지 도식을 찾는 것은 소용없다. 그의 언어의 풍성함은 그의 교훈의 완전한 체계화의 시도를 허용하지 않는다. 그러나 하여튼 그가 하나님으로 말미암는 아이의 출생을 말할 때 잠깐 동안 혈과 육의 존재를 생각하지 않았다는 것은 매우 분명하다.

그래서 많은 것이 허용된다. 이삭이나 구약의 다른 인물이 신적인 출생의 행위에 의하여 처녀 어머니에게서 태어났다고 필로가 말한 것을 의미하지 않았다는 것은 일반적으로 허용된다. 그러므로 우리는 필로 자신의 생각에서 마태복음과 누가복음에서 예수님의 동정녀 탄생의 이야기와 병행을 이루었던 어떤 개념을 발견하지 못한다.

그러면 전적으로 그렇다면, 어떻게 필로의 인용구가 이 같은 병행 구절을 위한 연구로 사용될 수 있을까?

이 질문에 대한 매우 분명한 대답은 이미 반복적으로 언급된 대응의 과정에서 컨베이어에 의하여 주어졌다.[45] 필로가 스스로 영적 임신과 구별된 육체를 언급하지 않았을 것이지만,[46] 이직도 이 구절은 "확실히

---

44 이런 다양성의 부분은 Leisegang에 의하여(*op. cit.*, 1922, 52) (1) 남성의 원리, (2) 여성의 원리 (3) 자식의 명칭을 세 부분의 목록표를 수단으로 공개되었다.
45 Conybeare, "The New Syriac Gospels," in *Academy*, xlvii, 1895, 58, 150.
46 Conybeare는 우리가 위에서 언급한 Philo에 대한 Badham의 해석이 수용되는지 안 되는지의 문제를 열어놓았다.

필로 당시 사람들의 실제적인 처녀 수태 신앙-처녀의 아이 임신 가능성에서 지상의 아버지들에 관하여, 그러나 그들로 말미암지 않고 신적인 영으로 말미암아 잉태되었다-을 포함한다."⁴⁷ "이 같은 신앙이 1세기 유대인들 가운데 존재했음을 인정하면서" 컨베이어는 "우리가 마태복음 1장에서 갖는 예수님의 전체 이야기에 관한 기원과 발전이 그 시대의 자연스럽고 거의 필요한 결과로 보인다"고 말하기를 계속한다.

그러므로 컨베이어에 따르면 어떤 족장의 동정녀 탄생을 실제로 믿은 유대인이 필로의 시대에 있었다. 필로 자신의 생각이 아무리 고상하다고 해도 그는 우리가 언급한 구절에서 실제적인 동정녀 탄생에 관한 유대인의 전승을 활용한다. 이런 유대인의 전승은 팔레스타인과 마찬가지로 다른 곳에서 잘 발견되었으리라고 배드햄은 추측한다.⁴⁸

만약, 그렇다면 우리는 필로의 구절에서 마태복음과 누가복음에 나타난 메시아 동정녀 탄생에 대한 믿음을 위한 기초가 잘 되었을 이삭과 구약의 다른 인물들의 동정녀 탄생에 대한 기독교 이전 필로의 구절에서 검증하였음을 발견한다.

필로의 구절의 기초가 되는 '단성생식'(partheogenesis)의 유대인의 전통에 관한 이 가설은 칼 클레멘(Carl Clemen)의 저술 『원시기독교와 그것의 비유대자료』(Primitive Christianity and Its Non-Jewish)의 초판에서 지지를 받았다.⁴⁹ 그러나 그것은 그 저서 재판에서 클레멘에 의하여 버려진 것으로 보인다.⁵⁰ 하여튼 그것이 불가능함은 매우 확고하게 되었다. 필로가 동정녀 탄생과 신적인 출생에 관하여 말할 때 구약 역사의 사건들이 아니라 영혼에 관한 사실들을 생각하고 있었음은 매우 분명하다. 그의 교리

---

47 Conybeare, *Op. cit.*, 150. 우리는 이미 이와 관련하여 Conybeare의 '신적인 영'의 서론이 어떻게 부당한가를 보았다.

48 F. P. Badham, "'Virgo concipiet,'" in *Academy*, xlvii, 1895, 486f.

49 Clemen, *Religionsgeschichtliche Erklaerung des Neuen Testaments*, 1909, 231(영어 번역, *Primitive Christianity and Its Non-Jewish Sources*, 1912, 297f.).

50 Clemen, *op. cit.*, 2te Aufl., 1924, 121. 그것에 대하여 I. Heinemann, "Die Lehre vom Heilgen Geist im Judentum und in den Evangelien," in *Monatsschrift fuer Geschichte und Wissenschaft des Judentums*, lxvi, 1922, 272-279, 특히 278를 보라.

에 관한 성경적 증명은 유대인의 전통에서 지지를 찾기에 매우 근거가 없는 어떤 구약 구절의 알레고리적 사용방법에 근거한다.

정말로 이 같은 지지를 찾는 것은 필로의 정신의 전체적인 태도에 관한 오해를 보여 주는 것이다. 그러면 혈과 육으로 된 동정녀 탄생을 믿는 기독교 이전의 유대인들이 있었다는 것을 보여 주는 필로의 구절의 증거는 없다.

그러나 그러한 구절들은 적어도 생각건대 이 같은 신앙이 유래되었을 방법에 관한 암시를 제공하지 않을까?

아벨과 이삭과 다른 이들의 탄생에 대한 필로의 언급이 문맥과 별개로 문자적으로 취했을 때, 그런 사람들이 실제적으로 동정녀 탄생이었음을 의미하는 것처럼 보인다는 사실을 우리는 알았다.

그러면 기독교 이전의 유대교나 유대 기독교회에서 이런 구절들에서나 다른 알레고리적 작가들의 이 같은 구절에서 알레고리적 해석을 문자적 방식으로 해석하여 하나님의 창조적인 행위에 의하여 인간 아버지 없이 태어난 사람이 있었거나, 적어도 있었을 것으로 오해한 어떤 사람이 있었지 않을까?

다시 말하면 필로와 함께 우리에게 전수된 주석 같은 알레고리적 해석이 문자 중심의 유대인들에게 쉽게 메시아에 적용될 수 있었던 동정녀 탄생의 개념이 된 것은 아닐까?

이 제안은 한편으로 필로와 다른 한편으로 신약의 유아기 이야기와 분리된 매우 크게 다른 분위기에 의하여 반대되었다. 보다 더 큰 반대를 상상하는 것은 어려울 것이다. 그런 반대는 의심 없이 일반적으로 알렉산드리아와 팔레스타인 사이에 유력한 차이—찰스와 컨베이어의 논쟁에서 잘 역설된 차이—에 근거한다.[51] 그것은 우리가 마태복음과 누가복음의 첫 두 장에 포함된 팔레스타인의 이야기를 필로의 저서들과 정말로 다른 알렉산드리아 유대교와 비교할 때 특히 민감한 형식으로 나

---

51 R. H. Charles, "The New Syriac Codex of the Gospels," in *Academy*, xlvi, 1894, 556f. Charles는 '팔레스타인과 이집트 유대인을 나누는 큰 간격'을 잘 말한다.

타난다.

우리는 그런 이야기들이 단순성과 솔직성으로 필로처럼 알레고리적인 해석의 오해로부터 가장 특징적인 모습을 끌어냈다고 생각해야 하는가?

그 가설은 확실히 매우 그럴듯하지 않게 보인다.

이런 어려움을 피하기 위하여 우리는 아벨과 이삭에 관한 구절을 오해한 알레고리적인 해석이 아니라 필로에 의해 검증된 사람의 영혼이 하나님에게서 비롯된 반면 그의 몸은 정상적인 이성과의 관계에 의하여 온다는 일반적인 개념에서 신약 이야기의 근거를 발견하려 힘쓸 것이다.[52] 신약 자료의 기초가 되는 원래 이야기의 목표는 "성령으로 메시아의 영혼을 소유하고 자연적인 인간의 교제로 그분의 육체를 소유한 자로서 마리아를 나타내기 위한 것"이었다고 컨베이어는 추측한다. 이 가설은 계속해서 이 원래적 버전의 이야기에 성령의 활동이 인간 아버지됨을 아주 배격한다는 마태복음 1:19 이하에 의해 검증된 개념이 슬며시 들어왔다고 주장한다.[53]

그러나 확실히 이 가설은 우리가 방금 논의한 것들에 대하여 어떤 개선을 나타내지 못한다.

첫째, 그것은 신약의 이야기를 정당화하지 않는다.

왜냐하면 단지 마태복음 1: 19 이하의 단순한 구절만이 아니라, 마태복음과 누가복음의 수태고지와 잉태에 관한 전체 설명이 실제로 인간 아버지됨의 배제를 포함하기 때문이다. 모든 사람의 영혼이 하나님에게서 나온다는 필로의 '세상의 창조주에 관하여'에 있는 것 같은 반영은 실제로 신약 이야기로부터 데리고 가는 것이지 그 이야기로 향하여 가는 것이 아니다. 왜냐하면 신약 이야기의 요점은 다른 인간의 탄생에서

---

52 Conbeare, "The Newly Found Sinaitic Codex of Gospels," in *Academy*, xlvi, 1894, 400f.
53 그러므로 Conybeare에 따르면, "기독교 교리는 Philo에게서 발견된 철학적 신비의 실체화이다"("The New Syriac Gospels," in *Academy*, xlvii, 1895, 58).

발견되는 것들과 예수님의 탄생에 어떤 차이가 있었기 때문이다.

둘째, 그 가설은 필로와 신약을 지배하는 분위기의 차이에서 끌어온 주장을 제거하지 않는다.

몸과 구별된 사람의 영혼의 재료에 관한 기본적인 개념-적어도 그것이 진정한 구약의 기초를 갖는 형식과 구별되는 것처럼 그 가설에 효과적일 수 있던 형식에서-은 우리가 자연스럽게 팔레스타인 유대인에게 돌려야 하는 것 같은 것이 아니다.

컨베이어는 스스로 그의 가설에 따르면 마태복음 1:18-25이 "그 당시 유대인의 접신론의 도움으로 설명되어야 한다"고 말한다.[54]

'유대인의 접신론'에서 팔레스타인 이야기의 기초를 발견하는 것은 자연스러운가?

그 질문은 확실히 부정적으로 대답되어야 한다. 만약, 다른 한편으로 우리가 구약에서나 팔레스타인의 토양에서 발견될 수 있었던 일반적인 용어에서 인간의 영혼의 재료에 관한 추측적인 기본 개념을 축소한다면, 동정녀 탄생의 특별한 개념은 전부 근거가 없게 된다. 우리는 그러므로 진퇴양난의 뿔에 찔리게 된다. 양자는 동정녀 탄생 개념의 기원이 설명 없이 남겨진 경우로 구약에서 파생될 수 있었던 것 같은 추측된 기본 개념이다. 또는 그밖에 팔레스타인의 기본적인 개념과 그 영향이 마태복음과 누가복음에서 극도로 불가능하게 된 경우에서 필로의 특별한 철학적 교리에서 발견된 요소를 추측된 기본 개념에 넣는다.

그러므로 인간 영혼의 신적인 출생에 관한 필로의 취급은 그리스도의 동정녀 탄생에 관한 신약 교리의 그럴듯한 설명을 제공한다. 그렇지만 우리가 필로에게서 돌아서기 전에 컨베이어가 제시한 다른 제안을 잠시 생각해보는 것이 필요하다. 이러한 제안은 인간 영혼의 신적 출생이 아니라 로고스의 신적 출생과 관련된다. 필로에 따르면 로고스는 하나님에 의하여 오염되지 않고 더럽히지 않은 본성으로 선사된 '항상 동

---

54 Conbeare, "The Newly Found Sinaitic Codex of Gospels," in *Academy*, xlvi, 1894, 401.

정녀'였던 소피아 '지혜'로 출생되었다고 컨베이어는 말한다.[55] 예를 들어, 로고스의 이런 탄생은 다음과 같은 구절에서 언급되었다.[56]

> 따라서 우리는 이 우주로 들어온 분이 존재하는 것들의 아버지이자 재봉사라고 즉시 정당하게 말해야 할 것이고 그것을 창조한 그분의 지식이 어머니라고 말해야 할 것이다.[57] 하나님은 인간의 방식이 아닌 다른 방식으로 그와 관계함으로써 피조세계에 씨를 뿌리셨다. 그러나 하나님의 씨를 받은 그녀는 유일하게 사랑하는 아들, 이 세상을 최종 산통으로 낳았다.

이 같은 개념의 관점에서 예수님이 성육신한 로고스가 된 것으로 생각되었을 때 "로고스처럼 주님이 동정녀 어머니에게서 태어난 것으로 생각되어야 하는 것보다 무엇이 더 자연스러울 수 있을까?"라고 컨베이어는 말한다.

이 가설에 대한 명백한 반대는 마태와 누가의 탄생 이야기에 로고스 교리의 흔적이 없다는 것이다. 알렉산드리아의 로고스 교리가 신약의 어느 부분에 영향을 끼쳤는지는 우리가 지금 다루려고 시도하지 않을 다른 문제이다. 그러나 확실히 하여튼 그것은 우리 주님의 동정녀 탄생을 언급하는 팔레스타인의 이야기에 영향을 끼치지 않았다.

그러므로 로고스에 관한 사색으로부터 그리스도의 동정녀 탄생 이야기를 끌어오는 것은 이방인 기원설에 반대되는 유대인 기원설에 속한 모든 우월성을 포기하는 것이다. 우리는 어떻게 이 같이 명백한 비팔레스타인적인 개념이 전체 신약에서 가장 강한 팔레스타인 이야기에서 검증되었는지의 문제를 즉시 우리의 손으로 다루어야 한다. 컨베이어는 그의 가설을 추천하면서 말한다.

---

55 Conybeare, "The New Syriac Codex of the Gospels," in Academy, xlvi, 1894, 535.

56 Philo, *de ebrietate*, 8, ed., Cohn et Wendland, ii, 1897, 176. Conbeare, op. cit., 534에 의한 번역을 비교하라.

57 επιστημη는 소피아, 지혜의 문맥에 따라 동일시된 것이다.

로마 643년에 그의 도덕적 기적적 선재 때문에 아람어를 말하는 유대인 제자들이 즉시 약속된 메시아로 인정한 사람 나사렛의 예수님이 태어났다. 반면에, 유대인과 개종자들은 그 안에서 역사의 오래 전에 하늘에서 내려와서 인간 형태를 취한 신적인 말씀을 환호했다.[58]

문제는 동정녀 탄생의 이야기가 우리가 가진 최종적 헬라어 형태에도 기본적으로 헬라어를 말하지 않고 아람어를 말하는 환경에서 신약에 나타난다는 것이다.[59] 그러나 그것은 단순히 언어의 문제가 아니다. 마태복음 1-2장과 누가복음 1-2장의 전체적인 정신은 가능한 한 필로의 정신에서 제거되었다. 이 이야기들에서 알렉산드리아의 로고스 교리의 어떤 영향력을 발견하는 것은 문서적 역사적 비평의 건전한 기준에 폭력을 행사하는 것이다.

이런 결론은 우리가 필로의 가르침을 세부적으로 연구할 때 충분히 확신된다. 찰스는 컨베이어에 대한 대답으로 필로에게 로고스의 두 표현이 있다는 것을 지적한다. 찰스가 로고스 I이라고 부르는 한 표현에 따르면 로고스는 하나님의 내재적인 이성이다. 다른 것 (로고스 II)에 따르면 그것은 물질세계이다. 그러나 인격적 예수 그리스도와 동일시될 수 있었던 것은 전자의 의미에서 로고스일 뿐이다. 반면에, 하나님에 의하여 출생되었거나 신적 지혜로 태어났다고 언급되는 것은 후자의 의미에서 로고스일 뿐이다.[60]

컨베이어의 대답은 분명히 기독교의 로고스 교리가 존재로 올 수 있었던 기독교 교사의 편에서 로고스 I과 로고스 II의 비교에 의한 것이다.[61] 그러나 확실히 그런 대답은 반대를 전혀 제거하지 않는다. 사실은 필로가 처녀 지혜에게서 태어난 것으로 로고스나 하나님의 '사랑받는

---

58 Conbeare, *op. cit.*, 534.
59 이런 강조는 Conybeare의 비평으로 Charles("The New Syriac Gospels," in *Academy*, xlvii, 1895, 13f.)에 의하여 잘 만들어졌다. Conybeare의 대답은(Ibid., 58) 만족스럽지 못하다.
60 Charles, "The New Syriac Gospels," in *Academy*, xlvii, 1895, 14.
61 Conbeare, Ibid., 58.

아들'을 말할 때, 인격이 아니라 물질적 우주에 관하여 생각한 것이 남아있다. 우리가 마태와 누가의 탄생 이야기에서 발견한 것과는 훨씬 거리가 먼 복잡한 개념을 상상하는 것은 어려울 것이다.

필로와 동정녀 탄생에 관하여 지금까지 거론된 많은 것에서 우리는 동정녀 탄생 개념의 유대인 기원과는 구별된 이방인 가설을 다룰 다음 장에서 토론을 예상하게 된다. 예를 들어, 컨베이어는 그 개념이 원래 유대적이었음을 한 순간도 믿지 않는다. 그는 그것이 유대인의 자료에서 증명된 것을 발견하지만 궁극적으로 그것이 소량의 '이방인의 민간전승'이라고 주장한다.[62] 이와 관련하여 확실히 어느 용법이 필로의 가르침의 특징을 이루는 것으로 만들어진 것이라면 그 개념의 비유대적 기원이 견고하게 세워질 것이다.

왜냐하면 필로의 가르침은 본질적으로 이교도의 자료로부터, 헬라 철학으로부터 그리고 최근의 학자들이 믿는 경향처럼 헬레니즘 세계의 대중적인 신비종교로부터 파생되었기 때문이다. 그러므로 우리가 동정녀 탄생 개념의 이교도 파생설을 다루기 시작할 때 우리는 필로에게 되돌아갈 것이다. 우리는 그다음에 기독교의 그리스도의 동정녀 탄생 교리의 궁극적 기원의 이방 종교 형태를 재구성하기 위해 필로가 우리에게 도움이 되는지 안되는지의 문제를 논의할 것이다.

여기서 위대한 알렉산드리아의 교사에 대한 우리의 관심은 보다 한정된 종류에 속하게 되었다. 필로는 결국 한 유대인이었다. 그리고 그가 어떤 족장들이나 로고스의 동정녀 탄생에 관하여 말할 때 마태복음과 누가복음에서 우리의 이야기의 기초를 제공할만한 비기독교적 유대교 개념의 현존을 그가 증명하는지의 문제가 제기된다. 그 개념의 궁극적인 자료는 우리가 나중에 취급할 다른 문제이다. 여기서 우리는 신약의 이야기가 나타난 것보다 앞선 시대에 유대교에서 특히 팔레스타인 유대교에서 실제로 동정녀 탄생 개념이 그것의 궁극적 기원이 무엇이든지 필로의 구절에 의해 나타나는지의 문제를 단순히 고려했다.

---

62 Conbeare, "'Virgo concipiet,'" in *Academy*, xlvii, 1895, 508.

그런 문제를 우리는 단호한 부정으로 대답했다.

(1) 필로는 메시아의 동정녀 탄생에 관하여 전혀 말하지 않고, 어떤 구약 인물의 동정녀 탄생에 관해서만 말한다.
(2) 그가 그런 구약 인물의 동정녀 탄생에 관하여 말할 때 그는 혈과 육의 사람으로서 역사적 인물들로서 그들을 전혀 다루지 않고 그들이 그의 알레고리적 해석에 묘사된 것들만 다룬다. 필로 자신이나 그 당시 어느 유대인이 이와 연관하여 그가 말한 이삭이나 다른 사람이 인간 아버지 없이 태어났다고 믿었다는 것은 최소한의 가능성도 없다.
(3) 메시아나 어느 다른 사람이 동정녀에게서 태어났거나 났을 것이라는 개념을 어느 유대인이 정말 인간 영혼에 관하여 또는 우주의 기원에 관하여 필로의 철학적 가르침으로부터 얻었다는 것은 어떤 증거도 없고 가장 불가능하다.

이와 같이 필로는 최소한의 실제적인 지지가 아니라 메시아에 관한 기독교 이전의 유대인의 개념으로부터 기독교의 그리스도 동정녀 탄생 이야기를 파생시킨 자들에게 준다. 우리는 우리가 남긴 정확한 지점에서 우리 주장의 중요한 줄거리로 되돌아왔다. 구약 이후 시기의 비기독교적 유대교에 메시아의 동정녀 탄생에 관한 어느 사상이 있었다는 어떤 암시도 없는 것처럼 필로에게도 아무런 암시가 없다.

동정녀 탄생 개념이 정말로 유대인적 사상의 요소에서 파생되었다고 주장하는 자들을 정당화하기 위하여 우리가 방금 논의한 가정에 그들이 의지하지 않는 것을 주목해야 한다. 그들은 일반적으로 동정녀 탄생 개념이 이미 메시아와 관련하여 기독교 이전의 유대교에 존재했음을 주장한 것으로 보이지 않는다. 그러나 그들은 오히려 그것이 유대인 기독교회에 의하여 예수님에 관한 특별한 언급으로 포함되었다고 주장한다.[63]

---

[63] Harnack(*Neue Untersuchungen zur Apostelgeschichte*, 1911, 103; 영어 번역, *The Date of the*

기독교 이전 유대인의 메시아의 동정녀 탄생 교리의 현존은 동정녀 탄생 교리가 유대인적 사상의 요소에서 파생되었다고 믿는 자들에 의해서가 아니라 이교도적 기원이라는 교리를 주장한 자들의 어떤 단체, 즉 동정녀 탄생 개념을 이전의 유대교에 동화됨으로 말미암아 기독교회에 들어온 이교 개념으로 간주한 단체에 의하여 대부분 주장되었다.

이 후자의 이론은 우리의 토론에서 나중의 강조점으로 더욱 편리하게 고려될 것이다. 그러나 동정녀 탄생 개념의 궁극적 기원이 유대인이었는지 이교도이었는지가 실제로 기독교 이전의 유대교에서 발견되었다는 것이 보여질 수 있었다면, 그런 사실은 이 장이 주장한 카임과 롭스타인과 하르낙의 이론을 포함하여 예수님의 동정녀 탄생의 신앙에 관한 유대 기독교 파생론에 호의적으로 영향을 끼쳤을 것이다. 그러므로 현 시점의 논의에서 기독교 이전의 유대교에 메시아의 동정녀 탄생의 기대가 늘 있었다고 추측할 최소한의 이유가 없다는 사실을 관찰하는 것은 매우 중요하다. 만약, 동정녀 탄생 개념이 유대 기독교에서 나왔다면 그것은 유대교의 유산으로서 나온 것이 아니라 예수님과 특히 관련된 유대 기독교회 자체에 의하여 발전되었음에 틀림없다.

특히 이사야 7:14이 동정녀 탄생을 언급한 것으로 유대 기독교회에 의하여 해석되었다면 그런 해석은 역시 기독교 이전의 유대인 주석에 대한 하나의 혁신이었다.

이 같은 해석의 혁신이 일어난 것은 가능한가?

물론, 예수님이 실제로 동정녀에 의하여 태어났다면 그것은 쉽게 제기될 수 있다.

그러나 만약, 그것이 그 경우가 아니었다면 그것이 일어날 수 있었을까?

그리고 만약, 그것이 일어났다면 그것은 그리스도의 동정녀 탄생 이야기를 만들 수 있었을까?

이 같은 가설은 확실히 가장 심각한 반대에 직면하게 된다. 어떤 일

Acts and of the Synoptic Gospels, 1911, 147f.)은 하나의 예외를 만들어낸다. 그는 "사 7장의 원문을 곰곰이 생각하면서 기독교 이전의 시기에도 그 본문이 메시아의 어머니로 동정녀에 관하여 언급했다는 견해를 많은 순수 유대인들이 가진 것이 가능한 것으로" 인정한다.

반적인 반대는 13장의 앞부분에서 이미 지적되었다. 이사야 7:14에서 동정녀 탄생 예언의 발견은 유대교에서 일반적으로 동정녀 탄생 개념을 반대하는 것들과 동일한 장애물에 직면했을 것이다. 그러나 또한 이 구절의 추측된 새로운 해석 방법에 특별한 장애물이 있었을 것이다.

예를 들면, 한 가지 명백한 반대가 아마도 새로운 해석을 창작한 자들에 의하여 사용된 언어에서 발견된다. 언어는 동정녀 탄생 개념의 유대 기독교인 기원설에서 의심 없이 아람어이지 헬라어가 아니다. 그리고 아람어를 말하는 기독교인의 입장에서 히브리 구약성경에 관한 지식은 아마도 추측되었을 것이다.

그러나 히브리어에서 메시아의 동정녀 탄생을 언급한다는 이사야 7:14의 원어적 해석은 '동정녀'가 사용된 헬라어 번역처럼 명백하지 않다. 원래의 구절이 항상 예수님의 동정녀 탄생 이야기를 위하여 유대 기독교인들 가운데 제기될 수 있었다고 주장하는 것만큼 대담한 것도 드물다. 확실히 우리가 지금 다루는 견해에 관한 대부분의 옹호자들은 그렇게 할 수 없다.

왜냐하면 의심 없이 그들은 히브리어의 '할마'라는 단어가 '동정녀'를 전혀 의미하지 않는다는 일반적인 견해를 공유하기 때문이다. 그러므로 그 이론은 70인역의 기초를 제외하면 가능성조차 소유할 수 없다. 이사야 7:14의 예언 성취로서 동정녀 탄생 이야기의 발전에 이르게 한 것으로 추측될 수 있는 것은 헬라어 번역뿐이다.

그러나 그것이 사실이라면 누가복음 1-2장과 마태복음 1-2장 이야기의 팔레스타인적 특성에 의하여 요구된 것으로 보이는 그 이야기의 팔레스타인적 기원이 되는 것은 무엇인가?

우리가 곧 취급할 다른 이론들과 비교하여 동정녀 탄생 개념의 유대 기독교인 기원설로 소유된 중요한 장점은 신약에서 동정녀 탄생이 증명된 이야기들의 팔레스타인적 형식과 내용을 정당화하는 것이다.

그러나 이제 이사야 7:14의 히브리 원어와 구별된 헬라어 번역에 근거해서만 그 개념이 유래될 수 있었다는 추측의 필요성에 의하여 그 장점이 상실된 것으로 보인다.

예수님의 동정녀 탄생 개념의 기원이 팔레스타인에서 그렇지만 헬라어를 말하는 사람들에 의하여 수행되었으리라는 것은 말하지 말자.[64]

의심 없이 팔레스타인에는 그러한 사람들이 많이 있었다. 그러나 걱정은 동정녀 탄생 개념이 발생한 것이 헬라어권이었다는 추측에 대하여 누가복음 1-2장과 마태복음 1-2장의 언어학적 특성이 강하게 반대하는 것으로 보이는 것이다. 마태복음 1:21에서 직접적으로 이사야의 동정녀 예언의 소개 전에 우리는 히브리어에 근거해서만 이해할 수 있는 '예수'라는 이름의 해석을 갖는다.[65]

그러나 그런 세부사항은 단지 이야기의 전체 성격에서 발견된 셈어적 배경의 증거를 확증할 뿐이다. 그러면 이사야 7:14의 70인역에서 나온 동정녀 탄생 전통이 히브리 원어와 반대될 것이라는 이론에 관하여 우리는 헬라어를 말하는 자들 가운데서만 일어났을 개념이 어떻게 신약의 가장 특징적인 셈어적 부분에 의하여 잘 증명되었을까를 이해가기가 매우 어렵다.

그러나 이 언어학적 고려 외에도 동정녀 탄생 교리가 구약 예언의 성취를 보여주려는 바람에서 나왔다는 전체적인 개념은 매우 불가능하다. 이 점에서 우리는 최근 연구자들의 압도적인 지지를 갖는다. 최근에 인기가 없는 어떤 한 가지 비평적 방법이 있다면, 그것은 구약 예언에서 파생된 신약의 신화에 관한 이런 방법이다. 그런 방법은 1835년에 나타난 스트라우스의 처녀작 『예수의 생애』(Life of Jesus)에서 매우 성행했다. 그 다음에도 스트라우스는 동정녀 탄생에 대한 추측되는 이교도 유추를 무시하지 않았다. 그러나 그것들에 추가하여 이사야 7:14 뿐만 아니라 시편 2:7에도 집요하게 강조되었고 분명히 그 개념의 형성을 향한 실제

---

64 이 제안은 위에서 기록한대로, 사 7:14의 원문조차도 메시아의 동정녀 탄생을 포함하는 기독교 이전 유대인들에 의하여 해석되었으리라는 그의 제안에 추가하여 Harnack에 의하여 주장되었다(loc. cit.).

65 "너는 그의 이름을 예수라 부를 것이다. 왜냐하면 그는 그의 백성을 그들의 죄에서 구원할 것이기 때문이다."

적 추진력을 그러한 구약 구절에서 발견했다.[66]

그의 나중의 책에는 현저한 변화가 있다. 신화의 기원을 설명하는 예언 구절의 부적당성은 지금 분명하게 인식되었다.[67] 그러므로 신약의 이야기는 구약의 예언의 성취를 보여주려는 바람을 통하여 만들어졌다고 가정하는 이론을 지지하는 자들조차도 매우 심각하게 그의 원래 태도를 바꾸도록 강요받고 있음을 느낀다. 심지어 보다 인상적인 것은 일반적인 학문의 경향으로 변화된 것이다. 신약에 인용된 구약 예언들이 대부분 신약 이야기들을 생산한 것이 아니라 반대로 전적으로 다른 방법으로 제기된 이야기들의 성경적 형성을 추측한 것이 이제 매우 일반적으로 주장되고 있다.

먼저 신화에서 유래되었고 그 신화들에 대해 상상할 수 있는 모든 종류의 지지를 위해 성경을 연구한다고 주장된다. 그러면 그것은 동정녀 탄생의 경우에도 해당되는 것으로 생각된다. 동정녀 탄생의 이야기가 이미 작가의 마음에 확립되지 않았다면 이사야 7:14은 세상에서 메시아의 동정녀 탄생 예언으로 취해지지 않았을 것이라고 언급된다. 이사야에 있는 그 구절을 마태가 비현실적으로 해석한 것은 구약의 구절이 하나의 예언이라고 추측된 이야기의 자료가 결코 될 수 없었음을 보여 준다고 언급된다.[68]

이제 우리 입장에서 우리는 마태의 이사야 7:14의 해석이 비현실적이라고 생각하지 않는다. 반대로 위에 제시한 부분적인 이유로 우리는 그것이 철저하게 사실임을 주장한다. 그러나 그것이 진실이라도 그것은 확실하게 명백하지 않다. 여기에 많은 경우처럼 예언은 미래 사건의 과정을 청자들에게 안내하려고 허락하는 것이 아니라, 반대로 성취가 된

---

66 Strauss, *Leben Jesu*, 1835, 173–180, 특히 176f.

67 Strauss, *Das Leben Jesu fuer das deutcshe Volk bearbeutet*, 3te Auf., 1874, 349–351(영어 번역, *The Life of Jesus for the People*, second edition, 1879, ii, 41–44).

68 사 7:14에 대한 유력한 태도는 1889년 Usener(*Das Weihnachtsfest*, 75)에 의하여 전형적인 형식으로 표현되었다. "만약, 우리가 이 예언적 언급을 전설의 형성을 위한 출발의 사건과 강조로 간주해야 한다면 그것은 그 사건의 자연적 과정으로 돌아갔을 것이다. 오히려 그것은 끝난 자료를 강하게 인증하는 것"이라고 Usener는 말했다.

다음에만 충분히 이해할 만하게 되었다. 그러므로 우리는 방금 제시한 주장, 즉 이사야 7:14이 동정녀 탄생의 신화가 생기게 한 중요한 기원이라는 견해를 실제로 보편적인 거절로 이끌어가는 주장을 '필요한 부분만 약간 수정한 것'(mutatis mutandis)으로 동의한다.

이사야 7:14에 관한 그런 견해에 대하여 동정녀 탄생 개념의 전체적인 유대 기독교 기원설에 관한 매우 일반적인 거절에까지 이르렀다. 동정녀 탄생의 신화가 순수한 유대인의 생각에 근거하여 유대 기독교회에서 발생했다는 것은 압도적인 다수의 현대 학자들에 의하여 인정된다. 일반적인 의견은 동정녀 탄생 개념이 '가능한 한 비유대적'이라고 말한 메르크스에 의하여 주장되었다.[69]

그런 일반적인 의견은 후기 유대교에 관계되는 한 옳다고 우리는 확신했다. 의심 없이 구약의 가르침은 그리스도의 동정녀 탄생과 깊게 일치하지만 후기 유대교 사상은 전적으로 다른 노선에 따라 움직였다. 바이쓰가 비평한 것처럼 초대 교회에서 증명된 동정녀 탄생의 부인이 정말 유대민족에서 나왔다는 것은 중요하다.[70]

물론, 그러한 부인이 '에비온파'에 의하여 진정한 역사적 전통에 근거했다는 것을 우리에게 말하려는 자들이 있지만 다른 가설은 굉장히 더 그럴 듯하다. 어떤 사람이 순교자 저스틴의 대화에 의하여 증명된 것처럼 메시아의 선재와 동정녀 탄생에 관한 비기독교 유대인의 부정적 태도를 비교할 때, 어떤 사람은 마태복음 1-2장과 누가복음 1-2장에 근거한 이야기 같은 어떤 것에 대하여 에비온파와 비기독교 유대인이 단순히 후기 유대교의 깊은 반감을 반영하고 있다는 저항할 수 없는 인상을 받는다. 의심 없이 우리가 믿을 이유를 발견한 제1장에서처럼, 많은 유대인들은 그런 반감을 극복했고 에비온파가 아니라 충분한 의미에서 기독교인이 되었다. 그러나 어떤 사람이 도중에 에비온파의 입장을 단념했으리라는 것은 많은 다른 것에 추가하여 초대 기독교 시기의 유대

---

69 "So unjuedisch als moeglich"-Merx, *Die vier kanonischen Evangelien*, II. I, 1902, p. ix.
70 B. Weiss, *Leben Jesu*, 4te Aufl., 1902, I, 210(영어 번역, *The Life of Christ*, 1883, I, p. 229).

교가 동정녀 탄생 신화를 발생시키기에 불가능 했을 것 같은 하나의 토양이었다는 또 하나의 암시를 제공한다.

제14장

이교도 기원설

동정녀 탄생 개념의 유대인 기원설이 대다수의 현대 학자들에 의하여 거절되었다는 것과 그 같은 거절이 충분히 근거가 있다는 것은 지난 장에서 명시되었다. 그러므로 그 개념의 사실적 기초가 여전히 용납되기 어려운 것으로 생각된다면 어떤 다른 기원설이 추구되어야 한다.

우리가 현대의 지배적인 이론을 연구하기 전에, 마땅히 받아야 할 관심을 충분히 받지 못한 한 가지 가능성을 간단하게 고려할만할 것이다. 그런 가능성은 1887년에 플라이더러에 의해 어느 정도 예견된 후에,[1] 1900년에 카텐부쉬가 특히 제시했다.[2] 동정녀 탄생 개념은 바울의 가르침에 근거하여 초대 교회에서 발전되었을 것이라고 카텐부쉬는 추측했다. 그러므로 그 개념은 엄밀히 유대 기독교인이 아니었을 것이지만, 그것을 위하여 우리는 이방 세계를 의지할 수도 없다. 카텐부쉬에 따르

---

[1] Pfleiderer, *Das Urchristenthum*, 1te Aufl., 1887, 419f. 나중에 Pfleiderer는 그의 견해를 수정했다. "The New Testament Account of the Birth of Jesus," first article, in *Princeton Theological Review*, iii, 1905, 648(with footnote 1); second article, Ibid., iv, 1906, 69f.를 보라.

[2] Kattenbusch, *Das Apostolische*, ii, 1900, 620–624. *Theologische Studien und Kritiken*, cii, 1930, 462–474에 있는 그의 나중 논문을 비교하라. 위의 책, viii f.를 보라.

면 우리가 마태복음과 누가복음의 처음 두 장에서 주장한 예수님 탄생 이야기의 발전에서 두 장면은 구별되어야 한다. 전자의 장면에는 성령에 의한 잉태의 개념이 있고 후자의 장면에는 동정녀 탄생의 개념이 있다. 누가의 이야기에서 지배적인 개념인 전자는 예수님이 육체를 입으실 때 성령의 능동적 역사가 있었다는 바울의 암시에 의하여 잘 제시되었을 것이라고 카텐부쉬는 생각한다.[3] 후자의 개념, 즉 동정녀 탄생의 개념은 그리스도를 둘째 아담으로 말하는 바울의 기독론 교리에 의하여 촉진되었고, 이사야 7:14의 예언에 의하여 그것의 최종 형태가 전해졌으며, 바울의 그리스도 선재 교리를 받아들일 때 중요하다.

이 이론은 다양한 방법으로 관심을 끌었다. 이 이론은 예수님의 탄생에 관한 부정적인 측면-인간 아버지의 배제-에 반대하고 긍정적인 측면-초자연적 잉태에서 성령의 활동-에 주목하여 동정녀 탄생 전통의 기원에 관한 가장 최근의 정교한 이론을 예시한.[4] 바울의 가르침과 동정녀 탄생 교리 사이에 존재하는 관계의 강조는 그 주제에 관한 몇몇 현대적 취급과 매우 순조롭게 대비되는 성실한 통찰을 드러낸다. 특히 참신한 것은 동정녀 탄생 교리와 그리스도의 선재 교리의 밀접한 관계의 재발견이다. 그런 관계는 의심할 바 없이 존재한다.[5]

그리고 우리는 어떻게 두 교리가 이율배반이나 모순의 관계에 있는 것으로서 확실히 많은 현대인의 토론 중에 있는 것으로 항상 간주될 수 있었는지를 이해할 수 없었다. 만약, 어떤 사람이 나사렛의 예수님이 지상에 오기 전에 존재했음을 확신한다면 그가 예수님을 일반적인 출생에 의한 요셉과 마리아의 아이라고 주장하더라도 심각한 어려움에 직

---

3 참으로 Kattenbusch의 연구는 전혀 표면적으로 제시되지 않았지만 다른 개념, 즉 동정녀 탄생 개념이 눅 1:34에서, επει ανδρα ου γινωσκω의 네 단어의 삽입에 의해서만 누가의 이야기 안으로 들어왔다는 이론을 제시했다.

4 Leisegang, *Pneuma Hagion*, 1922, 14–72, 본 논문의 하반부를 보라.

5 그것은 순교자 Justin과 Trypho와의 대화에서 그리스도의 동정녀 탄생과 선재가 Trypho에 의하여 공격되고 Justin에 의하여 변호된 것들과 함께 연결된 2세기 중엽의 이른 시기에 분명히 나타난다.

면한다는 것은 확실히 사실이다. 인간의 정상적인 생식과정을 파괴하지 않고서 하늘 존재가 이 세상에 자발적으로 나타났다는 것을 믿기는 어렵다. 바울의 둘째 아담 교리와 동정녀 탄생 이야기 사이에는 카텐부쉬가 관찰한 대로 또한 깊은 관계가 있다. 둘째 아담 교리는 그분이 성령으로 잉태되었다고 마태복음과 누가복음에서 묘사되고 있는 것처럼 인간의 새로운 시작으로서 예수님을 나타낸다.

그러나 여기서 다시 양자가 주어졌을 때 그 개념 사이의 관계를 인식하는 것과 다른 것에서 그것들 중 하나가 발전되었다는 것은 전혀 다른 것이다.

동정녀 탄생 이야기는 방금 언급된 바울의 가르침의 요소에서 발전될 수 있었을까?

그 이야기는 매우 구체적인 것이다. 그 세부사항은 마치 그것들이 예수님의 인간생활과 관련된 성령의 활동과 둘째 아담으로서의 그리스도에 대한 영향력에 의하여 도달된 것처럼 볼 수는 없다. 만약, 동정녀 탄생 이야기가 그 명칭에서 싹텄다기보다는 둘째 아담으로서의 그리스도의 명칭이 동정녀 탄생의 사실에서 싹텄음을 추측하는 선택이 이루어져야 한다면 그것은 더욱 그럴듯하지 않다. 바울의 기독론을 주장하는 자들에게조차 마태복음과 누가복음에 나타난 것들과 같이 구체적인 표현의 발전은 단지 어떤 과정의 문제였을 것이다.

그러므로 이 점에서 그 이론을 지지하기 위하여 카텐부쉬는 이사야 7:14의 도움을 요청하게 된다. 그 구절은 그리스도와 관련해서 바울의 교훈에 나타난 문제의 해결을 초대 교회에 제공했다고 그는 생각한다. 이와 같이 카텐부쉬는 이사야 7:14이 동정녀 탄생 이야기의 자료가 아니었다고 말하더라도 결국에는 그 구절을 사용해야 한다. 그러한 사용은 우리가 이미 제시한 고려 사항들에 의하여 단념하게 된다.

카텐부쉬의 제안은 흥미롭고 시사적이지만 우리가 연구해 본 바로는 상당한 지지를 얻지 못했다. 그러므로 동정녀 탄생 개념의 기원에 관한 유력한 이론에 대해 생각할 시간이 되었다. 그 이론은 이방인 기원설이다. 그리스도의 동정녀 탄생 교리는 오늘날 그것의 실제적 토대를 부정하는 압도적인 다수에 의하면 유대적이거나 순수하게 기독교 사상의 요소에서 나온 것이 아니라 그것은 이방인 개념에서 나왔다는 것이다.

이 이방인 기원설은 많은 형태로 나타났다. 그러나 개별적인 형태를 상세하게 고려하기 전에 두 가지 반대가 그들 모두에 비슷하게 직면하고 있음을 관찰하게 된다.

첫째 반대는 헬라-로마 세계에서 그것을 둘러싼 초기 기독교회와 이교도를 분리하면서 발견된다.

그런 분리는 유대인 기독교와 마찬가지로 이방인 기독교에 의하여 유지되었다. 이교도에서 개종자는 바울이 데살로니가전서에서 말한 대로 "사시고 참되신 하나님을 섬기기 위하여 우상숭배에서 하나님에 돌아왔다."[6]

이들 개종자들은 자신들이 혐오하여 개종하도록 원인이 된 다신교의 가장 타락한 모습으로 다시 되돌아 가려고 했을까?

많은 학자들이 동정녀 탄생과 나란히 가져온 이방신화에서 그런 요소들과 매우 정확하게 특징지어지기 때문에 우리는 의도적으로 '가장 타락한 모습들'이라고 말한다.

이방 개종자들은 그들이 파헤친 구멍으로 그렇게 쉽게 되돌아갔을까?

우리는 사도 시대에 미묘한 방법으로 세상의 삶과 첫 이방 기독교회의 삶을 융합하려 했던 이교도에 대하여 큰 논쟁이 있었다는 사실을 잘 알고 있다. 특히, 고린도전서는 그런 싸움의 심각성을 증명한다. 고린도인의 개종자는 단순히 이방인의 생활 습관뿐만 아니라 이방인의 사고방식으로 되돌아가려 했다. 예를 들어, 그들은 기독교인의 몸의 부활 교리를 이방인의 영혼 불멸 교리로 순화하려 했다. 많은 점에서 사도 바울은 교회 안에서 발판을 얻으려는 이교도에 대항하여 싸웠다.

아직 그 싸움은 승리를 위하여 싸웠다는 것과 이교도가 실제로 교회 안에 굳건한 발판을 마련하는데 실패했다는 증거들이 있다. 더욱이 그

---

6 살전 1:9.

싸움으로 몹시 감정이 상했을 때에도 이교도가 최근에 그리스도에게 돌아온 작은 그룹의 개종자들을 삼키려고 위협했을 때에도 그것은 실제로 위험한 매력을 행사한 이교도의 다신론적 형태인 것 같지는 않다. 예를 들어, 고린도에서 위험한 일은 헬라인의 지적 자만과 소위 거짓 철학의 미묘한 매력이었다.

우리가 볼 수 있는 한 개종자들이 여러 신들을 숭배하려고 돌아가려는 경향은 전혀 없었다. 다신교는 사도 바울이 주장한 것에 대하여 심각한 협박을 가하지 않았다. 한 주님과 한 하나님에게 새롭게 충성하면서 그 당시 복잡한 삶 속에서 요구되는 것에 관한 의견 차이는 있었을 것이다.

개종자는 의식적으로 기계적으로 우상에게 바쳐진 고기를 시장에서 살 수 있었을까?

그들은 친구의 집에 초대받았을 때 고기를 먹을 수 있었을까?

이러한 초대가 어떤 이교도의 신의 집에서 있었을 때 그들은 저녁식사 초대를 받아들였을까?

의심 없이 심각한 위험이 이 같은 질문 아래 숨어있다. 원칙의 타협은 또는 거짓 원칙으로 인정된 것에 관한 것도 항상 기독교 생활에 위험스럽다. 그러나 그 위험은 다신교에 대한 이론상의 친절에서 나오지 않았다. 바울 자신도 기독교인이 불신자의 집에 손님으로 초대받았을 때 우상에 바쳐진 것인지 아닌지를 묻지 말고 그를 위하여 제공된 고기를 먹어야 한다고 충고한 것은 기억되어야 한다.

확실히 이 같은 문제는 정말로 매우 당혹스럽다. 그러나 의견의 차이가 무엇이었든 간에 다신교를 반대하는 실제적 결과가 있었을 것이고 틀림없이 반대해야 할 필요성이 있을 것이다. 참으로 이방 기독교회에서 가장 분명히 구별된 것은 일신교로의 개종이다. 이 일신교는 주변 세계의 경계없는 혼합주의 및 포용과 가장 두드러진 방법으로 대조되는 것이다.[7]

---

7 일신교에 대한 헌신된 모습도 보이지 않거나 다른 신들의 존재를 부인하지도 않는 초기

그리스도의 동정녀 탄생의 개념에 대한 이교도 기원설이 우리에게 믿도록 요구하는 것처럼, 그러한 교회들은 다신론적 신화의 가장 타락한 모습으로부터 영향을 받는 희생물이 될 수 있는가?

그리고 이러한 영향력은 단순히 일반 시민들 가운데 여기저기서 그 자체를 느낀 것이 아니라, 바로 마태복음과 누가복음에서 그리고 사중복음서 정경에 성공적으로 포함된 것을 공표할 수 있었는가?

우리가 알기로 그 당시에 사실이었음에 틀림없는 방법으로 초기 보편교회에서 보편적으로 받아들인 것과 사도신경에 삽입된 것을 그것이 얻을 수 있었는가?

이 질문들은 일반적으로 그리스도의 동정녀 탄생 개념의 이교도 기원설의 옹호자들로부터 받은 것보다 더 많은 주의를 받을만하다. 나중에, 교회가 가이사의 왕권을 얻었을 때 의심 없이 이교도의 영향은 홍수처럼 되었다. 많은 성도들은 여러 곳에서 이방 신들의 계승자들이 되었다. 그러나 초기의 이 같은 영향에 대하여 하르낙이 1899년에 발표한 의견은 여전히 가장 주의 깊게 고려할 가치가 있다.[8]

이 같은 고려는 기적의 역사성을 부인하는 자들에 의하여 초기 기독교회사가 다루어졌던 지배적인 경향과 매우 대조되는 것이다. 그런 지배적 경향은 기독교가 처음부터 혼합 종교였다고 간주하고 바울의 교훈의 핵심에서도 이교도의 영향을 발견한 비교종교학파에 의하여 묘사되었다. 그러나 그 논쟁은 유행적이기 때문에 그것은 진실이 뒤따르지 않는다. 그리고 비교종교학파의 논쟁은 가장 심각한 반대에 직면한다. 물론, 이 반대들은 여기서 제시될 수 없다.[9] 지금 우리가 할 수 있는 모든 것은 동정녀 탄생 이야기의 이교도 기원설이 적어도 그 자체를 느낄 만

이방인 개종자들을 구세주이신 예수님에게 헌신된 자로 묘사하려는 McGiffert(*The God of the Early Christians*, 1924)의 시도는 홍미는 있지만 잘못되었다. 현 필자의 *What Is Faith*, 54-66와 *Princeton Theological Review*, xxii, 1924, 544-588에서 더 확대된 논의를 보라.

8 Harnack, review of Usener, *Das Weihnachtsfest, in Theologische Literaturzeitung*, xiv, 1889, col. 205.

9 몇몇 반대는 필자의 *The Origin of Paul's Religion*, 1921, 211-317에 제시되었다.

하게 하는 그 특별한 종류의 이교도 영향이 있었다는 것을 표명하는 것이다. 그것은 가장 타락한 모습의 이교도적 신화의 영향을 포함한다.

의심할 여지없이 1세기 교회에 의하여 느껴지는 다신교의 공포에도 불구하고 아직도 이교도의 신념이 아니라, 이교도 신들의 신화에서 가장 우둔한 다신교 요소에 교회가 문을 개방했다고 우리는 추측해야 하는가?

우리는 이 질문이 가볍게 여겨질 수 있다고 생각하지 않는다.

이와 같이 예수님의 탄생 이야기에 이교도의 영향을 수용하는 것에 대하여 삽입될 하나의 장애물은 일반적으로 이교도 세상과 초기 기독교회의 분리에서 발견된다.

둘째 반대는 동정녀 탄생 이야기가 언급된 신약 이야기의 분명한 팔레스타인적 특성에서 발견된다.

이교도 개념에 대한 이방 교회의 환대로 생각될 것이 무엇이든지, 우리는 정말로 이교도 개념이 신약 전체에서 가장 분명한 유대적 팔레스타인적 이야기에 정말 어떤 자리를 발견했다고 추측해야 하는가?

우리는 마태복음 1-2장과 누가복음 1-2장 이야기의 저자들이 일신교와 구약적 경건과 함께, 실제로 이교도 신화의 가장 저급한 부분에서 파생된 개념에 자리를 내주었다고 추측해야 하는가?

확실히 이 이야기들의 전체 분위기와 동정녀 탄생 교리의 기초를 형성했다고 지금 토론하고 있는 이론과 추측된 이교도 개념 사이에는 막대한 부조화가 있다.

어떻게 이 부조화가 설명될 수 있는가?

우리가 관찰한대로 설명을 위한 한 가지 노력이 누가복음 1:34, 35에 관한 삽입설에서 발견된다. 누가의 유아기 이야기는 참으로 팔레스타인적인 것으로 언급되었다. 그러나 동정녀 탄생의 이교도적 개념은 삽입으로 들어왔다는 것이다. 이 이론에 따르면 동정녀 탄생에 관한 이교도 영향과 나머지 이야기의 유대적 성격 사이에 부조화가 있다는 것은 놀랄 만한 일이 아니다. 왜냐하면 동정녀 탄생이 기록된 구절은 원래 작성된 이야기가 없기 때문이다.

이 삽입설은 제4장에서 드러난 대로 결정적 방법으로 거절될 수 있다. 누가복음 1-2장에서 동정녀 탄생을 증명한 구절이 나중에 추가된 것이 아니라 이야기의 근본적인 구조에 속한다는 것은 분명히 나타낼 수 있다. 그러면 처음의 문제는 마태복음에 대하여 뿐만 아니라 누가복음에 대해서도 남는다.

어떻게 어리석은 이교도와 다신교적 개념이 단지 이방 기독교 문서가 아니라, 신약 전체에서 가장 강한 유대적이고 팔레스타인적인 이야기에서 한 자리를 일찍이 차지했는가?

이 문제의 새로운 해결책이 최근에 점차적으로 유행하고 있다. 이 새 해결책을 옹호하는 자들은 삽입설은 포기되어야 한다고 인정한다.[10] 동정녀 탄생을 증명한 구절은 마태의 이야기는 말할 것도 없고 누가의 이야기에서도 핵심 내용이다.

그러면 어떻게 동정녀 탄생의 이교도 개념이 이 구별된 유대적 이야기에 한 자리를 차지할 수 있었는가?

이 최근의 학자들이 제안한 대답은 궁극적으로 이교도 기원에 속했더라도 그 개념이 이미 기독교 이전의 유대교에 당연시 되었고 따라서 마태복음 1-2장과 누가복음 1-2장에서 유대적 개념으로 나타날 수 있었다는 것이다. 예수님의 동정녀 탄생에서 유대 기독교적 신앙의 배후에는 메시아의 동정녀 탄생에 관한 기독교 이전의 유대인의 기대가 놓여있다.[11]

그러나 이 같은 유대인의 기대의 존재에 대하여 무슨 증거가 있는가? 기독교 이전의 유대인들이 정말 메시아가 인간 아버지 없이 태어났

---

10 Cheyne(*Bible Problems*, 1904, 91, 244)은 예외이다. 그는 눅 1:34 이하를 후대의 삽입으로 간주한다.

11 이 가설은 특히 Gunkel(*Zum religionsgeschichtlichen Verstaednis des Neuen Testaments*, 1903, 65-70)과 그렇지만, F. C. Conybeare(특히 *Academy*, xlvii, 1895, 508를 보라)에 의하여 선행된, Cheyne(*op. cit.*, 1904, 65-100)에 의하여 탁월하게 도입되었다. 그 가설은 이후에 Gressmann, Petersen과 다른 사람들에 의하여 옹호되었다.

다고 추측할 무슨 증거가 있는가?

일반적으로 이 같은 기대를 증명하려고 추측되는 랍비적인 구절들은 때때로 가치가 없다고 인정된다. 만약, 기독교 이전의 증거가 하나라도 발견되어야 한다면 그것은 이사야 7:14의 70인역에서만 발견될 수 있다.

'할마'를 '동정녀'로 번역함으로 70인역은 이사야 구절의 '임마누엘'이 메시아와 동일시되어야 했고, 메시아의 어머니가 동정녀여야 했다는 유대교의 신앙을 증명하지 않는가?

우리는 이 같은 견해가 얼마나 극도로 불확실하고 필로의 어떤 구절들이 이삭 같은 구약 인물의 동정녀 탄생의 팔레스타인적 신앙을 증명한다는 견해가 얼마나 불확실한가를 이미 지난 장에서 관찰했다. 확실히 우리가 기독교 이전의 유대교에 대해 알고 있는 것은 메시아의 동정녀 탄생의 기대를 소중히 여기는 것에 반대하고 있다는 것이다.

그러므로 이 같은 기대가 여전히 있다면 그것은 분명한 증거에 근거해서가 아니라, 단지 기독교의 동정녀 탄생 교리의 이교도 기원설에 관한 관심 때문이었을 것이다. 이교도 개념이 이미 기독교 이전의 유대교에 자리 잡지 않았다면 어떻게 유대 기독교의 이야기에 다가왔는지를 아는 것은 불가능하다. 그러므로 우리는 직접적인 증거가 없음에도 불구하고 이 같은 것이 증명해 주고 있다고 추측해야 한다. 의심 없이 그것은 동정녀 탄생 개념이 어떤 이교도 개념이라고 이미 확신한 자들에게 확신을 주는 것으로 보인다. 그러나 그런 확신을 공유하지 않는 자들에 의하여 그 추론은 극도로 의심스러운 것으로 간주될 것이다.

확실히 어떤 분명한 증거없이, 심지어 우리가 가지고 있는 모든 암시와 매우 모순되는 방식으로 메시아의 동정녀 탄생에 대한 믿음이 기독교 이전 유대교에 존재했다는 추측을 당연시하는 태도는 신약의 책에 나타난 동정녀 탄생의 이교도 기원에 대한 가장 최근의 이론을 움직이지 않는 추와 같이 매달아 놓는 것이다.

그러나 그 추는 삽입설로 다시 돌아갈 때에만 움직여질 수 있다. 그리고 이 같은 복귀는 가장 결정적인 방법을 고려함으로써 배제된다. 그러므로 동정녀 탄생 개념의 이교도 기원설의 옹호자들은 두 개의 동일한 불만족스런 대안에 침묵한다. 그들은 신약에서 유대적 특징이 가장 강한 내러티브에 이교적 요소가 나타난다는 자신의 가설을 설명하기 위해서는 다음 두 가지 가정 가운데 하나를 선택해야 한다.

(1) 이교도 개념을 증명하는 말은 삽입에 의해 유대 기독교 이야기에 들어왔다는 것이다.
(2) 이교도 개념이 이미 1세기에 팔레스타인 이야기의 필수적인 부분을 형성한 만큼 기독교 이전의 유대교에 완전히 순응되었다는 것이다.

이 두 대안 중 전자는 특히 동정녀 탄생 교리의 자료를 헬라 신화로 보는 자들에 의하여 채택되었다. 후자는 오히려 그 자료를 동양 종교로 보는 자들에 의하여 채택되었다. 그러나 두 대안은 가장 심각한 반대에 직면했다. 그것들 가운데 최소한의 가능성이 없는 문제를 토론하는 것은 아마도 무익할 것이다.

그러므로 우리가 추측한 이교도의 병행구를 고려할 때 우리는 단지 논증을 위하여 그렇게 한다. 이들 병행구는 그것들 안에서 기독교의 동정녀 탄생 교리의 기원이 발견되어야 한다는 견해가 전혀 증명되지 않았음에도 그 실체보다 더 사실적인듯하다. 일반적으로 초대 교회에 관하여 언급될만한 것이 무엇이든지 누가복음 1-2장 같은 유대 기독교 이야기가 형편없는 이교도 개념에 거의 자리를 줄 수 없었을 것이라는 강력한 반대가 여전히 존재한다. 이 반대가 극복되지 못한다면, 그 증거의 책임은 이교도 기원설에 달려있다.

이교도의 유사물은 실제로 매우 비슷해서 이 증거의 책임을 극복할 수 있을까?

그것은 우리가 지금 다루어야 할 문제이다.

이교도 기원설이 주장되는 가장 단순한 형태는 그리스도의 동정녀 탄생 교리가 신들에 의하여 태어난 헬라 영웅 이야기의 영향하에 있는 이방 기독교인의 배경을 토대로 발전된 것이다.[12] 기독교회 역사의 맨 초기에―그렇게 그 이론은 주장한다―예수님은 '하나님의 아들'로 불렸다. 유대 기독교의 이런 호칭은 가능한 한 인간 아버지를 배제하거나 하나님으로부터 특별한 육체적 기원과 관련해서 만들어졌다.

유대 기독교인은 의심 없이 메시아의 호칭이 될 수 있었던 구약 용례와 비슷한 의미로 그 용어를 사용했거나 예수님 자신이 하나님을 향하여 서 있음을 느낀 아들의 도덕적 관계를 공감한 것을 가리키기 위해 사용했다. 그러나 유대 기독교인들과 구별된 이방 기독교인들은 그들의 새로운 신앙을 가지면서 받은 가르침에서 예수님에게 적용된 이 호칭을 들었을 때 그들은 과거의 사고 습관에 따라서 자연스럽게 그것을 이해했을 것이다.

그러한 이방 기독교인의 과거의 사고 습관은 유대교에서 비롯된 '하나님의 아들'이란 호칭에 매우 다른 의미를 귀속시켰다. 이방 기독교인은 인간 아버지와 한 사람의 관계에 대한 실제적 육체적 아들의 관계가 그 호칭에 포함된 것을 발견했다. 이런 이방인 개종자의 과거 신앙에 따르면 제우스는 신들과 사람들의 아버지였다. 그리고 그와 다른 신들은 모두 인간 어머니에 의한 출생으로 표현되었다. 비슷한 이야기들이 시대의 영웅의 출생과 관련하여 널리 알려졌다. 알렉산더, 플라톤, 아우구스투스, 그리고 다른 사람들이 신들에 의하여 출생된 것으로 간주되었다. 이런 영웅들은 '신들의 아들들'이었다.

이방 개종자들의 생각에 예수님은 그들보다 못할 수 있을까?

그리고 만약, 그들이 이방 신들의 아들들이라면, 약간 비슷한 유형으로 예수님은 이들 개종자들이 개종해서 믿게 된 유일하신 참 하나님의 아들이 되어야 하지 않겠는가?

이 가설을 고려하면서 매우 상세하게 개별적인 이야기들을 조사할

---

12 이 이론은 Usener(*Weinnachtsfest*의 1889년 초판)에 의하여 고전적인 형태로 주장되었지만, 물론, 구 이론이 그에게서 유래된 것은 아니다. 그것은 나중에 많은 최근의 학자들에 의하여 다양한 형태로, 특히 Eduard Meyer(*Ursprung und Anfaenge des Christentums*, I, 1921, 54–57)에 의하여 지지되었다.

필요는 없을 것이다. 왜냐하면 그것들은 종종 수집되었고 잘 알려졌기 때문이다. 몇몇 수집물들은 참으로 현재의 목적을 위하여 사용될 수 있기 전에 걸러내어야 한다. 피터센이 신적인 아버지들에 의하여 출생된 것과 마찬가지로 신적인 어머니들에 의하여 태어난 그리스 신화 영웅들을 신의 아들들의 목록에 포함한 것은 확실히 멀리 나간 것이다.[13] 명백히 어떤 기회에 그리스도의 동정녀 탄생과 비교될 수 있는 유일한 이야기는 인간 어머니와 신적인 아버지의 결합을 말하는 이야기이다.

그러나 이 같은 이야기들조차 부족하지는 않다. 예를 들어, 우리는 어머니 대네가 제우스의 사랑을 받고 그녀와 격리되어 그녀에게 내려온 금비(a rain of gold)를 수단으로 잉태된 페르세우스를 생각할 수 있다. 또한 제우스와 인간 여인의 아이 헤르쿨레스도 생각할 수 있다.

하지만, 더 많은 강조는 고대 신화의 반신반인이 아니라 역사적 인물과 관계된 이야기들에 놓여있다. 이런 것들에 가장 많은 관심을 불러일으키는 것은 플라톤에 관한 것이다. 이 이야기는 아마도 그리스도 이후 3세기에 활약한 디오게네스 라에티우스(Diogenes Laertius)에 의하여 다음과 같이 보고되었다.

> 플라톤의 조카, 스페시푸스는 소위 『플라톤의 장례축제』(*Plato's Funeral Feast*)라는 그의 책에서, 클레르쿠스는 『플라톤에 관한 찬사』(*the Encomium on Plato*)에서, 아낙실레데스는 『철학에 관하여』(*On Philosophy*)라는 그의 책 2권에서 아리스톤(플라톤의 아버지)이 결혼 연령이었던 당시 페릭티오네(플라톤의 어머니)와 결합을 원했지만 그 목표를 얻지 못한 결과에 대한 보고가 아덴에 있었음을 말하고 있다. 그리고 그가 그의 폭력을 멈췄을 때 아폴로의 나타남을 보았다는 것도, 그런고로 그녀가 그녀의 아이를 낳기까지 그는 그녀의 순결을 지켰다.[14]

---

[13] *Die wunderbare Geburt des Heilandes*, 1909, 34–36.
[14] Diogenes Laertius, iii. 2. R. D. Hicks에 의하여 번역된 *Loeb Classical Library*의 "Diogenes Laertius," I, 1925, 277를 비교하라. 헬라어 본문은 또한 그 편집에서 발견된다.

동일한 이야기가 오리겐과[15] 몇몇 다른 작가들에 의하여 언급되었다.[16] 약간 비슷한 이야기가 알렉산더 대왕에 관하여 플루타르치에 의하여 보고되었다.[17]

> 필립과 그녀의 결혼식이 끝나는 밤 이전에 천둥소리가 있었다는 것과 그 번개가 그녀의 자궁에 떨어졌다는 것 그리고 그 타격으로부터 큰 불이 타오르게 되었다는 것과 모든 방면에 불꽃이 일어나면서 소멸된 것이 신부 [올림피아스, 알렉산더의 어머니]에게 보였다. 그 다음에 결혼 후 필립은 그 아내의 자궁에 봉인이 있는 꿈을 꾸었다. 그리고 그가 생각한 대로 그 봉인에 새긴 모양은 사자의 모습을 가졌다. 그리고 필립이 그의 결혼에 관한 것들을 조심스럽게 주의할 생각으로 다른 관찰자가 의심하면서 그 환상을 보았을 때 텔메수스의 아리스텐더는 (텅빈 것이 봉인을 요구하지 않은 것이기 때문에) 그 여인이 아이를 가졌으며 그녀가 그의 본성상 높은 정신을 가진 사자 같은 아들을 낳을 것이라고 말했다. 그리고 언젠가 그녀가 잠을 잘 때 올림피아스의 몸 곁에 펼쳐진 뱀이 나타났고, 그들은 이것이 특히 필립의 사랑과 열정을 무디게 했기 때문에 그는 그 이후 종종—자신에게 실행될지 모르는 어떤 마법을 두려워했거나 그녀가 그보다 더 위대한 존재에게 속했다는 이유로 그녀를 피했기 때문에—그녀에게 자주 접근하지 않았다.[18]

또한 신이 그의 아내와 함께 있었을 때 문틈으로 본 필립의 눈 하나가 상실되었다는 보고서가 있었다고 플루타르치는 말한다. 올림피아스는 에라토스테네스 (플루타르치의 보고)에 따르면 알렉산더가 전쟁터에 나갈 때 그의 출생의 비밀을 알렉산더에게 말했고 이 같은 기원의 영적인 가치를 나타내도록 그에게 명했다. 그러나 다른 보고에 따르면 올림

---

15 *Contra Celsum*, I. 37.
16 Usener, *Das Weihnachtsfest*, 2te Aufl., 1911, 72f.를 보라.
17 *Vit. Alex.*, ii.2-4.
18 어떤 용법은 Bernadotte Perrin에 의하여 번역된 *Loeb Classical Library*, "Plutarch Lives," vii, 1919의 이곳과 다음의 인용문에 있다. 헬라어 본문은 또한 그것의 첫 판에서 발견된다.

피아스는 그 이야기를 거절했고 "알렉산더가 헤라에게 나에 대한 비방을 멈출 것인가?"라고 말했다.[19]

인간 여자를 위한 신들의 이 같은 사랑 이야기의 유행은 때때로 간접적인 방식으로 증명되었다. 이와 같이 스파르타의 아기스 왕의 아내와 알시비아데스가 간통 후 지진으로 두려워하여 그가 그 아내의 응접실에 들어가서 열 달 동안 그녀에게 피해 있었기 때문에 레오티치데스라는 아이가 그의 아들이 아니었다고 말한 후 왕은 그 보고서를 신뢰했다고 말한다.[20] 이런 이야기를 인용한 후 우세너는[21] 어떤 애인이 주피터의 사랑을 받을 만한 자로 그가 사랑하는 자에 관하여 말하는 시적인 구절과 또한 네로 시대에 여인들이 주피터의 사랑을 받기 원하여 주노의 진노조차 두려워 않았고 로마의 주피터 신전에 앉아 있었다는 세네카의 보고서에 주의를 기울였다.[22]

더 특별한 것은[23] 요세푸스에 의하여 보고된[24] 파우리나의 수치스런 이야기이다. 티베리우스 시대에 사투니누스의 아내, 귀족의 로마 여인 파우리나는 데시우스 문두스의 사랑을 받았다고 요세푸스는 말한다. 통상적인 타락의 과정으로 목적을 달성할 수 없어서, 문두스는 이시스의 제사장들에게 의뢰했다. 뇌물을 받고서 그들은 파우리나에게 "당신은 당신을 초대한 아누비스 신에게 사랑을 받았다"고 말했다. 경솔한 파울리나는 신들의 '숙박과 식사'에 함께 하는 것을 동의한 그녀의 남편에게 그 이야기를 보고했다.[25] 그 남편은 다른 말로 아내의 평판을 알고 있기에 그녀가 사원에서 하루 밤을 보내는 것을 쉽게 동의했다. 이것이 그

---

19 Plutarch, *vit. Alex.*, iii. 2.
20 Plutarch, *vit. Alc.*, xxiii. 8.
21 *Op. cit.*, 26f.
22 Seneca, quoted by Augustine, *de civ. dei*, vi.10, ed. Hoffmann, 1899, I, 296. Usener, *op. cit.*, 77을 보라.
23 또한 Usener, *loc. cit*에 의하여 언급되었다.
24 *Antiq. Jud.*, XVII. iii.4(ed. Niese, 1890, iv, 152−155).
25 δειπνον...και ευνην.

녀가 한 것이다. 거기서 그녀는 신들이라고 속인 애인 문두스에 의하여 속임을 당했다. 그 사건 후에 그녀가 진실한 사실을 폭로한 문두스에 의하여 깨닫기까지 파우리나는 신이 그녀를 찾았다고 공개적으로 자랑했다.

이 같은 이야기, 즉 신들과 인간 여인들과의 연합 이야기는 다른 암시들을 가지고 있을 때 심지어 사회의 상류 계층에서조차도 넓게 용인되고 있음을 보여 준다.

그러면 이 같은 이야기에서 기독교의 그리스도 동정녀 탄생 이야기의 기원이 있지 않았을까?

이 가설에 대한 호의적인 추측은 일견 이교도 이야기들이 어떤 초기 기독교 작가들에 의하여 신약 이야기들과 연관된 사실에 의해 조성된 것으로 보인다. 그러므로 순교자 저스틴은 2세기 중엽에 페르세우스 탄생 이야기와 기독교의 동정녀 탄생 이야기와의 유사성을 지적하면서 기독교의 동정녀 탄생 이야기를 이교도 독자들에게 추천했다. "그리고 만약, 또한 우리가 그분이 동정녀를 통하여 태어났음을 주장한다면 이것은 또한 그분이 페르세우스와 공통으로 가지는 어떤 것을 있게 한다"고 저스틴은 말한다.[26] 저스틴의 『트리포와의 대화』에서 이교도 이야기들은 약간 다른 방식으로 소개되었다. 유대인 트리포는 이교도의 이야기들이 기독교의 그리스도 동정녀 탄생 이야기와 유사하다는 사실을 후자에 대한 반대의 근거로 제시한다.

> 그리고 헬라인이라고 불리는 자들의 신화에서 제우스라 불리는 자가 금비(golden flood)의 모습으로 처녀였던 다내에게 다가와 페르세우스가 출생되었음이 언급되었다.[27] 그리고 당신은 그들처럼 같은 것을 말할 때 부끄러워야 하고, 오히려 이 예수님이 사람으로부터 남자로 태어났음을 말해야 한다. 그리고 그가 그리스도임을 성경에서 보여주기 위해서는 당신은

---

26 Justin Martyr, *apol.*, I. 22(ed. Goodspeed, *Die aetesten Apologeten*, 1914, 41)
27 εν χρυσου μορφη ρευσαντος επ' αυτην.

헬라의 것들처럼 어리석다고 유죄 판결당하지 않도록 하기 위하여 예수님을 경이적인 존재라고 감히 말하는 대신에 그의 율법적이고 완전한 삶 때문에 그리스도로 선택될 만했다고 말해야 한다.[28]

이런 공격에 순교자 저스틴은 이교도 신화가 보여주는 유사성은 그리스도에 대한 구약의 예언과 대조되는 것으로서 그것은 사탄과 악한 영들에 의해 야기된 신화의 저자들이 구약의 예언을 모방했기 때문이라는 이론을 전개하는 것으로 대답한다. 이러한 모방의 목록에[29] 저스틴은 제우스와 세멜레로부터 디오니소스의 탄생, 제우스와 알레메네로부터 헤라클레스의 탄생을 포함한다. 그리고 마지막에 그 구절의 끝에서 그는 페르세우스의 탄생을 포함한다.

> 그리고 내가 오 트리포여, 나는 페르세우스가 처녀에게서 태어났음을 들을 때마다, 이것 또한 나는 속이는 뱀이 만든 모방에 기인된 것으로 이해한다.

비슷한 이교도 신화의 취급이 오리겐의 셀수스에 대한 논문에 나타난다. 헬라인은 그리스도의 동정녀 탄생을 믿을 수 없었다고 인정할만한 근거가 없다고 오리겐은 말한다. 왜냐하면 약간의 유사성이 하등 동물들 가운데 나타난다. 그리고 헬라인들에 의하여 모든 사람은 남자와 여자에 의하여 출생된 것으로 인정되지 않는다. 기본적인 구절은 전부 잘 인용될 수 있다.

> 창조주가 여러 종류의 동물의 기원에서 그분이 원하신다면 동물의 경우에서나 다른 경우에서 그리고 사람의 경우에서도 그분이 했던 것을 하는 것이 가능했음을 보여 주는 것은, 예수님의 동정녀 탄생을 불신하는 헬라인들에게 언급되어야 한다. 왜냐하면 자연 역사의 저자가 말한 대로

---

[28] Justin Martyr, *dial.*, 67(ed. Goodspeed, 1914, 174).
[29] Justin Martyr, *op. cit.*, 69-70(ed. Goodspeed, 1914, 178-181).

독수리의 경우에 수컷과 결합하지 않는 어떤 암컷 동물이 발견되기 때문이다. 이 동물은 성의 결합 없이 그 종족의 계속성을 보존한다. 그러면 하나님이 남자와 여자의 결합으로 사람이 태어나서 이 세상에 오는 것과는 다른 방식으로 만든 인류의 신적인 교사를 세상에 보내기 원하셨다면, 여기에 무슨 이상한 것이 있는가?[30]

그리고 헬라인 자신에 따르면 모든 사람이 남자와 여자에게서 태어난 것은 아니다. 왜냐하면 만약, 세상이 시작을 가졌다면 많은 헬라인들이 추측한대로 첫 사람이 양성의 결합에 의해서가 아니라 그들의 정액의 요소가 발견된 땅으로 말미암아 생산된 것이 필요하게 된다[31] —내가 생각하기로 이것은 다른 사람의 출생과 비슷한 예수님의 탄생보다 더 믿기 어렵다.[32]

그리고 우리만 이상한 이야기를 하는 사람으로 생각되지 않도록 하기 위하여 헬라인과의 논쟁에 헬라 이야기를 사용하는 것에 관하여 비합리적인 것은 아무것도 없다. 왜냐하면 플라톤이 암픽티오네에게서 태어났을지라도 아리스톤이 아폴로에 의하여 태어난 아이를 낳을 때까지 그녀에게 접근하지 못하게 된 것을 기록하기 위하여 먼 옛날 영웅의 이야기가 아니라, 우리 시대에 일어난 것들과 연관된 것이 선택되었기 때문이다.

그러나 이것들은 정말로 신화들이다. 그것들의 저자들은 대부분의 인류보다 더 위대한 지혜와 능력을 가진 것으로 생각해서 그의 몸의 형성 초기를 더 위대하고 더 신적인 씨앗으로부터 받은 것으로 추측되는 사람과 관계된 이 같은 것을 발명하기 위하여 움직였다.

이것은 인류의 표준을 능가한 사람들에게 적당한 것으로 생각된다. 그러니 셀수스는 예수님에 관한 주장을 유대인에게 소개하고 다내와 멜라니페와 아우게와 안티오페에 관한 헬라 신화를 예수님의 단순한 동정녀 탄생이라고 꾸민 것으로 간주하는 것에 관한 공격의 과정에 나타난 것을 유대인에게

---

30 이 부분의 번역을 위하여 Koetschau, *Des Origenes ausgewaehlte Schriften*, ii, 1926, 51; 그리고 Crombie, "The Writings of Origen" (in *Ante-Nicene Christian Library*, x), I, 1869, 437를 비교하라.

31 Crombie, *loc. cit.*를 비교하라.

32 παραδοξοτερον.

소개했기 때문에, 이 말들이 익살꾼의 것이어서 진지한 어조로 기록한 자는 아무도 없다는 것이 언급되어야 한다.[33]

이 구절의 마지막 부분은 특히 도움이 되는 것으로 우세너에 의해 인정되었다. 플라톤과 다른 사람들에 관한 이야기들의 저자들은 오리겐에 따르면 대부분의 사람들 위에 있는 사람이 순수한 인간의 탄생보다는 더 많은 어떤 것을 가져야 한다는 것을 추론했다. 아주 그렇다고 사실상 우세너는 말한다. 그래서 그것은 또한 예수님의 경우였다. 물론, 오리겐은 헬라 이야기들이 신화인 반면에, 예수님에 관한 이야기는 사실이라고 말한다.

그러나 헬라의 이야기들은 믿고 예수님에 관한 이야기를 안 믿는 자들은 이 판단을 바꿀 것이라고 언급된다. 그리고 실제로 그 이야기들의 기원은 두 경우에 같다고 우리는 말한다. 초자연적인 사람의 성취나 특성은 그것에 대한 설명으로서 초인간적인 탄생을 요구한다. 즉 지금 논의하고 있는 이론을 지지함에 따라서 우리는 마태복음과 누가복음에 등장하고 있는 동정녀 탄생 이야기를 형성하기 위한 잠재된 원동력을 가지고 있다. 한 줄기 빛이 이교도의 공격에 대해 기독교 교리를 방어하기 위해 노력한 오리겐의 순진한 말에 숨겨진 원동력에 의해 던져졌다고 생각된다.

그러나 우리가 오리겐과 순교자 저스틴으로 부터 인용한 모든 구절은 똑같이 현재의 관계에 교훈적이지 않은가?

이 초기 기독교 작가들이 동정녀 탄생 이야기와 이런 이교도 신화 사이의 유추를 지적하지 않고 그 유추를 주장하면서 이교도 반대자들에 대항한 그들의 주장에서 그것을 사용하는 것이 매우 중요하지 않은가?

이교도 반대자들과 구별된 것으로서 그 주장이 그들에 대항한 유대인들에 의해 바뀌었을 때-이교도 신화와의 유사성이 유대인을 공격하

---

33 Origen, *contra. Cels.*, I. 37(ed. Koetschau, I, 1899, 88f.). 마지막 구절의 좋은 번역은 또한 어디서나 참고되었던, Crombie(*op. cit.*, I, 1869, 438)의 것이다.

기 위한 토대로 이루어졌을 때-기독교 저자들이 이교도 신화를 메시아의 동정녀 탄생과 관련된 구약의 예언을 사탄의 모방으로 보는 적극적인 방편으로 그 공격에 맞서고 있는 것이 중요하지 않다는 것인가?

현대 저술가들이 양편-한편으로는 그리스도의 동정녀 탄생 이야기가 처음 등장했던 시기와 그다지 멀지 않았던 시대에 살았던 기독교 저술가들과 다른 한편으로는 플라톤과 다른 영웅들에 관한 이야기들이 여전히 이야기 되어지고 그 이야기를 만들어낸 그 사상의 기류가 여전히 살아 있는 공동체를 잘 알고 있는 기독교 저술가들-을 비교하며 가까이에서 접해왔던 초기 기독교 저술가들이 발견한 유사성을 발견했다고 비방 받을 수 있는가?

이 주장은 첫눈에 그럴듯하게 보일지 모른다. 그러나 그것은 보다 정밀한 조사의 검증이 없다. 우리는 신적 출생에 관한 이교도 이야기들에 대해 순교자 저스틴과 오리겐의 호소가 반대논증(argumentum ad hominem)임을 결코 잊지 않아야 한다. 저스틴과 오리겐은 이교도 반대자들에게 효과적으로 말했다.

> 당신은 그리스도의 동정녀 탄생을 믿지 못하겠다고 주장하는데 글쎄, 당신 자신이 믿은 그 이야기들 보다 더 믿지 못할 것이 있단 말인가?

이제 우리는 반대논증(argumentum ad hominem)이 때때로 매우 위험한 것임을 완전히 인정할 준비가 되어있다. 우리는 반 외스터지(Van Oosterzee)가 같은 관계에서 했던 것처럼, 우리는 현 상황에서 플라톤에 대한 오리겐의 호소에 관해서 다음의 말을 인용할 준비가 되어 있다.[34]

> 당신들을 도울 것도 없고, 방어자도 없다(네크 탈리 아욱실리오, 네크 데펜소리부스 이스티스[nec tali auxilio, nec defensoribus istis]).

---

34 *Disputatio theologica de Jesu, e virgine Maria nato*, 1840, 16.

그러나 그렇지만 저스틴과 오리겐의 반대논증이 그 상황에서 매우 자연스러웠다는 것은 위험할지 모르며 현대 저술가들에 의하여 추론된 결과들을 정당화할 수 없다.

최근에 그리스도의 동정녀 탄생 이야기가 제기되는 때 저스틴과 오리겐의 정확성은 과장되지 않아야 한다. 우리는 그런 이야기가 최소한으로 말해서 확실히 1세기 말 이전에 존재했다는 것과 문서 비평과정을 통하여 그 시기가 수십 년 이전까지 거슬러 올라가게 됨을 보았다. 순교자 저스틴은 다른 한편으로 2세기 중엽에, 오리겐은 3세기 전반에 살았다.

그러나 이렇게 단순히 시간적으로 먼 거리보다 훨씬 더 중요한 것은 신약 탄생 이야기의 기록자들과 이 저술가들의 영적으로 먼 거리이다. 한편으로 일반적으로 신약과 다른 한편으로 순교자 저스틴과의 사이에 있는 그 이야기 사이에 매우 중요한 변화가 일어났다. 기원의 시기는 지나갔고 의식적이고 조직적인 변증의 시기가 정착했다.

이 점에서 참으로 우리는 오해받기를 바라지 않는다. 확실히 신약에는 기독교를 방어하는 것이 있다. 신약은 설교가 긍정적이 되어야지 결코 부정적이 되어서는 안된다거나 설교자는 기독교 신앙을 반대해서 제기되는 지적인 반대에 대한 답변을 피해야 한다는 빈약한 현대적 개념을 지지할 만한 어떤 것도 가지고 있지 않다. 바울 서신은 확실히 많은 논증이 있다. 그리고 그 논증은 또한 가르침에서 심지어 틀림없이 우리 주님의 권위적인 가르침에서 발견된다.

> 오늘 있다가 내일 아궁이에 던져지는 들풀도 하나님이 이렇게 입히시거든 하물며 너희일까보냐 믿음이 작은 자들아?(눅 12:28)

> 너희가 악할지라도 좋은 것을 자식에게 줄 줄 알거든 하물며 너희 하늘 아버지께서 구하는 자에게 성령을 주시지 않겠느냐?(눅 11:13)

이 익숙한 구절들과 그것들과 비슷한 다른 구절들은 논증으로 구성되었다. 명료하게 논쟁적인 주장이 없지는 않다.

> 만일 사탄이 사탄을 쫓아내면 스스로 분쟁하는 것이니 그리하고야 어떻게 그의 나라가 서겠느냐?(마 12:26).

여기서 우리는 공격에 접한 진정한 논쟁의 방법을 얻는다. 그런 사실이 우리 주님의 신성을 손상시키는 것으로 순진한 기독교인에게 보이지 않도록 하자. 그것은 의심 없이 놀라운 겸손을 수반한다. 하늘과 땅의 모든 권세를 받으신 분은 실제로 사람의 자녀들과 논의하는 것을 찬성한다. 그러나 이 같은 겸손은 연약함이 없고 오히려 최고의 영광의 표현이다. 논의 없이 분명해질 수 없고 메시지의 제시에 합리적일 수 없다. 그리고 신약 전체에서 기독교 메시지의 제시는 매우 합리적이다. 우리는 메시지의 내용이 본질상 관찰된 사실로부터 인간의 증명에 의해 추론될 수 있음을 의미하지 않는다. 메시지의 중심에 하나님의 순전한 계시가 있다.

그러나 계시의 내용이 인간의 이성으로 추론될 수 없지만 계시에 대한 신임은 죄의 결과로 눈이 멀 염려가 없는 인간의 이성으로 더 명백해진다. 심지어 계시의 내용이 이성으로 추론될 수 없더라도 이성에 반하지 않게 보일 수 있고 보여야 한다. 그런데 그것은 신약에 있다. 매우 처음부터 복음의 수용은 진정 합리적인 것으로 위탁되었다.

그러므로 신약과 순교자 저스틴과의 차이는 저스틴은 기독교의 논쟁적 변호에 참여한 반면 신약이 하지 못한 것을 그와 같이 간단한 공식으로 표현될 수 없다는 것이다. 저스틴과 마찬가지로 신약은 논쟁적 공격에 대해 복음을 변증한다. 그러나 우리는 여전히 훨씬 더 가야 한다. 신약이 논쟁을 사용할 뿐만 아니라 그 논쟁의 여기저기서 적어도 그 논쟁에 관련된 자들의 이전 믿음의 근거를 발견한다. 그러므로 사도행전 17장에 기록된 아레오바고언덕에서 행한 바울의 강연에서 그는 스토아학파의 범신론에서 발견되는 진리의 요소에 호소하고 그는 강연의 서두에서 관심끌기(*captatio benevolentiae*)로 '알지 못하는 신에게'라는 범신적 제단에 의해 증명된 불만족스러운 열망에 호소한다. 언급된 문서에서 기대되어야 하는 것처럼 그 서신에서 비개종자에게가 아니라 기독교인에게 이 같은 주장은 적어도 매우 크게 나타나지 않는다. 그러나 서신에서도 이교도 세계에 대한 논쟁적인 언급이 전혀 없지는 않다.

그러므로 한편으로 저스틴과 오리겐을 신약과 비교해서 다른 한편으로는 마음 속에 확실한 주의를 명심할 필요가 있다. 그러나 이 같은 주의를 그들이 충분히 받았을 때에도 그 대조는 여전히 매우 인상적이다. 신약은 어떤 논쟁을 담고 있다. 그것은 주위 환경의 거짓 신념에 대하여 참 종교를 정착시킨다. 그러나 신약에서 이 요소는 단순히 종속적이다. 그것은 주 예수 그리스도를 통한 하나님의 구속사역의 성공적이고 적극적 제시로 완전히 가리워졌다. 신약의 기록자들은 이교도 오류라는 어두운 배경에 대항하여 진리를 제시한다. 그러나 그들은 이교도의 어두움을 그것의 구성부분으로 분석하기를 멈추지 않는다.

어떤 신약의 기록자들도 신약에서 가르침이 보고되고 있는 사도들 중 어느 누구도 설교사역을 준비하는데 이교도 신앙을 상세하고 의식적으로 연구하는데 참여했다고 생각되지 않는다. 그러나 순교자 저스틴과 오리겐의 저작에 기초가 되는 바로 그 자세하고 의식적인 연구가 있다. 여기서 우리는 단순히 구약을 연구하고 주님과 사도들의 말씀을 연구할 뿐만 아니라, 이교도 세계의 종교와 철학을 연구한 기독교 학자들을 만난다. 그런 것은 순교자 저스틴의 어떤 범위에 대한 해당한다. 그리고 그것은 오리겐의 보다 큰 범위에 해당한다. 위대한 알렉산드리아의 교사는 그의 시대의 중요한 학자였다. 그는 그가 구약과 신약의 가르침에 있었던 만큼 많은 또는 거의 많은 헬라 철학과 이방 종교의 역사의 전당에 있었다. 그리고 그는 이교도 세계의 신념을 자세히 비교하고 논박함으로 기독교를 추천하려 한다.

다른 말로 신약에서 순교자 저스틴과 오리겐에 이르기까지 우리는 즐거운 야외 공기를 떠나서 연구실로 들어간다. 그런 방식으로 변화를 형성할 때 우리는 연구실에서 비호의적인 판단을 지나가는 것으로 이해하지 않아야 한다. 기독교회의 사역은 다양하고 기독교 학자들의 근면한 노력 없이 3세기에서든 또는 20세기에서든 기독교의 주장은 고통스럽게 확신된다. 다양한 은사가 있지만 동일한 성령이다. 교회가 학자들만 있고 전도자들이 전혀 없다면 그것은 교회를 위하여 슬프게 될 것이다. 그러나 교회가 전도자들만 있고 학자들이 전혀 없다면 그것도 또한 슬프게 될 것이다.

기독교 학자들의 사역은 더욱이 신약에서도 충분한 정당화가 된다. 예를 들면, 바울이 묵상이 없이 전도했거나 신학에 기초하지 않은 종교를 제시한 사람으로 다시 말해 피상적인 현대적인 의미로 '실천적 기독교 노동자'였다는 현대적 개념은 매우 어리석다. 여전히, 결국 한편으로 모든 신약문서와 다른 한편으로 순교자 저스틴과 같은 변증가와 오리겐 같은 알렉산드리아 학자의 강조점과 분위기에는 깊은 차이가 있다는 것이 언급되었다. 그러므로 순교자 저스틴이나 오리겐은 이방 세계에 새로운 신앙을 권면할 유추들을 부지런히 의식적으로 연구하면서 예수님의 탄생과 페르세우스나 플라톤의 탄생 사이의 유추를 발견했기 때문에 그러한 유추는 먼저 예수님의 탄생에 대한 신약의 이야기를 모방했음에 틀림없다고 보는 견해를 따르지 않는다.

만약, 누군가가 이 같은 추측을 끌어들이려 한다면, 좀더 넓은 문맥에서 저스틴과 오리겐에 있는 본문들을 읽도록 하자.

그러면 그는 이 저술가들이 그 유사성이 실제로 존재했건 그렇지 않았건 유사성을 발견하기로 결정했다는 것을 보게 될 것이다. 구약 예언에 대한 사탄 모방 이론은 이 기독교 저술가들에게 해로운 매력을 가졌다. 그것은 이교도 철학의 위대한 이름에 반대하는 것으로 구약이 존경받을 만한 고대성을 보여주는 데 일조했다. 그것은 이교도 사상에 이득이 되는 것을 기독교 신앙을 수용하도록 인도하는 매개가 되는데 일조했다.

그래서 그런 이론은 확실히 이 저술가들을 몹시 흥분시켰다. 매우 공상적인 것은 그 이론의 관점에서 발견된 약간의 유사성인데 그것은 정말로 그 문제를 연구한 누군가에 의하여 인정받았을 것이다. 그래서 그것은 아마도 동정녀 탄생의 경우에도 해당될 것이다. 그것은 그리스도의 동정녀 탄생 이야기가 한번 믿어졌을 때 그리고 기독교 변증가들이 기독교 신앙요소의 유추들을 보여줄 수 있던 이방 종교의 요소들에 대한 학문적 연구에 한번 종사했을 때 이 같은 유추가 신약 이야기와 페르세우스나 알렉산더나 플라톤의 출생 이야기 사이에서 발견될 수 있었던 것을 말하는 것과 같은 것이다. 그리고 그것은 그런 유사성이 첫째로 마태와 누가의 순수하고 아름다운 이야기에서 제기될 수 있었다는 것을 말하는 것과 매우 다르다.

우리는 여기서 다른 말로 동정녀 탄생 이야기의 이런 이교도 기원설에서 단순히 유대인 기원설에 나타난 것들과 같은 오류의 또 다른 실례를 만나지 않는가?

우리가 후자의 이론을 고려했을 때 관찰한 메시아의 탄생에 관한 구약 예언의 의미는 동정녀 탄생 이야기가 이미 알려지고 믿어진 후 잘 발견될 수 있었다. 그러나 그것은 그런 이야기를 결코 생산할 수 없었다. 그리고 참으로 기독교 이전의 예언 해석은 전적으로 다른 방향으로 움직였다. 그래서 그것은 또한 동정녀 탄생과 이교도 사이의 유사성의 경우에도 마찬가지이다.

그러나 그런 이교도 유추들이 '추측된' 유추들인 반면에, 우리의 견해에 따르면 구약 예언은 실제 예언이었다는 차이가 있다. 그런 이교도 유추들은 모든 종류의 유추들을 연구한 저스틴과 오리겐 같은 사람들에 의하여 잘 발견될 수 있었다.

그러나 가설이 요구한대로 예수님이 요셉과 마리아의 아들이었다는 전통만 아는 1세기 기독교인의 마음에 그들은 정말 예수님이 육체적 의미에서 요셉의 아들이 아니라 인간 아버지 없이 태어났다는 이상한 신앙을 첫 번째로 만들 수 있었을까?

1세기의 순진한 기독교인들－변증가도 아니고 알렉산드리아의 학자들도 아니고 이교도 역사의 학생도 아니라, 이교도 세상의 타락한 신화에 대하여 건전한 공포를 갖고 있는 사람들은－은 페르세우스는 다내(Danaë)를 향한 제우스의 욕망에 의해 출생했다거나 플라톤은 페릭시오

네를 향한 아폴로의 욕망에 의해 출생했다는 이야기에서 예수님이 성령의 능력으로 동정녀 마리아의 태에 잉태되었다는 신앙을 정말 끌어낼 수 있었을까?

그것들은 우리에게 있을법하지 않게 보이는 것들이다. 저스틴과 오리겐에서 그 구절들은 실제로 동정녀 탄생 이야기의 원인에 관한 어떤 추리도 전혀 정당화하지 않는다.

마지막으로 이런 초기 기독교 저술가들이 정말 이교도의 신들과 반신반인들의 탄생 이야기들과 기독교 예수님의 탄생 이야기의 깊은 차이를 모르지 않았을 것이라는 것이 연구되어야 한다. 그들은 단순히 그것들이 사탄의 예언 모방뿐만이 아니라 그것들의 내용으로 인한 두려움에 이교도 이야기들을 주목했다.

그러므로 우리가 먼저 위에서 인용했던 인용구 바로 앞에 있는 구절에서 순교자 저스틴은 추측건대 모방할 가치가 있는 신들이 쾌락의 노예가 되어야 했고 간통관계에 빠져들어야 했다는 견해에 반대하는 진정한 도덕적인 분개를 보여 준다.[35]

여기서 저스틴은 정말로 중요한 점을 붙잡는다. 그것들이 반대논증에 유용하다 할지라도 한편으로 이교도 이야기와 다른 한편으로 기독교 이야기의 유추들은 단지 피상적이다. 기본적으로 두 묘사는 종류가 다르다. 여전히 다음의 인용은 더욱 중요하다.

> 그러나 앞에서 언급된 예언을 모르는[36] 어떤 사람이 우리에게도 동일하게 반대하지 않도록 하기 위하여 우리는 그 단어들이 분명 하도록 해야 한다. "보라 처녀가 잉태할 것이요"라는 단어들은 처녀가 관계 없이 잉태할 것을 의미한다. 왜냐하면 그녀가 어느 누구와 관계를 가졌다면 그녀는 더 이상 처녀가 아니었을 것이기 때문이다.
>
> 그러나 처녀에게 임한 하나님의 능력은 그녀를 보호했고 그녀가 처녀였지만

---

35 Justin Martyr, *apol.*, I, 21(ed. Goodspeed, 1914, 40f.).
36 사 7:14.

그녀를 잉태하게 했다. …따라서 성령과 하나님에게서 나온 능력은 모세가 미리 말한 선지자라고 언급한대로 또한 하나님의 첫 아들인 로고스 외에 아무 것도 아닌 것으로 이해되어야 한다. 그리고 처녀에게 임하고 그녀를 보호한 이것은 관계가 아니라 능력으로 그녀에게 아이가 있도록 했다.[37]

여기서 우리는 한편으로 이교도의 반신반인의 탄생 신화와 다른 한편으로 신약의 그리스도 동정녀 탄생 이야기 사이의 실제적인 차이가 가장 명백하게 진술된 것을 발견한다. 저스틴은 이교도의 이야기들이 전혀 동정녀 탄생 이야기가 아니라 도덕적 여인에 대한 신들의 육체적 욕망의 변덕을 그들 마음에 품었다는 것과 신약 이야기가 본질적으로 다르다는 것을 분명히 본다.

그러므로 그가 다른 곳에서 사용한 이교도 이야기들의 유사성의 주장이 단지 반대논증이고 실제적인 확신에 이르지 않았다는 것은 매우 분명하다.[38]

확실히 방금 인용한 구절을 기록한 자와 같은 사람들이 그러한 공포감에 그들이 간주한 이교도 이야기로부터 기독교의 동정녀 탄생 이야기를 세상으로 이끌어낼 사람들이 아니다. 그러므로 우리가 이 기원설을 연구했을 때 우리는 순교자 저스틴의 구절에 어떤 우호적인 전제 없이 그러나 2세기 변증가들이 이미 그 이론을 논박했다는 것을 증명하려는 분위기와 반대로 그렇게 한다. 그런 이해로 우리는 이제 이교도 이야기 자체를 연구하고자 한다.

그 연구의 맨 처음에 우리가 방금 순교자 저스틴이 기록한 것을 본대로 이교도 이야기들은 '동정녀' 탄생의 설명을 전혀 포함하지 않고 있

---

37 Justin Martyr, *apol.*, 33(ed. Goodspeed, 49). 왜냐하면 어떤 이가 사용한 번역은 *Ante-Nicene Christian Library*의 M. Dods의 것으로 되어 있기 때문이다. T. Allan Hoben("The Virgin Birth," in American Journal of Theology, vi, 1902, 489f.)은 그 구절을 인용하고 그것에 관하여 약간 매우 현명한 비평을 한다.

38 T. Allan Hoben, *loc. cit.*를 비교하라.

다는 것이 기록될 수 있다.[39] 그런 것은 이야기의 형식에서도 나타난다. 왜냐하면 이교도 자료에서 '처녀'라는 단어가 보이지 않기 때문이다. 그것은 알렉산더의 이야기에서 눈에 잘 띌 수 없었다. 왜냐하면 그 이야기에 따르면 그 어머니는 잉태했을 때 이미 결혼했고 최소한으로 말한다면 출생이 일어나기 전에 어머니와 인간 아버지 사이에 관계가 없었다는 것을 강조하지 않는 것으로 보이기 때문이다.

플라톤의 경우에 신적인 출생은 아내와 인간 남편의 결합 이전에 일어난 것으로 플루타르치에 의하여 묘사된 것으로 보인다. 그리고 신화적인 다내의 경우에 제우스가 금 빗방울로 그녀의 침실에 들어간 것을 알기까지 다내가 남성 사회로부터 보호받았다는 것은 그 이야기의 필수적인 부분이다. 그러나 그런 이야기들에도 '처녀'라는 단어는 나타나지 않는다.

그런 단어는 참으로 이교도 자료에 대한 '기독교' 저술가 저스틴의 언급에 나타난다. 그것은 예수님의 비범한 탄생이 페르세우스와 공통점이 있다고 저스틴이 말한 위의 인용구에[40] 그리고 "페르세우스가 처녀에게서 태어났다"는 보고서에 암시된 곳에 나타난다.[41] 그것은 또한 "페르세우스가 처녀였던 다내에게서 태어났다"는 신화에 암시한 것처럼 저스틴이 유대인 트리포를 묘사한 인용구에 나타난다.[42]

그러나 그것이 순교자 저스틴 같은 기독교 저술가에 나타난 이유를 찾기가 어렵지 않다.[43]

그 이유는 단순히 저스틴이 기독교의 동정녀 탄생 이야기와 이교도 이야기들의 유추에서 주장한 것이고 그 유사성을 보다 잘 드러내기 위

---

39 특히 Sweet, *op. cit.*, 188; Orr, *The Virgin Birth of Christ*, 1907, 167–171를 보라.
40 Justin Martyr, *apol.*, I, 22(ed. Goodspeed, 1914, 41).
41 Justin Martyr, *dial.*, 70(ed. Goodspeed, 1914, 181).
42 Ibid., 67(ed. Goodspeed, 1914, 174).
43 그것은 위에서 충분히 인용한 Origen(contr. Cels., I, 37, ed. Koetschau, I, 1899, 88)의 기본적인 인용구에 나타나지 않는다. 그런 사실은 학문적인 알렉산드리아 학자들이 보다 정확하다는 것인가?

하여 이교도의 묘사를 기독교 용어로 표현한 것이다. 이 같은 방법에 대해 2세기 변증가를 너무 모질게 대하지 말자. 그는 종종 오늘의 비교종교학도에 의하여 행해지는 것을 했을 뿐이다. 계몽된 20세기에서도 기독교 신앙의 혼합주의적 기원설의 옹호자들은 때때로 그들이 비교해 온 이교도들의 신앙과 행위들을 기독교 용어로 묘사함으로써 그들의 이론을 추천한다. 우리는 그런 방식으로 잘못한 옛날이나 현대 학자들의 좋은 신앙을 비방하지 않는다. 자료 자체가 실제로 말하는 것으로부터 자료에 대한 어떤 사람의 해석을 예리하게 구별하는 것은 매우 어렵다.

그러나 오류가 어떤 과정에서 야기되든 한 가지 잘못은 생길 수 있고 어떤 잘못은 확실히 있다. 순교자 저스틴이 이 같은 잘못에 빠졌다고 믿을 모든 이유가 있다. 저스틴이나 그가 기독교에 대한 유대인 논박의 대변인으로 만든 유대인이 어떤 처녀로부터 (또는 통하여) 탄생으로 페르세우스의 탄생을 언급할 때 그가 이교도 자료가 포함한 것 이상을 말했다고 추측할 여러 이유가 있다. 이교도 자료가 신들에게 출생된 것으로 묘사된 신화적이거나 역사적인 영웅들의 어머니와 관련하여 '처녀'라는 단어를 사용한 것은 명백한 증거가 없는 것으로 보인다.

그렇지만 그것은 우리가 중요하게 강조 하려는 것이 아니다. 이교도 이야기들의 용어보다 훨씬 더 중요한 것은 그것들의 내용이다. 그리고 이교도 영웅들의 어머니들이 신들과 결합하기 전에 처녀로 묘사되었는지의 문제보다 훨씬 더 중요한 것은 그들이 전에 처녀였더라도 그런 사건들 때문에 처녀이기를 멈췄는지의 문제이다.

후자의 문제는 강한 긍정으로 대답되어야 한다. 이교도 이야기들의 분명한 묘사는 신들의 아이를 낳은 여인들과 신들의 결합이 인간의 삶에서 남성과 여성 사이의 결합과 매우 유사했다는 것이다. 제우스와 다른 신들의 정사 이야기들은 확실히 우둔한 신인동형론이었다. 그것은 올림포스 신이 인간의 기능을 행사하고 인간의 열정을 소유한 것으로 간주되었기 때문에 그들은 페르세우스나 헤라클레스 같은 아이를 낳은 것으로 간주될 수 있었던 것이었다.

신들의 이 같은 아이들의 탄생을 '동정녀 탄생'인 것으로 묘사하는 것보다 전체 이야기의 정신과 더 먼 것은 있을 수 없다. 정확하게 말해서 동일한 연구는 더욱이 고대 신화의 반신반인이 아니라 플라톤이나 알렉산더 같은 역사적 인물과 관련된 이야기들로 간주되어야 한다. 이 후자의 이야기들은 분명히 시인들과 극작가들의 저작에서 신화적이고 신인동형론적인 묘사에 근거하여 형성되었다. 알렉산더의 애인은 헤라클레스 같은 반신반인으로서 그에게 말하기를 원했을 때 헤라클레스의 어머니가 제우스에게 사랑받은 것처럼, 그들은 사랑받는 그의 어머니에 의하여 잉태되었다. 그러므로 이 이야기의 모든 배경은 가장 우둔한 신인동형론적 다신론이다.

신적 출생의 방식이 때때로 사람들 가운데 유행한 것들과 다른 것으로 묘사될만 하다는 것은 사실이다. 평상시에 그런 차이는 나타나지 않는다. 그것은 아레스와 아프로디테의 포옹이 호머시대 신들의 웃음을 자극하는 것으로 묘사되었을 때 확실하게 나타나지 않는다. 위에 인용한 요세푸스의 구절에서, 파리우나는 자신의 애인 문두스의 인간적인 포옹을 받은 후 그것이 신의 포옹이었다고 추측한 장면에는 확실하게 나타나지 않는다.[44] 그러나 제우스는 인간의 형식이 아니라 금 빗방울의 형식으로 다내의 침실에 들어갔다고 언급될 것이다. 그리고 사랑하는 사람이 아니라 뱀이 올림피아스의 편에서 보였다. 더욱이 플루타르치에 흥미있는 구절이 있다.[45]

여기에서 그러한 신적 잉태의 경우 신들의 입장에서 영웅 아이를 출생한 인간 여인이 '어떤 세대의 시작'을 낳은 것으로 승화시킨 듯이 보인다. 그리고 파우리나에 관하여 그것은 아마도 파우리나 자신이 그녀의 신적 애인의 신인동형론적인 견해를 주장했더라도 그녀의 남편은 다른 견해를 가진 것이 틀림없다. 그렇지 않다면 그는 그의 아내가 신의 '숙박과 식사'를 나누려는 것을 너무 의도하지 않게 되었을 것이다.

간혹 이 같은 경우에 얼마나 많은 것이 단순히 신의 현존에 관한 상

---

44 위에서 각주 24번을 보라.
45 Plutarch, *vita Numae*, iv. 4.

징이나 예언이었는가?

그리고 얼마나 많은 것이 신의 현존 자체인가?하는 의심을 받았을 것이다.

그러므로 뱀이 올림피아스 곁에 나타났을 때 그것은 출생의 행위가 실제로 그녀 품에 있는 뱀에 의하여 이루어졌다는 것을 의미하는가?

또는 그것은 필립이 본 비밀스런 자궁의 환상이 신적 인간 아이가 이미 잉태된 것으로 생각했던 것처럼 뱀에 대한 환상도 신이 이미 거기에 있었다는 것을 의미하는가?

이 같은 질문에 대한 대답은 항상 아주 명백하지 않다.

그럼에도 불구하고 헬라 이야기의 신적 출생의 경우에 출생의 행위가 보통 사람들 가운데 알려진 것과 약간 다른 방법으로 일어난 것으로 간주된 것은 가능하게 보인다. 이런 경우들은 그 때에 하트랜드가 가장 다양한 연령과 가장 다양한 사람들로부터 모은 많은 사례와 연관하여 초래되었을 것이고 그것들은 잉태의 행위가 이상하고 생소한 방식에서 일어난 것으로 묘사된 것들이다.[46] 먹거나 마시는 것에 의한 잉태, 접촉에 의한 잉태, 빛의 광선에 의한 잉태, 호흡에 의한 잉태, 열매 맺게 하는 씨가 오래전에 자리 잡은 물로 목욕하는 것에 의한 잉태, 당황케 하는 잡동사니에 의한 잉태 등등이 있다.

그러나 우리의 현재의 목적을 위하여 그런 많은 지료들을 조사하거나 가려낼 필요는 없을 것이다. 왜냐하면 확실히 우리가 지금 다루어야 하는 헬라 이야기에서 필수적인 이야기의 신인동형론은 출생 행위가 일어난 방식에 있었을 생소하거나 불규칙적인 어떤 것에 의해 영향을 받지 않았다. 제우스는 인간 형태가 아니라 황금으로 다내와 결합했을 것이지만 모든 동일한 결합은 인간 처녀를 통해 그의 정욕을 만족시키는 것이다. 인간 여성에 대한 신의 사랑이 있는 곳마다 관심의 중심에 있는 그 아이의 인간 아버지를 배제하는 것은 아니다.

그러나 우리 주님의 동정녀 탄생에 관한 신약의 이야기와 이들 이교

---

46 Hartland, *The Legend of Perseus*, 1894-1896, 그리고 *Primitive Paternity*, 1909-1910.

도 이야기들 사이에 간격은 얼마나 되는가!

제우스의 이런 연애 이야기보다 마태복음과 누가복음에서 묘사된 것이 더 동떨어질 수 있을까?

그런 이야기들의 진정한 정신은 그것들이 역사적 인물을 다룰 때라도, 플루타르치에 의하여 보고된 사건으로 올림피아스에 귀속된 단어에서 발견된다. "알렉산더는 헤라를 위하여 나를 죽이는 것을 단념하지 않을까?"라고 알렉산더의 어머니는 그녀의 아들이 제우스의 아들인 것을 자랑했을 때 말한 것으로 묘사되었다. 거기서 우리는 그런 이야기들이 만들어 낸 그리고 그 이야기들이 결코 벗어나지 못하는 솔직한 분위기를 본다. 여기 올림푸스의 다신론적이고 의인화된 분위기에서 신들은 인간의 정욕과 질투와 증오를 가진 사악하지만 매우 강한 인간이다.

초기 제자들이 우리 주님의 동정녀 탄생 이야기를 끌어온 것은 이 같은 분위기에서였는가?

기독교인의 감정은 아니라고 대답한다. 그리고 기독교인의 감정은 부지런한 연구에 의하여 확증되었고 무효화되지 않았다.

이교도의 신적 출생 이야기에서 다신론은 결코 우연이 아니다. 그것은 전체적으로 복잡한 개념의 중심과 핵심이다. 그러나 그리스도 동정녀 탄생의 신약 이야기에서 고상한 구약의 단일신론은 조금도 약화되지 않는다. 하나님의 위대한 초월성, 세상과 하나님의 분리는 결코 사라지지 않는다.

신약 이야기 어디에서 남편의 아내에 대한 사랑으로 유추될 수 있는 나사렛 처녀에 대한 하나님의 사랑의 암시를 발견할 수 있다는 말인가?

그 질문은 어떤 사람의 문학적 취향에 의하여-어떤 독실한 기독교인은 말할 것도 없고-전율이 없이는 정말 거의 제시될 수 없다. 만약, 우리가 지금 다루는 이론이 사실이라면 아직도 그것은 질문되어야 할 뿐만 아니라 긍정적으로 대답되어야 할 것이다.

인간 여인에 대한 신들의 사랑은 이교도 이야기의 핵심이다-그런 요소가 없다면 그들은 아마도 존재할 수 없을 것이다. 마태와 누가의 이야기와 관련하여 이 같은 것을 언급하는 것은 그런 이야기의 전체 정신을 곡해하는 것이다. 사실은 우리가 이 이야기들을 읽을 때 신들의 사랑과 증오에 관한 이야기들을 나타낸 것들과 전적으로 다른 세상에 있다는 것이다.

그러므로 이교도 기원설에 의하여 주장된 가장 명백한 형태는 증거가 약간의 관심으로 연구되었을 때 파손된다. 그리스도 동정녀 탄생의 신약 이야기는 확실히 이방 기독교 세계에서 인간 어머니와 신들로부터의 영웅 탄생에 대해 헬라와 헬라-로마 이야기의 단순한 사고방식으로 설명될 수 없다. 만약, 우리가 그 이야기가 진실하지 않다는 가설에서 동정녀 탄생의 기원을 발견하려 한다면 우리는 적어도 다소 먼 곳으로 가야 한다.

최근에 많은 학자들은 다른 관계처럼 이 관계에서도 동방 종교로 향했다. 몇몇 동방 종교에서 기독교 동정녀 탄생 교리의 기원을 설명할지 모르는 유사성이 발견된 것으로 생각되었다.

이러한 유추 가운데 일부는 쉽게 일축할 수 있다. 예를 들어, 그것은 세델에 의하여 발견된 것과 유사한 경우이고[47] 다른 것은 불교의 창시자 석가모니의 출생에 관한 불교의 이야기에 있다. 석가모니는 그리스도보다 약 500년 전에 살았다.[48] 그의 생애와 교훈의 정보에 관한 우리의 최초 자료는 후대까지 그것이 현재 기록된 형태로 있지 않았겠지만 그리스도 이전 3세기 아소카 시대에 형성되었다고 생각된 팔리어경전 문헌에서 발견된다. 팔리어 경전에서는 우리의 동정녀 탄생 이야기와 비교하여 어떤 가능성을 가져올 수 있는 석가모니의 탄생에 관하여 아무것도 말하지 않는다.

그러나 그리스도 이후 5세기부터 기록된 야타카 책의 서론에서, 우리

---

47 *Das Evangelium von Jesu in seien Verhaeltnissen zu Buddha-Sage und Buddha-Lehre*, 1882, 110-135; *Die Buddha-Legende und das Leben Jesu*, 2te Aufl., 1897, 11f.
48 불교의 전통과 문헌에 관한 우리의 간략한 사실 제시로 우리는 물론, 전적으로 이 분야의 전문가에 의존한다. 특히 Winternitz, *Geschichte der Indischen Litteratur*, II. I, 1913과 E. Windisch, "Buddh's Geburt und die Lehre von der Seelenwanderung," in *Abhandlungen der phil.-hist. Klasse der koenigl. saechsischen Gesellscahft der Wissenschaften*, xxvi, 1908을 보라.

는 불타의 어머니가 아이를 잉태했을 때 불타 어머니 마야의 몸에 들어온 유명한 흰 코끼리 이야기를 듣는다. 그리고 흰 코끼리 이야기는 그리스도 이전 3세기에 아소카 지역에 알려진 비문의 증거에 의하여 알려진 것으로 보인다. 그것의 가장 초기 형태에서 그 이야기는 하나의 꿈 이야기처럼 나타난다. 마야는 놀라운 흰 말이 그녀의 옆구리에 들어오는 꿈을 꾸었다. 이 이야기 형태에는 분명히 그리스도의 동정녀 탄생과 유사성이 전혀 없다. 왜냐하면 흰 코끼리는 단순히 아이의 탄생에 필요한 '간드하바'(gandhabba)의 나타남을 표현했기 때문이다. 불교의 신앙에 따르면, 세 가지 요소가 일정하게 아이의 출생과 관련이 있다―아버지, 어머니, 그리고 간드하바―마지막 이름은 앞의 두 존재로부터 온다―동물이든 사람이든―아이는 이 간드하바를 경험한다.[49]

에드먼드는 참으로 누가의 이야기에 나타난 '성령'과 연관하여 불교의 간드하바 교리를 가져오도록 시도했다. 그러나 그의 시도는 기껏해야 냉담받았고 명백하게 이후의 학자들 가운데 최소한의 수용도 얻지 못했다.[50]

올덴베르그가 적절하게 물은 것처럼 간드하바는 무엇을 가졌고, 성령과 함께 한 모든 아이의 출생과 어느 것이 관련되었고, 예수님의 경우에 누구의 행동이 아주 유일한 것으로서 그를 특징짓게 하는가?[51]

물론, 불교의 간드하바 교리가 마야의 꿈에 나타난 형태조차도 석가모니의 출생에서 인간 아버지 수도다나의 부분을 전적으로 배제하지 않는다는 것은 말할 필요도 없다.

나중의 불교 자료에서 원래 마야의 꿈으로 간주된 것은 실제적 사건으로 간주되기에 이르렀다.[52] 흰 코끼리는 실제로 석가모니의 어머니의 몸에 들어갔다고 전해왔다. 그러나 이 이야기의 형태조차 그 자체로 인간 아버지의 배제를 포함하지 않고 있다. 흰 코끼리의 형태 가운데 간

---

49 Windisch, *op. cit.*, 12를 보라.
50 Albert J. Edmunds, *Buddhist and Christian Gospels*, fourth edition, I, 1908, 167f.
51 Oldenberg, in *Theologische Literaturzeitung*, xxxiv, 1909, col. 627.
52 Windisch, *op. cit.*, 5f., 157.

드하바의 도래는 단순히 남편과 아내 사이의 결합의 순간을 기다리는 것으로 간주될 수 있었다. 인간 아버지의 배제가 불교 전설에서 발생한 것으로 보이는 방법은 오히려 마야의 순결과 존엄 개념의 발전을 통해서이다. 먼저 그녀가 취한 순결 맹세는 그녀의 아이인 석가모니의 잉태 후 일어난 것으로 묘사되었다. 그러나 나중의 이야기에서 분명히 그것은 잉태 '전에' 일어난 것으로 묘사되었다.

첫째, 이러한 발전은 후기의 자료에서만 나타난다.

그래서 신약 이야기와 불교 이야기 사이에 어떤 의존관계가 있었다면, 그 의존은 신약이 불교의 이야기에 의존했다기보다는 당연히 불교 이야기가 신약에 의존했을 것이다.[53]

둘째, 불교 이야기는 둘 사이의 어떤 관계를 가정할 필요가 전혀 없는 신약 이야기와 전적으로 다르다.

루이스 드 라 발레 푸신(Louis de la Vallee Poussin)이 묘사한 것으로 불교 전설에서 마야는 실제로 불타의 어머니가 되기를 멈췄을 때만 처녀인 것으로 나타난다.[54] 후기 산스크리트 전통에서 발견된 기적적인 소동에서 전적으로 인간의 탄생과 같은 어떤 것을 가졌다는 것은 석가모니에게 경멸적인 것으로 생각되었다. 하늘의 존재가 흰 코끼리의 형태로 마야의 자궁에 들어간 것으로 묘사되었고 그 다음에 일종의 투명한 그릇처럼 그 다음에 최대한의 화려한 행렬처럼 거기에 보일 수 있게 앉았다. 이 과정에서 인간의 출생과 같은 장면은 볼 수 없다. 우리가 볼 수 있는 것은 단순히 후기 불교 전통의 특징인 많은 놀라운 것으로 땅에 신적 존재가 나타난다는 것이다.

---

53 A. S. Geden, "Buddha, Life of the," in Hastings, *Encyclopaedia of Religion and Ethics*, ii, 1910, 881, footnote: "The Story of the virginity of Maya, the Mother of the Buddha, is late, and owes its inspiration, it can hardly be doubted, to Christian sources."

54 Louis de la Vallee Poussin, "Le Bouddhisme et les evangiles canoniques," in *Revue biblique' nouvelle serie*, iii, 1906, 376.

그리스도의 동정녀 탄생의 신약 이야기와 더 많이 다른 것은 상상하기 어려울 것이다. 그러므로 "인도의 수도자 가운데 전통의 권위가 전해진 이 견해에 (즉 결혼관계에 대한 처녀의 우월) 근거한 것처럼 그들 가르침의 원조 불타에게서 한 처녀가 나왔다"고[55] 언급한 4세기 말 제롬의 말에 부착되는 것은 중요성이 없다.[56] 우리는 마야의 '처녀성'이 실제로 불교의 전통에서 얼마나 시시한지를 보았다. 분명히 4세기 기독교 수도원 옹호자는 수도원 이상주의의 정당화를 위한 연구에 열의를 가졌고 불타와 관련하여 불교 자료 자체가 정당성이 없는 전문용어를 사용하였다.

그것들이 방금 요약된 사실의 관점에서 몇몇 최근의 학자들이 기독교의 동정녀 탄생 이야기가 일어난 방식의 설명처럼 불교의 추측된 유추를 강요하는 경향이 있었다는 것은 놀랍지 않다. 반 덴 베르그 반 에싱가(Van den Berg Van Eysinga)조차 복음서에서 예수님 모습에 관한 역사성을 근본적으로 부정함에도 불구하고 이 특별한 점에서 불교와의 비교에 강조점을 두지 않으려 했다.[57] 그리고 에드먼드도 약간 비슷한 태도를 취했다. 불교의 영향론에 관한 포괄적인 평가는 불타의 출생에 관한 빈디쉬의 논문에 의해서 성취되었다. 빈디쉬의 결론은 만약, 우리가 복음서 이야기와 불교의 유사성에 관하여 말할 것이라면 '유추'는 서로 비견되거나 교차하지 않는 노선인 것에 따라서, '유추'의 원래적 의미를 사용해야 한다는 것이다.

하지만 이런 점에서 주의할 단어는 언급될 필요가 있다.

빈디쉬가 인간의 사상이 어느 곳에서나 동일하다는 관찰에 의하여 불교와 기독교 전통 사이의 '유추'를 (위의 의미로) 설명할 때 정확한가?[58]

---

55 "quasi per manus hujus opinionis." E. Windisch(*op. cit.*, p, 220, footnote)는 "gleichsam der an Hand dieser Anschauung(von dem Vorzug der Jungfraeulichkeit vor dem ehelichen Leben)"으로 번역한다.
56 Jerome, adv. *Jovinianum*, I. 42(ed. Vall. et Maff., ii, 1845, col. 273)
57 Van den Bergh van Eysinga, *Indische Einfluesse auf evangelische Erzaehlungen*, 2te Aufl., 1909, 26.
58 Windisch, *op. cit.*, 221.

유사성의 발전이 석가모니와 예수님의 탄생에 관한 불교와 기독교의 이야기에서 각각 발견될 수 있다는 것은 사실인가?

우리는 이와 관련하여 현저한 차이가 발견될 수 있고 그것이 옳든지 그르든지 발견된 모든 유사성보다 훨씬 더 큰 교훈이 있다고 생각한다.

그런 점에서 그 차이는 단순히 우리가 본 대로 그 차이가 매우 클지라도, 최종적으로 나타난 이야기의 내용과 관계되지 않는다. 그 이야기들이 나타난 시기에 그 차이가 그처럼 현저하다.

우리가 석가모니의 생애에 관하여 가진 최초의 정보는 불타의 죽음 이후 2년 이상되고 아소카 시대에 편찬된 것으로 생각된 팔리경에서 발견된다. 기독교 역사에서 그와 동일한 시기는 대략 그리스도 이후 3세기에 오리겐 때였을 것이다. 그러나 팔리경에 석가모니에 관한 어느 엄격한 초자연적 출생 이야기도 나타난 것으로 보이지 않는다. 초자연적 출생 이야기는-적어도 우리가 지금 관심 갖는 것과 관련하여 호소할 수 있던 형태와 같은 어느 것에도-석가모니가 살았던 시대 이후 5세기에서 10세기 사이 보다 (우리가 말하자면) 더 빠른 시점으로 추적될 수 없다. 초자연적 탄생의 이야기가 형성되기 위해서는 불교에 많은 세월이 필요했던 것으로 보인다.

다른 한편으로 기독교 전통에서 우리는 전적으로 다른 사건의 진술에 직면한다. 우리가 최근의 학자들이 그리스도의 동정녀 탄생을 증명하는 신약문서에 관하여 도달한 가장 비호의적인 결론을 수용하더라도 여전히 그런 문서들은 예수님 사후 70년이 지난 시점에나 해당될 것이다. 그리고 실제로 이 같은 문서의 후기 연대는 극도로 불가능하다. 동정녀 탄생의 전통은 예수님이 지상에 사셨던 시기로부터 몇 십 년이 지난 후에나 존재한 것으로 쉽게 보일 수 있다. 그러므로 예수님의 경우에 우리는 예수님의 생애에 관한 정보가 여전히 풍부한 것으로 추측될 만한 때에 나타난 초자연적 출생의 이야기를 발견한다. 불교 이야기의 늦은 출현에 대한 것과의 차이는 매우 현저하다.

그러나 이 차이는 석가모니와 그리스도에 관하여 불교와 기독교의 전체적인 묘사에 관계된 차이의 유일한 특별예시일 뿐이다. 불교의 전통에서 종교 창시자의 신격화는 그가 지상에 살았던 시기보다 많은 세기 후에 나타난다. 기독교의 전통에서 창시자의 신격화는 (신격화가 정말로 있다면, 실제로 신적인 존재의 신성에 대한 인정이 아니라) 더욱이 예수님 자신의 친밀한 친구들 가운데 본질적으로 동일한 견해의 보급을 전제한 바울의 편지에서 처음부터 가장 분명하게 나타난다. 그것은 정말로 엄청난 차이이다. 석가모니의 신격화-잠깐 동안 우리가 설명을 뺀 사실과 아주 다른데, 그것은 기독교의 예수 신성 교리와 본질적으로 아주 다르다-는 만들어지기까지 수 세기를 경과한 발전으로 나타난다.

사람의 구원을 위해 세상에 온 신적인 구속자로서의 예수님에 관한 기독교의 견해는 처음부터 끝까지 원시 기록으로 가득 찼고 순수한 인간 예수님의 원시적 설명에서 발전처럼 그것을 나타내려는 모든 노력은 두드러지게 실패했다.

차이가 그처럼 매우 현저한데 우리는 불교와 기독교 사이의 '유추'에 관하여 말할 수 있는가?

기독교를 위한 변증가들은 정말로 석가모니와 아마 어떤 다른 종교 창시자의 신격화의 모든 의미를 부정하지 않았다. 반대로 그런 신격화는 의심 없이 인간보다 더 나은 어떤 사람으로 인간 형태의 접촉을 위하여 인간 마음에 깊이 자리 잡은 갈망을 보여 준다. 그러나 신성의 귀속이 원시적으로 석가모니의 경우에 나타난 느리고 추측된 방식과 그것이 예수님의 경우에 나타난 보증된 방식의 비교로 사람들은 수 세기 동안 여러 종교에 헛되이 갈망한 것이 예수님 안에서 냉정한 사실로 되지 않았는지의 문제를 제기한다.

우리는 기독교의 진리를 위한 전통적 주장이 현대적 종교 연구로부터 전적으로 고통당했다고 생각하지 않는다. 의심 없이 그 주장의 형태는 상세히 변경되어야 할지 모른다. 그러나 그 주장의 근거에 깊은 진리가 있다. 그리고 그런 진리는 그리스도 탄생의 기독교 이야기와 석가모니 탄생의 불교 이야기의 비교에 의하여 특히 예증된다.

그러므로 어디든지 동정녀 탄생의 기원이 발견될지라도, 불교 전통에서 발견될 수 없다는 것은 매우 명백하다. 그 연구가 페르시아의 종교로 돌릴 때 그 결과는 똑같이 부정적이다. 정말로 뵐크렌은 다가오는 구원자 사오샨트의 놀라운 출생을 이와 관련하여 지적했다.[59] 그러나 그것이 유추로 불릴 수 있다면 그 유추는 매우 관계가 적다. 사오샨트는 조로아스터의 씨를 수단으로 태어나야 한다. 그 씨는 놀라운 방법으로 보존되었다. 그러나 조로아스터의 부친 신분은 분명히 가르쳐졌고 동정녀 탄생에 관하여는 최소한의 흔적도 없다. 그래서 그것은 또한 조로아스터 자신의 탄생에 관하여 언급된 것과 함께 한다. 두 경우에 동정녀 탄생과 같은 어떤 것에 관하여 사실적인 생각이 없다.[60] 반석에서 미트라스의 탄생과 관련하여 기독교 이야기와의 어떤 유사성을 발견할 가능성은 없다.[61]

바빌로니아는 실제로 우리가 지금 관계된 가설에 대해 페르시아나 인도가 한 것보다 보다 나은 지지를 제공하지 않는다. 어떤 현대 학자 그룹의 열렬한 범바빌로니아니즘이 신약 분야와 특히 동정녀 탄생의 토론까지 확대 되었으리라는 것은 참으로 놀랄 일이 아니다. 그러나 분명한 사실은 바빌론 자료에서 어떤 동정녀 탄생 신앙의 실제 증거도 발견되지 않았다는 것이다. 그 근거는 프랑크와[62] 스타인메처에[63] 의하여 잘 보호되었고 이런 필자들에 관하여 우리는 다음의 간단한 요약에 의존한다.

'동정녀'의 별자리가 12월 25일 한 밤중에 떠오른다고 언급한 사실에 놓일 수 있는 강조는 거의 없다. 우리의 주제의 결론이 이 사실에서 도출되기 전에 많은 질문이 제기될 수 있다.

---

59 Boeklen, *Die Verwandtschaft der juedisch-christlichen mit der parsischen Eschatologie*, 1902, 91f.

60 Clemen, *Religionsgeschichtliche Erklaerung des Neuen Testaments*, 2te Aufl., 1924, 117.

61 Clemen, *op. cit.*, 117f.; Steinmetzer, *Jesus, der Jungfrauensohn, und die altorientalische Mythe*, 1917, 31-34; Steinmann, *Die Jungfrauengeburt und vergleichende Religionsgeschichtliche* , 1919, 20-25.

62 "Die Geburtsgeschichte Jesu Christi im Lichte der altorientalischen Weltanschauung," in *Philotesia Paul Kleinert zum LXX. Geburtstag dargebracht*, 1907, 201-221.

63 *Die Geschichte der Geburt und Kindheit Christi und ihr Verhaetnis zur babylonishen Mythe*, 1910; *Jesus der Jungfrauensohn und die altorientalische Mythe*, 1917, 24-31.

'동정녀'의 별자리는 고대의 누군가에 의해 사람을 낳은 참된 처녀의 개념과 연관되었는가?

예수님의 탄생은 동정녀 탄생의 신약 이야기가 나타난 후 초기에 또는 (보통 추측하는 대로) 여러 세기 후에 12월 25일과 연관되었는가?

분명히 여기서 우리는 가장 불확실한 결합과 추론의 영역에서 움직인다. 그리고 프랑크가 주장한대로 바빌론의 구속자-왕, 마르둑(Marduk)은 가장 명확하게 동정녀 탄생으로 묘사되지 않았다. 점성학 이론은 별이 반짝이는 하늘의 사건이 지상의 사건과 일치한다는 것이다. 여기에서 동정녀의 별자리가 아들을 낳아야 하는 지상의 처녀와 일치될 것이라고 추측될만했다. 그러나 별의 성격이 분명해야 하는 신, 마르둑은 전혀 동정녀에게서 태어나지 않은 것으로 나타난다. 그 자료는 결정적인 점에서 신약 이야기와 같은 유추의 탐구자를 옹호하지 않는다.

바빌론의 위대한 인물들이 가장 탁월한 여신 이쉬타에게 돌아가거나 다소 동일시되는 여러 여신과 모자관계로 묘사된 것은 사실이다.

그러니 이쉬타는 동정녀로 묘사되었는가?

그것은 명확하게 그 경우가 아니다. 그녀는 남성 배우자가 없었다. 그러나 '동정녀'란 용어가 그녀에게 적용된다면, 단지 막연한 의미에서 가능한 한 신약이 그 단어에 의하여 의미하는 것에서 나온 것이다.[64] 정말로 바빌론 자료에 어떤 위대한 인물들이 모르는 아버지의 아이들이었다는 개념이 있다.

그러나 그 개념은 동정녀 탄생과 같은 변칙적인 탄생과 조화되고, 하여튼 그것이 후자와 잘 연관되었다는 최소한의 증거가 없다. 참으로 바빌론의 창시자, 사르곤이 다음과 같이 말한 인용구에 강조가 있다.

나의 어머니는 에니투(enitu)였고 나의 아버지는 몰랐다.[65]

---

64 Franckh, *op. cit.*, 213f.를 보라.

65 A. Jeremias, *Babylonisches im Neuen Testament*, 1905, 28f.를 보라.

그러나 에니투는 무엇을 의미하는가?

그것은 종종 '베스탈 여신을 섬긴 처녀'를 의미하는 것으로 생각되었고 그래서 '동정녀'로 생각되었다. 그러나 전문가의 의견은 크게 다르고 실제로 그 문제에 관한 확실성이 없다. 그렇게 불명료한 의미를 한 단어의 광범위한 결론의 근거로 삼는 것은 매우 부당한 조처일 것이다. 그리고 그 단어가 베스탈 여신을 섬긴 처녀를 의미하지 않는다고 해도, 그것은 실제 처녀를 전혀 뜻하지 않는 넓은 의미로 사용되었을 것이다.

마찬가지로 구데아가 여신 가툼덕에게 말한 것으로 묘사된 구절은 우리의 주제에 중요하지 않다.

> 나는 어머니가 없고, 당신은 나의 어머니다. 나는 아버지가 없고, 당신은 나의 아버지다…거룩한 [또는 '은밀한'] 장소에서 당신은 나를 낳았다.[66]

구데아의 아버지는 이 말 후에 즉시 언급되었다.[67] 아버지 없는 탄생의 개념은 그 구절에서 실제로 발견되지 않는다. 우리는 여기서 단순히 이 바빌론 인물들이 어머니 여신과 관계된다는 매우 친밀한 관계의 강렬한 표현을 얻는다.

그 연구의 실제적인 결과는 동정녀 탄생 개념이 바빌론 자료에서 발견되지 않는다는 것이고 신약 교리의 기원이 확실하게 거기서 발견될 수 없다는 것이다. 이런 식으로 우리가 풍성한 정보 자료를 가진 것에 관하여 인도, 페르시아, 바빌론의 큰 종교는 기독교의 그리스도 동정녀 탄생 이야기와 바라던 유추를 제공하는데 두드러지게 실패했다.

그러므로 적어도 어떤 유명한 현대 학자가 이와 관련하여 보다 많은 불명료한 종파에 의지했으리라는 것은 놀랄 일이 아니다. 우리는 아라비아의 신 두사레스의 종파에 관하여 부셋이 만든 용법에 주의한다.[68]

---

66 Jeremias, *op. cit.*, 29.

67 Steimetzer, *Die Geschichte der Geburt und Kindheit Christi*, 1910, 53f.

68 Bousset, *Kyrios Christos*, 2te Aufl., 1921, 271–274. 또한 Cheyne, *Bible Problems*, 1904, 73–76를 비교하라.

부셋은 기독교 동정녀 탄생 전통의 유추가 실제로 너무 많아 언급할 수 없다는 것을 암시한다.[69] 그러나 우리는 이미 이 같은 일반적인 정보가 얼마나 중요하지 않은지를 보았고, 그러므로 우리는 부셋이 특히 다룬 유사성에 더 관심을 갖는다. 우리가 선택한 많은 유사성에도 불구하고, 우리가 디오니수스-두사레스의 동정녀 탄생 전설에서 기독교 동정녀 탄생 교리의 발전에 대한 직접적인 경우를 발견해야 하는 것은 불가능하지 않다고 부셋은 효과적으로 말한다.

그런 전설은 4세기의 기독교 저술가, 에피파니우스에 의하여 증명되었다. 에피파니우스는 그의 이단 판정의 과정에서 다음과 같이 기록한다.

> 왜냐하면 또한, 진리의 한 부분을 고백하도록 강요받으면 우상숭배와 사기꾼의 장본인인 자들은 그들에게 복종하는 우상숭배자들을 미혹하기 위하여, 그들의 희망을 오류에 빠뜨림으로 진리를 찾지 못하게 하는 목표로 공현축일의 한 밤중에 큰 축제를 여러 곳에서 실시하기 때문이다. 이것은 먼저 매우 큰 사원-즉 코레의 관할구역에 있는 신성한 소위 코레이움의 알렉산드리아에서 행해졌다.
>
> 왜냐하면 피리로 연주된 노래와 함께 우상을 위해 밤새도록 노래하여 철야를 끝냄으로써, 그들은 어떤 지하의 묘에 수탉 울음소리 후 횃불을 가지고 함께 와서 들것에 나체로 누워있는 나무의 조각상을 운반하는데, 그 조각상은 이마에 금박을 입힌 문장이나 십자가를 지니고 두 손에 다른 두 개의 비슷한 문장을 지니고 두 무릎에 다른 두 개를 지니고-모두 다섯 문장에 금으로 새겼다-그들은 피리와 북과 찬가로 성전의 가장 깊숙한 곳을 순회함으로써 약 일곱 번 그 조각상을 운반하고, 축제 후 그들이 그것을 지하에 운반하기 때문이다. 그리고 이 신비가 무엇이냐고 물었을 때, 그들은 이 시간에 코레가 (그는 처녀이다) 에온을 낳았다고 대답하며 말한다.
>
> 그리고 이것은 또한 우상 신전이 있는 (성경에서 에돔이라 불리는 아라비아의 수도) 페트라시에서 일어난다. 그리고 아라비아 방언으로 그들은 아라비아어로

---

[69] Bousset, op. cit., 270.

그녀를 차무(chaamou,[70] 즉 '소녀'나[71] '처녀'[72])라 부르면서 처녀를 위하여 그리고 그녀에게서 태어난 '두사레스' (즉, '주인의 유일한 아들')를 위하여 찬양한다. 그리고 이것은 또한 페트라와 알렉산드리아의 그곳에서 한 것처럼, 그 밤에 엘루사시에서 일어난다.[73]

같은 분파가 또한 예배자들이 나와서 "처녀가 낳았다. 빛이 증가한다"를 외쳤다고 말한 18세기의 저자 예루살렘의 코스마스에 의하여 약간 비슷한 용어로 언급된다.[74]

이 구절은 의심 없이 흥미 있고 그것들의 토론은 많은 방식으로 유익할 것이다. 그러나 여기서 우리는 그것들이 두사레스의 동정녀 탄생, 아라비아의 신 또는 그의 헬라화된 적응에서 기독교 이전의 신앙 같은 것을 실제로 증명했는지의 문제에만 관심을 갖는다. 그리고 확실히 그런 문제는 단호한 부정으로 대답되어야 한다.

분명한 사실은 두사레스의 어머니를 '처녀'로 부르는 유일한 자료가 두 개의 기독교 자료라는 것인데 그 중에서 보다 초기 자료는 그리스도 이후 4세기의 것이고 나중 자료는 8세기의 것이다.[75]

이러한 후기 자료에서만 증명된 그 제목이 기독교 이전 시대에 이러한 여신에 적용되었다고 우리가 추측할 만한 무슨 가능한 권리가 있는가?

기독교 저술가의 편에서 이방 종교 가운데 기독교 신앙과 유사성을 찾으려는 경향이 있기 때문에 우리는 이러한 저술가에 의하여 이교도 어머니에 '처녀' 용어의 적용이 일반적으로 의심스럽게 보였다는 것을

---

70 Χααμου.

71 Κορην.

72 παρθενον.

73 Epiphnius, *haer.*, li. 8-11(ed. Holl, ii, 1922, 285-287).

74 'Η παρθεως ετεκεν, αυξει φως, Cosmas Hierosolymitanus, in *carm. Greg. Naz.*, in Migne, *Patrologiae cursus completus*, series Greaca prior, xxxviii, col. 464.

75 Mordtmann("Dusares bei Epiphanius," in *Zeitschrift der Deutschen Morgenlaendischen Gesellschaft*, xxix, 1876, 103-106)에 의하여 만들어진 두사레스 언급 구절 모음집을 보라.

이미 보았다.[76] 이러한 의심은 우리가 지금 관심을 갖는 구절에서 에비파니우스의 용어 사용과 최대한 부착된다. 벨하우젠은 에비파니우스가 마리아와 예수님의 연관을 보이려는 욕망으로 언어 선택에 영향 받았음을 잘 생각할만하다.[77]

과연 '처녀'란 단어가 에피파니우스에서 '차무'(*Chaamou*)로 나타난 아라비아 단어의 오해로 단순히 소개되었든지 또는 어떤 학자처럼 '차부' (*Chaabou*)로 읽기를 선호한다는 것은 약간의 가시적인 이유로 추측될 수 있다. 그래서 벨하우젠은 '차부'가 '소녀'를 의미한다는 (에피파니우스의) 주장이 '두사레스'가 "주인의 유일한 아들"을 의미한다는 주장과 더 나은 가치가 없다고 말한다.[78] 그리고 '사부'로부터의 처녀출생이 페트라의 주민, 아마도 마드라심의 영향 아래 신성한 돌에서 태어난 신으로 두사레스를 생각한 사실로 되돌아갈 것이라고 추측한다.

마찬가지로 달만은 이러한 단어놀이에서 두사레스의 동정녀 탄생의 모든 전통을 이끌어낸 것을 의미하는지는 분명하지 않지만, 우리가 가진 것이 아라비아의 카아브(*ka'b*), '주사위 모양의 돌'과 카이베(*kaibe*), '성숙한 처녀' 사이의 단어놀이임을 추측한다.[79] 하여튼, 이러한 후자의 단계는 분명히 클레멘의 '원시 기독교와 비유대 자료' 초판에서 주장되었다.[80] 그리고 클레멘은[81] 지금 부셋의 반대를 존중하여[82] 그것을 포기했지만 여마 여전히 얼마간 찬성하여 말할 것이다.

그렇지만 관찰하기에 중요한 것은 에피파니우스의 증거를 다루는 이 특별한 방법일지라도, 여전히 아라비아 신의 실제적인 동정녀 탄생에서

---

76 Ibid, 103–106를 보라.

77 Wellhausen, *Skizzen und Vorarbeiten*, iii, 1887, 46.

78 *Loc. cit.*

79 Dalman, *Petra und seine Felsheiligtuemer*, 1908, 51.

80 Clemen, *Religionsgeschichtliche Erklaerun des Neuen Testaments*, 1909, 228, 277(영어 번역, *Primitive Christianity and Its Non-Jewish Surces*, 1912, 293, 356).

81 Clemen, *op. cit.*, 2te Aufl., 1924, 119.

82 W. Robertson Smith, *Lectures on the Religion of the Semites*, new edition, 1894, 56f., footnote 3를 비교하라.

기독교 이전의 어떤 신앙을 수립한 것으로 그런 증거를 사용하는 것은 매우 정당하지 않다. 기독교 저술가 특히 이 같은 후대의 기독교 저술가에 의한 '동정녀' 용어의 사용은 여전히 가장 진지한 의심에 개방되어 있다. 그것은 단순히 이방 종교에서 기독교 신앙의 잘못된 모방을 발견하기 위한 이 같은 기독교 저술가의 안정된 욕망에 기인한다는 것은 정말 너무나 있음직하다.

우리는 실제로 에피파니우스가 생존하기 3세기 전 이교도의 두사레스 예배에서 그 용어가 실제로 사용된 것을 보여주기 위한 어떤 확실한 증거도 갖고 있지 않다. 더욱이 그 용어가 실제로 기독교 이전의 두사레스 예배에 사용되었을지라도 그것은 우리가 사용하고 그것이 마태와 누가에 의하여 사용된 의미로 사용되었다는 것을 전혀 보여주지 않을 것이다.

반대로 그것은 단순히 '결혼하지 않고, 오히려 그녀 당시의 배우자를 뜻대로 선택한'[83] 이쉬타 같은 또는 이 같은 혐오로 어거스틴이 언급한 추잡한 의식의 '하늘 처녀[84] 즉 미혼의 여신'[85] 타니트 아르테미스 같은 또는 '결혼의 끈에서 독립적인' '위대한 신화적 어머니 여신 같은'[86] 어머니 여신을 묘사했을 것이다. 다른 말로 '처녀' 용어는 실제로 기독교 이전의 시대에 두사레스의 어머니에게 적용되었다면 의심 없이 그 용어가 거의 우리 주님의 탄생에 관한 신약의 기사에서 의미하는 것과 완전한 반대를 의미한다.[87]

그러므로 우리는 두사레스 디오니수스에 대한 부셋의 호소가 보다 좀 더 유용한 가설의 약점을 지적하는 것으로 매우 가치 있다고 주장할만하다. 만약, 그렇게 박식하고 유능한 학자들이 신약에서 언급된 그

---

83 W. Robertson Smith, *op. cit.*, 56.

84 *Loc. cit.*

85 Augustine, *de civ. dei*, ii. 4. 동일성의 가능성이 포함된 것에 관하여, W. Robertson Smith, *Loc. cit*를 보라.

86 Cheyne, *Bible Problems*, 1904, 75.

87 Clemen, *op. cit.*, 2te Aufl., 1924, 119을 비교하라.

리스도의 동정녀 탄생과 이교도의 유사성을 찾을 때 신약 이야기가 형성된 시기보다 수세기가 지난 후 기독교 저술가들에게만 증명된 동정녀 탄생에 의지해야 한다면 확실히 우리는 여기서 실제로 유사성이 없다는 설득력 있는 증거를 갖는다. 만약, 현대 학자들이 실제로 동정녀 탄생의 전통은 사실이 아니라고 생각하여 가상적으로 전승되었을 것이라는 개념의 한계를 발견했다면, 부셋이 두사레스와 특히 4세기 기독교 저술가의 모호한 증거에 호소할 필요가 있었는지 우리는 의심하게 된다.

최근에 이집트에서 신약의 동정녀 탄생 이야기 자료를 발견하려는 적어도 두 개의 시도가 있었다. 그리고 좀 자세히 이 두 가지 시도를 연구하는 것은 유익될 것이다. 그것들은 유명한 구약학자 휴고 그레스만(Hugo Gressman)과 현대의 가장 뛰어난 철학자 중 한 사람인 에드워드 노르덴(Edward Norden)에 의하여 수행되었다.

동정녀 탄생에 관한 이론이 나타난 그레스만의 저서는 (마태복음과 누가복음의 첫 장에 언급된) 수태고지가 아닌 주로 누가복음의 탄생 이야기에 집중되어 있다.[88] 그런 이야기는 예수님에 관한 모든 다른 이야기들과는 완전히 별개로 그 자체로 취급되어야 한다고 그레스만은 말한다. 가장 일찍이 전설을 구성하고 있던 것들은 순회되고 있는 전설이 아니라 개별적인 전설들이라고 그는 주장한다. 그런 이유는 누가복음 2:1-20과 이것의 현재 문맥 사이에 원래 독립적이었다는 확실한 증거가 있다는 견해만큼 그것이 마치 우리가 예수님에 관하여 소유한 유일한 이야기인 것처럼 우리는 이 이야기를 다루어야 하기 때문이다. 이 점에서 독자는 아마도 잠시 숨을 고르고 잠깐 멈추어야 할 것이다.

그것이 마치 우리가 예수님에 관하여 아는 모든 것을 포함하고 있는 것처럼 우리에게 이 이야기를 해석하도록 요청하는 것은 우리에게 상당한 온순함을 요구하고 있는 것이 아닌가?

청자나 독자들에게 알려졌다고 추측되는 어떤 사람의 이름, 확실히

---

88 *Das Weihnachts-Evangelium*, 1914.

화자에게 알려진 어떤 사람의 이름으로 그 이야기에 '예수'란 단어가 나타난 것인가?

그러므로 그 이름을 단순히 x나 y인 것처럼 다루는 것이 옳은가?

그러나 만약, 그렇지 않고 그 이름이 화자와 그의 청자들에게 알려진 사람이라면, 우리가 최초의 화자와 최초의 청자들이 알고 있다고 추측하는 그 사람에 관한 더 나은 정보의 관점에서 확실히 그 이야기를 해석해야 한다. 그러므로 우리는 동일한 사람을 다루는 다른 이야기에서 이 이야기를 처음부터 완전한 분리시켜야 한다고 요구하기는 어렵다는 것을 발견한다.

그 요구가 그레스만의 책에서 중요한 이유는 나중에 분명하게 드러난다. 왜냐하면 원래 그 이야기가 예수님과 아무 관련이 없다는 것과 얼마 후에 예수님에 관한 언급이 그 이야기 안으로 들어 왔다는 것을 그가 보여주려 하거나 보이려고 시도하기 때문이다. 그러나 다음에 주장되는 모든 과정에 의해서만 가능하다면 처음에 밝혀질 수 있는 것을 우리에게 추측하라고 요구하는 것은 확실히 부당해 보인다.

확실히 이 이야기를 말하는 최초의 사람은 이미 예수님에 관해 축적된 정보를 가지고 있는 사람이었고 그는 그의 독자들이나 청자들도 그러한 축적된 정보를 가지고 있다고 전제하고 있었다고 상상할만하다. 그런 가능성은 연구의 과정에서 사실이 아니라고 판명되었다. 그러나 그것이 사실이 아니라고 판명될 때까지, 그것은 확실히 무시되지 않았을 것이다. 그러므로 이 이야기가 마치 우리가 예수님에 관해 아는 유일한 이야기인 것처럼 해석되어야 하는 것이 당연하다고 우리는 생각하지 않는다. 그리고 우리는 틀림없이 그레스만이 이 이야기와 누가복음의 첫 장 이야기가 원래 별개였다고 제시한 암시가 결정적이라고 조금도 생각하지 않는다.

이 점에서 우리의 반대는 또 다른 반대와 밀접하게 연결되어 있다. 그 이야기의 원래 형식으로 돌아갈 때, 그 이야기가 완전한 예술 작품인 것으로 추측해야 한다고 그레스만은 말한다.

"모든 해석은 관련되어 일어난 이야기는 완전한 예술 작품–이러한 주장은 당연한 것으로-이라고 추측해서 진행되어야 한다."

그러나 왜 이 같은 추측이 있어야 하는가?

모든 전설은 그것의 원시적, 문서 이전의 형식에서 그것의 요소가 예술적, 논리적 필요성과 함께 연결된 완전한 예술 작품인가?

만약, 그것이 그렇다면 앞에서 논의된 모든 가능성을 고려하는데 직접적으로 반대하는 것이 가장 완벽한 사실이다. 그렇지만 명백히 우리의 저자는 그의 특별한 주장을 증명하지 않고 그것의 증거가 발견될 수 있던 방법에 관하여 최소한의 암시도 주지 않는다.

이 같은 증거가 제시될 때까지 우리는 확실히 우리와 관계있는 모든 이야기의 예술적 완전성을 추측하는 것에 관하여 확실히 의심해야 할 것이다. 물론, 그러한 추측은 그 이야기가 역사적 진실성을 소유했을 가능성을 거의 배제한다. 왜냐하면 역사는 예술적인 적절성을 고려하여 거의 진행되지 않기 때문이다. 그러나 그 이야기가 순수하게 전설적인 것으로 추측된다 할지라도 화자는 사실에 의존함으로 방해 받지 않도록, 그 이야기가 따라야 하는 예술적 구성의 기준을 어떻게 완전히 일관되게 따르고 있는지 우리는 여전히 알지 못한다.

왜 모든 인기 있는 이야기는 완전한 이야기가 되어야 하는가?

우리는 현대 문학 비평들이 이야기에 적용하고자 하는 엄격한 기준을 따르는 것이 실제 생활에서 항상 발견되는 것은 아니라는 데 대해 의심한다. 그러므로 우리가 그레스만의 이야기 분석을 상세하게 연구를 진행시키는 데 있어 신중해야 한다.

그런 분석은 처음에 그 이야기에 현재 형태를 부여한 복음서의 최종 저자의 큰 몫을 제거한다. 이 저자의 자료로 알려진 곳을 보면 저자가 여기저기 수정한 것이 발견된다고 그레스만은 말한다. 그리고 누가복음에 그것이 나타나 있는 것처럼 이 특별한 이야기의 유대 기독교의 특성이 너무 명확해서 이방인 저자가 근원적인 유대 기독교 이야기 대부분 변하지 않게 보존한 것이 분명하다. 그러므로 그 저자는 여기서 기록된 자료나 구전 자료를 철저히 따르고 있다고 그레스만은 결론짓는다. 그리고 그 자료에는 누가복음 2:1-20에 있는 이야기가 있으며 복음서의 최종 저자가 그 전설을 구성하는 전설들 가운데 있는 모순을 제거하려고 수고했음에도 지금 그 이야기 안에는 모든 전설이 있다. 누가복음 1, 2장에 나타난 이 이야기가 유대 기독교적 성격과 그 복음서의 최종 저자가 그것의 현재 형태를 제공한 부분에 관하여 우리가 동의하는 데 한계가 있음을 이미 본 저서의 제2-6장에서 지적하였다. 그레스만이 누가복음 2:1-20 이야기의 원래 형태를 통찰하려는 그 이상의 분석은 더욱 의심스럽다.

분명히 구레뇨의 호적은 나중에 첨가된 것이라고 그는 말한다. 왜냐하면 그 이야기에서 산문으로 된 이 부분이 나머지 부분의 시적인 어조와 매우 대조되기 때문이다. 그리고 호적과 관련하여 아이 부모의 전체적인 여행 사건은 의심스럽다. 나머지 이야기에서도 미완성의 가장 자리가 있다고 그는 계속 말한다.

예를 들어, 목자들이 어린 아이를 보러 갈 때 박사들이 마태복음 2장에서 한 것처럼 왜 그에게 선물을 가져가지 않았을까?

그처럼 그들의 방문은 목적이나 의미 없이 된 것으로 보인다. 참으로 우리는 왜 목자들이 전체적으로 소개되지 않았는지를 정확하게 알지 못한다.

그들은 그 아이에 관하여 특별한 기능을 수행한 것으로 보이지 않는다. 여전히 그 이야기에서 아이의 부모가 아닌 그들이 실제로 중요한 인물들이다.

더욱이 왜 그 아이가 구유에 누인 단순한 사실이 '표적'으로 간주되어야 하는가?

만약, 필연적으로 기적적인 사건이 아니라면 하나의 '표적'은 분명히 이상하다. 그러나 그 아이가 구유에 누인 것은 그처럼 매우 이상하게 보이지는 않는다.

더욱이 부모가 그 아이를 구유에 누인 후 어떻게 되었는가?

그들 스스로 여관에 남았는가?

또는 그들이 거주지를 전적으로 바꾸었는가?

그 이야기는 기묘하게 이 점에서 모호하다고 그레스만은 생각한다.

더욱이 왜 구유가 그 이야기에서 그렇게 많이 강조되었는가?

우리는 가축의 외양간 안에 있는 구유를 생각한다. 그러나 이 이야기는 외양간에 관하여 아무것도 말하지 않는다. 결국 우리는 아이의 출생 통보를 받은 목자들에 대하여 자연히 구유를 기대해야 한다. 아직도 이 야기에 있는 대로 목자들과 구유는 별개이다.

현재 이야기에 있는 이 모든 분명한 결점과 이 모든 막연한 결말은 하나의 결론, 즉 전설의 원래 형태에는 아이의 부모가 등장하지 않는다는 결론으로 이끌어가고 있다고 그레스만은 추측한다. 부모가 없다면 모든 것은 매우 분명하게 된다. 그 아이는 데려 온 아이였다. 여기에서 목자들은 양육하는 기능을 한다. 구유는 이 특별한 목자들에게 속한 특별한 구유였다. 이 이야기의 전체적인 어려움은 원래 목자들에게 속한 장소를 빼앗기 위하여 부모를 끌어들인 것이다.

그러나 왜 부모를 끌어들였을까?

그 대답은 명백하다고 그레스만은 생각한다. 부모를 여기에 끌어들인 이유는 원래 전설에 있는 아이와 동일시 되는 그 역사적 인물인 예수님이 무시하지 못할 유명한 부모를 가지고 있기 때문이란 것이다. 그러나 원래 그는 버려진 아이였는데 그 버려진 아이의 전설이 베들레헴과 연결되었다.

그리고 현재 이야기에서 모순은 원래 예수님과 아무 상관이 없는 기독교 이전의 유대인 전설이 존경의 대상이 된 그 아이를 경배하기 위하여 유대 기독교인들에 의해서 사용된 사실에 기인한다.

그러므로 이 이야기의 궁극적 기원을 찾음에 있어서 우리는 그레스만을 따라서 특히 예수님에 관한 이야기의 기원이 아니라 버려진 아이에 관한 기독교 이전의 유대인 이야기에서 기원을 찾아야 한다. 이러한 기독교 이전의 이야기에서 예수님의 탄생 장소로서 정경 밖에서는 동굴을 언급하고 있다는 것이 흥미롭다고 그레스만은 생각한다.[89] 그 동굴이 신약 정경의 이야기나 구약 예언서에서 파생되었다고 추측하는 것은

---

[89] Justin Martyr, *dial.*, 78; *Protevangelium Jacobi*, 18를 보라.

불가능하다. 그러므로 명백히 우리는 동굴의 언급에서 기독교 이전 이야기의 잔재를 본다. 그런 이야기는 베들레헴 뿐만 아니라 베들레헴 가까이 있는 동굴과 관련되었다.

그레스만에 따르면 기독교 이전 탄생 이야기에서 아이는 분명히 '왕족의' 아이였다. 그 이유는 다음과 같다.

(1) 버려진 아이에 관한 전설은 대부분 왕과 관련된 이야기로 그 아이의 운명과 그가 천한 사람들에 의해서 양육된 것을 대조하는 것을 좋아했기 때문이다.
(2) 그 이야기는 메시아가 나온다는 다윗 혈통의 조상들이 있었던 장소인 베들레헴과 관련되었기 때문이다.
(3) 그 이야기에 나오는 '구세주,' '복음,' '평화'라는 용어가 로마 황제에게 경의를 표하기 위해 사용된 "궁중 언어"로 잘 알려진 요소인 반면에, 역시 이야기에 나타나는 '그리스도'('기름부음 받은 자')란 용어는 메시아적 왕의 일상적인 명칭이기 때문이다.

그러므로 우리는 다윗의 후손에서 와야 하고 그분의 백성의 구원자인 왕에 관한 유대인의 이야기를 기독교 이전의 이야기에서 갖고 있다고 그레스만은 결론을 내린다.

그렇지만 궁극적으로 그레스만에 따르면 이 이야기는 유대인에게서 유래되지 않았다. 그것은 구약에서 발견되지 않기 때문에 헬라시대 이전의 유대인의 문제로 나타나지 않았다고 그레스만은 주장한다. 그리고 헬레니즘 시대에 이 같은 이야기의 유대적 기원은 부자연스러운 반면에, 유대적 조건에 적응하여 표면상의 유대교로부터 도입한 것은 그런 시대에 이해하기 쉽다. 그렇지만 그레스만에 따르면 비유대적 기원을 뒷받침하는 결정적 요소는 단순히 이 같은 일반적 고려가 아니라 유대적 배경에서는 결코 유래될 수 없었던 '구세주'와 '복음'이란 전문용어가 이야기의 핵심에 등장한다는 것이다.[90]

---

[90] Gressmann은 이 용어들이 구약에 나타난다는 것을 인정하고(20f., 각주 2), 그들의 특수한

제14장 이교도 기원설 501

그러면 어떤 자료에서 이 원래적인 비유대적 이야기가 궁극적으로 유래되었는가?

그레스만은 이 질문에 대하여 매우 명확한 답변을 한다. 그 이야기는 궁극적으로 유명한 이집트의 신, 오시리스의 노출과 초라한 가정교육에 관한 이집트의 이야기에서 유래되었다고 그는 주장한다. 그런 이야기는 다음과 같은 두 변형의 "이시스와 오시리스에 관하여"라는 플루타치의 논문에 나타난다.[91]

> 첫째 날에 [즉, 연말의 마지막 윤달 첫 날에] 오시리스가 태어났다고 언급되었다. 그리고 만물의 주인이 빛으로 올 것이라는 목소리가 저 높은 곳에서 들려왔다고 언급되었다.[92] 그렇지만 어떤이들은 테베스의 어떤 파밀레스는 그가 물을 퍼 올리는 동안 제우스 신전에서 위대한 왕이자 은인인 오시리스가 태어났다고 그에게 소리 치도록 명령하는 소리를 들었다고 말한다.[93] 그리고 이 이유로 인해 파밀레스는 크로너스에 의하여 자신에게 위탁된 오시리스를 양육했다.[94] 그러므로 파밀리아의 축제-남근숭배의 축제와 비슷한 축제-가 오시리스를 경축하기 위하여 거행되었다.

물론, 이 이야기와 누가복음 2:1-20 사이에는 차이점들이 있다. 그러나 이 차이점들은 전설이 한 나라에서 다른 나라로 전해질 때 단순히 필요한 환경의 변화 때문이라고 그레스만은 주장한다. 나일강을 압도적인 배경으로 하는 테베스의 풍경 속에서, 버려진 아이를 강에서 건져낸 자는 당연히 물긷는 사람이었다. 반면 유대의 목초지에서 목자들은 물

사용이 거기에 나타나지 않는다고 주장한다. 거의 구별할 수 없다고 우리는 생각한다. 그리고 눅 2:1-20에 사용된 용어는 구약개념에 근거하여 매우 이해할만 하다고 우리는 생각한다.

91 Plutarch, *De Iside et Osiride*, xii.
92 헬라어는 συνεκπεσειν이다. Gessmann은 Norden을 따라서 '높은 곳으로부터' 또는 '하늘로부터'로 대신한다.
93 "Zeus"는 이집트의 아몬, 테베스의 중요한 신이라고 Gressmann은 말한다.
94 Gessmann에 따르면, 크로너스는 이집트의 겝, 오시리스의 아버지이다.

론, 동일한 역할을 수행하는 자연인이었다. 누가의 이야기에 따르면 베네 옷에 싸인 아이는 또한 모든 가능성 가운데 팔레스타인 관습의 특수성에 기인한다.

그러나 이런 차이점들과는 반대로 유사성들이 얼마나 많은가!라고 그레스만은 말한다. 두 경우에 아이의 탄생은 즉시 신적인 목소리에 의하여 알려졌다. 그 신성은 그 아이를 돌봐주고 필요한 구원자를 부른다. 두 경우에 아이는 '주님'(Kyrios)으로 나타났고, 이집트 이야기의 '은인'이란 호칭은 누가의 '구세주'란 호칭과 매우 가깝다. 두 경우에 신적인 고지는 이집트의 이야기에서 명확한 명령인데, 누가의 이야기에서는 그것이 없이 전해진다. 두 경우에 신적 고지의 수용자들은 백성의 낮은 계급에 속한 평민들다. 그러나 이같은 세부적 내용에서의 유사성들보다 더 중요한 것은 그레스만에 따르면 두 이야기의 전체적인 구조의 유사성이다.

그런 유사성은 누가 이야기의 현재의 형태에 나타나지 않는다. 그러나 그 이야기의 원래의 형태에서 그것은 명백하다. 아기 예수는 놀라운 방식으로 태어났다. 그 아이는 인간 부모가 없다 (신적 부모에게서 나온 신적인 아이니까). 갑자기 그 아이는 사람들과 떨어져서 도움 없이 강보에 싸여 구유에 뉘여 있다. 그러나 그 사이에 들에 있던 목자들은 그 사건을 알게 되고 구유로 보냄을 받았다. 그들은 버려진 아이가 신적으로 유래되고 위대한 일을 위하여 장래가 정해진 것을 안 이후에 그들은 천사의 고지를 널리 전파하고 버려진 아이를 보호하고 그에게 우유를 먹이며 양육했다.

따라서 우리는 여기서 플루타치와 누가에게서 본질적으로 동일한 이야기를 발견한다고 그레스만은 결론 내린다. 그 이야기가 나타난 이집트와 유대인의 형식 사이에 명백한 의존관계가 분명히 있다. 그러나 그레스만은 이러한 의존관계에는 의심이 있을 수 없지만 이집트가 유대의 형식에 의존하는 방식이라고 생각한다.

첫째, 누가 이야기의 막연한 연결과 끊김은 그 이야기가 오랜 역사를 지닌 것을 보여준 반면에, 이 같은 끊김이 오시리스의 전설에는 없다.[95]

둘째, 버려진 아이가 왕이라는 사실은 그리스도의 전설에 단순히 함축된 반면에, 오시리스의 전설에는 분명히 진술되었다.

셋째, (가장 중요한 것으로) 누가의 이야기에서 천사의 고지로 나타나는 것처럼 왕족인 아이가 동시에 신적인 신분을 가졌다는 사실은 토착 유대인의 개념과는 완전히 일치하지 않는다. 반면 그것은 초기 시대부터 이집트에 널리 퍼져있던 신격화된 이집트 군주와는 완전히 일치한다.

탄생 전설을 베들레헴 근처 동굴로 한정한 것은 그레스만에 따르면 특별한 설명을 요구한다. 전설이 베들레헴과 연결되었을 것이라는 것은 물론, 메시아에 적용될 때 자연스럽다.

그러나 왜 그것은 특히 이 특별한 동굴과 연결되어야 하는가?

그것은 기독교 이후 시대에 제롬에 의해서 입증된 예수 탄생 동굴에서 아도니스-담무스 숭배를 동일한 동굴에서 기독교 이전에 (이집트의 땅에서 아도니스와 합병된) 오시리스 숭배로 여기도록 했을 것이라고 그레스만은 말한다.[96] 그러나 이 연결은 증명되지 않았고 전체적으로 불가능하다고 그는 말한다. 우리가 말할 수 있는 모든 것은 그레스만에 따르면 특별한 신성이 어떤 모호한 이유로 베들레헴 방에 연결되었기 때문에 그런 동굴에서 이집트로부터 기독교 이전의 유대교에 의하여 수입되고 메시아와 연결된 탄생 전설을 지역화하는 것은 자연스럽게 되었다고 한다.

끝으로 그레스만은 다른 나라들의 전설과 비교하면서 그 그 이야기에 관한 그의 이집트 파생설을 확인한다. 물론, 버려진 아이의 동기는 공통적이고 신들의 출생 이야기들도 그렇다. 그러나 누가복음 2:1-20

---

95 이 점에서 Gessmann은 이전에 누가 이야기의 끊김이 오시리스 이야기와 비교하여 원래 유대인의 이야기가 아니라 기독교적 요소의 서론으로 말미암은 격정에 기인했다는 것을 잊어버린 것으로 보일만했다.

96 Jerome, *epist.*, lviii. 3(ed. Hilberg, I. I, 1910, 532).

에 근거한 전설에 나타난 신으로서의 왕 개념과 버려진 아이를 특별히 결합하는 동기는 이집트를 제외하고 어느 곳에서도 찾을 수 없다고 그레스만은 말한다. 이집트는 더욱이 신적인 아이의 개념이 (예를 들어, '호루스, 그 아이') 백성들의 생각과 감정을 몰두시키는 특별한 지역이다. 오직 이집트에서 우리는 누가의 둘째 장에서 '크리스마스 복음'의 기원을 찾아야 한다.

우리가 이 이론을 자세히 비판하는 것은 필요하지 않을 것이다. 왜냐하면 그것은 우리의 토론과 관계된 특별한 주제와 약간 떨어져있기 때문이다. 동정녀 탄생은 누가복음 2:1-20이나 그 부분에 기초한 이집트-유대 전설에 나타나지 않는다고 그레스만은 주장한다. 그래서 아마 우리는 우리가 방금 마무리한 그레스만의 분석의 보다 자세한 설명을 우리의 독자들과 나누었을 것이다. 그럼에도 불구하고 우리는 그런 설명이 동정녀 탄생의 주제를 다루는 현대적 방법을 이해하기 위하여 가치가 없는 것은 아니라고 생각한다.

'이시데와 오시리데에 관하여'라는 플루타치 인용구와 누가복음 2:1-20에 관한 그레스만의 비교는 현대 비교종교학자들이 따르는 방법의 매우 완전한 사례이기 때문에 그것은 우리가 특히 본서와 관계된 매우 밀접한 주제에 관하여 그레스만 자신과 다른 사람들의 취급을 평가할 때 매우 도움이 된다.

그 현대적 방법은 문서적으로 정착되기 전에 존재한 원래의 형태를 현존하는 형태에서 추론하는 과정을 진행한다. 그러면 그렇게 재구성된 이야기는 전자의 이야기처럼, 실제로 현존하는 자료에서 주어진 것이 아니라 합성이나 빼기의 과정에 의한 자료에서 파생된 몇몇 다른 이야기들과 비교하게 된다. 이런 방법을 적용할 때 그레스만은 누가의 이야기로부터 시작한다. 이 이야기는 버려진 아이에 관하여 아무 것도 말하지 않는다. 그러나 버려진 아이는 교정되었을 수도 있고 그렇지 않을 수도 있는 가설에 의해서 그 이야기에 주입되었다. 그리고 나서 플루타치의 이야기로 넘어간다. 그 이야기 또한 버려진 아이에 관하여 매우 분명하게 아무 것도 말하지 않는다.

적어도 그것은 나일강에서 아이를 끌어올린 것에 관하여 아무것도 말하지 않는다. 여기서도 이런 요소들은 교정되거나 교정되지 않은 추론에 의해 소개된다. 이렇게 재구성된 두 이야기는 두 개의 이야기로 그것들이 마치 실제로 입증된 것처럼 그리고 상호비교를 통해 긍정적 결과를 도출한다. 확실히 전체적인 절차에 관하여 중요한 질문들이 제기된다. 신중한 역사가는 그것들이 사실적인 것으로 그 자료를 매우 고수하지 않을것이라고 의문을 품는 것은 당연하다.

그러나 지금은 동정녀 탄생 주제의 동일한 저자에 의한 취급으로 돌아올 때이다. 이 후자의 주제에 관한 우리 저자의 결론이 누가복음 2장 이야기에 관한 결론과 세부적으로도 매우 유사하다는 것이 곧 관찰될 것이다. 초자연적 잉태에 관한 신약의 동기를 다룰 때 그 동기가 원래 차지했던 특별한 구절을 발견하는 것은 매우 중요하다고 그레스만은 말한다.

그러나 이 구절은 분명히 이차적인 마태복음 1장 26-38절이 아니라 오히려 누가복음 1장이다. 이 구절에서도 동정녀 탄생이 언급되지 않고 단순히 전제되었다는 것은 사실이다. 아직도 최소한 그것은 예수님의 어머니 마리아에게 천사 가브리엘에 의하여 행해진 수태고지의 주제를 형성하고 그 다음에 우리는 신화의 기원을 발견하기 위한 우리의 노력을 시작해야 한다고 그레스만은 말한다.

그래서 여기 수태고지에서처럼 누가복음 2:1-20의 탄생 이야기에서 그레스만은 그것이 있는대로 이야기의 막연한 결말과 모순을 발견한다. 이 막연한 결말 중의 하나는 물론, 누가복음 1:34의 마리아 문제와 직면하여 우리를 응시한다고 그는 말한다. 마리아는 다윗의 후손 요셉과 약혼했다.

그렇다면 왜 그녀는 요셉과 그녀의 임박한 결혼을 언급한 것처럼 천사의 약속을 설명하지 않았는가?

왜 그녀는 대신 질문했는가?

나는 남자를 알지 못하니, 어떻게 이런 일이 있을까?

진실은 요셉의 아들로서 다윗의 자손 예수님에 관한 전체적인 묘사가 누가복음 1:27에 분명히 나타나고 다음의 구절들에서 함축된 마리아의 처녀성과 매우 반대되는 것이라고 그레스만은 말한다.

아직도 그레스만은 누가복음 1:34 이하에 관한 삽입 가설을 감정적으로 거절한다. 이 구절의 셈어적 형태는 또한 27절의 마리아 처녀성 강조와 함께 마리아가 천사의 인사에 느꼈던 놀라움에 대하여 그들이 동의한 것처럼 그것들이 그 이야기의 원래 부분이었음을 분명히 보여 준다고 그들은 말한다.

그러면 어떻게 그 이야기의 모순이 실제로 설명되어야 하는가?

그레스만은 이 질문에 대하여 매우 명확한 답변을 한다. 그들이 없었던 원래 전설에 그 아이의 부모로서 요셉과 마리아를 등장시키면서 모순이 생겼다고 그는 생각한다. 원래 그 전설은 단지 처녀 어머니와 신적 아버지와 관계되고 신적인 인간 아이는 왕으로 운명지어졌다. 그런 전설은 기독교 이전의 유대교에서 메시아에게 적용되었다. 그 다음에 유대 기독교인들이 그것은 메시아, 즉 예수로 간주했던 자를 찬미하기 위하여 유대 기독교인들에 의하여 다루어졌다. 그러나 예수님의 부모, 요셉과 마리아는 잘 알려졌다. 그들은 그 이야기와 관련되었다. 그리고 누가의 이야기에서 우리가 발견한 혼란은 불가피한 결과였다.

그러므로 그레스만은 그리스도의 동정녀 탄생 개념이 이방 기독교의 환경에서 유래되었다는 견해를 거절한다. 그런 개념을 포함한 그 이야기의 셈어적 특성은 이 같은 견해를 강하게 저항한다고 그는 진술한다. 그러나 다른 한편으로 이미 예수님을 믿은 유대 기독교인들은 그 개념의 창작자가 아니었다. 왜냐하면 그러면 누가복음 1:26-28의 모순은 설명될 수 없었기 때문이다. 유일하게 가능한 결론은 그 전설이 이미 기독교 이전 시대의 유대교의 메시아에게 적용된 것이라고 그레스만은 생각한다.

그렇지만 궁극적으로 그 전설은 유대인의 기원에 속할 수 없었다고 그레스만은 계속한다. 왜냐하면 그 우둔한 신화와 함께 그것은 유대교의 일신론의 핵심과 중심에 반대되기 때문이다. 누가복음에서 신화론적 개념은 매우 분명하다. '성령'은 '가장 높은 자의 능력'과 병행되기 때문에 하나님 자신은 육체적 출생 행위를 수행한 것으로 간주된다. 마태복음에서 다른 한편으로 '마태 이야기'의 '성령'이 하나님께 종속되는 한 남성으로 간주되기 때문에 유대인의 감정에 매우 큰 양보가 있다고 그레스만은 생각한다. 그러나 보다 많은 이교도 묘사에 관한 유대 기독교인의 변형으로 성령의 소개를 간주하는 것은 실수라고 그레스만은 계속한다. 왜냐하면 이교도는 신에 의한 출생 개념뿐만 아니라 신적인 영에 의한 출생 개념을 나타내기 때문이다.[97] 그러므로 그레스만에 따르면 신적인 출생 행위가 신약의 이야기에 나타난 형태조차도 이교도 신앙에서 그 짝을 이룬다.

그러면 어떤 특별한 이교도 자료에서 이러한 신적 출생에 관한 기독교 이전의 유대 개념이 궁극적으로 왔는가?

이 질문에 대한 대답으로 누가복음 2:1-20의 궁극적 자료에 관한 질문의 대답처럼 그레스만은 애굽에 대한 확신을 이용한다. 우리가 찾고 있는 것은 신적 어머니로부터의 출생 이야기가 아니라 신적 아버지에 의한 잉태 이후 인간 어머니로부터의 출생 이야기라고 그는 말한다. 그런 고려는 우리의 연구 범위를 약간 좁혀 준다. 그 범위는 그레스만에 따르면 여전히 매우 넓다. 왜냐하면 인간 어머니가 신적으로 잉태한 아이를 낳은 것으로 묘사된 많은 이야기들이 있기 때문이다. 그러나 신약의 뛰어난 한 인물은 우리가 유사한 사람 중 특별한 사람을 응시하여 다른 사람들을 무시하도록 한다. 그 인물은 즉 신약 이야기에 따르면 신적인 인간 아이가 위대한 왕이 되어야 한다는 것이다.

만약, 우리가 이 인물을 중요하게 여기고 동시에 팔레스타인을 만나러 온 나라들에 대한 우리의 주의력을 제한한다면 우리는 불가피하게 애굽으로 인도된다고 그레스만은 말한다. 애굽에서 고대와 프톨레미 왕조 시대에 모두 모든 새로운 왕은 인간 어머니와 신적 형태의 젊은 여

---

[97] Plutarch, *vita Numae*, iv. 4: καιτοι δοκουσιν ουκ απιθανως Αιγυπτιοι διαιρειν ως γυναικι μεν ουκ αδυνατον πνευμα πλησιασαι θεου και τινας εντεκειν αρχας γενεσεως, κ.τ.λ., 그리고 아직도 이집트인은 하나님의 영(또는 호흡)이 여인에게 접근하여 어떤 출생의 시작을 얻는 것이 가능하다고 주장할 때 그것은 믿을 수 없는 것이 아닌 것으로 보인다.

왕에게 나타나서 그녀와 교제하여 애굽의 왕이 될 아들을 낳을 것이라고 약속한 최고의 신, 아몬-라로부터 나왔다는 유명한 신앙이 있었다. 신약에서 발견된 것들과 이 전설의 유사성은 인상적이라고 그레스만은 생각한다. 그것은 전체적인 구조와 세부사항에도 나타난다. 누가복음에서 '지극히 높으신 이의 능력'은 애굽 전설에서 아몬-라를 '최고의 신'과 대응한다. 우리가 플로타치를 통해서 안 것처럼 애굽인은 '신적인 영'이 여자와 교제할 수 있었기에 임신을 했다고 믿었고 그래서 '신적인 영'은 유대인 가운데 여호와처럼 애굽에서 아몬-라로 대치된다. 복음서에서처럼 애굽의 전설에서 아이가 왕국을 소유할 것이라는 약속은 자궁의 아이 잉태와 밀접하게 연관되어 있다. 이러한 유사성은 왕의 출생에 관한 이집트인의 이야기가 유대인 이야기의 의존에 의해서만 설명될 수 있다고 그레스만은 생각한다.

참으로 그레스만은 애굽의 전설이 어머니의 처녀성을 전혀 언급하지 않는다는 것을 인정한다. 그의 설명은 애굽인 중 아무도 여왕과 왕의 교제를 의심하지 않았다는 것이다. 반면에, 그 전설이 다른 사람과 신성과의 교제가 당연한 일이 아닌 것으로 변화되었을 때 어머니의 처녀성과 순결성을 강조할 필요가 있었다.[98] 이 같은 강조는 애굽의 전설과 약간 연결될만한 플라톤의 출생 전설의 경우에 나타난다고 그레스만은 말한다. 그리고 그것은 또한 마태와 누가의 이야기에도 나타난다.

확실히 이런 설명은 지나가는 것으로 거론하기에는 매우 부적당하다. 그리고 애굽 이야기에서 어머니의 처녀성 개념의 결여는 그것과 연결된 훨씬 중요한 다른 차이 보다도 왕의 신적 기원에 관한 애굽인의 신앙과 동정녀 마리아의 자궁에서 예수님의 초자연적 잉태에 관한 신약 이야기 사이에서 매우 중요한 차이를 이룬다.

우리가 동정녀 탄생 이야기의 애굽인 기원 가설에 대한 비평을 진행하기 전에 그 가설이 '아이의 탄생'에 관한 에드워드 노르덴(Eduard Norden)의 학술논문에 나타났다는 형식에 주의할 필요가 있을 것이

---

[98] 왜냐하면 대안적 설명은 Norden에 의하여 제시되었다. 다음의 각주를 보라.

다.[99] 노르덴의 저서는 주로 네 번째 전원시 소위 버질의 '메시아의 전원시' 연구에 몰입되었다. 그 전원시는 시인과 동시대를 살았던 일부 로마 귀족 아이를 축하는 것이 아니라 고대의 신화를 시적으로 다루고 있다고 노르덴은 주장한다. 그 신화의 근원, 확실히 버질의 형태가 나온 장소는 이집트였다. 천재적인 사람이 이집트의 여러 지역과 다양한 사람들에서 다양하게 변화되어 해외로 흩어진 고대의 신학적인 용어(theologoumenon)에 시적인 표현을 가미했다. 신화 또는 문제의 신학적 용어는 신적인 아이의 신화이다.

고대 이집트의 자료에서 그런 신화는 아몬-라 신에 의하여 나라를 상속받는 자의 출생 이야기에 나타난다. 그 신은 통치하는 군주의 형태를 취하여 여왕과 교제를 한 것으로 묘사되었다. 이런 연합의 결과는 잉태이고 그 다음에 새로운 군주의 탄생이다. 이 이야기에서 여러 장면이 비석에 매우 상세하게 묘사되었다. 여러 신들과 여신들이 그 아이의 출생과 육아와 관련된 다양한 기능들을 담당한 것으로 묘사되었다.[100]

모렛에 따르면 신적 출생에 관한 이런 개념은 (왕위에 대한 왕의 권리가 의심할 어떤 이유가 없는) 모든 왕과 관련되었고 그것은 먼 후대에까지 지속되었다.[101] 이에 관한 후대의 산물은 그리스도 이후 3세기의 가짜 칼리스테네스 이야기에서 발견된다. 그 이야기에 따르면 알렉산더 대왕은 자신이 아몬 신이었다는 주장하며 마게도냐 빌립의 아내, 올림피아스에게 접근한 마지막 바로 넥타네베스에 의하여 출생하였다. 알렉산더의 이야기와 동일한 '주제'에 관한 많은 표현이 유래되었다. 일부는 폴리나와 문두스 사건에서처럼 실제적 사건이 그 이야기의 기초를 이룬다.[102] 파렴치한 사람들은 넥타네베스의 속임수에 관한 고대의 이야기를 이용하여 자신들의 욕망을 채웠다. 그러나 넥타네베스의 '주제'가 나타난 이

---

99 Norden, *Die Geburt des Kindes*, 1924.
100 A. Moret, "Du carastere religioux de la royaute pharaonique," (in *Annales du Musee Guimet*, xv), 1902, 39–73를 보라.
101 *Op. cit.*, 59–68.
102 이 장 처음 부분을 보라.

야기 대부분은 보카치오에서처럼 그리고 바인라이히가 제시한 대부분의 다른 예에서처럼 순수한 소설이다.[103]

신적 출생에 대한 고대 이집트의 신앙은 노르덴에 따르면 플루타치와 필로에 의하여 증명되었다. 그러나 이 두 증명 사이에는 두 개의 중요한 차이가 있다고 노르덴은 말한다.

(1) 플루타지는 이집트인에 따라서 "하나님의 영이 여자에게 접근하여 어떤 출산케 하는 것이 불가능하다"고 말한 반면에, 필로는 이와 관련해서 '영'에 관하여 아무 것도 말하지 않는다.[104]
(2) 플루타치는 필로에 의하여 크게 강조된 처녀성에 관하여 아무 것도 말하지 않는다.[105]

이러한 차이점들은 이집트와 헬레니즘의 신학용어의 차이에 의하여 설명되어야 한다고 노르덴은 말한다. 신의 '영'이나 생명을 주는 호흡의 개념은 이집트적이다. 반면에, 처녀성 개념은 헬라적이다. 이 두 요소의 차이는 프톨레미 시대의 헬라적 이집트 종교에서 일어났다고 노르덴은 결론 내린다. 그래서 마태복음과 누가복음의 첫 장 구절의 기초가 되는 신화 형식이 제작되었다—"하나님은 처녀와 영적인 연합으로 아들을 낳았다."

물론, 신화가 유대인의 토양에 이식되었을 때 유대인의 하나님 개념에 적용시키기 위하여 어떤 변화가 필요하게 되었다는 것은 인정되어야 한다. 그러므로 출생 행위를 실행하기 위해 신 스스로 나타난 것 대신에 우리는 복음서에서 그것을 고지하는 전달자의 출현을 보게 된다. 그리고 신과 그녀의 결합의 즐거움에서 어머니의 환희 대신에 우리는 단순히 전달자가 말하는 말을 듣는다.

---

103 Weinreich, *Der Trug des Nektanebos*, 1911.
104 위의 각주 97번을 보라.
105 제13장 유대인 기원설의 각주 21의 내용을 보라.

보소서. 주의 여종이오니 말씀대로 내게 이루어지이다(눅 1:38).

그럼에도 불구하고 원래 신화는 여전히 유대 기독교가 입고 있는 옷을 밑에서부터 두루 비춘다고 노르덴은 주장한다.

유대 기독교 이야기에서 어머니가 잉태할 때 결혼한 여자인 것은 자세히 나타난다. 그런 세부묘사는 유대 기독교 이야기에서 설명되지 않는 모순의 요소를 소개하는 반면에, 왕의 신적 출생에 관한 원래 이집트 이야기에서는 논리적이고 필요한 자리를 갖는다고 노르덴은 말한다. 그리고 일반적으로 복음서의 이야기가 그것의 이차적 특성에 대한 명백한 증거, 즉 아몬-라와 여왕과의 신적 결혼에 관한 고대 이집트 신화를 일신교적 요건에 적용했다는 명백한 증거를 준다고 노르덴은 생각한다.

이 가설에 대한 우리의 비평은 노르덴 자신이 사용한 '신적 결혼'(theogamy)이란 용어에서 그 출발점을 잘 발견할 것이다. 이집트의 이야기는 참으로 신적 결혼의 이야기이다. 그리고 신적 결혼의 이야기가 되는 것은 신약의 그리스도의 동정녀 탄생 이야기와 아무 상관이 없다. 이집트에서 여왕과 신의 육체적인 결합은 신화의 본질적인 특성을 파괴하지 않고 제거될 수 있을 정도로 자세하지 않다. 반대로, 그 자료는 큰 주장과 함께 오래 남아 있고, 주어진 고대 신화에 많은 후대의 이야기가 발생한 모든 점에서 매우 중심적인 것으로 나타난다.

노르덴 자신은 다음과 같이 기록한 자신의 가설의 약점에 관한 암시를 우리에게 주고 있다.

> 초자연적 출생의 '동기'는 - 그들 자신의 제한된 한계를 형성한 헬라적 이집트와 유대적 기독교의 특수성이 없지만-많은 사람들의 매우 다양한 문화의 형태에서 발견된다. 신뢰할 수 있는 전통이 현존하는 곳마다 신화는 예외 없이 신 스스로 혼인의 관계에 들어가기 원하는 이 세상의 여자에게 나타나는 형식을 취한다. "나는 당신의 가슴에 내려갈 것이다" - 이와 같이 또는 약간 비슷한 방식으로 그는 그녀에게 말하고, 그녀는 그에게 그녀 자신을 기꺼이 준다. 복음서 이야기는 그것의 특성으로 어떤 형태에서

의식적으로 출발하고 있음을 보여 준다.[106]

　이 인용문은 전혀 확실치 않다. 헬라 이집트와 유대 기독교의 특수성이 "그들 자신의 제한된 한계를 형성한다"고 노르덴이 말한 것을 우리는 전혀 이해할 수 없다.
　헬라적 이집트의 특수성이 하나의 제한된 한계를 형성하고 유대적 기독교의 특수성이 다른 제한된 한계를 형성하거나, 그들 모두가 함께 손을 잡았을 때 제한된 한계를 형성한다는 것을 그가 의미하는가?
　만약, 가능성이 보이는 것으로 그가 후자를 의미한다면 우리는 뒤따르는 단어의 정확한 적절성을 알지 못하게 된다. 왜냐하면 확실히 어떤 신이 결합하려는 여인과 그 신의 실제적인 등장은 노르덴이 언급한 다른 많은 이야기와 마찬가지로 이집트 이야기의 특징이기 때문이다. 실제로 그것은 특히 우둔하고 상세한 형태의 이집트 이야기에서 발견된다. 아직도 유대 기독교인 이야기에서 그것은 전혀 나타나지 않는다.
　그렇다면 확실히 제한된 한계가 신적 출생의 다른 신화와 구별하여 헬라적 이집트와 유대 기독교의 특수성을 받아들인 것은 잘못 말한 것이다. 실제로 두 개의 한계가 있다. 하나는 신과 이 세상 여인의 육체적 결합에 관한 많은 이교도의 이야기를 받아들이고, 다른 하나는 우리 주님의 초자연적 잉태에 관한 신약 이야기만을 포함한다. 그리고 두 한계는 전적으로 구별된다.
　마치 그의 뜻과는 반대되는 것처럼 이런 구별은 다음의 인용구에서 분명히 보여주는데 이는 우리가 방금 위에서 인용했던 구절 거의 앞에 나타나 있다.

　　이해할 수 없는 경험에 대해 들은 그 여인이 순종하는 의미로 표현하는 말이 얼마나 감동적인가!

---

106 Norden, *op. cit.*, 91.

"보소서 주의 여종이오니 말씀대로 내게 이루어지이다."[107]

내가 생각하기에 우리가 지금 이 말이 신과의 사랑의 결합을 즐거워한 여인이 그 신에게 전했던 자부심과 의기양양한 말을 대체한 것이라고 인정한다 할지라도 우리는 이 말을 무시할 수 없을 것이다. 아마도, 참으로 많은 경건한 사람들은 신을 신비한 접근불가능한 영역으로 남겨놓은 복음서 이야기에서 신의 위용이 신이 왕의 모습으로 여인의 침실에 들어가 자신의 팔에 안긴 여인과 가슴을 맞대고 생명을주는 능력을 전한다는 저속한 이야기보다 더 고상하다고 생각한다. 이집트의 신적 결혼은 여전히 신화의 건장하고 거대한 형식으로 남아있다. 반면에, 복음서의 이야기는 고대의 그림자가 여전히 드리운 매우 먼 곳에서 황홀하게 하는 향기를 내는 섬세한 전설로 둘러싸여 있다.

이 인용문은 이집트의 이야기와 마태복음과 누가복음에서 보여주는 이야기 사이에 매우 깊은 차이를 보다 분명하게 보여주지 못하고 있지 않은가?

지극히 높으신 하나님의 사자에 대한 마리아의 말과 신인동형의 신과 육체적으로 결합한 여왕의 의기양양한 말 사이에 얼마나 큰 괴리가 있는가?

노르덴 자신은 신약 이야기가 독특하다는 것을 인정한다. 초자연적 탄생의 모든 다른 이야기에서 신 스스로 그가 연합하고자 하는 여인에게 나타난다.

이교도의 이야기에 단일신론적 조건을 적용함으로 그 차이가 설명되는가?

이 같은 설명은 매우 부적절하다. 어려움은 제시된 '적용'이 실제로 이교도 신화의 중심과 핵심의 제거를 의미했으리라는 것이다. 왜냐하면 이교도 신화의 중심과 핵심은 그가 선택한 여자와 신의 육체적 결합에서 발견되기 때문이다.

---

[107] 우리는 여기서 Norden이 헬라어에서 인용한 눅 1:38의 인용문을 번역했다.

그 적용이 실제로 일어났으리라고 추측된 것과 정반대의 것일 수 있는가?

반대로, 한편으로 이집트의 신화에서, 다른 한편으로 우리 주님의 동정녀 탄생의 신약 이야기에서 우리가 두 개의 분리되고 구별된 뿌리에서 나온 현상을 가졌다는 것은 매우 분명하지 않은가?

만약, 어떤 이가 이 결론을 확신하고자 한다면, 만약, 어떤 이가 그리스도의 동정녀 탄생에 관한 신약의 설명과 이교도 신화 사이의 차이를 새로운 분명함으로 발견하고자 한다면, 이미 암시된 것을 위해 바인리히의 학문적인 책을 읽도록 하자.[108]

실제로 공통 뿌리를 가진 이 이야기들의 역사를 추적하게 하자.

많은 여러 형태로 있지만 동일한 호색적 이야기의 내용과 정신을 항상 나타낸 방법을 그에게 관찰해 보도록 하자.

그리고 그 다음에 그에게 마태와 누가의 유아기 이야기의 고상한 단일신론에게 향하도록 하자.

이 이야기들과 고대 이집트 신화를 그에게 비교하도록 하자.

만약, 그가 그 다음에 여전히 의존한다고 생각한다면 그것은 바인리히의 수고에도 불구하고 그가 아직 어떤 실제적인 의존인지 알지 못하기 않았기 때문에 그럴 뿐이다.

신약 교리의 이 구별은 모든 사람에 의해 동일하게 분명히 인식되지 않는다는 것은 사실이다. 그러나 아마도 그것은 모든 사람이 동일한 인식기관을 갖고 있지 않기 때문일 것이다. 우리는 아마도 이와 관련하여 노르덴 자신에게 호소할 것이다. 네 번째 복음서 서문은 비교종교의 영역에서 임박한 심판에 관한 사람의 능력 시험이라고 노르덴은 말한다. 그런 서문에서 헤라클레투스의 메아리를 발견하지 않는 자들은 그의 귀가 이런 고대의 음질에 충분히 예리하지 않다는 것을 단순히 보여 준다. 우리는 우리의 귀가 그런 것에 충분히 예리하지 않다는 것을 고백한다.

그러나 우리는 아마도 감히 말대꾸하려 할 것이다. 노르덴이 마리아

---

108 Weinreich, *Der Trug des Nektanebos*, 1911.

의 순수한 복종의 말이 신을 요염하게 환영한 이집트 여왕의 의기양양한 말보다 종교적 관점에서 높은지 안 높은지의 문제를 진지하게 토론할 때 그런 것을 보지 않은 자들은 근본적으로 잘못된 것이 있다고 우리는 아마도 말할 것이다. 신약 이야기의 고상한 단일신론이 이집트 이야기와 무한한 차이에 의해 제거된 것을 보지 못한 자들, 하나님의 창조적인 능력으로 거룩한 아이 예수님의 잉태가 인간 여인과 아몬-라와의 신적인 결혼과는 완전히 반대인 것을 보지 못한 자들, 이런 것들을 보지 못하는 자들은 마태복음과 누가복음의 첫 두 장에 있는 놀라운 이야기들 또는 이스라엘 종교에 대해 공감하며 묵상하면서도 그의 안목이 결코 예리하지 못하다는 것을 보여 준다. 왜냐하면 한편으로 신약과 다른 한편으로 이방 종교 사이의 진정한 비교는 이방 종교의 지식보다 더 많은 어떤 것이 요구되기 때문이다. 우리는 또한 신약 책들의 내적 정신에 들어가려 힘써야 한다. 그리고 우리가 그렇게 할 때, 우리는 그레스만과 노르덴의 가설이 전부 실패하는 것을 분명히 본다.[109]

아마도 사실에 기초하지 않은 상상으로 동정녀 탄생에 관한 신약 개념의 기원을 설명하기 위한 가장 정교한 노력은 성령을 다루고 있는 공관복음의 구절에 관한 단행본을 쓴 한스 라이세강의 노력이다.[110] 이 단행본은 방금 논의된 에드워드 노르덴의 저서 2년 전에 나왔다. 그것의 정교한 특징이 그리스도의 탄생에 대한 신약의 이야기를 현대 자연주의에 의하여 완전히 최고로 다루도록 했기 때문에 우리는 끝까지 그것을

---

109 이 결론은 '하나님의 영'이 아이의 출생에 관여했다는 플루타치의 구절(위의 각주 97을 보라)에 의하여 무효로 되지 않는다. 첫 눈에 그것은 마치 성령에 의한 잉태라는 신약의 기사와 밀접한 병행인 것처럼 보일지 모른다. 그러나 플루타치가 하나님의 '영'이나 '호흡'을 뜻하는 것이 헬라의 이교도 사상에서 그 용어의 보통 의미가 물질적 종류의 어떤 것임을 우리가 관찰할 때 그런 제안의 가능성은 사라진다. Burton, *Spirit, Soul, and Flesh*, 1918, 특히 134 이하를 보라. Norden 자신은 플루타치가 '영'을 물질적 의미로 취하게 된 암시를 우리에게 준 것 같다. 왜냐하면 그는 단지 물질적인 것을 나타내기 위하여 그것을 사용했기 때문에 Philo가 그 용어를 회피했다고 말하기 때문이다(Norden, *op. cit.*, 80).

110 Leisegang, *Pneuma Hagion, Der Ursprung des Geistbegriffs der synoptischen Evangelien aus der griechischen Mystik*, 1922, 14–72.

고려할 가치가 있다.

그 주제에 관한 이전의 취급은 신약 묘사의 적극적인 측면을 무시하거나 불충분한 주의를 기울이면서 오류를 범했다고 라이세강은 말한다. 연구자들은 그 묘사에서 인간 아버지가 제외되었다는 사실에 주의를 기울였지만 그들은 인간 아버지를 대신한 것, 즉 성령의 활동을 충분히 고려하지 않았다. 신약 묘사의 적극적인 측면은 비교종교 학도가 설명하도록 요청받은 부정적인 측면만큼 공정하다.

이제 신약의 묘사는 라이세강에 따르면 두 가지 구별된 형식을 나타낸다. 하나는 마태복음이고 다른 하나는 누가복음이다. 만약, 우리가 그 하나를 마태복음과 함께 시작한다면 그는 더 나아가서 그 기사가 첫 눈에 매우 간단한 것으로 보일 것이라고 말할 것이다. 첫 눈에 그것이 순수한 유대적 배경에서 발견될만한 것으로 보일 것이다. "그녀가 성령으로 잉태된 것이 나타났더니"라는 문장에서, '성령으로'란 단어는 분명히 잉태의 행위를 수행한 '성령'을 묘사한다.[111]

그러나 헬라어 원문에서 '성령'에는 관사가 없다. 그러므로 그 의미는 '그 성령'이 아니라 '한 성령'이다. 그리고 의도된 의미는 하나님의 영이 아니라, 존재의 규모에서 그것을 대신하여 그들과 질적으로 다르지 않고, 참으로 복음서에서 자주 언급된, 도덕적으로 더러운 영과는 다른—그러나 존재에 있어서는 본질적으로 동일한—종속적 존재로, 한 '거룩한 영'이었을 것이다. 그러나 만약, 이것이 그 의미라면 만약, 마태복음이 인격적 존재의 한 '영'의 잉태 행위를 하나님께 종속시킨다면 우리는 셈족의 배경에서 강한 유사성을 발견할 수 있다고 라이세강은 말한다. 그 유사성은 고대의 문서자료에 나타나지 않는다.

그러나 성지에서 멀리 떨어진 지역에서 일반적인 신앙은 보수적인 것으로 알려졌기 때문에 그런 나라들의 현대적인 자료에서도 고대 신앙의 정확한 신앙을 보여 줄 것이다. 라이세강이 언급한 특별한 신앙은 한 여자와 어떤 영 또는 '웰리스' 사이의 세속적인 결합에 관한 신

---

111 마 1:18.

앙이다. 불임 여성들은 이 같은 영들이 종종 방문한 어떤 장소를 의지한 것으로 언급된다. 그래서 마리아의 태에 '성령'에 의한 예수님의 잉태는 생각건대 이런 종류의 특별한 경험과 완전히 다르지 않을 것이다. "사람은 잉태를 알려준 주님의 천사와 그것을 수행한 성령이 원래 일반적인 신앙에서 하나님 대신에 잉태의 행위를 보증한 하나의 동일한 사람, 대웰리스(arch-welis)라는 생각을 제거할 수 없다"고 라이세강은 말한다.[112] 이런 방식으로 하나님 자신이 아이의 육체적 아버지를 만드는 것에 반대한 셈족은 그 우선권을 이어온 반면에, 여전히 초자연적 탄생의 개념은 보존되었을 것이다.

그가 이 이론의 매력을 인정함에도 불구하고 라이세강은 그 안에서 신약의 그리스도 동정녀 탄생 묘사의 궁극적 설명을 발견하려 하지 않는다. 종속된 영의 아버지 자격에 관한 개념이 존속할 수 있었던 것은 단지 유대교의 보다 낮은 계통에서일 뿐이라고 그는 말한다. 이 낮은 계통이 그들의 투박한 미신과 함께 일반적으로 추측된 것보다 신약 전설의 형성에 훨씬 더 영향력이 있다. 그러나 우리는 여전히 강력하게 공식 유대교에 의해 반대된 투박한 신앙이 실제 동정녀 탄생 개념으로 초기 기독교 사상에서 높은 자리를 얻었다고 주장할 수는 없다. 그런 개념의 궁극적 기원을 위하여 우리는 훨씬 더 널리 보아야 한다. 그리고 불가피하게 우리는 유대교에서 헬라 세계로 가게 된다.

이와 같이 우리가 넓은 세계로 인도받은 이 넓은 연구는 단지 누가 이야기의 도움을 통해서 시작됐을 수 있다고 라이세강은 말한다. 셋째 복음서에서 첫째 복음서와는 다르게 예수님의 잉태에서 성령의 활동은 또한 성령이 중심적인 위치에 있는 다른 활동들의 전체적인 범주와 연결된다. 이 다른 활동들은 예언과 연결된다. 누가의 이야기에서 영은 특히 예언적 영감의 원천으로 나타난다.

그러므로 천사는 선지자 요한이 "그의 어머니의 태로부터 성령으로 충만해지리라"는 것과 그가 "성령과 엘리야의 능력으로" 주님 앞에 갈

---

112 Leisegang, *op.cit.*, 21.

것이라고 사가랴에게 알린다. 동일한 천사가 마리아에게 말한 것은 사가랴에게 임한 이 수태고지와 매우 유사하다.

> 성령은 당신에게 임할 것이고 지극히 높으신 이의 능력이 너를 덮을 것이다.
> 그러므로 또한 나실 바 거룩한 자는 하나님의 아들이라 불릴 것이다(눅 1:35).

마리아가 그녀의 태에 아이를 임신하고 있는 동안에 그녀를 만나러 오거나 나중에 그 아이 자신을 만나러 온 자들은 누구나 성령의 활동을 경험한다. 마리아가 엘리사벳에게 인사했을 때 아이는 그녀의 뱃속에서 뛰놀았고 엘리사벳 자신은 성령으로 충만하여 예언적인 말을 시작한다.[113] 성령이 안식하게 했다고 말한 시므온에게 그가 메시아를 보기 전에 죽지 않을 것임은 동일한 성령에 의하여 고지되었다.

'성령으로' 성전에 온 그는 그의 팔에 아기 예수님을 안고 예언적인 찬양의 말을 시작했다. 마침내 우리는 성전에서 소년 예수님과 그의 놀라운 영적 은사에 관하여 듣는다. 또한 세례 요한의 유사한 역사에서 성령의 '동기'는 잊혀지지 않는다. 사가랴는 성령으로 충만하여 예언했다. 그리고 그 아이 자신은 '자라고 성령으로 강하게 성장했다.'

그들 자신이 또한 우리가 방금 라이세강 자신의 말의 정확한 번역으로 거의 재생한 이 관찰의 결론은 다음과 같다.

> 우리는 관찰한다. '성령의 행동'에 관하여 여기서 말한 두 인용구 (1) 엘리사벳의 임신 동안과[114] 마리아의 수태와 관련해서는[115] 누가에 의하여 '성령'이 예언적 영의 은사, 영감의 매개물로 아주 분명히 이해된 풍부한

---

113 원래 마리아의 찬송은 엘리사벳에게 속하였다고 Leisegang은 말한다. 이 묘사는(Leisegang의 책, 24에서) 첫 눈에 엘리사벳이 아닌 마리아가 이 시의 예언적 구절을 말한 사실에 강조점이 있는 바로 다음 페이지의 구절과 오히려 이상한 모순이 있는 것으로 보인다. 그러나 본 장의 끝부분을 보라.
114 πνευματος αγιου πλησθησεται ετι εκ κοιλιασ μητρος αυτου, Lk. 1:15.
115 πνευμα αγιον επελευσεται επι σε, Lk 1:35.

표현으로 뒤얽히고 뒤섞인다. 동시에 한 인격으로 성령을 인정한 경우가 여기에 없다. '영'이 남성을 대신한다는 점에서, 잉태의 행위를 수행한 성령에 의한 잉태의 철저한 묘사는 여기서 마태의 묘사에 반대하여, 조심스럽게 회피된다.[116]

그 대신에, 우리는 여기서 "성령이 너에게 임할 것이고 지극히 높으신 이의 능력이 너를 덮을 것이다"는 말을 ("성령으로 충만하게 되는 것"이라고, 세 번 나타난 표현에 추가하여) 잉태행위로 묘사한다. 그러나 '성령으로 충만하게 되는 것'과 '성령이 누군가에게 임한다'는 표현은 차례차례로 우리를 디오니소스의 격렬한 흥분의 영역으로-특히, 열정적인 예언의 영역, 잘 알려진 헬라적 예언의 형식으로 인도하는 '하나님의 충만'과 '호흡하는 것',[117] '호흡하기'[118]라는(헬라 문학의 언어에도 알려진) 표현을 불가피하게 제시한다.

그리고 실제로 마리아에게 아이의 잉태를 성취한 동일한 '성령'은 열정적인 시편의 구절을 시작한 예언자, 누가의 작문에 따라서 동시에 마리아에게 행한다. 두 개의 탄생 이야기에서 인격적 행동을 생각하게 하고 그들을 감동시킨 것은 동시에 '예언의 영'이다.[119]

우리는 "지극히 높으신 이의 능력이 너를 덮을 것이다"는 표현에서, 동일한 방향으로 인도된다고 라이세강은 계속한다.

'덮는다'는 단어에 포함된 언어의 모습은 어디서 오는가?

라이세강에 따르면, 그것은 필로에 의하여 증명된 것으로 헬라적 신비주의에서 온다. 어떤 구절에서[120] 필로는 인간 이해의 어두움과 함께 인간의 영감에 대하여 신적 로고스의 임재를 연결시킨다. 인간 이성

---

116 Leisegang은 여기서 그가 또한 이 인용구에서 다른 비슷한 경우의 헬라어를 사용한 것같이, 헬라어, εκ πνευματος αγιου를 사용한다.

117 επιπνειν.

118 επιπνοια.

119 Leisegang, *op. cit.*, 24f.

120 *Quis rer. div. heres*, liii(ed. Cohn et Wendland, iii, 1898, p. 60); *de somniiss*, I. xix(ed. Cohn et Wendland, iii, 230).

의 태양이 자리 잡을 때만 신적인 빛이 영혼에 비칠 수 있다. '덮는다'는 말은 참으로 이 구절에서 사용되지 않는다. 그러나 그것은 인간 이성이 어두워졌을 때 생긴 영감이 하나님에 의한 것이 아니라 악한 천사에 의한 영감이라는 구절에서 일어난다.[121] 어떤 다른 암시들과 연결된 이 구절들은 라이세강에 따르면 누가복음 1:35의 '덮는다'는 단어의 기본적인 모습이 영감의 인간 수납자를 그의 날개로 덮는 영적 날개를 가진 존재의 모습임을 보여 준다. 이에 대해 라이세강은 다음과 같이 말한다.

> 이 잉태로부터 먼저 어떤 영적 존재의 접근을 묘사하기 위한 '덮는다'는 단어의 일반적인 용법과 그 다음에 (신비한 영역에서) 신적인 영향의 관심에 대한 인간 이해의 어두움을 묘사하기 위한 특별한 용법이 발전되었다. 바로 이 단어의 선택으로 마리아에 의한 성령 잉태의 묘사는 영의 세계와 인간, 특히 여자의 교제에 관한 헬라적 개념과 매우 밀접하게 연관된다.[122]

그러나 어떻게 그 다음에 영감의 선물로 '예언의 영'으로 간주된 '성령'은 동시에 마리아의 임신의 원인인 것이 가능했는가?

이 질문에 대한 대답을 위해서 라이세강은 누가에 의해서나 그의 자료에 의해서 사용된 표현이 이미 우리에게 제시한 영역, 즉 헬라적 예언의 영역을 연구해야 한다고 주장한다.

그 영역에서, 먼저 우리의 관심을 끄는 것은 모호한 현상이 아니라 잘 알려진 델피의 여선지자 피티아의 모습이다.

그 처녀, 예언자가 예언의 '영'이 임한 동굴의 3각 제단에 앉은 것으로 묘사되었을 때 예언의 영이 '자궁' 안으로 받아들여졌다는 강력한 방식으로 묘사된 것은 예언자의 태도로부터 헬라 저술가에 의하여 사용된 표현으로부터 기독교 저술가의 경멸하는 어투로부터 매우 분명하다고

---

121 *Quod deus sit immut.*, i(ed. Cohn et Wendland, ii, 1897, 56).

122 Leisegang, *op. cit.*, 28f.

라이세강은 생각한다.

  그러나 기독교 변증가들이 장막을 제거하는 것은 헬라적 점술의 이런 비밀로부터만은 아니다. 그들은 또한 신적인 영의 담지자, 한 예언자가 육체적 결합으로 이 선물을 여자에게 옮길 수 있고, 그것에 의하여 그 여자가 차례로 예언자가 된다는 고대 이교도의 개념을 드러낸다고 라이세강은 말한다. 그래서 이레니우스는 영지주의 선지자 마르쿠스에 관하여 설명한다.[123] 마르쿠스가 여기서 실행한 것으로 묘사된 것은 하늘의 신랑과 인간 영혼의 신비한 결합에 관한 헬라적 사색―다른 말로, '신성한 결혼'에 관한 헬라의 사색의 실행으로의 변화 이외에 아무 것도 아니다.[124]

  그러나 성령에 의한 초자연적 잉태의 신약 이야기와 그것들이 지금까지 언급된 이 이교도 개념 사이에 커다란 간격이 여전히 남아있다고 라이세강은 인정한다. 그 차이는 이교도 예언자들이나 예언자가 발표한 것이 단지 예언적인 말인 반면에, 마리아가 성령의 수용으로 발표한 것은 실제적인 아이라는 것이다. 그러므로 고대의 복화술사는 '복부에서부터' 말한 자들로 간주되었다.[125] 그 말은 몸의 아래 부분에서부터 오는 경련 같은 충격으로 그들에게 강요되었다. 그리고 그 충격은 예언적인 영감에 기인한 것으로 간주되었다. 복부나 자궁으로 신적이거나 악마적인 들어감의 영향은 예언적인 말의 발언이었고, 신적이거나 악마적인 아이의 출생이 아니었다. 그러므로 명백하게 우리는 여기서 신약의 묘사와 아주 다른 어떤 것을 만난다.

  그것은 라이세강이 그의 이론의 가장 구별된 부분을 발전시킨 이 간격을 메우기 위한 노력에 있다.

  그는 예비적인 방법으로 예언적인 신 디오니수스의 신화를 지적한다. 세멜레는 제우스와 결합했다. 그것으로 그녀는 열광적인 상태로 들어간

---

[123] Irenaeus, *haer.*, I. xiii.3(ed. Stieren, I, 1853, 148−151)은 Epiphanius, haer., xxxiv.2(ed. Dindorf, ii, 1860, 219f.)를 인용했다.

[124] Leisegang, *op. cit.*, 34.

[125] 그들은 εγγαστριμυθοι, "Bauchredner"였다.

다. 그녀의 몸을 만진 자는 모두 신으로 충만해진다. 그리고 그 다음에 그녀는 그녀의 신적인 아이-스스로 신적인 영의 예언자이고 분배자인 그녀의 신적인 아이를 출생시킨다. 이런 신화에서 라이세강은 두 경우에 그녀의 임신 기간에 어머니가 스스로 열광적인 상태에 있는 것으로 그리고 그녀와 접촉한 다른 사람에게 이런 상태를 옮긴 것으로 묘사되었다는 점에서 누가 이야기와 특별한 유사성을 발견한다.[126]

동일한 '동기'가 또한 약간 다르지만 브란치덕 신탁의 창시자, 브란쿠스의 신화에서 나타난다고 라이세강은 말한다. 그러나 그것은 우리가 라이세강 이론의 실제적인 중심을 발견한 이 두 신화들에 대한 언급이 없다. 그것은 오히려 우리가 위에서 길게 인용한 '천사들에 관하여'의 구절에 포함된 필로의 어떤 구절을 라이세강이 이용한 것에서 발견된다.[127] 이런 구절에서, 우리는 처녀성의 개념과 연결된 신적 잉태의 개념을 발견한다. 처녀의 영혼으로만 또는 오히려 처녀성의 전형적인 개념으로 하나님은 필로에 따르면 선한 것들을 낳기 위하여 결합을 할 수 있다.

족장들의 동정녀 탄생에 관한 이전의 유대인의 신앙에서 이런 개념들의 기원을 찾는 것은 큰 실수라고 라이세강은 말한다.[128] 오히려 필로는 어떤 선지자의 헬레니즘적 개념에 대한 성경적 근거를 찾기 위해 구약구절의 주석으로 인도한다. "이전의 전통에서 (참으로, 모든 증명이 결여된) 유대 족장들이 처녀 탄생했다는 것 때문이 아니라, 그들은 필로에게 하나님의 사람과 예언자가 된다. 오히려 모세와 족장들과 특히 이삭

---

126 매우 납득할 수 없는 것은 이와 관련하여 유세비우스의 한 구절에 대한 Leisegang의 언급인데(demonstr. ev., VII. i. 96; ed. Heikel, in "Esebius Werke," vi, 1913, 316, in *Die griechischen christlichen Schriftsteller*), 거기서, Leisegang에 따르면 Eusebius는 사 7:14의 유명한 구절을 취급하면서 이사야서의 '동정녀'가 한 '예언자'라는 사실에 주의를 요청할 '필요가 있다고 생각한다.' 확실히 '예언자'란 용어의 사용은 단순히 그런 단어가 선지자 이사야의 아내에게 사용된, 사 8:3의 중심으로 유세비우스가 만들었다는 사실에 기인된다.
127 본서 418-419.
128 본서 418-419를 비교하라.

이 헬레니즘적인 예언자와 사제와 일치를 이루어야 하기 때문이다."[129] 그래서 분명히 신적 임신과 동정녀 탄생의 개념은 필로가 알레고리적인 해석과 그것들의 연관을 준수해야 함을 느낀 것에 의존한 헬레니즘적인 신앙과 서로 연결되었다면, 그것에 의해서는 구약 이야기에 대하여 어떤 곡해도 없게 된다.

그러나 우리는 여전히 라이세강에 따르면 필로의 교훈에 관한 이 전체적인 측면의 실제적인 근원을 통과하지 않았다. 전체적인 복합 개념의 실제적인 근원은 필로가 책으로부터 받았거나, 이방 종교나 철학에 관한 학문적인 조사로부터 찾아낸 어떤 것에서도 발견하지 않았다고, 라이세강은 생각한다. 그러나 그것은 필로 자신이 지나온 것을 통한 신비적 경험-필로 자신이 가장 중요한 저술의 전체적인 특성에 관하여 결정적이었던 신비적 경험에서 발견되었다. 필로는 단순한 신비주의의 학생이 아니라, 그 자신이-라이세강이 현대의 필로 연구가들의 중요한 경향으로 보는 것들을 공유한다고 확신하는-신비주의자였다. 그의 저술의 많은 부분에서, 참으로, 알렉산드리아의 교사는 신비주의와는 기질상 매우 다르게 기록하고 있다. 그는 종교적인 고양의 자리보다는 연구실을 암시하는 현학적인 논법을 사용하고 있다.

그러나 이 같은 저술의 부분으로부터, 신비적인 조명이 자유로운 과정으로 허용된 구절들이 분명히 구별되어 있다고 라이세강은 생각한다. 갑자기 그에게 그 자신을 괴롭게 한 신적인 능력이 내려왔을 때 동기를 의식한 필로는 정지 중인 정상적인 추론 능력을 생각해내고 그를 예언자와 선지자라고 생각했다. 그리고 이 같은 경험들을 묘사하기 위해서-적절하게 말하자면, 형언할 수 없는 것을 묘사하기 위해서-그는 신적 결혼, 신적인 잉태와 동정녀 탄생에 관하여 잘 알려진 언어에 호소했다. 그의 인생의 어떤 계기로 그는 그의 영혼이 그 자신의 의지와 전혀 상관없이 그가 다른 방법으로 전혀 할 수 없는 개념을 제시하게 된 신적인 영향력에 의하여, 갑자기 결과를 나타낸 것으로 느꼈다.

라이세강은 이와 관련하여 필로가 이 같은 신비적인 경험을 묘사한

---

129 Leisegang, *op. cit.*, 46.

다음의 구절을 인용한다.[130]

> 왜냐하면 영혼이 그 자신의 활동 중 괴로움 가운데 있는 것들은 대부분 낙태하고 때 아닌 때에 태어났기 때문이다. 그러나 하나님이 위에서 눈으로 물을 공급하는 것처럼 많은 것들은 모든 것들 중에서 완전하고 전체적이고 최선으로 태어난다. 나는 내가 매우 여러 번 가진 것으로 의식하는 내 자신의 경험을 말하는 것을 부끄러워하지 않는다.[131] 철학적인 교리를 위하여 습관적으로 기록하는 방식을 따라 착수하기를 원하면서, 또한 적어둘 필요가 있는 것을 잘 알면서, 내가 아직도 내 정신이 무력하고 메마른 것을 발견하니까 나의 목적을 성취하지 못하고 단념했을 때가 있었다.[132] 그 다음에 나는 거짓 주장을 위한 나의 정신을 비방했지만, 영혼의 자궁을 열고 닫으시는 능력을 가지신 하나님의 힘에 놀랐다.[133] 그러나 또한 나의 업무를 공허하게 하여 내가 갑자기 신비스럽게 위로부터 눈이나 씨알같이 나에게 내려온 사상으로 충만하게 된 때가 있었고, 그래서 신적인 소유로 나는 코리반트의 열광으로 충만하게 되었고[134] 모든 것-장소, 나의 동료, 나 자신, 언급된 것들, 기록된 것들-에 대한 각성을 망각했다.

거기서 우리는 영감의 개인적인 경험에 관하여, 참다운 신비주의자에 의하여 따뜻한 묘사를 본다고 라이세강은 말한다. 그 자신의 경험에 관한 본보기는 그가 하나님에 의한 영혼의 결실을 말할 때 이런 저술가의 주의를 재촉한다.

그러나 어떻게 그 변화는 필로가 신적인 씨에 의한 인간 아이 잉태의 실제 사실을 위하여 이 같은 신비적 경험을 묘사하곤 한 신적 출생

---

130 Philo, *de migr. Abr.*, 7(ed. Cohn et Wendland, ii, 1897, 275). 번역은 Leisegang의 번역문을 약간 사용한 것이다.
131 μυριακις.
132 αγονον και στειραν.
133 문자적으로, '존재하는 자에 관하여,' του οντος.
134 υπο κατοχης ενθεου.

의 모습으로부터 영향을 받았는가? 그 대답은 이교도 신비의 고려에서 발견된다고 라이세강은 생각한다. 그 신비에서-메나드와 함께 하는 디오니수스의 종교에서 그녀가 말한 것을 모르고 그녀의 몸으로부터 신비한 말을 시작한 델피의 여예언자에서 영혼의 신적 결혼예식의 모습에서 인간과 신의 결합을 암시하거나 심지어 과감하게 드러낸 사이비종교적 행동에서-이런 것들에서 필로는 그 자신의 신비적 경험의 묘사를 위해 필요한 것을 발견했다. 그러므로 우리는 "모든 곳에서 동일한 일-신과 인간의 성적인 결합-그러나 최고의 구체적 감각의 행동과 영적 상징주의 사이의 가장 큰 다양성에서 단순한 수사적 언어의 모습으로 거의 승화시켰다."[135]

그래서 라이세강에 따르면, 필로의 중요성은 그가 헬라의 신비종교로 우리를 인도하는 통찰에 있다. 본질적으로, 필로가 마음에 갖고 있는 것은 새로운 힘, 추측건대 초자연적으로 갑작스런 인간영혼의 하강의 흐름에 관한 개인적인 경험이라고 라이세강은 말한다. 이런 경험을 묘사하기 위하여, 그는 신비에 나타난 신적 출생의 모습을 이용한다. 그리고 가끔 우리는 그의 수사적인 단어에서 환상 중에 손을 들고서 영적 잉태와 동정녀 탄생을 위하여 기도하는 입문자의 노래를 거의 듣는다고 라이세강은 말한다.[136] 이와 동일한 모습을 그는 알레고리적인 해석을 수단으로 하여 구약의 이야기에 적용한다. 그리고 이와 같이 이삭과 구약의 다른 인물의 신적 출생에 관하여 말한 구절이 설명되어야 한다.

---

135 Leisegang, *op. cit.*, 47.

136 Leisegang(*op. cit.*, 50)은 매우 강렬한 언어가 사용된 하나의 이 같은 수사적 구절을 인용한다(de somniis, I.34; ed. Cohn et Wendland, iii, 1898, 248):

επιβαινετε ουν οι σοφιας ορθοι λογοι παντες,
οχευετε, σπειρετε,
και ην αν ιδητε ψυχην βαθειαν,
ευγειον, παρθενον,
μη παρελθητε,
καλεσαντες ο εις την ομιλιαν και συνουσιαν εαυτων
τελειωσατε
και εγκυμονα απεργασασθε.

그러나 필로는 다른 영역에서도—추상적 이론의 영역에서—신적 출생의 동일한 개념을 적용한다. 그는 인간 영혼을 묘사하면서 이삭과 구약의 다른 인물의 신적 출생에 관하여 말할 뿐만 아니라 감각세계를 묘사하는 로고스의 신적 출생에 관하여 말한다. 아버지, 하나님에 의한 어머니, 지혜의 수태로부터 로고스는 처음 난 아들로 나온다. 여기서 우리는 라이세강에 따라서 감각세계의 외부에—다른 말로 (만약, 우리가 실제로 플라톤의 교훈을 따르지 않기 위해서 플라톤의 언어를 사용할 것이라면), '개념'의 종교 안으로—존재하는 실체의 범위 밖에서 하나님과 인간 영혼의 결합의 신비적 경험의 구체화 밖에 없다.

이렇게 우리는 필로로부터 두 개의 유사한 영역에서—인간 영혼의 영역과 초감각적 실체의 영역에서—신적 출생과 동정녀 탄생의 개념을 얻는다. 두 영역에서 그 개념이 나타난 다양성은 라이세강이 제공한 일람표에서 관찰될 수 있는 것으로 어리둥절하게 한다.[137] 모든 곳에는 (1) 남성의 원리, (2) 여성의 원리, (3) 출생된 것들이 있다. 그러나 이 세 요소가 언급되는 용어들이 매우 다양하게 때문에 첫눈에 전체적인 복합개념은 단순히 다양한 제도로부터 임의로 선택한 많은 파편들로 보일 것이다. 그러나 이 같은 평가는 라이세강에 따르면 매우 부당하게 될 것이다.

우리는 필로가 신비주의자라는 것과 그의 저작 중 몇 개가 작가의 영혼의 무아경의 상태에서 행했다는 것을 결코 잊어서는 안 된다고 그는 말한다. 신적 출생에 관한 그의 언급의 당황스런 다양성은 실제로 표현할 수 없는 것을 표현하는 진정한 신비주의자의 노력으로 설명되어야 한다. 이 모든 언급의 배경은 신비한 경험인데 그것에 의하여 영혼이 중지된 그 자신의 능력으로써 신적 능력의 항거할 수 없는 흐름에 의해 갑자기 결실을 맺었다.

우리는 이제 마태와 누가의 이야기가 한 부분을 형성한 발전의 모든 과

---

137 Leisegang, *op. cit.*, 52.

정을 추적할 수 있다고, 라이세강은 말한다.[138] 전체적인 발전 배후에 "초자연적으로 잉태하게 한 능력 – 외부로부터 인간 영혼에 들어와서 종교적인 열정을 나타내어 영과 환상적인 언어의 선물을 즐거워하는 능력 – 앞에서 인간의식의 사라짐, 인간 영혼과 신적인 것의 직접적이고 갑작스런 결합의 신비한 경험"이 있다고, 라이세강은 말한다.[139] 고대 그리스에서 초창기에 이 신비한 경험은 야만적인 주신의 디오니수스 종교의 중독이 잘 알려진 여성들 가운데 특히 유행되었다. 부자연스럽지 않게 신적인 능력의 등장은 여자의 몸에 침투한 악마의 들어옴과 같은 환경에서 잉태될 수 있었고 그녀의 신성한 잉태 행위로 인정될 수 있었다. 그리고 고대의 대중적인 신앙은 이 같은 견해에 호의적이었을 것이다.

디오니수스 분파로부터 신적인 출생의 동기는 열광적인 예언과 신비의 영역으로 들어왔다. 피티안 신탁의 여사제는 영적인 잉태의 결과로서 황홀적인 상태에 들어와서 미래를 예보하는 전형적인 여자 예언자의 실례이다. 신비교에서 동일한 경험은 항상 격렬하게 공포하지는 않았을지라도, 적어도 제시는 되었다. 신화에서 또한 분파와 마찬가지로 우리는 동일한 신앙을 발견한다. 한 선지자의 출생은 신적인 선지자의 편에서 출생 행위보다 앞섰고, 따라서 예언적 은사를 소유한 신적인 아이의 출생의 개념과 함께 '영'에 의한 잉태의 결과로서 예언적인 발언의 개념과 연합된다. 그러므로 아이를 잉태한 여인은 그녀 자신을 여선지자와 또한 선지자의 어머니가 된다. 이런 원시적인 대중신앙에 대하여 시인과 철학자들은 강력한 항의를 전했다.

> 그들은 신비교를 비방했다. 그들은 열광적인 점쟁이를 위해 다른 설명을 찾았다. 그들은 알레고리적인 방법으로 신화를 해석했다. 그러나 철학적 한계에서도 신비주의가 활기를 띠고 신비종교의 경험을 서술하는 수단을 찾는 어느 곳에서나, 고대의 표현을 의지할만하고, 비유적인 표현을

---

138 이런 발전과정을 나타내기 전에, Leisegang은 넷째 복음서의 서론과 야고보의 원시복음서를 취급하고, 여기서 우리를 너무 멀리 인도할 것에 관한 고려를 한다.
139 Leisegang, *op. cit.*, 67.

환영하여 그것들을 만들어 사용하였다. 그것이 행해졌을 때, 남자와 여자의 구별은 멀어졌다. 혼은 이제 여성의 원리, 신성은 남성의 원리이고, 영은 하나님으로부터 신비한 능력처럼 나오는 씨앗이다.[140]

플라톤 교훈의 영향 아래 신 개념의 점차적인 영적 개념화를 통하여, 출생의 행위는 일상적인 세상으로부터 더욱더 제거되고 실체나 이상의 초감각 세계에 있게 된다.

내세의 종교에서 하나님은 (지혜로, 덕으로, 모든 미와 선으로 나타난) 처녀성의 개념으로 세상을 창조하는 능력으로 로고스를 낳는다. 이런 점에서, 더 많이 계발될수록 더 풍요하게 되고 알레고리적으로 해석되어야 하는 신성한 이야기의 신화와 상징은 더 다양하게 되고, 그럼으로써 신비한 특성의 종교로 올려진 결합의 풍성한 가능성을 그 자체로 제공한다. 그래서 끝없는 출생과 열매가 있다.

하나님은 지혜를 낳는다. 그 자신, 로고스와 모든 다른 하늘의 능력들은 인간 영혼을 낳는다. 철학적 사색이 이해되지 않고 다른 한편에서 사회의 보다 낮은 계층에 여전히 살아있는 일반적인 신앙-철학자들의 추상적인 상징 언어가 원래 나왔던 일반적인 신앙-과 밀접한 관계가 있는 곳에서, 희망 없는 혼동은 만연한다.

본질에 관한 교리로 알려진 필로같은 사람은 지혜나 신적인 인간 영혼의 자리에 이 지상에서 사는 육체적인 처녀를 결코 놓지 않았을 것이고, 로고스의 자리에 혈육의 인간 아이를 결코 놓지 않았을 것이다…그러나 사람들의 신앙과 철학자들의 교훈을 반영한 그 자신의 (신비한) 경험의 진리내용에 관하여 그의 주관적인 확신만으로 무장하여, 이 분야에서 모험하는 평범한 사람에게 (또는 그의 편에서) 이 모든 것은 희망 없는 혼란이 되었을 것이다.[141]

---

140 Leisegang, op. cit., 69.
141 Leisegang, op. cit., 69f.

우리는 누가와 첫째와 넷째 복음서의 저자 모두 이같이 평범한 사람으로 인정해야 한다고 라이세강은 말한다. 유일한 차이는 헬라 종교의 내용 중 순진성의 정도가 동일하지 않았다는 것이다.[142] 가장 낮은 수준에 마태의 탄생 이야기의 편집자가 있다. 왜냐하면 그는 단순히 헬라 세계로부터 그에게 온 자료를 붙들기 때문에, 대중적인 셈족의 신앙에 따라서 그것을 이해하고 될 수 있는 대로 그의 이야기에 그것을 삽입한다. 누가는 다른 한편으로 보다 낮은 계급의 헬라 신앙과 또한 그런 신앙으로부터 발전된 예언과 함께 상세한 지식을 드러낸다.

그가 마리아의 성령으로 잉태를 드러낸 몇몇 단어는 종종 약간의 개선과 추가로써만 유아기 이야기 안으로 가져온 그의 신비한 과정을 취급하는 매개물이다. 그 이야기에 나타난 모든 인물들의 안팎에서 그는 성령의 호흡과 숨 쉬는 행동을 일으킨다. 그에게 성령은 헬라의 점쟁이처럼 특히 예언의 영이다. 그것의 이중적 행동은—황홀한 언어와 스스로 예언의 은사와 구별된 신적인 아이의 출생에서—미묘한 접촉으로 이야기에 삽입된다. 헬라신화의 인물의 경우처럼, 마리아는 누가에서 여선지자와 선지자 어머니이다. 그러나 철학적 사색의 지식에 관해서는 추적할 수 없다,

이 같은 것이 라이세강의 이론이다. 자연주의적 역사가들이 여기서 해결할 수 없는 것을 발견했다는 것은 확실히 문제의 해결을 위한 훌륭한 노력이다.

그러나 그것은 실제로 그것에 앞선 어떤 이론보다도 더욱 성공적인가? 그런 질문은 부정적으로 대답되어야 한다.

조심스런 독자에게 나타나기 마련일 수 있는 세부적인 여러 연약성이 있다. 특히 마태 이야기의 취급에서 연약성은 틀림없다. 라이세강이 '거룩한 영'을 의미하는 것으로 또한 하나님에게 종속적인 인간을 언급하는 것으로 마태의 '거룩한 영'을 해석할 때, 확실히 그는 모든 건전한

---

142 "Harmlosogkeit."

해석의 원리로부터 떠나있다.[143] 어디서 그는 성경의 책들이나 관계된 저서들에서나 그 구절의 이 같은 용법에 대한 유사성을 발견할 수 있는가? 누가에서 유사한 구절은 그에게 도움이 안된다. 왜냐하면 그는 그런 구절에서 '프뉴마 하기온'이 마태에 속한 의미와 매우 다른 의미를 갖고 있다는 것을 인정하기 때문이다.

결국 두 구절이 매우 유사하기 때문에, 그리고 최소한의 유사성이 마태복음의 구절의 다른 해석과 관계된 자료들 안에서 발견될 수 없기 때문에 확실히 건전한 방법은 보다 더 명확한 구절의 도움으로 보다 덜 명확한 구절을 해석했을 것이다.[144] 복음서는 '영들'로서 어떤 종속적인 존재에 관하여 말한다. 그러나 이런 종속적 존재를 위한 '거룩한'이란 단어를 적용하는 흔적은 발견될 수 없다.

라이세강은 어떤 여자와 어떤 종속적인 '영' 사이의 결합의 열매로서 아이의 출생 개념에 대한 셈어적 근거의 유사성을 발견할 수 있다는 것을 생각한다. 그러나 그가 이 관계에서 인용한 성경 구절은-'하나님의 아들들'과 '사람의 딸들'이 언급된 창세기 6:1,2의 구절과 천사에 관한 고린도전서 11:10의 구절-분명하지 않다. 그리고 분명히 그가 중요하게 신뢰를 하는 예증은 고대가 아니라 현대에서 발견된다. 이 후자의 환경은 첫눈에 당황케 하는 것으로 보였을 것이다. 그것이 의지하는 사실-'대웰리스'(arch-welis)와 그 비슷한 것에 의한 여인의 결실에 관한 사실이-고대의 기록이 아니라, 현대적 상태의 커티스에 의한 묘사에서 증명된다는 것은 첫눈에 라이세강의 주장에 반대되는 것으로 보였을 것이다.[145]

진실로 진보적인 비교종교학자는 이 같은 반대를 대수롭게 여긴다는 것은 사실이다. 그는 날짜의 문제로 걱정해야 하는 그의 사상의 흐름을 허용하지 않는다. 그러나 그 날짜의 문제는 비교종교학파의 핵심에 속하지 않는 자들의 마음에서 일어나는 것을 주장할 것이다. 그리고 그들

---

143 이 점에서 라이세강의 비평 가운데, von Baer, op. cit., 114-120; F. Buechsel, *Der Geist Gottes im Neuen Testament*, 1926, 194을 비교하라.
144 그 주장을 위해서, 마태가 실제로 누가보다 덜 명확하다는 것을 생각해보자.
145 S. I. Curtiss, *Primitive Semitic Religion To-day*, 1902.

이 전적으로 제기하는 것을 허용 받을 때 그들은 이 점에서 라이세강의 주장의 방식에 심각한 장애물을 놓을 것이다.

라이세강의 이론에 대한 다른 반대는 영감된 단어를 발표하는 개념으로부터 실제적인 아이의 잉태 개념까지 헬라적 예언에 관한 그의 취급의 변화에서 발견된다. 라이세강 자신은 분명히 이 점에서 그의 이론을 에워싼 어려움을 알고 있다. "피티아스, 시빌, 영지주의의 여선지자, 신비교의 관계자들은 그들의 몸과 마찬가지로 영을 받고 그것으로 열광적인 상태에 들어오고 발표한다—물론, 확실히 아이가 아니다"고 그는 말한다.[146]

이런 정확한 관찰 후에, 라이세강은 헬라 여선지자와 복화술자들이 발언하는 예언적인 말에 관하여 다섯 페이지로 취급한다. 그 다음에 그는 그가 떠난 지점으로 되돌아와서, 이러한 예언이나 열광적인 말들이나 아이의 실제적인 잉태 사이의 간격을 이으려 한다. 그러나 그가 제시한 증거가 매우 풍부하거나 확신 있는 것이라고는 언급될 수 없다.[147]

그는 신적 선지자 디오니수스의 출생을 지적한다. 세멜레는 제우스와 결합했고, 그것으로 열광적인 상태에 들어와서 예언자이며 또한 다른 사람에게 신적인 영의 수여자인 아이를 낳는다.

그러나 실제로 이 신화에서 세멜레의 열광적인 상태가 이 같이 제우스와 그녀의 결합에 기인한 것은 분명한가?

그녀가 잉태한 특별한 아이가 신적인 예언자였다는 것은 오히려 사실에 기인되지 않았을 것인가?

결국, 신적 선지자의 어머니가 스스로 그녀의 임신 기간에, 예언의 은사에 소속되었으리라는 것은 자연스럽다. 우리는 여전히 여기서 아이의 출생과 라이세강이 이 같은 기간에 취급한 예언의 발언 사이를 매우 가까운 관계로 보지 않는다. 덜 확신하더라도 위에서 취급한 이사야

---

146 *Op. cit.*, 35.
147 Heinemann, *op. cit.*, lxvi, 1922, 273f.; Buechsel, *op. cit.*, 199f.

7:14에 관한 유세비우스의 해석에 대한 언급이 있다.[148]

그리고 라이세강이 다음에 인용한 브란쿠스의 출생에 관하여, 하나의 관찰이 디오니수스의 출생에 관하여 잘 만들어진 것들과 약간 비슷하게 이루어졌을 것이다. 브란쿠스는 한 선지자였고, 그가 신적인 선지자 아폴로에 의하여 출생되었으리라는 것은 자연스러웠다. 예언의 은사는 산문적인 언어의 작품을 놓기 위하여 어떤 다른 은사처럼 물려받을 수 있었다. 그러나 분명하게 보이지 않은 것은 신적인 영감을 통하여 산문적인 단어의 제시와 실제적 아이의 출생 사이에 필요한 관계가 있었다는 것이다.

라이세강의 설명이 비평을 시작하는 다른 세부사항은 누가복음 1:35의 "덮으시리니"라는 단어에 대한 취급이다. 신적인 영감의 임재에서 인간 이해의 어두움을 나타내는, 특별한 신비용법의 언급에 의하여 그리고 궁극적으로 그의 날개들로 남자나 여자를 덮는 날개 달린 영적 존재의 개념을 언급함에 의하여 단어의 설명은 분명히 확립되지 않는다. 호소하는 필로의 구절에서, '덮는다'는 실제적인 단어는 신적 영감으로 사용되지 않는다. 그러나 단지 이성의 빛이 '덮는다'고 언급된 한 구절에서만 나타남으로 어두움의 거주자는 영혼으로 들어와서 열정과의 결합으로 해로운 자식을 낳았다. 확실히 우리는 누가의 단어를 설명하기 위해 이 같은 구절을 주시할 필요가 없다.[149]

---

[148] 위의 각주 126번을 보라.

[149] Bultmann, review of Norden, *Die Geburt des Kinder*, 1924, in *Theologische Literaturzeitung*, xlix, 1924, col. 322: "신비종교로부터 [Norden과 Leisegang은 이에 관하여 비슷한 견해를 주장했다] επισκιαζειν(눅 1:35)의 파생어는 내거 알고 있는 눅 1:35에 설명된 방식과는 다르게 설명된 신비한 의미로 필로에게 나타난 유일한 곳의 단어이기 때문일 뿐만 아니라, 특히 만약, 이 파생어가 교정되었다면 그 표현이, 이해될 수 없었을 것이고, 신화의 영역으로 이해될 수 있었을, 신비종교 영역의 방식을 강요받은 것으로 추측되어야 할 것이기 때문에 실패한 것으로 나에게 나타난다"를 비교하라. 또한 Heimann, *op. cit.*, lxvii, 1923, 33, footnote 2; von Baer, *op. cit.*, 127−129; W. K. Lowther Clarke, *New Testament Problems*, 1929, 71−75; Kattenbusch, in *Theologische Studien und Kritiken*, cii, 1930, 463f.를 비교하라.

그러나 라이세강의 이론에 대하여 실제적으로 중요한 반대를 구성하는 것은 이같이 자세하게 비방하지 않는다. 그런 중요한 반대는 오히려 누가 이야기 자체에 대한 취급에서 발견된다. 라이세강의 전체적인 구성은 선지자의 영감과 마리아 태의 아이 잉태 사이에서 그가 누가의 첫 두 장에서 발견한 관계에 의존한다. 이 관계는 존재하지 않는다. 그리고 여기에서 전체적인 이론은 실패로 끝난다.[150]

라이세강의 이론에 따르면 마리아의 태에 성령 활동의 산물인 아이는 한 선지자로서 모든 것 위에 명시되어야 하고, 마리아 자신은 그녀가 말할 때마다 성령으로 충만하게 된 것으로 나타나야 한다. 그러나 실제로 이것들은 틀림없이 나타나지 '않은' 것들이다. 이 이야기의 어디서나 예수님이 '성령으로 충만하게' 된 존재로 또는 그분이 자랄 때 성령에 의해서 말하도록 운명 지어진 존재로 표시된 곳은 없다. 비슷한 관찰이 마리아에 관하여 이루어질 수 있다. 그녀의 경우에, 예수님의 경우처럼 그 이야기는 성령에 의한 영감에 관하여 아무 것도 말하지 않는다. 그녀는 마리아가 찬양을 할 때 의심 없이 그럴듯하게 영감된 노래로 간주될만한 것을 나타냈다. 그러나 이 점에서도 화자는 영으로 충만하게 되었다고 그녀에게 주의를 환기시키지 않는다.

마리아 찬가에 대한 라이세강의 태도는 전혀 명백하지 않다. 먼저 그는 마리아가 아닌 엘리사벳이 원래 발언자로 묘사되었다고 말한다. 그리고 아직 다음 페이지에서 그는 마리아가 마리아 찬가에서 열광적인 시를 쏟아내고, 이런 식으로 그녀가 엘리사벳과 마찬가지로 예언 은사의 소유한 존재로 묘사되었다는 사실을 강조한다.[151]

첫눈에 그것은 이중적인 방법으로 마리아 찬가의 부주의한 용법에 기인한 단순한 모순처럼 보인다. 그러나 명백히 라이세강의 의미는 마리아 찬가가 근원적인 이야기에서 엘리사벳에게 귀속된 반면에, 또한 명백히 현재의 형태로 전해준 복음서 편찬자에 의하여 마리아에게 옮겨

---

150 아래의 각주 156번에서 인용된 Bultmann; 또한 Buechsel, *loc. cit*를 비교하라.
151 Leisegang, *op. cit.*, 24f. 또한 41를 비교하라.

졌다는 것이다.[152] 마리아에게 마리아 찬가의 이런 이동은 복음서 기록자가 유아기 이야기의 신비한 과정에 대한 언급을 삽입한 편집자의 행동으로 묘사된 것처럼 보인다.[153]

그렇지만 우리는 그 문제가 여전히 전혀 명백하지 않다고 고백한다. 그것은 여전히 마치 라이세강이 한 곳에서는 엘리사벳이 다른 곳에서는 마리아가 여선지자로서 이야기에 묘사되었다고 증명하기 위해서 마리아 찬가를 사용한 것처럼 약간 보이게 한다. 확실히 시의 이 같은 이중적 사용은 전혀 근거가 없다.

어쨌든 분명한 것은 모든 것이 끝난 '신비한 과정'의 소개와 함께 완성된 이야기에서도 여전히 마리아는 찬양의 말을 했을 때 예언의 영감의 소유자로서 묘사되지 않았다. 이 같은 시가 의심 없이 성령의 영향 아래 언급된 것으로 화자에 의하여 인정되었다고 말하는 것은 충분하지 않다. 우리의 요점은 라이세강에 따라서 복음서 기록자의 목적이 어머니가 소유한 예언의 영으로 말미암아 자궁에 아이의 잉태와 연결해야 했던 것이었고, 만약, 그것이 그렇다면 우리는 확실히 명백하고 단순히 함축적이지 않는 연결을 기대해야 한다. 만약, 최종 독자가 마리아의 영이 예언적 영감의 근원이고 또한 태에 있는 그녀의 아이의 잉태의 원천이었다는 개념으로 지배되었다면, 그가 매우 조심스럽게 그것이 그 경우였다고 말하는 것을 피했다는 것은 이상하게 보인다.

왜 라이세강이 인정한 것은 화자의 중심 사상이 있는 그대로의 이야기를 매우 조심스럽게 감추어야 하는가?

물론, 누가의 유아기 이야기에서 전체적으로 예언적인 영의 임재가 몇 사람의-세례 요한,[154] 엘리사벳, 시므온-경우에 기록된 것은 자유로

---

152 Leisegang(*op. cit.*, 23f.)에 의하면, 엘리사벳은 "시의 형태로 누가에 의하여 형성된 예언의 말을 한다."

153 Leisegang, *op. cit.*, 70.

154 이와 관련하여 눅 1:80에 관한 Leisegang의 용법은 전혀 보증되지 않는다는 것이, 사실이다. 왜냐하면 요한이 "심령이 강하여졌다"고 언급된 때, 확실히 '심령'은 단순히 '몸'이나 비슷한 사람들과 대조되고, 하나님의 영을 언급하지 않는다.

이 인정될만하다.

첫째, 불트만이 말한 것처럼, 이 구절들이 구약 유대인의 성령교리를 넘어가지 않으므로[155] 라이세강이 이 같이 광범위하게 흥미로운 방법으로 발표한 헬라의 신비한 개념에 관한 그들의 설명에 호소하는 것을 전혀 우리에게 요구하지 않는다.

둘째, 예언 중에 성령의 이러한 나타남과 마리아의 태에 아이의 잉태를 일으킨 동일한 성령의 특별한 행위의 관계에 관하여 누가의 이야기에 실제적인 흔적이 없다.

라이세강의 이론에 대하여 가장 명백하게 결정적인 것은 이 후자의 사실이다. 우리는 참으로, 흥미롭게 라이세강의 책을 읽을 수 있다. 우리는 헬라의 신비종교의 역사에 관하여 그에게서 많은 것을 배울 수 있다. 그러나 결국 우리 주제의 전체적인 사실의 복합성의 취지는 누가의 이야기에 예언적 영감과 동정녀 태에 초자연적 잉태 사이의 특별한 관련이 있는지의 주석적인 질문에 의존한다.

그런 질문은 부정적으로 대답되므로, 동정녀 탄생 개념의 기원에 관한 라이세강의 이론의 기초는 파괴된다.

라이세강의 이론에 대한 이 평가가 단순히 우리 편에서 변증적 열심에 속하지 않는다는 것은 아마도 가장 유명한 현대 신약학자 중 한 사람—확실히 어떤 변증적 편견으로부터도 비난 받을 수 없는 루돌프 불트만—의 인용에 의하여 드러날 것이다. 라이세강의 저서에 대한 서평에서 불트만은 말하기를[156]

[라이세강의] 주장에서 중요한 점, 그렇지만, 누가복음 1장에서 실제로

---

[155] Bultmann, in his review of Leisegang's book in *Theologische Literaturzeitung*, xlvii, 1922, col. 426.

[156] Bultmann, in *Theologische Literaturzeitung*, loc. cit. 또한 R. Asting, *Die Heiligkeit im Urchristendum*, 1930, 119f.

'예언의 영'과[157] 결실의 능력으로서의 성령 사이에 어떤 관계가 발견되어야 하는 것인지의 문제이다. 이것은 나의 판단에 그 경우가 아니다. 누가복음 1장에서 (34-37절 외에) 성령에 관하여 언급된 것들은 구약 유대인의 개념을 넘어가는 것으로 보이지 않는다. 더욱이 마리아는 (46절 이하의 구절들이 그녀의 입에 속할지라도) 영적인 여선지자로서 표현되지도 않았고, 기적적으로 잉태된 아이, 예수님도 유추에 따라 그 경우인 것처럼 한 선지자로서 묘사되지 않았다.

결국, 그렇지만, 기적적 잉태의 '동기'를 포함한, 34-37절 (또는 34-35절)은 아마도 그 자료의 삽입이기 때문에, 라이세강이 주장하는 관계는 전혀 존재하지 않는다. 나의 의견에 마태복음과 마찬가지로 누가복음에서 초자연적 잉태의 '동기'는 헬레니즘적인 신비주의보다는 훨씬 더 원시적인 영역에서 나온다. 그리고 그것은 나에게 셈족의 일반적인 신앙에 적응한 헬라의 영 사상을 심히 오해하여 마태복음 1:18-21을 설명한 매우 인위적인 행동으로 보인다.

일반적으로 불트만은 세부적으로 라이세강의 책에서 본받을 점이 많음에도 불구하고 실수한 것으로 그의 책을 평가한다.[158]

우리가 불트만의 이 말들을 읽을 때 우리의 마음에 일어나는 어떤 질문들은—훌륭하게 이야기의 작성에 관한 라이세강의 이론이 서평자가 생각하는 것으로 보이는 것과 다른 것인가에 관한 질문은 서평자 자신이 주장하는 삽입설로부터 나온다. 우리는 다양한 접근의 추가를 통하여 복음서 기록자들에 의하여 희미하게 변형된 근원적인 이야기를 누가복음 1장 뒤에서 발견한 것으로 보인다는 것은 이미 관찰했고, 드디어 라이세강이 현재 형태의 이야기를 가르치기 위하여 전제하는 것이 성령에 관한 개념의 매체가 되었다.

그러나 그것이 얼마나 많이 그 자료에 속했고 얼마나 많이 그 복음서

---

157 우리는 여기서 Bultmann이 헬라어에서 인용한 번역했다.
158 "Verfehlt"—Bultmann, *op, cit.*, col. 427.

기록자에게 속했는가는 라이세강의 설명에서 분명하지 않다. 그리고 특히, 라이세강에 따르면 완성된 복음서와 구별된 그 자료가 라이세강이 설명한 것들과 비슷한 예언적 영감 교리를 제시했는지 제시하지 않았는지는 분명하지 않다. 우리는 이러한 명료성 결여의 특별한 한 경우를-마리아 찬가의 취급-위에서 언급했다.

그러나 결점은 그보다 더 광범위하게 발견될 것이다. 불트만이 정확하게 관찰한 것으로 보이는 것처럼 누가복음의 첫 장에서 다른 요소들을 언급하는 동정녀 탄생 개념에 대한 라이세강의 설명은 분명히 그 이야기의 원형의 수용을 요구한다. 아직도 라이세강 자신이 그 원형을 수용하기까지 얼마나 걸리느냐는 것은 중요한 질문이다. 우리는 다른 말로 라이세강이 자료에 기인하는 부분과 복음서 기록자에 기인하는 부분 사이의 구별에 대한 견해에서 실제로 누가복음 1:34, 35의 빛을 포기하고 그 이야기 전체를 사용하는 어떤 권리를 가지고 있는 것인지를 물어볼 수 있다.

하여튼, 불트만에 의한 라이세강 이론의 거절은 흥미가 있다. 그것은 동정녀 탄생의 역사성을 부인하는 자들이 동정녀 탄생의 기원에 관한 어떤 이론에도 동의할 수 없게 되었다는 것을 우리에게 새롭게 보여준다. 라이세강의 작업은 매우 인상적이다. 그러나 그보다 앞선 작업에 의하여 설득되는 것보다 저자의 자연주의적 전제를 공유하는 자들 가운데 보다 많은 일반적인 수용을 설득하도록 정해졌다고 생각할 최소한의 이유도 없다.

동정녀 탄생 개념의 문제는 이러한 최선의 공교한 모든 시도에 의하여 해결되지 않은 것과 마찬가지로, 현대의 자연주의적 비평의 오랜 역사에서 서로 계승된 많은 이전의 이론들에 의해서도 해결되지 않았다. 우리가 '대안적 이론들'의 모든 주제에 관한 연구 후에 내려야 할 결론은 그리스도의 동정녀 탄생 교리가 사실에 기원하지 않았다면, 현대의 비평적 연구가 어쨌든 그것이 어떻게 기원했는가를 보여주는데 아직도 성공하지 않았다는 것이다.

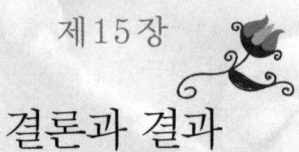

제15장
결론과 결과

앞선 논의에서 우리는 동정녀 탄생 전통 자체와 동정녀 탄생이 진실이 아니라는 가정하에 동정녀 탄생을 설명하려는 시도들에 대해 고찰했다.

우리는 전자에 의하여 교부 시대 초기에 그 전통의 점진적인 형성을 추적할 수 없었지만 그 전통이 2세기 초기에서 말에 굳게 확립된 것으로 나타났음을 보았다. 우리는 신약에서 그것이 후기에 추가된 것이 아니라 첫째와 셋째 복음서의 원본에 있었고 그 복음서들의 기초가 되는 팔레스타인의 구전이나 기록된 자료에서 분명히 증명되었다는 것을 보았다. 우리는 동정녀 탄생을 포함하고 있는 두 개의 유아기 이야기 (narrative)가 독립적이지만 상호모순되지 않는다는 것을 보았다. 우리는 그것이 신약의 나머지와 모순되지 않다는 것과 그것이 진실이라고 가정할 수 있을만큼 강하게 증명되는 것을 보았다.

후자에 의하여 우리는 동정녀 탄생 전통이 사실이 아니라면 그것의 기원을 설명하는 노력이 지금까지 실패로 끝났을 것이라는 것을 보았다. 그것은 유대인의 개념에 근거해서 또는 잘못된 예언의 성취를 보여주기 위해서 시작되지 않았다. 그것은 신들에 의하여 출생된 아이라는 이방 개념을 이방 기독교인들이 단순히 반영한 것이 아니었다. 그것은 기독교 이전의 유대인의 메시아 교리에 이미 받아들여진 고대 이방 개념이 결코 아니었다. 이러한 이론 중 하나의 옹호자들은 종종 다른 옹호자들을 가장 모질게 비판자하는 자들이다. 그리고 그 이론들 중 어느 것도 일반적인 동의 같은 것은 하나도 얻지 못했다.

그러면, 기본적인 역사적 질문에 관하여는 무엇이 언급되어야 할까?

나사렛의 예수님은 인간 아버지 없이 태어났는가?

또는 그분은 모든 다른 사람이 태어난 것처럼 태어났는가?

이런 질문은 명백히 그 밖의 모든 것과 별도로 고찰될 경우 대답될 수 없다. 그것은 우리가 일반적으로 예수 그리스도에 관하여 아는 것과 관련시키지 않는다면 대답될 수 없다.

만약 별도로 고찰한다고 해도, 동정녀 탄생 기사(story)는 신중한 역사가를 머뭇거리게 할 것이다. 마태복음과 누가복음의 첫 장에는 놀라운 아름다움과 생생함과 독창성이 있다. 단지 피상적으로 본다면 주변 세상에서 발견되는 조잡하고 천박한 이야기들과의 유사성을 여기서 발견할 수 있다.

결코 사람의 공상의 산물이나 지구상에서 생존한 모든 사람들의 신화라고 볼 수 없는 이런 최상의 아름다운 이야기가 어디서 나왔을까?

후대가 아니라 언급된 사건과 가까운 시대 어디서 이같은 이야기가 나왔는가?

그렇게 단순하지만 심오한 이 이야기의 분명한 특성은 어디서 나왔는가?

우리는 이 질문들은 대답될 수 없다고 생각한다. 비록 동정녀 탄생 기사가 별개의 것이었다 해도, 그것은 적어도 그것을 거짓으로 간주하는 사람들에게 설명할 수 없는 문제를 제시할 것이다. 그러나 이런 당황스러움을 믿음으로 쟁점화시키는 것은 어렵다. 동정녀 탄생 기사는 놀라운 기적 기사이고 이런 것에 대해서는 그것을 반대하는 인류의 오랜 경험으로부터 나온 거대한 추측이 있다.

그렇지만 사실 이런 추측은 극복될 수 있다. 동정녀 탄생의 전통을 별도로 고찰하지 않고 이 전통에서 동정녀 탄생으로 언급된 분의 모든 영광스런 모습과 연관하여 받아들일 경우, 그것은 극복될 수 있다.

우리는 예수 그리스도에 관하여 어떻게 생각할 것인가?

그것은 모든 질문 중의 질문이고, 그것은 그 증거가 전체적으로 수용될 때만 바르게 대답될 수 있다. 첫 세기에 사람들의 자녀와는 다른 분이 이 지구를 걸으셨다는 것은, 진지한 역사가가 부정할 수 없는 역사의 한 사실이다. 당신은 모든 정보의 자료를 축소할 수 있겠지만, 복음서에서 스스로 증명하는 형태로 생생하게 우리 앞에 걷는 인물, 바울 서신에서 증명된 인물, 기독교회가 세워진 인물, 그 신비로운 인물은 남는다. 사람들은 공통적인 용어로 그분을 설명하려고 하였고 세상의 여러 곳에서 볼 수 있는 능력의 산물로 설명하는 노력도 많이 있었다. 그러한 설명들은 조금씩 현학적인 방식으로 증거를 다루는 사람을 만족시킬 것이다. 그러나 그것들은 전체를 바라볼 수 있는 사람을 만족시키지는 못할 것이다.

하나님의 빛으로 그리고 죄의 어두운 배경에 반대하여 예수님을 보라.

홀로 모든 영광과 모든 진리로 인도할 수 있는 분으로서, 사람의 가장 깊은 필요를 만족시키시는 그분을 보라.

그러면 당신은 모든 것에도 불구하고 신약이 진실하고 하나님이 이 땅위를 걸으셨고, 우리를 사랑한 영원한 아들이 십자가에서 우리의 죄를 위하여 죽으려고 이 세상에 오셨다는 엄청난 확신을 할 것이다.

당신이 그런 확신에 이르렀을 때 당신은 동정녀와 그녀의 아이 이야기에 대하여 매우 다른 눈으로 보게 될 것이다. 당신은 더 이상 기적들을 반박하지 않을 것이다. 오히려 당신은 말할 것이다.

이 분만이 다른 모든 사람과 구별되게 태어나야 할 필요가 있었다.

이 점에서 참으로 오해가 있을 수 있다.

우리는 그 기사가 말하는 그분의 초자연적 신성에 대하여 사람이 이미 확신할 때만 그분이 동정녀의 태에서 초자연적으로 잉태했다는 그 기사를 수용할 것이라고 주장하지 않겠는가?

그러면 우리는 동정녀 탄생의 전통이 신약에서 예수 그리스도에 관한 기사를 일반적으로 받아들인 사람에게는 움직이지 않는 추와 같다는 것을 의미하는가?

우리는 단지 동정녀 탄생 기사 때문이 아니라 그것에도 불구하고, 단지 그리스도의 초자연적 인격을 믿을 수 있다는 것을 의미하는가?

실제로 그것은 우리의 뜻이 전혀 아니다. 우리의 생각에 동정녀 탄생 가사는 믿음의 장애물이 아니라 믿음의 조력물이다. 그것이 전체적으로 수용될 때 가장 쉽게 받아들일 수 있는 것은 예수님의 장엄한 모습의 고유한 부분이다. 동정녀 탄생 이야기를 신약의 나머지와 별개의 문제로 취급한다면 수용되기 어려울 것이다. 그러나 신약의 나머지와 연관하여 수용할 때 그것은 신약이 말하는 예수님에 관한 다른 설득력 있는 특성을 수용하거나 추가한다.[159]

이제 우리는 우리가 다룰 필요가 있는 마지막 질문에 이르렀다—그 질문은 기독교인에게 있어 동정녀 탄생 신앙의 중요성에 관한 것이다. 그런 질문은 오늘날 열심히 주장되고 있다. 그것을 우리에게 말하는 많은 사람들은 스스로 동정녀 탄생을 믿지만 그런 신앙이 모든 사람을 위해 중요하거나 교회의 공동의 증거에 대해서도 필수적이라고 생각하지 않는다.

이런 태도는 근본적으로 나쁘다고 우리는 확신하고 그것을 확신하는

---

159 B. B. Warfield, "The Supernatural Birth of Jesus: Is it Essential to Christianity?," in *American Journal of Theology*, x, 1906, 21를 비교하라: "나는 확실히 기독교의 체계 안에 있는 이 사실에서 유래된 엄청난 무게의 추가적 증거가 '기독교 험증학'이라 일컫는 모든 증거에 의하여 전체적인 것처럼 이 제도에 명령한 것을 문제 삼지 않는다." 그러나 나는 그것이 그것의 설립을 위해 이 추가적 증거를 필요로 한다는 것을 믿지 않는다. 그리고 나는 내가 대체로 가능성의 (또는 불가능성의) 가설로서가 아니라, 당연히 믿을만한 실제적 사건으로서 내 손에서 그것과 함께 기독교 체계 안에서 그것의 위치를 생각하여서, 그것만으로 그 자체의 직접적인 증거를 인식하고, 그것이 한 부분을 형성하는 기독교 체계에 대한 그 자체의 몫을 그것만으로 가져오는 것을 독자들이 이해하기를 바란다." 또한 예수 그리스도에 관한 모든 신약의 사건과 동정녀 탄생의 관계에 관하여, J. A. Faulkner, "The Miraculous Birth of our Lord," in *The Aftermath Series*, Number 10, 1924, 473를 보라.

배경과 함께 우리의 논의를 끝맺어야 할 것이다.

동정녀 탄생에 관한 질문의 중요성은 무엇인가?

첫째, 그 질문은 명백히 성경의 권위에 관한 일반적인 질문으로 중요하다.

신약이 그리스도의 동정녀 탄생을 가르친다는 것은 분명하다. 그점에 관하여는 추호의 의심도 없다. 이런 점에서 성경의 '해석'에 관한 심각한 문제는 없다. 모든 사람은 성경이 성령으로 잉태되어 동정녀 마리아에게 탄생된 예수님을 제시한 것을 인정한다.[160] 유일한 문제는 그런 표현을 제시한 성경이 진실이냐 거짓이냐는 것이다.

만약, 후자의 대안이 선택된다면, 만약, 성경이 그리스도의 탄생에 관하여 말한 것에 관하여 잘못된 것으로 간주된다면, 어떤 고상한 의미에서든 성경의 권위는 명백히 떠나간다. 오늘날 그런 '권위'란 단어를 매우 막연한 의미로 사용하는 것은 사실이다. 인간 아버지 없는 예수님의 탄생이 사실이 아니라고 말한다고 해서 왜 성경이 권위가 없는가?라고 그들은 말한다.

성경이 역사나 과학의 영역에서 권위적이지 않다 해도 왜 종교의 영역에서 권위가 없는가?

예수님은 마태복음과 누가복음에서 그분이 세상에 오신 방법이 잘못되었다고 할지라도 여전히 인간 마음의 주인이지 않는가?

우리가 역사로서 거절하는 그분의 탄생에 관한 이 기사들은 사람들을 하나님 아버지와의의 교통함으로 인도하는 그분에 대한 존경의 표현으로서 더 깊은 권위를 소유하고 있지 않은가?

많은 현대인의 태도도 그와 같다. 성경은 과학이 아닌 종교의 책이며 외적 역사가 아니라 영감의 책이라고 말하는 것이 성경을 제 자리에 두는 것이며, 그러면 그것의 권위는 역사적 과학이 말하는 모든 것으로부터 완전히 벗어나게 될 것이라고 그들은 말한다. 그러므로 동정녀 탄생

---

[160] Badham과 C. C. Torrey의 별난 견해는 (위의 유대인 파생설을 보라) 확실히 무시될 것이다. 심지어 그들도 첫째와 셋째 복음서의 저자들의 사상으로 인정한 것들로부터 초자연적인 것을 제거하지 않는다.

에 관한 현대인의 부정은 예수님에 관한 복음서 기사의 다른 요소들에 대한 것과 마찬가지로 처음에는 경건한 기독교인의 감정을 거스르겠지만 결국에는 축복으로 입증될 것이라는 것이 그들의 생각이다. 성경의 권위에 관한 거짓된 개념을 제거함으로써 진정한 권위가 영원히 견고하게 세워질 것이라는 것이다.

우리는 그와 같은 태도에 관하여 무엇을 말할 것인가?

간단하게 우리는 그것에 관하여 이렇게 말할 수 있다-그 말이 옳다면, 그것이 약 1900년 동안 존재한 기독교는, 지금 당장 포기되어야 한다는 것이다. 여기서 중요한 되는 것은 기독교 신앙의 이런 저런 요소가 아니라 모든 요소 또는 차라리 유기적 전체로서 기독교 신앙이다.

요컨대 성경의 권위를 외적 사실의 영역에서가 아닌 영감의 영역에 두고 있는 현대 종교는 무엇인가?

그것은 인간의 능력이 자신을 구원한다는 교리를 지닌 종교가 아닌가?

기독교 신앙의 도덕적 영적 가치를 우리에게 주라.

예수님의 교훈과 본보기를 우리에게 주라.

그러면 우리는 우리의 영혼을 위하여 필요한 모든 것을 가질 것이라는 것이 그들의 주장이다. 우리는 1900년 전의 외적인 세상에 무슨 일이 일어났는지는 우리의 관심사가 아니다. 그러한 것들에 대한 의존은 유년기 단계의 종교에 속한 것으로 과거 시대의 사람들과 구별된 우리는 지금 여기서 우리 자신의 영혼의 깊은 곳에서 우리의 하나님을 발견한다는 것이다.

우리는 예수님이 세상에 들어오신 방법에 관하여 무엇을 염려하는가?

그것이 어떻게 되었든 그의 가르침이 우리의 영혼을 움직이고 우리를 보다 긴 생명으로 인도할 것이다.

이것이 바로 동정녀 탄생 같은 사건과 무관한 현대 종교의 태도이다. 그것의 지지자들은 참으로 전혀 일치되지 않는다. 왜냐하면 만약, 그들이 일치됐다면 그들은 그들 중 많은 사람들이 행한 것처럼, 예수님의 본보기에 의존할 수 없었기 때문이다. 성경의 권위는 전적으로 종교와 도덕의 영역에 있고 결코 외적 역사의 영역에 있지 않다고 그들은 말한다.

그러나 그같은 원리의 논리적인 결과는 무엇인가?

그것은 기독교 신앙과 성경의 권위를 예수님 같은 사람이 이 지구상에 살았는지 하는 질문과 관계없는 것으로 만들지 않는가?

예수님이 1900년 전 팔레스타인에 살았다는 것은 확실히 외적 역사의 영역에서의 주장이다. 그리고 만약, 그렇다면 우리가 지금 다루는 원리에 따른다면 성경의 권위와 기독교 신앙의 진리는 그 위에 지탱될 수 없을 것이다. 그러므로 이 원리에 대해 우리는 워필드가 논리적으로 적절하게 '그리스도 없는 기독교'라고 불렀던 것을 안다.[161] 심지어 예수님의 참된 실존조차 외부 세상의 사건과 독립적인 이 부차적인 종교에는 불필요하다.

그들 입장의 논리적 결과로부터 물러서지 않은 미국의 매킨토시 같은 몇몇 현대인이 있다.[162] 기독교는 생각건대 예수님처럼 살았던 사람이 없을지라도 그것의 가장 내부의 본질에 존재할 수 있다고 그들은 말한다. 그러나 많은 사람은 그 같이 철저한 논리를 회피한다. 한편으로 그들은 기독교와 성경의 권위가 외적 세상의 사건들과 완전히 독립적이라고 말한다. 그러나 다른 한편으로 그들은 이 두 가지가 결국 어떤 외적 사건들에 의존했다고 주장한다.

우리는 지성적인 사람들이 매우 모순되고 불합리한 중간적 입장에 빠질 수 있는지를 설명하려고 노력하지 않을 것이다. 그러나 그들은 확실히 그것에 빠져있으며, 오늘날 종교계에 관한 어떤 완전한 설명에서도 다루어져야 한다. 그들은 참으로 현시대에서 급속히 근거를 잃고 있다. 소위 '역사적 예수'에 의존하는 기독교는 점차적으로 예수님을 전혀 의존하지 않는 기독교에 자리를 내주고 있다—그 기독교는 복음서의 윤리적 종교적 개념에 대해, 이런 개념을 발표한 것으로 말해진 사람이 과거에 실제로 땅을 걸은 적이 있는지의 문제도 해결하지 않은 채 그러한 개념을 사용하는 것으로 만족한다. 그러나 이 같은 모순이 학자들

---

[161] Warfield, "Christless Christianity," in *Harvard Theological Review*, v, 1912, 423−473.
[162] *The Reasonableness of Christianity*, 1926, 135−138.

가운데서 있었을지라도, 교회 내 '자유주의'를 옹호하는 자들의 공감을 획득하지 못했다. 그리고 이 같은 자유주의의 옹호자들은 모든 논리를 무시한 채 성경의 권위는 이상(또는 그들이 '종교'라고 부르는 것)의 영역에 완전히 놓인다고 즐겁게 주장하고 있다. 반면에, 그들은 언제나 예수님 존재에 대한 증명, 즉 외적 사실에 대한 증명을 성경에 필수적인 것으로 간주한다. 하여튼 심지어 이 같은 태도가 그것이 시작한 급진적 원리의 완전한 결과로부터 위축될지라도 그 자체로 또한 기독교 신앙과 완전히 반대된다.

역사적 예수에 기초하지만 동정녀 탄생 같은 사건과 독립적인 이 종교는 무엇인가?

그것은 여전히 근본적인 교리가 스스로 구원하는 사람의 능력에 있다는 종교가 아닌가?

이 종교의 지지자들은 예수님이 하나님의 아들 신분을 얻었으며 우리도 단지 그분을 따른다면 아들의 신분을 얻을 수 있다는 취지로 말한다. 이와 같이 생각하는 사람은 분명히 동정녀 탄생의 사실성에는 관심이 없을 것이다. 만약, 그들이 그것에 전적으로 관심을 갖는다면, 그것은 오직 그것을 거절하기 위한 관심일 뿐이다. 그들의 종교의 근본적인 개념은 사람이 할 수 있는 것을 예수님이 우리에게 보여준 것이다. 그러나 만약, 그렇다면 그분의 시작 역시 우리가 할 수 있는 것과 동일한 방식으로 시작하셔야 할 것이다.

만약, 그분이 동정녀로 태어났다면 그분은 우리가 소유하지 않은 장점을 가지신 것이다.

그렇다면 어떻게 그런 경우에 동정녀 탄생을 하지 않은 우리가 그분이 행한 것을 할 수 있다고 확신할 수 있을까?

카르포크라테스와 에피파니우스의 에비온파는 오늘날에도 살고 있다. 우리는 모두 우리가 그리스도의 본보기를 따르기만 한다면 그리스도가 될 수 있다―그것은 예수님을 모방하는 이 종교의 본질이다. 옛날이나 지금이나 종교가 논리적이라면 이 같은 종교는 동정녀의 탄생이라는 기적 기사와 관계가 없다.

죄와 같은 것이 있다는 것과 죄가 인간과 하나님 사이에 무서운 간격이 된다는 것은 이 종교의 지지자에게 일어나지 않은 것으로 보인다. 그러나 이러한 죄의식은 현 시대에서 인기가 없더라도 확실히 기독교 신앙의 핵심 요소이다. 시작부터 기독교는 상한 심령의 종교였다. 그것은 하나님 외에 아무도 연결할 수 없는 인간과 하나님 사이의 무서운 간격이 있다는 확신에 근거한다. 성경은 어떻게 그 간격이 연결되었는가를 말한다. 그리고 그것은 성경이 사실의 기록임을 의미한다.

하나님의 구속행위가 없다면 시편기자와 예언자들의 모든 고상한 이상들과 예수님의 모든 가르침과 본보기는 무슨 유익이 있겠는가?

그러한 것들 자체는 우리에게 절망 외에 아무 것도 가져올 수 있다. 우리 기독교인들은 단순히 하나님께서 명령하신 것뿐만 아니라, 하나님께서 행하신 것에 관심을 갖는다. 기독교 신앙은 단순히 명령법뿐만 아니라 확신에 찬 직설법의 인도를 받는다. 우리의 구원은 정면으로 역사에 의존한다. 성경은 그런 역사를 포함하고 있고, 그 역사가 진실이 아니라면 성경의 권위는 떠나가고 성경을 신뢰하는 우리는 희망이 없다.

확실히 우리가 그것에 관하여 생각하는 것이 무엇이든, 그것은 성경 자체가 주장하는 성경 권위에 관한 견해이다. 복음서 같은 책들의 저자는 단순히 독자들에게 영감된 시나 교훈적인 종교철학을 주려고 하지 않는다. 셋째 복음서의 서언은 정말로 성경의 전형이다. 신앙은 성경에 따르면, 외적인 세상에서 일어난 일들의 보도에 기초하고 바르고 신뢰할 수 있는 방법으로 그러한 일들을 설명하는 것은 성경 기록자들의 목표이다. 성경은 다른 말로 단순히 하나님이 누구신가만 우리에게 말하는 것이 아니라, 하나님이 무엇을 하셨는가도 우리에게 말한다. 그것은 단순히 종교와 윤리의 영구한 진리뿐만 아니라 복음과 좋은 소식을 포함한다.

첫째와 셋째 복음서의 저자에게 그런 소식의 한 중요한 요소는 예수 그리스도께서 성령에 의하여 잉태되고 동정녀 마리아에게 태어났다는 사실이었다. 만약, 이 사실이 거절된다면 이런 기록자들의 증언은-따라서 성경의 증언은-그런 한에 있어서 진실이 아니다.

제15장 결론과 결과   547

그러므로 만약, 동정녀 탄생이 거절된다면, '성경의 권위' 또는 '성경의 무오성'(infallibility) 또는 그 같은 것에 관하여 말하지 말자.

오히려 그런 권위와 그런 무오성이 떠났다는 것을 분명히 말하자. 성경이 말하는 이것들이 진실이 아니더라도 그것이 말하는 많은 것들이 진실이라고 참으로 우리는 주장할 수 있다. 많은 성실한 영혼들은—우리가 당분간 동정녀 탄생과 관계없이 일반적 용어를 사용한다면면—이 같은 중도적 입장을 채택할 것이다.

성경이 여러 세부적인 점에서 틀리더라도, 그것이 다른 책들을 둘러싼 오류로부터 초자연적인 자유를 나타내지 않더라도, 아직도 진실하다는 것들을 포함하고 있다면, 그런 것들 위에 우리는 영원한 희망을 세울 수 있다고 그들은 주장했다. 사실 그들은 성경이 종교와 윤리의 영역에서 무오하다는 것과 그것이 말하는 외적 사건들은 우리의 영혼에 무관하다고 말하기보다는, 성경은 무오하지 않으며 부분적으로만 진실하다고 말한다. 많은 성실한 기독교인들은 전자의 입장을 주장했다.

그러나 실제로 후자의 입장을 주장하는 사람은 논리적으로 전혀 기독교인이 될 수 없다. 기독교는 1900년 전에 팔레스타인에서 성취된 그리스도의 구속사역에 기초한다. 그런 사역을 설명한 기록에 무관심하다는 것은 그리스도께서 죄와 분노로부터 우리 구세주로서 제공하신 복음을 거절하는 것이다.

그러나 전자의 입장이 수용되더라도, 우리가 성경에 포함된 사실들의 한 부분에 기초하여 구원에 대한 신뢰를 계속할지라도, 여전히 우리가 다른 부분을 거절한다면 성경의 권위에 대한 우리의 신앙은 떠나간다. 우리는 성경이 우리에게 말하는 많은 것들이 진실하다고 주장할 것이지만, 우리는 성경을 '그 자체로' 더 이상 의존할 수 없다. 우리는 더 이상 많은 단순한 기독교인들이 "나는 하나님이 그분의 책에서 나에게 그것을 말씀하셨기 때문에 이것저것을 믿는다"고 말하는 것처럼 말해서는 안된다.

우리는 이제 이처럼 단순한 '성경 기독교인'의 태도가 옳은지 또는 그른지의 문제를 논하고 있지 않다. 우리는 성경의 무오성이 실제로 현대 세상에서 유지될 수 있는지의 문제를 논하고 있는 것이 아니다. 그러나 우리가 말하려는 것은, 성경의 무오성이 포기된다면 단순한 기독교인의 모든 진지한 발판에서 은폐될 수 없다는 것이다.

우리가 상당한 정도로 진실이 아니라고 주장한 책의 '무오성'에 관하여 말하기를 멈추자.

실제로 그 문제는 너무 중대하고, 인간의 영혼들도 너무 깊이 관계되기 때문에 그 같이 하찮은 것을 허락할 수 없다. 사람들은 성경의 무오성 교리에 관하여 어떤 주장을 받아들이든, 그는 노예적인 책의 종교에 우리를 포함하는 것처럼 그가 기뻐하는 모든 것으로 비방할 수 있을 것이다.

그러나 그 교리의 중요성을 그는 아마도 부정할 수 없다. 그것은 행복과 불행을 위하여 오늘날 셀 수 없는 영혼들이 매달리는 것이다. 만약, 그것이 나쁜 것이라면, 그것이 적어도 매우 솔직하게 그리고 공개적인 방법으로 포기되도록 하자.

확실히 성경의 무오성 교리는 동정녀 탄생의 문제를 포함한다. 우리가 전에 그 문제를 전적으로 주장하게된 것은 이상하게 보이지만, 현 시대에서 종교적 토론의 혼돈에는 어떤 한계도 없다. 성경은 그리스도의 동정녀 탄생을 가르친다. 동정녀 탄생을 받아들인 사람은 성경의 완전한 정직성을 계속 주장할 것이다. 그것을 거절하는 사람은 아마도 그렇게 할 수 없을 것이다. 그것만은 적어도 매우 분명할 것이다.

또한, 동정녀 탄생의 문제는 어떤 사람이 예수 그리스도에 관하여 자연주의적인 견해를 가졌는지 또는 초자연주의적인 견해를 가졌는지 스스로나 다른 사람에게 결정할 하나의 시금석으로서 중요하다.

예수님에 관하여 일반적으로 두 가지 다른 견해가 있고, 그것들은 하나님과 세상에 관하여 일반적으로 두 가지 다른 견해에 뿌리를 두고 있다. 한 견해에 따르면, 하나님은 우주가 그분 생명의 필요한 표현이라는 의미에서 우주에 내재한다. 그리고 나사렛 예수는 세상에서 다른 경우에 활동하는 동일한 신적 능력을 표현하는 최고의 결과의 한 부분이다. 다른 견해에 따르면, 하나님은 우주에 내재할 뿐만 아니라 영원히

제15장 결론과 결과   549

그것과 분리되어 자유로우신 우주의 창조주이시다. 그리고 나사렛 예수는 자연이 결코 할 수 없었던 것을 하기 위하여 우주 밖으로부터 우주 안으로 오셨다. 전자의 견해는 많은 다른 형태의 근대적 자연주의의 견해이다. 후자의 견해는 성경과 기독교회의 견해이다.

이 두 견해 중 어느 것이 어느 특별한 현대인에 의하여 주장된다는 것은 어떻게 결정될 수 있는가?

명백히 그런 질문은 그것이 구체적으로 될 때 가장 잘 대답되고, 그것은 신약의 책들에 나타난 초자연인 것을 다룰 때 가장 구체적으로 된다.

그러나 어떤 사람이 예수 그리스도에 관한 자연주의적이거나 초자연주의적인 견해를 가졌는지를 결정하도록 요구받을 질문은 무엇인가?

문제는 첫눈에 보이는 것만큼 단순하지 않다. 아마도 평신도에게 일어날 처음 질문은 물어볼만한 질문이 되는 것으로서 "당신은 그리스도의 신성을 믿느냐?"는 질문이다. 그러나 그런 질문은 아무런 효력이 없다. "나는 그리스도의 신성을 믿는다"는 주장 또는 "나는 예수님이 하나님이라고 믿는다"는 주장보다 더 현대의 종교적 어법에 완전히 무의미한 어느 주장을 상상하는 것은 어렵다. 이 주장들은 그것들이 포함한 용어가 규정될 때만 의미를 갖는다. "예수님이 하나님이다"는 주장은 전적으로 '하나님'이 무엇을 뜻하느냐에 달려 있다.

그러나 불행스럽게 '신성'같은 용어는 단순한 기독교인이 취하는 의미와 아주 다른 어떤 것을 의미하는 것으로 오늘날 종종 규정된다. 단순한 기독교인은 나사렛 예수처럼 신념이 있는 유신론자이다. 참으로 그는 그의 정신에 일단 들어온 유신론적 견해 외에 다른 하나님의 견해가 없을만큼 신념 있는 유신론자이다.

그러나 현대 교회의 많은 지도자들과 많은 성직자들은 단순한 기독교인과는 다르게 그리고 나사렛 예수와는 다르게 전혀 유신론자들이 아니다. 그들은 모두 범신론자들이거나 실증주의자들이고 그들의 범신론적이거나 실증주의적 의견들은 '하나님'에 대한 의미를 결정한다.

만약, 그들이 범신론자들이라면 '하나님'은 그들에게 세상 자체의 강력한 과정이나 그 밖에 (만약, 그들의 범신론이 전적으로 불변하거나 완전하지 않다면) 세상을 통하여 진동하는 영적인 목적을 뜻한다. 그런 관점에서 예수님은 모든 사람이 하나님이라는 것과 본질적으로 다르지 않다는 의미에서 하나님이다. 그분에게 유일성을 보존하려는 노력이 있었다. 그분은 신적 생명이나 그 같은 것의 최고의 표현으로 간주될 수 있다. 그러나 결국 이 같은 견해에 따르면 그 분 안에 있는 신적 생명의 현존은 다른 사람들에게 있는 것과 본질적으로 다르지 않다.

만약, 범신론보다는 실증주의가 선택된 사고방식이라면 "예수님이 하나님이다"는 주장은 단순히 예수님이 우리 현대인이 아는 최고의 존재라는 의미이다. 우리는 세상의 인격적 창조자와 통치자가 있다는 옛 개념을 포기했다고 사실상 언급하였다. 하여튼, 이 같은 일은 단순히 형이상학에 속하고, 전혀 종교에 속하지 않고, 이 같은 억측의 신뢰는 전혀 자리 잡을 수 없다. 그러나 '하나님'이란 단어는 유용한 단어이다. 그것은 인류가 외부에서 제공할 수 없는 존경과 사랑의 훌륭한 감동을 나타낸다. 그러므로 우리는 우리가 아는 최고의 것을 나타내기 위하여 그것을 존속시킬 것이다.

그러나 우리 현대인들이 아는 최고의 것은 신비스런 창조주와 통치자나 또는 참으로 우주의 한계를 넘어서 있는 그 밖의 어떤 것이 아니다. 왜냐하면 그 같은 창조주와 통치자를 우리는 믿을 수 없고, 우주의 한계를 넘어서 우리는 감히 더 이상 충분히 볼 수 없기 때문이다. 그래서 우리 현대인들이 아는 최고의 것은 우리가 보고 들을 수 있는 어떤 것, 이 세상의 과정 안에 있는 어떤 것이어야 한다. 그러나 이 같은 한계 안에서 우리가 아는 최고의 것, 우리의 존경을 불러일으킬 최고의 가치는 나사렛 예수의 도덕적 삶이다. 인간 예수의 그런 도덕적 삶에 대하여 우리는 '하나님'이란 단어를 예수님에게 적용함으로써 존경한다.

이러한 두 가지 사고방식의 지지자들이 오래된 유니테리언교도보다 기독교 신앙에서 훨씬 더 떨어져 있다는 것은 매우 분명하다. 왜냐하면 보다 오래된 유니테리언교도들은 기독교적 의미로 어떤 점에서 의심 없이 여전히 하나님을 믿는다. "세상의 창조주와 통치자이신 하나님이 계시고, 예수님은 그런 하나님이 아니다"는 것은 "세상의 창조주와 통치자이신 하나님이 안계시지만, 예수님은 우리의 현대적인 의미에서 '하나님'이다"고 말하는 사람보다 훨씬 더 기독교 신앙에 가깝다. 많은 경우에, 현대 종교교사들이 말하는 "예수님이 하나님이다"는 주장은 최고의 기독교인이 아니라 거의 최소한의 기독교인의 것이다.

아직도 이 같은 말을 듣지 못하는 순수한 사람은 종종 많은 감동을 받았다. 그가 많은 감동을 받을 때, 우리는 그가 매우 사소한 문제에 매달린다는 느낌을 갖는다. 진지한 문제를 위하여는, 결국 언어의 큰 명백성과 개방성이 있어야 한다. 하여튼 "당신은 그리스도의 신성을 믿느냐?"는 질문이나 또는 "당신은 예수님이 하나님이라고 믿느냐?"는 질문이 예수님에 대한 견해에 있어서 사람이 기독교적이냐 또는 비기독교적이냐, 초자연주의적이냐 또는 자연주의적이냐를 결정하는데 그 자체로 매우 무가치하다는 것은 아주 분명하다.

그러므로 우리가 오늘날의 큰 종교적 문제에서 어떤 사람의 입장을 발견하기 원한다면, 우리는 더욱 특수해져야 한다. 우리는 문제가 될 만한 요점으로서 초자연적인 것의 특별한 표현 하나를 발탁해야 한다.

그러나 이 같은 요점은 어디서 발견될 것인가, 사람이 초자연적인 것을 믿느냐 안 믿느냐를 발견하기 위하여 무슨 특별한 기적이 발탁될 것인가?

우리의 첫째 충동은 신약의 최고 기적-그리스도의 부활이 발탁되는 것이다. 확실히, 그것은 사람이 "나는 그리스도의 부활을 믿는다"고 말하려 한다면, 그는 현대 자연주의와 의견을 달리했고 신약이 제시한 초자연적 인물 때문에 멸시받은 신자와 전적으로 입장을 같이 한 것으로 주장된다.

그러나 여기서 다시 첫째 현상은 기만적일 수 있으며 보통 사람에게 매우 분명한 것처럼 보이는 주장도 현대의 어법으로는 전혀 분명하지 않다. "나는 그리스도의 부활을 믿는다"는 주장은 그 자체로 오늘날 "나는 예수님이 하나님이라고 믿는다"는 주장처럼 거의 의미가 없고, 그래서 그것이 항상 지금까지 사용된 의미와 전적으로 다른 의미로 아주 분명한 언어를 '해석하는' 현대의 작업으로 말미암아 우리가 빠지게 된 지적 혼란은 매우 깊다. 사실은 '그리스도의 부활'이란 표현이 오늘날 매우 다른 의미로 사용된다는 것이다, 어떤 사람은 그것이 단순히 예수님의 계속된 영향을 의미한다. 다른 사람은 그것을 인간의 영혼에 '살아 계신 그리스도'의 임재를 가리킨다는 신비한 의미로 사용한다. 또 다른 사람은 그것이 예수님의 계속된 인격적 임재나 또는 이전에 그분의 영혼의 불멸성이라 불릴 수 있었던 것을 의미한다.

우리는 우선 최소한 그 표현에 관한 이런 새로운 해석이 정당하다고 말하는 것을 의미하지 않는다. 확실히 우리는 예수님에 적용된 우리의 '부활'이란 단어 사용으로 최초의 자료가 그 용어에 속한 의미를 뜻한다. 그리고 그런 의미에 관하여 실제로 조금의 의심도 없다. 명백히 신약의 책은 예수님의 부활을 단순히 그분의 계속된 인격적 임재를 의미하지 않는다.

그런 의미로 제자들은 절망의 슬픈 3일 동안에도 그분의 부활을 믿었다. 그들은 확실히 사두개인이 아니었다. 그들은 예수님의 인격적 정체성을 상실되었다고 믿지 않았고, 의심 없이 그들은 다른 모든 사람들이 세상 끝 날에 부활할 것처럼 그분이 죽은 자로부터 부활하리라고 믿었다. 그들이 그것을 예수님 '부활'의 계속된 임재라고 부르지는 않았고, 그들이 실제 부활, 즉 무덤으로부터 주님의 몸의 실제적 출현을 확신하게 되었을 때 비로소 그들은 기독교회를 세우는 도구가 되었다. 신약 책에서 사용된 이것과 다른 방식으로 '부활'이란 단어를 사용하는 것은 단지 이 주제에 관한 우리의 논의를 혼란시킨다.

그럼에도 불구하고 그 단어의 이 같은 다른 사용은 아무리 정당화될 수 없을지라도, 현 시대에 매우 일반적이다. 그래서 어떤 사람이 그리스도의 '부활'을 믿는다고 말하는 것은 그 자체로 신중한 정의에 앞서 아무런 의미도 없다는 것을 의미한다.

그러나 우리가 동정녀 탄생을 다루게 될 때는 약간 다르다. 만약, 예수님이 동정녀의 태에 성령으로 잉태되어 인간 아버지 없이 태어났다고 어떤 이가 확신한다면, 그가 이 같은 용어의 분명한 의미를 회피할 수 있는 방법을 아는 것은 어렵다. 그리고 이와 같이 그가 그것을 확신했을 때, 그는 이 세상에로 초자연적인 것의 등장을 확신하는 중대한 단계를 밟은 것이다. 우리는 오도된 변증학은 때때로 문제를 일으킬 수 있다고 알고 있다. 동정녀 탄생의 옹호자는 때때로 '단성생식'(partheogenesis)을 언급했으므로 자연적으로 낳는 것과 유사한 종류로 마리아의 태에 성령으로 잉태된 것을 알았다.

그러나 이 같은 변증학적인 편의주의는 다행히 유례가 없다. 그리고 확실히 그것들은 건전한 의미와 반대된다. 일반적으로 동정녀 탄생의 문제가 초자연적인 것의 질문 앞에 빠르게 우리를 데려온다는 것과 동정녀 탄생을 수용하는 사람이 초자연적인 것의 근거 위에 곧 바로 그의 입장을 취한다는 것은 여전히 사실로 남는다. 여기에도 핑계의 가능성이 있지만, 그것은 그 문제가 제기될 수 있는 다른 많은 논점의 경우보다 덜 심각하다.

우리는 동정녀 탄생을 받아들인 현대인이 필연적으로 기독교의 모든 것을 수용했다는 것을 의미하지 않는다. 확실히 그것은 그 경우가 아니다. 왜냐하면 때때로 동정녀 탄생의 수용은 그리스도인의 그리스도관에 관한 일반적인 거절을 따르는 고립된 그리스도인의 생각에 남아있기 때문이다. 하여튼, 동정녀 탄생의 중요성은 다른 것들의 중요성에 대한 우리의 시선을 결코 막을 수 없다. 그리고 우리는 동정녀 탄생이 포함된 사도신경은 기독교적 고백의 최고봉이라고 주장하는 자들의 의견에 동의하지 않는다. 그것은 사도신경이 적게 언급한 기독교의 구속의 교리-기독교의 죄와 은혜의 교리-가 중요한 것과 마찬가지이다.

그러나 기독교 진리의 두 요소는 논리적으로 서로 관계되어 있다. 우리 주님의 초자연적 인격은 논리적으로 그분의 구속사역과 관계된다. 동정녀 탄생은 논리적으로 십자가와 관계된다. 하나의 국면이 포기되는 곳에, 다른 것은 논리적으로 남아 있지 못할 것이다. 하나가 수용되는 곳에, 다른 것도 역시 자연히 수용될 것이다. 한 동안 불완전한 위치에 있었을 것이지만, 그것들은 불안정한 균형으로 오래 지속되지 않을 것이다.

동정녀 탄생을 거절한 사람들이 진정한 기독론을 실제로 항상 주장할 수 없다는 것은 확실하다. 생각건대 어떤 사람은 이런 기적을 거절했을 것이지만, 아직도 신약이 포함한 다른 기적들은 받아들인다. 생각건대 어떤 사람은 예수님이 초자연적 인물이라고 주장할 것이지만 아직도 이 세상에 그분의 들어온 방식에 관한 복음서의 이야기를 거절한다. 그러나 오늘날 이 같은 견해를 주장하는 탁월한 신약 학도를 발견하는 것은 아마도 어려울 것이다.[163] 압도적으로 많은 경우에 동정녀 탄생을 거절하는 사람들은 그리스도에 관한 모든 초자연적 견해를 거절한다. 그들은 종종 '성육신'에 대한 믿음을 고백한다.

그러나 그들에게 그 단어는 "말씀이 육신이 되었다"고 신약이 말할 때 신약이 의미하는 것과 거의 정반대로 의미한다. 이런 현대인들에게 성육신은 하나님과 사람이 하나라는 것을 의미한다. 신약에서 그것은 오히려 하나가 아니라는 것을 의미하며, 영원한 하나님의 아들이 죄로부터 우리를 구속하기 위한 엄청난 기적으로써 사람이 되었다는 것을 의미한다. 성육신에 대한 실제적인 믿음은 동정녀 탄생 기적을 거부하지 않는다.

이와 같이 우리는 동정녀 탄생이 중요하다고 주장했다.

첫째, 그것이 부정되면 성경의 권위가 부정되기 때문이다.
둘째, 그것은 우리를 우리 주님의 인격과 관련하여 초자연적인 것에 대한 중요한 질문 앞에 명백히 세우기 때문이다.

그러나 그것은 전혀 언급될 필요가 없다. 동정녀 탄생이 성경권위에 관한 시험으로서 또는 초자연적인 것에 관한 시험 문제로서만 중요하다는 것은 사실이 아니다. 반대로, 그것은 그리스도인이 자칫 놓칠 수 있는 것으로서 그 자체로 중요하다. 동정녀 탄생의 이야기가 없다면 그리스도인의 기독론은 심각하게 결핍될 것이다.[164]

---

163 James Orr, *The Virgin Birth of Christ*, 1907, 18 f., 183 f.를 비교하라.
164 동정녀 탄생의 교리적 중요성의 전체적인 주제에 관하여, 특히 이전의 각주에 인용된 B. B. Warfield의 논문에 추가하여, Orr의 충분하고 계몽적인 토론(*op. cit.*, 16-19, 182-227)을 보라.

이 점에서 최근의 토론에 상당한 사상적 혼란이 있었기 때문에 우리가 의미하는 것은 정확하게 분명히 하는 것이 중요하다.

첫째, 단순히 동정녀 탄생이 하나님의 계획을 위하여 중요했다는 것을 의미하지 않는다.

왜냐하면 그것은 동정녀 탄생이 사실이라면, 당연한 말이기 때문이다. 만약, 예수 그리스도께서 실제로 인간 아버지 없이 태어났다면, 그것이 우리의 구세주가 세상에 들어오는 하나님의 방법이었다면, 그것이 최선의 방법이었고 그 외의 다른 방법은 잘못이었다는 것은 확실하게 추측될 수 있다. 우리는 지금 그와 같이 자명한 것을 주장하는 것에 관심을 갖지 않는다. 그러나 우리가 지금 주장하는 것은 동정녀 탄생이 하나의 사건으로서 중요했을 뿐만 아니라 우리가 그런 사실을 아는 것이 중요하다는 것이다. 우리가 그것을 알지 못하면 손해를 볼 수 밖에 없다.

둘째, 우리는 단순히 우리가 마태복음과 누가복음에서 우리에게 제시했기 때문에 동정녀 탄생 이야기를 지금 수용하는 것이 중요하다는 것을 의미하지 않는다.

그것을 주장하는 것은 이미 언급된 것을 단순히 반복하는 것이다. 우리는 어떤 사람이 그의 영혼에 심각한 위험이 없이 이 점에서 신약의 증거를 거절할 수 없다고 이미 주장했다. 그러나 우리가 지금 제안하는 것은 동정녀 탄생을 전혀 듣지 못했지만, 여전히 신약이 포함한 그 밖의 모든 것을 수용한 어떤 사람의 경우를 상상하는 것이다.

이 같은 사람은 마태복음과 누가복음의 첫 두 장을 포함하여, 우리의 현존하는 신약을 소유하고 수용하는 경건한 그리스도인보다 더 나쁜가 아니면 더 나쁘지 않은가?

이 같은 가설은 오늘날 실제로 발생할 수 있는 경우와 전혀 다르다는 것은 아무리 강조해도 지나치지 않다. 동정녀 탄생을 결코 듣지 않았다는 것은 신약의 책들에 의하여 증명된 것을 들은 후 거절하는 것과는 전적으로 다르다. 그러나 동정녀 탄생이 오늘날 교회와 무관하다고생각 하는 자들은 이처럼 상반된 두 가지를 혼돈한다. 이런 사람들은 참다운 제자들이 동정녀 탄생을 몰랐던 기독교의 원시 시대의 한 시기가 있었 다는 것과 만약 그러한 원시 제자들이 동정녀 탄생의 수용 없이 잘 지 냈다면 우리가 그렇게 오늘날 할 수 있다는 것을 자주 주장한다.

물론, 이 주장에 언급된 원시시대가 우리 주님의 십자가와 부활 이전 의 때라면 그 주장은 즉시 우리 주님의 구속사역을 믿는 사람들의 근거 를 와해시킨다. 우리 주님이 십자가 죽음으로 사람을 구속하기 위하여 그리고 죽은 자로부터 영광스런 부활로써 구속사역을 완성하기 위하여 세상에 오셨다는 것을 믿는 사람은 아마도 제자들이 갈릴리 언덕을 예 수님과 함께 걸었던 오순절 이전 시대로 돌아가기를 원하지 않을 것이 다. 구속의 충분한 의미는 구속사역이 완성된 후에만 분명해질 수 있었 다. 이와 같이 오늘날 신앙의 본보기가 될 수 있었던 것으로 갈릴리에 서 예수님을 만난 자들의 신앙에 호소하는 모든 습관은 예수님이 이 땅 에 오셔서 하신 일을 무시하는 것이다.

그러나 동정녀 탄생을 모른 채 사이좋게 지냈다고 상상되는 원시공 동체가 죽음과 부활 전이 아니라 후에 정착되어야 하더라도, 여전히 그 들의 경우는 오늘날 동정녀 탄생을 믿지 않는 사람들의 경우와 전혀 달 랐다. 그들은 (그들은 항상 실제로 존재했던 것으로 추측함) 동정녀 탄생을 들은 적이 없으나 오늘날 현대인들은 충분히 잘 들었음에도 불구하고 그것들을 거부한다.

이 점에서 실제적인 질문은 동정녀 탄생의 이야기를 결코 듣지 않은 원시 기독교인들이 있었는지가 아니라, 한번 동정녀 탄생을 들은 후 그 것을 거절한 원시 기독교인들이 있었는지이다. 증명되지 않은 것은 이 후자의 관점이다. 에비온파의 동정녀 탄생 부인은 원시 시대로 돌이켜 추적될 수 없고, 그들이 어쨌든 실제로 기독교인이었다는 것은 결코 제 시될 수 없다.

그러므로 동정녀 탄생을 듣고 거절한 사람들과 달리, 그것을 결코 듣 지 못한 사람들의 경우를 고려할 때 우리는 오늘날 세상에는 실제로 존재할 수 없는 순수한 가설의 경우를 고려하고 있다. 그러나 이러한 순수한 가설은 고려할 가치가 있다. 왜냐하면 그것은 우리의 동정녀 탄생 지식이 독립적인 가치를 소유하는지, 그리고 그것이 단순히 성경 권위의 문제 또는 초자연적인 것이 예수 그리스도의 인격으로 세상의 역사에 들어왔는지 안 들어왔는지의 문제와 연관되기 때문에 중요한지를 보여주기 때문이다.

우리의 구세주에 대한 지식은 신약이 동정녀 탄생을 언급한 구절을 포함하지 않았더라도 필연적으로 완성될 것인가?

우리는 그런 문제는 단호한 부정으로 대답되어야 한다고 생각한다. 동정녀 탄생 이야기가 없다면 우리의 구세주 지식은 매우 심각하게 빈약할 것이다.

참으로, 이 점에서 과장은 피해야 한다. 비록 유아기 이야기가 없을지라도 우리는 우리의 신앙에 기댈 것이 많다. 그리스도는 여전히 영원토록 두 구별된 본성들과 한 인격 안에서 하나님과 사람으로 신약에 제시되고 있다. 그분의 십자가의 의의는 여전히 모든 영광스런 명백함으로 버틸 것이다. 그분은 여전히 우리의 구주로서 복음으로 우리에게 제시되고 있다.

그러나 우리의 그분에 관한 지식에는 심각한 간격이 있고, 그 문제는 사람의 영혼에 심각한 위협이 될 것을 제기할 것이다.

어떻게 하나님의 이 영원한 아들이 세상에 들어왔을까?

하나님의 아들은 영지주의자가 제시한 것처럼 세례를 통해 인간 예수님과 연합했는가, 인간 예수님은 점차적으로 영원한 아들과 연합으로 인정되었는가?

이 같은 질문들에 대한 잘못된 대답들은 동정녀 탄생 이야기가 없다면 너무 빨리 나타날 것이다. 의심 없이 그 잘못된 대답들은 논리적 사고와 함께 모든 복음서와 서신서들이 제공한 확신으로 가득찬 자들로부터 반박당할 것이다. 그러나 그들의 마음에 실제처럼 너무 자연스러울 뿐이다. 동정녀 탄생 이야기가 없다면 우리는 초대 교회의 이단 창시자의 오류처럼 추측의 영역에서 끊임없이 살 것이다.

이러한 추측은 우리의 영혼이 쉴 수 있는 성육신의 완전한 교리를 우리에게서 박탈할 것이다. 그런 교리를 위하여 하나님의 아들이 이 땅에서 완전한 인간의 삶을 살아야 하는 것은 필수적이다. 그러나 인간의 생명은 어머니의 태에서 시작하지 않는다면 완성될 수 없었다. 그러므로 성육신은 아이가 잉태될 그 순간에 있어야 했다. 따라서 하나님의 영원한 아들이 우리의 본성을 취하실 때 엄청난 사건이 발견되었고, 그때부터 그분은 하나님과 사람이 되었다.

그러므로 동정녀 탄생에 관한 우리의 지식은 성육신의 시기를 우리에게 알려주기 때문에 중요하다.

그리고 그런 것은 우리의 영혼에 얼마나 위안을 주는가!

2세기의 이원론자 마르시온은 하나님의 아들이 사람으로 태어났다고 생각한 자들을 매우 심각하게 했다. 그는 그리스도를 출생 고통과 9개월 시기와 연관시킨 자들에게 경멸을 퍼부었다. 그러나 우리는 마르시온과 그의 현대 제자들과는 다르게 그런 사건의 이야기를 매우 자랑으로 여긴다.

하나님의 영원한 아들은 그분을 통하여 우주가 만들어졌기 때문에, 동정녀의 태를 멸시하지 않았다!

얼마나 놀라운 일인가!

그것이 자연적 인간에게 상처를 주었다는 것은 이상하지 않은가?

그러나 그런 놀라움에서 우리는 하나님의 구속하는 사랑을 발견하고, 마리아의 태에 있는 그 어린이 안에서 우리는 우리의 죄를 위하여 죽고 하나님과의 평화를 우리에게 가져오기 위하여 그처럼 사람이 되신 우리의 구주를 발견한다.

더욱이 동정녀 탄생의 지식은 죄의 죄책으로 고립된 인류와 관계가 있기 때문에 중요하다. 만약, 우리가 펠라기우스의 죄관을 가졌다면, 우리는 우리 주님의 동정녀 탄생에 관심을 갖지 않았을 것이다. 우리는 다른 사람이 태어난 것처럼 죄 없는 사람이 태어난 방법을 이해하기 어렵지 않았을 것이다. 그러나 만약, 우리가 성경의 가르침대로 모든 인간이 무서운 저주 아래 있다고 믿는다면 우리는 그분의 피로써 구속받은 자들을 위하여 저주가 없는 그분이 남김없이 구원하려고 외부로부터 죄악된 인류에 들어 온 것을 아는 것으로 기뻐할 것이다.

동정녀 탄생이 아니라면, 어떻게 우리의 구세주는 어머니의 태로부터 아직도 완전한 인간 생활을 할 수 있었으며 이미 초자연적 인격이 죄악된 인류를 구속하기 위하여 외부로부터 세상에 올 수 있었는가?

우리는 하나님의 능력을 제한할 수 없다. 우리는 하나님께서 무엇을 하셨는지 또는 하시려고 하지 않은지를 말할 수 없다. 우리는 적어도 어떤 방식으로도 생각할 수 없다는 것을 말할 수 있다. 그러나 동정녀 탄생 이야기를 부정하거나 포기하면 불가피하게 당신은 높은 성경적 죄의 교리나 그밖에 우리 주님의 초자연적 인격에 관한 완전한 성경의 표현을 회피하게 된다. 신적인 생명이 다른 사람보다 큰 능력으로 진동하는 고상한 사람은 인간 부부에게서 일반적인 출생으로 태어났을 것이다. 죄책과 죄의 능력으로부터 우리를 구속하기 위한 자발적인 행동에 의하여 오신 하나님의 영원한 아들은 성령으로 동정녀의 태에 잉태되었다.

그러면, 무엇이 우리의 결론인가?

만약, 주 예수 그리스도의 신자가 되기 위해서는 동정녀 탄생 신앙이 반드시 필요한가?

그 질문은 그런 식으로 표현된다면 나쁘게 표현된 것이다.

만약, 어떤 사람이 구원하는 믿음을 가지기 위해 그리스도에 관한 사실의 지식이 얼마나 필요한가를 누가 정확히 말할 수 있는가?

하나님 외에는 아무도 말할 수 없다. 어떤 지식은 확실히 요구되지만, 정확히 얼마나 요구되는지를 우리는 말할 수 없다. "주님, 나는 믿습니다. 당신이 나의 불신앙을 도우소서"라고 복음서의 어떤 구원받은 사람은 말했다. 그래서 오늘날 믿음이 적은 사람, 도처에서 듣는 소리들로 인해 괴로워하는 사람이 얼마나 많은지 모른다. 이러한 때에 그리스도인이 되는 것은 매우 어렵다. 그리고 그것이 힘든지를 아는 분이 계신다.

어떤 사람이 십자가에 못 박히시고 부활하신 주님을 믿을 수 있기 전에 충분한 지식과 충분한 확신이 필요하다고 우리가 말할 무슨 권리가 있는가?

어떤 사람이 마태복음과 누가복음의 첫 장에 언급된 거대한 기적에 관한 충분한 확신에 이르기 전에 구원받을 수 있는 사람은 없다고 우리가 말할 무슨 권리를 가지고 있는가?

그렇지만 우리는 이 점에서 오해되지 않기를 원한다. 우리가 하는 말은 지혜로운 영혼의 목자들이 동정녀 탄생에 대한 부인을 사소한 문제로 취급해도 된다는 것을 의미하지 않는다. 사람의 영혼은 그 깊이에 있어서 참으로 우리의 지식을 넘어간다. 그런 깊이에 관한 우리의 판단은 '그분이 사람 안에 있는 것을 알기' 때문에 '사람의 증거를 받을 필요가 없는' 분의 판단이 아니다. 아직도 우리가 우리의 동료를 도와야 한다면 우리는 우리의 약함 가운데 얻을 수 있는 최선의 지식에 기초하여 조언을 해야 한다.

그리고 확실히 그런 약함으로라도 우리는 아마도 오늘날 동정녀 탄생을 부인하는 수많은 사람들 가운데 아무도 실제적으로 구원하는 신앙을 소유하는 분명한 증거를 주지 않는다는 것을 말할 수 있다. 사람은 선한 행위가 아니라 믿음으로 구원받는다. 구원하는 신앙은 '그분이 복음서에서 우리에게 제시한' 예수 그리스도의 수용이다. 예수님이 우리의 영혼을 위하여 제공하신 복음의 일부는 동정녀의 태에 있는 복된 기적 이야기이다.

최소한 한 가지는 분명하다. 동정녀 탄생의 신앙이 모든 기독교인에게 필요하지 않을지라도, 기독교에는 확실히 필요하다. 그리고 그것은 교회의 공동 증거에 필요하다. 이 교리를 긍정하지 않은 사람이 길 잃은 그리스도의 작은 자를 인도하는 사역에 보냄 받을 때 그것은 슬픈 일이다. 이 같은 사람들은 배우는 사람들이라고 언급된다. 그들은 지식과 은혜 가운데 성장할 것이다. 우리가 인내하면서 그들을 다루면 모두 잘 될 것이다. 이제 우리는 믿음에 미숙한 자들을 모두 동정하고, 우리는 하나님의 축복으로 그들이 그분의 말씀의 진리에 관하여 보다 분명하고 보다 강한 확신으로 인도되기를 희망한다. 그러나 이 같은 배움의 장소는 기본적인 것이 관계되는 한 기독교 사역의 신성한 사무실이 아니다.

우리와 다른 사람들이 그들에게 줄 수 있는 이 같은 도움으로 이 사람들이 먼저 스스로 배우도록 하고, 그들이 노력하도록 하고, 그들이 계획하도록 하자.

그리고 그 다음에, 하나님께서 그들을 바르게 인도하시면 그들이 말씀의 거룩한 사역을 갈망하게 해야 한다. 그러나 그들이 그러한 확신을 갖기 전에, 그들이 믿음을 공유하지도 않는 교회의 공식적인 대표로 보냄을 받는다면 그것은 사랑의 영혼을 가볍게 다루는 것이 될 것이다.

동정녀 탄생이 그리스도에 관한 신약 증거의 필수적인 부분이라는 것과 그런 증거는 있는 그대로 받아들일 때 가장 강력하다는 것을 결코 잊지 말자.

참으로 우리는 변증학자들의 특정한 논리적 서정을 반대하지 않는다. 그리고 그런 서정에 동정녀 탄생은 확실히 먼저 오지 않는다. 동정녀 탄생이 오기 전에 그 증거들이 그 사건의 참된 본질상 이보다 더 풍부할 수 있다. 연구자는 의심 없이 그가 생각하기 전에 아마도 우리 주님의 어머니에 의해서만 먼저 증명된 이러한 이러한 증거들을 향해야 할 것이다.

그러나 그것이 사실이더라도 예를 들면 이론적으로 어떤 사람이 동정녀 탄생을 믿지 않으면서 부활은 믿을 수 있더라도, 동정녀 탄생을 믿지 않는다면 여전히 이 같이 불충분한 확신은 지속될 수 없을 것 같다. 예수님에 관한 신약의 표현은 하나의 덩어리가 아니라 하나의 유기체이고 그런 유기체 중에서 동정녀 탄생은 필수적인 부분이다. 그 부분을 제거하면 모든 것은 더 어렵게 되고, 수용하기가 더 쉽지 않게 된다.

예수님에 관한 신약의 기사는 전체적으로 수용될 때 가장 확신하게 된다. 하나님의 말씀에는 오로지 한 분 예수님만이 나타난다. 예수님은 정상적인 출생으로 세상에 오신 것이 아니라, 성령으로 동정녀의 태에 잉태되셨다.

인명·주제 색인

ㄱ

가버나움 366
가브리엘 189, 230, 232, 246, 324, 507
가이사랴 60, 72, 74, 85, 177, 458
겔프케 294
계시록 331
고린도전서 380, 456, 532
공관복음 233, 366, 517
구라틴역 93, 266
구속 19, 242, 249, 250, 320, 324, 376, 556
구시리아역 120, 263
구약 36, 88
궁켈 126, 139, 142, 146, 161

그레스만 323, 418, 497, 498, 499, 500, 502, 503, 504, 505, 506, 507, 508
그리스도의 선재 43, 454
그리스도의 신성 285, 552, 554
기도 137, 233
기드온 417
기적 34, 206, 210, 282

ㄴ

나사렛 53, 60
남편 267, 268, 316
네안더 397
노르덴 247, 251, 510, 512, 513

인명 · 주제 색인

누가 13, 85, 86, 88, 109, 126

ㄷ

다메섹 요한 188
다신론 457, 481, 483
다윗의 자손 51, 189, 195, 196, 197, 199, 200, 207, 212, 257, 277, 302, 306, 338, 378, 410, 411, 437, 507
단일신론 483, 515
달만 139, 180, 181, 182, 184, 495
대헤롯 98, 348, 350, 351
델피 522, 527
동방종교 484
동정녀 탄생의 부정 43, 73, 83, 451, 563
디오니수스 493, 496, 523, 526, 529, 533

ㄹ

라이세강 517, 518, 519, 520, 521, 522
라이첸스타인 280, 281, 283

레위인 197
로고스 372, 443, 444
로빈슨 338
룻 336
리출 325

ㅁ

마노아 221
마리아 12, 30, 31, 36, 66, 121, 143, 144, 145
마야 485, 486, 487
마태 193, 253, 258, 285
마태복음 334, 338, 355, 374, 386
매르크스 258
메르크스 272, 274, 451
메시아 285
메이어 86
모세 48, 123, 341
문법적-역사적 주석 420

ㅂ

바빌로니아 490
바우어 34, 35, 37, 46, 62, 197,

312, 401
바울 376, 377, 379, 380
바울종교의 기원 17
바이쓰 258
범신론 473, 553
베들레헴 116, 246, 261, 284, 285,
　　286, 290, 292, 315, 327,
　　329, 331, 342, 343, 347,
　　348, 352, 353, 365, 374,
　　375, 502, 505
베뢰아 60, 71, 75
부모 101, 111, 195, 199, 200
부셋 31, 159, 492, 495, 496
불교 484, 485, 487, 488, 489
브루스 171
비교종교 229, 418, 458, 480, 506,
　　518, 532

ㅅ

사가랴의 찬미 125, 126, 127, 133,
　　135
사도신경 13, 27, 29, 458, 556
사도 요한 40
사도행전 85, 86, 94, 95, 114, 128,
　　129, 130, 131, 132, 150,
　　169, 175, 178, 183, 328,
　　350
사라 404, 428, 437
사무엘 191, 404
사탄 468, 471, 473, 475
산헤드린 286, 343
삼손 191, 404
삽입설 15, 18, 234, 459, 460, 461
석가모니 484, 485, 488, 489
성경의 권위 545, 546, 547, 549,
　　550, 557
성경의 무오성 550, 551
성령 70, 100, 213, 229
성육신 18, 39, 312, 324, 369, 443,
　　557, 561
세례 요한 14, 56, 57, 101, 117
셀수스 36, 52, 53, 468, 469
소아시아 32
속사도 교부 32
솔로몬의 시편 128, 184
수태고지 12, 155, 160, 190, 191,
　　193, 202, 221, 225, 227,
　　229, 233, 235, 237, 241,
　　243, 244, 245, 246, 248,
　　282, 283, 287, 292, 324,
　　340, 364, 441, 497, 507,
　　520

순교자 저스틴 467, 470, 472, 478
슐라이어마허 396
스피타 126, 148
신약 198, 199, 265, 309, 355
신화론 311

ㅇ

아기스 466
아담 380, 427, 455
아리스토텔레스 39
아리스티데스 30
아몬 503, 510, 511
아벨 427, 440, 441
아브라함 113, 150, 268, 269, 300, 339, 405, 425, 427, 435, 436, 437
아비야 111
아폴리나리스 72, 74
아하스 415, 416, 418, 420
안나 114, 382
안디옥 30, 32, 84, 95, 114
알렉산더 39, 431, 435, 463, 466, 476, 479, 481, 483
알렉산더 대왕 465, 511
알렉산드리아 426, 435, 440, 443, 444, 445, 474, 475, 476
알렉산드리아의 클레멘트 26, 62, 369
야곱 263, 265, 266
양자 48, 131, 199, 201, 208, 232, 254, 318, 442
어거스틴 496
에녹 423
에베소 40
에브라임 90, 415
에비온파 43, 47, 49, 50, 52, 53, 55, 57, 58, 59, 60, 62, 66, 67, 73, 75, 76, 78, 79, 80, 82, 277, 278, 451, 548, 559
에피파니우스 493, 495, 548
엘리자벳 14, 110, 111, 143, 144, 148, 149, 152
엘카이 59, 73
여리고 51
영지주의 39, 41, 43, 49, 58, 373
예레미야 430
예수님의 부활 93, 298, 555
예수님의 세례 57, 92, 94, 95, 98, 103, 362, 379
예수님의 족보 336
예수님의 형제들 316, 356
예언 116, 250, 260, 333, 450, 476

오리겐 35, 36, 51, 58
올림피아스 465, 481, 483, 511
외경 62, 69, 322
요세푸스 335, 348, 405, 466, 481
요셉 122, 124, 189, 192, 198, 236, 242, 255, 262, 267, 274
요셉과 마리아의 결혼 190, 194, 292, 356
요한복음 69, 369
원시복음 37, 197, 281, 322
유다 94, 197
유대인 기독교 47, 64, 446, 456
유대인 기원설 18, 403, 453
유디트 148
유세비우스 53, 58, 62, 64, 72, 73, 75, 79
이레니우스 26, 27, 40, 58, 66
이삭 191, 269, 404, 405, 431
이시스 466, 503
이집트 26, 353, 497
임마누엘 예언 413, 418

548, 550
주님 473, 504
주피터 466

ㅊ

창조 19, 39, 48, 49, 55, 283, 320, 322, 380, 405, 407, 432, 530
천사들 324, 334
침머만 126

ㅋ

카르포크라테스 39, 40, 43, 48, 49, 50, 548
카임 353, 403
카텐부쉬 13, 14, 453, 454, 455
크리소스톰 195, 287, 289, 323, 333, 338, 345, 384
키프러스 73

ㅈ

제롬 53, 58, 60, 62, 64
종교 282, 313, 389, 474, 492, 546,

ㅌ

탄생 이야기 15, 36, 37, 39, 67, 69, 94, 108, 178, 184, 198, 261, 280, 297, 315, 326, 336, 361, 363, 365, 369, 375, 376, 379, 387, 394, 395, 398, 399, 400, 403, 405, 406, 407, 409, 412, 423, 443, 445, 446, 447, 448, 455, 458, 459, 467, 470, 472, 476, 477, 478, 479, 483, 484, 487, 492, 497, 502, 507, 510, 513, 521, 531, 544, 558, 560, 562

ㅍ

파피아스 72, 367
페트라 493, 495
프리드리히 스트라우스 138, 310, 317
플루타치 503, 504, 506, 512
피타고라스 39

ㅎ

하나님 13, 18, 30, 31, 39, 49, 60, 80, 113, 138, 159
하르낙 31, 63, 71, 86, 88, 126, 128, 133
한나 137, 144, 149, 221
합리주의적 방법 311, 394, 395, 401
해리스 30
헤라 483
헬겐펠트 257
헬라철학 445
홀츠만 171
히브리인의 복음서 73
히스기야 416, 417
히폴리투스 50
힐겐펠트 64, 88, 126, 142, 148, 210, 227, 254, 258
힐만 142, 148, 255, 258
힙폴리투스 58

그리스도의 동정녀 탄생
The Virgin Birth of Christ

2018년 9월 20일 초판 발행

지 은 이	존 그레샴 메이천
옮 긴 이	정규철

편　　집	정희연, 변길용
디 자 인	김소혜, 신봉규
펴 낸 곳	사) 기독교문서선교회
등　　록	제16-25호(1980. 1. 18)
주　　소	서울시 서초구 방배로 68
전　　화	02) 586-8761~3(본사)　031) 942-8761(영업부)
팩　　스	02) 523-0131(본사)　031) 942-8763(영업부)
홈페이지	www.clcbook.com
이 메 일	clckor@gmail.com
온 라 인	기업은행 073-000308-04-020, 국민은행 043-01-0379-646
	예금주: 사) 기독교문서선교회

ISBN 978-89-341-1859-6 (93230)

* 낙장 · 파본은 교환해 드립니다.

이 도서의 국립중앙도서관 출판시 도서목록(CIP)은 서지정보유통지원시스템 홈페이지(http://seoji.nl.go.kr)와 국가자료공동목록시스(http://www.nl.go.kr/kolisnet)에서 이용하실 수 있습니다.
(CIP제어번호: CIP2018025699)